任访秋

编委会

主 任 关爱和 刘增杰

委 员（以姓氏笔画为序）

马小泉 白春超
关爱和 任 光
刘增杰 刘进才
刘 涛 刘小敏
朱秀梅 张云鹏
张先飞 李国平
李 敏 沈红芳
杨萌芽 杨站军
孟庆澍 侯运华
胡全章 郝魁峰
高恒文 袁喜生
解志熙 靳宇峰

总校阅 任 光

任访秋文集 ⑧

未刊著作三种　上

河南大学出版社
·郑州·

图书在版编目(CIP)数据

任访秋文集.未刊著作三种/任访秋著.—郑州:河南大学出版社,2013.7(2018.6重印)
ISBN 978-7-5649-1286-4

Ⅰ.①任… Ⅱ.①任… Ⅲ.①任访秋(1909~2000)—文集 ②中国文学—文学史—研究 Ⅳ.①I217.2

中国版本图书馆CIP数据核字(2013)第158658号

责任编辑	袁喜生　靳宇峰
责任校对	孙增科　吴红霞
封面设计	翟森淼

出　版	河南大学出版社
	地址:郑州市郑东新区商务外环中华大厦2401号　邮编:450046
	电话:0371—86059701(营销部)　　网址:www.hupress.com
排　版	河南新华印刷集团有限公司
印　刷	河南瑞之光印刷股份有限公司
版　次	2013年7月第1版　　印　次　2018年6月第2次印刷
开　本	710mm×1000mm　1/16　印　张　52.5
字　数	706千字　　插　页　2
定　价	(全二册)200.00元

(本书如有印装质量问题,请与河南大学出版社营销部联系调换)

任访秋《中国小品文发展史》手稿

任访秋手稿

1942年在河南大学任教时摄于潭头

抗战期间河南大学在潭头的办事处

凡　例

一、《任访秋文集》收入作者1920年代末以来的作品,包括专著、论文、序跋、回忆性散文、日记以及部分未刊稿。文集大致按内容分为七编,分别是古代文学研究、近代文学研究、现代文学研究、鲁迅研究、未刊著作三种、集外集和日记。

二、已经发表和出版的作品,以初次发表的报刊和初版本为依据收录,首次出版的日记及未刊稿,均按原件收录,除明显错误外,原则上不做任何改动。每编之首加《出版说明》对该编著作的发表情况、版本沿革等问题作必要交代。

三、文集各卷所收著作,除个别技术处理外,根据不同情况,分别按内容性质或出版时间先后排序;未经结集的文章,以发表或写作时间先后排序。

四、原文中读之疑似不通,或疑有误而不知所误为何者,一仍其旧,不作改动,加注释说明;原文偶有印刷缺漏,不妄自以意添增,加注释说明;个别字迹不可辨识的,用□标识。

五、编制《任访秋先生生平著作系年》、《任访秋先生著作分类目录》作为附编置于末卷。

出 版 说 明

本编收录了作者早年的三部文学史著《中国小品文发展史》、《中国文学史讲义》和《中国文学批评史述要》。这三部著作先后撰写于20世纪三四十年代，可惜由于战乱等原因，都未能完稿，其中《中国文学史讲义》有部分曾由"河南省立洛师"作为教材石印，其余均为手稿。此次由作者的学生解志熙校录、整理，校理条例参见卷末所附校订者撰写的《古典文学现代研究的重要创获——任访秋先生文学史遗著三种校读记》。出版时为便于装订，将《中国小品文发展史》和《中国文学批评史述要》合为一册，《中国文学史讲义》单列一册。

目　录

中国小品文发展史

一、绪论 …………………………………………（3）
　　甲、释名 ……………………………………（3）
　　乙、小品文与辞赋 …………………………（4）
　　丙、小品文与古文 …………………………（5）
　　丁、小品文的特质 …………………………（5）
　　戊、小品文与时代 …………………………（7）
二、源流 …………………………………………（8）
　　甲、萌蘖期——魏至隋(220~617) ………（10）
　　乙、中衰期——由唐至明中叶(618~1566) …（40）
附录：袁中郎以后晚明的散文 …………………（65）

中国文学批评史述要

第一篇　绪论
　第一章　何为文学批评 ………………………（83）
　　一、文学批评之产生及其意义与类别 ……（83）
　　二、文学批评与文学演变之关系 …………（85）
　　三、文学批评与学术思想演变之关系 ……（85）
　第二章　中国文学批评演变之分期 …………（86）

第二篇　中国文学批评之胚胎期——周秦
　第一章　实用主义派——儒家 ………………………………（90）
　　第一节　孔子 …………………………………………………（90）
　　第二节　孟子 …………………………………………………（94）
　　第三节　荀子 …………………………………………………（95）
　第二章　功利主义派——墨家 …………………………………（97）
　第三章　自然主义派——道家 …………………………………（99）
　　第一节　对于辩之否定与非功利主义 ………………………（99）
　　第二节　老庄哲理文中所暗示出之文学论 …………………（101）
　　第三节　对后世文学批评之影响 ……………………………（103）

第三篇　实用主义派之发展期——两汉
　第一章　唯美主义派之兴起 ……………………………………（104）
　第二章　实用主义派之发展 ……………………………………（105）
　　第一节　经师之文学观 ………………………………………（105）
　　第二节　司马迁 ………………………………………………（109）
　　第三节　扬雄 …………………………………………………（111）
　　第四节　班固 …………………………………………………（113）
　　第五节　王逸 …………………………………………………（115）
　第三章　自然主义派之复兴——王充 …………………………（117）

第四篇　自然主义与唯美主义之发展期
　第一章　汉魏之际政治与学术之演变 …………………………（121）
　第二章　实用主义之余波 ………………………………………（122）
　　第一节　曹植 …………………………………………………（122）
　　第二节　挚虞 …………………………………………………（123）
　　第三节　虞溥 …………………………………………………（125）
　第三章　自然主义派之复兴及其发展 …………………………（126）
　　第一节　阮瑀 …………………………………………………（126）
　　第二节　阮籍与嵇康 …………………………………………（127）
　　第三节　陶潜 …………………………………………………（128）

第四节　自然主义派之影响……………………………（130）
　第四章　唯美主义派之勃兴及其发展……………………（131）
　　第一节　曹丕……………………………………………（131）
　　第二节　陆机、陆云……………………………………（133）
　　第三节　范晔……………………………………………（139）
　　第四节　声律的创始者——沈约………………………（140）
　　第五节　钟嵘……………………………………………（146）
　　第六节　萧氏昆仲………………………………………（150）
　　第七节　唯美主义派文学论之特色……………………（153）
　第五章　实用主义派反唯美主义派之余响——裴子野……（154）
　第六章　实用主义与唯美主义的调和派…………………（156）
　　第一节　葛洪……………………………………………（156）
　　第二节　刘勰……………………………………………（159）
　　第三节　萧统……………………………………………（163）
　　第四节　颜之推…………………………………………（165）
　　第五节　余论：魏晋南北朝文论的拓展及其影响……（166）
第五篇　实用主义派之复古运动期——隋、唐、五代、宋、元
　第一章　隋之统一与南北文学之合流……………………（168）
　第二章　实用主义派之复古运动…………………………（169）
　　第一节　实用主义派之再起……………………………（169）
　　第二节　自然主义派之复古运动………………………（172）
　　第三节　实用主义派之复古运动………………………（175）
　　　一、发动期——李华、独孤及、梁肃和柳冕………（175）
　　　二、全盛期——韩愈、柳宗元、李翱和皇甫湜……（181）
　　　三、消沉期………………………………………………（193）
　　第四节　实用主义与唯美主义的调和派………………（195）
　　　一、刘知几等史学家的文学观…………………………（196）
　　　二、杜甫等诗人的文学观………………………………（203）
　　第五节　诗坛上实用主义派之反唯美运动……………（210）

第六节　唯美主义派之再起……………………………(215)
　　　一、李商隐等诗人的诗文论……………………………(216)
　　　二、司空图等文学批评家的诗文论……………………(217)
　　　三、诗词选家的才调论及其他…………………………(222)
　　第七节　余论:隋唐文学批评主潮之分合………………(224)
　第三章　实用主义派之二次复古运动………………………(226)
　　第一节　二次复古运动之始末……………………………(226)
　　　一、古文命脉的延续者——柳开、穆修和尹师鲁……(226)
　　　二、为明道而振文——石介……………………………(231)
　　　三、二次复古运动的成功——欧、苏、曾、王及其他……(234)
　　第二节　实用主义之极端论及其修正……………………(248)
　　　一、极端论之倡始者——司马光………………………(248)
　　　二、极端论之发挥者——周敦颐、二程及程门弟子……(249)
　　　三、极端论的修正派——朱熹及朱门后学……………(252)
　　第三节　黄庭坚、陆游、刘克庄、元好问等几位诗人的诗论
　　　　　　………………………………………………………(264)
　　第四节　张戒、严羽、王若虚三位批评家的诗论…………(294)
　　第五节　余论:实用、自然、唯美三派文学批评在宋元的
　　　　　　交集………………………………………………(307)
　第六篇　唯美派之复古运动与自然派之反复古运动——明
　　第一章　唯美派之兴起及其所倡之复古论………………(309)
　　第一节　明代文学复古论的起源:杨维桢、高棅和李东阳
　　　　　　………………………………………………………(310)

附录:古典文学现代研究的重要创获
　　——任访秋先生文学史遗著三种校读记………………(315)

中国文学史讲义

第一编　上古至夏商的文学

第一章　绪论……………………………………………(353)
　第一节　什么是文学史………………………………(353)
　第二节　怎样来研究文学史…………………………(353)
　　一、专家的研究………………………………………(355)
　　二、流派的研究………………………………………(355)
　　三、专体的研究………………………………………(355)
　　四、断代史的研究……………………………………(355)
　　五、通史的研究………………………………………(355)
　第三节　怎样来划分时期……………………………(357)
　　一、朝代划分法………………………………………(357)
　　二、文体划分法………………………………………(357)
　　三、本书的分期………………………………………(358)
第二章　上古至夏商的文学……………………………(361)
　第一节　对商代以前的散文与诗歌的辨伪…………(361)
　第二节　商代的文学…………………………………(365)
　　一、散文………………………………………………(366)
　　二、韵文………………………………………………(366)
　　三、卜辞………………………………………………(369)

第二编　周至秦的文学
　第一章　周秦文学的历史背景………………………(371)
　第二章　周民族的文学………………………………(373)
　　第一节　诗歌——《三百篇》………………………(374)
　　　一、它们产生的年代………………………………(374)
　　　二、它们产生的地域………………………………(375)
　　　三、它们是怎样被搜集来的………………………(377)
　　　四、二雅、九国风所表现的内容之剖析…………(379)
　　　五、风雅颂在文学上的价值之比较………………(387)
　　第二节　散文…………………………………………(388)
　　　一、《春秋》、《左传》、《国语》等史传文学…………(389)

二、《论语》、《孟子》、《韩非子》等论辩文学 ……………（395）
　第三章　屈原与楚民族的文学 ………………………………（405）
　　第一节　楚民族的盛衰 ………………………………………（405）
　　第二节　《离骚》前的楚地诗歌 ……………………………（407）
　　　一、二南 ………………………………………………………（407）
　　　二、先秦史传中所记载的楚民族歌谣 ……………………（410）
　　　三、九歌 ………………………………………………………（411）
　　第三节　屈原 …………………………………………………（413）
　　　一、屈原的生平 ………………………………………………（413）
　　　二、屈原的作品 ………………………………………………（415）
　　　三、屈原在文学史上的地位 …………………………………（421）
　　第四节　宋玉等晚于屈原的一些诗人 ………………………（421）
　　第五节　散文 …………………………………………………（425）
　　　一、《老子》 …………………………………………………（425）
　　　二、《庄子》 …………………………………………………（428）
　第四章　秦民族的文学及南北文学的分合 …………………（432）
　　第一节　诗歌 …………………………………………………（433）
　　　一、《秦风》 …………………………………………………（433）
　　　二、《荀子》 …………………………………………………（434）
　　第二节　散文 …………………………………………………（438）
　　　一、《秦誓》 …………………………………………………（438）
　　　二、《荀子》 …………………………………………………（438）
　　　三、《吕氏春秋》 ……………………………………………（439）
　　　四、李斯 ………………………………………………………（440）
　　　五、《战国策》 ………………………………………………（442）
　　第三节　南北文学的分合 ……………………………………（443）
　　第四节　秦之统一与文学 ……………………………………（447）
第三编　汉至隋的文学
　第一章　汉至隋的历史背景与文学演变 ……………………（449）

第一节　两汉政教与文学……………………………（449）
　　第二节　魏晋政治的嬗变与文学的变迁……………（452）
　　第三节　南北朝至隋的政治与文学之分合…………（454）
第二章　两汉诗歌……………………………………………（455）
　　第一节　乐府…………………………………………（456）
　　　一、乐府的设立及乐府歌辞的来源………………（456）
　　　二、乐府的分类……………………………………（457）
　　　三、乐府内容之剖析：贵族的、外来的和民间的…（459）
　　　四、乐府在文学史上的地位………………………（474）
　　第二节　五言诗的产生………………………………（476）
　　第三节　一些试作五言的诗人………………………（482）
第三章　两汉文章……………………………………………（484）
　　第一节　汉赋…………………………………………（484）
　　　一、贾谊、枚乘、司马相如、扬雄的赋……………（485）
　　　二、班固、傅毅、张衡的赋…………………………（492）
　　第二节　两汉散文……………………………………（496）
　　　一、贾谊、晁错、董仲舒、司马迁、刘向的散文…（497）
　　　二、匡衡、班彪、班固、王充、蔡邕的散文………（504）
　　第三节　余论——两汉文学的文学史地位…………（510）
第四章　魏晋诗歌……………………………………………（511）
　　第一节　曹氏父子与建安及黄初诗坛………………（511）
　　第二节　阮籍、嵇康与正始诗坛……………………（523）
　　第三节　太康诗坛与左思的诗………………………（529）
　　第四节　从永嘉到义熙的诗坛………………………（538）
　　第五节　陶渊明与魏晋诗潮…………………………（542）
第五章　魏晋文章及其他……………………………………（547）
　　第一节　魏晋的赋……………………………………（547）
　　　一、魏的赋家：曹植与王粲………………………（548）
　　　二、西晋的赋家：左思、陆机、潘岳………………（552）

三、东晋的赋家：孙绰与陶潜 …………………………（554）
　　第二节　散文……………………………………………………（557）
　　　一、建安到正始的散文 ……………………………………（557）
　　　二、太康至永嘉的散文 ……………………………………（563）
　　　三、建武至义熙的散文 ……………………………………（564）
　　第三节　早期的戏曲与小说（一）………………………………（568）
　　第四节　余论——魏晋文学的文学史地位……………………（573）
　第六章　南北朝及隋的诗歌………………………………………（574）
　　第一节　谢灵运、鲍照与刘宋时期的诗歌 ……………………（575）
　　第二节　齐、梁、陈诗坛及流寓北方的诗人 …………………（583）
　　　一、"声病说"发明后的南朝诗坛 …………………………（583）
　　　二、庾信等流寓北朝的诗人 ………………………………（595）
　　第三节　南北朝民歌……………………………………………（599）
　　　一、南朝的民歌 ……………………………………………（599）
　　　二、北朝的民歌 ……………………………………………（602）
　　第四节　隋代诗歌………………………………………………（604）
　第七章　南北朝的文章及其他……………………………………（607）
　　第一节　鲍照、江淹和庾信的赋 ………………………………（607）
　　第二节　南北朝的散文…………………………………………（612）
　　　一、南朝的散文作家 ………………………………………（612）
　　　二、北朝的散文作家 ………………………………………（619）
　　第三节　早期的戏曲与小说（二）………………………………（631）
　　第四节　《文心雕龙》与南北朝的文学批评 …………………（638）
　　第五节　余论——南北朝文学的由分趋合……………………（650）
第四编　唐代文学
　第一章　唐史与唐诗之概观………………………………………（653）
　　第一节　唐诗的历史背景………………………………………（653）
　　第二节　唐诗的繁荣及其分期问题……………………………（656）
　第二章　唐诗的前期………………………………………………（659）

第一节　四杰、沈宋与律诗之完成 …………………… (659)
　　第二节　歌咏自然的诗人(一)：王维、孟浩然、储光羲等
　　　　　　………………………………………………………… (665)
　　第三节　复古派诗人陈子昂和张九龄 ………………… (676)
　　第四节　歌唱边塞的诗人岑参、高适和王昌龄 ……… (680)
　　第五节　天才超绝的大诗人李白 ……………………… (684)
第三章　唐诗的后期 …………………………………………… (690)
　　第一节　继往开来的大诗人杜甫 ……………………… (691)
　　第二节　白居易与写实派诗人 ………………………… (697)
　　第三节　韩愈、孟郊等复古派诗人 ……………………… (719)
　　第四节　歌咏自然的诗人(二)：刘长卿、韦应物和柳宗元
　　　　　　………………………………………………………… (734)
　　第五节　元和长庆间两个特出的诗人刘禹锡与李贺 … (739)
　　第六节　杜牧、李商隐、温庭筠与唯美主义之再起 …… (744)
第五编　五代宋元明文学
第一章　词的源与流 …………………………………………… (751)
　　第一节　词的起源——近人对此问题的研究 ………… (751)
　　　一、词由绝句变化而来 ………………………………… (752)
　　　二、词由于依曲作词而成 ……………………………… (752)
　　　三、词乃文体演变之自然趋势 ………………………… (753)
　　　四、词与当时文人生活之关系 ………………………… (753)
　　第二节　晚唐五代的词作家 …………………………… (754)
　　　一、唐末词坛上的温庭筠与韦庄 ……………………… (754)
　　　二、五代词坛上的李后主和冯延巳 …………………… (757)
　　第三节　两宋词人与词派 ……………………………… (761)
　　　一、温婉派词人——晏殊、柳永、秦观、周美成、姜夔等
　　　　　………………………………………………………… (761)
　　　二、豪放派词人——苏轼、辛弃疾 …………………… (769)
　　　三、清淡派词人 ………………………………………… (776)

第二章　元明戏曲的兴盛与变迁……………………………（778）
　第一节　从唐宋金到元与明:戏曲的成长与成熟 ………（778）
　第二节　元曲兴盛的原因及其体制之类别……………（780）
　第三节　关汉卿、王实甫等杂剧作家…………………（781）
　　一、蒙古时代的杂剧作家………………………………（782）
　　二、一统时代的杂剧作家………………………………（784）
　第四节　高明、汤显祖等传奇作家……………………（785）
　　一、第一期的传奇作家…………………………………（785）
　　二、第二期的传奇作家…………………………………（787）
　　三、第三期的传奇作家…………………………………（788）
　第五节　元明散曲………………………………………（790）
　　一、豪放派散曲…………………………………………（790）
　　二、端谨派散曲…………………………………………（793）
　　三、清丽派散曲…………………………………………（794）
第三章　白话小说的崛起与成熟………………………（799）
　第一节　白话小说发展之路径…………………………（799）
　第二节　宋明的平话小说………………………………（802）
　第三节　元明之长篇小说………………………………（806）
第四章　宋明的诗与文…………………………………（809）
　第一节　自成面目的宋诗………………………………（809）
　　一、北宋诗坛上的欧阳修、王安石、苏轼和黄庭坚……（811）
　　二、南宋诗坛上的陆游、范成大和杨万里 ……………（815）
　第二节　宋代的古文运动………………………………（818）
　　一、韩柳之后到宋初的古文脉络………………………（818）
　　二、欧阳修、苏东坡与古文的黄金时代 ………………（820）
　第三节　明代的小品文与古文…………………………（821）
　　一、公安派的小品文及其他……………………………（822）
　　二、古文派的别树一帜…………………………………（825）

中国小品文发展史

一、绪　　论

甲、释名

近年来文坛上盛行所谓小品文,究竟小品文之名何所取义?这是极值得探讨的事。按,六朝时佛典有所谓"小品"之称,《世说新语·文学篇》:"有比来道人,好才理,与林公相遇于瓦官寺,讲小品。"不知此名已产生极早。其次,晚明文人王季重著有《文饭小品》一书,后之名短文为"小品"当即仿此。实际小品文之为体,不专在形式,假若遇短文即谓①之小品,实大谬不然。先秦诸子之哲理文,唐宋诸家之古文,均有极简短者,宁得称之为小品哉?所以简短实不过小品之形式,而其内容,也实有异于其他散文者在。

按英国文学中将散文分 Essay 与 Prose 两种。日人厨川白村曾于所著《出了象牙之塔》中详论 Essay,而我国之小品文,实与 Essay 相同。盖散文之演进,初则只用于纪事,继则以之说理,而最后则以之抒情。所以小品文乃散文进展到极高度时之产物。本来原始人抒情多以诗歌,散文若以严格之文学界说绳之,简直②不能与于文学之

---

① "谓"原稿误作"为",校订者酌改。
② "简直"原稿误作"简之",校订者酌改。

列。但诗歌系不能脱离韵律而存在,故多所束缚,于是有作者出,以诗歌之内容而披以散文之形式,既可以抒情,而复不受格律之束缚,于是所谓"小品文"于焉以生。此种文字,乃作者一时之兴会,随意所之,而出之于自然笔致。既非殚精竭思,欲借此一鸣而惊人,又非庄重慎审,欲以之以表现某种思想,实乃灵机偶至、信腕直寄,故无连篇累牍、令人不能卒读之作。故简短者未必为小品,而小品未有不简短者也。

乙、小品文与辞赋

在战国的时候,中国文学可分南北二派。北方在韵文为《诗》,在散文为《左》、《国》、《孟》、《荀》;南方在韵文为《楚辞》,散文为《老》、《庄》。大抵北朴质,南绮丽;北现实,南理想。到了西汉,南风大倡,不仅王、扬、枚、马①之徒,汲《楚辞》之流波,即学者如刘向、匡衡之伦,其论文亦渐崇偶丽之习。自此而降,历东京以迄魏晋,于是中国文学几全为《楚辞》所化。因之而抒情之散文以出。六朝作者大半能无视圣道,而能一空依傍,写自己之所见、所感与所思。当时议论如嵇康,纪事如杨衒之、刘义庆,写景如郦道元,抒怀如王羲之、颜之推,均有极佳妙之作。而彼等之文字,实亦骈散杂糅。即如《洛阳伽蓝记》与《水经注》,散体而时羼俳偶,吾等谓其由《楚辞》而蜕化出者可,即谓其由散体而受《楚辞》化者,亦未始不可。近人有谓小品文乃由赋演变而来者,赋至唐宋渐渐散体化,于是而有小品文。此因彼不知六朝已有小品,故有是论。然而若就小品之内容而言,谓与赋有关,亦非过言。盖两汉以来之赋,抒情如贾谊,写景如相如、二谢(惠连、庄),体物如祢衡、徐干,彼等之作,登峰造极。唐以来作者,无能

---

① 校订者按,"王、扬、枚、马"当是王褒、扬雄、枚乘、司马相如之简称,他们都是西汉的著名赋家。

嗣响。但起而代之者，非后来李白、杜甫之俦，而实为袁中郎、张宗子、祁彪佳①之流。其内容同，其形式则不同。亦犹诗至五代变而为词，至元变而为曲，其躯壳虽异，而其精神则一也。故小品文者，实代赋而兴之新文体也。

丙、小品文与古文

魏晋以前之散文，非叙事即说理，然即如《左》、《国》、《孟》、《荀》、《史》、《汉》之书，其中亦不乏精妙之作。当②然大半为有目的之写作，非后来纯粹抒情之畴。然散体比较朴质自然，而少③拘束，用以说理叙事固宜，即用以抒情，亦无不可。唐宋作者如柳子厚、苏东坡、黄山谷等，当其写应制或说理文字时，则道貌岸然，可是在不经意与友人尺牍或描摹山水时，则清冷隽永，意味无穷。故知古文实为写小品最适宜之工具。六朝作者，其词采犹不脱俳偶之习，自唐以后，下逮晚明一般作者，已几于全用散体矣。故晚明实为吾国小品文之全盛时期，彼以古文之形式，而实以辞赋之内容，故融为纯文艺之散文。此诚治文学史者所不可忽者也。

丁、小品文的特质

真正的优美的文学作品，都可说是真正自我的表现。不过这在诗歌上还比较容易，说到散文，就难得多。大半一个民族都有它历史上留下来的传统思想，这种思想，有的是哲学的，有的是宗教的，而一般平凡的文人，少有能摆脱之者。所以我们看前人的散文作品，有几

---

① "祁彪佳"原稿误作"祁伯佳"，校订者酌改。
② "当"为校订者酌加以与下句句首之"然"相区别。
③ "少"原稿作"稍"，与上下文义不符，疑似"少"之笔误，故校订者酌改为"少"。

个不是作着古人的奴隶?有几个不是作着古人的应声虫?大抵都是那一套,陈陈相因,令人生厌,没有生气,没有见解,没有个性。可是一个小品文作者则不然,他们也不一定要标奇立异,可是他们尊重他们的自我,他们不轻于迷信古人,可是他们也不随便的附和今人。他们对古人的思想,能够因着他们所处的时代而加以别择,取其长者,而舍其短者。他们不像汉代的经生,一定尊什么宗法与师说;又不像宋明的理学家,讲什么宗传与派系,他们没有门户,更不会入主出奴。所以能够融合新旧各派之长,而铸成他们的思想系统。他们对宇宙间的事物有他们独特的看法,对人间的诸相,有他们自己的见解,所以说出的话是他们自己的话,常常闪烁着真理之光,而能道破宇宙的奥秘,揭穿人世的真象①。如嵇叔夜、颜之推、李卓吾、袁中郎都可说是最好的代表。

　　至于在表现方面,我觉得除了一部分应用文字,有时或由于不得已而必须得装腔作调外,至于普通的说理,而尤其抒情,是愈自然愈好。这不是要板着面孔来说教,只是自己要把自己的所想与所感,向人申说而已。我们平时觉得最愉快的是向自己的挚友在夜静烛红的时候,畅叙契阔,有时一直到更深,还感不到疲倦,不只说者愿意说,而听者也乐意听。可是有时候在参加所谓名人演讲会,不十分钟或使你打呵欠。这是为什么呢?或因为前者是披心沥腑,坦白自然,而后者则扭捏作态、装腔作调的缘故。小品文的作者,他们深了解此中奥秘,他们把读者当作挚友,把他的经历见解感怀都不嫌觍缕的向你叙述。态度是那样的恳挚,辞句又是那样朴质,你想这怎能不令你欣快、不令你爱好呢?所以袁中郎标出"信腕直寄"、"以无法为法"的口号,这真道出了小品文表现的三昧。

　　总上所说,所谓小品文的特质,很简单,从内容上说,不过是要说自己的话,从形式上说,不过是用自己的话来说而已。

---

　　① "真象"通作"真相"。

戊、小品文与时代

文学与思想,有时候它①们发展的径路极相像。大致说来,政治愈就轨道,而思想愈不能自由,于是在思想史上就形成所谓保守与因袭的时期。反之,政治愈紊乱,统治力愈微弱,而思想愈自由、愈解放。于是才能放出异样的光彩。我们看中国思想史,春秋战国、魏晋六朝、南宋、晚明,都是铁一般的事实在那里作证。文学也何尝不是如此?有楚国的黑暗政治,才孕育出屈原,有东晋不安定的社会,才产生出陶潜,有唐代天宝之乱,才造成了杜甫。说到小品文,那就更怪了,它同诗歌还不一样,它与思想有着极密切关系,越是思想解放的时代,它们就越发荣,但一到思想统一的时候,它就跟着枯萎了。这个道理说来很简单,前边已经讲过,小品文的作者主要是得有各自②的思想,不能随人脚跟。你想,在思想统一的时代,有这些作家立足的余地没有呢?不等他们长成,社会早就把他们摧残了。但在政治紊乱、思想解放的时候,就不然了。任何人都可以自由的思想,用自己的明慧去观察、去思考、去批评。特立的思想家是在这时产生的,而特立的小品文作者也一样是在这个氛围中培植成的。君如不信,请翻开历史来看一看,魏晋六朝是佛教盛行的时期,这才有了嵇康、王羲之、颜之推这一流人出现,但到了唐宋就不行了。明代末叶又因为思想上的解放,才有了李卓吾、袁中郎,但到清乾隆以后,又消歇了。及至近代,因为时代转变,文坛上的革命,于是往日流波又从地下涌出了。这种起伏盛衰,与时代之变迁,简直如影之随形,丝毫不爽。此诚文学史上极耐人寻味之事也。

---

① "它"原稿误作"他",校订者酌改。
② "各自"原稿作"个自",校订者酌改。

二、源　　流①

　　小品文的历史,远不如古文、骈文之长。我们寻根溯源,仅能上溯魏晋。所以从魏晋到现代的演进,可分为五个阶段:

　　甲②、萌蘖期——由魏至隋(220～617)。

　　乙、中衰期——由唐至明中叶(618～1566)。

　　丙、大成期——由明末叶至清中叶(1567～1794)。

　　丁、凋悴期——由清中叶至民国初(1795～1919)。

　　戊、复兴期——现代(1920～1940)。

　　这只不过是一个大体的轮廓。按第一期在中国史正是中古。那个段落是③佛老大盛,而儒家没落的时候,文学是非常的发达,诗五言与辞赋均有着卓越的成绩,于是小品文就也因之而萌蘖、而成长。可是不巧到唐代后文学上复古之风大倡,而思想上也有着最剧烈的复古运动。自儒家思想抗项,而小品文遂因之衰歇,如荣木之遇冰雹,顿然憔悴。不过此时期之古文作者,如柳子厚、苏东坡,彼等思想不全主儒家,而时杂佛老。彼于庄重之作外,而亦时有不经意的随笔

---

　　① 原稿此下又有"甲、时期的划分",标题层次过繁,校订者酌删。

　　② 校订者按,"甲"原稿作"1",为与上一章保持一致,兹改为"甲",以下类推,不另出校。

　　③ "是"为校订者酌增。

挥洒之作出现。此类东西遂成为绝妙之小品也。若就彼等之文较之往代,毋①宁谓其已超迈魏晋,惜乎当时从事于此者,为数不多耳。下逮南宋,一般文士率受程叔子之影响,谓"文为玩物丧志",古文尚且在鄙弃之列,何况小品。于是历金元以迄明之中叶,此长时间中欲觅一个作者,即杳乎而不得。明之中叶,王阳明氏出,在思想界放一异彩,掊击程朱②不遗余力,重独见而轻闻知,其情形几于魏晋相仿佛。下迄龙溪、艮斋诸大师出,于是推波助澜,海阔天空,将数百年洛闽之学的影响扫数摧陷而廓清之。波荡云诡,流而不返,至李卓吾直融儒道佛于一炉,其议论夸诡,震③骇时听,所著《藏书》《续藏书》将数千年历史上之定案而一一推翻之,终于为旧社会所不容,而被逮以死。中国思想至此时,又复恢复中古时期之极端解放境地,于是而公安之文学革命运动于焉以兴。慨自正德以来,文坛上之复古运动大倡,前有何、李,后有李、王,随声附和遍天下,于是相率而从事于模拟抄袭之作。文规史迁,诗准工部,强为古雅,故作庄丽④,而文学扫地矣。公安袁中郎兄弟早年曾受教于李卓吾之门,思想与之极相近,故文学观亦因之与时趋异。当中郎为官吴县时,即揭出革命之旗帜,力排王、李,而以清新隽逸之作风替之,标出"无法为法"、"信腕直寄"之口号,于是作者靡然向风,而明季文坛之风气为之一变。稍后有竟陵派出,亦不过风格上与公安稍异,而其任心纵笔⑤之原则,与之并无二致也。中郎兄弟不只主张震⑥撼一时,而其作品亦足为当时之楷模。至此时期,而中国之小品始真臻于大成之期。其后作者辈出,直至清中叶汉宋之学盛,思想一准于程朱,学问惟趋于稽古。此于小

---

① "毋"原稿误作"勿"。
② "朱"原稿遗漏,校订者酌补。
③ "震"原稿误作"振",校订者酌改。
④ "庄丽"二字原稿漫漶不清,录以待考。
⑤ "任心纵笔"四字原稿漫漶不清,录以待考。
⑥ "震"原稿误作"振",校订者酌改。

品文,无异于霜雪之于卉木,枯槁零落随之。故自清中叶以迄民初,实小品文之凋悴期也。洎乎民七,文学革命运动蓬勃而复兴。盖此时期西方之新思潮东渐,而我国之传统思想又复动摇,因之新文学亦以打倒古文骈文为口号,且西方文学中小品文之地位极高,于是作者辈出,或沿袭于往古,或汲流于西方,风格多方,灿然大备。此可谓小品文之复兴期。总观一千七百年来小品文之演变如此,而其与思想时代之关系又如彼,故吾等虽欲不称之为纯文艺之散文,不可得也。

甲、萌蘗期——魏至隋(220~617)

此期之时代背景 我们研究文学史,不应当光注意于文学表面上的演变,应当从极深邃处,发掘出它的根系来。这就是说,我们光知道文学是这样演变还不能算够,而应当彻底的来了解它为什么要有着这样的演变?说到这一点,那么我们来评一个时代的文学,不只是要研究各作家的作品,并且非对于那时的政治与思想,加一个统盘①的考察与研索不可。

上面我已经说过,小品文是萌芽于魏晋南北朝,但为什么会萌芽于这一个时代?自不是偶然的。依我的看法,有了那个时候的政治背景,于是产生出那个时候的思想,有了那个时候的思想背景,于是就产生出那个时期的文学。自然,文学也何尝不受政治的直接影响,但比较起来,恐怕受思想的影响为尤大。

从历史上来看,从魏到隋之统一,为中国一个长期的混乱时代。政治不统一,而且战争频仍。西晋统一了,仅仅有短短几十年的寿命,而且大部分还是在战争中度过的。在这样的情况之下,最容易产生出消极的颓废主义,老庄思想之能够在这个时期大倡炽盛,正是不足怪者的。

---

① "统盘"通作"通盘"。

老庄自然主义的抬头，本来不始于魏。从东汉中叶王仲任起，已经开始了。不过到了魏之王辅嗣同何平叔，他们一面注解《老子》（王弼有《老子注》），同时还以单篇的文字，来发挥老庄的精义（何晏有《无名篇》）。而辅嗣之注《易》、平叔之解《论语》，更系引道释儒。降及正始，嵇康、阮籍、刘伶等出，益发变本加厉，在思想上主重视自我，而蔑弃传统见解与偶像崇拜。嵇叔夜《声无哀乐论》中谓：

    夫推类辨物，当先求之自然之理。理已定，然后借古义以明之耳。

这可以代表当时所有的尊尚老庄一派对于一切事物的态度。不崇偶像，故能"非汤武而薄周孔"。蔑视传统见解，故能敝屣礼教。推类辨物，能先求之自然之理，故能对宇宙万物①，不因袭不盲从，而能有崭新的独到之见。所以有人以此时期比诸欧洲文艺复兴，谓系自我的发现时代，当非虚语。

  其次，由此类思想影响到行动上的，即任诞与率真。阮嗣宗的"礼岂为我辈设？"，嵇叔夜的"循性而动，各附所安"②，都可说是这种态度的思想根据。最好的例证，有嗣宗之居丧饮酒，叔夜之倨傲慢客，王子猷之雪夜访戴，阮遥集之蜡屐自若，此类行止，纯粹为文人的，而魏晋名士虽非作家，亦莫不以自然相尚。行既如此，文亦宜然。故此时期之作品，无论其为散文、为诗歌，率能不虚矫、不雕饰，纯然为自我之表现。

  再次，老庄思想以返璞归真为主，避朝市而慕山林。文学之感怀，率由自然之刺激而发。刘彦和谓"山林皋壤实文思之奥府"。自晋室东渡，玄风大扇。谢安石以执政之重位，而崇玄远，故文人学士率多山林之游。故《文心雕龙·明诗》篇中谓："庄老告退，而山水方滋。"盖我国文学之专注意于自然之刻画，这些所谓山林文学与田园

---

① "万物"原稿作"事物"，似为"万物"之误书，校订者酌改。
② 校订者按，此语出自《与山巨源绝交书》，"循性"原稿引作"顺性"。

文学,实老庄返归自然之论有以启之也。

由于上列第一种,故能在小品文方面产生出如嵇叔夜、颜之推等清隽新奇之作。章太炎亦极推重此时期之散文,谓:

> 效唐宋之持论者,利其齿牙;效汉之持论者,多其记诵。斯已给矣!效魏晋之持论者,上不徒守文,下不可御人以口,必先豫之以学。(《国故论衡·论式》)

章氏所谓"学"乃思想见解之谓,非所谓识闻之学也。魏晋六朝人之文,鲜有不独抒己见者。小品文中尤然。此诚为汉唐所不及者。

由于第二种原因,而有刻画自然风物之《水经注》。郦氏全因受谢灵运之薰陶而始有此成功之作。

此类关系,我们试一详密而细论之,因果相互之迹,至为显明,而思想与文学之风格趋向,真如风之与波,高低起伏,如山谷之相应,符节之相合,丝毫不能有所错舛也。

嵇康(223～262),字叔夜,谯国铚人。少有天才,学不师受,而无所不通。与魏宗室为婚,官拜中散大夫。他的性情极其刚峻,任才使气,喜欢讽切时事,所以深为司马氏所不喜。同时也开罪了不少的要人。据《晋书》本传中说,他性喜欢打铁,家中有柳树一株,枝叶峻茂,于是①他就用水把它②环绕起来,每当夏天就在这棵柳荫下打铁。一天,颍川锺会去拜访他,他毫不为礼,只管打他的铁。会坐了一③会,觉得怪气愤的,就要走。这时他才问会道:"何所闻而来?何所见而去?"会答道:"闻所闻而来,见所见而去。"从此会心中非常的怀恨他。后来不巧他的朋友吕安以事获罪,竟连累到他。朝廷把他逮捕了,在这时锺会就乘机来下井投石,说他:"言论放荡,非毁典谟。帝王所不宜容,宜因衅除之,以淳风俗。"司马昭听信锺会的话,结果就

---

① "是"为校订者酌加。
② "它"原稿误作"他",校订者酌改。
③ "一"为校订者酌加。

把他杀了,时年四十。(据《晋书》本传)

叔夜的思想纯粹属于老庄自然主义哲学的。他主张对于一切事物的判断,应当先客观的予以考察,给它一个假设,然后再找证据来证明你这个假设,不应当先有一个成见横在胸中,一味①的盲从古人。他说:

> 夫推类辨物,当先求之自然之理;理已定,然后借古义以明之耳。今未得之于心,而多恃前言以为谈证,自此以往,恐巧历不能纪。(《声无哀乐论》)

这种主张打破偶像,纯粹用自己的明慧来判别事物,是当时一般新思想家特有的精神。同时对②个人的生活态度,他也主张要自然坦白,而不虚伪矫饰。他说:

> 夫气静神虚者,心不存乎矜尚;体亮心达者,情不系于所欲。……故能审贵贱而通物情。物情顺通,故大道无违;越名任心,故是非无措也。是故言君子,则以无措为主,以通物为美。言小人,则以匿情为非,以违道为阙。(《释私论》)

基于他这种自然主义的思想,同爽直坦白的性格,所以他有许多崭新的见解。不但有,而且敢于发表出来。他这些见解,有些是不同于古人的。即如汤、武、周、孔是中国的圣人,大家不敢对之说一个不字的,但他偏要"非汤武而薄周孔",岂不卓绝杰出。③ 古人都骂管、蔡为顽嚚,而他则特别替他们昭雪,说他们:

> 不达圣权,卒遇大变,不能自通。忠于乃心,思在王室。遂乃抗言率众,欲除国患,翼存天子,甘心毁旦。斯乃愚诚愤发所以徼祸也。(《管蔡论》)

至于六经乃儒家之经典,两汉以来尊崇备至,而他敢于肆意批评

---

① "一味"原稿作"一惟",也通,但不常用,校订者酌改。
② "对"为校订者酌加。
③ 原稿"岂不卓绝杰出"六字漫漶不清,姑且录以待考。

说:
> 六经以抑引为主,人性以从容为欢。抑引则违其愿,从欲则得自然。然则自然之得,不由抑引之六经;全性之本,不须犯情之礼律。故知仁义务于理伪,非养真之要术;廉让生于争夺,非自然之所出也。(《难张辽叔〈自然好学论〉》)

这都是惊人之论。此外就是当时一般清谈家的生活态度,他也并不与之苟同,而以往论者很少注意到这一点的。即如纵欲肆志,这是那时清谈家的人生观,《列子·杨朱篇》可为代表。(蔡元培《中国伦理学史》、冯友兰《中国哲学史》第二篇第五章页六一九)叔夜是极端反对纵欲生活的。他说:

> 久愠闲居,谓之无欢,深恨无肴,谓之自愁。以酒色为供养,谓长生为无聊。然则子之所以为欢者,必结驷连骑,食方丈于前也。夫俟此而后为足,谓之天理自然者,皆役身以物,丧志于欲,原性命之情,有累于所论矣。……今若以从欲为得性,则渴酌者非病,淫湎者非过,桀、跖之徒皆得自然,非本论所以明至理之意也。(《答向子期难养生论》①)

又说:

> 以大和为至乐,则荣华不足顾也;以恬澹为至味,则酒色不足钦也。苟得意有地,俗之所乐,皆粪土耳,何足恋哉?今谈者不睹至乐之情,甘减年残生,以从所愿,此则李斯背儒,以殉一朝之欲,主父发愤,思调五鼎之味耳。(同上)

所以当时竹林人物如阮籍、刘伶均纵情于酒,而叔夜则否。他主张清心寡欲,服食以益寿,调琴以快情,这是他不同于当时一般名士的地方。

叔夜既是一个具有独特之见的思想家,加以他轻肆直言,遇事便

---

① 原稿误作《养生论》。校订者按,《养生论》和《答向子期难养生论》是两篇文章。

发,所以他的散文真可说是慷慨以任气,磊落以使才。我觉得最足以代表他的作品,要算是《与山巨源绝交书》了。他的生活态度、人生见解完全从这里倾泄了出来。他的笔致锋利,加上他的独到的见解,所以才网罗宇宙,上下古今,以阐明他的主张。所以他这种明犀深刻倔强兀傲的文章风格,实是他的思想性格同学识熔铸成的。后来的作者只有明末的李卓吾同近代的鲁迅两人的作品,差可与比。所以要说到辨析事理的小品文,不能不以他作为这个时期的①代表。

王羲之(321~379),字逸少,临沂人,祖父正尚书郎,父旷淮南太守。逸少幼有俊才,颇见重于他的伯父敦同导。及长,辩赡,以骨鲠称,尤善隶书,为古今之冠,论者称其笔势以为飘若浮云,矫若惊龙。起家为秘书郎,历官至右军将军,会稽②内史。后以政治失意,遂决意退隐,并为文自誓于其父母之墓前曰——

> 维永和十一年三月癸卯朔,九日辛亥,小子羲之敢告二尊之灵。羲之不天,夙遭闵凶,不蒙过庭之训。母兄鞠育,得渐庶几,遂因人乏,蒙国宠荣。进无忠孝之节,退违推贤之义,每仰咏老氏、周任之诫,常恐死亡无日,忧及宗祀,岂在微身而已!是用寤寐永叹,若坠深谷。止足之分,定之于今。谨以今月吉辰肆筵设席,稽颡归诚,告誓先灵。自今之后,敢渝此心,贪冒苟进,是有无尊之心而不子也。子而不子,天地所不覆载,名教所不得容。信誓之诚,有如皦日!

是年为公元355,时羲之三十五岁③,从此去官,与东土人士尽山水之游,弋钓为娱,又与道士许迈共修服食,采药石不远千里,遍游东中诸郡,穷诸名山,泛沧海,叹曰:"吾卒当以乐死。"朝廷以其誓苦,亦不复

---

① "的"为校订者酌加。
② "会稽"原稿误作"会计",校订者酌改。
③ "三十五岁"或当作"五十三岁"。校订者按,关于王羲之的生卒年,学界意见不一,比较多的人倾向于303~361年之间,则永和十一年(355年)王羲之正当五十二三岁。

征之。太元四年卒,年五十九(本传,见《晋书》卷八十)。

羲之的思想大较说来,也是接近老庄的。我们读他的《兰亭集序》所谓:

> 夫人之相与,俯仰一世,或取诸怀抱,悟言一室之内,或因寄所托,放浪形骸之外。虽趣舍万殊,静躁不同,当其欣于所遇,暂得于己,快然自足,不知老之将至。及其所之既倦,情随事迁,感慨系之矣。向之所欣,俯仰之间,已为陈迹,犹不能不以之兴怀。况修短随化,终期于尽。古人云,死生亦大矣,岂不痛哉!每览昔人兴感之由,若合一契,未尝不临文嗟悼,不能喻之于怀。固知一死生为虚诞,齐彭殇为妄作,后之视今,亦犹今之视昔,悲夫!

这真是所谓"未免有情,谁能遣此",似乎与庄学大相径庭,但是我们若再一看羲之①的生活态度,就晓得他也是含着极深厚的此时期的名士风度——

> 性爱鹅,会稽有孤居姥养一鹅,善鸣,求市未能得,遂携亲友命驾就观。姥闻羲之将至,烹以待之,羲之叹惜弥日。又山阴有一道士,养好鹅,羲之往观焉,意甚悦,固求市之。道士云:"为写《道德经》,当举群相赠耳。"羲之欣然写毕,笼鹅而归,甚以为乐。

> 尝在蕺山见一老姥,持六角竹扇卖之。羲之书其扇,各为五字。姥初有愠色。因谓姥曰:"但言是王右军书,以求百钱邪。"姥如其言,人竞买之。他日,姥又持扇来,羲之笑而不答。(《晋书》本传)

他既有这样的率真态度,再加上他的足迹时时与名山胜水相接触,所以就孕育出极其自然而又富于风趣的散文。我国的尺牍文字,第一

---

① 原稿漏掉了"之",校订者酌增。

个写得好的,恐怕要首推逸少了,而足以为他的著作,也就是尺牍。如:①

与 谢 万 书

古之辞世者或被发阳狂,或污身秽迹,可谓艰矣。今仆坐而获逸,遂其宿心,其为庆幸,岂非天赐!违天不祥。顷东游还,修植桑果,今盛敷荣,率诸子,抱弱孙,游观其间,有一味之甘,割而分之,以娱目前。虽植德无殊邈,犹欲教养子孙以敦厚退让。或以轻薄,庶令举策数马,仿佛万石之风。君谓此何如?比当与安石东游山海,并行田视地利,颐养闲暇。衣食之余,欲与亲知时共欢宴,虽不能兴言高咏,衔杯引满,语田里所行,故以为抚掌之资,其为得意,可胜言邪!常依陆贾、班嗣、杨王孙之处世,甚欲希风数子,老夫志愿尽于此也。(《晋书》本传、《全晋文》卷二二)

杂　　帖

荷华想已残,处此过四夏,到彼亦屡,而独不见其盛时,是亦可讶,岂亦有缘耶?弊宇今岁植得千叶者数盆,亦便发花,相继不绝,今已开二十余枝矣,颇有可观,恨不与长者同赏。相望虽不远,披对邈未可期,伏□可胜怅惘耶。(《全晋文》卷二六)

镜湖澄澈,清流泻注,山川之美,使人应接不暇。②

计与足下别,廿六年于今。虽时书问,不解阔怀。省足下先后二书,但增叹慨!顷积雪凝寒,五十年中所无。想顷如常,冀来夏秋间,或复得足下问耳。比者悠悠,如何可言。

吾服食久,犹为劣劣。大都比之年时,为复可可。足下保爱至上,临书,但有惆怅。(以上《全晋文》卷二二)

---

① "如:"为校订者酌加。
② 校订者按,此帖或谓为王献之所书。

  青李、来禽、樱桃、日给滕,子皆囊盛为佳,函封多不生。足下所疏云:此果佳,可为致子,当种之。此种彼胡桃皆生也。吾笃喜种果。今在田里,惟以此为事,故远及。足下致此子者,大惠也。(同上)

像这些心平气和来给自己的知友缕叙阔别之情,或话风物,或谈琐事,文词既朴质,态度又恳挚,真有着说不出的一种温煦的空气在里边蕴积着。这不能不是我国小品文最早的佳作。以后的苏、黄尺牍以及晚明人的书札,不免要多少受他一点的影响的吧。逸少自刘宋以来,大概都目他为一个书法家,很少能了解他的风度同文章的。中惟颜之推知之,他说:"王逸少风流才士,萧散名人。举世但知其书,翻以能自蔽也。"(《颜氏家训·杂艺》篇)这的确是如此。

  刘义庆(403～444),本长沙景王道璘第二子,因临川王道规无子,遂以为嗣。幼即为武帝所知,年十三袭封南郡公(405),永初元年(420),袭封临川王。元嘉六年(429)加尚书左仆射,八年(431)解仆射。九年出为平西将军荆州刺史,加都督荆州,居上流之重。在州八年,为西土所安,撰《徐州先贤传》十卷,又拟班固《典引》为《典叙》,以述皇代之美。改授江州,又迁南兖州刺史,并带都督,寻即本号,加开府仪同三司。后者广陵有疾,因陈求还,文帝许解州,以本号还朝。元嘉二十一年卒,谥曰康王。(《南史》十三《临川烈武王传》后附)

  义庆虽为贵族,然史称其性简素,寡嗜欲,爱好文义,文稿虽不多,足为宗室之表,历任无浮淫之过,唯晚节奉沙门,颇致费损。招聚才学之士,远近必至,太尉袁淑、吴郡陆展、东海何长瑜、鲍照均至。罗致于其幕下。著有《世说》十卷、《集林》二百卷。

  义庆之书,多不传,惟《世说》大行于世。然此书《隋志》著录十卷,梁刘孝标注,今存者仅三卷,又名《世说新语》,此经宋人晏殊所删并,于注亦小有剪裁,至"新语"二字,则不知为何人所增。内容共分三十八篇,自"德行"至"仇隙",以类相从,所记自后汉起,至东晋止。

  这部书以往都把它列入小说家中,其实有许多都是真实的史料,故唐人纂《晋书》多采之。同时又因为他"记言玄远冷隽,记行高简瑰奇"(鲁迅《中国小说史略》评语),所以汉魏晋三代的风流名士同英雄俊杰们的谈吐风度,才能够藉之窥见一斑:

谢太傅寒雪日内集,与儿女讲论文义。俄而雪骤,公欣然曰:"白雪纷纷何所似?"兄子胡儿曰:"撒盐空中差可拟。"兄女曰:"未若柳絮因风起。"公大笑乐。即公大兄无奕女。左将军王凝之妻也。(卷上之上"言语")

谢公因子弟集聚,问:"《毛诗》何句最佳?"遏称曰:"昔我往矣,杨柳依依;今我来思,雨雪霏霏。"公曰:"吁谟定命。远猷辰告。"谓此句偏有雅人深致。(卷上之下"文学")

袁虎少贫,尝为人佣,载运租。谢镇西经船行,其夜清风朗月,闻江诸闲估客船上有咏诗声,甚有情致;所诵五言,又其所未。尝闻,叹美不能已。即遣委曲讯问,乃是袁自咏其所作咏史诗。因此相要,大相赏得。(卷上之下"文学")

顾长康从会稽还,人问山川之美,顾云:"千岩竞秀,万壑争流,草木蒙笼其上,若云兴霞蔚。"(卷上之上"言语")

桓公北征经金城,见前为琅琊时种柳,皆已十围,慨然曰:"木犹如此,人何以堪!"攀枝执条,泫然流泪。(同上)

王子敬云:"从山阴道上行,山川自相映发,使人应接不暇。若秋冬之际,尤难为怀。"(同上)

王子猷居山阴,夜大雪,眠觉,开室,命酌酒,四望皎然。因起仿徨,咏左思《招隐诗》,忽忆戴安道。时戴在剡,即便夜乘小船就之。经宿方至,造门不前而返。人问其故,王曰:"吾本乘兴而行,兴尽而返,何必见戴?"(卷下之上"任诞")

刘伶病酒,渴甚,从妇求酒。妇捐酒毁器,涕泣谏曰:"君饮太过,非摄生之道,必宜断之!"伶曰:"甚善。我不能自禁,唯当祝鬼神自誓断之耳!便可具酒肉。"妇曰:"敬闻命。"供酒肉于神前,请伶祝示。伶跪而祝曰:"天生刘伶,以酒为名,一饮一斛,五斗解酲。妇人之言,慎不可听!"便引酒进肉,隗然已醉矣。

(同上)

祖士少好财,阮遥集好屐,并恒自经营,同是一累,而未判其得失。人有诣祖,见料视财物,客至,屏当未尽,余两小簏箸背后,倾身障之,意未能平。或有诣阮,见自吹火蜡屐,因叹曰:"未知一生当箸几量屐?"神色闲畅。于是胜负始分。(卷中之上"雅量")

谢太傅盘桓东山时,时与孙兴公诸人泛海戏。风起浪涌,孙、王诸人色并遽,便唱使还。太傅神情方王,吟啸不言。舟人以公貌闲意说,犹去不止。既风转急,浪猛,诸人皆喧动不坐。公徐云:"如此,将无归?"众人即承响而回。于是审其量,足以镇安朝野。(同上)

从前数则可以看到我国最早的诗话,其次数则魏晋人隽永而富于情致之言语,及任放真率、毫无矫饰的态度,都完全表现出来了。固然有那种超尘出世的心肠才能产生出这样的富于风趣的文字,但是要没有义庆生动的笔致,则即令再有更好的史事,也会被埋没尽去吧。魏晋人的玄远隽逸的丰姿能活到现在——我们的目前,这不能不说是义庆的功绩。

杨衒之,其姓或作"扬"、"羊"、"阳",生卒年不详,北平(今天津蓟县一带)人。北魏永安中(528~530)为奉朝请。历期城太守、抚军府司马。东魏孝静帝武定五年(547)重览洛阳,有感而撰《洛阳伽蓝记》。① 衒之著作,今所存者,惟《洛阳伽蓝记》一书,此虽为散记寺院之作,然吾等以文学之眼光观之,亦为记述生动、文词流畅之小品。但历来论文学者多半忽之。余既撰此书,故特为表彰之。

衒之撰此书动机,其自序言之极详,其言云:

自顷日感梦,满月流光。阳门饰豪眉之像,夜台图绀发之

---

① 校订者按,原稿于"杨衒之"名后空一页,显然是生平待补而未补,此处生平情况为校订者酌补,以示统一。

形。尔来奔竞,其风遂广。至晋永嘉,唯有寺四十二所。逮皇魏受图,光宅嵩洛,笃信弥繁,法教愈盛。王侯贵臣弃象马如脱屣,庶士豪家舍资财若遗迹。于是昭提栉比,宝塔骈罗。争写天上之姿,竞摸山中之影。金刹与灵台比高,广殿共阿房等壮。岂直木衣绨绣,土被朱紫而已哉。暨永熙多难,皇舆迁邺。诸寺僧尼亦与时徙。至武定五年,岁在丁卯。余因行役,重览洛阳。城郭崩毁,宫室倾覆。寺观灰烬,庙塔丘墟。墙被蒿艾,巷罗荆棘。野兽穴于荒阶,山鸟巢于庭树。游儿牧竖踯躅于九逵,农夫耕稼艺黍于双阙。麦秀之感,非独殷墟,黍离之悲,信哉周室。京城表里凡有一千余寺,今日寥廓,钟声罕闻。恐后世无传,故撰斯记。

衒之亲眼看到洛阳寺院与宫邸之富丽,而又亲眼看到它①的破坏与凋残,这种今古之感,由繁华而道凄凉,由极鼎或而至于极衰,不要说是一个文人,就是一个牧童,一个樵夫,也不免要为之喟然叹息的。他这部书是出于他感情之不能自已,故靦缕的追述北魏全盛时情形,虽以伽蓝名书,实际是不只于寺院,上而宫闱,下而王后士庶,所有轶事奇闻,莫不备载,读之俨如白发宫人谈天宝事,令你亹亹忘倦。后人如孟元老之《东京梦华录》、周密之《武林旧事》、张岱之《陶庵梦忆》,虽所记不同,而其兴亡盛衰之感,与此书实无二致也。

书中记载最富于文学风趣者,厥为(一) 寺院邸第景物之描写,(二) 历史故事,(三) 近于志怪之传奇故事,(四) 杂记(音乐,酒)。今分述于后。

(一) 寺院邸第景物之描写

千秋门内道北,有西游园,园中有凌云台,即是魏文帝所筑者。台上有八角井。高祖于井北造凉风观,登之远望,目极洛

---

① "它"原稿误作"他"。

川。台下有碧海曲池。台东有宣慈观,去地十丈。观东有灵芝钓台,累木为之,出于海中,去地二十丈。风生户牖,云起梁栋,丹楹刻桷,图写列仙。刻石为鲸鱼,背负钓台,既如从地涌出,又似空中飞下。……尼房①五百余间,绮疏连亘,户牖相通,珍木香草,不可胜言。牛筋狗骨之木,鸡头鸭脚之草,亦悉备焉。椒房嫔御,学道之所,掖庭美人,并在其中。亦有名族处女,性爱道场,落发辞亲,来仪此寺,屏珍丽之饰,服修道之衣,投心八正,归诚一乘。永安三年中,尔朱兆入洛阳,纵兵大掠,时有秀容胡骑数十入瑶光寺淫秽。自此后颇获讥讪。京师语曰:"洛阳男儿急作髻,瑶光寺尼夺作婿。"(卷一页一五)

景林寺,在开阳门内御道东。讲殿叠起,房庑连属,丹槛炫日,绣楹迎风,实为胜地。寺西有园,多饶奇果。春鸟秋蝉,鸣声相续。中有禅房一所,内置祇洹精舍,形制虽小,巧构难比。加以禅阁虚静,隐室凝邃,嘉树夹牖,芳杜匝阶,虽云朝市,想同岩谷。静行之僧,绳坐其内,飧风服道,结跏数息。(卷一页二〇)

敬义里南有昭德里。里内有尚书仆射游肇、御史尉李彪、七兵尚书崔休、幽州刺史常景、②司农张伦等五宅。彪景出自儒生,居室俭素。惟伦最为豪侈,斋宇光丽,服玩精奇,车马出入,逾於邦君。园林山池之美,诸王莫及。伦造景阳山,有若自然。其中重岩复岭,欹崟相属;深蹊洞壑,逦递连接。高林巨树,足使日月蔽亏;悬葛垂萝,能令风烟出入。崎岖石路,似壅而通;峥嵘涧道,盘纡复直。是以山情野兴之士,游以忘归。(卷二页一一)

---

① "尼房"原稿引作"讲殿尼房"。按,"讲殿"属上句"埒美永宁讲殿。"校订者酌删。

② 原稿引文略掉了"七兵尚书崔休、幽州刺史常景",则下文"彪景出自儒生"易滋误解,校订者酌补。

景明寺,宣武皇帝所立也。景明年中立,因以为名。在宣阳门外一里御道东。其寺东西南北,方五百步。前望嵩山、少室,却负帝城,青林垂影,绿水为文。形胜之地,爽垲独美。山悬堂观,光盛一千馀间。复殿重房,交疏对霤,青台紫阁,浮道相通,虽外有四时,而内无寒暑。房檐之外,皆是山池,竹松兰芷,垂列堦墀,含风团露,流香吐馥。至正光年中,太后始造七层浮图一所,去地百仞,是以邢子才碑文云"俯闻激电,旁属奔星"是也。庄饰华丽,侔於永宁。金盘宝铎,焕烂霞表。寺有三池,萑蒲菱藕,水物生焉。或黄甲紫鳞,出没於繁藻,或青凫白雁,浮沈於绿水。(石辇)砲舂簸,皆用水功。伽蓝之妙,最得称首。时世好崇福,四月七日,京师诸像皆来此寺。尚书祠曹录像凡有一千馀躯。至八月节,以次入宣阳门,向阊阖宫前受皇帝散花。于时金花映日,宝盖浮云,幡幢若林,香烟似雾。梵乐法音,聒动天地。百戏腾骧,所在骈比。名僧德众,负锡为群;信徒法侣,持花成薮。车骑填咽,繁衍相倾。时有西域胡沙门见此,唱言佛国。(卷三页一)

　　宝光寺在西阳门外御道北。有三层浮图一所,以石为基,形制甚古,画工雕刻。隐士赵逸见而叹曰:"晋朝石塔寺,今为宝光寺也!"人问其故,逸曰:"晋朝四十二寺尽皆湮灭,唯此寺独存。"指园中一处曰:"此是浴室,前五步,应有一井。"众僧掘之,果得屋及井焉。井虽填塞,砖口如初,浴堂下犹有石数十枚。当时园地平衍,果菜葱青,莫不叹息焉。园中有一海,号"咸池"。葭菼被岸,菱荷覆水,青松翠竹,罗生其旁。京邑士子,至於良辰美日,休沐告归,徵友命朋,来游此寺。雷车接轸,羽盖成阴。或置酒林泉,题诗花圃,折藕浮瓜,以为兴适。(卷四页六)

其次衒之写比丘惠生西行取经,经过虽系耳闻,然亦足见衒之之笔致——

　　城东有孟津河,东北流向沙勒。葱岭高峻不生草木。是时八月天气已冷。北风驱雁,飞雪千里。九月中旬入钵和国,高山深谷险道如常。国王所住因山为城,人民服饰惟有毡衣。地土甚寒,窟穴而居。风雪劲切,人畜相依。国之南界有大雪山,朝融夕结,望若玉峰。十月之初至口歇哒国。土田庶衍,山泽弥望,居无城郭,游军而治。以毡为屋,随逐水草。夏则随凉,冬则就温。乡土不识文字,礼教俱阙。阴阳运转莫知其度,年无盈闰,月无大小,用十二月为一岁。(卷五页六)

(二) 历史故事

太傅李延实者,庄帝舅也。永安年中,除青州刺史。临去奉辞,帝谓实曰:"怀砖之俗,世号难治。舅宜好用心,副朝廷所委。"实答曰:"臣年迫桑榆,气同朝露,人间稍远,日近松邱,臣已久乞闲退。陛下渭阳兴念,宠及老臣,使夜行罪人,裁锦万里,敬奉明敕,不敢失坠。"时黄门侍郎杨宽在帝侧,不晓怀砖之义,私问舍人温子升。子升曰:"闻至尊兄彭城王作青州刺史,问其俗,宾客从至青州者云:'齐土之民,风俗浅薄,虚论高谈,专在荣利。太守初欲入境,皆怀砖叩首以美其意。及其代下还家,以砖击之。'言其向背速於反掌。是以京师谣语云:'狱中无系囚,舍内无青州,假令家道恶,腹中不怀愁。'怀砖之义起在於此也。"(卷二页九)

〔王〕肃字公懿,琅琊人,伪齐雍州刺史奂之子也。赡学多通,才辞美茂,为齐秘书丞。太和十八年,背逆归顺。……肃在江南之日,聘谢氏女为妻。及至京师,复尚公主。其后谢氏入道为尼,亦来奔肃。见肃尚主,谢作五言诗以赠之。其诗曰:"本为箔上蚕,今作机上丝。得路逐胜去,颇忆缠绵时。"公主代肃答谢云:"针是贯线物,目中恒任丝。得帛缝新去,何能衲故时。"肃甚有愧谢之色,……肃初入国,不食羊肉及酪浆等物,常饭鲫鱼羹,渴饮茗汁。京师士子,道肃一饮一斗,号为"漏卮"。经数年已后,肃与高祖殿会,食羊肉酪粥甚多。高祖怪之,谓肃曰:"卿中国之味也。羊肉何如鱼羹?茗饮何如酪浆?"肃对曰:"羊者是陆产之最,鱼者乃水族之长。所好不同,并各称珍。以味言之,甚是优劣。羊比齐、鲁大邦,鱼比邾、莒小国。唯茗不中,与酪作奴。"高祖大笑,因举酒曰:"三三横,两两纵,谁能辨之赐金钟。"御史中尉李彪曰:"沽酒老妪瓮注瓨,屠儿割肉与秤同。"尚书右丞甄琛曰:"吴人浮水自云工,妓儿掷绳在虚空。"彭城王勰曰:"臣始解此字是习字。"高祖即以金钟赐彪。朝廷服彪聪明有智,甄琛和之亦速。彭城王谓肃曰:"卿不重齐鲁大邦,而爱邾莒小国。"肃对曰:"乡曲所美,不得不好。"彭城王重谓曰:"卿明日顾我,为卿设邾莒之食,亦有酪奴。"因此复号茗饮为酪奴。时给事中刘缟慕肃之风,专习茗饮,彭城王谓缟曰:"卿不慕王侯八珍,好苍头水厄。海上有逐臭之夫,里内有学颦之妇,以卿言之,即是也。"其彭城王家有吴奴,以此言戏之。自是朝贵宴会,虽设茗饮,皆耻不复食,……后萧衍子西丰侯萧正德归降时,元义欲为之设茗,先问:"卿於水厄多少?"正德不晓义意,答曰:"下官生於水乡,而立身以来,未遭阳侯之难。"元义与举坐之客皆笑焉。(卷三页六)

(三) 近于志怪之传奇故事

愿会寺,中书侍郎①王翊舍宅所立也。佛堂前生桑树一株,直上五尺,枝条横绕,柯叶傍布,形如羽盖。复高五尺,又然。凡为五重,每重叶椹各异,京师道俗谓之神桑。观者成市,施者甚众。帝闻而恶之,以为惑众,命给事中黄门侍郎元纪伐杀之。其日云雾晦冥,下斧之处,血流至地,见者莫不悲泣。(卷一页一八)

时虎贲骆子渊者,自云洛阳人。昔孝昌年,戍在彭城。其同

---

① 校订者按,"侍郎"原稿据别本作"舍人",与史传不合,此据周祖谟校本改。

营人樊元宝得假还京,子渊附书一封,令达其家,云:"宅在灵台南,近洛河,卿但是至彼,家人自出相看。"元宝如其言,至灵台南,了无人家可问,徙倚欲去。忽见一老翁来问:"从何而来,傍徨於此?"元宝具向道之。老翁云:"是吾儿也。"取书,引元宝入。遂见馆阁崇宽,屋宇佳丽。坐,命婢取酒。须臾,见婢抱一死小儿而过,元宝初甚怪之。俄而酒至,色甚红,香美异常。兼设珍羞,海陆具备。饮讫辞还,老翁送元宝出,云:"后会难期。"以为凄恨,别甚殷勤。老翁还入,元宝不复见其门巷。但见高岸对水,渌波东倾。唯见一童子可年十五,新溺死,鼻中出血。方知所饮酒,是其血也。及还彭城,子渊已失矣。元宝与子渊同戍三年,不知是洛水之神也。(卷三页四)

市北慈孝、奉终二里,里内之人以卖棺椁为业,赁辆车为事。有挽歌孙岩,娶妻三年,不脱衣而卧。岩因怪之,伺其睡,阴解其衣,有毛长三尺,似野狐尾。岩惧而出之。妻临去,将刀截岩发而走。邻人逐之,变成一狐,追之不得。其后,京邑被截发者一百三十余人。初变妇人,衣服靓妆,行路人见而悦近之,皆被截发。当时有妇人着彩衣者,人皆指为狐魅。熙平二年四月有此,至秋乃止。(卷四页一)

(四) 杂记

市西有退酤、治觞二里。里内之人多酝酒为业。河东人刘白堕善能酿酒。季夏六月,时暑赫晞,以罂贮酒,暴於日中,经一旬,其酒不动,饮之香美而醉,经月不醒。京师朝贵多出郡登藩,远相饷馈,逾于千里,以其远至,号曰"鹤觞"。亦名"骑驴酒"。永熙年中,南青州刺史毛鸿宾赍酒之蕃,逢路贼,盗饮之即醉,皆被擒获,因复命"擒奸酒。"游侠语曰:"不畏张弓拔刀,唯畏白堕春醪。"(卷四页九)

书中的精粹之处,引征已经不少。我们从这些文字中可以看到衒之散文是骈散杂糅,一般说来是颇有点不纯,但是惟其如此才足以表现其行文之自然。本来辞赋的势力,从汉以来就很大,只要是一个文学作家,恐怕没有不受它①的陶炼的,尤其衒之的文字在写景方面很显明的是从汉赋脱胎而来的,这已经算是不错了。衒之所处之时代在南朝是齐梁,正是骈俪达到最高潮的时期,而北朝的作者温子昇、邢子才也都是这般的作家,而衒之行文还多半运用散体,这已经是极难得了。譬如近代的小品文作家鲁迅、周作人、俞平伯等,不也是文白杂糅吗?然而还是不失其为好文章,以其出之于自然也。晚明作者即如袁中郎散文中也时杂俳偶,只要是一时适逢其会,不是故意的来雕琢,那都不会减去文字的本然之美。

在内容上可以看到,衒之是正处在佛教鼎盛的时代,我们随处可以看到当时人对佛的信仰是如何的热烈,他们不惜舍田宅糜②金钱来建造寺院、来装潢寺院,同时那些不经的奇怪传说,也都是因为佛教的关系而盛行起来。但衒之不但不辨③其为诬,且从而记载之,可见他是相信这些传说的。同时,他不惜费偌大精力来为伽蓝作记,可见他是景仰佛法的。他的诙诡的文字,就思想说是不大高明,就文字说,写的倒④是非常的生动。唐宋传奇中有所谓烟粉、灵怪,也就是指一类的东西。我觉得他一定受干宝的《搜神记》影响不小。并且⑤,后来之《虞初志》及《聊斋志异》也可以说是滥觞于此。至于历史故事同杂记,都不失为最成功的小品,可惜的是关于这几方面的量太少了。

颜之推(531~595),字介,琅琊临沂人。九世祖含,从晋元东渡,官至侍中右光禄西平侯;父勰,梁湘东王绎镇西府咨议参军。世善

---

① "它"原稿作"他",校订者酌改。
② "糜"原稿误作"靡",校订者酌改。
③ "辨"原稿作"辩",校订者酌改。
④ "倒"原稿作"到",校订者酌改。
⑤ 校订者按,"并且"原稿作"同时",与下文的"后来"相连,读来颇为别扭,所以酌改为"并且"。

《周官》、《左氏》学。之推早传家业,初为绎国左常侍,加镇西墨曹参军。及绎即位江陵(552),又被任散骑常侍,奏舍人。承圣三年(554)江陵陷,遂奔齐。初为奉朝请。河清末(565)被举为赵州功曹参军,寻待诏文林馆,除司徒录事参军。以聪颖机悟,处事勤敏,屡迁至黄门侍郎,出为平原太守,太子招为学士,甚见礼重,寻以疾终。(《北齐书·文苑传》)

介著文集三十卷,《家训》二十篇,惜前者已佚,现只有后者尚存。但即此书,已足使他在文学史占一席地了。按,含之四世孙延之(宋光禄大夫)有《庭诰文》之作,介可谓承此意而加以恢廓,不但方面比延之所谈者为广,且其文字亦较延之为更美妙也。

介的思想,在过去的作者中与渊明颇有点相类。这并不是说他们思想的内容完全相同,乃是说他们思想形成的方式,很有点近似。他们都能够摄取当时各派思想的所长,而融成自己特有的思想系统。所以他们的见解,都很明通。

介早年①似乎颇受当时放达风气的薰染,他自己说他早年"微爱属文,颇为凡人之所陶染,肆欲轻言,不修边幅"。(序致篇)《齐书》本传中也说他"好饮酒,多任纵,不修边幅"。不过后来他极力来矫正过去之失,他对于老庄思想显然不十分爱好。他批评他们道:

> 夫老、庄之书,盖全真养性,不肯以物累己也。故藏名柱史,终蹈流沙;匿迹漆园,卒辞楚相,此任纵之徒耳。何晏、王弼,祖述玄宗,递相夸尚,景附草靡,皆以农、黄之化,在乎己身,周、孔之业,弃之度外。(《勉学》篇)

又道:

> 元帝在江荆间,复所爱习,召②置亲生,亲为教授,废寝忘食,以夜继朝,至乃倦剧愁愤,辄以讲自释。吾时颇预末筵,亲承

---

① 原稿此处衍一"早年",校订者酌删。
② "召"原稿误为"习",校订者酌改。

音旨,性既顽鲁,亦所不好云。(同上)

介虽不喜老庄,而颇尊信佛法。他说:

> 三世之事,信而有征,家世归心,勿轻慢也。其间妙旨,具诸经论,不复于此,少能赞述;但惧汝曹犹未牢固,略重劝诱尔。原夫四尘五荫,剖析形有;六舟三驾,运载群生;万行归空,千门入善,辩才智惠,岂徒七经、百氏之博哉?明非尧、舜、周、孔所及也。(《归心》篇)

这是极显明的处所。至于主身处也,则介纯以儒家中庸之见为依归,《省事》篇中云:

> 王子晋云:"佐饔得尝,佐斗得伤。"此言为善则预,为恶则去,不欲党人非义之事也。凡损于物,皆无与焉。然而穷鸟入怀,仁人所悯;况死士归我,当弃之乎?伍员之托渔舟,季布之入广柳,孔融之藏张俭,孙嵩之匿赵岐,前代之所贵,而吾之所行也,以此得罪,甘心瞑目。至如郭解之代人报雠,灌夫之横怒求地,游侠之徒,非君子之所为也。如有逆乱之行,得罪于君亲者,又不足恤焉。亲友之迫危难也,家财己力,当无所吝;若横生图计,无理请谒,非吾教也。墨翟之徒,世谓热腹,杨朱之侣,世谓冷肠;肠不可冷,腹不可热,当以仁义为节文尔。

《家训》中类似这样的见解,不一而足。所以之推之思想,是不专主一家的。

在古代的学者中,我们最可怕的是把古人的思想生吞活剥的放在自己的文章中,里边全是拾的古人之糟粕,所以遣词造句就不免牵强扭捏,无自然雍容之态。介因把古人的思想融成为自己之思想,对宇宙间事理,都有个人独到之见,况且是给自己子孙们看的东西,所以内容充实,态度诚恳,而文辞亦平易自然。而这正是优美的小品文所具有的条件。《家训》中每篇虽是长篇大作,但它并不像一般的有组织有系统的论文,每每是总起来是谈的一件事,而拆开来就可以成为若干小篇。因为一篇之中题目虽是一个,而有说理,有故事,有琐闻,互相骈杂,所以读起来弥觉可喜。今摘录几节,作为介的文章风

格的代表:

> 齐朝有一士大夫,尝谓吾曰:"我有一儿,年已十七,颇晓书疏,教其鲜卑语及弹琵琶,稍欲通解,以此伏事公卿,无不宠爱,亦要事也。"吾时俛而不答。异哉,此人之教子也!若由此业,自致卿相,亦不愿汝曹为之。(《教子》篇)

周岂明先生批评这段说:"不但意思佳,文字亦至可喜,其自然大雅处,或较韩柳为胜。"

> 君子当守道崇德,蓄价待时,爵禄不登,信由天命。须求趋竞,不顾羞惭,比较材能,斟量功伐,厉色扬声,东怨西怒;或有劫持宰相瑕疵,而获酬谢,或有喧聒时人视听,求见发遣;以此得官,谓为才力,何异盗食致饱,窃衣取温哉!世见躁竞得官者,便谓"弗索何获";不知时运之来,不求亦至也。见静退未遇者,便谓"弗为胡成";不知风云不与,徒求无益也。凡不求而自得,求而不得者,焉可胜算乎!(《省事》篇)

> 王籍入若耶溪诗云:"蝉噪林逾静,鸟鸣山更幽。"江南以为文外独绝,物无异议。简文吟咏,不能忘之,孝元讽味,以为不可复得,至《怀旧志》载于籍传。范阳卢询祖,邺下才俊,乃言:"此不成语,何事于能?"魏收亦然其论。诗云:"萧萧马鸣,悠悠旆旌。"毛传曰:"言不喧哗也。"吾每叹此解有情致,籍诗生于此耳。(《文章》篇)

周先生说:"这是很古的诗话之一,可谓要言不烦,抑又何其有情致耶?卷册益多,言辞愈富,而妙悟更不易得,岂真今不如古,亦因人情物理,难能会解,故不免常有所蔽也。"

> 四时祭祀,周、孔所教,欲人勿死其亲,不忘孝道也。求诸内典,则无益焉。杀生为之,翻增罪累。若报罔极之德,霜露之悲,有时斋供,及七月半盂兰盆,望于汝也。孔子之葬亲也,云:"古者,墓而不坟。丘东西南北之人也,不可以弗识也。"于是封之,崇四尺。然则君子应世行道,亦有不守坟墓之时,况为事际所逼也!吾今羁旅,身若浮云,竟未知何乡是吾葬地;唯当气绝便埋

之耳。汝曹宜以传业扬名为务,不可顾恋朽壤,以取湮没也。(《终制》篇)

周先生说这篇"是古今难得的好文章,看彻生死,故其意思平实,而文词亦简要和易,其无甚新奇处,正是最不可及处。陶渊明的《自祭文》与《拟挽歌辞》,可与相比,或高旷过之。陶公无论矣,颜君或居其次,然而第三人却难找得出了"。(以上所引均见《夜读抄·颜氏家训》)

总之,真正好的作品,都必须是作者思想见解与人格自然的流露,《家训》中文章之所以超绝一时者,也就在此。

陶渊明(372~427),一名元亮,浔阳柴桑人,曾祖侃为晋八州都督,封长沙郡公;祖茂曾为武昌太守;父早卒。渊明初为镇军参军(主将刘牢之),以母丧归里,服满又为建威参军。未及一年,即补彭泽令,在官仅八十余日,竟自免归,赋《归去来辞》以见志。从此终身不复仕,卒年五十六(据梁任公《陶渊明年谱》)。

渊明的思想,过去论者不一,有说他是接近老庄的。朱子谓:"渊明之学,出于老庄。"① 胡应麟谓:"渊明诗词冲淡,诚与老庄意味相近。"(《少室山房笔丛》)有说他近于孔孟的,梁任公谓:"他虽然生长在玄学佛学雾围中,他一生得力处和用力处,都在儒学。"(《陶渊明》)又说:"他一生品格立脚点,大略近于孟子所说的'有所不为'、'不屑不洁'的狷者。到后来操养纯熟,便从这里头发现出真趣味来。若把他当作何晏、王衍那一派放达名士看待又大错了。"(同上)

要严格说起来,这两派的说法都不能说对,因为他们都是只看到

---

① 校订者按,据方岳《深雪偶谈》转述,"西山(指真德秀——校订者按)公云:'近世评诗者曰渊明之辞甚高,而其旨出于老庄,……以予观之,渊明之学正自经术中来,故形于诗,自不可掩。"一般以为真德秀所谓"近世评诗者"即隐指朱熹,因为朱熹确实说过近似的话:"渊明所说者老庄,然辞却简古。"(《朱子语类》卷一三六)。这就是"渊明之学,出于老庄"之说的由来,任访秋先生在"渊明之学,出于老庄"八个字旁有眉批"《朱子语类》?",大概当时手头可能没有《朱子语类》,所以引语不很精确而出处待查也。

渊明思想的一面,而没看见渊明思想的整体。一个思想家假若是一个能够自己观察自己思考的人①,他对于往代的思想,乃是一部分地吸取,从各派中拣择其与自己志趣相近,或近于当时的时代环境者,而咀嚼之,锤铸之,构成为自己的思想统系。渊明的思想,我们要分析起来,岂只儒或老庄不能概其全体,就是合儒与老庄,也何尝能概其全体?因为那时的佛教空气已极浓厚,慧远讲学于庐山,渊明又曾同他往还,难道说他能够压根②不受佛学③的影响吗?所以渊明的思想是他自己的思想,并不完全同于哪④一派,不过要追寻他受哪一派的影响最大,那么朱晦庵、胡应麟比较是对的。因为渊明之"任运"、"乘化"、"守分"、"安命"以看生死,似乎非深明于《庄》学者,不易到此境也。

渊明的思想、生活态度以及文学作品,都是一贯的,我可以一言以蔽之曰"自然而已"。梁任公拿《牡丹亭》中"一生儿爱好是天然"这句词批评渊明,那真是再恰当不过了。他的诗生活中此地无须讲,现在光论他的文。

渊明毕竟是诗人,他的散文留下来的极少,这中间自然是散佚居多,因为无论如何,一个大的作家不能只写这几篇文章。不过就这戋戋的几篇文章,我们也不容不在这儿给他一个位置。这种作风,是极可珍贵的。大致说来,《桃花源记》守自己一个理想中的乐土,而其写景之美妙如:

  缘溪行,忘路之远近,忽逢桃花林,夹岸数百步,中无杂树,芳草鲜美,落英缤纷。渔人甚异之。

这是多么的令人神往的境地啊!又如:

  土地平旷,屋舍俨然。有良田美池桑竹之属,阡陌交通,鸡

---

① "人"字原稿作"话",校订者酌改。
② "根"字原稿漏写,校订者酌补。
③ "学"字为校订者酌补。
④ "哪"原稿作"那",校订者酌改,下句同此,不另出校。

犬相闻。其中往来种作,男女衣著,悉如外人;黄发垂髫,并怡然自乐。见渔人,乃大惊,问所从来,具答之。便要还家,设酒杀鸡作食。村中闻有此人,咸来问讯。自云先世避秦时乱,率妻子邑人来此绝境,不复出焉,遂与外人间隔。

又是多么令人企羡呢!惜乎这类文章都被人读烂了,好像是已失去它的新鲜与光泽,其实就文章来说,它不是极优美的作品吗?其次《五柳先生传》是渊明的一幅自画像,《与子俨等疏》乃是他临终时写给他的儿子们的,其措辞之自然,态度之恳挚,与夫写其一生之经历与志趣,真是一篇绝妙之作。前一篇因已为人读得烂熟,故从略,兹录后篇于下:

与子俨等疏

告俨、俟、份、佚、佟:天地赋命,生必有死,自古贤圣,谁独能免?子夏有言曰:"死生有命,富贵在天。"四友之人,亲受音旨,发斯谈者,将非穷达不可妄求,寿夭永无外请故耶?吾年过五十,少而穷苦,每以家弊,东西游走。性刚才拙,与物多忤。自量为己,必贻俗患,僶俛辞世,使汝等幼而饥寒。余尝感孺仲贤妻之言,败絮自拥,何惭儿子?此既一事矣。但恨邻靡二仲,室无莱妇,抱兹苦心,良独内愧。少学琴书,偶爱闲静,开卷有得,便欣然忘食。见树木交荫,时鸟变声,亦复欢然有喜。常言:五六月中,北窗下卧,遇凉风暂至,自谓是羲皇上人。意浅识罕,谓斯言可保。日月遂往,机巧好疏,缅求在昔,眇然如何!疾患以来,渐就衰损,亲旧不遗,每以药石见救,自恐大分将有限也。汝辈稚小家贫,每役柴水之劳,何时可免?念之在心,若何可言!然汝等虽不同生,当思四海皆兄弟之义。鲍叔、管仲,分财无猜;归生、伍举,班荆道旧。遂能以败为成,因丧立功。他人尚尔,况同父之人哉!颍川韩元长,汉末名士,身处卿佐,八十而终。兄弟同居,至于没齿。济北范稚春,晋时操行人也,七世同财,家人无怨色。《诗》曰:"高山仰止,景行行止。"虽不能尔,至心尚之。

汝其慎哉！吾复何言。

郦道元(？~527)字善长,范阳人。太和中(477~493)为御史主客郎,御史中尉李彪以道元秉法清勤,引为治书侍御史。累迁辅国将军,东荆州刺史。以苛峻免官。久之行河南尹,后以开罪汝南王悦,适雍州刺史萧宝夤谋反,悦等讽朝廷遣道元为关右大使,遂为宝夤所害,死于阴盘驿亭。

道元一生的杰作就是四十卷《水经注》。至《水经》的著者一向成为聚讼的问题,最初有人说是汉桑钦撰,后有人又说是郭璞撰。后来宋人姚宽以道元注文中屡引桑钦语,遂疑其非钦撰。清人阎若璩又以郭注《山海经》八引《水经》语,遂又疑非郭著(《尚书古文疏证》)。后来胡渭著《禹工锥指》,考得桑著乃《地理志》,《水经》一书创自东汉,至晋人乃续成之,非一时一手之作。于是桑、郭所著之说遂破。继胡氏之后,又有戴震、赵一清、全祖望、杨守敬等,多方考索,遂确定此书为三国时人所著,下不逮晋代。

道元注此书,繁征博引,采录古籍四百三十七种。前代散佚之典籍,多可从此中窥得一鳞片爪。至其注解之详细,近人谓其——

> 寻图访迹,因水以证地,即地以存古。迁贸毕陈,故实骈列；所引枝流一千二百五十二,古代郡县,端委并包,使搜渠访渎者,一展如案古图书。其叙述范围,东北起朝鲜浿水,东临海,南极扶南西屠国,西南至印度新头河摩诃剌,西北跨安西西海,北被流沙,实阅览之山渊,方舆之键辖也。(郑德坤《〈水经注〉引得序》)

这当不是过誉之言。所以清代地理学家如胡渭、顾祖禹辈,并臻力于是书。同时,王先谦三十年中足迹所至,必以自随,就可晓得它在地学上的价值是如何的高了。不过,在这里不是论它在地学上的贡献,而是要看它在文学上的贡献。道元不只是详于水道,而且注意于自然景物的描写,与风土民俗的记载,遂使这部书一千余年来脍炙于人口。下边可以就三方面来看:(一) 景物,(二) 风土民俗,(三) 近于神话的故事。

（一）景物

　　自三峡七百里中,两岸连山,略无阙处;重岩叠嶂,隐天蔽日。自非亭午夜分,不见曦月。至于夏水襄陵,沿溯阻绝。或王命急宣,有时朝发白帝,暮到江陵,其间千二百里,虽乘奔御风不以疾也。春冬之时,则素湍绿潭,回清倒影。绝巘多生怪柏,悬泉瀑布,飞漱其间。清荣峻茂,良多趣味。每至晴初霜旦,林寒涧肃,常有高猿长啸,属引凄异,空谷传响,哀转久绝。故渔者歌曰:"巴东三峡巫峡长,猿鸣三声泪沾裳。"(卷三四江水)

　　宜都记曰:"自黄牛滩东入西陵界,至峡口百许里,山水纡曲,而两岸高山重障,非日中夜半,不见日月,绝壁或十许丈,其石采色形容,多所像类。林木高茂,略尽冬春。猿鸣至清,山谷传响,泠泠不绝。"所谓三峡,此其一也。山松言:"常闻峡中水疾,书记及口传悉以临惧相戒,曾无称有山水之美也。及余来践跻此境,既至欣然,始信耳闻之不如亲见矣。其叠崿秀峰,奇构异形,固难以辞叙。林木萧森,离离蔚蔚,乃在霞气之表。仰瞩俯映,弥习弥佳,流连信宿,不觉忘返。目所履历,未尝有也。既自欣得此奇观,山水有灵,亦当惊知己于千古矣。"(同上)

　　郡治在县东四百步。故城,吴丞相陆逊所筑也,为二江之会也。北有湖里渊,渊上橘柚蔽野,桑麻闇日。西望佷山诸岭,重峰叠秀,青翠相临,时有丹霞白云,游曳其上。城东北有望堂,地特峻,下临清江,游瞩之名处也。(同上)

　　溪水所经,皆石山,略无土岸。其水虚映,俯视游鱼,如乘空也。浅处多五色石,冬夏激素飞清,傍多茂木空岫,静夜听之,恒有清响。百鸟翔禽,哀鸣相和,巡颓浪者,不觉疲而忘归矣。(卷三七夷水)

　　沅水又东,历临沅县西为明月池,白璧湾。湾状半月,清潭镜澈。上则风籁空传,下则泉响不断。行者莫不拥楫嬉游,徘徊爱玩。沅水又东历三石涧,鼎足均跱,秀若削成,其侧茂竹便娟,致可玩也。又东带绿萝山,绿萝蒙幂,颓岩临水,悬萝钓渚,渔咏幽谷,浮响若钟。沅水又东迳平山西,南临沅水,寒松上荫,清泉下注,栖托者不能自绝于其侧。(卷三七沅水)

县西有小山,山上有淳水,既清且浅,其中悉生兰草,绿叶紫茎,芳风藻川,兰馨远馥。俗谓兰为都梁,山因以号,县受名焉。(卷三八资水)

湘水又北迳衡山县,山在西南,有三峰,一名紫盖,一名石囷,一名芙蓉,芙蓉峰最为竦杰,自远望之,苍苍隐天。故罗含云:"望若阵云",非清霁素朝,不见其峰。丹水涌其左,澧泉流其右。……衡山东南二面,临映湘川,自长沙至此,沿湘七百里中,有九向九背,故渔者歌曰:"帆随湘转,望衡九面。"山上有飞泉下注,下映青林,直注山下,望之若幅练在山矣。(卷三八湘水)

潇者,水清深也。《湘中记》曰:湘川清照,五六丈下,见底石如樗蒲矢,五色鲜明,白沙如霜雪,赤崖若朝霞,是纳潇湘之名矣。(同上)

山名蓝豪,广圆五百里,悉曲江县界。崖峻险阻,岩岭干天,交柯云蔚,霾天晦景,谓之泷中。悬湍回注,崩浪震山,名之泷水。(卷三八溱水)

水悬百余丈,濑势飞注,状如瀑布。……其水分纳众流,混波东逝,径定阳县。夹岸缘溪,悉生支竹,及芳枳木连,杂以霜菊金橙。白沙细石,状如凝雪。石溜湍波,浮响无辍。山水之趣,尤深人情。(卷四渐江水)

溪之下孤潭周数亩,甚清深,有孤石临潭,乘崖俯视,猨狖惊心,寒木被潭,森沈骇观,上有一栎树,谢灵运与从弟惠连常游之,作连句,题刻树侧。麻潭下注若邪溪,水至清照,众山倒影,窥之如画。(同上)

东迳诸暨县,与泄溪合。溪广数丈,中道有两高山夹溪,造云壁立,凡有五泄。下泄悬三十余丈,广十丈,中三泄不可得至,登山远望,乃得见之。泄悬百余丈,水势高急,声震水外。上泄

悬二百馀丈,望若云垂,此是瀑布,土人号为泄也。(同上)

北则嶂山与嵊山接,二山虽曰异县,而峰岭相连。其间倾涧怀烟,泉溪引雾,吹畦风馨,触岫延赏。是以王元琳谓之神明境,事备谢康乐《山居记》。浦阳江自嶂山东北,径太康湖,车骑将军谢玄田居所在。右滨长江,左傍连山,平陵修通,澄湖远镜。于江曲起楼,楼侧悉是桐梓,森耸可爱,居民号为桐亭楼,楼两面临江,尽升眺之趣。芦人渔子,泛滥满焉。湖中筑路,东出趋山,路甚平直。山中有三精舍,高甍凌虚、垂檐带空,俯眺平林,烟杳在下,水陆宁晏,足为避地之乡矣。(同上)

(二) 风土民俗

夷水自沙渠县入,水流浅狭。裁得通船。东迳难留城南,城即山也。独立峻绝,西面上里余,得石穴。把火行百许步,得二大石碛,并立穴中,相去一丈,俗名阴阳石。阴石常湿,阳石常燥。每水旱不调,居民作威仪服饰,往入穴中,旱则鞭阴石,应时雨多,雨则鞭阳石,俄而天晴。相承所说,往往有效,但捉鞭者不寿,人颇恶之,故不为也。(卷三七夷水)

水中有神鱼,大者二尺,小者一尺。居民钓鱼,先陈所须多少,拜而请之,拜讫,投钩饵。得鱼过数者,水辄波涌,暴风卒起,树木摧折。水侧生异花,路人欲摘者,皆当先请,不得辄取。(同上)

九真太守任延,始教耕犁,俗化交土,风行象林,知耕以来,六百馀年,火耨耕艺,法与华同。名白田,种白谷。七月火作,十月登熟,名赤田,种赤谷。十二月作,四月登熟,所谓两熟之稻也。至于草甲萌芽,谷月代种,穜稑早晚,无月不秀,耕耘功重,收获利轻,熟速故也。米不外散,恒为丰国。桑蚕年八熟茧。《三都赋》所谓八蚕之绵者矣。(卷三六温水)

(三) 近于神话的故事

郁水即夜郎豚水也,汉武帝时,有竹王兴于豚水。有一女子,浣于水滨,有三节大竹,流入女子足间,推之不去。闻有声,持归破之,得一男儿。遂雄夷濮,氏以竹为姓。所捐破竹,于野成林,今竹王祠竹林是也。(卷三六温水)

溱水又西南,迳中宿县会一里水,其处隘,名之为观岐。连山交枕,绝崖壁竦,下有神庙,背阿面流,坛宇虚肃,庙渚攒石,巉岩乱峙中川。时水洊至,鼓怒沸腾,流木沦没,必无出者。世人以为河伯下材。晋中朝时,县人有使者至洛者事讫,将还,忽有一人寄其书,云:吾家在观岐前,石间悬藤,即其处也。但叩藤,自当有人取之。使者谨依其言,果有二人出外取书,并延入水府,衣不沾濡。言此似不近情,然造化之中,无所不有,穆满西游,与河宗论宝,以此推之,亦为类矣。(卷三八溱水)

我们就从以上的文字看来,就可以晓得道元的笔致是如何清冽可喜了。不过,当时能够产生出这样的散文,并非偶然的。自魏晋以来,因为老庄思想的薰陶,于是返回自然之风大盛。于是在文学上就自然而然的走到描写自然、刻画自然的道路上去。刘彦和谓:

宋初文咏,体有因革。庄老告退,而山水方滋,俪采百字之偶,争价一句之奇。情必极貌以写物,辞必穷力而追新,此近世之所竞也。(《文心雕龙·明诗》)

所以谢灵运可以说是当时这种风气下的代表人物。道元的年代比灵运为晚(相差约三十左右),他虽然是北朝人,可是一定也受到这种风气的影响。我们看他的文中,时时提到谢灵运,如此则灵运之作,他是看过的,再者①说他对自然也是有意的去寻探,同时更是有意的去刻画。即如前面所引诸段中,就有这样的话:"其叠嶂秀峰,奇构异

---

① "再者"原稿作"再以",校订者酌改。

形,固难以辞叙。"又:"山水有灵,亦当惊知己于千古矣。"又:"山水之趣,尤深人情。"同时在三峡中别人都视之为畏途,而他竟"仰瞩俯映,弥习弥佳,流连信宿,不觉忘返",就可以晓得他是如何酷爱山水之美了。

道元既是这样的热烈的去追寻自然,同时又去加意的描写,无怪乎要产生出这种妙绝千古的文字了。他同谢灵运一个南一个北,一个用诗一个用文,都一样是老庄思想中所陶熔出的伟大作家。

道元的文字给后来①的影响极大。唐宋以后散文上写山水的一派,可以说是道元开其端。即如柳子厚,他的永州诸记,一向认为是写自然的杰作,但他颇受道元的启示。明杨慎《丹铅录》云:

> 柳子厚《小石潭记》"潭中鱼可百许头,皆若②空游无所依。"此郦道元《水经注》"渌水平潭,清洁澄深,俯视游鱼,类若乘空。"沈佺期诗"鱼似镜中悬",亦用郦语意也。(卷七)

这是一个极有价值的发现。唐末诗人陆龟蒙诗云:"水经山疏不离身。"(《和袭美寄怀南阳润卿》③)宋苏东坡诗云:"嗟我乐何深,水经亦屡读。"(《寄周安孺茶》④)可知历来作家,对此书之重视矣。至于批评道元文字的,以明清人张岱、刘熙载二人之语为最中肯。宗子说:"古人记山水手,太上郦道元,其次柳子厚,近时则袁中郎。"(《琅嬛文集·跋寓山注二》⑤)熙载说:"郦道元叙山水,峻洁层深,奄有楚辞《山鬼》、《招隐士》胜境,柳柳州游记,此其先导耶⑥?"(《艺概》卷

---

① "来"为校订者酌补。
② "若"原稿漏引,校订者酌补。
③ 原稿缺注,校订者酌补。
④ 原稿缺注,校订者酌补。
⑤ 原稿夹注作《寓山注》,校订者酌补。
⑥ "耶"原稿误引作"也"并以句号作结,校订者酌改。

一)看了这样的评语,我们就只有搁笔了。惜乎①"近世文人则徒猎其隽句僻事,以供词章之用,而山川古迹一概不问。孰知为《禹贡》之忠臣,《班志》之畏友哉!"(胡渭②《〈禹工锥指〉略例③》)

乙、中衰期——由唐至明中叶(618~1566)

　　文学在极端自由解放的文化思想环境中④,是很容易走到为艺术而艺术的道上的。可是这种趋向的末流,常常要流入于形式的粉饰与声调的推敲。在前一期中,从建安起继之而太康,而永明,就是如此。所以,最后终于是雕缋堆砌、轻浮揉靡。至前章所论诸家叔夜、羲之、渊明,可以说于此潮流均丝毫无关。他们走的是另一条路。《世说》因所记多正始、义熙时人言论,故义庆虽在文风夸谈时代,尚能矫然独异。《伽蓝记》《水经注》二书虽系北方产品,因已当齐梁之时,不免于偶丽之习。就中尤以前作为尤甚。唯《家训》能斟酌于至当而一出于自然,可谓文质彬彬矣。

　　物极必反,即在齐梁之时,一二尚文之批评家如钟嵘、刘勰,他们对当时文风已一再予以针砭,但此等轻微之修正论,决不能生如何效力。直至隋初,于是李谔上书,一反往日之旧,而深诋华艳之非。他说:

　　　　臣闻古先哲王之化民也,必变其视听,防其嗜欲,塞其邪放之心,示以淳和之路。五教六行为训民之本,《诗》《书》《礼》

---

　　① "惜乎"为校订者酌加,以下引胡渭语乃任访秋先生补写于书稿上端者,兹增补于此。

　　② 校订者按,"胡渭"原稿作"胡明经",查胡渭初名渭生,字朏明,一字东樵,似无"明经"之名号。

　　③ "略例"原稿误书作"例略",校订者酌改。

　　④ 校订者按,此句原稿作"文学在极端自由的环境中",这容易让人误解,因为从政治上讲魏晋南北朝并不是多么自由的环境,其实任访秋先生的意思是说这一时期文化思想气氛比较自由解放,所以代为酌改如上。

《易》为道义之门。故能家复孝慈,人知礼让,正俗调风,莫大于此。其有上书献赋,制诔镌铭,皆以褒德序贤,明勋证理。苟非惩劝,义不徒然。降及后代,风教渐落。魏之三祖,更尚文词,忽君人之大道,好雕虫之小艺。下之从上,有同影响,竞骋文华,遂成风俗。江左齐、梁,其弊弥甚,贵贱贤愚,唯务吟咏。遂复遗理存异,寻虚逐微,竞一韵之奇,争一字之巧。连篇累牍,不出月露之形,积案盈箱,唯是风云之状。世俗以此相高,朝廷据兹擢士。禄利之路既开,爱尚之情愈笃。于是闾里童昏,贵游总帅,未窥六甲,先制五言。至如羲皇、舜、禹之典,伊、傅、周、孔之说,不复关心,何尝入耳。以傲诞为清虚,以缘情为勋绩,指儒素为古拙,用词赋为君子。故文笔日繁,其政日乱,良由弃大圣之轨模,构无用以为用也。损本逐末,流遍华壤,递相师祖,久而愈扇。及大隋受命,圣道聿兴,屏黜轻浮,遏止华伪,自非怀经抱质,志道依仁,不得引预搢绅,参厕缨冕。开皇四年,普诏天下,公私之翰,并宜实录。其年九月,泗州刺史司马幼之文表华艳,付所司治罪。自是公卿大臣,咸知正路,莫不钻仰坟集,弃绝华绮,择先王之令典,行大道于兹世。如闻外州远县,仍钟敝风,选吏举人,未遵典则,……臣既忝宪司,职当纠察。若闻风即劾,恐挂网者多,请勒诸司,普加搜访,有如此者,具状送台。

从这里边可以看出下列四个要点:(一) 他认为文章应当有益于世道,并须合于经典,(二) 反对艳情的篇什,(三) 隋承北朝的余风,政府方面以政治的力量革华艳之习,(四) 他觉得这种政策还没有普遍的推行,所以主张"请勒诸司,普加搜访"。所以到了隋朝可以说是唯美主义的反动时代,也可以说是为人生而艺术的一派占了优势,集中全力打倒为艺术而艺术的一派的时代。

隋代的统一不到四十年,天下大乱。不数年,李唐竞起而代之,所以隋朝很像秦,作为从南北朝到唐的一个过渡。

唐既统一天下,照一般专制政府的惯技,一定继之而来一个思想的统一。统一的办法,第一是选举。唐代的制度是先之以州郡之推荐,继之以政府的考试。当时有帖经、对策、墨义诸项,仍旧是汉武帝的老套。第二是将经义定出标准。汉代有所谓五经博士,唐代在太宗时敕孔颖达为《五经正义》(《周易》、《尚书》、《毛诗》、《礼记》、《左传》),考试时举子之说经悉以此为准则。论者谓其束缚思想,较之汉武帝罢黜百家、一尊儒术可谓有过之而无不及。

至于文学思潮,由隋以来即直奔向复古的道路上去。最初是陈子昂、李太白对诗歌的提倡复古,继之以权德舆、独孤及、柳冕、韩愈对散文之提倡复古。诗歌复古的结果,走到写实,而注重社会的现状的路上。散文复古的结果,是"文以载道",此所谓道乃孔孟之道,载道者乃是借文章来阐明发挥孔孟之圣道。韩愈的话最能代表这些人的主张:

> 愈之为古文,岂独取其句读不类于今者邪?思古人而不得见,学古道则欲兼通其辞;通其辞者,本志乎古道者也。(《题欧阳生哀辞后》)

> 读书以为学,缵言以为文,非以夸多而斗靡也;盖学所以为道,文所以为理耳。苟行事得其宜,出言适其要,虽不吾面,吾将信其富于文学也。(《送陈秀才彤序》)

此外他又于《答李翊书》中自述其为古文之甘苦。谓"始者非三代两汉之书不敢观,非圣人之志不敢存",继则"行之乎仁义之途,游①之乎《诗》《书》之源",可知其对于写作是持的如何的态度了。与退之同时的有柳子厚,亦赞同退之之说。于是复古之潮达于极点。至唐末五代,虽然唯美派之风又曾复兴,然为时极暂。至宋初,有穆伯长、尹师鲁等师法韩愈。至欧阳修登籍,对韩柳盛加推赏,后之继起者如王荆公、曾子固、苏东坡父子,不是明公就是才人,所以北宋的散文完全是继中唐之余波。周、程虽不喜文章(周有"不知务道德而第以文

---

① "游"原稿误作"行",校订者酌改。

辞为能者,艺焉而已"①的话,程有"文以害道"、"为文则玩物丧志"之说),可是到南宋,继承他们之学而发扬光大的朱熹,论文则宗八家(见《朱子语类·论文》),而尤其推重昌黎,曾校定韩文,为韩文考异。此后,朱派学者多为古文家。如从黄干传下之金华学派,元有金履祥、黄溍、柳贯、吴莱,明初有宋濂、王袆、方孝孺,均将朱子之学一面见诸事功,一面表之于文章。这是散文②复古运动以后的发展情形。

说到思想,五代为时较暂,至北宋曾一仍唐之旧,中间经过辽金之乱,直到蒙古入主中国,而在位者率为儒家者流。即如为元代"开国佐命"、替异族定制度兴礼乐者,乃是③信仰朱子之姚枢、许衡的手。至明代以八股取士,遂定朱学于一尊,而朱学于禁锢思想,其为弊尤甚。自明成化以后,士大夫率埋头于高头讲章,鲜知学问,更无论思想了。在散文的发展上,在明代的正德与嘉靖这两个时期,曾经有过前后七子的复古运动,然而较之韩柳可谓每况愈下,只以抄袭剽窃为复古,"优孟衣冠"、"鹦鹉学舌",益不足取。故散文至此时而益蔽。

总之,从唐初到明中叶这九百多年中,在思想上始终没脱出儒家的羁绊,从朱子以后其束缚一般人之思想愈来愈甚,散文始终没离开复古派的掌握,所以决不容小品文来繁荣滋长。不过,也决不能说没有一个作家可讲的。唐末之皮日休、陆龟蒙、罗隐他们生当末世,目击天下大乱与夫政治之混浊,颇多愤世嫉俗之作。鲁迅说:

唐末诗风衰落,而小品文发来光辉。但罗隐的《谗书》,几乎全部是抗争和愤激之谈;皮日休和陆龟蒙,自以为隐士,别人也称之为隐士,而看他们在《皮子文薮》和《笠泽丛书》中的小品

---

① 这是周敦颐《通书·文辞》中的话,原稿引文缺漏了"道德"的"道"字,校订者酌补。
② 原稿漏缺"文"字,校订者酌补。
③ "是"原稿作"为",校订者酌改。

文,并没有忘记天下,正是一榻糊涂的泥塘里的光彩和锋芒。(《小品文的危机》)

他们中几个人很有点像嵇叔夜,可惜的是他们的思想不脱儒家的范畴,而文字也不外为韩愈的一派——其实这还没什么关系,假若他们在思想上能够解放一点,不全为儒家所囿,以他们的态度与精神,恐怕在作品上更要放出异样的晶光的吧。至于宋代,也只有苏、黄二人,而苏也一样是古文家。不过苏的天分高,虽然应制之作,就文学上说毫不足取,而他不经意时所写出之尺牍、题跋一类的文字,简直是绝妙之作。过此以往,直至金元到明中叶,简直是很难再找出继起者了。所以这个时期虽为时极久,然上既不能比迹魏晋,下又不能比踪晚明,不过幸喜还有一二作家为之延续,使这个阶段不至于曳白①,故特名之为中衰期。

柳宗元(773~819),字子厚,其先盖河东人。少精敏绝伦,为文章卓伟精致,一时辈行推仰。第进士博学鸿辞科,授校书郎,蓝田尉。贞元十九年(803)为监察御史里行,善王叔文、韦执谊,二人者奇其才,及得政,引内禁近与计事,擢礼部员外郎,欲大进用。未几叔文败,贬邵州刺史,不半道,贬永州司马。既被窜斥,地又荒疠,因自放山泽间,其堙厄感郁一寓诸文,仿《离骚》数十篇,读者莫不为之悲恻。元和十年(815),徙柳州刺史。时南方为进士者走数千里从宗元游,经指授者,为文辞皆有法。世号"柳柳州"。十四年卒,年四十七。

子厚虽是北方人,但中年以后放逐南方,穷愁潦倒,故其思想不能不与庄释相接近。他的《天②说》纯粹是从庄周的哲学来,而他辨析先秦的伪书,这种怀疑的精神,若不是受庄学的影响,也不能如此。(按,此种对古书的态度,已开宋人疑古之风)至佛学③为唐代风靡一

---

① 校订者按,"曳白"也有写作"拽白"的。
② "天"原稿误作"又",校订者酌改。
③ "学"为校订者酌加。

时的学术,子厚的朋友韩愈是以卫道自命,而竭力排佛的。可是子厚则不然,他说:

> 儒者韩退之与余善,尝病余嗜浮图言,誉余与浮图游。近陇西李生础自东都来,退之又寓书罪余,且曰:"见《送元生序》,不斥浮图"。浮图诚有不可斥者,往往与《易》、《论语》合,诚乐之,其于性情奭然,不与孔子异道。退之好儒未能过杨子。杨子之书于《庄》《墨》《申》《韩》皆有取焉。浮图者,反不及《庄》《墨》《申》《韩》之怪僻险贼耶?曰:"以其夷也。"果不信道而斥焉以夷,则将友恶来、盗跖,而贱季札、由余乎?非所谓去名求实者矣。吾之所取者与《易》、《论语》合,虽圣人复生不可得而斥也。(《送僧浩初序》)

所以子厚的思想,是不专主于儒,而是合诸派之思想而一之的。因此他不像退之那样的嫥陋①,那样的褊狭,那样的悻悻然见于辞色。他对世态的认识,人情的了悟,可以说比退之更透辟得多。他不矫厉,不矜持,自然而纯真。在文学的见解上,他虽与退之同样主张复古,主张"文以明道",可是他的诗写得清空,他的②散文写得爽利,这一点绝不是退之所能企及的。真正的文学作品,在需有实生活。子厚放逐于永、柳二州,其山水之秀美,成为子厚惟一的慰藉物,他终日倘佯于山林泉石之间,心魂与万化相冥合,加以他的身世的遭际,酷似屈原,使他热烈的爱好着屈原的作品。于是在这样的薰陶感染与启示之下,自然而然的产生出台那极其秀美而传咏千载的小品——山水游记了。

子厚小品可分两类:(一) 山水记,(二) 寓言。前者受《楚辞》、《水经注》之影响最大,而后者则全学《庄子》书者也。

---

① 校订者按,原稿"嫥"字不很清晰,疑似"嫥"字,而"嫥陋"一词颇罕见,但间或也有用者。如章太炎《检论·通程》:"学愈嫥陋,以滋后生口实。"

② "的"为校订者酌加。

（一）山水记

始得西山宴游记

　　自余为僇人，居是州，恒惴栗。其隙也，则施施而行，漫漫而游。日与其徒上高山，入深林，穷回溪，幽泉怪石，无远不到。到则披草而坐，倾壶而醉。醉则更相枕以卧，卧而梦。意有所极，梦亦同趣。觉而起，起而归。以为凡是州之山水有异态者，皆我有也，而未始知西山之怪特。今年九月二十八日，因坐法华西亭，望西山，始指异之。遂命仆人过湘江，缘染溪，斫榛莽，焚茅茷，穷山之高而上。攀援而登，箕踞而遨，则凡数州之土壤，皆在衽席之下。其高下之势，岈然洼然，若垤若穴，尺寸千里，攒蹙累积，莫得遁隐。萦青缭白，外与天际，四望如一。然后知是山之特立，不与培塿为类，悠悠乎与颢气俱，而莫得其涯；洋洋乎与造物者游，而不知其所穷。引觞满酌，颓然就醉，不知日之入。苍然暮色，自远而至，至无所见，而犹不欲归。心凝形释，与万化冥合。然后知吾向之未始游，游于是乎始，故为之文以志。是岁，元和四年也。

钴鉧潭记

　　钴鉧潭在西山西。其始盖冉水自南奔注，抵山石，屈折东流；其颠委势峻，荡击益暴，啮其涯，故旁广而中深，毕至石乃止。流沫成轮，然后徐行。其清而平者且十亩，有树环焉，有泉悬焉。其上有居者，以予之亟游也，一旦款门来告曰："不胜官租私券之委积，既芟山而更居，愿以潭上田贸财以缓祸。"予乐而如其言。则崇其台，延其槛，行其泉于高者而坠之潭，有声潨然，尤与中秋观月为宜，于以见天之高、气之迥。孰使予乐居夷而忘故土者，非兹潭也欤？

（二）寓言

临江之麋

　　临江之人，畋得麋麑，畜之。入门，群犬垂涎，扬尾皆来，其人怒怛之，自是日抱就犬，习示之，使勿动。稍使与之戏。积久，犬皆如人意。麋麑稍大，忘己之麋也，以为犬良我友，抵触偃仆益狎。犬畏主人，与之俯仰甚善。然时啖其舌。三年，麋出门，见外犬在道甚众，走欲与为戏。外犬见而喜且怒，共杀食之，狼藉道上。麋致死不悟。

此外如《宋清传》、《郭橐驼传》、《梓人传》，皆因事立论，乃庄子《养生主》、《马蹄》篇之流亚，以篇幅稍长，故不录。

罗隐（833～909）字昭谏，新登县（余杭）人，本名横。凡十上不中第，遂更名。初从事湖南，历淮润，皆不得意，乃归新登。后谒吴越王，王不见纳，遂以所为夏口诗标于卷末云："一个祢衡容不得，思量黄祖漫英雄。"①王览之大笑，因加殊遇。复命简书辟之曰："仲宣远托刘荆州，盖因乱世；夫子乐为鲁司寇，只为故乡。"隐曰："是不可去矣。"素不喜军旅，唯与丞相杜建徽善。王初成西府，命宾僚巡览，顾左右曰："百步一敌楼，足以言金汤之固。"隐徐曰："敌楼不若内向。"及徐许之乱，人皆以为先见。一日，隐寝疾，王亲临抚问，因题其壁云："黄河信有澄清日，后代应难继此才。"隐起而续末句云："门外旌旗屯虎豹，壁间章句动风雷。"隐由是以红纱罩覆其上，其后果无文嗣。累官钱塘县令，寻授镇海军，掌书记，节度判官、盐铁发运副使，因授著作②郎，司勋郎中。历谏议大夫、给事中，赐金紫，卒于梁太祖开平三年，年七十七。著有《江南甲乙集》、《淮海寓言》及《淮海后

---

① 原稿此处有"之句"，校订者酌删。
② 原稿此处衍一"上"字，校订者酌删。

集》，并行于世。（见《吴越备史》、《旧五代史》）

昭谏生逢唐代末季乱离之际，个人坎坷不显，自言在京师七年，寒饿相接，殆不似寻常人，故客愁牢骚，一一发抒之而为文，然因此而愈穷。故彼取其所为文，而诋之曰："他人用是以为荣，而予用是以为辱。他人用是以富贵，而予用是以①困穷。苟如是，予之书乃自谗耳。目曰《谗书》。"我们现在来仔细的读昭谏之作，觉得他的思想仍不脱儒家一派成见。他《答贺兰友书》中说：

> 仆少而羁窭，自出山二十年，所向摧沮，未尝有一得幸于人。故同进者忌仆之名，同志者忌仆之道。无有不如吾子之所诲也。然仆之所学者，不徒以竞科级于今之人，盖将以窥昔贤之行止，望作者之堂奥，期以方寸广圣人之道。可则垂于后代，不可则庶几致身于无愧之地。宁复虞时人之罪仆者欤。

同时他的文章似乎也是从昌黎、柳州这一派下来的。这种"期于方寸广圣人之道"不完全是复古派的主张吗？不过，昭谏生丁乱世，而其性又介僻，"不能方圆"（《答贺兰友书》），故出山二十年，所向摧沮，其满怀抑郁不平之气，悉发之为文章。故如匕首，如矢镞，锋芒森森，深中社会之病，读之令人称快。与夫无病呻吟、剽窃拾取者，迥乎不侔。今将《谗书》小品②文选录数篇于后。

叙 二 狂 生

> 祢正平、阮嗣宗生於汉晋间，其为当时礼法家惋者多矣。然二子岂天使为之哉？夫汉之衰也，君若客旅，臣若豹虎。晋之弊也，风流蕴藉，雍容闲暇。苟二子气下於物，则谓之非才。气高於人，则谓之陵我，是人难事也。张口掉舌，则谓之讪谤。俯首避事，则谓之诡随，是时难事也。夫如是，则汉之祚歼於外，晋之

---

① "以"为校订者酌补。
② 原稿缺漏了"品"字，校订者酌补。

祚缩於中,故天必降变以应之。二子应天变者也,或号口兆焉,或恸哭焉。斯甚於风雨雪霜已,故泣军门者谓皇皇而无主,叹广武者思沛上之英雄。

英雄之言

物之所以有韬晦者,防乎盗也。故人亦然。夫盗亦人也,冠履焉,衣服焉,其所以异者,退逊之心,正廉之节,不常其性耳。视玉帛而取之者,则曰牵于寒饿;视家国而取之者,则曰救彼涂炭。牵于寒饿者,无得而言矣;救彼涂炭者,则宜以百姓心为心。而西刘则曰:"居宜如是!"楚籍则曰:"可取而代!"意彼未必无退逊之心,正廉之节,盖以视其靡曼骄崇,然后生其谋耳。为英雄者犹若是,况常人乎?是以峻宇逸游,不为人所窥者,鲜也。

说 天 鸡

狙氏子不得父术,而得鸡之性焉。其畜养者冠距不举,毛羽不彰,兀然若无饮啄意,洎见敌,则他鸡之雄也;伺晨,则他鸡之先也,故谓之天鸡。狙氏死,传其术于子焉。且反先人之道,非毛羽彩错、嘴距铦利者,不与其栖,无复向时伺晨之俦、见敌之勇,峨冠高步,饮啄而已。吁!道之坏矣有是夫!

畏 名

瞭者与瞍者语于暗。其辟是非、正兴替,虽君臣父子之间,未尝以墙壁为虑。一童子进烛,则瞍者犹旧,而瞭者噤不得呻。岂其人心有异同,盖牵乎视瞻故也。是以退幽谷则思行道,入朝市则未有不畏人。吁!

三 叔 碑

肉以视物者猛兽也,窃人之财者盗也。一夫奋则兽佚,一犬吠则盗奔。非其力之不任,恶夫机在后也。当周公摄政时,三叔流谤。故辟之囚之黜之，然后以相孺子。洎召公不悦，则引商之卿佐以告之。彼三叔者固不知公之志矣，而召公岂亦不知乎？苟不知，则三叔可杀，而召公不可杀乎？是周公之心可疑矣。向非三叔，则成王不得为天子，周公不得为圣人。愚美夫三叔之机在前也，故碑。

皮日休字逸少，一字袭美，襄阳人。隐鹿门，自号醉吟先生。咸通八年（867）登进士第，官至国子博士。后寓苏州，与陆龟蒙为文友。著有《文薮》十卷，《皮子》三卷。黄巢之乱，入会稽依钱氏，仕越为太常博士，卒。（《北梦琐言》、《十国春秋》）至日休晚年事迹，过去颇有异说。《该闻录》谓"皮日休陷黄巢，为翰林学士。巢败，被诛"。《全唐诗·小传》又谓"日休为巢所杀"。惟尹洙《大理寺丞皮子良墓志》称"日休避广明之难，奔钱氏。子光业为吴越丞相"。陆游《老学庵笔记》亦力辩日休仕于黄巢之说，而谓其终于吴越。较而言之，自以尹、陆二人之说为可信也。

日休之思想，纯系儒家的。他极端推尊退之，他在《请韩文公配飨太学书》中道：

> 今有人身行圣人之道，口吐圣人之言，行若颜、闵，文若游、夏，死不得配食于夫子之侧，愚又不知尊先圣之道也。夫孟子、荀卿翼传孔道，以至于文中子。文中子之末，降及贞观、开元，其传者醨，其继者浅，或引刑名以为文，或援纵横以为理，或作词赋以为雅。文中之道，旷百祀而得室授者，唯昌黎文公焉。文公之文，①蹴杨墨于不毛之地，躁释老于无人之境，故得孔道巍然而自正。夫今之文，千百十之作，释其卷，观其词，无不裨造化、补时政，繄公之力也。

其次又《请孟子为学科书》中云：

---

① "唯昌黎文公焉。文公之文"原稿误引作"唯昌黎文公之文"，校订者酌改。

今有司除茂才明经外,其次有熟庄周、列子书者,亦登于科。其诱善也虽深,而愚科也未正。夫庄、列之文,荒唐之文也,读之可以为方外士,习之可以为鸿荒之民。有能汲汲以救时补教为志哉?伏请命有司,去庄、列之书,以孟子为主。有能精通其义者,其科选,视明经。

这种抵排异端、攘斥佛老,不正是同退之如出一辙吗?所以,《四库提要》中说:

　　观集中书序论辨诸作,亦多能原本经术。其《请孟子立学科》、《请韩愈配飨太学》二书,在唐人尤为卓识,不得仅以词章目之。

不过在今日的我们看起来,这倒①并不见得是怎样有卓识,鲁迅是极端攻击传统思想的,然而他称道日休的小品文,可知他并不是称道日休②能尊孔、能卫道,乃是取他的那种积极的态度,可见在乱世隐居山林,而并不曾忘掉天下。他的文字多讽刺之作,而尤其是他的《隐书》六十卷,长的百余字,短的十余字,针对当时腐败政治,与士大夫的恶习而为言。鲁迅比之于匕首与投枪,真是恰当极了。

　　古之官人也,以天下为己累,故己忧之。今之官人也,以己为天下累,故人忧之。

　　今道有赤子,将为牛马所践,见之者无问贤不肖,皆惕惕然,皆欲驱牛马以活之。至夫国有弱君,室有色如,有谋其国欲其室者,惟恨其君与夫不罹其赤子之祸也。噫!是复何心哉!

　　古之奢也,吾不奢。古之俭也,吾不俭。适管晏之中,或可矣。噫!古之奢者僭,今之奢也滥。古之俭也性,今之俭也名。

　　古之隐也,志在其中。今之隐也,爵在其中。

　　吏不与奸罔期,而奸罔自至。贾竖不与不仁期,而不仁自

---

① "倒"原稿作"到",校订者酌改。
② "日休"原稿作"他",与前犯重,易生误解,校订者酌改。

至。呜呼！吏非被重刑，不知奸罔之丧已。贾竖非遭极祸，不知不仁之害躬也。夫易化而善者齐民也，唯吏与贾竖难哉。

圣人行道而守法，贤人行法而守道，众人侮道而货法。

古之决狱，得民情也哀。今之决狱，得民情也喜。哀之者，哀其化之不行。喜之者，喜其赏之必至。

周公为天子，下白屋之士，今观於一命之士，接白屋之人，斯礼遂亡。悲夫！

幸君之急而见惩，纠己之雠而为直。因躬不好者而为廉，因人不乐者以为正，大人不由也。古之杀人也怒，今之杀人也笑。

古之置吏也，将以逐盗。今之置吏也，将以为盗。

陆龟蒙字鲁望，苏州人。少高放，通六经大意，尤长于《春秋》。(《述志赋》)举进士，一不中，往从湖州刺史张抟游，为湖、苏二郡佐。后隐居松江甫里。平居以文章自怡，幽忧疾痛中，落然无旬日生计，未尝暂辍。有田数亩，有屋三十楹，有田畸十万步，有牛不减四十蹄，有耕夫百馀指。而田污下，暑雨一昼夜，则与江通，由是苦饥，困仓无升斗蓄积。于是乃身亲畚锸茠刺无休，时或讽其劳。答曰："尧舜微①瘠，大禹胝胼。彼非圣人耶？吾一布衣，不勤劬，何以为妻子之天乎？"嗜茶，曾为品第书一篇，继《茶经》、《茶诀》之后。南阳张又新尝为《水说》七等，其二惠山泉，其②三虎邱井，其六松江，高僧逸人时致之，以助其好。后以病不复饮。不喜与俗人交，虽造门不肯见。不置车马，不务庆吊，内外姻党，伏腊丧祭，未尝及时往。或寒暑得中，体佳无事时，则乘小舟，设蓬席，赍一束书、茶灶笔床钓具、棹船郎而已。所诣小不会意，径还不留，虽水禽决起、山鹿骇走之不若也。人谓之江湖散人，而鲁望亦以涪翁渔父江上丈人之流自比。后以高士

---

① 校订者按，"微"字在原稿是一个近似"微"字的罕见字，查《新唐书·隐逸传》影印本亦复如此，实在无法录出，或即"霉"之异体，特此说明。

② "其"为校订者酌加，下同，不另注。

召,不至。李蔚、卢携素与善,及当国,召拜左拾遗。诏方下,而鲁望卒。光化中,韦庄表赠右补阙。有《笠泽丛书》行于世。(《甫里先生传》、《新唐书·隐逸传》)

鲁望的思想,大体是以儒为主。《蟹志》云:

> 今之学者,始得百家小说,而不知孟轲荀杨氏之道。或知之,又不汲汲於圣人之言,求大中之要,何也?百家小说,沮洳也。孟轲荀杨氏,圣人之渎也。六籍者,圣人之海也。

但他似乎也多少受一点庄周的影响,《招野龙对》云:

> 昔豢龙氏求龙之嗜欲,幸而中焉,得二龙而饮食之。龙之于人固异类,以其若己之性也,故席其宫沼,百川四溟之不足游。甘其饮食,洪流大鲸之不足味。施施然,扰扰然,其爱弗去。一旦值野龙,奋然而招之曰:"尔奚为者,茫洋乎天地之间,寒而蛰,阳而升,能无劳乎?诚能从吾居而晏安乎?"野龙矫首而笑之曰:"若何龊龊乎如是耶?赋吾之形,冠角而被鳞。赋吾之德,泉潜而天飞。赋吾之灵,嘘云而乘风。赋吾之职,抑骄而泽枯。观乎无极之外,息乎大荒之墟。穷端倪而尽变化,其乐不至耶?今尔苟容于蹄涔之间,惟泥沙之是拘,惟蛭蟥之与徒。牵乎嗜好以希饮食之余,是同吾之形,异吾之乐者也。狎于人,啗其利者扼其喉、戕其肉,可以立待。吾方哀而援之以手,又何诱吾纳之陷井耶?尔不免矣。"野龙行未几,果为夏后氏之醢。

这不是与庄周对楚使者之言,同一意味吗?而其兹后文字之恢闳,又似从《逍遥游》来也。不过我们看鲁望的言行,可以说是两重的,其生活态度是遁世的,这有点迹近老庄。而其言论,则极愤激而积极,不忘社会,不忘天下,近于儒。他攻击当时社会之腐败,举相率以浮矫相尚,因作《蠹化》:

> 橘之蠹,大如小指,首负特角。身蠖蠖然,类蝤蛴而青。翳叶仰啮,如饥蚕之速,不相上下。人或枨触之,辄奋角而怒,气色桀骜。一旦视之,凝然弗食弗动。明日复往,则蜕为蝴蝶矣。力力拘拘,其翎未舒。襜黑韝苍,分朱间黄。腹填而椭,绥纤且长。

如醉方寤,羸枝不扬。又明日往,则倚薄风露,攀缘草树,耸空翅轻,瞥然而去。或隐蕙隙,或留篁端。翩旋轩虚飏曳纷拂,甚可爱也。须臾,犯蟊网而胶之,引丝环缠,牢若桎梏。人虽甚怜,不可解而纵矣。噫! 秀其外,类有文也。嘿其中,类有德也。不朋而游,类洁也。无嗜而食,类廉也。向使前不知为橘之蠹,后不见触蟊之网,人谓之钧天帝居而来,今复还矣。天下大橘也,名位大羽化也,封略大蕙篁也。苟灭德忘公,崇浮饰傲,荣其外而枯其内,害其本而窒其源,得不为大蟊网而胶之乎? 观吾之蠹化者,可以惕惕。

他攻击贪残的官吏,尸位的官吏,而作《记稻鼠》、《禽暴》、《野庙碑》:

乾符己亥岁,震泽之东曰吴兴,自三月不雨,至於七月。当时污坳沮洳者埃墌尘勃,槔楫支派者,入扉屦无所污。农民转远流渐稻本,昼夜如乳赤子,欠欠然救渴不暇,仅得葩坼穗结,十无一二焉。无何,群鼠夜出,啮而僵之,信宿食殆尽。虽庐守版击,毁而骇之,不能胜。若官督尸责,不食者有刑,当是而赋索愈急,棘械束榜木肌体者无壮老。吾闻之于礼曰"迎猫为食田鼠也",是礼缺而不行久矣。田鼠知之后欤? 物有时而暴欤? 政有贪而废欤?《国语》曰"吴稻蟹不遗种",岂吴之土,鼠与蟹更伺其事而效其力,歼其民欤? 且魏风以硕鼠刺重敛,硕鼠斥其君也。有鼠之名,无鼠之实。诗人犹曰"逝将去汝,适彼乐土",况乎上揣其财,下啗其食,率一民而当二鼠,不流浪转徙聚而为盗何哉? 春秋虫蝝生大有年皆书,是圣人于丰凶不隐之验也。余学《春秋》,又亲蒙其灾,于是乎记。(《记稻鼠》)

冬十月,予视获于甫里,旱苗离离,年无以揸。幽伤盈怀,夜不能寐。往往声类暴雨而疾至者,一夕凡数四。明日讯其盯,曰:"凫鹥也。其曹蔽天而下盖田,所当之禾,必竭穗而后去。"曰:"得无弋罗者捕而耗之耶?"对曰:"江之南不能弋罗,常药而得之,粹米斯涂杖,丛植于陂,一中千万,胶而不飞。是药也,出于长沙豫章之涯。行贾货错,岁售于射鸟儿。盗兴已来,蒙冲塞江,其谁敢商?是药既绝,群兔恣翔,幸不充乎口腹,反侵人之稻梁。"予曰:"噫!失驭之民,化而为盗。关梁急征,商不得行。使江湖小禽,亦肆其暴,以害民食。古圣人驱害物之民,出乎四裔,矧害民之物乎?俾生灵之众,死乎盗,死乎饥,吾不知安用驭者为!"(《禽暴》)

今之雄毅而硕者有之,温愿而少者有之,升阶级,坐堂筵,耳弦匏,口粱肉,载车马,拥徒隶者,皆是也。解民之悬,清民之瞎,未尝贮于胸中。民之当奉者一日懈怠,则发悍吏,肆淫刑,驱之以就事。较神之祸福,孰为轻重哉?平居无事,指为贤良。一旦有天下之忧,当报国之日,则恇挠脆怯,颠踬窜踣,乞为囚房之不暇。此乃缨弁言语之土木耳,又何责其真土木耶?(《野庙碑》)

以上诸篇均系有所为而为,讽刺①之言多,而艺术之成分少。现在择其比较最富于文学味者《怪松图赞序》,录之于后,以为此篇之殿。

有道人自天台来,示予《怪松图》,披之甚骇人目。根盘于岩穴之内,轮囷逼侧而上,身大数围,而高不四五尺。礧碨然,蹙缩然。干不暇枝,枝不暇叶,有若龙挐虎跛壮士囚缚之状。道人曰:"是何物怪如是耶?子能辨之乎?"予曰:"草木之生,安有怪耶?苟肥瘠得于中,寒暑均于外,不为物所凌折,未有不挺而茂者也,况松柏乎?今不幸出于岩穴之内,脞脆者则石坚然之牙伏死其下矣,何自奋之能为?是松也,虽稚气初折,而正性不辱。及其壮也,力与石斗。乘阳之威,怒已之轧,拔而将升,卒不胜其压。木雍勇郁遏,垒愤激讦,然后大醜彰于形质,天下指之为怪木。吁!岂异人乎哉?天之赋才之盛者,蚤不得用于世,则伏而不舒。薰蒸沉酗,日进其道。摧挤势夺,卒不胜厄,号呼呦挐,发越赴诉,然后大奇出于文彩,天下指之为怪民。呜乎!木病而后怪,不怪不能图其真。文病而后奇,不奇不能骇于俗。非始不幸

---

① "讽刺"原稿作"讽讽",校订者酌改。

而终幸者耶？"……

苏轼（1036～1101）字子瞻，眉州眉山人。少聪慧，七岁知书，十岁即能文章。嘉祐三年（1057）举进士，历仕福昌县主簿、凤翔府签判等职。熙宁、元丰间，王安石当国，厉行新法，子瞻因与安石政见不合，出通判杭州，后徙密、徐、湖诸州。元丰二年（1079）御史何大正、舒亶弹劾他的诗歌有些语含讽刺、讪漫朝廷，逮捕入狱，几陷重罪①。幸而神宗无意杀他，遂以黄州团练副使谪居黄州。哲宗即位，以他为奉朝郎，知登州。不久召归为礼部侍郎，中书舍人，翰林院学士，遂以龙图阁直学士，出知杭州。后虽曾经召回，任过翰林院承旨，兵部尚书等职，然为时极暂，终是南北播迁，几无宁日。绍圣初，新党又用事，借端贬他至惠州，后又徙昌化。徽宗即位，又徙他至廉州，最后到永州，因遇大赦，得北归，终于提举成都玉局观职。建中靖国元年卒，谥文忠。（《宋史》卷②三三八）

东坡是我们中国文学史上极有数的天才作家，他的诗词都是卓然成家，而不受前人的牢笼。不过他的思想似乎没有什么可称道的。在北宋初年，本来是古文二次的复兴期，欧阳修自命是传韩退之的衣钵，而东坡则是出于永叔之门的，所以他们的思想总归是囿于一曲，而不能弘通。至东坡早年的文章，譬如制策之类，完全学韩愈，就文学而论，不值得称道。可是，就他平时写的文章而论，有些因为是要攻击新党，而不能直然的骂，于是痛诋荀卿同申韩，而且排击老庄同佛的话也很多。可是再看看他的那些文学作品，如诗词赋之类，则受着道佛的影响反而很深。在这些地方，我们就不能不怀疑东坡早年的文章，未免是太意气用事。同时，他的思想也不成统系，因之自相矛盾、自相背戾的言论，如此之多。不过他毕竟是赋有绝顶天才的作家，诗词原不足以用作载道，故他写得特别好。散文他也有一部分，

---

① "罪"原稿笔误作"醉"，校订者酌改。
② "卷"为校订者酌加。

即平时不经意写出的尺牍、序跋之类,则是与他的诗词堪称异曲而同工。

东坡自评其文谓:"吾文如万斛泉涌,不择地而出。在平地,滔滔汩汩,虽一日千里无难。及其与山石曲折,随物赋形而不可知也。所可知者,常行于所当行,常止于不可不止,如是而已矣。其他,虽吾亦不能知也。"所以一任自然,从胸襟中流出,此东坡小品之所以"爽如哀梨,快如并剪,有必达之隐,无难显之情也"(按,此语为赵瓯北评东坡诗品,我觉得也一样可以用来评东坡之小文)。今就其尺牍与题跋二者分为抒情、说理、记事三项,择其尤者,录之于后:

(一) 抒情

　　黄州真在井底,杳不闻乡国信息,不审比日起居何如,郎娘各安否?此中凡百粗遣,江边弄水挑菜,便过一日,每见一邸报,须数人下狱得罪。方朝廷综核名实,虽才者犹不堪其任,况仆顽钝如此,其废弃固宜。但犹有少望,或圣恩许归田里,得款段一仆,与子众丈、杨宗文之流,往还瑞草桥,夜还何村,与君对坐庄门吃瓜子炒豆,不知当复有此日否?(《与王元直》)

　　昨日已别,情忻惘然。辱教,喜起居佳胜。① 风雨如此,淮浪如山,舟中摇撼,不可存济,亦无由上岸,但阖户拥衾耳。(《与徐得之》十首之四②)

　　雪斋清境,发于梦想,此间但有荒山大江,修竹古木。每饮村酒醉后,曳杖放脚不知远近,亦旷然天真,与武林旧游,未见议优劣也。(《答言上人》)

　　某初仕即佐先公,蒙顾遇之厚,何时可忘。流落阔远,不闻昆仲息耗,每以惋叹。辱书累幅,话及畴昔,良复慨然。三十余

---

① 原稿漏引了"辱教,喜起居佳胜",校订者酌补。
② "十首之四"为校订者酌加。

年矣,如隔晨耳,而前人凋丧略尽,仆亦仅能生还。人世一大梦,俯仰百变,无足怪者①。(《与宋汉杰》②二首之一)

每念李六丈之死,使人不复有处世意。复一览其诗,为涕下也。黄州风物可乐,供家之物,亦易致。所居江上,俯临断岸,几席之下,风涛掀天。对岸即武昌诸山,时时扁舟独往。若子野北行,能迂路一两程,即可相见也。(《答吴子野》四首之四③)

(二) 说理

晁君寄骚,细看甚奇,信其家多异材耶?然有少意,欲鲁直以己意微箴之。凡人文字,务使平和,至足余,溢为怪奇,盖出于不得已也。晁文奇怪似差早,然不可直云耳。非谓避讳也,恐伤其迈往之气,当为朋友讲磨之语乃宜。不知公谓然否?(《与鲁直》二首之一④)

示及新诗,皆有远别惘然之意,虽兄之爱我厚,然仆本以铁心石肠待公,何乃尔耶?吾侪虽老且穷,而道理贯心肝,忠义填骨髓,直须谈笑于死生之际,若见仆困穷便相怜,则与不学道者大不相远矣。兄造道深,中必不尔,出于相爱好之笃而已。然朋友之义,专务规谏,辄以狂言广兄之意尔。兄虽怀坎壈于时,遇事有可尊主泽民者,便忘躯为之,祸福得丧,付与造物。非兄,仆岂发此!看讫,便火之,不知者以为讪病也。(《与李公择》二首之二⑤)

示谕治《春秋》学,此学⑥者本务,又何疑焉。然此书自有妙

---

① "者"原稿引作"也",校订者酌改。
② 原稿误作《与刘器之》,校订者酌改。
③ "四首之四"为校订者酌加。
④ "二首之一"为校订者酌加。
⑤ "二首之二"为校订者酌加。
⑥ 校订者按,"学"一作"儒"。

用,学者罕能领会,若求之绳约中,乃近法家者流,苛细缴绕,竟益何用。惟丘明识其妙用,然不肯尽谈,微见端兆,欲使学者自见之,故仆以为难,盖尝悔少作矣,未敢轻论也。凡人为文,至老,多有所悔。仆尝悔其少矣,然著成一家之言,则不容有所悔。当且博观而约取,如富人之筑大第,储其材用,既足而后成之,然后为得也。愚意如此,不知是否?夜寒,笔冻眼昏,不罪!不罪!(《答张嘉父》)

(三) 叙事

近于城中得荒地十数亩,躬耕其中。作草屋数间,谓之东坡雪堂。种蔬接果,聊以忘老。有一大曲寄呈,为一笑。为书角大,远路,恐被拆,更不作四小哥、二哥及诸亲知书,各为致下恳。巢三见在东坡安下,依旧似虎,风节愈坚。师授某两小儿极严。常亲自煮猪头,灌血精,作姜豉菜羹,宛有太安滋味。此书到日,相次,岁猪鸣矣。老兄嫂团坐火炉头,环列儿女,坟墓咫尺,亲眷满目,便是人间第一等好事,更何所羡。可转此纸呈子明也。(《与子安兄》)

黄州守居之数百步为赤壁,或言即周瑜破曹公处,不知果是否?断崖壁立,江水深碧,二鹘巢其上,有二蛇,或见之。遇风浪静,辄乘小舟至其下,舍舟登岸,入徐公洞。非有洞穴也,但山崦深邃耳。《图经》云:"是徐邈不知何时人,非魏之徐邈也。"岸多细石,往往有温莹如玉者,深浅红黄之色,或细纹如人手指螺纹也。既数游,得二百七十枚,大者如枣栗,小者如芡实,又得一古铜盆盛之,注水粲然。有一枚如虎豹首,在口鼻眼处,以为群石之长。(《赤壁洞穴》,《东坡志林》①)

岁云暮矣,风雨凄然,纸窗竹室,灯火青荧,辄于此间得少佳

---

① 原稿作"《记赤壁》,《东坡题跋》卷六",校订者酌改。

趣。今分一半,寄与黄冈何圣可。若欲同享,须择佳客,若非其人,当立遣人去追索也。(《书赠何圣可》)

元丰六年十二月十二日,解衣欲睡,月色入户,欣然起行。念无与为乐者,遂至承天寺,寻张怀民。怀民亦未寝,相与步于中庭。庭下如积水空明,水中藻荇交横,盖竹柏影也。何夜无月?何处无竹柏?但少闲人如吾两人者耳。(《记承天寺①夜游》)

登州蓬莱阁上,望海如镜面,与天相际。忽有如黑豆数点者,郡人云:"海舶至矣。"不一炊久,已至阁下。(《蓬莱阁记所见》)

绍圣元年十二月,与幼子过游白水山佛迹院。浴于汤池,热甚,其源殆可以熟物。循山而东,少北,有悬水百仞,山八九折,折处辄为潭。深者缒石五丈,不得其所止,雪溅雷怒,可喜可畏。水涯有巨人迹数十,所谓佛迹也。暮归,倒行,观山烧壮甚。俯仰度数谷,至江上月出,击汰中流,掬弄珠璧。到家,二鼓矣。复与过饮酒,食余甘,煮菜,顾影颓然,不复能寐。书以付过。(《记游白水岩》)

黄州定惠院东小山,山上有海棠一株,特繁茂。每岁盛开,必携客置酒,已五醉其下矣。今年复与参寥师及二三子访焉,则园已易主,主虽市井人,然以予故,稍加培治。山上多老枳木,性瘦韧,筋脉呈露,如老人头颈,花白而圆,如大珠累累,香色皆不凡。此木不为人所喜,稍稍伐去,以予故,亦得不伐。既饮,往憩于尚氏之第。尚氏亦市井人也,而居处修洁,如吴越间人。竹林花圃皆可喜。醉卧小板阁上,稍醒,闻坐客崔成老弹雷氏琴,作悲风晓月,铮铮然,意非人间也。晚乃步出城东,鬻大木盆,意者谓可以注清泉,瀹瓜李,遂欶缘小沟,入何氏、韩氏竹园。时何氏方作堂竹间,既辟地矣,遂置酒竹阴下。有刘唐年主簿者,馈油煎饵,其名为"甚酥",味极美。客尚欲饮,而予忽兴尽,乃径归。

---

① "寺"字原稿缺漏,校订者酌补。

道过何氏小圃,乞其丛桔,移种雪堂之西。坐客徐君得之将适闽中,以后会未可期,请予记之,为异日拊掌。时参寥独不饮,以枣汤代之。(《记游定惠院》)

东坡这些作品,我们不须妄加评骘,读者自可领略其中滋味。恐怕其名永德新处①,实有点驾乎逸少、善长而上之之势。明季的公安派,极端的推挹东坡,亦全在这类的文章。恐怕他们的作品,大半是师诸东坡。所以就小品文的源流来说,我们认东坡为上承魏晋下开晚明,是没有什么不可的。下边把前人评文章的话,节录一二,作为参考:

老来②懒作文,但传得东坡及少游岭外文,时一微吟,清风飒然。顾同味者,难得耳。(《答李端叔》)

人谓东坡作此文,因难以见巧,故极工。余则以为不然。彼其老于文章,故落笔皆超逸绝尘耳。(《跋东坡〈醉翁操〉》)东坡道人在黄州时作,语意高妙,似非吃烟火食人语。非胸中有万卷书,笔下无一点尘俗气,孰能至此?(《跋东坡乐府·卜算子》)

以上黄庭坚语。

坡诗有云"清诗要锻炼,方得铅中银"。然坡诗实不以锻炼为工,其妙处在乎心地空明,自然流出,一似全不著力而自然沁入心脾。此其独绝也。(瓯北诗话》卷五)

此③赵瓯北语。

东坡之词旷,稼轩之词豪。无二人之胸襟而学其词,犹东施之效捧心也。(《人间词话》④)

读东坡稼轩词,须观其雅量高致,有伯夷、柳下惠之风。白石虽似蝉脱尘埃,然终不免局促辕下。(同上)

---

① 原稿"名永德新处"四字很难辨识,录以待考。
② 校订者按,"老来"一作"老夫"。
③ "此"为校订者酌加。
④ 出处为校订者酌补。

此①王静安语。

　　苏轼的词往往有新意境,所以能创立一种新风格。这种风格,既非细腻,又非凄怨,乃是悲壮与飘逸。胡寅说的使人登高望远,举首高歌,逸怀浩气,超乎尘垢之外,勉强可以形容这种新起的风格。陆游说东坡词,歌之曲终,觉天风海雨逼人,这也可以形容苏词的风格。这种风格乃是学问与人格结成的之,故不是那十七八女孩儿按红牙拍所能领会的。(《词选》)
此②胡适之先生语。

以上不论是评东坡的诗,或东坡的词,但我觉得都拿来评东坡的小品,没有一句话不恰当的。从这里可以知道,大作家的作品,它③们的作风是一致的,不论是诗词以至于散文,只要是真的性情流露的话。最后我觉得周启明④先生对东坡的批评最为允当,兹录之于后,作为本篇的结束——

　　苏东坡总算是宋朝的大作家,胡适之先生很称许他,明末的公安派对他也捧的特别厉害,但我觉得他绝不是文学运动方面的人物,他的有名,在当时只是因为他反对王安石,因为他在政治方面的反动(我们看来,王安石的文章和政见,是比较好的,反王派的政治思想实在无可取)。他的作品中的一大部分,都是摹拟古人的,如《三苏策论》里面的文章,大抵都是学韩愈,学古文的。只因他聪明过人,所以学得来还好。另外的一小部分,不是正经文章,只是他随便一写的东西,如书信题跋之类,在他本认为不甚重要,不是想要传留给后人的,因而写的时候,态度便很自然,而他所有的好文章,就全在这一部分里面。从这里,可以见出他仍是属于韩愈的系统之下,是载道派的人物。(《中国新

---

① "此"为校订者酌加。
② "此"为校订者酌加。
③ "它"原稿作"他",校订者酌改。
④ 即周作人,启明或岂明是他的笔名。

文学源流》)

黄庭坚(1045~1105)字鲁直,自号山谷老人,洪州分宁人。① 治平四年(1045)登进士第,调汝州叶县尉。熙宁五年(1072),除北京国子监教授,受知于苏轼。元祐初,召为校书郎,神宗实录检讨官,除秘书丞,国史编修官。绍圣元年十二月(1095),章惇、蔡卞以他纂修之《神宗实录》中记载新法有失实之处,遂贬他为涪州别驾,安置黔州。徽宗即位,改监鄂州税。崇宁二年(1103)有讦发他所作《承天塔院记》有幸灾谤国的话,因除名,编隶宜州。崇宁四年,卒于贬所。

鲁直为江西诗派的祖师,他的作品从北宋后为一大派。他的作品清冽隽美,无一点尘俗气,这自是他的人格与学识锤铸成的。在他的书简中,他常常以砥行砺节,谆谆然开示后辈。如《书嵇叔夜诗与侄榎》云:

> 予尝为诸子弟言,士生於世,可以百为,唯不可俗,俗便不可医也。或问不俗之状,予曰:难言也。视其平居,无以异於俗人,临大节而不可夺,此不俗人也。士之处世,或出或处,或刚或柔,未易以一节尽其蕴,然率以是观之。
>
> 士大夫聪明文学,世颇易得。至于秉不凋之节,奉一终始,万人乃一耳。(《答王子飞》)

此真是探本之论。真正的伟大作者,没有不是特立独行之辈的。卑屈阿世、随波顺俗之流,一望而觉其面目可憎,欲其出言之有味,岂可得乎? 山谷之小品,其出尘绝俗、明快爽利,与东坡可谓伯仲,未可轩轾其间也。

> 南阳宗少文,嘉遁江湖之间,援琴作金石弄,远山皆与之同响。其文献足以追配古人。孙茂深亦有祖风,当时贵人欲与之游不可得,乃使陆探微画其像挂壁间观之。茂深惟喜闭阁焚香,遂作此香馈之。时谓少文大宗,茂深小深,故名小宗香云。(《与

---

① "洪州分宁人"为校订者酌补。

潘邠老》)

　　数日来骤暖,瑞香,水仙,红梅皆开,明窗静室,花气撩人,似少年都下梦也。但多病之余懒作诗尔。公此来亦游戏翰墨间邪!或传陈履常病且死,岂有是乎?比得荆州一诗人高荷,极有篆力,使之凌厉中州,恐不减晁、张,恨公不识耳!方叔安否?(《与李端叔》)

　　今日极热,南楼亦挥汗,深念夜中不可卧也。使宅有凉处否?惠荔子甘好,但比丁香一品不韵耳。(《与人》)

　　今日南楼差凉,亦解昏寝,荷垂问也。方苦焦渴,水饮不能有功,得枝上干荔子,涣然冰释矣。(《与人》)

　　每相聚,辄读数叶《前汉书》,甚佳。人胸中久不用古今浇灌之,则尘俗生其间。照镜觉面目可憎,对人亦语言无味。(《答宋殿直书》)

　　练光亭极是登临胜处,然高寒不可久处。若于亭北穿土石,作一幽房,置茶炉,设明窗瓦墩笔砚,殊胜不尔!胜师方丈北挟有屋两楹,其一开轩,其一欲作虚窗奥室。余为名轩曰"物外"。主人喜作诗也,名室曰"凝香"。密而清明,于事称也。(《题练光亭》)

　　湖口民李正臣得奇石,九峰相倚,苏子瞻戏名曰"壶中九华"。又有老巫邹生,以三奇石,随高下体,着成屏风三叠,余戏名曰"肘后屏风叠"。它日湖中石百怪并出,当以此两石为祖云。二石色绀青,嵌空贯穿,击之铿铿,静而视之,欸纟乃云雨之上,诸峰隐现,忽然疑于九十,犹五老峰之疑于五六也。揭而示俗,以求赏音。吾见其支酱瓿于墙角也。世有出尘之因,然后此石为萧洒缘尔。迩者家江①太守费数十万钱,自岭南负载三石北归,妻子不免寒饿,未知与此孰贤也。(《书壶中九华山石》)

---

①　校订者按,"江"一作"州"。

附录：袁中郎以后晚明的散文①

明代自万历时袁中郎倡导文学革命后，一时文坛风气顿然一变。大致说来，不外是变过去的模拟因袭为独创，变过去的陈俗腐滥为清新。不过在这次大的变动后，文坛上的新收获却不是诗歌，而是散文。这个道理说来也很明白，就是诗歌自从宋代以后，始终是沿袭着五言七言的旧套，在形式上既没新的开展，内容更是陈陈相因，所以明代复古派的作品固然②是俗滥，而革命派的作品也不免于浮浅。可是散文呢，在明代以前大抵是重在应用，所以不外是说理同叙事，虽然不无一二抒情的篇子，但为数则极少。自从中郎主张创作要信腕直寄、抒写性灵以后，无形中给散文一个大大的解放。我常常说六朝的骈体是散文的楚辞化而明代的小品是楚辞的散文化。以说理的文字而傅上一层华艳的词采，实在有点不大自然，而且使自己的意思

---

① 按任访秋先生的写作计划，至此应叙述"丙、大成期——由明末叶至清中叶(1567~1794)"的小品了，这一部分的重心当然是公安派的袁中郎等，但任先生可能因为已撰有《袁中郎研究》、觉得只需压缩一下就可以移入本章，所以他暂时略过这部分，转而叙述"袁中郎以后晚明的散文"，可惜全书其余部分后来未能补写。因为前面缺了公安派，所以兹据任先生意，将"袁中郎以后晚明的散文"编为附录。

② "然"为校订者酌加。

反为词采所蔽,这实不足取。但抒情的文字从华艳的词采中解放出来,而易以朴质的词句,这就益发的能够动人了。晚明的散文之应在文学史上占一个重要的地位,原因也就在此。不过明代自中郎以后散文的作者值得称述的极多,他们作品渊源是很纷歧的,不见得都是从中郎直接下来的,所以本篇的目的即在分析他们的来源同彼此间相互的错综关系。

(一)竟陵派

钟惺(1573~1624)字伯敬,号退谷。万历庚戌科进士(1610)。历官工部主事,南礼部仪制司主事,福建提学签事。著有《隐秀轩诗文集》、《楞严如说》、《酒雅》等(《竟陵①县志》)。

伯敬是中郎朋友雷思霈的学生,同时又是中道的同年,所以习闻中郎之说,因此早年创作,颇受中郎的影响。他在《隐秀轩集自序》里说:

> 予少于诗文本无所窥,成一帙辄刻之,不禁人序,亦时自作序。大要取古人近似者,时一肖之,为人所称许,辄自以为诗文而已矣。侧闻近时君子有数人反古者,又有笑人泥古者,皆不求诸己,而且舍所学以从之。庚戌以后,乃始平心静气,虚怀独往,不敢因先入之言,而内自废其中枢之思,务求古人精神所在。

这把他自己创作的进展程序,写得很清楚。最初是从王、李复古一派入手,继而又受中郎反复古的影响,末了才卓然自立,独辟新路。所以伯敬在诗文上虽主张幽深,其实正是要矫正公安末流的浅率。至于在抒写性灵上,与中郎盖无不同。今录其《自题诗后》一文于后:

> 李长叔曰:"汝曹胜流,惜胸中书太多,诗文太好,若不读书,不作诗文,便是全副名士。"余忾然曰:"快哉快哉!非子不能为此语,非我不能领子此语。惜忌者不解,使忌者解此语,其欲

---

① "竟陵"原稿误作"景陵",校订者酌改。

杀子,当甚于杀我。然余能善子语,决不能用子语。子持子语归,为子用。吾异日且用子语。"数日后,举此示友夏。友夏报我曰:"长叔语快,子称长叔语尤快!仆称长叔与子语快者,语亦复快!"夫以两人书淫诗癖,而能叹赏不读书、不作诗文之语,则彼能为不读书、不作诗文语者,决不以读书、作诗文为非也。袁石公有言:"我辈非诗文不能度日。"此语与余颇同。昔人有问长生诀者,曰:"只是断欲。"其人摇头曰:"如此,虽寿千岁何益?"余辈今日不作诗文,有何生趣?然则余虽善长叔言而不能用,长叔决不以我为非。正使以我为非,余且听之矣。

谭元春(1586～1636?)生卒据友夏先世墓志,见《谭友夏合集》卷二,及《因树屋书影》引王①散哉语)字友夏,竟陵人。天启丁卯举人。他是伯敬的同里后辈,见解又与伯敬同,所以一时遂有竟陵派之目。他对中郎也是极倾服,不过是不满于后来模仿中郎者之日趋浮浅。他在《袁中郎先生续集序》中说:

予因思古今真文人,何处不自信,亦何尝不自悔。当众波同泻,万家一习之时,而我独有所见,虽雄裁辨口摇之,不能夺其所信;至于众为我转,我更觉进。举世方竞写喧传,而真文人灵机自检,已遁之悔中矣。此不可与钝根浮嚣②人言也。往公之哭江进之也,有悔其诗文妙理生前未商语,后青黄平倩札,有悔其《瓶花》诗文俱有痕迹语。夫公之妙与悔,何待公言哉?细心读《破砚集》,又似悔《潇碧》矣;细心读《嵩华游稿》,又似悔《破砚》矣。今察公《续稿》,其文章中卓大而坚实者,又似为古今人俱下一悔脚也。扬子悔少作,其意甚美,而观其晚作,又似不知悔,不必悔者。予益以此叹公之根器识力有大过人者焉。《续集》出,其卓大坚实之文,出自痛快俊颖之手。吾愿学公者从是

---

① "王"字原稿脱漏,校订者酌补。
② "嚣"原稿误书作"器",校订者酌改。

悟文章之道，若舍其大者不言，而于所为翰墨游戏易于触目者，
则赏之不去口、传之不崇朝，而法之不遗力，又未免令述之累息
叹息，而独以余为知己矣。

所以友夏称道中郎的是他的"卓大坚实"之文，而不满的是后人舍去
中郎之佳作，而模仿其"翰墨游戏易于触目者"。从这里可以看到竟
陵同公安的不同，大致有这两点，即：一、在创作态度上公安主信心抒
写，而竟陵主谨重从事；二、在词句上公安不避俚俗，而竟陵则力求新
奇。因此在风格上就形成明白清俐与幽深冷僻之不同。

再游乌龙潭记

　　潭宜澄，林映潭者宜静，筏宜稳，亭客宜朗，七夕宜星河，七
夕之宾客宜幽适无累。然造物者岂以予为此拘拘者乎！茅子越
中，家童善篙楫。至中流，风妒之，不得至荷荡，旋近钓矶系筏。
垂垂下雨，霏霏湿，犹无上岸意。已而雨注下，客七人，姬六人，
各持盖立幔中，湿透衣表。风雨一时至，潭不能主。姬惶恐求
上，罗袜无所惜。客乃移席新轩，坐未定，雨飞自林端，盘旋不
去，声落水上，不尽入潭，而如与潭击。雷忽震，姬人皆掩耳欲匿
至深处。电与雷相后先，电尤奇幻，光煜煜入水中，深入丈尺，而
吸其波光以上于雨，作金银珠贝影，良久乃已。潭龙窟宅之内，
危疑未释。是时风物倏忽，耳不及于谈笑，视不及于阴森，咫尺
相乱；而客之有致者反以为极畅，乃张灯行酒，稍敌风雨雷电之
气。忽一姬昏黑来赴，始知苍茫历乱，已尽为潭所有，亦或即为
潭所生；而问之女郎来路，曰"不尽然"，不亦异乎？招客者为洞
庭吴子凝甫，而冒子伯麟、许子无念、宋子献孺、洪子仲伟，及予
与止生为六客，合凝甫而七。

刘侗（1593？~1636？）字同人，号格庵，麻城人。初为诸生，见赏
于督学葛公。礼部以文奇奏参，同竟陵谭元春、黄冈何闳中降等。从

此名始著。科场①数不利,入学成均,癸酉举北闱(1633),甲戌捷南宫(1634),知吴县令,之任,卒于维扬舟中,时年四十四。(《麻城县志》、《因树屋书影》引王散哉语)

于奕正(1596~1635)初名健鲁,字司直,宛平人。工为诗歌,好游名山,尝言秋山严静澹峙,如有道高人。每于霜清木老时,骑驴而往,穷岩绝岫,数百里间无不周览。遇断碑,必披荆剔薛以识之。或攀枯筝蹒危石,逾其绝顶,慨然赋诗,有超世之概。与楚谭元春、刘侗尤称友善,两君来京师,必客其园。崇祯乙亥(1635)偕同人取道秣陵,遍历名胜,将之楚,会友夏止之,遂归而疾作,殒于金陵旅舍,年四十岁。著有《金石志》、《朴草诗》与《帝景景物略》行于世。(《因树屋书影》引王散哉语)

关于他二人的散文,现在所能看到的只有《帝景景物略》一书。这书大概是草创于司直,而完成于同人。据《麻城县志》同人传中说他"客都门,取燕人于奕正所抄集著为书,名《帝景景物略》,属同里友周损杂诗共成之,刻行世"。《因树屋书影》中又说司直"与同人著《帝景景物略》,……南行将著《南京景物略》,竟以友夏不果"。从此可见是编确系成自两人之手,至于功力方面,恐怕司直为多吧。

司直、同人都是谭友夏的朋友,同人早年又曾以文奇被参,所以他们二人文学的风格自是同钟、谭最为相近。

满　　井

出安定门外,循古壕而东五里,见古井,井面五尺,无收有干,干石三尺。井高于地,泉高于井,四时不落,百亩一润,所谓滥泉也。泉名则劳,劳则不幽,不幽则不躅洁。而满井傍,藤老薛,草深烟,中藏小亭,昼不见日。春初柳黄时,麦田以井故,氍毹氍毹且秀。游人泉而茗者,罍而歌者,村妆而寒者,道相属,其初

---

① "科场"原稿作"楚场",颇费解,疑似笔误,校订者酌改。

春首游也。(卷一)

白 石 庄

白石桥北,万驸马庄也,曰白石庄。庄所取韵皆柳,柳色时变,闲者惊之。声亦时变也,静者省之。春,黄浅而芽,绿浅而眉,深而眼。春老,絮而白。夏,丝迢迢以风,阴隆隆以日。秋,叶黄而落,而坠条当当,而霜柯鸣于树。柳溪之中,门临轩对,一松虬,一亭小,立柳中。亭后,台三累,竹一湾,曰爽阁,柳环之。台后,池而荷,桥荷之上,亭桥之西,柳又环之。一往竹篱内,堂三楹。松亦虬。海棠花时,朱丝亦竟丈,老槐虽孤,其齿尊,其势出林表。后堂北老松五,其与槐引年。松后一往为土山,步芍药牡丹圃良久,南登郁冈亭,俯瞰月池,又柳也。

(二) 折中派①

王思任(1575~1647)字季重,号谑庵,山阴人。万历甲午(1594)举于乡,乙未成进士(1595)。一生中三为县令,一为司李②、一为教授,两为臬幕,三为主政,一为备兵使者,及鲁王监国绍兴(1645)始简宫詹,晋秩少宗伯。次年(1646)六月清贝勒博洛定浙江,鲁王脱走厦门,遂屏迹小居。贝勒驻跸城中,季重③誓不相见,不薙发,不入城,未几遂以病卒。(《琅嬛文集·王谑庵先生传》)

季重的文学见解颇有点近于严沧浪,以趣为主。他说:"五经皆言性情,而诗独以趣胜。其所言之水月镜花之间,常使人可思而不可解。"(《方谵斋诗序》)又云:"弇州论诗,曰才、曰格、曰法、曰品,而吾

---

① 校订者按,此节小标题原稿作"复古公安的折中派",有点累赘而且易滋误解,特为简化作"折中派"。

② 校订者按,"司李"即司理,为掌狱论之官,后成对推官的习称,王思任曾报移袁州推官,故有是称。

③ "季重"为校订者酌补。

独曰一趣可以尽诗。"(《袁临侯先生诗序》)所以他认为创作必须天才,而非学力所能为功。他说:

> 辄谓诗文一窍决非今生撮办。有心及之,而舌不能及,有舌及之,而手不能及,有手及之,而学问考订不能及。大约底滞寒味之人,去此道远,而朗圆英爽之辈,入此道近。(《心月轩稿序》)

他对当时的文坛各派似乎无所主奴,他对复古派的几位领袖虽颇称道,一则曰:"明兴,接宋觚觚之后,青藟无色,于是北地起,而历下翼之,汉官复睹矣。"(《胡青莲檀雪斋》)再则曰:"近日后生狂态无类,轻骂王元美,不知先生是坡公后身,肯引后辈,却不轻许后辈。"(《冒伯麐诗序》)但对当时一般专主模拟者,则深致不满。他说:

> 诗以言己者也,而今之诗则以言人也。自历下登坛,欲拟议以成其变化,于是开叔敖抵掌之门。摸苦于今之为诗者也。曰如何而汉魏,如何而六朝,如何而唐宋,古也,今也,盛也,晚也,皆拟也,人之诗也,与己何与?(《倪翼元宦游诗序》)

季重固不满于王、李之末流,但亦不党公安、竟陵。他说:

> 犹忆小楼残月,清之剥芰呼雏也。其言曰:"诗道裂于袁二,而袁二沉光如虎睛贝采,自不可遏。"予戏谓之曰:"袁二疑王大中于鳞之毒,今二且将贵毒中子。"清之曰:"何必贵,其鸩在盌,吾当一吸而尽。"(《砰园诗草序》)

又说:"不意寅侯未能忘我,且言我与公安、竟陵不同衣饭,而各自饱暖。予何敢当寅侯知已也。"(《心月轩稿序》)季重对公安、竟陵虽未加以如何的非难,但对一般效颦者,则大加攻击。他说:

> 说者谓今日无诗。非无诗也,夫人而有诗也。夫人而有诗,皆人其人之诗,而无其诗也。……有假灵之派,有假刻之派,有假澹之派,有道学之派,近日又有时文之派。无以焉则所则不新,无经句出语则不巧,此其赋质命胎,原无此道,万不得已,左屈右支,以诧于众,各号曰诗,而诗之道于此乎大苦。(《深柳斋三集序》)

> 余谭诗垂四十年,见风气日殊。在昔操觚著咏,袒初盛而宗嘉隆,如大官牢醴者属餍不失汉威仪。近则南风不竞,家玉川而户才江,尖纤浅露,鹄形菜色,黄口以登坛,枵腹幸而藏拙。盖年来习俗漓薄,蔷芬并至,识者有文运之叹。(《贺仲来诗序》)

这都足证在诗歌方面他是不党于任何一派的。至于散文,他对王、李、中郎均极推许。他说:

> 司马子长善游,天未启聪,不晓作记,记自柳子厚开。其言郁塞,山川似藉之而苦,吾何取焉。苏长公之疏畅,王履道之幽深,王元美之萧雅,李于鳞之生险,袁中郎之俏隽,始各尽其妙,而千古之游乃在目前。(《南明纪游序》)

所以从这些见地上,我们不能不说季重是一位复古同公安两派的折中者。所以他的作品有复古派之雄肆,而无其虚矫,有公安派之清隽,而无其浮浅。张宗子说他"自庚戌天台、雁宕,另出手眼,乃作《游唤》,见者谓其笔悍而胆怒,眼俊而舌尖,恣意描摩,尽情刻画,文誉鹊起"(《王谑庵先生传》)自是实情)。

剡　溪

> 浮曹娥江上,铁面横波,终不快意。将至三界址,江色狎人,渔火村灯,与白月相上下,沙明山静,犬吠声若豹,不自知身在板桐也。昧爽,过清风岭,是溪江交代处,不及一言贞魂。山高岸束,斐绿叠丹。摇身听鸟,杳小清绝,每奏一音,则于峦谬答。秋冬之际,想更难为怀,不识吾家子猷,何故兴尽?雪溪无妨子猷,然不大堪戴。文人薄行,往往借他人爽厉心脾,岂其可!过画图山,是一兰苕盆景。自此万壑相招赴海,如群诸侯敲玉鸣裾。逼折久之,始得豁眼一放地步。山城崖立,晚市人稀。水口有壮台作砥柱力,脱帻往登,凉风大饱。城南百丈桥翼然虹饮,溪逗其下,电流雷语。移舟桥尾,向月碛枕噉取酣,而舟子以为何不傍彼岸,方喃喃怪我多事也。

陈继儒(1558~1639)字仲醇,号眉公,松江华亭人。为诸生时,与董其昌齐名,但敝屣名利,年甫二十九,取儒衣冠焚弃之,隐昆山之阳,构庙祀二陆,草堂数椽,焚香宴坐,意豁如也。亲亡,葬神山麓,遂筑室东佘山,杜门著述,有终焉之志。侍郎沈演及御史给事中诸朝贵先后论荐,屡奉诏征,用皆以疾辞,卒年八十。(《明史·隐逸传》)

眉公早年颇为王世贞推重,自然是接近复古派。不过他对弇州虽无间言,而对于鳞则多微词。他说:

> 李于鳞摹古乐府,至更其句法,以为不被故人所囿。然读《易水》、《垓下》二歌,其果与荆卿项王情境合否?余尝谓刻画古人,是后生第一病。武陵桃花惟许渔郎问津一次,再迹之,便同村巷矣。禅家公案亦然,不独诗文也。(《晚香堂小品·刻画古人》)

其次,他对复古派同公安派①也有比较公允的评骘。他说:

> 往弇州公代兴,雷轰霆鞠,后生辈重跰而从者,几类西昆之宗李义山,江右之宗黄鲁直。楚之袁氏思出而变之,欲以汉帜易赵帜,而人不尽服也。然新陈代变,作者或孤出,或四起,神鹰掣鞲而挚九霄,天马脱辔而驰万里,即使弇州公见之,亦将感得气之先②,发起予之叹。(《白石樵真稿·文娱序》)

他反对泥古者,一样也反对泥今者。他说:

> 顷与张君、陈君论迩来诸家,其好古者钩棘僻涩,摽剥奇字怪句,以为超两京而轶三代。然使人读之,舌木③强而不快,喉噤郁而不舒。即使作者自覆其文,至不解何语。此泥古之过也。高才生闻而笑之曰,夫人也,何自苦为?于是掊击先辈,几无遗肤,而悉以方言俚语杂见于文字中。盖始于卓吾老子,而孟浪者借以野战,空疏者借以藏拙,而庸知村墟之巫祝非礼也,市侩之

---

① "复古派同公安派"原稿作"复古同公安",校订者酌加了"派"字。
② 原稿漏引"感得气之先",校订者酌补。
③ "木"原稿误作"本",校订者酌改。

嫚骂非狭也,不文之非文,而不修辞之非辞也。此泥今之过也。
(《古今粹语序》)

这不同季重一样都是复古与公安的折中吗?他同季重是很好的朋友,所以他们见解很相同。本来到了这个时期,只要是有点眼光的,自然要有比较平允的批评。复古派之流弊,经中郎一击而衰象毕露,但矫枉又不免过正,公安的末流当然也不足道,所以眉公、季重虽然比较接近复古派,而对于鳞之提倡拟古,也深致不满。他们①虽然不宗法公安,但对中郎之流便峻峭,也不能不有相当的推许,于是取公安之信腕直寄、无法为法的主张,济之复古派之博雅,于是就成功了他们两人的作风。

梅花楼记

王元美尝谓余,市居之迓②于喧也,山居之迓于寂也,唯园居在季孟间耳。然王氏之弇山枕城中,朝暾瞑门,游屐麇集,即主人亦往往支门谢客,欲放而之于旷闲无人之乡,而不可得。余然后知园之与众也宁独,与其谋于市也宁谋于野。吾友范象先,有园在横涝野塘之南,去城十里而近,喧寂半之。四面榆柳阴翳,小池上梅花两树,婆娑相对,苍枝老骨,纵横屈曲。排檐而上,其干可抱。其叶可阴一亩余。其子可得五石。范子谓:吾见梅多矣,未有如此君之老而奇者。乃结高楼以临之,独与一二老衲摊虎皮、爇猊鼎,倚楼而歌之,曰:"雪满山中高士卧,月明林下美人来。"已复笑曰,如季迪③诗不过得花之幽韵闲淡而已,吾家老梅,政如碧眼胡僧,修眉露额,又若毒龙怒虬,纷拏媾斗于广汉

---

① "他们"为校订者酌加。
② "迓"原稿误作"迹",校订者酌改,下句同此,不另出注。
③ "季迪"是高启的字,"雪满山中高士卧,月明林下美人来"即是高启的诗句,而原稿及其可能引据之贝叶山房1936年版《晚香堂小品》均误作"李迪",校订者酌改。

之野,攫爪逆鳞,鬼怪万状,度他梅讵足与此君争胜?庶几钟贾山之嘉树,四贤祠之紫藤,差鼎足耳。范子楼既成,于是广莳霞桃芙蓉来禽之属,以暎带之,池加关,竹加徙,梅之为观日闲以敞,而陈子适来。陈子曰:吾尝闻往年探梅者,过寿安寺中,寺僧为游客所困,至斫而为薪;而其次惟光福玄墓之旁,薄雪轻云,漠漠数①里,一快生平。然村人率以种梅为业②,不复有品题护持,与梅花两相韵者。古今梅花之知己,仅得林逋君复,迄三百年而又范子。范子于此中块焉③野处,白板赤栏,朱④帘碧幄,依微独立于暗香疏影之外,何异处士孤山?所少者童子开笼放鹤耳。他日抱鹤上扁舟,送之花下,烟沙星渚,短笛悠悠,有巍然破轻浪而出者,则陈先生至也。子其报梅花吐一枝以候我。(《晚香堂小品》卷一九)

(三) 唐宋派

李流芳(1575~1629)字茂宰,一字长蘅,歙县人,侨居嘉定(今属上海)。⑤ 万历丙午(1606)举人,天启壬戌(1622)会试北上,闻警赋诗而返,遂绝意进取。生平好佳山水,中岁于西湖尤好⑥,尽得董巨神髓,纵横恬⑦适,自饶真趣。尝自言笔墨气韵同肖西湖山水云。崇祯四年卒,有《檀园集》十二卷。(《嘉定县志》)

长蘅本是一位唐宋派的作者,后人把他与唐时升、娄坚、程嘉燧并称为嘉定四先生。《四库提要》说他:

---

① "数"原稿误作"如",校订者酌改。
② "业"原稿误作"叶",校订者酌改。
③ "焉"原稿误作"然",校订者酌改。
④ "朱"原稿误作"竹",校订者酌改。
⑤ "歙县人,侨居嘉定(今属上海)"为校订者酌补。
⑥ "尤好"原稿作"尤数",颇费解,校订者酌改。
⑦ "恬"原稿作"甜",校订者酌改。

虽才地稍弱,而不能与其乡归有光等抗衡,而当天启、崇祯之时,竟陵之盛气方新,历下之余波未绝,流芳容与其间,独恪守先正之典型,步步趋趋,词归雅洁,三百年中斯亦晚秀矣。

其实长蘅所走另是一个新趋向,在这方面的成绩又岂是归有光等一流古文家所能企及的。他虽多少受一点唐宋派的薰陶,但他并不像他们那样的拘泥,他善画,诗也写得不错,用艺术家的胸怀,来写文字,不求明道,只求抒情,所以他的散文也就极其清新可喜。他集子中的第八卷的记,十一、十二两卷画册的题跋,最足作为他的散文的代表,读起来真是令人亹亹忘倦。

西峰罢雾图

三桥龙王堂望湖西诸山,颇尽其胜。烟林雾嶂,映带层叠,淡描浓抹,顷刻变态,非董、巨妙笔,不足以发其气韵。余在小筑时,小桨至堤上,纵步看山,领略最多。然动笔便不是。甚矣!气韵之难言也。予友程孟阳湖上题扇诗云:"凤堤雾塔欲分明,阁雨萦烟两未成。我试画君团扇上,船窗含墨信风行。"此景此时,此人此画,俱属可想。癸丑八月,清晖阁题。

孤山夜月图

曾与邱持诸兄弟醉后泛小艇,从西泠而归。时月初上,新堤柳枝皆倒影湖中,空明摩荡如镜中,复如画中。久怀此胸臆。壬子在小筑,忽为孟阳写出,真是画中矣。

(四) 融合派①

张岱(1597~1689)字宗子,一字陶庵,山阴人。曾祖元汴、祖汝

---

① 校订者按,此节小标题原稿作"公安、竟陵的融合派",为与其他小节保持一致,特为删节作"融合派"。

霖,均位至通显。宗子承先世基业,家资颇丰,喜结纳海内名家,园林诗酒之社,必颉颃其间。明亡后,避乱剡溪山,以其素不治生产,家益落。故交朋辈,多半凋零,葛巾野服,意绪苍凉,回忆往事,犹如梦境。因自著《陶庵梦忆》、《西湖梦寻》、《快园道古》、《琅嬛文集》等。年七十四,自为生圹,并自为墓志铭。后又十余年卒,年九十三。(《自为墓志铭》、《山阴县志》)

宗子不但富于文学的天才,而且赋有诗人的气质。中年身逢丧乱,国破家亡,亲友凋残,昔日繁华顿成梦幻,遂追述往事,藉示忏悔。故其文如寒潭如冰雪,清澈爽冽,泠人心脾。周作人先生在他的《中国新文学源流》中说:

> 后来公安、竟陵两派文学融合起来,产生了清初张岱(宗子)诸人的作品,其中如《琅嬛文集》等,都非常奇妙。《琅嬛文集》现在不易买到,可买到的有《西湖梦寻》和《陶庵梦忆》两书,里边通有些很好的文章。这也可以说是两派结合后的大成绩。

自是极精到的见解。

湖心亭看雪

崇祯五年十二月,余住西湖。大雪三日,湖中人鸟声俱绝。是日更定矣,余挐一小舟,拥毳衣炉火,独往湖心亭看雪。雾凇沆砀,天与云与山与水,上下一白。湖上影子,惟长堤一痕,湖心亭一点,与余舟一芥,舟中人两三粒而已。到亭上,有两人铺毡对坐,一童子烧酒炉正沸。见余,大喜曰:"湖中焉得更有此人!"拉余同饮。余强饮三大白而别,问其姓氏,是金陵人,客此。及下船,舟子喃喃曰:"莫说相公痴,更有痴似相公者!"(《陶庵梦忆》)

《西湖梦寻》序

余生不辰,阔别西湖二十八载,然西湖无日不入吾梦中,而梦中之西湖,实未尝一日别余也。前甲午、丁酉两至西湖,如涌金门商氏之楼外楼,祁氏之偶居,钱氏、余氏之别墅,及余家之寄园一带湖庄,仅存瓦砾,则是余梦中所有者,反为西湖所无。及至断桥一望,凡昔日之弱柳夭桃、歌楼舞榭,如洪水淹没,百不存一矣。余乃急急走避,谓余为西湖而来,今所见若此,反不如保吾梦中之西湖,尚得完全无恙也。因想余梦与李供奉异:供奉之梦天姥也,如神女名姝,梦所未见,其梦也幻;余之梦西湖也,如家园眷属,梦所故有,其梦也真。今余僦居他氏,已二十三载,梦中犹在故居,旧役小傒,今已白头,梦中仍是总角。夙习未除,故态难脱,而今而后,余但向蝶庵岑寂,蘧榻纡徐,唯吾旧梦是保,一派西湖景色,犹端然未动也。儿曹诘问,偶为言之,总是梦中说梦,非魇即呓也。因作《梦寻》七十二则,留之后世,以作西湖之影。余犹山人归自海上,盛称海错之美,乡人竞来共舐其眼。嗟嗟!金虀瑶柱,过舌即空,则舐眼亦何救其馋哉!岁辛亥七月既望,古剑蝶庵老人张岱题。

祁彪佳(1602~1645)字弘吉,号世培,山阴人。年十七,万历戊午(1618)举人。壬戌(1622)成进士,授福安兴化府推官。后授御史,以阁臣忌其戆直,遂告归。从刘宗周讲明程朱之学。起河南道,时刘宗周①、金克辰以直言蒙谴,抗疏留之。及举计典铨郎,吴昌时坏法,遂劾之,致政归。国变之次年,因贝勒以书聘之,遂赴水死。(《山阴县志》、《三不朽图赞》)

世培有《寓山注》二卷,纯是写景之作。张宗子在他的《〈寓山注〉跋》中道:

不事铺张,不事雕绘,意随笔到,笔借目传。如数家珍,如写字书,如殷殷诏语家之儿女童婢。间中花鸟,意外烟云,真有一种人不及知而己独知之妙。不及收藏、不能持赠者,皆从笔底勾出。

---

① "刘宗周"原稿误作"刘宗宗",校订者酌改。

又道：

> 古人记山水，太上郦道元，其次柳子厚，近时则袁中郎。读注中道劲苍老，以郦为骨，深远冷淡，以柳为肤，灵动俊快，以袁为修目灿眉。立起三人，奔走腕下，近来此事，不得不推重主人。

这种明澈的批评，自然用不着我们再来费口舌。底①下试录两篇，以证宗子之言不诬。

踏 香 堤

> 园之外堤为柳陌，园之内堤为踏香。踏香堤者，呼虹幌所由以渡浮影台也。两池交映，横亘如线，夹道新桃，负日俛仰，春来，士女联袂踏歌，屐痕轻印青苔，香汗微醺花气，以方西子六桥，则吾岂敢。惟是鉴湖一曲，差与分胜耳。

芙 蓉 渡

> 自草阁达瓶隐，有曲廊。俯槛临流，见奇石兀起石畔，箟簜寒玉，瑟瑟秋声。小沼澄碧照人，如翠鸟穿弄枝叶上。吾园长于旷，短于幽。行此地一啸一咏，便可终日。廊及半，东面有小径，自此而台、而桥、而屿，红英浮漾，绿水斜通，都不是主人会心处。惟是冷香数朵，想像秋江寂寞时，与远峰寒潭，共作知己。遂以"芙蓉"字吾渡。

我们就前边的叙述看来，就可以看到一种新的文学运动势力之大。本来复古派在文学上可以说是极端的右派②，公安派兴，力矫复古之弊，于是就形成极端之左派。在这个时期来矫公安派之弊的，自不能不是折中派。钟、谭打算以幽深矫浮浅，王、陈打算是以典丽矫俚俗，实际都不过是取两派之长而舍两派之短。钟、谭在创作态度上

---

① "底"原稿误作"低"，校订者酌改。
② "右派"原稿作"右端"，似是笔误，校订者酌改。

近于复古派,王、陈在遣词上近于复古派,而他们之贵独创、恶因袭实系受公安派的影响。至李流芳乃是唐宋派之左倾者,而张宗子同祁彪佳又是折中于公安、竟陵的作者。过去人多不知此中情形,而一味痛骂中郎。固然中郎的主张也不能没有流弊,而对当时文坛上解放之功实不可没。有明一代诗歌,竟无可述,在散文上居然能有着这么多的佳作,这追根溯源,你能说这不是当时的新文学运动之赐吗?

二六,一,十九日于洛阳

中国文学批评史述要

第一篇 绪论

第一章 何为文学批评

一、文学批评之产生及其意义与类别

文学批评之产生,无论中外,其时间总是晚于文学作品。照例是有了传诵一世的作品之后,一般学者第一步为明白此作品之内容及其价值,进一步为明白此类作品之所以产生,及其与人生之关系起见,于是文学批评遂因之而生。西方学者盖雷及斯各脱(Gayley & Scott)所著的《文学批评的方法及材料》(Methods and Materials of Literature Criticism)谓批评之意义有五:一、指摘(to criticize),二、称赞(to praise),三、判断(to judge),四、比较(to compare)及分类(to classify),五、鉴赏(to appreciate)。批评之意义如此,以之施之于文学,即为文学批评。

至批评之流派,英国学者森次巴力(Saintsbury)的《文学批评史》(The History of Literature criticism)分批评为十三类,即:

一①、归纳的批评　将各种特殊之文学,加以说明及分类。

二、推理的批评　借归纳所得之结论,建立文学上之原则及其原理。

三、判断的批评　以前法所得之原则、原理,估量各派文艺之价值,判断其优劣。

四、考订的批评　订正作者原著之谬误,及别裁其真伪。(王若虚《滹南遗老集》、《四库提要》、《红楼梦考证》②)

五、历史的批评　叙述作者的生平与其著述之关系;更推论作者之著作思想与其时代环境之关系;更旁征其所受于前人、时人之影响,及家庭种族之熏陶,以资论断。(一般文学史论著均属此类。)

六、比较的批评　分别作者或作品属于某派某类,而定批评之方法。(《颜氏家训》文章篇)

七、主观的批评　以个人主观之意见批评各家作品。此类批评无异创作,为之不善,则最易流于臆测及武断。(孟子解释"天生蒸民"及"迨天之未阴雨,彻彼桑土……",俞平伯《读词偶得》)

八、客观的批评　用客观的标准以衡量作品的优劣。

九、道德的批评　主张为人生而艺术者,每以道德为批评之准的。(《毛诗》小序、王逸《楚辞章句》、朱熹《诗集传》、沈德潜《说诗晬语》)

十一、印象的批评　以对于某作品读后所得之印象如何而予以批评。

十二、欣赏的批评　就作品中之优点加以欣赏,而批评其优劣。

十三、科学的批评　纯采科学的方法,搜集材料,比较而论列之。

---

① "一"原稿作"1",校订者酌改,以与下文"四、五、六、七……"等照应。其余类推,不另说明。

② 校订者按,括号里的文字是任访秋先生加在旁边的批注,现移录于此。下同不另说明。

我国之文学批评,合于四、五、六、七、八、九、十一者为多。至其余诸项,并非绝然无有,但甚少见耳。

二、文学批评与文学演变之关系

文学批评与文学作品,就关系上说,是互为影响互为因果的。盖批评之产生,最初由于对流行作品之分析与归纳,其结果批评之倾向常与一时作品之风尚相应合,故文学批评之转变,恒随文学之趋向为转移。有两汉之辞赋及排偶化之散文,而始有曹丕《论文》、陆机《文赋》等重文轻质之论出。有史公豪放之文与工部雄奇之诗,而始有明季前后七子崇尚格调之说出。但批评又有矫正风气及指导作者之功用,故有时文学之演化,又每因受文学批评之影响而转移。有韩柳之复古运动,而六朝之骈俪以衰。有明末公安派之革新运动,而前后七子之论以杀。此其最显著之例证也。

至批评、创作中间相互影响之枢纽,又常在于后者。大抵文学本身,最初自有其演进之趋势,在此趋势未达至顶点之时,有一二学者出,窥出此种之趋势,因设为理论以推波助澜,助长其发展,加速其演进,于是风气以成。迨风气既成,而此趋势转眼即达于最后之境地,于是追风趋时者纷纷而出,因之流弊亦随之而生。当此时期,又有一二明哲之士睹此趋向已无由再行发展,如循此而不变,只有江河日下,愈趋卑陋,于是遂倡为新的理论,而大声疾呼以矫之。于是所谓文学上之革命运动以兴。及此种运动成功之后,创作又走入新的方向,过一时期,又有流弊,于是再有人以另一种理论出而矫之。如是循环往复,遂形成所谓文学史与文学批评史。

三、文学批评与学术思想演变之关系

文学批评之产生,最初往往附丽[①]于哲学思想,即由某种哲学观

---

① "附丽"原稿作"傅丽",校订者酌改。

以观察文学,而得到某种之见解。即以吾国先秦而论,儒家思想为积极的入世主义,故其文学观即为实用主义的。道家为消极的遁世主义,故其文学观即为自然主义的。稍后则文学批评之风气又常随哲学思潮以为转移。即如在两汉为儒家一尊时代,因之当时之文学批评,鲜能逃出实用主义规范范①围之外者。魏晋南北朝为老庄及佛学盛行时代,于是两汉时代文学批评之风为之一变,自然主义与唯美主义遂代之而兴。此后而隋唐,而元明,文学批评几无不与学术思想互为消息,故吾等研究中国文学批评之演变,应把握其所以演变之枢纽。此枢纽为何?一曰文学本身之趋向,二曰时代思潮之演变。明乎此,则中国文学批评之演变,及其所以演变之故,可以知其大略矣。

第二章　中国文学批评演变之分期

关于中国文学批评发展之情形,近人郭绍虞先生于其所著《中国文学批评史》中,分之为三期:一、文学观念演进期(周秦、两汉、魏晋南北朝)。二、文学观念复古期(隋、唐、宋)。三、文学批评之完成期(元、明、清)。顾此等分法,余觉其甚为笼统,未能显示其错综之变化。故本书不从其说。余以为中国文学批评自先秦至清末,就其演变之大势而论,可分为六期。

一、中国文学批评之胚胎期——周秦

此期为中国哲学思想之创造期,一般哲人各就其所见,以发挥其对宇宙及人生之高远卓绝之见。在诸哲人著述中②足以略窥其对于文学之见解者,厥有三派:一、儒家(孔、孟、荀)重实用;二、道家(老、庄)重自然;三、墨家重功利。两汉以后,墨家思想中道夭殂,惟儒道

---

① 第二个"范"字为校订者酌增。
② "在诸哲人著述中"原稿作"在此诸哲人中,于其著述中,"校订者酌删。

二家源远而流长,而其影响亦至巨,整个之中国文学批评,其思想基础几无不源于此二家。且此二家因其见解极其不同之故,在中国思想史上互相起伏,互相消长,而中国文学批评,亦即随之而互相起伏,互相消长焉。

二、实用主义派之发展期——两汉

汉初当大乱之后,学术思想悉承先秦余波,此时文学,楚辞之风最盛。循此以进,则颇有渐趋于唯美主义之势。无如自汉武帝时,罢黜百家独尊儒术,政府遂以通经为仕进之阶梯。以后经学渐盛,而一般经学家之文学观,悉以儒家为准,故彼等之见,无非实用主义者。渐渍渐久,此等观念影响于整个社会,以扬子云之辞赋家,最后亦薄文辞,而目之为雕虫篆刻。以王仲任思想之反时流,而其文学观亦仍不脱实用主义之窠臼。杨、王二子尚且如此,则其余可以知矣。

三、自然主义派与唯美主义派之发展期——魏晋南北朝

东汉末年,君昏臣嫚,政府横征暴敛,人民不堪其苦,因而爆发黄巾起义,接着又发生董卓之乱。迨董卓既平,遂分而为三国。西晋统一仅短短数十年间,天下又分崩离析。此时期可谓中国政治最不上轨道之时期。因大乱之故,于是名、法、老、庄及西方之释,遂乘机而起,儒家思想已失其统治之效力。此时反映于文学批评者,为自然主义与唯美主义之代实用主义而兴起。所谓自然主义,乃系受老庄思想影响之作家,彼等以自我表现为目的,无视格律,而更不含丝毫实用之观念,此派可以叔夜、嗣宗、渊明等为代表。唯美主义派乃系沿南方文学发展之趋向而产生者。此派之见解实肇端于相如与子云,至曹丕《论文》出,遂大张旗鼓,以后陆机继之而加以发扬,至沈约、刘勰出,而此派之理论遂臻于完成。当唯美派全盛之时,一时希声附和

者遍天下,因之流弊丛生,于是久已潜伏之自然主义派、①实用主义派遂起而矫之。由此发展,遂酿成唐代之复古运动焉。

四、实用主义派之复古运动期——隋、唐、宋、元

隋代为时甚暂,一切均为唐开其端。唐初文学批评,其趋向有二:在诗歌上,有自然主义派之反齐梁,陈子昂、李白可为此派之代表;另外则有实用主义派之沿齐梁,杜甫可为此派之代表。在散文方面,仍为实用主义之反齐梁,独孤及、萧颖士等可为此派之代表。至唐之中叶,韩、柳、元、白出,不论彼等在诗歌上见解有何不同,但其为实用主义则一致。韩、柳从散文方面倡复古之运动,而元、白则从诗歌方面向复古发展。总之,彼等均为儒家思想之信徒,其反对六朝之无所为而为之文学观,实毫无二致也。

唐末五代唯美派之伏流又起,至北宋之初欧阳修出,又从事于二次之复古运动。但实用主义派为实用计,故主于文质并重,虽注意内容,但并不轻忽形式。试观韩愈虽反齐梁,但推尊扬、马,可以知矣。但当北宋中叶,一般道学家出,彼等因受道家自然主义之影响,故轻视文采,但又受孔、孟实用主义之影响,故特别尚用,因此遂以古文家之重文为足以害道。至南宋朱子出,始矫周、程诸子之偏,而中国传统之文学观,遂于焉以成。

元代为时甚暂,虽在创作上有足以代表一代文学之曲,但在文学批评上,仍一袭宋人之旧,无甚可称道者。

五、唯美主义派之复古运动与自然主义派之反复古运动——明

明初文坛沿元代之余风,一时有所谓台阁体,以雍容阐缓为创作

---

① "自然主义派"为校订者酌增。按,从下文论述可知,任先生认为唐代的文学复古运动,其实有自然主义的复古和实用主义的复古两种趋向,所以此处酌增"自然主义派"。

之极境。至弘治年间,前七子出,以李梦阳、何景明二人为领袖,反对当时之文风,于是提倡复古,主张"文必秦汉"、"诗必盛唐"。降及嘉靖年间,后七子出,以李攀龙、王世贞为领袖,对前七子之主张而又加以发扬,于是一时风气均为模拟史公与工部,而相率不读唐以后书。当此时期,在思想界王学已盛行,而王学之左派人李卓吾等,又与佛老有密切之关系。于是影响于文学者为自然主义派之复兴。此派之领袖为袁宏道兄弟,因彼等为公安人,故后世称之为公安派。他们的主张是打破格律、反对因袭模拟,而主张信腕直寄、绝对的作自我的表现。此派起,而复古派之气焰顿熄。

六、实用主义派之复兴期——清

清初之中国文学批评,仍为唯美派与自然派对立之余波所笼罩。至乾隆以后思想上崇尚程朱,于是实用主义派又抬头。自桐城方氏自谓上承韩、柳、欧、曾之传,而以古文鸣天下,其同乡后辈姚鼐继之,又以古文法传授后学,于是桐城之文盛行海内,此派直至清末而未歇。桐城之外虽尚有所谓选派,但在一般世人眼中并不视之为文学正宗也。

兹就以上所列之六时期,即其演变①之情形,撮要而分述之于后。

---

① "演变"原稿作"沿变",校订者酌改。

第二篇 中国文学批评之胚胎期——周秦

第一章 实用主义派——儒家

第一节 孔子

一、孔子以前诗的一般用途

孔子之学,孟子称之谓"集大成者"。他是就以往已有的学问加以发扬光大。对于文学,①他的见解也非全无所本,一大部分是承袭前人的见解。所以在未讲到孔子的文学观之前,似应对春秋时一般人对于文学的看法,略为研讨一下。不过那时所谓文学的涵义是很广泛的②,只有诗是一种纯文学。我们且看当时人对诗的看法如何。

(一)③陈诗与献诗——《礼记·王制》中说:

天子五年一巡守。岁二月东巡守,至于岱宗。……命大师

---

① "对于文学"原稿作"在对于文学",校订者酌删"在"字。
② "的"字为校订者酌增。
③ "(一)"原稿作"甲",校订者酌改,以下类推,不另说明

陈诗,以观民风。

《国语·周语》中记召公谏厉王的话道:

> 是故为川者,决之使导;为民者,宣之使言。故天子听政,使公卿至于列士献诗,瞽献曲,史献书,师箴①,瞍赋,矇诵……

这两段记载,前者虽不一定可信,而后者是无问题的。即此可知,当时人对诗歌,一方面认为它是批评政治的,另一方面为政者应该拿它作参考,来考察民情与自己政令之得失,好作为以后改革②的账本。

(二)赋诗以见志——杜预说:

> 古者礼会,因古诗以见意,故言赋诗,断章也;其全称诗篇者,多取首章之义。(《左传》僖公二十三年"公赋《六月》"注)

其见于《左传》、《国语》者,不一而足。即如《左传》僖公二十三年载:

> 他日,公享之。子犯曰:"吾不如衰之文也。请使衰从。"公子赋《河水》,公赋《六月》。赵衰曰:"重耳拜赐。"公子降拜稽首,公降一级而辞焉。衰曰:"君称所以佐天子者命重耳,重耳敢不拜。"

《左传》昭公十六年载:

> 夏四月,郑六卿饯宣子于郊。宣子曰:"二三君子请皆赋,起亦以知郑志。"子齹赋《野有蔓草》。(《野有蔓草》,《诗·郑风》。取其"邂逅相遇,适我愿兮"。③)宣子曰:"孺子善哉,吾有望矣。"子产赋郑之《羔裘》。(言郑,所以别于唐、桧之《羔裘》也。取其"彼其之子,舍命不渝"、"彼其之子,邦之司直"、"彼其之子,邦之彦兮",以美韩子。)宣子曰:"起不堪也。'"子大叔赋《褰裳》。(《褰裳》诗曰:"子惠思我,褰裳涉溱。子不我思,岂无他人?"言宣子思己,将有褰裳之志;如不我思,亦岂无他人?)宣

---

① 原稿引文脱漏"师箴",校订者酌补。
② "改革",原稿作"革改",义同"改革",校订者酌改。
③ 校订者按,括号里的话是原稿的夹注,主要采自杜预注。下同,不另说明。

子曰:"起在此,敢勤子至于他人乎?"子大叔拜。宣子曰:"善哉,子之言是。不有是事,其能终乎?"子游赋《风雨》。(《风雨》诗取其"既见君子,云胡不夷")子旗赋《有女同车》。(《有女同车》,取其"洵美且都",爱乐宣子之志。)子柳赋《蘀兮》。(《蘀兮》诗取其"倡予和女",言宣子倡,己将和从之)宣子喜曰:"郑其庶乎!二三君子以君命贶起,赋不出郑志,皆昵燕好也。二三君子,数世之主也,可以无惧矣。"宣子皆献马焉,而赋《我将》。(《我将》,《诗·周颂》)。取其"日靖四方,我其夙夜,畏天之威",言志在靖乱,畏惧天威。)

(三)言论中引诗以为证,《左传》桓公六年:

齐侯欲以文姜妻郑大子①忽。大子忽辞。人问其故。大子曰:"人各有耦,齐大,非吾偶也。诗云'自求多福'在我而已,大国何为?"

闵公元年:

狄人伐邢。管敬仲②言于齐侯曰:"戎狄豺狼,不可厌也;诸夏亲暱,不可弃也;宴安酖毒,不可怀也。《诗》云:'岂不怀归?畏此简书。'简书,同恶相恤之谓也。请救邢以从简书。"齐人救邢。

由以上三点而论,则春秋时人对于《诗》之看法,不论为政与应对,均为实用主义的,可无疑义。故孔子之文学见解,可说大半系承此而来者。

二、孔子之文学观

孔子之文学观,在最为可信之《论语》一书中,尚能窥见一二。

(一)"文学"与"文"二辞之含义——《先进》篇:

---

① "大子"原稿引作"太子",校订者据《左传》改,下同不另出校。
② "管敬仲"原稿引作"管仲",校订者酌改。按,"敬"是管仲之谥。

> 子曰:"从我于陈、蔡者,皆不及门也。……文学:子游,子夏。"

此所谓"文学",邢昺疏为"文章博学",较今日"文学"二字含义为广。至于"文",如:

> 行有余力,则以学文。(《学而》)
> 子以四教:文、行、忠、信。(《述而》)
> 子曰:"君子博学于文。"(《雍也》)

此所谓"文",疏均谓指"先王之遗文"而言,可知孔子所称之"文学"与"文"实即为当时之文献典籍,与今日所谓"文学"实大相径庭也。

(二)实用主义之文学观与其对于文学之主张——孔子所谓之"文"与"文学"虽与今日所谓"文学"不同,但其对文学之看法与其文学之主张,并非全未提及。试就其论诗诸语中,即可知其大较。

> 子曰:"兴于诗(兴,起也①),立于礼,成于乐。"(《泰伯》)
> 子曰:"不学诗,无以言。"(《季氏》)
> 子曰:"小子何莫学夫诗?诗,可以兴,可以观,可以群,可以怨。迩之事父,远之事君;多识于鸟兽草木之名。"(《阳货》)
> 子曰:"诵诗三百,授之以政,不达;使于四方,不能专对;虽多,亦奚以为?"(《子路》)

由此可见孔子之文学观确受前人之影响不小。兴乃感发兴起也,感发兴起之后而以礼为之准则,然后再以乐和之即成之也。②彼可谓就前人之实用主义而又加以发扬者,故不仅为政、出使,须受深切之诗教,即立身处世、事父事君,亦鲜可以离诗者。

(三)对于文学之内容与形式问题的见解——此即"质"与"文"

---

① 校订者按,括号中的话是任访秋先生的夹注。
② 校订者按,"兴乃感发兴起也……再以乐和之即成之也"为任访秋先生的眉批,在此酌采于正文中。

的问题,孔子虽未明言,但就此数语,亦可稍加端绪:

> 子曰:"质胜文则野,文胜质则史。文质彬彬,然后君子。"(《雍也》)
>
> 子曰:"诗三百,一言以蔽之,曰:'思无邪。'"(《为政》)
>
> 子曰:"辞达而已矣。"(《卫灵公》)
>
> 子曰:"唐棣之华,偏其反而,岂不尔思?室是远而。"子曰:"未之思也!夫何远之有?"(《子罕》)

由前之说,则孔子论人①主文质并重,亦可推知其论文当亦不会外此。由后之说,则有点②重质轻文,而主所谓"修辞立诚",故注谓"凡事莫过于实,辞达则足矣,不主文艳之辞"。而郭绍虞先生则谓孔子尚文而兼用,引《礼记》、《表记》与《左传》所引孔子语,恐不足据。

(四)孔子文学观之影响——此等实用主义之文学观,影响于后儒者,成为三派:

1. 引诗以证成个人之立论——孟、荀。

2. 以伦理之眼光论诗——汉儒、诗《大序》、《小序》、《楚辞章句》(王逸)。

3. 以诗为讽谕之工具——汉儒"以《三百篇》当谏书"。唐之杜甫、白居易、元稹诸人之一部分作品,均有改革③政俗之意。④

第二节 孟子

孟子之文学观,一本于孔子,仍为实用主义的。其论诗,谓:"王者之迹熄而《诗》亡,《诗》亡然后《春秋》作。"(《离娄》下)此以《春

---

① 原稿此处有"虽"字,下句句首亦有"但"字,而细绎句意,其实并无转折之意,校订者一并酌删。

② 原稿此处有"主张"二字,与后文犯重,校订者酌删。

③ "改革"原稿作"革改",校订者酌改。

④ 校订者按,原稿在此有眉批云:"此处可引鲁迅《摩罗诗力说》对(孔子)论诗的批判",从其笔迹看,当为任访秋先生晚年重检旧稿时的批语。

秋》为代《诗》而作之典籍。《春秋》为批评时政、褒贬善恶之作,如是则孟子眼目中之诗,当亦属此类作品。此外孟子对于文学研究又提出两种方法:

一、知人论世——《万章篇下》:

> 以友天下之善士为未足,又尚论古之人。颂其诗,读其书,不知其人,可乎? 是以论其世也。是尚友也。

意即诵某人之诗与某人之书,即应深知其人,欲深知其人,即应了解其人所处之历史环境。此遂开后来历史的批评一派。

二、以意逆志——《万章篇上》:"故说诗者,不以文害辞,不以辞害志。以意逆志,是为得之。"可知当时一般之说诗者,一定拘泥固陋,断章取义,谬误百出,所以孟子才提出"以意逆志"之主张来。即如彼批评高子之说诗,可谓"以意逆志"之最好例证。但此种方法,其末流亦易流于穿凿附会之一途。《小序》之释《诗》,王逸之释《楚辞》,均不免于胶柱鼓瑟之讥。① 孟子又有"知言"、"养气"之论。所谓"知言",乃系对于其当时之异派学说之分析,而予以排击。所谓:"诐辞知其所蔽,淫辞知其所陷,邪辞知其所离,遁辞知其所穷。"(《公孙丑》上)故彼又谓:"予岂好辩哉? 予不得已也。"(《滕文公》下)至于"养气",乃为孟子自道其修养之功夫,所谓"我善养吾浩然之气。……其为气也,至大至刚,以直养而无害,则塞于天地之间。其为气也,配义与道,无是,馁也。是集义所生者,非义袭而取之也"。(《公孙丑》上)此虽与文学批评无关,但对创作则颇有影响,故唐宋文人论文之主气,实本于此。

第三节　荀子

荀子为战国末年人,也是以继承孔学、排击其他各派学说自命的一个儒者。所以他的文学见解大半是从孔孟引申而来的。

---

① "三、"原稿作"其次,"校订者酌改。

一、"文学"一词之涵义——《大略篇》：

> 人之于文学也，犹玉之于琢磨也。诗曰："如切如磋，如琢如磨。"谓学问也。和之璧，井里之厥也，玉人琢之，为天子宝。子赣季路，故鄙人也，被文学，服礼义，为天下列士。

这与孔子之以"文章博学"为"文学"实无二致。

二、知言与必辩——孟子的时代是杨、墨之言满天下的时代。孟子为阐明仲尼之道，所以一方面为对异派学说之分析而抉摘其误谬，故以"知言"自诩。同时阐明发挥自己之学说，以推翻异派之学说，故谓"予岂好辩哉，予不得已也"。荀子之时，除儒家外，其他各派如道、如名、如纵横，其"樊然淆乱"之状，较之孟子之时实有过之而无不及。故荀子此时亦一方面排击其他各家，而同时对仲尼之学补充之、修正之、发扬之，使之成为一新的体系。所以荀子首先主张"君子必辩"。他说："故君子之于言也，志好之，行安之，乐言之，故君子必辩。"(《非相篇》)其所以要辩的原因，他说："今圣王没，天下乱，奸言起，君子无势以临之，无刑以禁之，故辩说也。"(《正名篇》)这不是与孟子的主张很相同吗？但辩有许多种类，有的是，有的非，究竟何者为是？何者为①非？应当有一个判断的标准才行。标准是什么？荀子讲："凡言不合先王，不顺礼义，谓之奸言，虽辩，君子不听。"(《非相篇》)所以荀子又把辩分为小人的、士君子的与圣人的三类。他说：

> 有小人之辩者，有士君子之辩者，有圣人之辩者。不先虑，不早谋，发之而当，成文而类，居错迁徙，应变不穷，是圣人之辩者也。先虑之，早谋之，斯须之言而足听，文而致实，博而党正，是士君子之辩者也。听其言则辞辩而无统，用其身则多诈而无功，上不足以顺明王，下不足以和齐百姓，然而口舌之均，噡唯则节，足以为奇伟偃却之属，夫是之谓②奸人之雄。圣王起，所以

---

① "为"为校订者酌补。
② "谓"原书引作"为"，校订者酌改。

先诛也。(《非相篇》)

这不是很近于孟子的"知言"之论吗?

三、言主乎当,反对淫滥之辞——《子道篇》:"若夫志以礼安,言以类使,则儒道毕矣。"所谓"类",即适当之意,亦即所谓因时致宜、因地致宜也。既主言应以类,自然反对过分的淫滥,或过分的简质。所以他又说:"乱世之征,其服组,其容妇,其俗淫,……其文章匿而采。"(《乐论篇》)"凡人莫不好言其所善,而君子为甚。……故君子之于言无厌。鄙夫反是:好其实不恤其文。"(《非相篇》)杨倞注:"但好其质,而不知文饰,若墨子之属也。"由此可知,只要是以实用为目的的文学观,必然的要主张质文并重,既要免于鄙倍,还要禁其淫滥。郭绍虞先生谓:"中国传统的文学观,其根基确定于荀子。"这是一点也不错的。

第二章 功利主义派——墨家

儒家尚实用,墨家亦尚实用。但儒家之实用乃以善为鹄的,所谓"正其谊,不谋其利,明其道,不计其功"是也。而墨家之尚实用,乃纯为功利的。既为纯功利的,充其极,则必然崇尚极端的质不可。所以墨子所讲之文学全指应用的散文而言,诗歌无与焉①。其《非命中》云:

> 凡出②言谈,由文学之为道也,则不可而不先立义(同仪③)法。若言而无义,譬犹立朝夕于员钧之上也,则虽有巧工,必不能得正焉。

至其所谓之仪为何?即《非命》篇所引用之三表法:

---

① 此句原稿作"与诗歌无与焉","与"字犯重,校订者酌删。
② "出"字原稿漏引,校订者酌补。
③ 校订者按,括号中的话是任访秋先生的夹注。

一、有本之者：——于何本之？上本之于古者圣王之事。（此据《非命中》补）

　　二、有原之者：——于何原之？下原察百姓耳目之实。

　　三、有用之者：——于何用之？发以为刑政，观其中国家百姓人民之利。

一、二两项为其立论之根据，也可以说是墨派的学术散文所构成的两种论证法。至第三项则可以看出墨派的纯功利主义的文学观。孔子认为学诗的目的是在"迩之事父，远之事君"上，可以说是偏重于伦理的、善的一方面。而墨子则为求其中国家百姓人民之利。这是儒墨两派的文学见解最不相同的地方。

其次，《韩非子·外储说左上》中有一段论到墨派的文学观，很可以阐明墨派这种功利主义的主张：

　　楚王谓田鸠曰："墨子者，显学也。其身体则可，其言多而不辩，何也？"曰："昔秦伯嫁其女于晋公子，为之饰装，从衣文之媵七十人。至晋，晋人爱其妾而贱公女。此可谓善嫁妾，而未可谓善嫁女也。楚人有卖其珠于郑者，为木兰之椟，薰以桂椒，缀以珠玉，饰以玫瑰，辑以羽翠，郑人买其椟而还其珠。此可谓善卖椟矣，未可谓善鬻珠也。今世之谈也，皆道辩说文辞之言，人主览其文而忘有用。墨子之说，传先王之道，论圣人之言，以宣告人。若辩其辞，则恐人怀其文忘其①直，以文害用也。此与楚人鬻珠、秦伯嫁女同类，故其言多不辩。"

此种见解，韩非颇受其影响，同时因为荀子也很反对当时那般专事辩论的人，而认为是"明主之所以诛"的，韩非承之，于是在论著中对文学之士诋毁攻击，不遗余力。他说：

　　夫言行者，以功用为之的彀者也。……今听言观行，不以功用为之彀，言虽至察，行虽至坚，则妄发之说也。是以乱世之

---

① 原稿此处引文衍一"用"字，校订者酌删。

听言也,以难知为察,以博文为辩。(《问辩篇》)

藏书策,习谈论,聚徒役,服文学而议说,世主必从而礼之,曰:"敬贤士,先王之道也。"夫吏之所税,耕者也;而上之所养,学士也。耕者则重税,学士则多赏,而索民之疾作而少言谈,不可得也。"(《显学篇》)

甚至于说"行仁义者非所誉,誉之则害功;工文学者非所用,用之则乱法"(《五蠹》)①。由此推衍而形成秦代的焚书坑儒,功利主义的极致,达到典籍的被毁灭,恐怕这决不是墨子所及料的。

第三章　自然主义派——道家

第一节　对于辩之否定与非功利主义

在战国时因为诸子竞鸣,各是其所是而非其所非,所以儒家的孟、荀都承认辩的重要性,而毅然以抵排异端、阐明孔学自任。墨派也为的要树立自己理论的根基,为谋博得举世的信仰,因之对于辩论之学也非常的注意。除此之外,至如惠施、公孙龙之流,简直是以辩论名家,终天干的是这种工作。所以不管儒家的实用主义也好,墨家的功利主义也好,他们总是承认文章的重要,而思以之为工具来达到自己宣传的目的。可是道家就不然了。他们根本否定了辩的价值,更进一步否定了文学的作用。先就第一点来说,《老子》中说:

天地之间,其犹橐籥乎!虚而不屈,动而愈出,多言数穷,不如守中。(王弼本五章)

信言不美,美言不信。善者不辩,辩者不善。知者不博,博者不知。(八一章)

---

① "甚至于说'行仁义者非所誉,誉之则害功;工文学者非所用,用之则乱法。'(《五蠹》)"为校订者酌补。

至于庄子,他更进而说明辩论之无补于真理之探求与是非之判别。
他说:

> 既使我与若辩矣,若胜我,我不若胜,若果是也,我果非也邪?我胜若,若不吾胜,我果是也,而果非也耶?其或是也,其或非也邪?其俱是也,其俱非也邪?我与若不能相知也,则人固受其黮暗,吾谁使正之?使同乎若者正之?既与若同矣,恶能正之!使同乎我者正之?既同乎我矣,恶能正之!使异乎我与若者正之?既异乎我与若矣,恶能正之!使同乎我与若者正之?既同乎我与若矣,恶能正之!然则我与若与人俱不能相知也,而待彼也耶?(《齐物论》)

所以他很断然地说:

> 故分也者,有不分也;辩也者,有不辩也。曰:何也?圣人怀之,众人辩之以相示也。故曰辩也者有不见也。夫大道不称,大辩不言。……道昭而不道,言辩而不及。……孰知不言之辩,不道之道?若有能知,此之谓天府。(《齐物论》)

老、庄既否定了辩的作用,他们更进而否定了文学的功能。《老子》说:"道可道,非常道;名可名,非常名。"(一章)又说:"是以圣人处无为之事,行不言之教。"(二章)《庄子》中讲:

> 世之所贵道者书也,书不过语,语有贵也。语之所贵者意也,意有所随。意之所随者,不可以言传者,而世因贵言传书。世虽贵之,我犹不足贵也,为其贵非其贵也。故视而可见者,形与色也;听而可闻也,名与声也。悲夫,世人以形色名声为足以得彼之情!夫形色名声果不足以得彼之情,则知者不言,言者不知,而世岂识之哉?(《外篇·天道》)

其次是他们那种非功利的见解。《庄子》书中说:

> 至人神矣!大泽焚而不能热,河汉冱而不能寒,疾雷破山而不能伤,飘风振海而不能惊。若然者,乘云气,骑日月,而游乎四海之外。死生无变于己,而况利害之端乎!(《齐物论》)

郭象注云:"夫神全形具而体与物冥者,虽涉至变而未始非我,故荡然

无蛊介于胸中也。"①《齐物论》又谓:

> 圣人不从事于务,不就利,不违害,不喜求,不缘道,无谓有谓,有谓无谓,而游乎尘垢之外。(同上)

这是道家的特色,明乎此,才可以了解他们的文学观。

第二节　老庄哲理文中所暗示出之文学论

道家既否定到了辩的作用,进一步连文字的功能都否定了,那他们当然不会定出所谓辩论的法则与立言的准则②的。既然如此,那么我们从何处了解他们的文学观呢?然而不然,就因为他们没有详论到文学的法则,倒反比后世论文学法则的人说得还精微、还透辟。此即老子所谓"无用之用"与"不言之教"。

一、环境——庄子《达生》篇叙吕梁丈夫之自述云:

> 吾始乎故,长乎性,成乎命。与齐俱入,与汨偕出,从水之道而不为私焉。此吾所以蹈之也。……吾生于陵而安于陵,故也;长于水而安于水,性也;不知吾所以然而然,命也。

所谓"故",所谓"性"、"命",都可说是随顺环境之自然,达到不期然之然的境界之谓。

二、修养——《养生主》篇中叙庖丁之自述云:

> 臣之所好者道也,近乎技矣。始臣之解牛之时,所见无非牛者。三年之后,未尝见全牛也。方今之时,臣以神遇而不以目视,官知止而神欲行。依乎天理,批大郤,导大窾,因其固然。技经肯綮之未尝,而况大軱乎?……虽然,每至于族,吾见其难为,怵然为戒,视为止,行为迟,动刀甚微,謋然已解,如土委地。提刀而立,为之四顾,为之踌躇满志。

---

① 校订者按,"郭象注云"一句,据任访秋先生的眉批录入正文。下面"《齐物论》又谓"为校订者酌增。

② "准则的"原稿作"准的的","准的"本可通,但与"的"字连读,颇觉别扭,校订者酌改。

《达生篇》中又叙佝偻丈人对仲尼之问云：

> 仲尼适楚，出于林中，见佝偻者承蜩，犹掇之也。仲尼曰："子巧乎！有道邪？"曰："我有道也。五六月累丸二而不坠，则失者锱铢；累三而不坠，则失者十一；累五而不坠，犹掇之也。吾处身也，若橛株拘；吾执臂也，若槁木之枝；虽天地之大，万物之多，而唯蜩翼之知。吾不反不侧，不以万物易蜩之翼，何为而不得！"孔子顾谓弟子曰："用志不分，乃凝于神，其佝偻丈人之谓乎！"

前边讲到谨慎，后边讲到专精，这都是修养的功夫，必须下到这种功夫，才能达到凝于神而入于道的地步。

三、兴会——《达生篇》中又云：

> 梓庆削木为鐻，鐻成，见者惊犹鬼神。鲁侯见而问焉，曰："子何术以为焉？"对曰："臣工人，何术之有！虽然，有一焉。臣将为鐻，未尝敢以耗气也，必斋以静心。斋三日，而不敢怀庆赏爵禄；斋五日，不敢怀非誉巧拙；斋七日，辄然忘吾有四枝形体也。当是时也，无公朝，其巧专而外滑消；然后入山林，观天性；形躯至矣，然后成见鐻，然后加手焉；不然则已。则以天合天，器之所以疑神者，其是与！"

"以天合天"即庄子所说之"天籁"，乃是自然的遇合，而不得有丝毫勉强与做作于其间也。

四、一切技艺之三昧，完全基于自得，而不能传之于人。《天道》篇中引轮扁之言云：

> 斲轮，徐则甘而不固，疾则苦而不入。不徐不疾，得之于手而应之于心，口不能言，有数存焉于其间。臣不能以喻臣之子，臣之子亦不能受之于臣，是以行年七十而老斲轮。

以后曹丕《论文》谓"虽在父兄，不能以移子弟"，及陆机《文赋》谓"是盖轮扁所不得言，亦非华说之所能精"，即本于此。

总之，道家的文学观，一言以蔽之，"自然"而已矣。一切技艺之能达到精微超绝，皆莫不有其客观的因素在。此因素为何？即其人之个性、环境、修养、机遇四者而已。简言之,即性与命,亦即吕梁丈夫所谓"长于水,而安于水,性也;不知吾所以然而然,命也"。

第三节　对后世文学批评之影响

　　道家这种自然主义的哲学思想,其对于后来文学批评的影响,可以说是非常的大。首先是他们那种超功利的见解,于是用之于文学上,就成功所谓言志派。所谓言志,即自我的表现。个人的思想与感触,可以尽量的来发挥,用不着顾忌他人,迁就他人,更不必问此种意见与感触写出来后,对于社会有何影响与结果。因之此派在时代思潮上,往往是消极的革命者。魏晋时之嵇、阮可为此派之代表。其次在文艺批评上,往往是反形式主义者。他们反对因袭与模拟,打破格律与义法,而成为新风气之开创者。明代公安派可为此派之代表。

第三篇 实用主义派之发展期——两汉

第一章 唯美主义派之兴起

西汉初年之文学,完全承先秦之余波,一时南方文学——《楚辞》盛极一时。此种原因,一则由于吴楚一带之文士多承屈、宋之流风而擅长辞赋,二则汉诸侯王及天子多喜文辞,招纳天下文辩之士。故一时辞人辈出。其尤显著者,如邹阳、枚乘、严助、朱买臣、枚皋、司马相如等。或为诸王之幕僚,或为天子之幸臣,其作品之风格,多本《楚辞》而益趋华靡。至创作之动机,除抒情与体物外,并不含其他实用之目的。故此等作者实开东汉以后唯美主义之先河。彼等之创作风格如此,至关于文学论在彼等之著作中虽不见有专文讨论,然从史书之记载以及彼等之创作中,亦可窥知一二。

一、重夸饰——枚乘《七发》中云:"于是使博辩之士,原本山川,极命草木;比物属事,离辞连类。"这几句话,可说把赋的写法说尽了,而其重视夸饰亦于此可见。据《汉书·司马相如传》:

> 上读《子虚赋》而善之,曰:"朕独不得与此人同时哉!"得意曰:"臣邑人司马相如自言为此赋。"上惊,乃召问相如。相如曰:

"有是。然此乃诸侯之事,未足观,请为天子游猎之赋。"①传中又云:"上既美子虚之事,相如见上好仙,因曰:'上林之事未足美也,尚有靡者。臣尝为《大人赋》,未就,请具而奏之。'"由此可见,相如之对写作如何注意于夸饰。

二、重侈丽——相如答友人盛览问作赋之道云:"合纂组以成文,列锦绣而为质。一经一纬,一宫一商,此作赋之迹也。"(《西京杂记》)这是重文辞与声调的最好说明。以后曹子桓"诗赋欲丽"之说,与陆士衡的"诗缘情而绮靡,赋体物而浏亮"之论,实均本于此。

第二章 实用主义派之发展

第一节 经师之文学观

就前章来看,则在西汉初叶唯美派已经兴起,使此潮流中道不受到意外的阻碍,则魏晋之文学理论,当更早的出现于文学界。无如在汉武帝时,因为董仲舒、丞相卫绾之议,遂罢黜百家、独尊儒术,于是反映到文学上即实用主义派之抬头。而最足代表此派的首先就是一般经师之对于《三百篇》的解释。

一②、今文经学家之诗说——汉代今文派的诗说,共分三家,即齐、鲁、韩。齐为辕固生,鲁为申培公,韩为韩婴(燕人)。齐诗魏代已亡,鲁诗亡于西晋,韩诗《艺文志》载《韩故》三十六卷、《内传》四卷、《外传》六卷、《韩说》四十一卷③,至今仅存《外传》十篇,是否为当时《外传》之旧,颇成问题。然即此已可知当日今文派对诗之认识。

---

① 校订者按,原稿此处引文从"上惊"开始,前因不明,故酌补"上读《子虚赋》……司马相如自言为此赋"。

② "一"原稿作"甲",校订者酌改,以下类推,不另说明。

③ 原稿于《外传》至《韩说》外有括号,这容易让人误解它们都是《韩故》的组成部分,其实它们乃是并列的韩诗学著述,校订者酌删括号。

(一)① 诗之本事——其②述《召南·甘棠》之篇所由产生云：

昔者周道之盛，邵伯在朝，有司请营邵以居。邵伯曰："嗟！以吾一身而劳百姓，此非吾先君文王之志也。"于是出而就蒸庶于阡陌陇亩之间而听断焉。邵伯暴处远野，庐于树下，百姓大悦，耕桑者倍力以③劝，于是岁大稔，民给家足。其后在位者骄奢，不恤元元，税赋繁数，百姓困乏，耕桑失时。于是诗人见邵伯之所休息树下，美而歌之。诗曰："蔽芾甘棠，勿剪勿伐，召伯所茇。"此之谓也。（卷一第二八章）

(二) 以故事解诗——

闵子骞始见于夫子，有菜色，后有刍豢之色。子贡问曰："子始有菜色，今有刍豢之色，何也？"闵子曰："吾出蒹葭之中，入夫子之门。夫子内切瑳以孝，外为之陈王法，心窃乐之。出见羽盖龙旂，裘旗相随，心又乐之。二者相攻胸中而不能任，是以有菜色也。今被夫子之文寖深，又赖二三子切瑳而进之，内明于去就之义，出见羽盖龙旂旗裘相随，视之如坛土矣。是以有刍豢之色。"诗曰："如切如瑳，如琢如磨。"（卷二第五章）

(三) 引诗而断章取义

传曰：孔子遭齐程本子于郯之间，倾盖而语终日，有间，顾子路曰："由，束帛十四，以赠先生。"子路不对。有间，又顾曰："束帛十四，以赠先生。"子路率尔而对曰："昔者，由也闻之于夫子，士不中道相见，女无媒而嫁者，君子不行也。"孔子曰："夫《诗》不云乎：'野有蔓草，零露漙兮。有美一人，清扬婉兮，邂逅相遇，适我愿兮。'且夫齐程本子，天下之贤士也，吾于是而不赠，终身不之见也。大德不逾闲，小德出入可也。"（卷二第一六章）

《韩诗外传》中对于诗之解释，大致不出此三类。除第一类为历史的

---

① "(一)"原稿作"(1)"，校订者酌改，以下类推，不另说明。
② "其"为校订者酌增，指《韩诗外传》。
③ "以"原稿误引作"于"，校订者酌改。

说明外,二、三两类则均本之先秦,无何新颖之处也。其余齐、鲁两家诗说,虽已亡佚,然在《汉书·经师传》中尚可窥见一二(如匡衡、翼奉等传),今不具赘。

二、古文经学家之诗说——《毛诗》可谓此派之代表,而最足以看出此派对诗之见解者,厥惟《大序》与《小序》。

(一)《大序》——汉儒称诗《大序》为子夏所作(郑玄《诗谱》),至宋儒更谓《大序》非孔子不能作者(程明道)。实际这都有点靠不住①。近人则谓系汉儒之作(顾颉刚等),这还比较可信。里面的见解,几全本诸孔、孟之见而加以推阐。

1②. 诗之起源——序云:

> 诗者,志之所之也,在心为志,发言为诗。情动于中而形于言,言之不足,故嗟叹之,嗟叹之不足,故永歌之,永歌之不足,不知手之舞之、足之蹈之也。

按此本于《尚书·尧典》之"诗言志"、"歌永言",而加以发挥者。

2. 诗与时代之关系——序云:

> 情发于声,声成文谓之音。治世之音安以乐,其政和;乱世之音怨以怒,其政乖;亡国之音哀以思,其民困。……至于王道衰,礼义废,政教失,国异政,家殊俗,而变风,变雅作矣。

这一段非常的精辟,很能说明时代之影响对文学、而文学乃为时代之反映的道理。

3. 诗之功用——序云:

> 故正得失,动天地,感鬼神,莫近于诗。先王以是经夫妇,成孝敬,厚人伦,美教化,移风俗。

这可以说诗从孔子的兴、观、群、怨之说引申来的。

---

① "靠不住"原稿作"靠不着","靠不着"乃河南方言,义同"靠不住",校订者酌改。

② "1"原稿作"一",校订者酌改,以下类推,不另说明。

4. 诗体——序云：

> 故诗有六义焉：一曰风，二曰赋，三曰比，四曰兴，五曰雅，六曰颂。……是以一国之事，系一人之本，谓之风；言天下之事，形四方之风，谓之雅。……颂者，美盛德之形容，以其成功告于神明者也。

风雅颂为诗之体制，而赋比兴为诗之作法。前者为对诗体的分类，乃属于归纳的批评，后者明创作之原则，为推理的批评。（郭绍虞说①）

（二）《小序》——关于作者问题，自汉以来，聚讼不决，约略可有七说：1. 郑玄《诗谱》以为子夏、毛公合作。2. 《后汉书·儒林传》以为卫宏作。3. 成伯玙以子夏惟裁初句，以下出于毛公（成伯玙，唐人，著《毛诗指说》）。4. 王安石以为诗人所自制。5. 程明道以为《小序》为国史之旧文。6. 郑樵、王质、朱熹以为《小序》为村野妄人所作。7. 《四库提要》以为首二句为孙卿以来递相授者，以下各句出于各家之演说。至近人多主为汉儒之说，鲜有认为系先秦儒者之说者。至于内容纯为儒家的文学观，而且主观太深，以至于不免②穿凿附会、妄推臆断之弊。

1. 说明诗之本事——如《新台》、《二子》、《乘舟》（邶风）、《硕人》（卫风）。

2. 说明诗之大旨——此类最多，不外刺（《谷风》刺夫妇失道也，《北门》刺士不得志也）、闵（《载驰》许穆夫人作也，闵其宗国颠覆、自伤不能救也，《硕人》闵庄姜也）、美（《淇奥》美武公之德也，《凯风》美孝子也）、思（《风雨》思君子也，《鸡鸣》思贤妃也）四类。

按，古诗多已不知作者，而当时此诗之所以作，率已不可考。而《小序》篇篇为叙其本事，并说明其旨意，焉能不附会、不穿凿乎？无

---

① "郭绍虞说"原稿作"郭说"，校订者酌改。按，郭绍虞说见其《中国文学批评史》上册第50页，商务印书馆，1934年5月版。

② 原稿此处有一"于"字，校订者酌删。

怪乎郑渔仲讥其为"村野妄人"之所作也。总之,《小序》作者因受儒家实用主义之影响太深,且又以伦理之眼光释诗,于是篇篇非美即刺,再不然为闵为思。其实亦尽有泛泛抒情之作而不属于斯类者,此实用主义之流弊也。

(三)《诗谱》——郑玄作,此系说明诗之时地关系之作,其序云:"欲知源流清浊之所处,则循其上下而省之;欲知风化芳臭气泽之所及,则傍行而观之:此《诗》之大纲也。"以纵表示时代,以横表示方域,这是从《史记》之《表》蜕化而来者。如此则对古今四方之作,其源流清浊芳臭气泽,可以一目而了然。这在历史的批评上,可以说是一个很有价值的著作①。无如郑氏所本者为《诗序》,而《诗序》本身并不确凿,故《诗谱》之价值亦不能不随之而减低。

总之,儒家的文学观自孔子之后,一步步走向极端实用主义的路上去,则其最后之流于穿凿与附会,自是必至之数,决非偶然者也。

第二节　司马迁

子长平生虽无专论文学之作,但自其大著《史记》于批评文学作家之文中,略可见其一二。

一、主张文学应有讽喻之义——其评《屈原》云:"作辞以讽谏,连类以争义,《离骚》有之。"(《太史公·自序》)其评价司马相如云:"《子虚》之事,《大人》赋说,靡丽多夸,然其指风谏,归于无为。"(同上)至其在《屈贾列传》中引淮南王安《离骚传》中语以评屈原,更可以看到他这种"主文谲谏"的意旨。

二、文学为圣哲失志之作——《报任少卿书》中云:

盖西伯拘而演《周易》,仲尼厄而作《春秋》,屈原放逐,乃赋《离骚》,左丘失明,厥有《国语》。……《诗三百篇》,大氐贤圣发愤之所为作也。此人皆意有所郁结,不得通其道,故述往事,思

---

① "著作"原稿作"功作",校订者酌改。

来者。①

这话成了后来人论诗谓"穷而后工"之所本。近代日本人厨川白村写有《苦闷的象征》一书，谓文学作品皆系作者苦闷其象征，其论断与子长之言相合。

三、《史记》中"文辞"、"文章"与"文学"，"文"与"学"诸词之有无分别——郭绍虞先生《中国文学批评史》云：

> 时至两汉，文化渐进。一般人亦觉得文学作品确有异于其他文件之处，于是所用术语，遂与前期不同。用单字则有"文"与"学"之分，用连语则有"文章"与"文学"之分，以含有"博学"之意义者称之为"学"或"文学"，以美而动人的文辞，称之为"文"或"文章"。如此区分，才使文学与学术相分离。此现于《史记》、《汉书》中所用可以按而知之者。(《由史籍中窥见汉人对于文学之认识》，民国二十三年五月初版，商务印书馆印行。)

又云：

> 此二节以"学"与"文"分别言之，更可以看出其分用之迹，所以吾谓两汉所用的术语，用单字则称"文"与"学'，用连语则称"文"为"文章"或"文辞"，而称"学"为"文学"。(同上)

郭先生举了不少的例证，似乎这确可以成为定论了，而实际则有不尽然者。即以《太史公自序》及《伯夷列传》二文来说，里面所用之词，与郭先生所解释之意义即不相符：

> 自孔子卒，京师莫崇庠序，唯建元元狩之间，文辞粲如也。作《儒林列传》第六十一。(《太史公自序》)

> 孔子述文，弟子兴业，咸为师傅，崇仁厉义。作《仲尼弟子列传》第七。(同上)

> 周室既衰，诸侯恣行。仲尼悼礼废乐崩，追修经术，以达王道，匡乱世反之于正，见其文辞，为天下制仪法，垂《六艺》之统纪

---

① 校订者按，此段引文当是依据《汉书》本传，个别字词如"大氐贤圣"与常见本不同，不校。

于后世。作《孔子世家》第十七。(同上)

夫学者载籍极博,犹考信于《六艺》。《诗》、《书》虽缺,然虞夏之文可知也。(《伯夷列传》)

余以所闻,由、光义至高,其文辞不少概见,何哉?(同上)

按以上所引五证,所谓"文辞"与"文"均指"学术"或"文献"类文字而言,决非如郭先生所谓指美而动人之文辞也。今正之。

第三节　扬雄

子云一生中的文学见解,可以分作两个时期,而此二期则截然不同。此确非由于扬雄个人趣味的转变,而实因为受当时整个文学批评潮流的影响之故。在前章已经说过,即汉初由于楚辞之学的发达,一时文学批评大有走向唯美主义的趋势。可是后来因为儒家思想之抬头,因之在文学上实用主义大盛,而唯美①趋势竟被遏抑而不能顺利的发展,直到汉末才又抬头。至子云文学见解之前期主张,《汉书》本传中云:

> 顾尝好辞赋。先是时,蜀有司马相如,作赋甚弘丽温雅,雄心壮之,每作赋,常拟之以为式。又怪屈原文过相如,至不容,作《离骚》,自投江而死,悲其文,读之未尝不流涕也。以为君子得时则大行,不得时②则龙蛇,遇不遇命也,何必湛身哉!乃作书,往往摭《离骚》文而反之。

后雄得杨庄之荐被召入京(四十二岁,钱穆《向歆父子年谱》),自此得与当时学者游,并自请愿不受三岁之奉,且休脱直事之由,得肆心广意,以自克就。有诏可不夺奉,令尚书赐笔墨钱六万,得观书于石室。自此后其学问兴趣一变,而其文学见解亦随之而变。《汉书》本传中谓:

---

① "唯美"原稿作"此种",其指代易滋混淆,校订者酌改。
② "时"原稿引作"志",校订者酌改。

雄以为赋者,将以风也,必推类而言,极丽靡之辞,闳侈巨衍,竞于使人不能加也,既乃归之于正,然览者已过矣。往时武帝好神仙,相如上《大人赋》,欲以风,帝反缥缥有陵云之志。繇是言之,赋劝而不止,明矣。又颇似俳优淳于髡、优孟之徒,非法度所存,贤人君子诗赋之正也,于是辍不复为。

所以子云在前一时期见解,可以说极近于唯美主义派。他讲:

　　能读千赋,则善赋。(桓谭《新论·道赋篇》引)

　　长卿赋不似从人间来,其神化所至耶?(《西京杂论》,杨慎《尺牍清裁》引作杨雄《答桓谭书》)

但他晚年一变而为纯然的实用主义者,其言备见于其《法言》一书中。

一、对赋的轻视。

　　或曰:"赋者可以讽乎?"曰:"讽乎! 讽则已,不已,吾恐不免于劝也。"(《法言·吾子》)

　　或曰:"雾縠之组丽。"曰:"女工之蠹矣。"(同上)

　　或①问:"景差、唐勒、宋玉、枚乘之赋也,益乎?"曰:"必也淫。""淫则奈何?"曰:"诗人之赋丽以则,辞人之赋丽以淫。如孔氏之门用赋也,则贾谊升堂,相如入室矣。如其不用何?"(同上)

　　或曰:"君子尚辞乎?"曰:"君子事之为尚。事胜辞则伉,辞胜事则赋,事、辞称则经,足言足容,德之藻矣。"(同上)

以上论赋。

二、反对淫辞。

　　或曰:"女有色,书亦有色乎?"曰:"有。女恶华丹之乱窈窕也,书恶淫辞之淈法度也。"(《法言·吾子》)

　　不合乎先王之法者,君子不法也。(同上)

这是说立言要不淈法度,要合乎先王之法。

---

① "或"原稿漏引,校订者酌补。

三、立论以仲尼为准。

  好书而不要诸仲尼,书肆也。好说而不要诸仲尼,说铃也。(同上)

这就主张以仲尼为标准了。

四、以五经为本。

  舍舟航而济乎渎者,末矣;舍五经而济乎道者,末矣。弃常珍而嗜乎异馔者,恶睹其识味也?委大圣而好乎诸子者,恶睹其识道也?(同上)

这又主张以五经为本。由这些议论,可以知子云的见解是如何的纯然实用主义化了。

五、由尊古、信古而泥古、模古。

  他既重实用,而菲薄淫辞,那么他晚年的著作应该是趋向于平易自然才是。但揆之实际,竟有大谬不然者。他晚年著作不但不平易,反而①非常的古奥艰深。这是什么原因呢?试一聆其这样的言论就可以明白了——

  或问:"圣人之经不可使易知与?"曰:"不可。天俄而可度,则其覆物也浅矣;地俄而可测,则其载物也薄矣。大哉!天地之为万物郭,五经之为众说郭。"(《法言·问神篇》)

可知他的文章之所以故为艰深,实因为他太泥古因而模古的缘故。

  子云这种文学观,其影响于后者,成功为两派:(一)重道轻文,尚质而斥淫辞,周濂溪、程伊川可为此派之代表。(二)拘泥形式,剽窃模拟,故作艰深,樊宗师、李梦阳、李攀龙等可为此派之代表。

第四节　班固

  孟坚的文学见解,纯为实用主义的,与孔、孟实无二致。

  一、论诗赋之功用——《汉书·艺文志》诗赋略云:

---

① "而"为校订者酌补。

> 古者诸侯卿大夫交接邻国,以微言相感,当揖让之时,必称诗以谕其志,盖以别贤不肖而观盛衰焉。故孔子曰:"不学诗,无以言"也。春秋之后,周道寖坏,聘问歌咏不行于列国,学诗之士逸在布衣,而贤人失志之赋作矣。大儒孙卿及楚臣屈原离谗忧国,皆作赋以风,咸有恻隐古诗之义。

《两都赋》序中又云:

> 故言语侍从之臣,若司马相如、虞丘寿王等,时时间作。或以抒下情而通讽谕,或以宣上德而尽忠孝。雍容揄扬,著于后嗣,抑亦雅颂之亚也。

这都在说明诗赋之用是在"讽谕"或"谕扬",应该是有所为而后为,不应无所为而为也。

二、应合乎法度之正——《两都赋》中云:

> 主人曰:"复位,今将喻子五篇之诗。"宾既卒业,乃称曰:"美哉乎此诗!义正乎杨雄,事实乎相如,非惟主人之好学,盖乃遭遇乎斯时也。小子狂简,不知所裁,既闻正道,请终身诵之。"

《答宾戏》中云:

> 夫啾发投曲,感耳之声,合之律度,淫鼃而不可听者,非《韶》、《夏》之乐也;因势合变,偶时之会,风移俗易,乖忤而不可通者,非君子之法也。

这颇含有必须以圣贤之言为准的的意味,同时反对淫靡之辞,亦于此可以见焉。

三、对于辞赋作者之批评——其评屈原云:

> 且君子道穷,命矣。故潜龙不见是而无闷,《关雎》哀周道而不伤。蘧瑗持可怀之智,宁武保如愚之性,咸以全命避害,不受世患。故《大雅》曰:"既明且哲,以保其身。"斯为贵矣。今若屈原,露才扬己,竞乎危国群小之间,以离谗贼。然责数怀王,怨恶椒、兰,愁神苦思,强非其人,忿怼不容,沉江而死,亦贬絜狂狷景行之士。多称昆仑、冥婚、宓妃、虚无之语,皆非法度之政、经义所载。谓之兼《诗》、《风》、《雅》而与日月争光,过矣!(《离骚

序》)

其评屈原以后之辞赋家云:

> 其后宋玉、唐勒,汉兴枚乘、司马相如,下及杨子云,竞为侈丽闳衍之词,没其风谕之义。是以扬子悔之,曰:"诗人之赋丽以则,辞人之赋丽以淫。如孔氏之门人用赋也,则贾谊登堂,相如入室矣,如其不用何!"(《艺文志》)

这都是以儒家实用主义之见来批评,无怪对屈、宋以来之作者,均有所不满也。

第五节 王逸

王逸字叔师。① 关于《楚辞》的注释,在叔师时已有前人旧本,叔师病其乖谬,因重为注释。其《楚辞章句》序云:

> 至于孝武帝,恢廓道训,使淮南王安作《离骚经章句》,则大义粲然。……逮至刘向典校经书,分为十六卷。孝章即位,深弘道艺,而班固、贾逵复以所见改易前疑,各作《离骚经章句》。其余十五卷,阙而不说。又以壮为状,义多乖异,事不要括。今臣复以所识所知,稽之旧章,合之经传,作十六卷章句。虽未能究其微妙,然大指之趣,略可见矣。

至其为屈原一生行谊之辩护,及对屈原作品之解释,无一不以儒家之思想牵合之。其大要:

一、屈原之自沉,为仁者之用心——其言云:

> 且人臣之义,以忠正为高,以伏节为贤。故有危言以存国,杀身以成仁。是以伍子胥不恨于浮江,比干不悔于剖心,然后忠立而行成,荣显而名著。若夫怀道以迷国,详愚而不言,颠则不

---

① "王逸字叔师"为校订者酌增。按,任访秋先生像彼时许多学者一样,引述前人常径称其字号,如此处一开始就称"叔师"而不名,一般读者未必知道"叔师"是王逸的字,故酌增一句以明后文"叔师"之所指。

能扶,危则不能安,婉娩以顺上,逡巡以避患,虽保黄耇,终寿百年,盖志士之所耻,愚夫之所贱也。今若屈原,膺忠贞之质,体清洁之性,直如①砥矢,言若丹青,进不隐其谋,退不顾其命,此诚绝世之行,俊彦之英也。(同上)

二、辨班固评屈原为"露才扬己,怨刺其上"之言为非是——其言云:

且诗人怨主刺上曰:"呜呼小子,未知臧否;匪面命之,言提其耳!"风谏之语,于斯为切。然仲尼论之,以为大雅。引此比彼,屈原之词,优游婉顺,宁以其君不智之故,欲提携其耳乎?而论者以为"露才扬己"、"怨刺其上"、"强非其人",殆失厥中矣。(同上)

三、论②作品内容,无不以五经之义为依归——其言云:

夫《离骚》之文,依托《五经》以立义焉:"帝高阳之苗裔",则"厥初生民,时惟姜嫄"也;"纫秋兰以为佩",则"将翱将翔,佩玉琼琚"也;"夕揽洲之宿莽",则《易》"潜龙勿用"也;……"就重华而陈词",则《尚书》咎繇之谋谟也;登昆仑而涉流沙,则《禹贡》之敷土也。(同上)

这也是为驳班固"皆非法度之政、经义所载"之言而发。

四、释③《离骚》篇比兴之旨——《楚辞章句叙》中云:"而屈原履忠被谮,忧悲愁思,独依诗人之义而作《离骚》,上以讽谏,下以自慰。"又云:

《离骚》之文,依诗取兴,引类譬谕,故善鸟香草,以配忠贞,恶禽臭物,以比谗佞;灵修美人,以媲于君;宓妃佚女,以譬贤臣;虬龙鸾凤,以讬君子,飘风云霓,以为小人。(《离骚经序》)

---

① "如"原稿引作"若",校订者酌改。
② "论"字为校订者酌增。
③ "释"字为校订者酌增。

所以其所注屈原之二十五篇,叔师几无不以"忠君爱国"之义释之。此与《小序》之释《三百篇①》,均纳之于刺、美、思、闵之中者无殊。故穿凿附会之论,比比皆是。然此为实用主义末流必至之弊,虽然后之注者,如五臣、洪兴祖、朱晦庵等,其见解或与叔师不同,然其立论之出发点则一,故对《楚辞》终无一较清楚之解释也。

第三章 自然主义派之复兴——王充

仲任是东汉初年一位思想家,他曾师事班彪,与桓谭似乎也曾往来过。那时的思想界与西汉已大不相同了,经学上自刘歆起已推崇古文经说,用以代替荒诞无稽之今文经说。同时自然主义派的思想,从扬子云起已渐渐抬头。仲任生当此时,承循此种潮流而益发发扬之,于是在思想界遂大显其推陷廓清之功。不过仲任的思想,一般人都认为是道家的一派。但我们要仔细的考察起来,他并不怎么纯粹。儒家思想给他的影响似乎也很深。他尽管在作《问孔》、《刺孟》之篇,但他对儒家所倡导的"礼义"、"纲纪"仍是非常的重视。他认为假若一旦礼义、纲纪废败的话,必致于"上下乱而阴阳缪,水旱失时,五谷不登,万民饥死"(《非韩》)。从这里可以知道他并不像老、庄那样否认现实的一切而纯趋②于消极。就因为如此,他的文学观受儒家的影响也极深。现在试就他这一方面的观点③分述于次。

一、写作之目的在有裨实用。他说:

圣人作经艺传记者,④匡济薄俗,驱民使之归实诚也。……是故周道不弊,则民不文薄;民不文薄,《春秋》不作。杨、墨之学

---

① "篇"字为校订者酌增。
② "趋"原稿作"趣",亦通,但不常用,校订者酌改。
③ "的观点"为校订者酌增。
④ 校订者按,此句《论衡》通行本作"圣人作经艺者传记","艺者"又作"贤者";或谓当作"圣人作经艺、著传记",任访秋先生的引文亦可通,故不校改。

不乱传义,则孟子之传不造;韩国不小弱,法度不坏废,则韩非之书不为;……故夫贤圣之兴文也,起事不空为,因因不妄作;作有益于化,化有补于正。(《论衡·对作》)

所以他自述其著作的动机道:

是故《论衡》之造也,起众书并失实,虚妄之言胜真美也。故虚妄之语不黜,则华文不见息;华文放流,则实事不见用。故《论衡》者,所以铨轻重之言,立真伪之平,非苟调文饰辞,为奇伟之观也。(同上)

又道:

孟子伤杨墨之议大夺儒家之论,引平直之说,褒是抑非,世人以为好辩。孟子曰:"予岂好辩哉,予不得已!"今吾不得已也。虚妄显于真,实诚乱于伪,世人不悟,是非不定;紫朱杂厕,瓦玉集糅,以情言之,岂吾心所能忍哉!……若夫《九虚》、《三增》、《论死》、《订鬼》,世俗所久惑,人所不能觉也。人君遭弊,改教于上;人臣愚惑,作论于下,(下)①实得则上教从矣。冀悟迷惑之心,使知虚实之分;实虚之分定,而华伪之文灭;华伪之文灭,则纯诚之化日以孳矣。(同上)

这不纯粹是儒家实用主义之见吗?

二、文主乎达不贵优雅——他说:

夫文由语也,或浅露分别,或深迂优雅,孰为辩者?故口言以明志,言恐灭遗,故著之文字。文字与言同趋,何为犹当隐闭指意?狱当嫌辜,卿决疑事,浑沌难晓,与彼分明可知,孰为良吏?夫口论以分明为公,笔辩以荴露为通,吏文以昭察为良。深覆典雅,指意难睹,唯赋颂耳。《论衡·自纪》

这拿文辞来比口语,可谓探本之论。又云:

---

① 校订者按,此据《论衡》通行本引缺"下"字,语义不完,兹据黄晖《论衡校释》及刘盼遂《集解》补。

> 夫养实者不育华,调行者不饰辞;丰草多华英,茂林多枯枝。为文欲显白其为,安能令文而无谴毁?救火拯溺,义不得好;辩论是非,言不得巧。(同上)

这可以见其反对文饰,力主适用。

三、文贵乎是,贵乎真,不必适应流俗。他说:

> 论贵是而不务华,事尚然而不高合。论说辩然否,安得不谲常心、逆俗耳?众心非而不从,故丧黜其伪,而存定其真。如当从众顺人心者,循旧守雅,讽习而已,何辩之有?"(同上)

这正是他所以能在思想界与文学界矫然独异的原因。

四、文贵有个性,反对模拟。他说

> 饰貌以强类者失形,调辞以务似者失情。百夫之子,不同父母,殊类而生,不必相似,各以所禀,自为佳好。文必有与合然后称善,是则代匠斫不伤手,然后称工巧也。文士之务,各有所从,或调辞以巧文,或辩伪以实事。必谋虑有合,文辞相袭,是则五帝不异事,三王不殊业也。美色不同面,皆佳于目;悲音不共声,皆快于耳;酒醴异气,饮之皆醉;百谷殊味,食之皆饱。谓文当与前合,是谓舜眉当复八采,禹目当复重瞳。(同上)

这种见解在当时要算极其高明了。因为扬子云以模古相尚,当时子云之名如此之高,而仲任此等言论竟不肯与之苟合,确为难能而可贵者。

五、历史的眼光——仲任之所以有以上独特之见,一面固由于他深明乎文学之产生,为的代替语言,故力主明达。另一方面实由于他有历史的眼光认清了文学发展的过程,所以不为俗论所惑。他论经传之文在后人看起来之所以感到艰深的原因道:

> 经传之文,贤圣①之语,古今言殊,四方谈异也。当言事时,非务难知、使指闭隐也。后人不晓,世相离远,此名曰语异,不名

---

① "贤圣"原稿引作"圣贤",校订者酌改。

> 曰材鸿。浅文读之难晓,名曰不巧,不名曰知明。……夫笔著者,欲其易晓而难为,不贵难知而易造;口论务解分而可听,不务深迂而难睹。孟子相贤,以眸子明了者,察文以义可晓①。(同上)

扬子云以经学之难懂,系因圣人故为艰深之文辞,以示其弘博幽远。故彼为《太玄》《法言》,亦故为艰深。这就是子云缺乏历史眼光的缘故。所以就仲任整个文学主张来说,一部分是受时代潮流的影响,即儒家的实用主义,而另一部分则为矫正当时时代潮流之弊,即重质而轻文,反对肤浅的形式主义。仲任受前人的影响,大概在重实用上,是儒家的。重实质而轻浮辞,就历史以观察文学之作用及其变迁,为道家的。因为他的思想倾向于②自然主义,于是遂开东汉以后玄学之风。由玄学之兴起,而文学上自然主义③一派亦因之孕育而生。此宜于下篇中详论之。

---

① "晓"原稿误引作"睹",校订者酌改。

② "倾向于"原稿作"是纯粹的",校订者酌改。按,王充既然深受儒家实用主义的影响,就难说他是纯粹的道家自然主义,所以酌改如上。

③ "自然主义"原稿作"浪漫主义"。按,把文学上受老庄影响的一派称为"浪漫主义",这是任访秋先生最初的提法和写法,后来原稿统一改为"自然主义",此处的"浪漫主义"当是遗漏未及改者,校订者酌改。

第四篇 自然主义与唯美主义之发展期

第一章 汉魏之际政治与学术之演变

汉魏之际是中国历史上一个转变最大的时期,这是由上古到中古的一个关键。先就政治来说,东汉大一统将近二百年之久,因为最后几个皇帝的昏聩,致发生党锢之祸。因之遂招致以后的黄巾之乱同董卓之乱。到董卓之乱后,政治上遂成了分崩离析的局面,直至晋武帝太康元年(公元280年)平吴之后,才复归于统一。但中间仅仅经过三十余年,到永嘉五年(311年)刘渊陷洛、怀帝被虏,从此又成分裂之局。一直历东晋、宋、齐、梁、陈,至隋文帝开皇九年(589年)灭陈,才复归于统一。然而历时已近三百年了。因为政治的紊乱,民生的凋敝——尤以三国初年为最,于是在学术上其风会之所趋遂遽为之一变。这时思想界有两种新的潮流起来压倒了汉代儒家一尊的势力。一是老庄,导源于东汉的王充,至此时一般比较消极的士大夫,遂相率而遁入此途,于是清淡之风顿炽。一派是名法,乃导源于汉末的崔寔、王符等,此时一般积极者均认为儒家的宽缓之政已不足以驭衰世之民,于是均主张循名覈实,以才能用人,而不应再凭声誉,加以曹操当政以后纯任名法,而认为盗嫂受金亦可以明扬仄陋,轻廉节而重才艺,于是反映到学术上就成为玄风的大倡与文学的兴盛。

我们明白了以上的情形,那么再来看当时的文学批评,就可以知道它是渊源有目的:因为玄风的影响,那么在文学上就产生了自然主义①的一派。因为儒家思想之衰微,与夫文学之兴起,于是西汉初年唯美主义一派的伏流,遂汇聚而为巨流,中间历晋、宋而至齐、梁,遂成为此一时期文学批评中的主流。除此之外,在魏以后亦尚有一二实用主义派抱残守缺,而时不满意于上述之两派,但彼众我寡,而亦无可如之何。直至齐、梁之后,唯美派之弱点毕露,而文学本身之发展亦已臻于必变之侯,于是此潜伏之实用主义又复抬头,历隋至唐,遂酿成所谓宏伟之复古运动焉。

第二章 实用主义之余波

第一节 曹植

子建虽是建安时期最特出的作家,但他的文学观则仍然不出汉人的范围。他的《与杨德祖书》中说:

> 辞赋小道,固未足以揄扬大义,彰示来世也。昔扬子云,先朝执戟之臣耳,犹称壮夫不为也。吾虽德薄,位为藩侯,犹庶几戮力上国,流惠下民,建永世之业,流金石之功,岂徒以翰墨为勋绩、辞颂为君子哉?若吾志未果,吾道不行,则将采庶官②之实录,辩时俗之得失,定仁义之衷,成一家之言。虽未能藏之于名山,将以传之同好。此要之皓首,岂今日论乎?其言之不惭,恃惠子之知我也。

近人鲁迅说子建擅长辞赋,而故为此言,实乃违心之论。③ 实际也不

---

① "自然主义"原稿作"浪漫主义"。按在原稿上,本章题目里的"浪漫主义"已涂改为"自然主义",此处"浪漫主义"当是漏改者(参见上条校注),校订者酌改。

② "庶官"原稿引作"史官",校订者酌改。

③ 校订者按,鲁迅的评论见《魏晋风度及文章与药及酒之关系》。

尽然。我们看他几次上疏求自试，就可以知道他所说的要想"戮力上国，流惠下民"的志向不是假的。既然这是真的，那他重视事功而轻视辞赋为小道，就似毫不足为怪了。其次，他对于轻易批评别人的作品，是不大满意的。他说：

> 盖有南威之容，乃可以论于淑媛；有龙渊之利，乃可以议于割断。刘季绪才不能逮于作者，而好诋诃文章，掎摭利病。昔田巴毁五帝、罪三王、訾五霸于稷下，一旦而服千人；鲁连一说，使终身杜口。刘生之辩，未若田氏；今之仲连，求之不难，可无叹息乎！（同上）

本来创作家照例是不太看得起批评家的，子建此论自是创作家的口吻。陈钟凡讥其不知批评文学与文学之区别，未为非是。而郭绍虞先生乃为子建辩解，谓"陈氏之见，未为笃论"。实亦未见其允当。盖子建、子桓二人之见本自不同，今郭先生将此二人之论混同而讲之，如此岂能服陈氏之心乎？

第二节 挚虞

挚虞字仲洽，①为西晋泰始、元康间人，当时文学潮流已趋于绮丽化，但彼为《文章流别集》三十卷，《晋书》本传称其"类聚区分"、"各为之论，辞理惬当，为世所重"。今是书已佚，惟其《文章流别论》从严可均所辑之《全晋文》中尚可窥见一二。其见地与彼并世之诸文士如陆士衡兄弟颇有不同，大致与汉人之见无甚出入。他论文章之起源云：

> 文章者，所以宣上下之象，明人伦之叙，穷理尽性，以究万物之宜者也。王泽流而诗作，成功臻而颂兴，德勋立而铭著，嘉美终而诔集。祝史陈辞，官箴王阙。（《文章流别论》）

这认为各类文体完全是由于用而产生的。所以他论述文体，颇

---

① "字仲洽"为校订者酌增。

有探本溯源而欲纠当时之流放而反于古昔之正则之意。即如他论赋、颂、诗、铭诸体云：

赋者，敷陈之称，古诗之流也。古之作诗者，发乎情，止乎礼义。情之发，因辞以形之，礼义之旨，须事以明之，故有赋焉。所以假象尽辞，敷陈其志。前世为赋者，有孙卿、屈原，尚颇有古诗之义。至宋玉，则多淫浮之病矣。《楚辞》之赋，赋之善者也，故扬子称赋莫深于《离骚》。贾谊之作，则屈原俦也。古诗之赋，以情义为主，以事类为佐；今之赋，以事形为本，以义正为助。情义为主，则言省而文有例矣；事形为本，则言当而辞无常矣。文之烦省，辞之险易，盖由于此。夫假象过大，则与类相远；逸辞过壮，则与事相违；辩言过理，则与义相失；丽靡过美，则与情相悖。此四过者，所以背大体而害政教，是以司马迁割相如之浮说，扬雄疾"辞人之赋丽以淫"也。

颂，诗之美者也。古者圣帝明王，功成治定而颂声兴。于是史录其篇，工歌其章，以奏于宗庙，告于鬼神。故颂之所美者，圣王之德也。则以为律吕，或以颂形，或以颂声，其细已甚，非古颂之意。昔班固为《安丰戴侯颂》……与《鲁颂》体意相类；而文辞之异，古今之变也。扬雄《赵充国颂》，颂而似雅；傅毅《显宗颂》，文①与《周颂》相似，而杂以《风》、《雅》之意。若马融《广成》、《上林》之属，纯为今赋之体而谓之颂，失之远矣。

《书》云："诗言志，歌永言。"言其志谓之诗。古有采诗之官，王者以知得失。古之诗有三言、四言、五言、六言、七言、九言。……夫诗虽以情志为本，而以成声为节。然则雅音之韵，四言为正，其余虽②备曲折之体，而非音之正也。

《七发》……虽有甚泰之辞，而不没其讽谕之义也。其流遂

---

① "文"原稿漏引，校订者酌补。
② "虽"原稿漏引，校订者酌补。

广,其义遂变,率有辞人淫丽之尤矣。(同上)

这种重视讽谕而反对淫丽之辞,与子云晚年之见毫无二致。故其论文章风格亦莫不以儒家之见为主。其言云:

若《解嘲》之弘缓优大,《应宾》之渊懿温雅,《连旨》之壮厉忼慷①,《应间》之绸缪契阔,郁郁彬彬,靡有不长焉矣。(同上)

我们就仲洽现存的文章看,有《典校五礼表》,而论礼之文为最多。可知彼为当时精研②古代礼制的一个醇儒,那么他对文学之所以沿袭孔孟以来实用之见,原是无足怪的。

第三节 虞溥

虞溥字③允源,也是太康时人,他有《奖训学徒诏》(御览作《厉学篇》)很可以看出他的文学观来。他说:

故学之染人,甚于丹青。丹青吾见其久而渝矣,未见久学而渝者也。夫工人之染,先修其质,后事其色,质修色积,而染工毕矣。学亦有质,孝悌忠信是也。君子内正其心,外修其行,行有余力,则以学文,文质彬彬,然后为德。(《全上古三代秦汉三国六朝文·全晋文》卷七九)

又云:

今诸生口诵圣人之典,体闲庠序之训,比及三年,可以小成。而令名宣流,雅誉日新,朋友钦而乐之,朝士敬而叹之,于是州府交命,择官而仕,不亦美乎!若乃含章舒藻,挥翰流离,称述世务,探赜究奇,使杨、班韬笔,仲舒结舌,亦惟才所居,固无常人也。然积一勺以成江河,累微尘以崇峻极,匪志匪勤,理无由济也。(同上)

---

① 校订者按,"壮厉忼慷"一作"壮丽忼慨"。
② "精研"原稿作"研精",校订者酌改。
③ "虞溥字"为校订者酌增。

这种实用主义的意味,溢于行间,真可谓儒家之宗传矣。

除以上诸人之外,在当时佛老盛①行,而能守死善道为儒家延一线之命脉者,尚有裴頠与范宁诸人。惟彼等论文之作,从现存之文字中已不可见。故实用主义派在此时期实已成为支流余裔。唯美主义之洪流已汇而为江河,大有不达于海而不止之势。时代之风气使然,诚非一二人力所能挽回者也。

第三章　自然主义派之复兴及其发展

第一节　阮瑀

阮瑀字②元瑜,为建安七子之一,但他与孔璋、仲宣等不同。他之仕操,据《三国志》记载,完全是被迫而出的。他早年从学于蔡邕,而汉末老庄思想实导源于王充。至王充之书传之中土,乃系伯喈之力。故元瑜当时必熟闻仲任之说,因之得以深受其影响。他的《文质论》虽偏重于论人,但也可以看到他对文学的态度。他说:

> 若乃阳春敷华,遇冲风而陨落;素叶变秋,既究物而定体。丽物若伪,醜器多牢;华璧易碎,金铁难陶。……且少言辞者,政不烦也;寡知见者,物不扰也;专一道者,思不散也;混濛蒇者,民不备也;质士以四短违人,必有四安之报。③(《全上古三代秦汉三国六朝文·全后汉文》卷九三)

所以这种重质轻文、主一返淳之论,在魏晋之时虽其渊源于王充,而实倡导自元瑜。以后文学上自然主义一派,实自元瑜启之。

---

① "盛"原书误作"胜",校订者酌改。
② "阮瑀字"为校订者酌增。
③ "质士以四短违人,必有四安之报",原稿漏引,校订者酌补。

第二节　阮籍与嵇康

嗣宗同叔夜本是正始时期第一流的作者,他们的思想都偏于自然主义的一派。所以他们的文学观有这几种特点:

一、重质而轻文——这自是受仲任、元瑜的影响。嗣宗谓:

> 是以作智造巧者害于物,明是考非者危于身。……洁己以尤世、修身以明洿者,诽谤之属也;繁称是非、背质追文者,迷罔之伦也。……夫雁之不存,无其质而浊其文。死生无变,而龟之见宝,知吉凶也。故至人清其质而浊其文,死生无变而未始有云。(《达庄论》,《全上古三代秦汉三国六朝文·全三国文》卷四十五)

这完全是崇尚本然之素质而反对人为的雕饰。

二、黜伪而存真——嗣宗云:

> 大均淳固,不贰其纪,清静寂寞,空豁以俟。善恶莫之分,是非无所争,故万物反其所而得其情也。儒墨之后,坚白并起,吉凶连物,得失在心,结徒聚党,辩说相侵。昔大齐之雄,三晋之士,尝相与瞑目张胆,分别此矣。……皆盛仆马,修衣裳,美珠玉,饰帷墙。出媚君上,入欺父兄,矫厉才智,竞逐纵横。家以慧子残,国以才臣亡。(同上)

叔夜亦云:

> 故君道自然,必讬贤明。茫茫在昔,罔或不宁。赫胥既往,绍以皇羲。默静无文,大朴未亏。万物熙熙,不夭不离。……下逮德衰,大道沉沦。智慧日用,渐私其亲。惧物乖离,擘□□立仁。利巧愈竞,繁礼屡陈。刑教争施,犬性丧真。(《大师箴》,《全上古三代秦汉三国六朝文·全三国文》卷五一)

所以他主张"言无苟讳,而行无苟隐。不以爱之而苟善,不以恶之而苟非。"(《释私论》①)惟求事物之本真与是非之允当。

三、越名任心——一般文士之写作,其素以苦于推敲而陷于篆刻之病者,率由于名心太盛的缘故,所以唐人贾岛诗有"二句三年得,一吟泪双流。知音如不赏,归卧故山秋"之句。其创作之动机在求得别人的赏识,而不在抒写自己之情意。这可以说完全是"为人"之学。所以后人对之才有"苦吟"之讥。可是自然主义派则不然,他们不但轻视禄利,而且更忘怀名誉。他们创作只不过是抒情写意,借娱心神而已,至于他人之是非毁誉,根本不存之于心。即如叔夜诗云:

"琴诗自乐,远游可珍。"(《赠秀才入军诗》)

"永啸长吟,颐神养寿。"(《幽愤诗》②)

"结友集灵岳,弹琴登清歌。有能从我者,古人何足多。"(《答二郭诗三首》)

"至人存诸己,隐璞乐玄虚。功名何足殉,乃欲列简书。"(同上)

嗣宗《达庄论》中有段话,最足说明这种态度。他道:

庄周见其若此,故述道德之妙,叙无为之本,寓言以广之,假物以延之,聊以娱无为之心,而道遥于一世。岂将以希咸阳之门,而与稷下争辩也哉。(《全上古三代秦汉三国六朝文·全三国文》卷四五)

不仅嗣宗、叔夜的创作态度是如此,即以一般受老庄自然主义思想影响的作家,其创作态度亦莫不如此。

第三节　陶潜

渊明生当晋之季世,其时代距嗣宗、叔夜辈相去一百五六十年,环境方面不论政治的同思想的都有着极大的变革,但是他有些地方

---

① 此处夹注为校订者酌补。
② 原稿夹注曰"同上",误,校订者酌改。

与他们很相近,尤其是在文学上。所以我认为在①文学批评方面,渊明实是嵇、阮二公的继承者与发扬者。

我们要想了解渊明的文学观,应该②把他的思想与之相互比较来看才更容易明白。渊明是最爱"自然"的,他替他外祖孟嘉做传,说道:"又问:'听妓,丝不如竹,竹不如肉。'答曰:'渐近自然。'"(《晋故征西大将军长史孟府君传》)《归园田居诗》云:"久在樊笼里,复得返自然。"《归去来兮辞序》云:"质性自然,非矫厉所得;饥冻虽切,违已交病。"所以他的退归田园隐居不仕,完全是循其自然之性,而非故意借此以鸣高。其次是他的反璞归真的主张。《饮酒诗》中道:"羲农去我久,举世少复真。"《辛丑岁七月赴假还江陵夜行涂口》云:"养真衡茅下,庶以善自名。"《始作镇军参军经曲阿》云:"真想初在襟,谁谓形迹拘!"朱子以为③:

   陶渊明诗,人皆说是平淡。据某看,他自豪放,但豪放得来不觉耳。其露出本相者,是《咏荆轲》一篇。平淡底人,如何说得这样言语出来。(《朱子语类》卷一四〇)

渊明④既是以返回自然与归于真率为其生活之鹄的,那么他对于创作必然的会产生下列这种主张:

首先是藉创作以自娱,以诗文为自己情意之寄托。《归去来兮辞》云:"悦亲戚之情话,乐琴书以消忧。……登东皋以舒啸,临清流而赋诗。"《五柳先生传》云:"常著文章自娱,颇示己志。""酬觞赋诗,以乐其志。"《自祭文》中云:"欣以素笺,和以七弦。"《饮酒诗》序云:"偶有名酒,无夕不饮。顾影独尽,忽焉复醉。既醉之后,辄题数句自娱。"既是以"文章自娱",必然的在创作态度上会走到"即兴"的一路

---

① "在"为校订者酌增。
② 原稿此处有一"是"字,校订者酌删。
③ "朱子以为"为校订者酌增,以下引《朱子语类》评语,乃是任访秋先生写在原稿上的眉批,现移入正文。
④ "渊明"原稿作"他",校订者酌改。

上,我们看他的诗序中说:

> 秋菊盈园,而持醪靡由。空服九华,寄怀于言。(《九日闲居》诗序)

> 遥想灵山,有爱嘉名。欣对不足,率尔赋诗。(《游斜川》诗序)

> 旬日以来,始念饥乏。岁云夕矣,慨然永怀。(《有会而作》诗序①)

所谓"率而",所谓"寄怀"、"永怀",不是纯然的即兴态度吗?既是纯然的"即兴"态度,当然他不会注意于雕琢章句,而是信腕直寄,一循"自然"的。所以这一派的作品,在唯美派看来,是不会特别加以推赞的。

第四节　自然主义派之影响②

从嗣宗到渊明这一派自然主义的作家,有些地方很有点近于欧洲十八世纪的浪漫派,其返回自然,一也。主于自由表现,二也。轻视社会之规范,三也。对旧时代之思想,是革命的态度③,四也。将个人之见解寄托于理想的故事之中以表现之,五也。(如渊明的《桃花源记》)所不同者,仅浪漫派主于表现奔放的热情,而此派则否耳。(按,欧洲之浪漫主义为老庄思想与希腊思想混合而成,而中国则纯为老庄的,故重收敛而不重发扬。晚明文人稍有不同,即因受王学影响所以重发扬而不主收敛,故晚明文学为浪漫主义的。④)所以至此派对后世之影响,以其在内容上重视自我的表现,在形式上主于信腕

---

① "诗序"二字为校订者酌增。
② 此节原题"影响",校订者酌改。
③ "态度"二字为校订者酌增。
④ "晚明文人稍有不同,即因受王学影响所以重发扬而不主收敛,故晚明文学为浪漫主义的。"此句为任访秋先生补写在眉端并指示插入正文者,但原句字迹不很清楚,校订者勉强录入,容或有误。

直寄,不拟古,不模古,无视一切的格律,故写出之作品,其风格之高者,则清新活泼,一片化机;即其次者,亦如天马行空,不受羁勒。故在中国文学上,凡当文坛风气流于拘泥迂腐、陈陈相因之际,往往宗法此派者一出,即顿改旧观,而视听为之一新焉。

第四章 唯美主义派之勃兴及其发展

唯美主义派实为本期文学批评中之主潮。这一派的批评家,他们既不像实用主义派之以文学为淑世善俗的工具,又不像自然主义派之以文学为怡情悦性的寄兴,而大有视文学为性命,形成了文学中所谓"为艺术而艺术"的一派。自曹丕承枚、马之论而启其端,到陆机、左思等接其绪,至彦和、记室而臻于大成。所以,我们要说实用主义派的文学观是求"善",那么自然主义派就是求"真",而这一派即有点偏于求美。今分述这派各家于次。

第一节 曹丕

我国中世纪文学批评之风,实倡导于子桓。在他之前,虽有不少的学者在著作中涉及到文学的问题,但不是专论诗(如《诗大序》)就是专论文(如王充《自纪》),至能总论文学各体、更进而涉及到批评同创作诸问题的,那就不能不推《典论·论文》同《与吴质书》为最早了。这两篇虽都是仅仅几百字的文章,但内容所触及的问题倒是非常的多。

一①、作家论——这两篇主要在评骘与他并世的作家,即孔融、陈琳、王粲、徐干、阮瑀、应玚、刘桢。后来建安七子之名就是从这里来的。子桓对他们的批评注意两点:一是擅长的体制;二是作品的风格。今列表如次(《典论》简称《论》、《与吴质书》简称《书》):

---

① "一"原稿作"a",校订者酌改,以下类推,不另说明。

作者	擅长体制	作品风格
王粲	长于辞赋(《论》)	惜其体弱,不足起其文(《书》)
徐干	粲之匹也(《论》)	时有齐气(《论》)
陈琳	章表殊健,微为繁富(《书》)	
阮瑀	书记翩翩,致足乐也(《书》)	
应玚	常斐然有述作之意,其才学足以著书(《书》)	和而不壮(《论》)
刘桢	五言诗妙绝时人(《书》)	壮而不密(《论》),有逸气,但未遒耳(《书》)
孔融		体气高妙,有过人者,然不能持论,理不胜辞,至于杂以嘲戏(《论》)

二、创作论——又可分为三项:

(一) 文体论——《论文》中云:

> 夫文本同而末异。盖奏议宜雅,书论宜理,铭诔尚实,诗赋欲丽。此四科不同,故能之者偏也,唯通才能备其体。

这就文体的性质而论其在创作时应该注意之点,同时又指出①因为作者天才的限制,往往不能兼擅各体。后来彦和之《文心》,其文体论即由此抽绎而出者。

(二) 天才论——《论文》中云:

> 文以气为主。气之清浊有体,不可力强而致。譬诸音乐,曲度虽均,节奏同检,至于引气不齐,巧拙有素,虽在父兄,不能以移子弟。

此所谓"气",乃是得先天而非后天学习所能为功者,所以是"虽在父兄,不能以移子弟"。这不是近于现在所说之天分或天资吗?不过所不同者,是他所说之"气"更具体化,有诸内必形诸外。有此天赋自然

---

① "指出"为校订者酌增。

会流露于文学之表。所以他批评当时的作者即以气为标准。如于刘桢则谓"有逸气,但未遒耳"。于孔融则谓"体气高妙,有过人者"。于徐干则谓"时有齐气"。至于应、刘则又谓"和而不壮"、"壮而不密"。都是指气而言。所以以气为标准而论文,实始于子桓。以后遂开唐宋古文家论文以"气"为主之先河。

(三)文学价值论——在汉人的著述中,每每对于文学有一种轻蔑之见,一直到子建还有所不免。可是子桓很能了解文学本身的价值。《论文》中道:

> 盖文章经国之大业,不朽之盛事。年寿有时而尽,荣乐止乎其身,二者必至之常期,未若文章之无穷。是以古之作者,寄身于翰墨,见意于篇籍,不假良史之辞,不讬飞驰之势,而声名自传于后。

所以他对当时的一般文士都相当的尊重,决非如汉武之视枚皋、东方朔等以倡优畜之也。

三、批评论——子桓认为批评至不容易,即由于一般作者因其天赋之异,于文章之才能各有所偏而鲜能兼备,既不能兼备,所以好以己之所长而轻人之所短。他说:

> 夫人善于自见,而文非一体,鲜能备善,是以各以所长,相轻所短。里语曰:"家有弊帚,享之千金。"斯不自见之患也。(《论文》)

因为这种关系,所以批评文学必须树立一个客观的标准才行。此所以自魏以后,作家日多、作品益富,而需要批评亦益感迫切,于是文学批评之风遂因之而亦日盛一日也。

第二节 陆机、陆云

陆机的文学观,备见于其所作之《文赋》。此篇采用韵文表现作者创作时之过程,而能如此"曲尽其妙",确非天才不办。篇中所论者,有子桓所已提出之问题,而又有①彼未曾涉及者;有子桓言之不详,而彼更加以发挥者。盖子桓乃以批评家写论文,故偏于批评论一面。而士衡乃以创作家写其个人创作之经验,故悉以创作为主。其内容大致略述如次。

一、创作论——从有写作之动机叙起一直到作品之完成为止,凡作者经过之程序,靡不详述。一共可分为十项:(一)动机,(二)想像,(三)命意,(四)布局,(五)遣辞,(六)声调,(七)剪裁,(八)推敲,(九)灵感,(十)功用。虽所论不免简略,但均能得其要领。此途一开,于是彦和(刘勰)承之,而逐端加以扩充,盖此篇中所论及之各问题,原为一段或仅数句者,至《文心》中几无不扩充至数百言之专论。即以论创作而言,《文心》中如(一)《神思》之论想像,(二)《定势》之论布局,(三)《体性》之论遣辞,(四)《声律》之论音声,(五)《镕裁》之论剪裁,(六)《练字》之论推敲,均其显例。至士衡之主张,可分下列数项:

(一) 辞采

1. 贵独创——他道:

倾群言之沥液,漱六艺之芳润;浮天渊以安流,濯下泉而潜浸。于是沈辞怫悦,若游鱼衔钩而出重渊之深;浮藻联翩,若翰鸟缨缴而坠曾云之峻。收百世之阙文,采千载之遗韵;谢朝华于已披,启夕秀于未振;观古今于须臾,抚四海于一瞬。

又道:

或藻思绮合,清丽千眠,炳若缛绣,凄若繁弦。必所拟之不殊,乃暗合乎曩篇。虽杼轴于予怀,怵他人之我先;苟伤廉而愆义,亦虽爱而必捐。

这自是每个作家所应尊奉的原则。

2. 贵华美——他道:"其会意也尚巧,其遣言也贵妍。""播芳蕤

---

① "又有"为校订者酌增。

之馥馥,发青条之森森。粲风飞而猋竖,郁云起乎翰林。""或清虚以婉约,每除烦而去滥。阙大羹之遗味,同朱弦之清汜。虽一唱而三叹,固既雅而不艳。"有时当丽辞丛集,稍涉繁缛,但为华美起见,亦应予以保留。他道:

> 或苕发颖竖,离众绝致,形不可逐,响难为系。块孤立而特峙,非常音之所纬;心牢落而无偶,意徘徊而不能掬。石韫玉而山晖①,水怀珠而川媚。彼榛楛之勿剪,亦蒙荣于集翠;缀《下里》于《白雪》,吾亦济夫所纬。

所以后来彦和批评他道:

> 至如士衡才优,而缀辞尤繁;士龙思劣,而雅好清省。及云之论机,亟恨其多,而称"清新相接,不以为病",盖崇友于耳。夫美锦制衣,修短有度,虽玩其采,不倍领袖,巧犹难繁,况在乎拙?而《文赋》以为"榛楛勿剪"、"庸音足曲",其识非不鉴,乃情苦芟繁也。(《文心·熔裁》)

因过于喜欢华美之词采,因之就不忍割爱,其弊必至于繁复而累赘。

(二)声调——其言云:"暨音声之迭代,若五色之相宣。""文徽徽以溢目,音泠泠而盈耳。"篇中虽论声调之处较少,但即此即可知其对此并非不注意也。

(三)力求工巧——凡是唯美派的作家很少不如此,即对于作品之力求工巧是也。士衡云:"辞程才以效伎,意司契而为匠。在有无而僶俛,当浅深而不让。虽离方而遯员②,期穷形而尽相。"这是在初写之时而期于能够"穷形尽相",但写成之后又必须予以修饰与润色。他道:

> 或仰逼于先条,或俯侵于后章;或辞害而理比,或言顺而义妨。离之则双美,合之则两伤。考殿最于锱铢,定去留于毫芒。

---

① "晖"原稿引作"辉",校订者酌改。
② 校订者按,"员"一作"照"。

> 苟铨衡之所裁,固应绳其必当。

后来工部等之创作态度,实受此等影响也。

二、文体论——篇中云:

> 诗缘情而绮靡,赋体物而浏亮,碑披文以相质,诔缠绵而凄怆,铭博约而温润,箴顿挫而清壮,颂优游以彬蔚,论精微而朗畅,奏平彻以闲雅,说炜烨而谲诳。

就从这里又可以看出士衡纯为两汉辞赋家的继承者。即如其论诗而主"绮靡"、赋主"浏亮"、颂主"彬蔚"、说主"谲诳",均含深厚之唯美倾向。后来彦和即不甚同意于其主张,见《文心·论说》篇。

三、功用论——士衡在这一点上之见解①似介乎自然与实用二派之间。其主言志似与自然派为近。其言云:

> 伫中区以玄览,颐情志于典坟。遵四时以叹逝,瞻万物而思纷;悲落叶于劲秋,喜柔条于芳春;心懔懔以怀霜,志眇眇而临云。咏世德之骏烈,诵先人之清芬。游文章之林府,嘉丽藻之彬彬。慨投篇而援笔,聊宣之乎斯文。

这里所写创作之动机大半偏于抒怀的一面。但彼并非纯然认为文章只②可用于言志,同时亦认为其有裨于风教。其言云:

> 伊兹文之为用,固众理之所因。恢万里而无阂,通亿载而为津。俯贻则于来叶,仰观象于古人。济文武于将坠,宣风声于不泯。涂无远而不弥,理无微而弗纶。配霑润于云雨,象变化乎鬼神。被金石而德广,流管弦而日新。

要说起来,自以这种见解为圆通广大而不泥于一偏。不过由于士衡这种重视辞采与声调的结果,所以很容易的使后来一般末学③走到纯粹的形式主义的路上去。

---

① "在这一点上之见解"原稿作"之见解在这一点",校订者酌改。
② "只"与昂高作"亦",校订者酌改。
③ "末学"之"末",原刊漫漶不清,校订者斟酌上下文义勉强录之。

说到文学批评,士衡恰恰是一个承先启后者,他在创作论与文体论两方面,上接《典论·论文》,而下开《文心》。彦和之作不过是对于士衡之作之扩大而已。其所缺略,为对于作者之批评,因之记室(钟嵘①)才有"通而无贬"之讥。不过这本是为"论作文之利害所由"(《文赋·序》②)而作,而忽视评骘,原自有由也。

士龙之文学观备见于其《与兄平原书》,大致与乃兄同,然亦不全同。

一、用创作以解愁忘忧——其《与兄平原书》云:

文章既自可美,且解愁忘忧。但作之不工,烦劳而弃力,故久绝意耳。(其一五③)

云久绝意于文章,由前日见教之后,而作文解愁,聊复作数篇,为复欲有所为以忘忧。贫家佳物便欲尽,但有钱谷,复羞出之。(其二一,《全上古三代秦汉三国六朝文·全晋文》卷一〇二)

这自是近于言志的见解。

二、力求工巧——其与士衡函反复讨论为文之法,至竭尽心力而为之。对字句之推敲均极注意。即如他比较王粲与其兄之赋云:

仲宣文如兄言,实得张公力,如子桓书,亦自不乃重之,兄诗多胜其《思亲》耳。《登楼赋》无乃烦,《感丘》其吊夷齐辞不为伟,兄二《吊》自美之。但其呵二子小工,正当以此言为高文耳,文中有于是尔。乃于转句诚佳,然得不用之益快,有故不如无。又于文句中自可不用之,便少亦常云,四言转句以四句为佳。往曾以兄《七羡》"回烦手而沉哀"结上两句为孤,今更视定,自有不应用时。期当尔,复以为不快,故前多有所去。《喜霁》"俯顺

---

① 此处夹注为校订者酌补。
② 此处夹注为校订者酌补。
③ 此处夹注为校订者酌补,下同不另说明。

习坎,仰炽重离",此下重得如此语为佳。思不得其韵,愿兄为之。(其一二,同上)

其述为文之费精力云:

> 前登城门,意有怀作《登台赋》,极未能成;而崔君苗作之,聊复成前意,不能令佳,而羸瘁累日,犹①云逾前二赋,不审兄平之云何?(其一五,同上)

> 体中殊不可以思虑,腹立满,背便热,亦诚可悲。间视《大荒传》,欲作《大荒赋》,既自难工,又是大赋,恐交自困绝②。(其二一,同上)

又云:

> 今视所作,不谓乃极,更不自信,恐年时间,复捐弃之,徒自困苦耳。兄小加润色,便欲可出。极不苦作文,但无新奇,而体力甚困瘁耳。(其一六,同上)

三、风格贵清新,不取华糜。贵省约,不取繁富——此种主张实与其兄异,其言云:

> 《感逝赋》愈前,恐故当小,不然一至不复减《漏赋》,可谓清工。兄顿作尔多文,而新奇乃尔,真令人怖,不当复道作文。(其八,同上)

> 往日论文,先辞而后情,尚洁而不取悦泽。……兄文章之高妙③绝异,不可复称言。然犹皆欲微多,但清新相接,不以此为病耳。若复令小省,恐其妙④欲不见可复称极,不审兄犹以为尔不?(其一一,同上)

> 尝闻汤仲叹《九歌》,昔读《楚辞》,意不大爱之。顷日视之,实自清绝滔滔,故自是识者。(其一三,同上)

---

① 校订者按,"犹"一本作"而"。
② 原稿此处有"异"字,属夺下句,校订者酌删。
③ "高妙'原书误引作"高远",校订者酌改。
④ "妙"原书引作"妙点",校订者酌删。

诲颂兄乃以为佳,甚以自慰。文章当贵经绮,如谓后颂语如漂漂,故谓如小胜耳。(其一七,同上)

《祖德颂》无大谏语耳,然靡靡清工,用辞纬泽,亦未易,恐兄未熟视之耳。兄文方当日多,但文实无贵于为多。多而如兄文者,人不餍其多也。(其一八,同上)

张公文无他异,正自清省无烦长,作文正尔自复佳。(其二一,同上)

兄《丞相箴》小多,不如《女史》清约耳。(其二二,同上)

所以后来彦和就批评他说:"士龙思劣,而雅好清省。"不过从他这种主张中,很可以反映出当时文坛的风气,一定为求靡丽而篇章趋于繁富,故士龙才有此主张耳。

第三节　范晔

蔚宗虽是一位史学家,可是对文辞也非常的注意。他有些见解,很近于当时的唯美派。不过他不大赞同那般不顾内容而专事华美的一些作品。他说:

文患其事尽于形,情急于藻,义牵其旨,韵移其意。虽时有能者,大较多不免此累。政可类工巧图缋,竟无得也。(《狱中与诸甥侄书》,《全上古三代秦汉三国六朝文·全宋文》卷一五)

所以他主张"以意为主,以文传意"。他道:

常谓情志所托,故当以意为主,以文传意。以意为主,则其旨必见;以文传意,则其词不流。然后抽其芬芳,振其金石耳。(同上)

其次他对于音韵的运用也颇注意。他说:"性别宫商,识清浊,斯自然也。观古今文人,多不全了此处;纵有会此者,不必从根本中来。"(同上)他对他个人的文章,也极自负。他说:

吾杂传论,皆有精意深旨;既有裁味,故约其词句。至于《循吏》以下,及《六夷》诸序论,笔势放纵,实天下之奇作。其中合者,往往不减《过秦》篇。尝共比方班氏所作,非但不愧之而已。

> ……赞自是吾文之杰思,殆无一字空谈,奇变不穷,同合异体,乃自不知所以称之。此书行,故应有赏音者。(同上)

同时他在《后汉书》特辟《文苑传》,作史者以文苑立传,实自蔚宗始。

第四节　声律的创始者——沈约

唯美主义的文学观,从西汉的时候已经开始;中间因为实用主义派的复兴,而此潮流一时大有中断之势,可是在创作上倒①是依然的一步一步的向前发展着;魏、晋以后,理论复萌,于是配合着创作,其进展更加迅速。

唯美派的特质是特别注意于形式的华美。所谓形式华美,不专是辞采,而且还要包括到声调。在司马相如论赋的话中,就有"一宫一商"之说。而陆机《文赋》中也说:"暨音声之迭代,若五色之相宣。"到了范晔也说他能够"性别宫商,识清浊"。不过以往这些作家,或对于声调自己有一种了悟。这种了悟也许是很清楚的,可以按一定的方法去运用;或者是很含胡的,凭自己经验去配合。总之,他们即令知道,但并没有定出一种格式来范围作品,让其他的作者也来遵循。

直到齐、梁时候的沈约创出了《四声谱》,于是声律之说才算出现于文坛。所以沈约的《宋书·谢灵运传论》对此就非常的自负。他说:

> 自灵均以来,多历年代,虽文体稍精,而此秘未睹。至于高言妙句,音韵天成,皆暗与理合,匪由思至。张、蔡、曹、王,曾无先觉;潘、陆、颜、谢,去之弥远。

同时《南齐书·陆厥传》中也载:

> 永明末,盛为文章。吴兴沈约、陈郡谢朓、琅琊王融以气类相推毂。汝南周颙善识声韵。约等文皆用宫商,以平上去入为

---

① "倒"原稿作"到",校订者酌改。

四声,以此制韵,不可增减,世呼为"永明体"。

《南史·陆厥传》中也说:

> 约等文皆用宫商:将平、上、去、入四声,以此制韵,有平头、上尾、蜂腰、鹤膝。五字之中,音韵悉异;两句之内,角徵不同;不可增减。世呼为"永明体"。

可知当时沈约同他的一般诗侣不仅明确了四声,而且确把它运用于诗歌的创作实践了。

本来中国字是单音而孤立的,一个字因为念法的不同,可以念出几个声音来。同时所有的字,要把它们的声韵分析起来,又可以归纳到若干部里边去。在最初之所以要研究字的声韵的,是由于汉代学者的注解古书。那时注音只用譬况(比方)同假借的方法。到了魏时的孙炎(叔然)就创出了反切的方法来。(如"畈"方满反,"览"罗敢切)最初称反,或称切,后来才合称为反切。"反切者何? 反,翻也,犹言翻译也;切,急也;反者一字翻成两声;切者,两字合成一声。其实一也:缓读则是反切之两字,急读便成所求之一音。"(张之洞:《輶轩语》①)因为反切的说明,知道一个字音是可以分而为二的,在前者谓之声,在后者谓之韵。于是接踵而起的,是双声叠韵之说。本来在《楚辞》及相如赋中,有很多双声叠韵的词,但当时之如此用,乃是知其然而不知其所以然。到了此时,才有这一种新的发现。《南史·谢庄传》云:"王玄谟问庄:'何者为双声? 何者为叠韵?'答曰:'玄护为双声,磝碻为迭韵。'"杨衒之《洛阳伽蓝记》有云:

> 时陇西李元谦乐双声语,常经文远宅前过,见其门阀华美,乃曰:"是谁第宅过佳?"婢春风出曰:"郭冠军家。"元谦曰:"凡婢双声。"春风曰:"伧奴慢骂。"元谦服婢之能,于是京邑翕然传

---

① 校订者按,以上关于"反切"的一段引文,任访秋先生夹注谓据张之洞的《輶轩语》,实际上张氏乃是引自江藩的《经解入门》卷四第二十五条"说经必先知音韵"。

之。(卷五)

由于双声迭韵的发现,进一步把声加以区分,自然而然的就产生出了四声之说。按《南齐书》的说法,周颙善识声韵,"音辞辩丽,出言不穷,宫商朱紫,发口成句",①他著有《四声切韵》,同时沈约也有《四声谱》之作(《梁书》本传)。据说沈约之说是得之于周颙的。大概周颙是就音韵的研究而有此发现。沈约以周颙之说而转用之于文学。于是本此而稽之古代作品,多相暗合,所以②才有"自灵均以来,此秘未睹"同"高言妙句,音韵天成,皆暗与理合,匪有思至"(《宋书·谢灵运传论》③)的自诩的话。

至沈约所讲之音律是什么呢?据他的《宋书·谢灵运传论》中说:

> 夫五色相宣,八音协畅,由乎玄黄律吕,各适物宜。欲使宫羽相变,低昂舛节,若前有浮声,则后须切响。一简之内,音韵尽殊;两句之中。轻重悉异。妙达此旨,始可言文。

又在《答北魏甄琛书》(日本释空海《文镜秘府论》卷一引)中云:"作五言诗者,善用四声,则讽咏而流靡;能达八体,则陆离而华④洁。"前边所讲的是浮声(平)、切响(仄)的运用,而后边才是他所指定的格律。"八体"即所谓"八病",⑤其中之前四种平头、上尾、蜂腰、鹤膝,已见于上所引之《陆厥传》,后四种则为大韵、小韵、旁纽、正纽。

至于何谓八病?后来解释者非一,而见解亦不一致(日人释空海

---

① 校订者按,"音辞辩丽,出言不穷,宫商朱紫,发口成句",据任访秋先生眉批补录入正文。
② "所以"原稿作"于是",与前犯重,校订者酌改。
③ 此处夹注为校订者酌补。
④ "华"原稿引作"花",校订者酌改。
⑤ 此句开头有"所谓"二字,与后犯重,校订者酌删。

的《文镜秘府论》、李淑之《诗苑类格》、托名白居易①之《金针诗格》、魏庆之之《诗人玉屑》、王世贞之《艺苑卮言》)。郭绍虞先生将此区分为四组：一、平头、上尾是同四声之病。二、蜂腰、鹤膝是同清浊之病。三、大韵、小韵是同韵之病。四、旁纽、正纽是同纽之病。今据《文镜秘府论》解释如下：

一、平头：第一字与第六字，第二字与第七字，不得用同声(平上去入)，否则就是病，而尤以犯了后者为大病。例如"芳时淑气清，提壶台上倾。"——"芳提"、"时壶"都是同声(平)，故为病。

二、上尾：第五字与第十字不得同声，否则就是病。例如"西北有高楼，上与浮云齐。"——"楼""齐"都是平声，故为病。但二句连属押韵者不在此限。空海云："连韵者非病也"，但如不通押而犯此者为之大病，彼引沈氏说云："上尾者文章之大病。"

三、蜂腰：在同一句内，第二字与第五字不得同声。其所以名为蜂腰者，从两头粗、中央细，似蜂腰也。但后来解释者，则以为第五字为仄声时要论，为平声时可以不论。如：

闻君爱我甘，窃独自雕饰。
平　　平　　仄(入)仄(入)

前一句非病，而后一句即病。

四、鹤膝：第五字与第十五字不得同声，谓其两头细中间粗，似鹤膝也。例：

拨棹金陵渚，遵流背城阙。浪蹙飞船影，山挂垂轮月。
　　　　上　　　　　　　　　　　　上

新裂齐纨素，皎洁似霜雪。裁为合欢扇，团团似明月。
　　　　去　　　　　　　　　　　　去

"渚"与"影"同为上声，"素"与"扇"同为去声，故是病。后来刘大白

---

① "托名白居易"原稿作"托名梅圣俞"，校订者酌改。按，《金针诗格》旧题白居易撰，《四库提要》以书中引宋梅尧臣(圣俞)语，遂定此书为伪托。任访秋先生显然把此书引梅尧臣语误记为它托名梅尧臣作了。

(《旧诗新话》)曾证此说之非是,因沈氏诗中即①犯此者极多。沈氏既定此律,彼自己决不应犯之。故知不当如是解。郭氏同意刘氏之说,同时并引蔡宽夫《诗话》云:"所谓蜂腰鹤膝者,盖又出于双声之变。若五字首尾皆浊音,而中一字清,即为蜂腰;首尾皆清音,而中一字浊,即为鹤膝。"仇兆鳌《杜诗详注》亦宗蔡说,并举例云:

今案张衡诗"邂逅承际会",是以浊夹清,为蜂腰也。如傅玄
△△○△△

诗"徽音冠青云",是清夹浊,为鹤膝也。(△为浊音符号,○为
○○△○○

清音符号②)

《文心雕龙·声律》篇云:"凡声有飞沉,响有双叠。"双叠即韵与纽的关系,飞沉则清与浊的关系。③ 以浊夹清,则为蜂腰。其病在沉。所谓"沉则响发而断"也。以清夹浊,则为鹤膝。其病又在飞,所谓"飞则声扬不还"也。(以上均为郭氏之说)

五、大韵:凡是在第十字上押韵的时候,其以上九字不得用与第十字同韵部的字,否则就算病。例:

紫翮拂花树,黄鹂闲绿④枝。

谁知迟暮节,悲吟伤寸心。

"鹂"、"枝"同在支部,"吟"、"心"同在侵(下平)部,故为病。由此而推广之,在二十字内,也可说不可用同韵的字,但作者特意所用的迭

---

① "即"原稿作"则",校订者酌改。

② 此处夹注为校订者酌加。

③ 任访秋先生在此处有眉批云:清浊——清即幽音,当发音时,气流自口腔出,声门大开,而声带并不颤动的音;浊即响音,是声门闭而声带颤动的音。前者如 p、t、k 等,后者如 b、d、z 等。我国语言(指汉语——校订者按)除吴语与闽语以外,在单念的字里,大概没有响音。根据语言学家的研究,中国古代是有响声的,之所以失去,是由于渐变成了幽音。北平有阴平、阳平,阴平的字在古代就是幽音,阳平的字在古代就是响音。——参考王力:《中国音韵学》(原稿作《声韵学》,校订者酌改)页57~59,商务印书馆,1936年9月初版。

④ "绿"原稿误作"六",校订者酌改。

韵之字,不算。

六、小韵:除韵脚外,其余九字中也不得用同①韵的字,但叠字属于例外。例:

寒簾出户望,霜花朝漾日(韵脚)。

夜中无与语,独窹抚躬叹(韵脚)。

"望"、"漾"都在去声漾韵,"中"、"躬"都在平声东韵,故为病。

七、旁纽②:凡在一句中不得用与某字为双声的字。至于连属的二字,为例外。换言之,就是禁隔字双声。例如:

鱼游见风月,兽走畏伤蹄。

元生爱皓月,阮氏愿清风。

"鱼""月"、"兽""伤"、"元""月"、"阮""愿",均为隔字双声,故为病。

八、正纽:在一句或十字中,不得用异声的同音字。《九经字样》云:"纽以四声,是正纽者四声相纽。东董冻督是也。"犯此者谓之病。例如:

我本汉家子,来嫁单于庭。

旷野莽茫茫。

"家"、"嫁"是同音的"平"、"去"声,"莽"、"茫"是同音的"上"、"平"声,故都算是病。

---

① "同"为校订者酌补。

② 任访秋先生在此处有眉批云:"纽"是一个简单的音素,该用简单音素的字来代表它;但是,中国语里简单音素的字是很少的,西洋文字未传入中国的时候,音韵学家就随便拿一个字来代表一个纽,所以纽即为声母。——参考王力:《中国音韵学》页65~66,版次同上。校订者按,任访秋先生的这个眉批有点简化,其实,据王力说,"古代所谓'纽'、'韵',又与现代所谓'声母'、'韵母'不同。依高本汉(Karlgren)的研究,古人所谓'纽'(或'母'),是包括同辅音的颚化音与非颚化音。例如颚化的k与非颚化的k,在现代该认为两个声母,而在古代却认为同纽。"——同上书页42。

休文之论一出,陆厥即与彼函,谓:"但观历代众贤,似不都闇此。而云此秘未睹,近于诬乎?"(《南齐书·陆厥传》)休文答书云:

> 宫商之声有五,文字之别累万。以累万之繁,配五声之约,高下低昂,非思力所举,又非止若斯而已也。十字之文,颠倒相配,字不过十,巧历已不能尽,何况复过于此者乎?灵均以来,未经用之于怀抱,固无从得其彷佛矣。若斯之妙,而圣人不尚,何邪?此盖曲折声韵之巧,无当于训义,非圣哲立言之所急也。是以子云譬之雕虫篆刻,云"壮夫不为"。自古辞人,岂不知宫羽之殊、商徵之别?虽知五音之异,而其中参差变动,所昧实多,故鄙意所谓"此秘未睹"者也。(《南齐书·陆厥传》)

同时钟嵘亦反对声律之说,详见后。从此有了永明体的新诗,由此推演,到唐代遂成功所谓近体诗。

第五节　钟嵘

仲伟生当齐、梁,因感于前代之论文者"皆就谈文体,而不显优劣",遂著《诗品》三卷,借以"辨彰清浊,掎摭利病"。虽博大不如《文心》,但能矫然独异,已非一般论文者所可得而比。至他对文学批评上的贡献,可分为积极的同消极的两方面。在积极方面:

一、树立历史的批评之基础——书中所论各家,多谓其源出某人或某体。此种从作品的形式或同内容上来探讨诗歌的渊源与流别,是极有意义的事。今就《诗品》中所评论之各家,按他们的渊源,列表如次[①]:

[①] 校订者按,原稿表格因为出自手稿、字迹漫漶不清,所以此处转采任访秋先生的另一部文稿《中国文学史讲义》论及《诗品》的表格,该讲义为石印本,字迹比较清楚,两表的内容、结构则完全相同,特此说明。

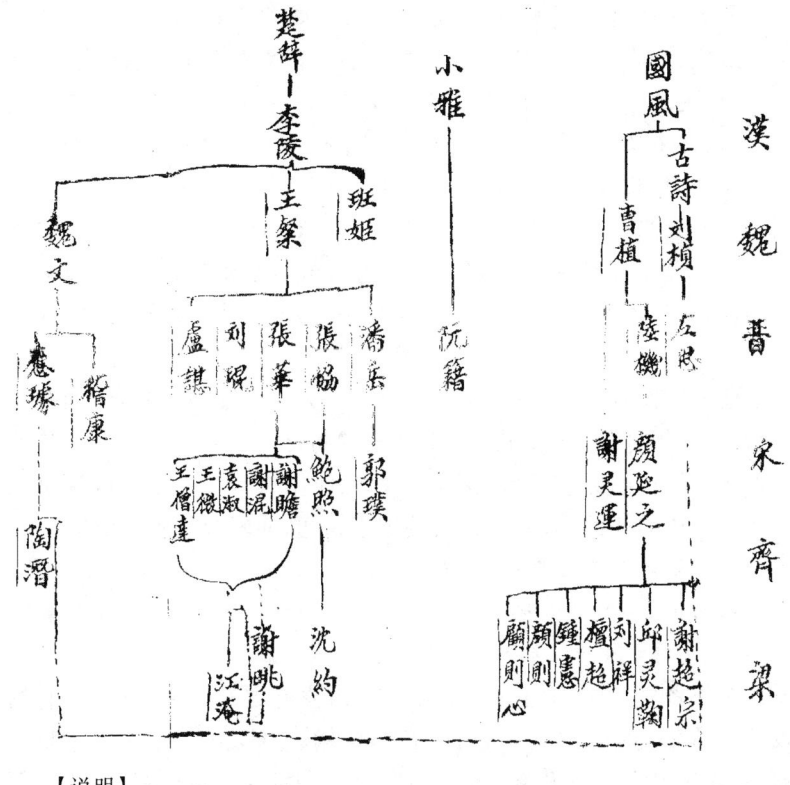

【说明】
(1) 书中未明言源于某,而仅言其关系者,用虚线表之。
(2) 数人合叙,以括弧别之。

这种源流的说明,清代章学诚对他极端的称道。他说:

> 盖《文心》笼罩群言,而《诗品》深从六艺溯流别也。论诗论文而知溯流别,则可以探源经籍,而进窥天地之纯,古人之大体矣。此意非后世诗话家流所能喻也。(《文史通义·诗话》)

这话不管它是否中肯,但这系仲伟的特见,自是毋庸怀疑的。

二、用批评来指导当时的作者——仲伟极不满于当时一般赶时髦的作者。他说:

> 今之士俗,斯风炽矣。才能胜衣,甫就小学,必甘心而驰骛

> 焉。于是庸音杂体,人各为容。至使膏腴子弟,耻文不逮,终朝点缀,分夜呻吟。独观谓为警策,众睹终沦平钝。次有轻薄之徒,笑曹、刘为古拙,谓鲍照羲皇上人,谢朓今古独步。而师鲍照,终不及"日中市朝满";学谢朓,劣得"黄鸟度青枝"。徒自弃于高明,无涉于文流矣。(《诗品·序》)

同时他深叹当时论文之没有一定的标准。他说:

> 观王公缙绅之士,每博论之余,何尝不以诗为口实,随其嗜欲,商榷不同,淄渑并泛,朱紫相夺,喧议竞起,准的无依。(同上)

所以他才感而著此,把过去作者一百二十人一一的予以批评,而分为三品,藉示优劣之准则,作为一般作家的南针。

三、批评的标准,以情深文丽者为佳作——这一点可以说是当时文学的风向如此,而仲伟尤其偏重于绮丽,而轻视朴质。他道:

> 故诗有三义焉:一曰兴,二曰比,三曰赋。……宏①斯三义,酌而用之,干之以风力,润之以丹彩,使味之者无极,闻之者动心,是诗之至也。《诗品·序》

至其对作者之批评,如于潘岳,则曰:"如翔禽之有羽毛,衣服之有绡縠。"于张协,则曰:"词采葱蒨,音韵铿锵。"于陆机,则曰:"才高词赡,举体华美。……咀嚼英华,厌饫膏泽,文章之渊泉也。"于范云、邱迟,则曰:"范诗清便宛转,如流风回雪;丘诗点缀映媚,如落花依草。"但其于阮籍,则谓:

> 无雕虫之工,而咏怀之作,可以陶性灵,发幽思。言在耳目之内,情寄八方之表。洋洋乎会于《风》、《雅》,使人忘其鄙近,自致远大,颇多感慨之词。

于渊明则谓:

> 文体省静,殆无长语;笃意真古,辞兴婉惬。……世叹其质

---

① 校订者按,"宏"或作"弘"。

直。

可知其对于此二家之作,深以不甚华美为憾。从这里就可以晓得仲伟所推崇的是什么样作品了。

至于在消极方面:

一、反对说理——他说:

> 永嘉时,贵黄、老,稍尚虚谈。于时篇什,理过其辞,淡乎寡味。爰及江表,微波尚传。孙绰、许询、桓、庾诸公诗,皆平典似《道德论》,建安风力尽矣。(《诗品·序》)

二、反对用事——他说:

> 夫属辞比事,乃为通谈。若乃经国文符,应资博古;撰德驳奏,宜穷往烈。至乎吟咏性情,亦何贵于用事?"思君如流水",既是即目;"高台多悲风",亦惟所见;"清晨登陇首",羌无故实,"明月照积雪",讵出经史?观古今胜语,多非补假,皆由直寻。颜延、谢庄,尤为繁密,于时化之,故大明、泰始中,文章殆同书抄。近任昉、王元长等,词不贵奇,竞须新事。尔来作者,寖以成俗,遂乃句无虚语,语无虚字,拘挛补纳①,蠹文已甚。(同上)

三、反对声律——他说:

> 昔曹、刘殆文章之圣,陆、谢为体贰之才,锐精研思,千百年中,而不闻宫商之辨、四声之论。或谓前达偶然不见,岂其然乎?尝试言之:古曰诗颂,皆被之金竹,故非调五音,无以谐会。若"置酒高堂上"②,"明月照高楼",为韵之首。故三祖之词,文或不工,而韵入歌唱。此重音韵之义也,与世之言宫商异矣。今既不被③管弦,亦何取于声律耶?齐有王元长者,尝谓余云:"宫商

---

① "纳"原稿引作"衲",校订者酌改。

② 校订者按,"置酒高堂上"出自曹植诗《箜篌引》,原句作"置酒高殿上",钟嵘误记,不校。

③ 校订者按,"被"一作"备"或"备于"。

与二仪俱生,自古词人不知①之。惟颜宪子②乃云律吕音调,而其实大谬,惟见范晔、谢庄,颇识之耳;尝欲进③《知音论》,未就④。王元长创其首,谢朓、沈约扬其波。三贤或⑤贵公子孙,幼有文辩,于是士流景慕,务为精密,襞积细微,专相陵架,故使文多拘忌,伤其真美。余谓文制,本须讽读,不可蹇碍,但令清浊通流,口吻调利,斯为足矣。至⑥平上去入,则余病未能,蜂腰鹤膝,闾里已具⑦。(同上)

这三点可以说正中当时的文弊。不过据《南史》仲伟本传,说他尝求誉于沈约,约拒之。及约卒,他品评古今人诗,对约深致贬抑,借此报复。其实约诗本不能超越时辈,把它放在中品,正适见仲伟之公允。至对声律,表示反对,才是正面的针对沈约而发。这或许多少有一点意气用事。因为他对诗歌也是偏重于词采华美、韵调铿锵一类作品的,并不能超越时代风趋之上。即如把潘、陆放到上品,把陶、鲍放到中品、魏武放到下品,都足证明他囿于俗论而缺乏卓特的赏鉴力。不过聚百余作家而——品骘其优劣,当难尽得其平。所以我们对《诗品》不应因小疵而弃其大醇也。

第六节 萧氏昆仲

萧氏昆仲为统、纲、绎三人。统为武帝的太子,未即位而卒,谥昭明。纲为武帝的第三子,为统的同母弟,继统被立为太子,武帝逝世后即皇帝位,后为侯景所弑,谥简文。绎为武帝之第七子,原封湘东

---

① 校订者按,此处或有"用"字。
② 校订者按,此处或有"论文"二字。
③ 校订者按,"尝欲进"或作"常欲造"。
④ 校订者按,"未就"后或有"而卒"二字。
⑤ 校订者按,"或"或作"咸"。
⑥ 校订者按,此处或有"如"字。
⑦ 任访秋先生于此处有眉批云:黄侃《〈文心雕龙〉札记》声律篇曰,记室云"蜂腰鹤膝,闾里已具"。盖谓虽寻常歌谣,亦自然不犯之,可毋严设科禁也。

郡王。纲被弑后,侯景立豫章王栋。后景败,绎杀豫章王栋,即位江陵,后江陵为魏所破,绎①被杀,谥孝元。他们三人都嗜文学,不过他们三人的见解略有不同。纲、绎二人纯主唯美主义,而统略含实用主义的色彩。故现在先述纲、绎二人之论,至于统之②论,容后叙之。

简文在文学观上是极端主张唯美的一个作者。他的见解不外下列数端:

一、看重文学之价值——《答张缵谢示集书》云:

> 纲好文章,于今二十五载矣。窃尝论之,日月参辰,火龙黼黻,尚且著于玄象,章乎人事,而况文辞可止、咏歌可辍乎?不为壮夫,扬雄实小言破道;非谓君子,曹植亦小辩破言。论在科刑,罪在不赦!(《全上古三代秦汉三国六朝文·全梁文》卷一一)

这可以看到他是如何的在反对实用主义派的谬见,而认为是"罪在不赦"。

二、贵独创贱模拟——《与湘东王书》云:

> 比见京师文体,懦钝殊常,竞学浮疏,争为阐缓。玄冬修夜,思所不得:既殊比兴,正背《风》、《骚》。若夫六典三礼,所施则有地,吉凶嘉宾,用之则有所。未闻吟咏情性,反拟《内则》之篇;操笔写志,更摹《酒诰》之作;迟迟春日,翻学《归藏》;湛湛江水,遂同《大传》。……又时有效谢康乐、裴鸿胪文者,亦颇有惑焉。何者?谢客吐言天拔,出于自然,时有不拘,是其糟粕。裴氏乃是良史之才,了无篇什之美。是为学谢则不届其精华,但得其冗长;师裴则蔑绝其所长,惟得其所短。谢故巧不可阶,裴亦质不宜慕。(同上)

三、文章内容不妨放荡——《诫当阳公大心书》云:"立身之道,与文章异。立身先须谨重,文章且须放荡。"(同上)所以他在创作上

---

① "绎"为校订者酌增。
② "之"为校订者酌增。

颇能实行他的论旨。其自序中说:"余七岁有诗癖,长而不倦。①"(《梁书·简文帝纪》引自序)可是在立身方面却并不放纵。《梁书》称他:"及养德东朝,声被夷夏,洎乎继统,实有人君之懿矣。"这确是极难得的。

四、创作的修养——《诫医论》中云:

> 又若为诗,则多须见意,或古或今,或雅或俗,皆须寓目。详其去取,然后丽辞方吐,逸韵乃生。岂有秉笔不讯,而能善诗,塞兑不谈,而能善义?扬子云言,读赋千首,则能为赋。(同上)

综观简文之见,不外在创作准备上贵乎博览,而态度上不妨纵放;内容贵乎独创,而形式必须工丽。这站在纯文学的观点上来看,自是不容讥议的。

元帝绎著有《金楼子》,其《立言》篇论文学云:

> 夫子②门徒,转相师受,通圣人之经者谓之儒。屈原、宋玉、枚乘、长卿之徒,止于辞赋,则谓之文。今之儒博穷子史,但能识其事,不能通其理者,谓之学。至如不便为诗如阎纂,善为章奏如伯松,若此之流,泛谓之笔。吟咏风谣,流连哀思者,谓之文。……笔退则非谓成篇,进则不云取义,神其巧惠,笔端而已。至如文者,惟须绮縠纷披,宫徵靡曼,唇吻道会,情灵摇荡。

我国文学自春秋以来,有的把它与经史混为一谈,至晋才有文笔之分。(《晋书·蔡谟传》"文笔议论有集行于世。"《习凿齿传》"以文笔著称"。)宋之颜延之、(《宋书·颜竣传》"竣得臣笔,测得臣文。")范晔(《狱中与诸甥侄书》"年少中谢庄最有其分,手笔差易,文不拘韵故也。")虽都曾提及文笔,但均无示于显明之区别。到了元帝才算给它们一个清楚的界说。这里所说的"笔",也就是指那普通应用的文字,而"文"才是现在我们所说的文学。要把他这个界说译成现在

---

① 按,原稿此下并引"然伤于轻艳,当时号曰'宫体'"为简文帝自序语,这其实是史臣的话,校订者酌删。

② "夫子"原稿误引作"今之",校订者酌改。

的话说①,就是作品必须:(一)表现情感,(二)辞采华美,(三)声调和谐,(四)感动读者。如此才配称为文学。在含义上虽然未免有点稍失之于狭隘,(在当时只有诗赋才合此标准)但较之先秦两汉把一切学术都当作文学来看,要算进步得多了。

第七节 唯美主义派文学论之特色

就以上各家而论,其立论实有一共同之点。此共同之点为何? 即一则别文于经史,而使之独立。从曹丕以来,即一步一步向此路走,至齐、梁而终于成功。二则就文学论,重文而轻质。于内容则主吟咏性情,反对说理;于形式则主辞采华美、声调和叶而轻视朴拙。就文学而论文学,这自是无可非议的。不过,末流作者多不解此,于是流弊丛生。其弊为何?

一、由于内容之主吟咏性情,而一般贵族子弟之实际生活殊为贫乏,其经验所及,不是闺房中的儿女之情和爱,就是登山临水为②自然的遨游。因之表现之于作品,就成为山林文学与香奁文学,儿女情多而风云气少,甚至即此亦无之,而徒拾人牙慧,东施效颦。所谓"志深轩冕,而泛咏皋壤。心缠几务,而虚述③人外"。(《文心·情采》)那就更要不得了。

二、由重视辞采的结果,为使文章华美故不能不用事。盖才高者固可以独出机杼、自铸伟辞,才拙者就不能不乞灵于古人。《南齐书》④中所谓"辑事比类,非对不发。……全借古语,用申今情"。(《文学传论》)钟记室所谓"自大明、泰始中,文章殆同书抄"。(《诗品·序》)其所以如此,正是记室所讥的"虽谢天才,且表学问"(同上)的原故。

---

① "译成现在的话说"原稿作"译成现在的话的话",校订者酌改。
② "为"为校订者酌增。
③ "述"原稿漏引,校订者酌补。
④ "《南齐书》"原稿作《齐书》,校订者酌补。

三、由重视音调的结果,故声律之说兴,遂推重音律,则必然抑情以就文。于是"襞积细微,专相陵架,故使文多拘忌,伤其真美"(《诗品·序》)。

所以过于重文的结果,必然形成齐、梁那种柔靡粉饰的文学。这种流弊不待别人的指摘,而此时特别之有识者,如钟记室就早已首先揭出了。

第五章　实用主义派反唯美主义派之余响——裴子野

在齐、梁二代,自天子贵族以至于士大夫,没有不是崇尚诗赋与骈俪之作的。当时可说是唯美主义的全盛时期。虽然说其风尚所被,流弊无穷,但也大半只有矫正之论。至于根本对此种风尚予以排击的,则为梁代的鸿胪卿裴子野。他是一个史学家(著有《宋略》二十卷、《续裴氏家传》二十卷、《众僧传》二十卷),同时也是一个治经的儒者(有《丧服传》一卷)。因之他的文学观纯为实用主义的。他反对当时的文风,曾著《雕虫论》一文。至他写此文的动机,据说是由于"宋明帝博好文章,……每①有祯祥及幸谶集,辄陈诗展义,且以命朝臣。其戎士武夫,则托请不暇,困于课限,或买以应诏焉。于是天下向风,人自藻饰。雕虫之艺,盛于时矣"(《雕虫论·序》)(《全上古三代秦汉三国六朝文·全梁文》卷五十三)。至篇中见解,不外:

一、论文学之功用在于劝诫。其言云:"古者四始六艺,总而为诗。既形四方之风,且彰君子之志,劝美惩恶,王化本焉。"(同上)

二、论靡丽之作之源流。其言曰:

　　后之作者,思存枝叶,繁华蕴藻,用以自通。若夫悱恻芳芬,

---

① "每"原稿漏引,校订者酌补。

楚骚为之祖;靡漫容与,相如扣其音。由是随声逐影①之俦,弃指归而无执。赋诗歌颂,百帙五车,蔡邕等之俳优,杨雄悔为童子。圣人不作,雅、郑谁分?其五言为诗家,则苏、李自出,曹、刘伟其风力,潘、陆固其枝叶②。爰及江左,称彼颜、谢,箴绣鞶帨,无取庙堂。宋初迄于元嘉,多为经史。大明之代,实好斯文。高才逸韵,颇谢前哲;波流相③尚,滋有笃焉。"同上)

三、论当时的文风之浮靡。其言云:

自是闾阎年少,贵游总角,罔不摈落六艺,吟咏情性。学者以博依为急务,谓章句为专鲁。淫文破典,斐尔为功。无被于管弦,非止乎礼义;深心主卉木,远致极风云。其兴浮,其志弱,巧而不要,隐而不深。讨其宗途,亦有宋之遗风也。(同上)

我们从这三点中,可以看出他是如何的诋訾那种唯美的文风。即如"箴绣鞶帨,无取庙堂","深心主卉木,远致极风云。其兴浮,其志弱,巧而不要,隐而不深",这是斥其浮靡而无裨实用。"罔不摈落六艺,吟咏情性。学者以博依为急务,谓章句为专鲁。淫文破典,斐尔为功。无被于管弦,非止乎礼义",这是责其流荡而有妨风化。故称此类之作者"等之俳优"。引《荀子》之言谓"乱代之征,文章匿而采"。而深叹于"圣人不作,雅、郑谁分?"总之,几原④之文学观纯为一实用主义者,以彼之绳墨而衡量当时的文学,无怪乎有这样的论调啊。

---

① 校订者按,"影"一作"响"。
② 校订者按,"叶"一作"柯"。
③ 校订者按,"相"一作"同"。
④ 校订者按,"几原"是裴子野的字。

第六章　实用主义与唯美主义的调和派

第一节　葛洪

葛洪字①稚川,有《抱朴子》一书,后人把它列为道家,因为这部书的内篇专讲神仙吐纳、符箓尅治之术的缘故。不过它的外篇论政治学术同风气的文字,虽然也含有道家的色彩,但儒家思想的成分也并不少。即如《疾谬篇》痛斥当时风俗之淫逸而不合于礼。这与正始诸公之脱落礼法者截然不同。《四库提要》谓"充其大旨,亦以黄老为宗",可谓皮相之论。所以稚川之学可以说是会儒家、黄老与方士而一之学问,置之杂家,最为允当。因为他的思想既不专于一家,所以他的文学论也是调和各派而不主故常。他对于文章是主张明道并有助于风教才行。《尚博篇》中说:

> 或曰:"德行者本也,文章者末也。故四科之序,文不居上。然则著纸者,糟粕之余事;可传者,祭毕之刍狗。卑高之格,是可识矣。文之体略,可得闻乎?②"抱朴子答曰:"筌可以弃而鱼未获,则不得无筌;文可以废而道未行,则不得无文。"(此段并见于《文行篇》)

又道:

> 夫制器者珍于周急,而不以采饰外形为善;立言者贵于助教,而不以偶俗集誉为高。若徒阿顺谄谀,虚美隐恶,岂所匡失弼违、醒迷补过者乎?虑寡和而废《白雪》之音,嫌难售而贱连城之价,余无取焉。(《应嘲》)

---

① "葛洪字"为校订者酌增。
② 校订者按,"文之体略,可得闻乎?"本书原稿引文及《抱朴子外篇》一般通行文本都如此断句,疑有误,或当作"文之体,略可得闻乎?"

这不与实用主义派的主张很相同吗?因此他极推赞有内容而又富于文采的作品,反对专事丽辞、无病呻吟的滥调。他说:

> 汉魏以来,群言弥繁。虽义深于玄渊,辞赡于波涛,施之可以臻征祥于天上,发嘉瑞于后土,召环雉于大荒之外,安圆堵于函夏之内,近弭祸乱之阶,远垂长世之祉。然时无圣人目其品藻,故不得骋骅骝之迹于千里之途,编近世之道于三坟之末也。(《尚博》)

这是说真正的辞义并赡之作不为世人所知。底①下又道:

> 或贵爱诗赋浅近之细文,忽薄深美富博之子书,以磋切之至言为骍拙,以虚华之小辩为妍巧;真伪颠倒,玉石混淆,同《广乐》于《桑间》,钧龙章于卉服。悠悠皆然,可叹可慨者也!(《尚博》)

又道:

> 夫文章之体,尤难详赏。苟以入耳为佳,适心为快,匙知忘味之九成,《雅》、《颂》之风流也。……文贵丰赡,何必称善如一口乎?不能拯风俗之流遁,世涂之凌夷,通疑者之路,赈贫者之乏,何异春华不为肴粮之用,苣蒽不救冰寒之急?古诗刺过失,故有益而贵;今诗纯虚誉,故有损而贱也。(《辞义》)

可知他对于当时那种纯趋于靡丽的文风是如何的不满意了。至他理想中的文章,乃是"繁华晔晔,则并七曜以高丽;沉微沦妙,则侪玄渊之无测。人事靡细而不浃,王道无微而不备"(《辞义》)的辞旨俱佳的作品。

其次,他又论古人文章所以难解之由,及今人文章不必不如古人道:

> 且古书之多隐,未必昔人故欲难晓。或世异语变,或方言不同;经荒历乱,埋藏积久,简编朽绝,亡失者多;或杂续残缺,或脱

---

① "底"原稿作"低",校订者酌改。

去章句,是以难知,似若至深耳。且夫《尚书》者,政事之集也,然未若近代之优文诏策军书奏议之清富赡丽也。《毛诗》者,华彩之辞也,然不及《上林》、《羽猎》、《二京》、《三都》之汪涉博富也。然则古之子书,能胜今之作者,何也?然守株之徒,喽喽所甝,有耳无目,何肯谓尔?其于古人所作为神,今世所著为贱,贵远贱近,有自来矣。故新剑以诈刻加价,弊方以伪题见宝也。是以古书虽质朴,而俗儒谓之堕于天也;今文虽金玉,而常人同之于瓦砾也。(《钧世》)

这自是本于王仲任之说而又加以发挥,但谓《尚书》、《三百》均不及近人之作,已为大胆之论。两汉学者,决不敢出此言也。

此外他又论文学之由朴趋华乃为自然之势道:

且夫古者事事醇素,今则莫不雕饰。时移世改,理自然也。至于黼锦丽而且坚,未可谓之减于蓑衣;辎軿妍而又牢,未可谓之不及椎车也。……若入谈语,故为知音①。胡越之接,终不相解,以为教戒,人岂知之哉?若言以易晓为辨,则书何故以难知为好哉!若舟车之代步涉,文墨之改结绳,诸后作而善于前事,其功业相次千万者,不可复缕举也。(《钧世》)

这不但有历史的观念,而且有进化的观念。稚川受仲任的影响颇深,其主实用与之相同,而其重华美则与之稍异。原因当是②由于时代的不同,因为稚川之时正当太康之际,崇尚华丽已成风尚,稚川当时自不能矫然独异。故彼调和于斯二者,一面主张文须华赡,但又反对专事雕饰;一面注重内容,但又反对纯然朴质。所以以后的刘勰、颜之推,实均承其风而起者。

---

① 校订者按,"音"原稿引作"有",这在版本上自有根据,但义不可通,此据孙星衍校本改。

② "是"原稿作"会",校订者酌改。

第二节 刘勰

彦和《文心雕龙》原本五十篇(《序志》),今俱存。但中间《隐秀》一篇,黄侃认为系后人所伪托。他道:"按此纸亡于元时,则宋时尚得见之,惜少征引者。惟张戒《岁寒堂诗话》引刘勰云:'情在词外曰隐,状溢目前曰秀。'此真①《隐秀》篇之文。今本既云出于宋椠,何以遗此二言?然则赝迹至斯愈显,不待考索文理而亦②知之矣。"(《文心雕龙札记·隐秀篇》第四十)此外黄氏并指出篇中出辞肤浅,用字庸杂及见解矛盾之处多端,可知此篇确为后人所补入者。至彦和著此书的动机,大致不外二端:

一、辅翼圣道,矫正当时浮滥之习。他说:

> 齿在逾立,则尝夜梦执丹漆之礼器,随仲尼而南行。旦而寤,乃怡然而喜,大哉!圣人之难见哉,乃小子之垂梦欤!自生人③以来,未有如夫子者也。敷赞圣旨,莫若注经,而马郑诸儒,弘之已精,就有深解,未足立家。唯文章之用,实经典枝条。五礼资之以成,六典因之致用;君臣所以炳焕,军国所以昭明。详其本原,莫非经典。而去圣久远,文体解散。辞人爱奇,言贵浮诡。饰羽尚画,文绣鞶帨,离本弥甚,将遂讹滥。盖《周书》论辞,贵乎体要;尼父陈训,恶乎异端。辞训之异,宜体于要。于是搦笔和墨,乃始论文。(《序志》)

二、不满于前人论文之作,而思自成一家之论,以指导后之作者。他说:

> 详观近代之论文者多矣:……各照隅隙,鲜观衢路。……魏典密而不周,陈书辩而无当,应论华而疏略,陆赋巧而碎乱,《流

---

① "真"原稿漏引,校订者酌补。
② "亦"原稿引作"已",校订者酌改。
③ "人"原稿引作"民",校订者酌改。按,"人"或作"灵"。

> 别》精而少巧，《翰林》浅而寡要。又君山、公干之徒，吉甫、士龙之辈，泛议文意，往往间出，并未能振叶以寻根、观澜而索源。不述先哲之诰，无益后生之虑。(《序志》)

所以他这部书，可以说是集前代文学批评之大成，而成为有组织有系统、体备而思精之作。就其内容之所包容而论，大致可以分为七类：一、总论文章之本源——《原道》、《征圣》、《宗经》、《正纬》四篇。二、分论文体(包含文章流别及各体之要旨)——自《辩骚》至《书记》共二十一篇。三、论创作(包含作家的修养与修辞的方法)——自《神思》至《总术》共十九①篇。四、论时代环境自然才情与文学的关系——《时序》、《物色》、《才略》三篇。五、论批评——《知音》一篇。六、论文人的品格和器②用——《程器》一篇。七、批评宣言——《序志》一篇。至于立论的标准，完全是就文论文，他说：

> 及其品列成文，有同乎旧谈者，非雷同也，势自不可异也；有异乎前论者，非苟异也，理自不可同也。同之与异，不屑古今，擘肌分理，唯务折衷。按辔文雅之场，环络藻绘之府，亦几乎备矣。(《序志》)

因而他对实用与唯美两派的见解纯取调合折衷的态度。所以他对于文学的内容，主张：

一、明道。他说：

> 爰自风姓，暨于孔氏，玄圣创典，素王述训，莫不原道心以敷章，研神理而设教：取象乎《河》、《洛》，问数乎蓍龟，观天文以极变，察人文以成化；然后能经纬区宇，弥纶彝宪，发辉事业，彪炳辞义。故知道沿圣以垂文，圣因文而明道，旁通而无滞，日用而不匮。《易》曰："鼓天下之动者存乎辞。"辞之所以能鼓天下者，乃道之文也。(《原道》)

---

① "十九"原书误计为"十八"，校订者酌改。
② "器"原稿误书为"气"，校订者酌改。

二、宗经。他说:
> 故文能宗经,体有六义:一则情深而不诡,二则风清而不杂,三则事信而不诞,四则义直而不回,五则体约而不芜,六则文丽而不淫。……夫文以行立,行以文传,四教所先,符采相济。励德树声,莫不师圣,而建言修辞,鲜克宗经。是以楚艳汉侈,流弊不还,正末归本,不其懿欤!(《宗经》)

他认为当时文学之所以溢丽繁滥,是由于末流忘本之所致。所以他主张文章要得"正末归本",而"正末归本"之法,即在阐明各种文体之渊源。所以他说:
> 故论说辞序,则《易》统其首;诏策章奏,则《书》发其源;赋颂歌赞,则《诗》立其本;铭诔箴祝,则《礼》总其端;纪传铭檄,则《春秋》为根。(《宗经》)

这虽是纯然实用主义派的见地,但我们要知道他之所谓"明道",与唐以后古文家所谓之"明道",尚稍①有不同。他所说之道乃是近于所谓真实的内容。他说:"心生而言立,言立而文明,自然之道也。"(《原道》)所以他认为文章是自然而然的产生出的,并非根于做作。他反复②说:
> 人禀七情,应物斯感,感物吟志,莫非自然。(《明诗》)
> 云霞雕色,有逾画工之妙;草木贲华,无待锦匠之奇。夫岂外饰,盖自然耳。(《原道》)
> 春秋代序,阴阳惨舒,物色之动,心亦摇焉。……岁有其物,物有其容;情以物迁,辞以情发。(《物色》)

所以他之主张征圣与宗经,不过是借以抑止文风之淫滥,至他真正的见解,决不像纯粹实用主义派那样拘泥的。

---

① "稍"原稿作"少"。按,"少"在古代汉语中有同"稍"之"有"义,不全是否定的意思,在现代汉语中则几乎纯为"缺少"之义,任访秋先生在此处其实是用古义,为免滋生误解,校订者酌改为"稍"。

② "反复"为校订者酌增。

至于在形式上,他对当时文坛一般的作者所最注意的情采、声律同用事诸问题,都一一加以讨论。从这里更可以证明他的自诩并不算过分。下边试略述他对前边诸问题的意见。

一、情采。彦和所谓情采,实际就是内容与形式。他主张以性情为经,而以辞采为纬。他说:

> 夫铅黛所以饰容,而盼倩生于淑姿;文采所以饰言,而辩丽本于情性。故情者文之经,辞者理之纬;经正而后纬成,理定而后辞畅:此立文之本源也。(《情采》)

所以他极不同意于当时一般人重形式而忽内容之习。他说:

> 昔诗人什篇,为情而造文;辞人赋颂,为文而造情。……故为情者要约而写真,为文者淫丽而烦滥。而后之作者,采滥忽真,远弃《风》、《雅》,近师辞赋,故体情之制日疏,逐文之篇愈盛。故有志深轩冕,而泛咏皋壤;心缠几务,而虚述人外:真宰弗存,翩其反矣。(同上)

最后他的主张是:"夫能设谟以位理,拟地以置心,心定而后结音,理正而后摛藻,使文不灭质,博不溺心,正采耀乎朱蓝,间色屏于红紫,乃可谓雕琢其章,彬彬君子矣。"(同上)能够如此,才能说是"雕琢其章,彬彬君子"。

二、声律。彦和对当时沈约等所提倡之声律说,是极端赞同的。他说:"夫音律所始,本于人声者也。声含宫商,肇自血气,先王因之,以制乐歌。故知器写人声,声非学器者也。"(《声律》)这是从人的生理上来说明音律之所以产生乃基于自然,而非由于人为。底下他论文章的声病道:

> 凡声有飞沉,响有双叠。双声隔字而每舛,叠韵杂句而必睽;沉则响发而断,飞则声飏不还,并辘轳交往,逆鳞相比,迂其际会,则往蹇来连,其为疾病,亦文家之吃也。(同上)

这比沈约之论还要透辟。可知中国诗歌中之产生近体,乃系自然的趋势,决非一二人勉强提倡所能为功的。

三、用事。彦和对于用事也不十分反对。他说:"是以属意立文,心与笔谋,才为盟主,学为辅佐;主佐合德,文采必霸,才学褊狭,虽美少功。"(《事类》)不过必须精核,否则反足为累。他说:

> 是以综学在博,取事贵约,校练务精,捃理须覈。……故事得其要,虽小成绩,譬寸辖制轮,尺枢运关也。或微言美事,置于闲散,是缀金翠于足胫,靓粉黛于胸臆也。凡用旧合机,不啻自其口出,引事乖谬,虽千载而为瑕。(同上)

四、文笔。彦和亦宗文笔之说,故其分类即沿袭标准。其第二卷与第三卷所论,即《明诗》、《乐府》、《诠赋》、《颂赞》、《祝盟》、《铭箴》、《诔碑》、《哀吊》、《杂文》、《谐隐》,以上为文;其第四卷与第五卷所论,即《史传》、《诸子》、《论说》、《诏策》、《檄移》、《封禅》、《章表》、《奏启》、《议对》、《书记》,以上为笔。

从这些地方可以看到,他是如何把实用主义与唯美主义这两派的主张加以调和,而使之无一点矛盾的地方。所以让人①觉得他的见解异常的弘通与博大,而无丝毫拘牵偏颇之弊。至于他在批评上的建树,不仅是空前,就是以后直至到现在还没见中国学者中有跨过他的著作出现。其博大精深,要想作一详细的阐发,至少得万言以上的长篇②才行,所以在这短短的篇幅中,只有从略了。

第三节 萧统

昭明的文学观,也是一个调和论者,他理想中的文体,见于其《答湘东王求文集及〈诗苑英华〉书》。他说:

> 夫文典则累野,丽亦伤浮。能丽而不浮,典而不野,文质彬彬,有君子之致,吾尝欲为之,但恨未逮耳。

他能于文辞之外,知道重视内容。其识最卓超而为时人所不可及

---

① "让人"为校订者酌增。
② "长篇"原稿作"巨著",校订者酌改。

的①,是对于渊明作品的推挹。盖在当时的重文而轻质的风气下,渊明的诗最不易为人所了解。记室《诗品》置之中品,而彦和《文心》只字未提。惟有昭明特加称赏。他道:

> 其文章不群,辞采精拔,跌宕昭彰,独超众类,抑扬爽朗,莫之与京。横素波而傍流,干青云而直上。语时事,则指而可想;论怀抱,则旷而且真。……余爱嗜其文,不能释手;尚想其德,恨不同时。(《陶渊明集序》)

可谓称誉备至了。不过昭明有些见解颇与汉儒相同。他称道渊明的诗文,固然由于其诗文本身自有它特殊的价值,同时还因为它对社会有好的影响之故。他说:

> 尝谓有能观渊明之文者,驰竞之情遣,鄙吝之意祛,贪夫可以廉,懦夫可以立。岂止仁义可蹈,抑乃爵禄可辞。不必傍游泰华,远求柱史,此亦有助于风教也。(同上)

这话自是很对,但昭明实用主义之见,于此益发的可以看出了。另外,他有点不免流于迂腐的,是对《闲情赋》的批评。他说:

> 白璧微瑕,惟在《闲情》一赋。扬雄所谓劝百而讽一者,卒无讽谏,何足摇其笔端?惜哉!亡是可也。(同上)

这与简文帝的主张大相径庭。简文主张文章"且须放荡"。以简文之见观之,则渊明之作自无伤于高雅,而昭明竟谓其为"白璧微瑕"。若然,则当时一般香奁之作,在昭明视之,恐均不足观也。

其次是他的《文选》。他在《序》里边论文学之由质而华为自然之演进,系本于葛洪之论;而分典籍为经、史、子、集四部,亦系时人之见。可是有一点我们值得注意的,即此书选文虽是以"事出于沉思,义归乎翰藻"为标准,单取集部之作而不录经、史及子,可是事实上并不尽然。一方面是选有史的作品,另外属于应用的文字,在当时目之为笔的,也录的不少。另一方面,诗文中艳体之作,则几乎没有一篇。虽然后来如章学诚等讥其自乱其例(《文史通义·诗教下》),但要就

---

① 原稿此句句首有"而"字,与后犯重,校订者酌删。

昭明的文学观来看,其所以如此选录,自是很对的。大概简文因《文选》中未录艳情之作,所以才命徐陵又纂集《玉台新咏》以补昭明之阙。从这里很可以看出他们弟兄们的文学观之有着怎样的差异了。

第四节　颜之推

颜之推是由南朝奔往北朝的一位作者。他在南朝的时候,正是唯美之风正盛的时候,当然他受到很深的影响。后来到北朝后,北方复古反骈之风也已经抬头,他自然也不能不为所转移①。因之他的文学观(均见于《家训·文章篇》)也是属于折衷一派的。他论文章原出五经,与彦和大致相同。至谓"自古文人多陷轻薄",则与彦和异(《文心雕龙·程器》)。这大概在当时是一般人所常讨论到的问题,所以彦和文中颇替文人辩解。至于之推批评扬雄晚年立论的荒谬与称述刘逖折毗之言,这又可以看到他是如何的推重文学。其余对当时人所最注意的辞采、声律、用事诸问题,他的见解颇与彦和为近。他论辞采道:

> 文章当以理致为心肾,气调为筋骨,事义为皮肤,华丽为冠冕。今世相承,趋末弃本,率多浮艳。辞与理竞,辞胜而理伏;事与才争,事繁而才损。放逸者流宕而忘归,穿凿者补缀而不足。时俗如此,安能独违?但务去泰去甚耳。必有盛才重誉,改革体裁者,实吾所希!(《文章篇》)

论音律道:

> 古人之文,宏材逸气,体度风格去今实远。但缉缀疏朴,未为密致耳。今世音律谐靡,章句偶对,讳避精详,贤于往昔多矣。宜以古之制裁为本,今之辞调为末,并须两存,不可偏弃也。(同

---

① 校订者按,原稿此句作"自然也不能为所转移",与上下文义不谐,且不合颜之推文学主张演变之实际,因疑任访秋先生本意为"不能不"的双重否定、但在书写中有所遗漏,特为酌补之。

上)

论用事道：

> 沈隐侯曰："文章当从三易：易见事,一也；易识字,二也；易读诵,三也。"邢子才常曰："沈侯文章用事不使人觉,若胸臆语也。"深以此服之。祖孝微亦常谓吾曰："沈诗云：'崖倾护石髓。'此岂似用事耶？"

他对当时所崇向的辞调,只主张去泰去甚,打算以古之制裁为本,以今之辞调为末,而转移当时的风气。这在散文上,对后来虽没多大影响,但在诗歌上,颇开唐人复古的先声。

第五节　余论：魏晋南北朝文论的拓展及其影响[①]

叙本期既竟,我们再观澜而溯源,求其演进之迹象,可以得到无限的启示。盖本期纯为唯美主义派的发展阶段,由曹丕而陆机而钟嵘、沈约,以至于刘勰。其由简而繁,由粗疏而致密,真是一步一步的在进步在开拓。到了刘勰,算是集其大成而达到登峰造极的地步。在前边总论中曾引西方文学批评上的所谓归纳、推理、判断、历史、比较、道德、审美、赏鉴诸种批评,在《文心》一书中,几乎无不俱备。《文心》一方面是结束了过去[②],但在另一方面不免又开启了将来。因为当时文坛上由于注重形式的结果,遂流于淫滥与浮靡,彦和为矫此弊,故[③]探渊返本,主张宗经征圣,也就是说以复古来矫正当时文坛的疏放之弊。可是当时一般作家并未了解及此,而稍后的作家也一样没注意及此,仍是沿袭当时崇华忽实之风而随波逐流,直至唐初犹未歇。因此以后的有识之士,觉得过去那种折衷之论已不发生如

---

① 此节本为原稿(第四篇之)"第七章　余论",比较简短,现改为该篇第五章之第五节,标题亦据内容酌改。

② 原稿此句句首有"可是"二字,但细绎文义,其实并无转折之意,校订者酌删。

③ 原稿此处有一"主"字,与下犯重,校订者酌删。

何的效果,为矫枉而势必过正。于是纯粹的复古运动才发生了。结果,在诗歌上抹煞了魏晋以来之作,而要回复到建安以前的作风(如李白等)。在散文上根本推翻了八代,要回复到东汉以前的作风。于是文坛为之一变。假若我们对齐梁的文学批评不加注意的话,就会觉得唐人复古之论完全是由于独创。可是试一细绎彦和、之推之论,就可以知道在他们的文字中,已经播下了复古的种子了。由此可知,历史上所有的变革均非突然的,如详加研索,自可以找出其递嬗演变之迹。文学批评只不过是其中之一例而已。①

---

① 校订者按,原稿此下有两个附录。第一个附录是《关于四声说》,节录自陈寅恪发表在《清华学报》九卷二期上的论文《四声三问》,摘录要点为三个问题:(一) 四声说之起来与佛经之转读,(二) 四声为何创于周颙及沈约,(三) 四声之与五声其应用之不同。因为《四声三问》现已不难觅得,所以现在删去这个附录。第二个附录乃是摘录王国维《五声说》里的几句话:"然周颙、沈约等撰韵书者,非不知有五声,……约知有五声,而作《四声谱》者,以《四声谱》为属文之作,本非韵书。徐景安《乐书》'宫为上平,商为下平,角为入,徵为上,羽为去。'"(按,《五声说》全文见《观堂集林》卷八)现酌录于此,不再保留附录。

第五篇　实用主义派之复古运动期
——隋、唐、五代、宋、元

第一章　隋之统一与南北文学之合流

南北文学,因为地方风土与人民习性之不同,所以表现之于作品的风格上,也有着大的差别。《隋书·文学传序》云:

> 江左宫商发越,贵于清绮;河朔词义贞刚,重乎气质。气质则理胜其词,清绮则文过其意。理深者便于时用,文华者宜于咏歌。此其南北词人得失之大较也。

近人刘师培也说:

> 大抵北方之地,土厚水深,民生其间,多尚实际。南方之地,水势浩洋,民生其际,多尚虚无。民崇实际,故所著之文,不外记事析理二端;民尚虚无,故所著之文,或为言志抒情之体。(《南北文学不同论》)

要拿我们的话来说,就是北朝文学重实用,偏于所谓实用主义;南方文学重华美,偏于所谓唯美主义。我们试就北朝的文学史来看,虽然有几位诗赋的作者,如庾信、王褒之伦,但都是由南朝流寓到北朝的。可是在西历五八一年杨坚篡周,又八年(五八九年)隋师南下灭陈,天下成了混一的局面。这样以来,于是在文化上就形成了南北合流的趋势。文学自然也不能够例外。沈归愚谓:

>隋炀帝艳情篇什,同符后主,而边塞诸作,矫然独异,风气将转之候也。(《古诗源·例言》)

这是在作品上是如此。就在文学批评上,实用主义派也又重新抬起了头。初则,由北朝的几个文人发端,到了唐代,继起者引端赓绪,于是就造成了震撼一代、影响百世的复古运动。不过,我们要以为唐代的实用主义派与六朝以前的实用主义派,在创作的见解和态度上完全相同,那就错了。因为这是经过一个唯美主义全盛阶段以后的实用主义。虽然在口号上他们是反对唯美主义的,而实际是经过了一番扬弃的过程的。他们遗其皮毛而袭其精神,所以才造成了韩、柳二人在散文上伟大的建树。至于诗歌,工部的作品同见解,更可以看到他是如何的在镕铸南北文学之长,而奠定了他的诗圣的地位。明乎此,才能了解由隋到元这一段的文学同文学批评。

第二章　实用主义派之复古运动

第一节　实用主义派之再起

文学上的实用主义派,始终是与儒家思想相为表里的。南北朝的时候,南朝文学之所以崇尚华美,北朝文学之所以趋重实用,实与经学之盛衰有密切的关系。赵瓯北《二十二史札记》中云:"六朝人虽以词藻相尚,然北朝治经者,尚多专门名家。"(卷十五"北朝经学"条)又云:"南朝经学本不如北,兼以上之人不以此为重,故习业益少。"(同上"南朝经学"条)因为这种关系,所以隋、唐实用主义派之兴起,实为承北朝文学之余绪。《周书·苏绰传》云:

>自有晋之季,文章竟为浮华,遂以成俗①。周文欲革其弊,因魏帝祭庙,群臣毕至,乃命绰为《大诰》,奏行之。……自是之

---

① "遂以成俗"原稿引作"遂成风俗",校订者酌改。

后,文笔皆依此体。

这可以说开了唐代实用派复古运动的先河。后来柳虬曾为《文质论》,此文虽佚,但就《周书》中本传所叙①,则此亦为反骈俪的一种主张。于是稍后李谔、王通等承之,而实用主义派遂又抬头。

李谔本是由齐入周,又由周入隋的一位老臣。他的思想是服膺儒术的,他曾上书言公卿子孙不得嫁卖父祖姬妾,欲借以敦励风俗。所以他的文学观纯为实用主义的。他的《上书正文体》②一文,内容要点如下③:

一、文章应有益于世道并须合于经典。他说:

> 臣闻古先哲王之化民也,必变其视听,防其嗜欲,塞其邪放之心,示以淳和之路。五教六行,为训民之本;《诗》、《书》、《礼》、《易》,为道义之门。故能家复孝慈,人知礼让。正俗调风,莫大于此。其有上书献赋,制诔镌铭,皆以褒德序贤,明勋证理。苟非惩劝,义不徒然。

二、反对唯美派的文风。他说:

> 降及后代,风教渐落。魏之三祖,更尚文词,忽君人之大道,好雕虫之小艺。下之从上,有同影响,竞骋文华,遂成风俗。江左齐、梁,其弊弥甚,贵贱贤愚,唯务吟咏。遂复遗理存异,寻虚逐微,竞一韵之奇,争一字之巧。连篇累牍,不出月露之形;积案盈箱,唯是风云之状。……以傲诞为清虚,以缘情为勋绩,指儒素为古拙,用词赋为君子。故文笔日繁,其政日乱,良由弃大圣之轨模④,构无用以为用也。

三、隋承北朝余风,政府以政治力量力革华艳之习。他说:

---

① "叙"原稿作"序",校订者酌改。按,《周书》柳虬传说:"时人论文体者,有古今之异。虬又以为时有今古,非文有今古,乃为《文质论》。"

② 校订者按,该文又题《上隋文帝论文书》。

③ "如下"为校订者酌增。

④ "轨模"原稿引作"规模",校订者酌改。

及大隋受命,圣道聿兴。屏黜轻浮,遏止华伪。自非怀经抱质,志道依仁,不得引预缙绅,参厕缨冕。开皇四年,普诏天下,公私文翰,并宜实录。其年九月,泗州刺史司马幼之文表华艳,付所司治罪。自是公卿大臣咸知正路,莫不钻仰坟集,弃绝华绮,择先王之令典,行大道于兹世。

四、但此种政策施行尚不彻底,故主张请勒诸司,普加搜访和惩戒①。他说:

　　如闻外州远县,仍踵敝风,选吏举人,未遵典则。至有宗党称孝,乡曲归仁,学必典谟,交不苟合,则摈落私门,不加收齿;其学不稽古,逐俗随时,作轻薄之篇章,结朋党而求誉,则选充吏职,举送天朝。盖由县令、刺史未行风教,犹挟私情,不存公道。臣既忝宪司,职当纠察。若闻风即劾,恐挂网者多。请勒诸司,普加搜访,有如此者,具状送台。

可知当时不止在文学②的理论上来反对唯美主义,而且在用着政治的力量来消灭唯美主义。这一点,是很值得我们注意的。

王通是隋末时候人,著有《中说》,后人颇疑此书为伪托,但证据都不够充分。这书出现大约在唐初,内容或有后人窜入者,但仍可看出当时的一种文学观。

王通本是以儒家自命的一位学者,所以他的见解就脱不去实用主义的面目。他主张文学应有裨于教化。《天地篇》③中载:

　　薛收曰:"吾尝闻夫子之论诗矣:上明三纲,下达五常,于是征存亡,辩得失。故小人歌之以贡其俗,君子赋之以见其志,圣人采之以观其变。"

又载:子曰:"学者,博诵云乎哉?必也贯乎道。文者,苟作云乎哉?

---

① "和惩戒"为校订者酌增。
② "文学"原稿作"文人",校订者酌改。
③ "《天地篇》"原稿作《正道篇》(按,当作《王道篇》),而下述引文实出《天地篇》,校订者酌改。

必也济乎义。"郭绍虞先生谓:"其后韩愈《送陈秀才彤序》谓'学所以为道,文所以为理'盖即本此。"他既主张"文要济乎义",必然的要反对南朝的绮丽之文。《事君篇》云:

> 子谓文士之行可见。谢灵运小人哉! 其文傲,君子则谨;沈休文小人哉! 其文冶,君子则典。鲍昭、江淹,古之狷者也,其文急以怨;吴筠、孔稚①珪,古之狂者也,其文怪以怒;谢庄、王融,古之纤人也,其文碎;徐陵、庾信,古之夸人也,其文诞。或问孝绰兄弟,子曰:"鄙人也,其文②淫。"或问湘东王兄弟,子曰:"贪人也,其文繁。谢朓,浅人也,其文捷;江总,诡人也,其文虚。皆古之不利人也。"

他又说:"古之文也约以达,今之文也繁以塞。"(《天地篇》③)他既不喜南朝之文,无怪乎李伯乐同他论诗,谈到四声八病、刚柔清浊等问题,他置之不理了。(《天地篇》)

第二节 自然主义派之复古运动

自然主义派,在文坛上常常具有解放之力,在前篇已经说过。唯美主义派的文学,到了齐、梁已经是登峰造极了。这时反对这种潮流的可以说有两派:一是实用主义派,是就内容上来立论,不是说这些作品无裨实用,就是说这些作品有害于世道人心。李谔、王通之论,最可以作为这派的代表。二是自然主义派,是就形式上来立论,认为这些作品太矫揉造作,不是出于真心之所发抒。王绩、陈子昂(字伯玉④)、李白,可以作为这派的代表。不过王绩在创作上虽力革齐、梁浮靡之风,而拟追步阮、陶,但论文之语则绝少,兹仅就陈、李二人之论略述于后。

---

① "稚"字原稿缺,校订者酌补。
② "文"原稿引作"人",校订者酌改。
③ 此处夹注为校订者酌补。
④ 此处夹注为校订者酌补,以照应下文。

伯玉是唐初的一位作者,他的思想很受黄、老的影响,而尤其是喜欢服食。据卢藏用的《陈氏别传》中说,他父亲元敬"饵地骨、炼云膏四十余年"。他呢,一样是如此。他在《观荆玉篇序》中说:

　　　　丙戌岁,余从左补阙乔公北征。夏四月,军幕次于张掖河。河州草木①,无他异者,惟有仙人杖,往往丛生。幽朔地寒,与中国稍异。余家世好服食,昔常饵之。及此役也,已②息意兹味。戍人有荐嘉③蔬者,此物存焉,余辴然而笑曰④:"始者与此君别,不图至是而见之,岂非神明嘉惠,将欲扶吾寿也。"

他的思想既如此,所以自然就会使他无形中去接近汉魏那般倾向自然的⑤作家们的作品,而鄙视齐、梁的浮靡之音。因之他之提倡复古,打算返璞归真,从格律中把诗体解放出来,乃是自觉的。他在《修竹》篇的序中说:

　　　　东方公足下:文章道弊五百年矣。汉、魏风骨,晋、宋莫传,然而文献有可徵者。仆尝暇时观齐、梁间诗,彩丽竞繁,而兴寄都绝,每以永叹。思古人,常恐逶迤颓靡、风雅不作,以耿耿也。一昨于解三处,见明公《咏孤桐》篇,骨气端翔,音情顿挫,光英朗练,有金石声。遂用洗心饰视,发挥幽郁。不图正始之音,复睹于兹,可使建安作者相视而笑。

他的杰作三十八首《感遇》诗,不论是内容同形式,都无疑义的是受着阮嗣宗《咏怀》诗的影响。他的老友卢藏用在给他的文集作的序中说他:"崛起江汉,虎视函夏,卓立千古,横制颓波,天下翕然,质文一变。"这一点也不错。

　　太白的思想同正始时期的作家很相近,不外是老庄同方士。他

---

① "木"原稿引作"地",校订者酌改。
② "已"原稿引作"而",校订者酌改。
③ "嘉"原稿漏引,校订者酌补。
④ "余辴然而笑曰"一句,原稿引作"辴尔笑曰",校订者酌补。
⑤ "的"为校订者酌增。

那种轻视功名利禄、一味的沉醉于醇酒妇人中的颓废精神(《古风》三十九、《行路难》其三、《江上吟》),不纯是受魏晋人的影响吗? 同时又有①歌咏神化、常求脱离尘寰的心思(《古风》一七、《古风》四一、《庐山谣寄卢侍御虚舟》)不又全是方士的思想吗? 也无怪乎贺知章一见他,就②说"子天山谪仙人也"。所以太白在思想上之求自由、求解放的精神,似乎颇影响于他的文学见解。他很反对从建安以来在作品上专重形式的一派。他说:"自从建安来,绮丽不足珍。圣代复元古,垂衣贵清真。"(《古风》其一)又说:

> 丑女来效颦,还家惊四邻。寿陵失本步,笑杀邯郸人。一曲斐然子,雕虫丧天真。棘刺造沐猴,三年费精神。功成无所用,楚楚且华身。大雅思文王,颂声久崩沦。安得郢中质,一挥成斧斤。(《古风》三五)

他骂那般专事模拟的作者,说他们是丑女效颦,是学步邯郸。同时又骂那般专事雕琢的作者,说他们是棘刺造猴,徒费精神。所以他在创作上主张"兴会"。他说"兴酣落笔摇五岳,诗成啸傲凌沧州"(《江上吟》)。他主张作品要清真,他说"圣代复元古,垂衣贵清真"(《古风》其一)。这些都是自然主义派的真正面目。所以太白虽表面上似乎是提倡复古,实际不过是以复古为解放,借以转移齐、梁以来文坛上浮靡之风而已。即如他的《草书歌行》中说:

> 王逸少,张伯英,古来几许浪得名。张颠老死不足数,我师此义不师古。古来万事贵天生,何必要公孙大娘浑脱舞。(师为僧怀素③)

可知他是主张作品要的④是自我的真实流露,而反对一味的遵循古绳尺。因之他的作品在诗歌的解放上有着特殊的成绩。

---

① "有"为校订者酌增。
② "就"为校订者酌增。
③ 校订者按,括号里的话是任访秋先生的附注。
④ "的"原稿作"得",校订者酌改。

第三节　实用主义派之复古运动

实用主义派之反唯美主义,本来在隋初已经开始。不过在那时时机还没有真正成熟,所以没有形成为一种大规模的运动。到了唐代就不然了。虽说是在初唐有四杰一般人的追步齐、梁,但立于反对地位的则占大多数。这时一方面是自然主义派就形式的观点上来反齐、梁,另一方面是实用主义派就内容的观点上来反齐、梁。比较着源远流长而能形成一种新风气、转变了文坛上弊习的,还是后者。所以对于这节,为求一较清楚之认识计,爰分为三期论述之。

一、发动期——李华、独孤及、梁肃和柳冕①

这一期是从初唐到中唐,足以作为这一期的代表的作家是萧颖士、李华、独孤及、梁肃、柳冕诸人。萧颖士虽在创作上是反齐、梁的,但关于论文的主张则无所见,所以只有从略。

李华的文学观可就两方面来论:首先是内容上,主张要本于六经,合乎世教。他说:

> 文章本乎作者,而哀乐系乎时。本乎作者,六经之志也;系乎时者,乐文、武而哀幽、厉也。立身扬名,有国有家。化人成俗,安危存亡,于是乎观之。(《赠礼部尚书清河孝公崔沔集序》,《全唐文》卷三一五)

因为要主张文须本诸经,所以他反对纯然抒情之作。他说:

> 夫子之文章,偃、商传焉;偃、商殁而孔伋、孟轲作,盖六经之遗也。屈平、宋玉哀而伤,靡而不返,六经之道遁矣。(同上)

其次是形式,他主张简质。他说:

> 愚以为将求致理②,始于学习经史。《左氏》、《国语》、《尔

---

① 此小节原题"发动期",校订者根据内容酌改。
② "致理"原稿引作"治理",校订者酌改。

雅》、《荀》、《孟》等家,辅佐五经者也。……其或曲书常言,无裨世教,不习可也。则烦溃日亡,而易简日用矣。海内之广,兆民之多,无聊于烦,弥世旷久。今以简质易烦文而便之,则晨命而夕周,逾年而化成。蹈五常,享五福,理必然也。(《质文论》①,《全唐文》卷三一七)

这虽是在论政教,也可以看到他的文学观。所以他又说:"郑、卫方奏,正声间发,极和无味,至文无彩。听者不达,反以为怪谲之音。"(《三贤论》,《全唐文》卷三一七)因之他对于两汉以来辞赋家之作,深有所不喜。他于《扬州功曹萧颖士文集序》中道:

君以为六经之后,有屈原、宋玉,文甚雄壮,而不能经。厥后有贾谊,文词最正,近于理体。枚乘、司马相如亦瓌丽才士,然而不近《风》、《雅》。扬雄用意颇深,班彪识理,张衡宏旷,曹植丰赡,王粲超逸,稽康标举,此外皆金相玉质。所尚或殊,不能备举。左思诗赋有《雅》、《颂》遗风,干宝著论近王化根源,此后复绝无闻焉。近日陈拾遗子昂文体最正。以此而言,见君之述作矣。

这虽是在述萧氏的话,实际上也可以看出他的见解的。

独孤及字至之,他②是李遐叔(华)的好友,他二人的文学见地大致差不许多。他认为文学的功用,是在宏道与不朽。他说:"君子修其词,立其诚,生以比兴宏道,殁以述作垂裕,此之谓不朽。"(《唐故殿中侍御史赠考功郎中萧府君文章集录序》,《全唐文》卷三八八③)他反对齐梁以来靡丽之作。他道:

自典谟缺,雅颂寝,世道陵夷,文亦下衰。故作者往往先文字后比兴,其风流荡而不返。乃至有饰其词而遗其意者,则润色

---

① "《质文论》"原稿作"《文质论》",校订者酌改。
② "字至之,他"为校订者酌增。
③ "卷三八八"原稿误作"卷八八",校订者酌改。

愈工，其实愈衰。及其大坏也，俪偶章句，使枝对叶比，以八病四声为桎拲，拳拳守之，如奉法令。闻皋繇、史克之作，则哑然笑之。天下雷同，风驰云趋。文不足言，言不足志，亦犹木兰为舟，翠羽为楫，虢之于陆而无涉川之用。痛乎流俗之惑人也旧矣。(《检校尚书吏部员外郎赵郡李公中集序》，《全唐文》卷三八八)

同时他盛推唐初以来力主复古的一些作者。他说：

帝唐以文德勇祐于下，民被王风，俗稍丕变。至则天太后时，陈子昂以《雅》易《郑》，学者浸而向方。天宝中，公与兰陵萧茂挺、长乐贾幼几勃焉复起，振中古之风，以宏文德。公之作本乎王道，大抵以五经为泉源，抒情性以托讽，然后有歌咏；美教化，献箴谏，然后有赋颂；悬权衡以辩天下公是非，然后有论议；至若记序编录、铭鼎刻石之作，必采其行事以正褒贬，非夫子之旨不书。故风雅之指归，刑政之本根，忠孝之大伦皆见于词。(同上)

至此种运动之影响，在该文①中也曾论到，他说："于时文士驰骛，飚扇波委，二十年间，学者稍厌《折杨》、《皇华》而窥《咸池》之音者什五六，识者谓之文章中兴，公实启之。"(同上)由此可知，此种运动到韩、柳不过是更普遍化更深刻化而已。要把复古之功全归于韩、柳，这是②错误的。

由李遐叔、独孤至之(及)到梁肃，其论虽有详略之不同，而见地则如出一辙。梁氏论文章之功用道：

夫大者天道，其次人文。在昔圣王以之经纬百度，臣下以之弼成五教。德又下衰，则怨刺形于歌咏，讽议彰乎史册。故道德仁义，非文不明；礼乐刑政，非文不立。(《常州刺史独孤及集后

---

① "在该文"原稿作"至之文"，与前犯重，校订者酌改。
② 原稿此处有"极端"一词，校订者酌删。

序》,《全唐文》卷五一八)

又道:"文之作,上之所以发扬道德,正性命之纪;次所以裁成典礼、厚人伦之义;又其次所以昭显义类,立天下之中。"(《补阙李君前集序》,《全唐文》卷五百十八)文既是要用作"纬成百度,弼成王教",自然应当本诸道才能够典正。他道:"故文本于道,失道则博之以气,气不足则饰之以辞。盖道能兼气,气能兼辞,辞不当则文斯败矣。"(同上)持此标准以论古之作者,则盛①推贾、马而抑屈、宋,于六朝尤所不喜。其引独孤及之言曰:"后世虽有作者,六籍其不可及已!荀、孟朴而少文,屈、宋华而无根。有以取正,其贾生,史迁,班孟坚云尔。"(《常州刺史独孤及集后序》)又道:

> 炎汉制度,以霸王道杂之,故其文亦二。贾生、马迁、刘向、班固,其文博厚,出于王风者也;枚叔②、相如、扬雄、张衡,其文雄富,出于霸涂者也。其后作者,理胜则文薄,文胜则理消;理消则言愈繁,繁则乱矣;文薄则意愈巧,巧则弱矣。(《补阙李君前集序》)

对于唐代从事复古的作者,则盛加推挹。他道:

> 唐兴,接前代浇醨之后,承文章颠坠之运,王风下扇,旧俗稍革,不及百年,文体反正。其后时浸和溢,而文亦随之。天宝中作者数人,颇节之以礼。洎公为之,于是操道德为根本,总礼乐为冠带,以《易》之精义,《诗》之雅兴,《春秋》之褒贬,属之于辞。故其文宽而简,直而婉,辩而不华,博厚而高明。论人无虚美,比事为实录。天下凛然,复睹两汉之遗风。(《常州刺史独孤及集后序》)

又道:"唐有天下几二百载,而文章三变。初则广汉陈子昂以风雅革浮侈,次则燕国张公说以宏茂广波澜。天宝以还,则李员外、萧功曹、

---

① "盛"原稿笔误作"胜",校订者酌改。
② "枚叔"原稿引作"枚乘",按枚乘字叔,而梁肃原文称字,校订者酌改。

贾常侍、独孤常州比肩而出,故其道益炽。"(《补阙李君前集序》)从这里可知,这种复古的潮流到唐以后是愈来愈盛,势必而成为文坛之主流而不止。

在韩愈之前还有一位主张复古的作家值得我们注意的,就是柳冕。他的文章虽不多,可是论文的篇子倒①不少。他承李华、萧颖士等之流波,而特别揭出复古的旗帜。他说:"仆自下车为外事所感,感而应之,为文不觉成卷。意虽复古而不逮古,则不足以议古人之文。"(《与徐给事论文书》,《全唐文》卷五二七)至他复古的理论,首在主张文章必须根于教化。他说:

故文章之道,不根教化,别是一技耳。当时君子,耻为文人。语曰:"德成而上,艺成而下。"文章技艺之流也,故夫子末之。是以四杨(东汉大儒杨震祖孙四人②)、荀(东汉荀淑)、陈(东汉陈寔),以德行经术,名震海内,门生受业,皆一时英俊,而文章之士不得行束修之礼。非夫两汉近古,由有三代之风乎!惜乎系王风而不本于王化。(《谢杜相公论房杜二相书》,《全唐文》卷五二七)

又道:

文章本于教化,形于治乱,系于国风。故在君子之心为志,形君子之言为文,论君子之道为教。《易》云:"观乎人文,以化成天下。"此君子之文也。自屈、宋以降,为文者本于哀艳,务于恢诞,亡于比兴,失古义矣。虽扬、马形似,曹、刘骨气,潘、陆藻丽,文多用寡,则是一技,君子不为也。(《与徐给事论文书》)

因为他重视教化,轻蔑技艺,所以他对两汉以来唯美派的作品深致排击。他说:

且今之文章,与古之文章,立意异矣。何则?古之作者,因

---

① "倒"原稿作"到",校订者酌改。
② 校订者按,括号里的话是任访秋先生的夹注,下同不另说明。

治乱而感哀乐，因哀乐而为咏歌，因咏歌而成比兴。故《大雅》作，则王道盛矣；《小雅》作，则王道缺矣；《雅》变《风》，则王道衰矣；诗不作，则王道竭矣。至于屈、宋，哀而以思，流而不返，皆亡国之音也。至于西汉，扬、马以降，置其盛明之代，而习亡国之音，所失岂不大哉？然而武帝闻《子虚》之赋，叹曰："嗟乎！朕不得与此人同时。"故武帝好神仙，相如为《大人赋》以讽之，读之飘飘然，反有凌云之志。子云非之曰："讽则讽矣，吾恐不免于劝也。"子云知之，不能行之，于是风雅之文，变为形似；比兴之体，变为飞动；礼义之情，变为物色。诗之六义尽矣。何则？屈、宋唱之，两汉扇之，魏、晋、江左，随波而不反矣。（《谢杜相公论房杜二相书》）

又道：

昔武帝好神仙，而相如为《大人赋》以讽，帝览之飘然有凌云之气，故扬雄病之曰："讽则讽矣，吾恐不免于劝也。"盖文有余而质不足则流，才有余而雅不足则荡。流荡不返，使人有淫丽之心，此文之病也。雄虽知之，不能行之。行之者惟荀、孟、贾生、董仲舒而已。（《与徐给事论文书》）

至于他的主张，既不是纯然的尚质，也不是纯然的重文，而是一种文与道合一的作品。他道：

是以君子之儒，学而为道，言而为经，行而为教，声而为律，和而为音。如日月丽乎天，无不照也；如草木丽乎地，无不章也；如圣人丽乎文，无不明也。故在心为志、发言为诗谓之文，兼三才而名之曰儒，儒之用，文之谓也。言而不能文，君子耻之。及王泽竭而诗不作，骚人起而淫丽兴。文与教分而为二，以扬、马之才则不知教化，以荀、陈之道，则不知文章。以孔门之教评之，非君子之儒也。夫君子之儒，必有其道；有其道，必有其文。道

不及文,则德胜;文不知道①,则气衰;文多道寡,斯为艺矣。(《答荆南裴尚书论文书》,《全唐文》卷五二七)

但如何能产生出文与道俱的文学,自然是须要复古,而复古之道,首在能变其俗。他对杜相公②说:

相公如变其文,即先变其俗。文章风俗,其弊一也。变之术,在教其心,使人日用而不自知也。伏惟尊经术,卑文士。经术尊则教化美,教化美则文章盛,文章盛则王道兴,此二者,在圣君行之而已。(《谢杜相公论房杜二相书》)

看到这里,使我们想到柳氏毕竟还脱不了文人之习。因为他主张变俗,乃是由于要变文。可知他是如何的重视文了。稍后的韩退之,也是这个态度。所以他们与魏晋以前的实用主义大不相同。以前的实用主义乃是重在内容,把文字全然作成了宣传内容的工具;而他们因为受了唯美派的影响,他们虽然口口声声唱出反对绮丽的文字,可是他们还依然重视文字的美,不过在内容主张要合于道而已。这一点是我们应该认清的。

二、全盛期——韩愈、柳宗元、李翱和皇甫湜③

复古运动从隋到唐之中叶,已经是一步步的在进展。我们从梁肃所说的"不及百年,文体反正"(《常州刺史独孤及集后序》)的话看来,就可以晓得在当时文坛的风气确是已经大变了。

然而后来论复古运动者,都归功于韩愈,一若此运动倡始于韩愈而又成功于韩愈似的。即如东坡所说的"自东汉以来,道丧文弊,异端并起。历唐贞观、开元之盛,辅以房、杜、姚、宋而不能救。独韩文

---

① "文不知道"原稿引作"文不及道",校订者酌改。
② "杜相公"为校订者酌增。
③ 校订者按,此小节原题"全盛期",下面又分 a. 韩愈、b. 柳宗元、c. 李、d. 皇甫湜,为免繁琐,此处将人名统合于小节标题之中,而删去 a、b、c、d 等更细的分层。

公起布衣,谈笑而麾之,天下靡然从公,①复归于正"等话(《潮州韩文公庙碑》),就是一个很好的例证。我尝研讨其所以如此的原因,一则由于韩愈的文章功力甚深,技巧方面比先于他的那般复古的作者的作品纯熟得多。后人爱读他的文章,于是就谬以为他是从事复古的第一人。其次,以往的那般复古论者,仅仅是攻击骈体,主张以孔孟之道为文,但并不攻击佛老。韩愈是一面在文章上力求复古,一面在思想上力主卫道,排击佛老不遗余力②,所以为后来儒者所推重。因此他的文章价值也因之而提高了许多,这是他之所以特别为后人所称道的第二种原因。前面我们已经把唐初以来那般复古的作者的文学论叙述过了,底③下我们来看韩愈的,看他的见解同那些人有无不同之处。

一般的说来,退之是宗信儒家思想的,那么他的文学主张自然不成问题的是属于纯粹实用主义啦。其实不尽然④。反之,他倒是受唯美派的影响甚深。这话说来似乎颇为费解,因为他不是主张复古,主张反唯美主义吗?可是我们只要把他的论文的话仔细加以分析,就可以晓得这里面有它们的矛盾的统一在。

首先,退之对于文章的技巧是最重视的。你说他尊道,无宁说他是重文。郭绍虞先生说"韩愈是因文而及道,道学家是求道而忽文。"(《中国文学批评史》第五编第二章二四七页,商务本)这最能道出他们中间的不同来。我们试看退之他对文章是如何的重视功力吧。他道:

---

① "谈笑而麾之,天下靡然从公",原稿引作"谈笑而挥之,天下靡然向风",校订者酌改。

② "排击佛老不遗余力",为校订者酌增,以补足文义。

③ "底"原稿作"低",校订者酌改。

④ 校订者按,"不尽然"原稿作"不然",但从上下文看,任访秋先生并非否认韩愈是个文学实用主义者,而是强调他"不尽然"是个文学实用主义者,同时还深深地受有汉魏六朝以来所谓唯美主义文学传统的影响,故此酌改为"不尽然"。

> 夫百物朝夕所见者,人皆不注视也,及睹其异者,则共观而言之。夫文岂异于①是乎?汉朝人莫不能为文,独司马相如、太史公、刘向、扬雄为之最。然则用功深者,其收名也远。若皆与世浮沉,不自树立,虽不为当时所怪,亦必无后世之传也②。足下家中百物,皆赖而用也,然其所珍爱者,必非常物。夫君子之于文,岂异于是乎?(《答刘正夫书》)

至他自己,也确切在写文上下过极深的功夫。他《答李翊书》中道:

> 抑又有难者。愈之所为,不自知其至犹未也,虽然,学之二十余年矣。始者,非三代两汉之书不敢观,非圣人之志不敢存。处若忘,行若③遗,俨乎其若思,茫乎其若迷。当其取于心而注于手也,惟陈言之务去,戛戛乎其难哉!其观于人,不知其非笑之为非笑也。如是者亦有年,犹不改,然后识古书之正伪,与虽正而不至焉者,昭昭然白黑分矣,而务去之,乃徐有得也。当其取于心而注于手也,汩汩然来矣。其观于人也,笑之则以为喜,誉之则以为忧,以其犹有人之说者存也。如是者亦有年,然后浩乎其沛然矣④。吾又惧其杂也,迎而距⑤之,平心而察之,其皆醇也,然后肆焉。虽然,不可以不养也。行之乎仁义之途,游之乎《诗》、《书》之源,无迷其途,无绝其源,终吾身而已矣。

又道:

> 性本好文学,因困厄悲愁无所告语,遂得究穷于经传、史记、百家之说,沈潜乎训义,反复乎句读,砻磨乎事业,而奋发乎文章。凡自唐虞已来,编简所存,大之为河海,高之为山岳,明之为日月,幽之为鬼神,纤之为珠玑华实,变之为雷霆风雨,奇辞奥

---

① "于"原稿误作"如",校订者酌改。
② "也"原稿漏引,校订者酌补。
③ "若"原稿误作"所",校订者酌改。
④ "矣"原稿引作"也",校订者酌改。
⑤ "距"原稿引作"拒",校订者酌改。

旨,靡不通达。(《上兵部李侍郎书》)

他这种对文章惨淡经营的态度,不是同唯美主义派完全相同吗?他对文章要"终其身而已矣"的精神,不很有点近于曹丕把文章视为"不朽之盛事"的见解吗?他所说的"唯陈言之务去,戛戛乎其难哉",不是与陆士衡所说的"谢朝华于已披,启夕秀于未振"的主张完全吻合吗?所不同者,不过是唯美派主张自由抒写,而他主张明道;唯美派在形式上趋于排偶,而他则主张散体就是了。

其次,还有一点是他折中于唯美与实用两派的铁证。他原是提倡复古,而反对当时骈俪之作的。他说:

> 仆为文久,每自则意中以为好,则人必以为恶矣;小称意,人亦小怪之;大称意,即人必大怪之也。时时应事作俗下文字,下笔令人惭,及示人,则人以为好矣;小惭者亦蒙谓之小好;大惭者即必以为大好矣。不知古文直何用于今世也?然以俟知者知耳。(《与冯宿论文书》)

又道:

> 虽然,愈之为古文,岂独取其句读不类于今者邪?思古人而不得见,学古道,则欲兼通其辞。通其辞者,本志乎古道者也。(《题哀辞后》)

他虽是如此,但同李华、独孤及、梁肃、柳冕等则不同。李等不满意于六朝浮靡之作,同时等而上之,连屈原、宋玉、枚乘、司马相如、扬雄等也都在攻击之列,说他们"不近风雅"(李华),说他们"华而无根"(梁肃),说他们"亡于比兴"(柳冕)。可是退之则不然,他虽提倡复古,但他并没有明昭大号的反对六朝的文章,甚至①对屈、宋、扬、马之徒,推挹备至。他在《进学解》中说:"沈浸醲郁,含英咀华,作为文章,其书满家。……下逮庄、骚,太史所录;子云、相如,同工异曲。"又

---

① "甚至"原稿作"至",这是任访秋先生惯用的开句语式,考虑到此句承上而转进,校订者酌改为"甚至",并删去了下文"则推挹备至"之"则"。

道:"汉朝人莫不能为文,独司马相如、太史公、刘向、扬雄为之最。"(《答刘正夫书》)前边一句①是自述其在作文上所得力的古人的著作,后边一句说他在汉代文人中所最佩服的几位作者。所以退之的文章不只是法六经、史迁,而且是学屈、宋、扬、马②。他的文章体制,虽是以北方的散体为主,但他受南方辞赋的影响也非常的深。所以他对于唯美派的作品,可以说是能够袭其精而遗其粗。从刘彦和、颜之推两人所主张的实用与唯美两派调和折衷的理论,所谓"以理致为心肾,气调为筋骨,事义为皮肤,华丽为冠冕"(《颜氏家训·文章篇》)的理想,到退之的文章,可以说完全实现了,也无怪后世推他为文章的山斗,而东坡誉之谓"文起八代之衰"了。这种地方③非从理论上来探讨,是不会洞彻的了解的。

再者④,是对于从事文章应注意之点及修养方法,退之也有所论列。首先是主张为文必先有内容。他说:

夫所谓文者,必有诸⑤其中。是故君子慎其实。实之美恶,其发也不掩,本深而末茂,形大而声宏,行峻而言厉,心醇而气和,昭晰者无疑,优游者有余。体不备不可以为成人,辞不足不可以为成文。(《答尉迟生书》)

又道:"养其根而竢其实,加其膏而希其光。根之茂者其实遂,膏之沃者其光晔。仁义之人,其言蔼如也。"(《答李翊书》)这是说诚于中必形于外,文章与人格是互为表里的。同时又说明有什么内容必定会有什么形式,也就是说形式是决定于内容的。既然如此,那么想把文

---

① "一句"为校订者酌增,下文"后边一句"之"一句",亦为酌增。
② 校订者按,此处所谓"马"当是司马相如的简称,所以与上文"司迁"并不重复。
③ 原稿此处有"是"字,与下犯重,校订者酌删。
④ "再者"原稿作"其次","其次"与上犯重,而下又有"首先",校订者酌改。
⑤ 校订者按,"诸"一作"实"。

章写好,第一步须要明道。至明道的方法,即在读古圣贤之书。他反复强调①说:"始者,非三代两汉之书不敢观,非圣人之志不敢存。"(《答李翊书》)"遂得究穷于经传、史记、百家之说,沉潜乎训义,反复乎句读。"(《上兵部李侍郎书》)"存志乎诗书,寓辞乎咏歌。"(《荆潭唱和诗序》)"盖学所以为道,文所以为理耳。"(《送陈秀才彤序》)当然,②光诵读研索古人之书,不能算到家,还必须得身体力行还行。他说:"行之乎仁义之途,游之乎《诗》、《书》之源,无迷其途,无绝其源,终吾身而已矣。"(《答李翊书》)"砻磨乎事业,而奋发乎文章。"(《上兵部李侍郎书》)所以明道与力行是作文的根本,而这也就是孟子所说的"配义与道"的养气功夫。退之也曾论道文与气的关系。他说:

> 气,水也;言,浮物也。水大而物之浮者大小毕浮。气之与言犹是也。气盛则言之短长与声之高下者皆宜。(《答李翊书》)

此所谓气,也可以说就是孟子所说的"浩然之气"。养得此气始可以写出壮丽之文。至如何的养气,那就得"能自树立"(《答刘正夫书》③)、"不顾人之是非"(《伯夷颂》)的精神去明道、去力行才行。这不是孔子所说的"有德必有言",乃是为要有言才求有德。虽然同宋代的道学家恰巧翻个过,但毕竟还求有德。其为宋儒十分所称述者以此,其不为宋儒所十分满意者亦以此。

中唐时期从事复古运动最力的,除韩愈以外就属到柳宗元了。子厚在论文方面,有些地方与退之差不多少;有些地方与退之很不相同。先就同的来说,他也是主张文以明道的。他说:

> 始吾幼且少,为文章,以辞为工。及长,乃知文者以明道,是

---

① "反复强调"为校订者酌增。
② "当然,"为校订者酌增。
③ "《答刘正夫书》"原稿误作《答李翊书》,校订者酌改。按,《答刘正夫书》云:"能者非他,能自树立,不因循是也。"

故不苟为炳炳烺烺,务采色、夸声音而以为能也。凡吾所陈①,皆自谓近道,而不知道之果近乎,远乎？吾子好道而可吾文,或者其于道不远矣。(《答韦中立论师道书》)

然圣人之言,期以明道,学者务求诸道而遗其辞。辞之传于世者,必由于书。道假辞而明,辞假书而传,要之之道而已耳。(《报崔黯秀才论为文书》)

其次是注意功力,换句话说为的是求得文章之工,非得立志作长时间的努力不可。他说:

故吾每为文章,未尝敢以轻心掉之,惧其剽而不留也；未尝敢以怠心易之,惧其弛而不严也；未尝敢以昏气出之,惧其昧没而杂也；未尝敢以矜气作之,惧其偃蹇而骄也。抑之欲其奥,扬之欲其明,疏之欲其通,廉之欲其节,激而发之欲其清,固而存之欲其重,此吾所以羽翼夫道也。本之《书》以求其质,本之《诗》以求其恒,本之《礼》以求其宜,本之《春秋》以求其断,本之《易》以求其动,此吾所以取道之原也。参之《穀梁氏》以厉其气,参之《孟》、《荀》以畅其支,参之《庄》、《老》以肆其端,参之《国语》以博其趣,参之《离骚》以致其幽,参之太史公以著其洁,此吾所以旁推交通而以为之文也。(《答韦中立论师道书》)

从这些地方可以看出子厚与退之都不免是以文为重。不过他们所理想的文是古人那样的文,在内容上是合于孔子之道的,而在形式方面是可以方驾古人的。从以②《五经》为道之原而以子史等为文之原二语来看,似乎是以道为主而以文为辅。即如他说:

秀才志于道,慎勿怪、勿杂、勿务速显。道苟成,则悫然尔；久,则蔚然尔。源而流者岁旱不涸,蓄谷者不病凶年,蓄珠玉者不虞殍死矣。然则成而久者,其术可见。(《报袁君陈秀才避师

---

① 校订者按,原稿引文自此句开始单另为一段而置于下引《报崔黯秀才论为文书》之后,现移并于此。

② "以"为校订者酌增。

名书》)

其实他还是以文为主。果以道为主,则将无暇专力于为文。所以他们虽口口声声讲明道,也不过是说,文章在内容上必须合于孔子之道,才能算是至文。为了合于孔子之道,故不能不在经传上用功夫就是了。

郭绍虞先生讲韩、柳异同,有两点我最不能同意。他说:"韩偏擅散体,柳则兼工骈俪;韩文出自经,柳文出自史。"(《中国文学批评史》第五篇第二章第二节第四目,商务本,下同)又道:

> 然而韩愈的态度是沉潜于道,而柳的态度,只在"羽翼夫道"。沉潜于道,所以要"行之乎仁义之途,游之乎诗书之源",而"无迷其途,无绝其源"的。羽翼夫道,所以只须勿以轻心掉之、怠心易之、昏气出之、矜气作之足矣。(同上)

其实这是皮相之见。韩受骈体的影响最深。相如、子云是他瓣香之所在。曾涤生(国藩)对此看的最清楚。《求阙斋日记》中云:"韩文之妙,实由相如、子云来。"又《家训》中云:"尔试观《南海神庙碑》、《送郑尚书序》诸篇,则知韩文实与汉赋相近。"不过退之入之者深,故袭其神而遗其形,子厚之作则显而易见。就两人作品看①,恐退之之得于骈体者较子厚为尤深也。其次退之固然曾讲过"行之乎仁义之途,游之乎诗书之源"。子厚又何尝没说过这话。即如他《报袁君陈秀才避师名书》中云:

> 大都文以行为本,在先诚其中。其外者当先读六经,次《论语》、孟轲书皆经言;《左氏》、《国语》、庄周、屈原之辞,稍采取之。穀梁子、太史公甚峻洁,可以出入;余书俟文成异日讨也。其归在不出孔子,此其古人贤士所懔懔者。②

又道:"秀才志于道,慎勿怪、勿杂、勿务速显。"(同上)这不是同退之

---

① "看"为校订者酌增。
② "其归在不出孔子,此其古人贤士所懔懔者",原稿漏引,校订者酌补。

的《答李翊书》见解完全相同吗？至于说勿以轻心掉之、勿急心易之等话，乃是子厚自道其个人写作经验语，并不是子厚谓如此已足。至云"羽翼夫道"，即在退之也只能作到此种地步。经乃道之原，所谓传也只能说是经之羽翼，而不能与经相比，又何况退之之作呢？所以郭先生这种说法，我觉得都还有待商量。

子厚与退之在文学理论上真正不同者，在①退之虽力倡复古，但他并不如何攻击东汉以后的作品，这一点他有点近于工部；而子厚则甚不满于东汉以后之作。他说："首纪殷周之前，其文简而野。魏晋以降，则荡而靡。得其中者汉氏。汉氏之东，则既衰矣。"（《柳宗直西汉文类序》）这些地方，则子厚颇近于太白。此外韩愈以师自居，而以文教人，且其为文之大半得之于功力，故有路径可循，因之其影响于时人者大。子厚不愿以师自居，不以文教人，其文多得之于天分与遭际，故无路径可循，因之其影响于时人者小。

总之，韩、柳二人在文学上其成就虽有所不同，但其均不免为文人则一。至彼等之创作态度，退之为实用主义与唯美主义之调和派。而子厚则为实用主义与自然主义之调和派。此其大较也。②

李翱，字习之。③习之年岁小于退之，他与退之的关系在师友之间。他说："贞元十二（796 年），兄在④汴州，我游自徐，始得兄交。视我无能，待予以友。讲文析道，为益之厚。"（《祭吏部韩侍郎文》）所以他在学术同文章两方面受退之的影响都很深。退之抵排佛老，

---

① "在"为校订者酌增。

② 校订者按，关于韩、柳的异同，任访秋先生在 1957 年又撰有《韩愈和柳宗元的散文》（载《新建设》1957 年第 9 期），进一步强调了柳宗元思想中非儒学的因素对其散文写作的影响，以及由此与韩愈的不同。因此任先生晚年重检此稿，于此页有眉批云："两人之所以不同，韩则专宗儒，而柳则博通百家，不主故常，故思想上大有不同。"谨录于此，供读者参考。

③ "李翱，字习之"为校订者酌增。

④ 校订者按，"在"一作"佐"。

他自名其斋曰"去佛斋";退之有《原道》之作,而他有《复性书》。有些地方他的见解,无宁说比退之还要深沉一点。可是他的文学观则几乎是完全承之退之,无任何新的发明,即如他说:

> 列天地,立君臣,亲父子,别夫妇,明长幼,浃朋友,六经之旨也。浩乎若江海,高乎若丘山,赫乎若日火,包乎若天地。掇章称咏,津润怪丽,六经之词也。创意造言,皆不相师,故其读《春秋》也,如未尝有《诗》也;其读《诗》也,如未尝有《易》也;其读《易》也,如未尝有《书》也;其读屈原、庄周也,如未尝有六经也。故义深则意远,意远则理辩,理辩则气直,气直则辞盛,辞盛则文工。(《答朱载言书》)

这不是退之所说的"沈浸醲郁,含英咀华"、"行之乎仁义之途,游之乎诗书之源"与"气盛则言之短长与声之高下者皆宜"的最好的注脚吗?又道:

> 天下之语文章有六说焉:其尚异者则曰,文章辞句,奇险而已;其好理者则曰,文章叙意,苟通而已;其溺于时者则曰,文章必当对;其病于时者则曰,文章不当对;其爱难者则曰,文章宜深不当易;其爱易者则曰,文章宜通不当难。此皆情有所偏,滞而不流,未识文章之所主也。义不深不至于理,言不信不在于教劝,而词句怪丽者有之矣。《剧秦美新》、王褒《僮约》是也。其理往往有是者,而词章不能工者有之矣。刘氏《人物表》、王氏《中说》、俗传《太公家教》是也。古之人能极于工而已,不知其词之对与否、易与难也。(同上)

这不又与退之所说的"无难易,惟其是耳"(《答刘正夫书》①)的意见相同吗?所以习之在文章方面不管其怎样注意道,但其重文求工与退之是毫无二致的。所以他说:

> 故义虽深,理虽当,词不工者不成文,宜不能传也。文、理、

---

① 此处夹注为校订者酌补。

义三者兼并,乃能独立于一时,而不泯灭于后代,能必传也。仲尼曰:"言之无文,行之不远。"子贡曰:"文犹质也,质犹文也,虎豹之鞟,犹犬羊之鞟。"此之谓也。(同上)

这是他的义、理、文三者并重的主张。至于文与道二者,在习之虽然是①并重的,可是在先后上仍不免是先文而后道、因文而求道。他说:

吾所以不协于时,而学古文者,悦古人之行也。悦古人之行者,爱古人之道也。故学其言,不可以不行其行;行其行不可以不重其道;重其道不可以不循其礼。(同上)

习之也深明他这种因文求道未免有点次序颠倒②,所以他说:

夫性于仁义者,未见其无文也;有文而能到者,吾未见其不力于仁义也。由仁义而后文者,性也。由文而后仁义者,习也。(《寄从弟正辞书》)

所以习之的见解完全是韩派,不过在韩派中是属于平易一面的。

皇甫湜,字持正。他特别发挥了退之求奇谲的文学趣味。③

退之的作品无论是诗与文,有些虽然平易,而有些则不免故求奇谲。这种地方在他论文的话中不大看到,可是从他论诗的话中颇可找到一些。他说:"今我及数子,固无蕤与薰。险语破鬼胆,高词媲皇坟。"(《醉赠张秘书》)"冥观洞古今,象外逐幽好。横空盘硬语,妥帖力排奡。敷柔肆纡余,奋猛卷海潦。荣华肖天秀,捷疾逾响报。"(《荐士》)后者虽是评孟郊诗的话,可是他自己④的诗文有一部分也可作如是观。所以皇甫持正为他作的墓铭中说:

先生之作,无圆无方,至是归工。抉经之心,执圣之权,尚友作者。跋邪觝异,以扶孔氏,存皇之极,知与罪非我计。茹古涵

---

① 原稿此处有"二者"二字,与前犯重,校订者酌删。
② 原稿此句句首有一"至"字,校订者酌删。
③ "他特别发挥了退之求奇谲的文学趣味",为校订者酌增,以照应下文。
④ "自己"为校订者酌增。

今,无有端涯,浑浑灏灏,不可窥校。及其酣①放,豪曲快字,凌纸怪发,鲸铿春丽,惊耀天下。然而粟密窈眇,章妥句适,精能之至,入神出天。呜呼极矣! 后人无以加之矣。姬氏已来,一人而已矣。(《韩文公墓志铭》②)

持正就看中了退之这一面,于是就向此略为发展。他为求文之工,于是就不免于崇奇尚怪。他《答李生③第一书》云:

> 来书所谓今日之工文或先于奇怪者,顾其文工与否耳。夫意新则异于常,异于常则怪矣;词高则出于众,出众则奇矣。虎豹之文,不得不炳于犬羊;鸾凤之音,不得不锵于乌鹊;金玉之光,不得不炫于瓦石:非有意先之也,乃自然也。

又于第二书中④道:

> 夫文者非他,言之华者也。其用在通理而已,固不务奇,然亦无伤于奇也。使文奇而理正,是尤难也。生意便其易者乎?夫言亦可以通理矣,而以文为贵者非他,文则远,无文即不远也。以非常之文通至正之理,是所以不朽也。生何嫉之深耶? (《答李生第二书》)

从这里可以看出持正是如何的崇奇而尚怪,同时认为奇怪乃是文之极致。另外还有一点值得我们注意的,即退之以前的从事复古运动者,如李华、梁肃等,他们不但反对东汉以来崇尚声病对偶的作品,就连作为辞赋之宗的屈、宋、扬、马,也在他们攻击之列。按说这是比较算是最彻底的了。可是到退之,情势为之一变。然而李、梁等的影响依然有,而宗奉李、梁等主张的还不乏其人。即如与皇甫持正写信讨论古文的这位李生,可以说就属于这一派。他的原书虽不可得而见,可是从皇甫持正的答书中,可以看到他的主张是求平易而反怪奇,同

---

① 校订者按,"酣"一作"酬"。
② 此处夹注,为校订者酌补。
③ "李生"原稿误作"李氏",校订者酌改。
④ "于第二书中"为校订者酌增。

时并攻击屈、宋、扬、马的。可是持正对此就深以为非是。他说：

> 夫绘事后素,既谓之文,岂苟简而已哉！圣人之文,其难及也。作《春秋》,游、夏之徒不能措一辞,吾何敢拟议之哉？秦、汉以来至今,文学之盛,莫如屈原、宋玉、李斯、司马迁、相如、扬雄之徒,其文皆奇,其传皆远。生书文亦善矣,比之数子似犹未胜,何必心之高乎？传曰:"言之不出,耻躬之不逮也。"生自视何如哉！《书》之文不奇,《易》之文可为①奇矣,岂碍理伤圣乎？如"龙战于野,其血玄黄";"见豕负涂,载鬼一车";"突如其来如,焚如,死如,弃如",此何等语也。生轻宋玉而称仲尼、班、马、相如为文学,按司马迁传屈原曰:"虽与日月争光可矣！"生当见之乎？若相如之徒,即祖习不暇者也,岂生称误耶？识分其所至极耶？将彼之所立卓尔,非强为所庶几,遂仇嫉之耶？其何伤于日月乎！(《答李生第二书》)

试就皇甫持正答李生二书详细而抽绎之,足知其随时为唯美派张目。复古运动至此时,宜乎其不能有何开拓,而渐渐趋于消沉也。

三、消沉期

一种运动的兴起自有其兴起之必然原因。而消沉亦有其消沉之必然原因。本来复古运动从李谔到柳冕,在理论上已经是说得很多了。而当时风气已经也改变了许多。不过古文在李、萧、梁、柳诸人的手中也只是能作到实用的地步,这自然不能折服一般唯美主义者之心。迨昌黎韩愈出,以其数十年来之惨淡经营,吸取辞赋之精华而运用之于散文,于是散文才作到堪与骈文比美的地步,而文坛风气为之骤变。不过退之以唯美派创作之态度精神从事于古文,固然使散文臻于极端美化的境地,这是退之不可没的功绩,可是复古运动盛于此时,但同时也就衰于此时。因为后来的作者觉得古文与骈文之差

---

① "可为"原稿引作"可谓",校订者酌改。

别只不过骈散之不同而已,而其注意于文之态度则实无二致。既然能费如此多的精神去写古文,那么同时用这种精神去写骈文,不也是一样吗?所以古文家的文学论到来很少能够得人同情的,尤其是到了晚唐的李习之、皇甫持正之后。李氏还较平易,而皇甫氏则力求工丽。这不是自己已经无法辩解于唯美派之前了吗?既求工丽,骈文一样可以作到,又何必非写古文不可呢?所以李、皇二人之后,古文运动渐趋衰歇。于是唯美运动之伏流遂又代之而起。

至于在唐末可以作为复古派的殿军的,有皮日休与孙樵二人。

皮氏纯属实用主义派,他极尊退之,但他的作品倒①并不力求奇诡。他主张文学要②有益于世道同人心。他说:"文学之于人也,譬乎药:善服有济,不善服,反为害。"(《鹿门隐书六十篇》)"或问:'君子之道,何如则可以常行矣?'曰:'去四蔽,用四正,则可以常行矣。'……道不正不言,礼不正不行,文不正不修,人不正不见,此之谓四正。"(同上)他虽主张文必须要正,但他并不反对工,也不反对丽。他称许贾谊的文是:"是以其心切,其愤深,其词隐而丽,其藻伤而雅。"(《悼贾·序》)其评刘枣强诗道:

> 吾唐来,有是业者,言出天地外,思出鬼神表,读之则神驰八极,测之则心怀四溟,磊磊落落,真非世间语者,有李太白。百岁有是业者,雕金篆玉,牢奇笼怪,百锻为字,千炼成句,虽不追躅太白,亦后来之佳作也,有与李贺同时者刘枣强焉。(《刘枣强碑》)

在这些地方,都可以看到他的见解与退之是如何的相同了。

孙可之(樵)在文章上是退之的三传弟子,他《与王霖秀才书》中自序其师友渊源云:"樵尝得为文真诀于来无择,来无择得之于皇甫持正,皇甫持正得之于韩吏部退之。然樵未始与人言及文章,且惧得

---

① "倒"原稿作"到",校订者酌改。
② "要"原稿作"需要",校订者酌删。

罪于时。"他既是承皇甫持正的衣钵而来的,所以为文亦主奇谲。他说:

> 古今所谓文者,辞必高然后为奇,意必深然后为工,焕然如日月之经天也,炳然如虎豹之异犬羊也。是故以之明道,则显而微;以之扬名,则久而传。今天下以文进取者,岁丛试于有司,不下八百辈,人人矜执,自大所得。故其习于易者,则斥涩艰之辞;攻于难者,则鄙平淡之言。至有破句读以为工,摘俚语以为奇。秦、汉以降,古文所称工而奇者,莫若扬、马。然吾观其书,乃与今之作者异耳。岂二子所工,不及今之人乎?此樵所以惑也。(《与友人论文书》)

这是对当时时俗误谬之见的一种针砭。至他心目中真正的工而奇的作品是什么呢?他说:

> 鸾凤之音必倾听,雷霆之声必骇心。龙章虎皮,是何等物?日月五星,是何等象?储思必深,摛词必高,道人之所不道,到人之所不到,趋怪走奇,中病归正。以之明道,则显而微;以之扬名,则久而传。前辈作者正如是。譬玉川子《月蚀诗》,杨司城《华山赋》,韩吏部《进学解》,冯常侍《清河壁记》,莫不拔地倚天,句句欲活,读之如赤手捕长蛇,不施控骑生马,急不得暇,莫可捉搦。又似远人入太兴城,茫然自失,讵比十家县,足未及东郭,目已极西郭耶!(《与王霖秀才书》)

总之,可之之论在批评上不能越出前人的范畴,而且文章的路似乎越来越狭。因为求奇的结果而沦于僻涩。樊宗师的文章就是一个很好的例证。所以复古运动到这时已到了末流,风气之转入另一途径,乃是必然的结果。

第四节 实用主义与唯美主义的调和派

唐代文学本为熔南北朝文学于一炉而成的一种新作风。在散文方面,固然有反南朝绮靡作风的实用派,但彼等后来亦不能不阴袭南朝之长。至于承彦和、之推之论而欲主张调和论者亦大有人在。这一派一是唐初的一些史学家,他们虽不是创作家,但他们比较客观,对实用、唯美两派的优劣得失认识得也比较的清楚,所以他们的论调就不免是调和的、折衷的。其次是一部分的诗人,他们在作品上承袭前代各家之长,所谓"转益多师是汝师",他们既不非毁南朝也不诋訾北朝,于是与那般复古派的论调似乎就稍有不同。今分述如次。

一、刘知几等史学家的文学观①

唐初史学家中值得我们注意的是姚思廉、李百乐、魏徵、令狐德棻、刘知几诸人。

姚思廉著有《梁书》、《陈书》,在这两书的文学传序中颇可以窥知②其对于文学的见解,大致说来,颇有点倾向于实用主义派。他说:

> 然经礼乐而纬国家,通古今而述美恶,非文莫可也。是以君临天下者,莫不敦悦其义,缙绅之学,咸贵尚其道,古往今来,未之能易。(《梁书·文学传序》)

又道:

> 《易》曰:"观乎人文以化成天下"。孔子曰:"焕乎其有文章"也。自楚、汉以降,辞人世出,洛汭、江左,其流弥畅。莫不思侔造化,明并日月,大则宪章典谟,裨赞王道;小则文理清正,申抒性灵。至于经礼乐,综人论,通古今,述美恶,莫尚乎此。(《陈书·文学传序》)

至于李百乐则所论较详,就其所著《北齐书·文苑传序》而论,其所涉及的问题有下列诸端:

(一)文章之用。他说:

> 夫玄象著明,以察时变,天文也;圣达立言,化成天下,人文

---

① 此小节原题"史学家",校订者据内容酌改。
② "知"为校订者酌增。

也。达幽显之情,明天人之际,其在文乎。遂听三古,弥纶百代,制礼作乐,腾实飞声,若或言之不文,岂能行之远也?

这种见解完全与士衡、彦和相同,而与复古派则甚不同。

(二) 文之所由起。他说:"然文之所起,情发于中。人有六情,禀五常之秀;情感六气,顺四时之序。"这自然还是沿袭《诗大序》、《诗品序》等文中的见解。

(三) 天才与功力。他说:

> 其有帝资悬解,天纵多能,摛黼黻于生知,闻珪璋于先觉,譬雕云之自成五色,犹仪凤之冥会八音,斯固感英灵以特达,非劳心所能致也。纵其情思底滞,关键不通,但伏膺无怠,钻仰斯切,驰骛胜流,周旋益友,强学广其闻见,专心屏于涉求,画缋饰以丹青,雕琢成其器用,是以学而知之,犹足贤乎已也。谓石为兽,射之洞开,精之至也。积岁解牛,砉然游刃,习之久也。自非浑沌无可凿之姿,穷奇怀不移之情,安有至精久习而不成功者焉。

他认为文出于天才之自然,固是不可企及,可是如能专精致志,一样也可以臻于至境。

(四) 反对浮靡。他说:

> 沈休文云:"自汉至魏,四百余年,辞人才子,文体三变。"然自兹厥后,轨辙尤多。江左梁末,弥尚轻险。始自储宫,刑乎流俗,杂怹懘以成音,故虽悲而不雅。爰逮武平,政乖时蠹,唯①藻思之美,雅道犹存,履柔顺以成文,蒙大难而能正。原夫两朝叔世,俱肆淫声,而齐氏变风,属诸弦管,梁时变雅,在夫篇什。莫非易俗所致,并为亡国之音;而应变不殊,感物或异,何哉?盖随君上之情欲也。

(五) 主张丽而能则。他在《文学传》末赞云:"九流百氏,立言立德,不有斯文,宁资刊勒?乃眷淫靡,永言丽则。雅以正邦,哀以亡

---

① "唯"原稿误引作"虽",校订者酌改。

国。"这不是与彦和、之推等之见极相近吗？

至于魏徵的《隋书·文学传序》，其论文之为用及反对淫靡之风与李百乐极相同，不过论得比较更加详细就是了。中间可以值得我们注意的，是他论南北朝文学风格之差异。他说：

> 江左宫商发越，贵于清绮，河朔词义贞刚，重乎气质。气质则理胜其词，清绮则文过其意，理深者便于时用，文华者宜于咏歌。此其南北词人得失之大较也①。

他主张调和二者。他道："若能掇彼清音，简兹累句，各去所短，合其两长，则文质彬彬，尽善尽美矣。"还有他论文人不护细行的原因也很有见地。他在《隋书·文学传》末②说：

> 魏文有言："古今文人，类不护细行，鲜能以名节自立。"信矣！王胄、虞绰之辈，崔儦、孝逸之伦，或矜气负才，遗落世事，或学优命薄，调高位下，心郁抑而孤愤，志盘桓而不定，啸傲当世，脱略公卿。是知跅弛见遗，嫉邪忤物，不独汉阳赵壹、平原祢衡而已。故多舛咎悔，鲜克有终。

这是极中肯綮的话。

令狐德棻在这几位史学家中，是一个极显明的实用与唯美的调和论者。他菲薄苏绰文章的质直。他说：

> 然绰建言务存质朴，遂糠秕魏、晋，宪章虞、夏。虽属词有师古之美，矫枉非适时之用。故莫能常行焉。（《周书·王褒庾信传论》）

同时也不同意于庾子山的侈靡。他说：

> 然则子山之文，发源于宋末，盛行于梁季。其体以淫放为本，其词以轻险为宗。故能夸目侈于红紫，荡心逾于郑、卫。昔扬子云有言："诗人之赋丽以则，词人之赋丽以淫。"若以庾氏方

---

① 此句原稿漏引"其"字、"较"字误作"角"，校订者酌改。
② "在《隋书·文学传》末"为校订者酌增。

之,斯又词赋之罪人也。(同上)

所以他的主张是:

> 以气为主,以文传意。考其殿最,定其区域,摭六经百氏之英华,探屈、宋、卿、云之秘奥。其调也尚远,其旨也在深,其理也贵当,其辞也欲巧。然后莹金璧,播芝兰,文质因其宜,繁约适其变,权衡轻重,斟酌古今,和而能壮,丽而能典,焕乎若五色之成章,纷乎犹八音之繁会。夫然,则魏文所谓通才足以备体矣,士衡所谓难能足以逮意矣。(同上)

这种论调完全渊源于《文赋》、《文心》,在调和折中之中似乎稍偏于唯美的一面也。

刘知几,字子玄,①是一个史学批评家,他所著的《史通》,虽是论史学的杰作,可是也有与文学批评有关的地方。他在早年也是钻研文学的,到后来改变途径,专力于史。他在《自叙》中说:

> 昔梁征士刘孝标作《叙传》,其自比于冯敬通者有三。而予辄不自揆,亦窃比于扬子云者有四焉。何者?扬雄尝好雕虫小技,老而悔其少作。余幼喜诗赋,而壮都②不为,耻以文士得名,期以述者自命。其似一也。

从这里可以看到他对于纯文学是不十分重视的。因为他不重视纯文学,所以他颇以《史》、《汉》二书于文人传中载其纯文学之作为非是。他说:

> 至如史氏所书,固当以正为主。是以虞帝思理,夏后失御,《尚书》载其元首、禽荒之歌;郑庄至孝,晋献不明,《春秋》录其大隧、狐裘之什。其理说而切,其文简而要,足以惩恶劝善,观风察俗者矣。若马卿之《子虚》、《上林》,扬雄之《甘泉》、《羽猎》,班固《两都》,马融《广成》,喻过其体,词没其义,繁华而失实,流

---

① "字子玄"为校订者酌增,以照应后文。
② "都"字原稿漏引,校订者酌补。

>宕而忘返，无裨劝奖，有长奸诈，而前后《史》、《汉》皆书诸列传，不其谬乎！（《载文》）

由此可知他是如何重视实用了。既重实用，所以他认为修史应该是用文而不丽、质而非野的文字（《叙事》）。而对浮靡之词，则深加贬抑。他说：

>自兹以降，史道陵夷，作者芜音累句，云蒸泉涌。其为文也，大抵编字不只，捶句皆双，修短取均，奇偶相配。故应以一言蔽之者，辄足为二言；应以三句成文者，必分为四句。弥漫重沓，不知所裁。（《叙事》①）

又道：

>但自世重文藻，词宗丽淫，于是沮诵失路，灵均当轴。每西省虚职，东观伫才，凡所拜授，必推文士。遂使握管怀铅，多无铨综之识；连章累牍，罕逢微婉之言。（《覈才》）

他虽是反对靡丽之辞，但他却主张文字要精工。他说：

>夫饰言者为文，编文者为句，句积而章立，章积而篇成，篇目既分，而一家之言备矣。古者行人出境，以词令为宗；大夫应对，以言文为主。况乎列以章句，刊之竹帛，安可不励精雕饰、传诸讽诵者哉。（《叙事》）

所以他尽管反对偶丽，而他的大著则纯为偶丽之文。由这里可知时代的风尚，其力量是如何的大了。

此外，子玄之见还有两点值得我们特别注意的。即一，主张记言，应不避鄙俚，以传当时之真。他说：

>夫三传之说，既不习于《尚书》；两汉之词，又多违于《战策》。足以验氓俗之递改，知岁时之不同。而后来作者，通无远识，记其当世②口语，罕能从实而书，方复追效昔人，示其稽古。

---

① "《叙事》"原稿误注为"《隐晦》"，校订者酌改。
② "当世"原书引作"当时"，校订者酌改。

是以好丘明者,则偏模①《左传》;爱子长者,则全学史公。用使周、秦言辞,见于魏、晋之代,楚、汉应对,行乎宋、齐之日。而伪修混沌,失彼天然,今古以之不纯,真伪由其相乱。……夫天地长久,风俗无恒,后之视今,亦犹今之视昔。而作者皆怯书今语,勇效昔言,不其惑乎!(《言语》)

又道:

> 或问曰:王劭《齐志》多记当时鄙言,为是乎?为非乎?对曰:古往今来,名目各异;区分壤隔,称谓不同。所以晋、楚方言,齐、鲁俗语,《六经》诸子,载之多矣。自汉已降,风俗屡迁,求诸史籍,差睹其事。或君臣之目,施诸朋友;或尊官之称,属诸君父。曲相崇敬,标以处士、王孙;轻加侮辱,号以仆父、舍长。……斯并因地而变,随时而革,布在方册,无假推寻。足以知氓俗之有殊,验土风之不类。然自二京失守,四夷称制,夷夏相杂,音句尤嬉。而彦鸾(崔鸿字②)、伯起(魏收字),务存隐讳;重规(李百药字)、德棻(令狐德棻),志在文饰。遂使中国数百年内,其俗无得而言。……如今之所谓者,若中州名汉,关右称羌,易臣以奴,呼母云姊。……凡如此例,其流甚多。必寻其本源,莫详所出。阅诸《齐志》,则了然可知。由斯而言,劭之所录,其为弘益多矣,足以开后进之蒙蔽,广来者之耳目。微君懋(王劭字),吾几面墙于近事矣,而子奈何妄加讥诮者哉!(《杂说中·北齐诸③史》)

所以,他对后来之修史者改易俗语故作雅言深致抵訾。他说:

> 案裴景仁《秦记》称苻坚方食,抚盘而诟;王劭(字君懋)《齐志》述受纥洛干(万俟洛字)感恩,脱帽而谢。及彦鸾(崔鸿字)撰以新史,重规(李百药字)删其旧录,乃易"抚盘"以"推案",变

---

① 校订者按,"模"一作"摸"。
② 校订者按,括号中的话乃任访秋先生的夹注。下同不另说明。
③ "诸"原书误作"书",校订者酌改。

"脱帽"为"免冠"。夫近世通无案食,胡俗不施冠冕,直以事不类古,改从雅言,欲令学者何以考时俗之不同,察古今之有异?……昔夫子有云:"文胜质则史"。故知史之为务,必藉于文。自五经已降,三史而往,以文叙事,可得言焉。而今之所作,有异于是。其立言也,或虚加练饰,轻事雕彩;或体兼赋颂,词类俳优。文非文,史非史,譬夫乌孙造室,杂以汉仪,而刻鹄不成,反类于鹜者也。(《叙事》)①

这可说是极端高明的见解。其次是模拟问题。他虽推重五经三史,但他决不主张学其形似,而贵在得其神理、明其方法。他道:

　　夫述者相效,自古而然。故列御寇之言理也,则凭李叟;扬子云之草《玄》也,全师孔公。……况史臣注记,其言浩博,若不仰范前哲,何以贻厥后来?盖摸拟之体,厥途有二:一曰貌同而心异,二曰貌异而心同。……世之述者,锐志于奇,喜编次古文,撰叙今事,而巍然自谓五经再生,三史重出,多见其无识者矣。惟夫明识之士则不然。何则?其所拟者非如图画之写真,熔铸之象物,以此而似彼。其所以为似者,取其道术相会,义理玄同,若斯而已。……盖貌异而心同者,摸拟之上也;貌同而心异者,摸拟之下也。然人皆好貌同而心异,不尚貌异而心同者,何哉?盖鉴识不明,嗜爱多僻,悦夫似史而憎夫真史,此子张之所以致讥于鲁矣②,有叶公好龙之喻也。(《模拟》)

这不啻千古为文者之药石。一般好古嗜古之徒很少不犯此病的。

　　总之,子玄之论文虽因其立场之不同,间或失之于偏颇,但比较能够客观,所论尚颇有精到之处,不只为史者应奉为准绳,即为文者亦当借为参考也。

----

① "《叙事》"原稿作"《妄饰》",校订者酌改。
② "此子张之所以致讥于鲁矣",原稿引作"此子张所以致讥于鲁侯",校订者酌改。

二、杜甫等诗人的文学观①

唐代诗人中,其一方面在内容上注意于吐诉民生疾苦,而同时又在形式上力求工丽的,首先就是杜甫,以后的元稹、杜牧等也可归入此派。

从工部的诗句②"自谓颇挺出,立登要路津。致君尧舜上,再使风俗淳。"(《奉赠韦左丞丈二十二韵》)与"许身一何愚,窃比稷与契。……穷年忧黎元,叹息肠内热。……生逢尧舜君,不忍便永诀。"(《自京赴奉先县咏怀五百字》)等看来,他的思想是纯粹属于儒家的。适逢他生在天宝乱离之际,他个人备受颠沛流离之苦,同时又目睹一般人民所受的荼毒,于是长歌当哭,写出"三吏"、"三别"、《塞芦子》、《留花门》一类写实的诗篇来。后来元结很受到他这种影响,曾作《舂陵行》及《贼退示官吏》二首。他看到后于是就作了篇《同元使君舂陵行》。他在序中说:

> 今盗贼未息,知民疾苦,得结辈十数公,落落然参错天下为邦伯,万物吐气。天下少安可待③矣。不意复见比兴体制,微婉顿挫之词。感而有诗,增诸卷轴,简知我者,不必寄元。

诗句中有:

> 粲粲元道州,前圣畏后生。观乎《舂陵》作,欻见俊哲情。复览《贼退》篇,结也实国桢。贾谊昔流恸,匡衡常引经。道州忧黎庶,词气浩纵横。两章对秋月,一字偕华星。致君唐虞际,淳④朴忆大庭。

这虽是赞元结之词,其实正可以用以自赞。不过工部在文学观上虽

---

① 此小节原题"诗人",校订者据内容酌改。

② "从工部的诗句",原稿作"工部的思想就他的诗句",与下文"他的思想"犯重,校订者酌改。

③ "待"原稿误引作"得",校订者酌改。

④ "淳"原稿引作"纯",校订者酌改。

是一个实用主义者,然而在创作态度及作品形式上,则又纯是一个唯美主义者。

第一,他对作品是力求精工的。他把诗当作自己的毕生事业看。他说:"为人性僻耽佳句,语不惊人死不休。"(《江上值水如海势聊短述》)"文章千古事,得失寸心知。"(《偶题》)"陶冶性灵存底物,新诗改罢自长吟。"(《解闷》之七)"孰知二谢将能事,颇学阴何苦用心。"(《解闷》之七)

第二,他对过去的作者,不像李白菲薄六朝,认为"绮丽不足珍",反之倒①是"不薄今人爱古人"(《戏为六绝句》之五),而主张"转益多师是汝师"(《戏为六绝句》之六)的。他批评古人同今人有这些话:"风骚共推激②。"(《夜听许十一③诵诗爱而有作》)"李陵苏武④是吾师。"(《解闷》之五)"赋料杨雄敌,诗看子建亲。"(《奉赠韦左丞丈二十二韵》)"苍茫步兵哭,展转仲宣哀。"(《秋日荆南述怀三十韵》)"焉得思⑤如陶谢手,令渠述作与同游。"(《江上值水如海势聊短述》)"俊逸鲍参军。"(《春日忆李白》)"颇学阴何苦用心。"(《解闷》之七)"李侯有佳句,往往似阴铿。"(《与李十二白同寻范十隐居》)"清新庾开府。"(《春日忆李白》)"王杨卢骆当时体,轻薄为文哂未休。尔曹身与名俱灭,不废江河万古流。"(《戏为六绝句》之二)"拾遗平昔居,大屋尚修椽。……有才继《骚》、《雅》,哲匠不比肩。公生扬马后,名与日月悬。……终古立忠义,《感遇》有遗篇。"(《陈拾遗故宅》)"不见高人王右丞,蓝田丘壑蔓寒藤。最传秀句寰区满,未绝风流相国能。"(《解闷》之八)"复忆襄阳孟浩然,清诗句句尽堪传。即今耆旧无新语,漫钓槎头缩项鳊。"(同上之六)"高岑殊缓步,

---

① "倒"原稿作"到",校订者酌改。
② "推激"原稿误作"推敲",校订者酌改。
③ "许十一"原稿误作"许十",校订者酌改。
④ "李陵苏武"原稿误作"苏武李陵",校订者酌改。
⑤ "思"原稿误作"诗",校订者酌改。

沈鲍得同行。意惬关飞动,篇终接混茫。"(《寄彭州高三十五使君适、虢州岑二十七长史参三十韵》)自风雅以将,古人中上而屈、宋、苏、李,下而扬、曹、王、阮、陶、谢(灵运)、鲍、谢(朓)、阴、何(逊),以迄庾信;今人中自四杰、陈子昂下而王、孟、高、岑以迄李白,都有评骘。可知工部在创作上是如何的"旁搜远绍"了。他在诗体上之能够集前人之大成,而使近体达到登峰造极之境,非有他这种态度与精神是不易为功的。

工部之后,继承此派的首先是元稹。他本来是白居易的好友。他们在诗歌上也是同道,两人唱和之诗最多。然而两人的见解则略有不同。乐天在中年以后变成一个纯粹的实用主义论者,因之他对唯美派的作品极多微词(详见后)。至微之就不然了,他一方面虽主张"文章须存寄兴",他在《进诗状》中云:

> 况臣九岁学诗,少经贫贱,十年谪宦,备极恓惶,凡所为文,多因感激。故自古风诗至古今乐府,稍存寄兴,颇近讴谣,虽无作者之风,粗中道人之采;自律诗百韵至于两韵七言,或因友朋戏投,或因悲欢自遣,既无六义,皆出一时,词旨繁芜,倍增惭恐。

他又在《叙诗寄乐天书》中云:

> 稹九岁学赋诗,长者往往惊其可教。年十五六,粗识声病。时贞元十年已后,德宗皇帝春秋高,理务因人,最不欲文法吏生天下罪过。外闻节将动十余年不许朝觐,死于其地不易者十八九。而又将豪卒愎之处,因丧负众,横相贼杀,告变骆驿,使者迭窥。旋以状闻天子曰:"某邑将某能遏乱,乱众宁附,愿为帅。"名为众情,其实逼诈,因而可之者又十八九。前置介倅因缘交授者亦十四五。由是诸侯敢自为旨意,有罗列儿孩以自固者,有开导蛮夷以自重者,省寺符篆,固于几阁,甚者拟①诏旨,视一境如一

---

① 校订者按,"拟(擬)"原稿据《元稹集》引作"碍(礙)",此据《全唐文》校改为"拟"。

室,刑杀其下,不啻仆畜,厚加剥夺,名为进奉,其实贡入之数百一焉。京城之中,亭第邸店以曲巷断;侯甸之内,水陆腴沃以乡里计。其余奴婢资财,生生之备,称之①。朝廷大臣以谨慎不言为朴雅,以时进见者,不过一二亲信。直臣义士,往往抑塞。禁省之间,时或缮完隤坠。豪家大帅,乘声相扇,延及老佛,土木妖炽,习俗不怪。上不欲令有司备宫闱中小碎须求,往往持币帛以易饼饵,吏缘其端,剽夺百货,势不可禁。仆时孩骇,不惯闻见,独于书传中,初习理乱萌渐,心体悸震,若不可活,思欲发之久矣。适有人以陈子昂《感遇诗》相示,吟翫激烈,即日为《寄思玄子诗》二十首。……又久之,得杜甫诗数百首,爱其浩荡津涯,处处臻到,始病沈、宋之不存寄兴,而讶子昂之未暇旁备矣。不数年,与诗人杨巨源友善,日课为诗,性复僻懒人事,常有闲暇,闲则有作,识足下时有诗数百篇矣。习惯性灵,遂成病蔽。……又不幸,年三十二时有罪谴弃,今三十七矣。五六年之间,是丈夫心力壮时,常在闲处,无所役用。性不近道,未能淡然忘怀,又复懒于他欲。全盛之气,注射语言,杂糅精粗,遂成多大。……

由这两段。可知微之之所以写诗,要力存寄兴,一则由于当时的时代背景刺激他,使他不自禁的要走向这条路;二则受到杜工部的影响,使他知道诗歌中原来就有这一类的作品。但另一方面,他也并不反对工丽。他《上令狐相公诗启》中道:

某始自御史府谪官于外,今十余年矣。闲诞无事,遂用力于诗章。日益月滋,有诗向千余首。其间感物寓意,可备朦瞽之讽达者有之。辞直气粗,罪戾是惧,固不敢陈露于人。唯杯酒光景间,屡为小碎篇章,以自吟畅。然以为律体卑庳,格力不扬,苟无姿态,则陷流俗。常欲得思深语近,韵律调新,属对无差,而风情自远,然而病未能也。

---

① "之"原稿引作"是",校订者酌改。

至于工部,微之赏识他的地方与乐天大不相同。他道:

> 唐兴,官学大振,历世之文,能者互出,而又沈、宋之流,研练精切,稳顺声势,谓之为律诗。由是而后,文变之体极焉。然而莫不好古者遗近,务华者去实;效梁则不逮于魏、晋,工乐府则力屈于五言;律切则骨格不存;闲暇则纤秾莫备。至于子美,盖所谓上薄《风》、《骚》,下该沈、宋,古傍苏、李,气吞①曹、刘,掩颜、谢之孤高,杂徐、庾之流丽,尽得古今之体势,而兼昔人②之所独专矣。使仲尼考锻其旨要,尚不知贵其多乎哉!苟以为能所不能,无可无不可,则诗人以来,未有如子美者。(《唐故工部员外郎杜君墓系铭并序》)

此外,微之似颇不满于李白,至其不满之故,与乐天也不同。他是就形式上认为李白③赶不上工部。他说:

> 时山东人李白,亦以奇文取称,时人谓之李、杜。予观其壮浪纵姿,摆去拘束,模写物象,及乐府歌诗,诚亦差肩于子美矣。至若铺陈终始,排比声韵,大或千言,次犹数百,词气豪迈而风调清深,属对律切,而脱弃凡近,则李尚不能历其藩翰,况堂奥乎!(同上)

从这里又可知微之④是如何的重视工巧了。所以微之虽然参加了乐天的实用主义的文学运动,但我们要仔细分析起来,他俩的文学见解是不很相同的。大概在内容上主张要存寄兴、有益风教,是两人所一致的。可是在形式上,乐天在提出了"文章合为时而著,歌诗合为事而作"之后,他对晋宗以来的华丽之文就甚为鄙弃,而主张"宁直无隐"、"宁拙无巧"的写法。这与微之所理想的"韵律调新,属对无差"的作品比起来,自然是大相径庭啦。所以微之在诗歌的主张上,可说

---

① 校订者按,"吞"一作"夺"。
② 校订者按,"昔人"一作"人人"。
③ "李白"原稿作"他",校订者酌改。
④ 原稿此处有一"又"字,与前犯重,校订者酌删。

是工部的嫡传。

　　微之之后,还有杜牧,他同韩愈一样是排佛而尊儒的。他《上李中丞书》云:"某世业儒学,自高曾至于某身,家风不坠,少小孜孜,至今不息。"他在《杭州新造南亭子记》中①,引李子烈之言,谓佛炽害中国六百年,同时又历举过去天子对佛尊抑之经过。牧之的思想既如此,故其对于文学大抵均系有所为而发。其《上知己文章启》中云:

　　　　伏以元和功德,凡人尽当歌咏纪叙之,故作《燕将录》。往年吊伐之道未甚得所,故作《罪言》。自艰难来始,卒伍佣役辈,多据兵为天子诸侯,故作《原十六卫》。诸侯或恃功不识古道,以至于反侧叛乱,故作《与刘司徒书》。处士之名,即古之巢、由、伊、吕辈,近者往往自名之,故作《送薛处士序》。宝历大起宫室,广声色,故作《阿房宫赋》。有庐终南山下,尝有耕田著书志,故作《望故园赋》。虽未能尽窥古人,得与揖让笑言,亦或的的分其状貌矣。

所以他的《阿房宫赋》中像这样的话:

　　　　燕赵之收藏,韩魏之经营,齐楚之精英,几世几年,剽掠其人,倚叠如山;一旦不能有,输来其间。鼎铛玉石,金块珠砾,弃掷逦迤,秦人视之,亦不甚惜。嗟乎!一人之心,千万人之心也。秦爱纷奢,人亦爱其家。奈何取之尽锱铢,用之如泥沙?

这就很富有讽谕之意。至如:

　　　　呜呼!灭六国者,六国也,非秦也。族秦者,秦也,非天下也。嗟乎!使六国各爱其人,则足以拒秦;使秦复爱六国之人,则递三世可至万世而为君,谁得而族灭也?秦人不暇自哀,而后人哀之;后人哀之而不鉴之,亦使后人而复哀后人也。

这简直是流而为教训了。这与元、白新乐府诗后边的发议论有何差

---

　　① 原稿此句句首有"可是"一词,但细绎上下文,并无语义之转折,校订者酌删。

异?所以他论文有些地方近于古文家。他《答庄充书》云:

> 凡为文以意为主,以气为辅,以辞彩章句为之兵卫。未有主强盛而辅不飘逸者,兵卫不华赫而庄整者。四者高下圆折,步骤随主所指,如鸟随凤,鱼随龙,师众随汤、武,腾天潜泉,横裂天下,无不如意。苟意不先立,止以文彩辞句,绕前捧后,是言愈多而理愈乱,如入阛阓,纷纷然莫知其谁,暮散而已。是以意全胜者,辞愈朴而文愈高;意不胜者,辞愈华而文愈鄙。是意能遣辞,辞不能成意,大抵为文之旨如此。观足下所为文百余篇,实先意气而后辞句,慕古而尚仁义者,苟为之不已,资以学问,则古作者不为难到。

然则①他真正是光注意于意而鄙弃辞采吗?是又不然。他称道李长吉的诗,说是:"云烟绵联,不足为其态也;……时花美女,不足为其色也。"(《太常寺奉礼郎李贺歌诗集序》)又引李戡之言云:"诗者可以歌,可以流于竹,鼓于丝,妇人小儿,皆欲讽诵,国俗薄厚,扇之于诗,如风之疾速。"(《唐故平卢军节度巡官陇西李府君墓志铭》)同时他引李戡之意以攻击元白两人之元和体谓:

> 尝痛自元和已来②有元、白诗者,纤艳不逞,非庄士雅人,多为其所破坏。流于民间,疏于屏壁,子父女母,交口教授,淫言媟语,冬寒夏热,入人肌骨,不可除去。吾无位,不得用法以治之。(同上)

---

① "然则"原稿作"至",校订者酌改。
② "已来"原稿引作"以来",校订者酌改。

这些都是元白早年的作品,比较纤艳而轻浮,所以他非常的反对。①其《冬至日寄小侄阿宜》诗云:

　　　经书括根本,史书阅兴亡。高摘屈宋艳,浓薰班马香。
　　　李杜泛浩浩,韩柳摩苍苍。近者四君子,与古争强梁。

所以他自述所为诗云:"某苦心为诗,本②求高绝,不务奇丽,不涉习俗,不今不古,处于中间。"(《献诗启》)"不务奇丽",同于实用主义;而"不涉时俗",又近于唯美主义;"不今不古",正足见其折中于二者的主张;而就他不推尊的那几位作者而论,就可以知道他的主张是如何了。

第五节　诗坛上实用主义派之反唯美运动

　　诗歌在盛唐的时候,固然有工部之融会百家,调合唯美与实用两派而造成了他崇高的诗圣地位。可是也有纯然的以实用为目的而深反唯美主义的。当时这派的首先倡导者是元次山(结)。他主张文章要能合乎风雅。他在《二风诗论》中道:"客有问元子曰:'子著《二风诗》何也?'曰:'吾欲极帝王理乱之道,系古人规讽之流。'"其《系乐府十二首》序中又道:

　　　古人歌咏,不尽其情声者,化金石以尽之,其欢怨甚耶戏《

――――――――

①　校订者按,杜牧之反对元、白,其实不仅因为"元白早年的作品,比较纤艳而轻浮",而别有原因在焉。汪立名编《白香山诗集》引《八朝偶隽》云:"元和初,杜佑为司徒,年过七十,犹未请老。裴晋公时知制诰,因高郢致仕令词曰:'以年致仕,抑有前闻;近代寡廉,罕由斯道。'盖讥佑也。公此诗(指白居易《秦中吟》之《不致仕》篇)所指当与裴同,盛为当时传诵。厥后杜牧之每与公多不足语,形之诗篇,至托李戡之言,极口诋诮。文章家报复,可畏如此。宋祁不察,据以论公,过矣!牧之,佑之孙也。"任访秋先生在稍前所撰《中国文学史讲义》中引了《八朝偶隽》的这段记载之后,曾经感慨地说:"我们读后,也不禁要长吁一口气,而说:'文章家报复,可畏如此'也。"复按,《八朝偶隽》原名《尧山堂偶隽》,明人蒋一葵辑,自"吴兴茅元铭鼎叔重订"本改题为《八朝偶隽》。

②　"本"原稿引作"惟",校订者酌改。

尽欢怨之声者,可以上感于上,下化于下,故元子系之。

所以他的诗篇都不是随便写的,一首一首都是有所为而作的。如《闵荒诗》、《舂陵行》、《贼退示官吏》都很沉痛。所以工部非常的赏识他这些作品,因作《同元使君〈舂陵行〉》一诗,甚加推赞。他既认为文章贵能合乎风雅,当然他瞧不起六朝人的作品。他在《刘侍御月夜宴会》序中道:

> 于戏!文章道丧盖久矣。时之作者,烦杂过多,歌儿舞女,且相喜爱,系之风雅,谁道是邪?诸公尝欲变时俗之淫靡,为后生之规范,今夕岂不能道达情性,成一时之美乎?

又《箧中集序》中道:

> 《风》、《雅》不兴,几及千岁,溺于时者,世无人哉?呜呼!有名位不显,年寿不将,独无知音,不见称颂,死而已矣,谁云无之!近世作者,更相沿袭,拘限声病,喜尚形似,且以流易为辞,不知丧于雅正。然哉!彼则指咏时物,会谐丝竹,与歌儿舞女,生污惑之声于私室可矣;若令方直之士、大雅君子听而诵之,则未见其可矣。

他这种见解同他的作品完全作了元、白两人的先驱。

继元次山之后,在文学理论上建立一种系统,在创作上写出许多的篇什,而确能影响一世的,是白居易同元稹。不过微之的见解与乐天稍异,已见于前节。今专论乐天于后。

乐天在《与元九书》中曾论文学的起源同它的功用道:

> 夫文尚矣!三才各有文:天之文,三光首之;地之文,五材首之;人之文,六经首之。就六经言,《诗》又首之。何者?圣人感人心而天下和平。感人心者,莫先乎情,莫始乎言,莫切乎声,莫深乎义。诗者,根情、苗言、华声、实义。上自圣贤,下至愚骚,微及豚鱼,幽及鬼神;群分而气同,形异而情一;未有声入而不应,情交而不感者。圣人知其然,因其言,经之以六义;缘其声,纬之以五音。音有韵,义有类;韵协则言顺,言顺则声易入。类举则情见,情见则感易交。于是乎孕大含深,贯微洞密,上下通而一

气泰,忧乐和而百志熙。五帝三皇所以直道而行、垂拱而理者,揭此以为大柄,决此以为大宝也。

又在《策林》中道:

> 且古之为文者,上以纽王教,系国风;下以存炯戒,通讽谕。故惩劝善恶之柄,执于文士褒贬之际焉;补察得失之端,操于诗人美刺之间焉。

他既认为文学有无限的感人之力,同时古代圣帝明王又持此为化成天下惟一的工具,所以他就把诗的使命解作"以情为根,以言为苗,以声为华,以义为实。托根于人情,而结果在正义。语言声韵不过是苗叶花朵而已。"(胡适《白话文学史》第十六章)他既主张诗应以情为根,以义为果,自然对于六朝人的重视苗叶而忽略根实的作品为非是,所以他就说:

> 晋、宋以还,得者盖寡。以康乐之奥博,多溺于山水;以渊明之高古,偏放于田园。江、鲍之流,又狭于此。如梁鸿《五噫》之例者,百无一二焉。……陵夷至于梁、陈间,率不过嘲风雪、弄花草而已。……唐兴二百年,其间诗人,不可胜数。所可举者,陈子昂有《感遇诗》二十首,鲍防有《感兴诗》十五首。又诗之豪者,世称李、杜。李之作,才矣奇矣,人不逮矣;索其风雅比兴,十无一焉。杜诗最多,可传者千余首,至于贯穿今古,觇缕格律,尽工尽善,又过于李。然撮其《新安》、《石壕》、《潼关吏》、《芦子》、《花门》之章,"朱门酒肉臭,路有冻死骨"之句,亦不过十三四。杜尚如此,况不逮杜者乎?(《与元九书》)

又《策林》中道:

> 臣又闻:稂莠秕稗生于谷,反害谷者也;淫辞丽藻生于文,反伤文者也。故农者耘稂莠,簸秕稗,所以养谷也;王者删淫辞,削丽藻,所以养文也。

从这里可以看出他的见解是如何的同于汉儒,而对唯美派的纯然"为文学而文学"的作品是如何的深恶而痛绝的了。因他看到晋宗以来的作品之不合于六义,无补世教,痛诗道崩坏,所以才"忽忽愤发,或

食辍哺,夜辍寝,不量才力,欲扶起之。"(《与元九书》)至他的主张,他说的也很明白:

> 自登朝来,年齿渐长,阅事渐多,每与人言,多询时务;每读书史,多求理道:始知文章合为时而著,歌诗合为事而作。(《与元九书》)

又道:

> 故仆志在兼济,行在独善。奉而始终之则为道,言而发明之则为诗。谓之"讽谕诗",兼济之志也;谓之"闲适诗",独善之义也。故览仆诗,知仆之道焉。(同上)

所以他自述其写作之态度道:

> 我亦君之徒,郁郁何所为?不能发声哭,转作乐府诗。篇篇无空文,句句必尽规。
>
> 功高虞人箴,痛甚骚人辞。非求宫律高,不务文字奇;惟歌生民病,愿得天子知。
>
> 未得天子知,甘受时人嗤。(《寄唐生》)

至他与他同派的作品影响如何,他也曾论到。他说:

> 是时,皇帝初即位,宰府有正人,屡降玺书,访人急病。仆当此日,擢在翰林,身是谏官,手请谏纸,启奏之外,有可以救济人病,裨补时阙,而难于指言者,辄咏歌之。欲稍稍递进闻于上,上以广宸聪,副忧勤;次以酬恩奖,塞言责;下以复吾平生之志。岂图志未就而悔已生,言未闻而谤已成矣!又请为左右终言之。凡闻仆《贺雨》诗,而众口籍籍,已谓非宜矣。闻仆《哭孔戡》诗,众面脉脉,尽不悦矣。闻《秦中吟》,则权豪贵近者相目而变色矣。闻《乐游园》寄足下诗,则执政柄者扼腕矣。闻《宿紫阁村》诗,则握军要者切齿矣。大率如此,不可遍举。(《与元九书》)

至于张籍的诗,他的批评是①:

---

① "他的批评是"原稿作"他批评他是",指代不免纠缠,校订者酌改。

>尤工乐府诗,举代少其伦。为诗意如何?六义互铺陈。风雅比兴外,未尝著空文。……上可裨教化,舒之济万民;下可理情性,卷之善一身。(《读张籍古乐府》)

总之,他这种有目的的诗学革命运动,在当时文坛上的反响还并不甚大。这大概因为当时文坛上复古的风气很盛,他们反六朝,而主张诗歌要合于六义,于当时时尚并不甚违背之故。可是他们的创作①,在社会上倒②引起了很多人的不满。这就因为他们太注意社会问题而又很率直的去揭发,于是一班③在位者都不大高兴。所谓"贵人皆怪怒,闲人亦非訾"(《伤唐衢》之二)正是当时的实际情形。

就因为乐天的文学主张是如此,所以他对前代作者的批评也与时人大有不同。即如盛唐时期的李、杜,就文学而论文学,是不容有所轩轾于其间的。可是乐天因为站在为人生而文学的立场上,于是就扬杜而抑李。他批评李白,谓其诗"才矣奇矣,人不逮矣,索其风雅比兴,十无一焉";而杜甫的诗十之三四是实际人生的写真,这就是他们优劣区别的所在。

根据他这种实用主义的文学见解,于是在创作上就力求浅近明白。他在他的《新乐府序》中说:"其辞质而径,欲见之者易谕也;其言直而切,欲闻之者深诫也;其事核而实,使采之者传信也;其体顺而肆,可以播于乐章歌曲也。"要达到这几个目的,只有用白话做诗。据旧时传说:"白乐天每作诗,令一老妪解之,问曰:'解否?'妪曰'解',

---

① "可是他们的创作",原稿作"可是反之",指代不免含混,其实引起时人反对的不是白居易的诗学主张而是他的讽喻诗的创作实践,校订者酌改如上。

② "倒"原稿作"到",校订者酌改。

③ "一班"原稿作"一般",校订者酌改。

则录之;'不解',则易之。"(《墨客挥犀》)①这虽不尽可靠,但乐天在创作上之求平易质直,不特别注意于字句之雕琢与声律之调叶,可知是为后人所公认的。可惜的是他这一派的文学理论,后来缺乏继起者来发扬光大,直到清末西洋的文学理论到中国后,他们的卓特的见解才为一部分人所赏识。

第六节　唯美主义派之再起

唐代的文学批评,虽然在散文上②有韩愈之复古运动与在诗歌上有③白居易之反唯美运动,可是唯美派的潮流并未因之而中断。原因是退之虽倡言复古,而实际则接受唯美派之长,其在创作上之力求精工实无异于唯美派,所不同者仅奇偶之差耳;乐天早年之作(元和体)亦系从唯美主义一路入手者,中岁以后始唱"歌诗合为事而作"之口号;微之为其同调者,但彼并不菲薄唯美派之主张,其称道工部"排比声韵……而风调清深,属对律切而脱弃凡近",④大有推波助澜之嫌。所以在中唐唯美派在文学上势力,虽不如初、盛之雄厚,但并未完全衰歇。因之一到晚唐复古运动渐趋消沉,而乐天之论无人嗣响,于是唯美主义之狂潮遂又汹涌而起。属于此派者,一部分为诗人,如李商隐、温庭筠等,彼等在创作上全走此途,间或有一二论文之语,足以见彼等之文学主张;一部分为文学批评家,如司空图、孟棨等,彼等或归纳前人之作而从风格上予以诠释与阐发,或从作品之产生上探讨其本事而予以历史的说明。其他诗词选家与史学家,如韦縠、刘昫等之论,以其近于此派,亦附论于后。

---

① 校订者按,这个著名传说见于宋人的多种著述,如彭乘的《墨客挥犀》、孔平仲的《孔氏谈苑》、释惠洪的《冷斋夜话》,惠洪书似较为后出者,但由于胡仔的《苕溪渔隐丛话》和魏庆之的《诗人玉屑》都引用了《冷斋夜话》的说法,所以后来传引这则佳话的人多举《冷斋夜话》为据,其实《墨客挥犀》可能是其源头。

② "虽然在散文上"原稿作"在散文上虽然",校订者酌改。

③ "有"为校订者酌增。

④ "排比声韵……而风调清深,属对律切而脱弃凡近",为校订者酌增。

一、李商隐等诗人的诗文论①

李商隐是晚唐唯美派诗人中著名的大家。他论诗的话虽不甚多,但很可窥见其创作态度来。他论诗歌的起源道:

> 人禀五行之秀,备七情之动,必有咏叹,以通性灵。故阴惨阳舒,其涂不一,安乐哀思,厥源数千。远则廊、邺、曹、齐,以扬领袖,近则李(陵)、苏(武)、颜(延之)、谢(灵运),用极菁华。嘈囋而钟鼓在悬,焕烂而锦绣入玩。刺时见志,各有取焉。(《献相国京兆公启》,《全唐文》卷七七八)

他推崇苏、李、颜、谢,声调要如钟鼓,词藻要如锦绣。其唯美的趋向不是很显然的吗?下边他又论他自己的作品道:

> 某爱自弱龄,侧闻古义,留连薄宦,感念离群。东至泰山,空吟《梁父》;南游郢泽,徒和《阳春》。游于自得之场,实窃德音之选。(同上)

又道:

> 樊南生(李商隐号②)十六能著《才论》、《圣论》,以古文出诸公间。后联为郓相国(令狐楚)、华太守(崔戎)所怜,居门下时,敕定奏记,始通今体(骈体文)。后又两为秘省房中官,恣展古集,往往咽嚌于任(昉)、范(云)、徐(陵)、庾(信)之间。有请作文,或时得好对切事,声势物景,哀上浮壮,能感动人。……仲弟圣仆特善古文,居会昌中进士为第一,常表以今体规我,而未焉能休。③(《樊南甲集序》,《全唐文》卷七七九)

可知他受六朝人之影响是如何的深而且巨了。后来元遗山咏诗绝句谓"诗家总爱西昆好,独恨无人作郑笺"。于此足见其作品风格之特

---

① 此小节原题"诗人",校订者据内容酌改。
② 校订者按,括号中的话乃是任访秋先生的夹注,下同不另说明。
③ 校订者按,"常表以今体规我,而未为能休",一本作"常以今体规我,而未为能休"。

色了。

温庭筠论文之作备见于上蒋侍郎及盐铁侍郎……诸启。他曾自叙其创作态度及经过道：

> 某……亦尝研穷简籍,耽味声诗。颇识前修之懿图,盖闻长者之余论。颛愚自任,并介相忘。质文异变之方,骊翰殊风之旨。粗承师法,敢坠缇缃。(《上蒋侍郎启》之一①)

> 某率兹孤植,劢彼单家。持击缶之凡音,嗣操琴之旧事。于是持挞自警,割席相徵。味谢氏之膏腴,弄颜生之组绣。劳神焦虑,消日忘年。虽天分不多,尚惭于风雅;而人功斯极,劣近于讴歌。(《上蒋侍郎启》之二)

> 某……素励颛蒙,常耽比兴。未逢仁祖,谁知风月之情;因梦惠连,或得池塘之句。莫不冥搜刻骨,默想劳神。……其或严霜坠叶,孤月离云;片席飘然,方思独往;空亭悄尔,不废闲吟。(《上盐铁侍郎启》)

就上列诸端可知其文学趣味②：一、宗尚绮丽,二、刻意求工,三、专在抒情。这全系唯美派作品的特色,所以把飞卿列入此派,自是无丝毫问题的。

二、司空图等文学批评家的诗文论③

司空图(字表圣)本也是晚唐的一位诗作者,不过他得名并非由于其诗,而是以其用诗写成的《诗品》。他这本东西是把诗的风格分为二十四类。与钟记室之评骘得失、条分源流者迥然不同。他对诗的分类方法是归纳的,可是对每类的表现则是象征的。所谓二十四类,是：(一) 雄浑、(二) 冲淡、(三) 纤秾、(四) 沉著、(五) 高古、

---

① 此处夹注"之一"并下段夹注"之二",均为校订者酌增。
② "文学趣味"四字为校订者酌增。
③ 此小节原题"文学批评家",校订者据内容酌改。

(六)典雅、(七)洗炼、(八)劲健、(九)绮丽、(十)自然、(十一)含蓄、(十二)豪放、(十三)精神、(十四)缜密、(十五)疏野、(十六)清奇、(十七)委曲、(十八)实境、(十九)悲慨、(二十)形容、(二一)超诣、(二二)飘逸、(二三)旷达、(二四)流动。不过这二十四品,有的是就整个诗的气象而言,如雄浑、冲淡、纤秾、高古、劲健、豪放、清奇、飘逸等;有的是就内容而言,如悲慨、旷达等;有的是就辞采而言,如典雅、绮丽等;有的是就作法而言,如沉著、洗炼、自然、含蓄、缜密、委曲、形容等。我们这样来又给它加以分类,也许不是表圣的本意,但表圣当初分类标题的时候,在观点上有所侧重是绝不成问题的。

先就气象说,如状雄浑,则云:"荒荒油云,寥寥长风。超以象外,得其环中。"状劲健,则云:"行神如空,行气如虹。巫峡千寻,走云连风。"状豪放,则云:"天风浪浪,海山苍苍。真力弥满,万象在旁。"再就内容而言,状旷达,则云:"何如尊酒,日往烟萝。……倒酒既尽,杖藜行歌。"再就辞采而言,状典雅,则云:"眠琴绿阴,上有飞瀑。落花无言,人淡如菊。"状绮丽,则云:"雾余水畔,红杏在林。月明华屋,画桥碧阴。"再就作法而言,状洗炼,则云:"如矿出金,如铅出银。超心炼冶,绝爱缁磷。"状自然,则云:"俯拾即是,不取诸邻。俱道适往,着手成春。"所以许印芳的《二十四诗品跋》(《诗法萃编》本)云:

> 然品格必成家而后定,如"雄浑"、"高古"之类,其目凡十有二。至若"实境"、"精神"之类,乃诗家功用,其目亦十有二。窃尝会通其义,究厥始终。诗兴所发,不外哀乐两端,或抽"悲慨"之幽思,或骋"旷达"之远怀。仁兴而言,无容作伪。其作用有八:先从"实境"下手,次加"洗炼"工夫;叙事要"精神",写情要"形容";意要"委曲",法要"缜密";而总归于气机"流动",出语"自然"。其深造之境有二:温厚微婉,则有"含蓄"之美;刻挚切至,则有"沉著"之美。所造既深,始成家数;分门别户,加以品题:"雄浑"第一,"高古"次之,"豪放"第三,"劲健"第四,"超诣"五,"飘逸"六,"清奇"七,"冲淡"八,"疏野"九,"典雅"十,

"绮丽"十一,"纤秾"十二。末二品外貌多,内功少,要贵丽而树骨,浓而泽古,方可成家。故其疏丽在浓淡之间,疏浓在与古为新也。试以此说读此书,诗域之秘钥可得,奥窍必开矣。

郭绍虞先生很不赞成他这种说法,谓:"就司空图二十四诗品内容而言,实不必有什么品格功用之分。强加疏解,转近于凿。"(《中国文学批评史》上卷第五篇第三章)不过我觉得想对此作作一深层探究的话,似乎有把它贯通一下子的必要。因为表圣之分诗为二十四品,决非偶然的,一定也曾经过一番匠心的分类才如此的。若仅笼笼统统的把它看过,就认为是已深解其意,恐怕还未必吧。

此外,可以作为我们了解表圣《诗品》之参考的①,则是他的《与李生论诗书》(《全唐文》②卷八百七)。他说:

> 文之难,而诗之难尤难③。古今之喻多矣,愚以为辨于味而后可以言诗也。江岭之南,凡足资于适口者,若醯,非不酸也,止于酸而已;若鹾,非不咸也,止于咸而已。中华之人④所以充饥而遽辍者,知其咸酸之外,醇美者有所乏耳。彼江岭之人,习之而不辨也,宜哉。

又谓:

> 诗贯六义,则讽谕、抑扬、渟蓄、渊雅,皆在其中⑤矣。然直致所得,以格自奇,前辈诸集,亦不专工于此,矧其下者耶!王右

---

① 此句原稿作"此外,表圣之论可以作为我们了解他的《诗品》的参考的",校订者酌为删改。

② "文"原稿误作"书",校订者酌改。

③ 校订者按,《全唐文》此句作"而诗尤难",但任访秋先生引作"而诗之难尤难",当是据《唐文粹》补。

④ 校订者按,"中华之人",通行的四部丛刊影旧钞本《司空表圣文集》作"华之人"。

⑤ 校订者按,"中"原稿引作"间","间"实从《司空表圣文集》本,此据《全唐文》改。

丞、韦苏州澄澹精致，格在其中，岂妨于①遒举②哉？贾阆仙诚有警句，然视其全篇，意思殊馁，大抵附于寒涩，方可致才，亦为体之不备也，矧其下者哉！噫！近而不浮，远而不尽，然后可以言韵外之致耳。

又道：

> 盖绝句之作，本于诣极，此外千变万状，不知所以神而自神也，岂容易哉？今足下之诗，时辈固有难色，傥复以全美为工，即知味外之旨矣。

在《题柳柳州集后序》中，他又指出③：

> 愚观文人之为诗、诗人之为文，始皆系其所尚，既专则搜研愈至，故能衒其工于不朽，亦犹力巨而斗者，所持之器各异，而皆能济胜，以为勍敌也。（《全唐文》卷八〇七）

这些都④是唯美派更进一步的追求。六朝作者仅仅注意于声律的叶调、对偶的精工——这种美还不过是一种粗迹。到表圣这个时期，已超出迹象的追求，进而寻求神味的美。所谓知醇美于咸酸之外，这不是唯美主义达到最高峰后的境界吗？以后清人王渔洋所谓神韵说，实即承表圣之说而加以推阐者。

孟棨也是唐末人，有《本事诗》一卷。前边有作者自序云："时光启二年，大驾在襃中。"盖作于僖宗幸兴元时。此书《旧唐书·艺文志》题曰孟启，毛晋《津逮秘书》因之。然诸家称引并作棨字，疑《唐志》误也。书中所载均为历代诗人⑤缘情之作，叙其本事，近于历史的批评。作者在序中自述其著作之动机道：

---

① "于"原稿引作"与"，当属笔误，校订者酌改。

② 校订者按，"遒举"《全唐文》本作"道学"，但司空图时代尚无"道学"，《全唐文》本显然有误，所以任访秋先生径为改正作"遒举"。

③ 校订者按，下引《题柳柳州集后序》的这段话，是任访秋先生当年所写的一段批注，在此纳入正文。

④ "些都"二字为校订者酌增。

⑤ "诗人"原稿误作"词人"，校订者酌改。

诗者,情动于中而形于言,故怨思悲愁,常多感慨,抒怀佳作,讽刺雅言,著于群书。虽盈厨溢阁,其间触事兴咏,尤所钟情,不有发挥,孰明厥义?因采为《本事诗》凡七题,犹四始也。《情感》、《事感》、《高逸》、《怨愤》、《征异》、《征咎》、《嘲戏》,各以其类聚之。

不过,这种历史的探求是多方面的,不仅说明诗作之所以产生而且叙述其影响,与《毛诗》小序之专以说明刺美者,不可同日而语。今录数则如次。

朱滔括兵,不择士族,悉令赴军,自阅于毬场。有士子容止可观,进趋淹雅。滔召问之曰:"所业者何?"曰:"学为诗。"问:"有妻否?"曰:"有。"即令作寄内诗。援笔立成,词曰:"握笔题诗易,荷戈征戍难。惯从鸳被暖,怯向雁门寒。瘦尽宽衣带,啼多渍枕檀。试留青黛着,回日画眉看。"又令代妻作诗答曰:"蓬鬓荆钗世所稀,布裙犹是嫁时衣。胡麻好种无人种,合是归日底不归。"滔遗以束帛,放归。(《情感》)

天宝末,玄宗尝乘月登勤政楼,命梨园弟子歌数阕。有唱李峤诗者云:"富贵荣华能几时①,山川满目泪沾衣。不见祇今汾水上,惟有年年秋雁飞。"时上春秋已高,问是谁诗,或对曰李峤,因凄然泣下,不终曲而起,曰:"李峤真才子也。"又明年,幸蜀,登白卫岭,览眺久之,又歌是词,复言"李峤真才子!"不胜感叹。时高力士在侧,亦挥涕久之。(《事感》)

元相公稹为御史,鞠狱梓潼。时白尚书在京,与名辈游慈恩,小酌花下,为诗寄元曰:"花时同醉破春愁,醉折花枝当酒筹。忽忆故人天际去,计程今日到梁州。"时元果及褒城,亦寄《梦游》诗曰:"梦君兄弟曲江头,也向慈恩院里游。驿吏呼人排马去,忽惊身在古梁州。"千里神交,合若符契,友朋之道,不其至

---

① "时"原稿引作"日",校订者酌改。

欤?(《征异》)

　　中宗朝,御史大夫裴谈崇奉释氏。妻悍妒,谈畏之如严君。尝谓人:"妻有可畏者三:少妙之时,视之如生菩萨。(安有人不畏生菩萨者?)及男女满前,视之如九子魔母。(安有人不畏九子魔母耶?)及五十六十,薄施脂粉,或黑,视之如鸠盘茶。"(安有人不畏鸠盘茶?)时韦庶人颇袭武氏之风规,中宗渐畏之。内宴唱《廻波词》,有优人词①曰:"廻波尔时栲栳,怕妇也是大好。外边只有裴谈,内里无过李老。"韦后意色自得,以束帛赐之。(《嘲戏》)

三、诗词选家的才调论及其他②

韦縠选有《才调集》,其自序中述其选录作品之动机及标准云:

　　余少博群言,常所③得志。虽秋萤之照不远,而雕虫之见自佳。古人云:"自听之谓聪,内视之谓明也。"又安可受诮于愚卤,取讥于书厨者哉!暇日因阅李杜集、元白诗,其间天海混茫,风流挺特,遂采摭奥妙,并诸贤达章句,不可备录,各有编次。或闲窗展卷,或月榭行吟。韵高而桂魄争光,词丽而春色斗美。但贵自乐所好,岂敢垂诸后昆。"

这可以看到他之选此集全为个人的欣赏,而其标准乃在风流挺特与韵高词丽。这完全是唯美派的见解。至其所选元、白篇什,率为彼等早年之作,至于讽谕一类,录者盖寡。

　　五代的史学家刘昫著有《旧唐书》,书中文学见解颇倾向于唯美

---

①　"词"原稿引作"唱",校订者酌改。

②　校订者按,原稿此下三小节分论诗词选家、史学家及其他人的文学见解,现合并为一小节并酌改标题如此。

③　"所"原稿引作"取",校订者酌改。

一派①。彼于《文苑传序》中,对唐代复古派之是古非今论深致非毁②。其言云:

> 臣观前代秉笔论者多矣。莫不宪章《谟》、《诰》,祖述《诗》、《骚》,远宗毛、郑之训论,近鄙班、扬之述作。谓"采采芣苢",独高比兴之源;"湛湛江枫",长擅咏歌之体。殊不知世代有文质,风俗有淳醨,学识有浅深,才性有工拙。昔仲尼演三代之《易》,删诸国之《诗》,非求胜于昔贤,要取名于今代。实以淳朴之时伤质,民俗之语不经,故饰以文言,考之铉诵。然后致远不泥,永代作程。即知是古非今,未为通论。

所以他对六朝作者最推崇沈约。他道:

> 夫执鉴写形,持衡品物,非伯乐不能分骛骥之状,非延陵不能别《雅》、《郑》之音。若空混吹竽之人,即异闻《韶》之叹。近代唯沈隐侯斟酌《二南》,剖陈三变,摅云、渊之抑郁,振潘、陆之风徽。俾律吕和谐,宫商辑洽,不独子建总建安之霸,客儿擅江左之雄。(同上)

至于唐代作者,则极称道下列诸人:

> 爰及我朝,挺生贤俊。……靡不发言为论,下笔成文。……如燕、许之润色王言,吴、陆之铺扬鸿业,元稹、刘蒉之对策,王维、杜甫之雕虫,并非肄业使然,自是天机秀绝。若隋珠色泽,无假淬磨;孔玑翠羽,自成华彩。置之文苑,实焕缃图。(同上)

即如对③元、白,他倒是非常的推赞,可是他所推赞者正是元、白自己所最觉不满者。乐天中年痛斥六朝浮靡之风,而个人亦深悔其少作,其与微之书云:

---

① "书中文学见解颇倾向于唯美一派",原稿作"就其书中足见其文学见解颇倾向于唯美一派",校订者删改。

② "彼于《文苑传序》中,对唐代复古派之是古非今论深致非毁",原稿作"彼对唐代之复古派之是古非今论,于其文苑传序中深致非毁",校订者删改。

③ "对"为校订者酌增。

>今仆之诗,人所爱者,悉不过"杂律诗"与《长恨歌》已下耳。(此即所谓元和体——引者)时之所重,仆之所轻。至于"讽谕"者,意激而言质;"闲适"者,思澹而词迂:以质合迂,宜人之不爱也。(《与元九书》)

可是刘昫之称道元、白,一则曰:"建安才子,始定霸于曹、刘;永明辞宗,先让功于沈、谢。元和主盟,微之、乐天而已。"(《元稹、白居易传论》《旧唐书》卷一六六)再则曰:"文章新体,建安、永明。沈、谢既往,元、白挺生。但留金石,长有茎英。不习孙、吴,焉知用兵?"(《元白传赞》),即可知刘氏之意在唯美,而不在实用了。

此外,唐末文学批评界风气之堪注意者,即诗赋、文格、诗例一类的著作勃而云起。如五代吴越孙郃《文格》、五代蜀冯鉴之《修文要诀》、唐白行简之《赋要》、唐浩虚洲之《赋门》、唐纥干俞之《赋格》、唐元兢之《诗格》、唐姚合之《诗例》、唐释齐已之《风骚旨格》……此类著作,其或佚或存,但均足证为唯美主义派兴起之象征。因自然与实用两派均用不着讲究所谓格与例也。

第七节 余论:隋唐文学批评主潮之分合

今叙此章既竟,不妨就此段整个文学批评界之大势而评骘之。大致由李谔①至陈子昂为一时期,子昂至韩愈为一时期,韩愈以后为一时期。而此诸期中之批评主潮则为唯美与实用的合而复分与分而复合之运动。

盖由李谔至陈子昂始有意于复古,但尚未形成一种运动也。子昂以后,萧颖士、孤独及、李华等出,始渐次成为一种潮流。至天宝之后,政治上一二绩学之士因鉴于武后以来唯以文辞取士,而文辞又以华靡为上,以致朝无贞干之臣,邦乏不二之老,于是禄山一呼,四海荡然;为正本清源计,或主"弃言观行,循名责实",如薛登(《旧唐书》列

---

① "李谔"原稿误作"李鄂",校订者酌改。下同不另说明。

传第五十一《薛登传·选举择贤才疏》),或主由乡里推举孝廉而试以经义与对策,取消旧时明经比试帖经之制,如杨绾(《旧唐书》列传第六十九《杨绾传·条奏贡举疏》),或主于乡里选举外,更应广设学校以培植真实之人才,如贾至(《旧唐书》列传第一四〇中《贾至传·议杨绾条奏贡举疏》)。凡此诸人均为不满于浮靡之文,而认为习之者率为华而不实、轻薄无行之辈,故国家之盛衰系焉。此种论调实与萧、李等桴鼓相应。于是文坛风气为之一变。但此阶段中之复古论者,其见解多重在道,颇有轻视文辞之意。至韩愈出则不然,彼虽承萧、李等之流风,然主张见解与彼等实大相径庭。彼实熔冶唯美与实用于一炉者。复古运动至韩而大成,亦自韩而衰歇。其所以然者,乃因自韩以后继韩者大抵重文而轻道,彼等文章虽与唯美派有奇偶之殊,而其力求文章之工丽则一,以此之故,彼等对唯美派亦无由再诋訾矣。职此之故①,唯美派遂得如白乐天诗中所谓"野火烧不尽,春风吹又生"。晚唐唯美派之复起,实因于此。

以上为此一段中批评潮流之演变情形。至唯美与实用两派之关系,自李谔至柳冕可谓此二派由合而分之时期。韩愈而后乃为由分而复合之时期。此点应从创作之态度与方法上着眼,而不应拘拘于作品之表面也。盖自李谔至柳冕,其创作态度确由"为艺术而艺术"一变而为"为人生而艺术"。至其文章,亦自不同,较为流便与自由。韩愈之后则非常注意功力,而竭力求异于常人。虽口中以明道相号召,而实际其注意点仍在文学。此其与前一期复古作者之所以不同也。此等微妙之处,苟非探源辨流之士,其孰能深知之乎。

---

① "职此之故"原稿作"以此之故",与前犯重,校订者酌改。

第三章 实用主义派之二次复古运动

第一节 二次复古运动之始末

一、古文命脉的延续者——柳开、穆修和尹师鲁①

在唐末唯美主义之复兴已见前章。至五代，诗余大盛，如《花间》一派之作，其内容不出闺阁中儿女之情，如论其渊源，实承韩偓等香奁之体而来者。南唐中主曾问冯延巳"吹皱一池春水，干卿底事？"（《南唐书》）这在当时传为艺林佳话，就现在看来，这十足表现出一种"为艺术而艺术"的态度。此风直到宋初，在诗坛上有所谓西昆体出，纯为华艳之作，以晚唐李义山为宗，所谓"以渔猎掇拾为博，以俪花斗叶②为工，……嫣然华美，而气骨不存"（《苕溪渔隐丛话》后集卷八引《豫章先生传》③）者是也。此派魁杰如杨大年（亿）竟谓"商隐之诗，味其无穷，杜甫比之，则亦未免村夫子面目"。可知彼等之趋向矣。自西昆体出，天下靡然从风，欧阳永叔谓："时人争效之，诗体一变。"（《六一诗话》）可知他们的影响是如何的大了。

在这个时候而能为古文保持一线之命脉而使之不坠者，则有柳开（仲涂）、穆修（伯长）、尹师鲁诸人。

柳开之宗韩文，据《柳先生行状》中云：

> 天水赵生，老儒也，持韩愈数十篇授公曰："质而不俚，意若难晓，子详之，何如？"公一览不能舍，叹曰："唐有斯文哉！其余不足观也。"因为文章直以韩为宗尚。时韩之道独行于公，遂名

---

① 此小节原题"古文命脉的延续者"，校订者酌改。
② "叶"原稿引作"果"，校订者酌改。
③ 此处夹注为校订者酌补。

肩愈,字绍元。

仲涂既是以退之为宗,故其论文自然与退之为近。他认为阐扬古圣贤之道必须用古圣贤之文才可以胜任。他道:

> 子责我以好古文;子之言何谓为古文?古文者,非在辞涩言苦,使人难读诵之,在于古其理,高其意,随言短长,应变作制,同古人之行事,是谓古文也。子不能味吾书,取吾意,今而视之,今而诵之;不以古道观吾心,不以古道观吾志,吾文无过矣。吾若从世之文也,安可垂教于民哉!亦自愧于心矣。欲行古人之道,反类今人之文,譬乎游于海者,乘之以骥,可乎哉?(《应责》)

至他们标榜的是谁氏之道与谁氏之文,他说:"吾之道,孔子、孟轲、杨雄、韩愈之道;吾之文,孔子、孟轲、杨雄、韩愈之文也。"(《应责》)至于形式与内容之关系,他认为形式也相当的重要,不过二者之中,他比较注重内容。他道:"文章为道之筌也,筌可妄作乎?筌之不良,获斯失矣。女恶容之厚于德,不恶德之厚于容也。文恶辞之华于理,不恶理之华于辞也。"(《上王学士第三书》)仲涂为古文于众人所不为之时,不顾世人之非笑而一意孤行,其志行之坚定于《赠麴植弹琴序》及《应责》二文中可以见之。他道:

> 子之琴有似于我之文也,力学十余年,非古圣贤人之所为用心者,不敢安。于是学成而业精,行修而德广,希于古之知己者,不可从而见也,徒勤勤而至于今矣。尤乎人不我知,诚之而莫所遂其求也,甘自放于东郊矣。(《赠麴植弹琴序》)

又道:"纵吾穷饿而死,死即死矣,吾之道岂能穷饿而死之哉!"(《应责》)这种倔强的精神颇有点像当年的退之,所以他才能为古文于举世不为之时,述古道于举世不述之日。

其次是穆修。他集子中论文的篇子很少,但他对古文提倡之功则是非常之大。宋代古文运动之兴起,寻其渊源,其始于伯长,这是确切无疑的。他平生最推服韩、柳之文。他说:

> 唐之文章,初未去周、隋、五代之气,中间称得李杜,其才始用为胜,而号雄歌诗,道未及浑备。至韩、柳氏起,然后能大吐古

人之文,其言与仁义相华实而不杂。如韩《元和圣德》、《平淮西》,柳《雅章》之类,皆辞严义密,制述如经。能崒然筜唐德于盛汉之表蒇愧让者,非先生之文则谁与!……世之学者,如不志于古则已,苟志于古,则践立言之域,舍二先生而不由,虽曰能之,非余所敢知也。(《唐柳先生集后序》)

他推尊韩、柳,而当时此二家之文多残缺不完,更说不到大行于世了。所以第一步是整理他们的集子。他说:

予少嗜观二家之文,常病柳不全见于世,出人间者,残落才百余篇。韩则虽目①其全,至所缺坠,忘(亡)字失句,独于集家为甚。志欲补其正而传之,多从好事访善本,前后累数十,得所长,辄加注窜。遇行四方远道,或他书不暇持,独赍《韩》以自随。幸会人所宝有,就假取正。凡用力于斯,已踰二纪外,文始几定。而②惟柳之道,疑其未克光明于时,何故伏其文而不大耀也?求索之莫获,则既已矣于怀。不图晚节,遂见其书,联为八九大编。夔州前序其首,以卷别者凡四十有五,真配韩之钜文与!书字甚朴,不类今迹,盖往昔之藏书也。从考览之,或卒卷莫迎其误,脱有一二废字,由其陈故劂灭,读无甚害,更资研证就真耳。因按其旧,录为别本,与陇西李之才参读累月,详而后止。呜呼!天厚予者多矣,始而餍我以韩,既而饫我以柳,谓天不吾厚,岂不诬也哉!(《唐柳先生集后序》)

第二步是他竭力推行韩、柳之集。《河南穆公集》(四部丛刊本)附录中引《辨惑》云:

老益家贫,家有唐本韩、柳集,乃丐于所亲厚者,得金募工镂板印数百集,携入京师相国寺,设肆鬻之,伯长坐其旁。有儒生

---

① 校订者按,原稿引文无"目"字,此据《皇朝文鉴》本补。
② "而"原稿误引作"久",校订者酌改。

数辈至其肆,辄取阅,伯长夺取,怒视谓曰:"生①辈能读一篇,不失一句,当以一部为赠。"自是经年不售。

可知当时韩柳之文是如何不为时人所注意了。后来有一后进名乔适的曾给他写信请求解决一个疑难,就是为文将学于今,则虑成浅陋,将学于古,则惧不取名于世,究竟应该何去何从?他答书首先论到当时文之弊,普通人很难不为所左右。他说:

古道息绝不行于时已久。今世士子习尚浅近,非章句声偶之辞,不置耳目,浮轨滥辙,相迹而奔,靡有异途焉!其间独敢以古文语者,则与语怪者同也。众又排诟之,罪毁之,不目以为迂,即指以为惑,谓之背时远名,阔于富贵;先进则莫有誉之者,同侪则莫有附之者;其人苟无自知之明,守之不以固,持之不以坚,则莫不惧而疑、悔而思,忽焉且复去此而即彼矣。噫!仁义忠正之士,岂独多出于古而鲜出于今哉!亦由时风众势驱迁溺染之,使不得从乎道也。

接着他答复乔君的问题道:

夫学乎古者所以为道,学乎今者所以为名。道者,仁义之谓也;名者,爵禄之谓也。然则,行道者有以兼乎名,中②名者无以兼乎道。何者?行夫道者,虽固有穷达云耳,然而达于上也,则为贤公卿;穷于下也,则为令君子。其在上,则礼成乎君,而治加乎人;其在下,则顺悦乎亲,而勤修乎身。穷也达也,皆本于善称焉。守夫名者,亦固有穷达云耳,而皆反于是也。达于上也,何贤公卿乎?穷于下也,何令君子乎?其在上,则无所成乎君而加乎人;其在下,则无所悦乎亲而修乎身。穷也达也,皆离于善称焉。故曰行道者有以兼乎名,守名者无以兼乎道。有其道而无其名,则穷不失为君子;有其名而无其道,则达不失为小人。与其为名达之小人,孰若为道穷之君子。矧穷达又各系其时遇,岂

---

① "生"原稿误书作"先",校订者酌改。
② 校订者按,"中"一作"守",或作"务"。

> 古之道有负于人耶？足下有志乎道而未忘乎名,乐闻于古而喜求于今,二者之心苟交存而无择,将惧纯明之性寖微,浮躁之气骤胜矣。足下心明乎仁义,又学识其归向,固守而弗离,坚持而弗夺,力行而弗止,则必立乎名之大者矣。学之正伪有分,则文之指用自得,何惑焉？(《答乔适书》)

学道力行,即所以为文。伯长论文之语虽不多,而此文所言已可以知其主张与退之极相近也。至伯长提倡古文之功,《闻见录》中云:

> 本朝古文,柳开仲涂、穆修伯长首为之倡,尹洙、师鲁兄弟继其后。欧阳文忠公早工偶俪之文,故试于国学、南省,皆为天下第一;既擢甲科,官河南,始得师鲁,乃出韩退之文学之,公之自叙云尔。

这可谓的当时文坛上的实录。

伯长的弟子尹师鲁也是一个提倡古文最力者。二次复古运动之成功,他的勋绩也很大。范仲淹给他的《河南集》作的序中说:

> 予观《尧典》舜歌而下,文章之作,醇醨迭变,代无穷乎？惟抑末扬本,去郑复雅,左右圣人之道者难之。近则唐贞元和之间,韩退之主盟于文,而古道最盛。懿僖以降,寖及五代,其体薄弱。皇朝柳仲涂起而麾之,髦俊率从焉。仲涂门人能师经探道,有文于天下者多矣！洎杨大年以应用之才,独步当世,学者刻辞镂意,有希骖騄,未暇及古也。其间甚者专事藻饰,破碎大雅,反谓古道不适于用,废而弗学者久之。洛阳尹师鲁,少有高识,不逐时辈,从穆伯长游,力为古文。而师鲁深于《春秋》,故其文谨严,辞约而理精,章奏疏议,大见风采,士林方耸慕焉。遽得欧阳永叔,从而大振之,由是天下之文一变而古①。(《尹师鲁〈河南集〉序》)

这里叙述宋初古文运动的经过情形很详细。不过师鲁虽努力从事于

---

① 原稿漏引"而古"二字,校订者酌补。

古文的创作与宣传,但他在理论上发挥则甚少,大致他的见解不脱前人的文以明道之论。他说:

> 夫古人行事之著者,今而称之曰功名;古人立言之著者,今而称之曰文章。盖其用也,行事泽当时以利后世,世传焉从而为功名。其处也,立言矫当时以法后世,世传焉从而为文章。行事立言不与功名文章期,而卒与俱焉。后之人欲功名之著,忘其所以为功名;欲文章之传,忘其所以为文章。故虽得其欲,而戾于道者有焉。如有志于古,当置所谓文章功名,务求古之道可也。(《志古堂记》)

这不是与退之"学古道,则欲兼通其词,通其词者,本志乎古道者也"。(《题欧阳生哀辞后》)的意思极相近吗?所以穆、尹二人在当时之提倡古文只是注意于创作,在理论上可以说没什么新的建树。至于对当时颓弊的文风的攻击,则远不如石徂徕之勇毅果敢也。

二、为明道而振文——石介①

在宋初攻击唯美派最力而俨然以韩愈自命、以承继道统文统为自任者,则为石介。介字守道,曾躬耕于徂徕山下,人称徂徕先生。②他在《上张兵部书》中道:

> 介尝读《易》至《序卦》曰:"剥者,剥也。物不可以终尽,故受之以复"。……今斯文也,剥已极矣而不复,天岂遂丧斯文哉?斯文丧,则尧、舜、禹、汤、周公、孔子之道不可见矣。嗟夫!小子不肖,然每至于斯,未尝不流涕横席,终夜不寝也。顾已无孟轲、荀卿、扬雄、文中子、吏部之力,不能亟复斯文,其心亦不敢须臾忘。

---

① 此小节原题"明道与振文",校订者酌改。
② "介字守道,曾躬耕于徂徕山下,人称徂徕先生",为校订者酌增,以关合上下文。

至他对于退之则推服得五体投地,他道:

> 噫!伏羲氏、神农氏、黄帝氏、少昊氏、颛顼氏、高辛氏、唐尧氏、虞舜氏、禹、汤、文、武、周公、孔子者,十有四圣人,孔子为圣人之至。噫!孟轲氏、荀况氏、扬雄氏、王通氏、韩愈氏五贤人,吏部为贤人之至。不知更几千万亿年,复有孔子?不知更几千百数年,复有吏部?孔子之《易》、《春秋》,自圣人以来未有也;吏部《原道》、《原人》、《原毁》、《行难》、《禹问》、《佛骨表》、《诤臣论》,自诸子以来未有也。呜呼!至矣!(《尊韩》)

这简直把韩愈抬得比孟荀还要高。他①推尊退之而隐隐然欲以退之之功业自命。退之排佛老,于是他也排佛老。他在《去二画本记》中道:

> 且自伏羲……至于孔子,孔子之时,中国犹一人治也,道由一涂出也。有老子生焉,然后仁义废而礼乐坏。有佛氏出焉,然后三纲弃而五常乱。呜呼!老与佛,贼圣人之道者也,悖中国之治者也。公所谓非圣人之书者,老与佛之书也。老与佛之书犹不可使学者见,况使学者见老与佛之像乎!

退之复古,而他则力排西昆派的宗主杨亿。他说:

> 今杨亿穷妍极态,缀风月,弄花草,淫巧侈丽,浮华纂组;刓镂圣人之经,破碎圣人之言,离析圣人之意,蠹伤圣人之道,使天下不为《书》之《典》、《谟》、《禹贡》、《洪范》,《诗》之《雅》、《颂》,《春秋》之经,《易》之繇、爻、十翼;而为杨亿之穷妍极态,缀风月,弄花草,淫巧侈丽,浮华纂组。其为怪大矣!(《怪说》中)

又道:

> 孔子大圣人②也,取唐、虞、禹、汤、文王、武王、周、孔之道定

---

① 原稿此处有一"对"字,校订者酌删。
② 原稿漏引"人"字,校订者酌补。

以为经,垂于万世。夫尧、舜、禹、汤、文王、武王、周、孔之道,万世常行不可易之道也。佛老以妖妄怪诞之教坏乱之,杨亿以淫巧浮伪之言破碎之。吾以攻乎坏乱破碎我圣人之道者,吾非攻佛老与杨亿也。吾学圣人之道,有攻我圣人之道者,吾不可不①反攻彼也。(《怪说》下)

至于他的文学见解如何呢?他的《上蔡副枢书》中道:

> 夫有天地故有文。天尊地卑,乾坤定矣;卑高以陈,贵贱位矣;动静有常,刚柔断矣;方以类聚,物以群分,吉凶生矣;在天成象,在地成形,变化见矣:文之所由生也。天垂象,见吉凶,圣人象之;河出图,洛出书,圣人则之:文之所由见也。观乎天文以察时变,观乎人文以化成天下:文之所由用也。三皇之书,言大道也,谓之《三坟》;五帝之书,言常道也,谓之《五典》:文之所由迹也。四始、六义存乎《诗》,《典》、《谟》、《诰》、《誓》存乎《书》,安上治民存乎《礼》,移风易俗存乎《乐》,穷理尽性存乎《易》,惩恶劝善存乎《春秋》:文之所由著也。文之时义大矣哉!

这简直把礼乐刑政一般文献都放到文里边去了。一言复古,真可谓名副其实。这与《论语》书中所谓"文学"之涵义极其相符。根于这种解释,就产生出他的文学功用来。他说:

> 介近得姚铉《唐文粹》及《昌黎集》。观其述作,有三代制度,两汉遗风,殊不类今之文。……必本于教化仁义,根于礼乐刑政,而后为之辞。大者驱引帝皇王之道,施于国家,教于人民,以佐神灵,以浸虫鱼;次者正百度,叙百官,和阴阳,平四时,以舒畅元化,辑安四方。(《上赵先生书》)

要拿这种见解来同以往的实用主义派相较的话,可以说与梁肃、柳冕诸人之论最为相近。所以守道虽是口口声声的在推重退之,但他并不能真正了解退之,所以他也不能全同退之。退之是为文才去明道,

---

① 校订者按,丛书集成本《石徂徕集》此处脱漏一"不"字。

而实际是偏重在文。这在前边已经说说过。因为重文的结果,所以他不攻击唯美派,反而阴袭其长,对于创作则惨淡经营,期诸极工而后已。守道不明此旨,反去斷斷的攻击西昆派,鄙视那般雕虫篆刻之徒,结果自己的作品仅只期乎能够达意而止,在工巧上根本谈不到①。所以他②是继承了先于退之那班复古论者的主张,而开了以后实用主义极端论者的先河。就文而论文,守道实不能说是退之的继承者。

三、二次复古运动的成功——欧、苏、曾、王及其他③

北宋时代的复古运动倡始于柳开、穆修……诸人,而实大成于欧阳修(永叔)。盖柳、穆诸人,生当于唯美主义风靡一时之际,彼等之声望及其理论与作品,实不足以转移一代之风气。适欧阳永叔出,彼以一代之名公巨卿素为朝野所属望,一旦起而鼓吹之、提倡之,加以一时才士辈出,如苏氏父子兄弟与曾巩、王安石等为之羽翼,于是韩、柳之业遂复光辉一时。永叔于《记旧本韩文后》中叙述宋初古文运动之颠末云:

> 予少家汉东。……得唐《昌黎先生文集》六卷,脱落颠倒无次序,因乞李氏以归。读之,见其言深厚而雄博,然予犹少,未能悉究其义,徒见其浩然无涯,若可爱。是时天下学者杨、刘之作,号为时文,能者取科第,擅名声,以夸荣当世,未尝有道韩文者。予亦方举进士,以礼部诗赋为事。年十有七试于州,为有司所黜。因取所藏韩氏之文复阅之,则喟然叹曰:学者当至于是而止尔!因怪时人之不道,而顾己亦未暇学,徒时时独念于予心。……后七年,举进士及第,官于洛阳,而尹师鲁之徒皆在,遂相与

---

① "谈不到"原稿作"说不上",校订者酌改。
② "所以他"原稿作"结果",与前犯重,校订者酌改。
③ 校订者按,此小节原题"运动的成功",里边又以 a、b、c、d、e 为序分论欧、苏、曾、王等,兹将欧、苏、曾、王提到标题上,而删去 a、b、c、d、e 等小标题。

> 作为古文。……其后天下学者亦渐趋于古,而韩文遂行于世,至于今盖三十余年矣,学者非韩不学也,可谓盛矣。

可知北宋复古运动之成功,始于永叔而大盛于东坡、子固、介甫等。今叙此诸人之文论如次。

永叔对退之之文既有"学者当至于是而止尔"的称道,所以他为文以退之为宗,而其文学见地亦多同于退之。首先是他主张为文应该是第一步须要明道。他说:

> 圣人之文虽不可及,然大抵道胜者文不难而自至也。故孟子皇皇不暇著书,荀卿盖亦晚而有作。若子云、仲淹,方勉焉以模言语,此道未足而强言者也。后之惑者,徒见前世之文传,以为学者文而已,故愈力愈勤而愈不至。(《答吴充秀才书》)

又云:

> 闻古人之于学也,讲之深而信之笃。其充于中者足,而后发乎外者大以光。譬夫金玉之有英华,非由磨饰染濯之所为,而由其质性坚实,而光辉之发自然也。《易》之《大畜》曰:"刚健笃实,辉光日新。"谓夫畜于其内者实,而后发为光辉者日益新而不竭也。故其文曰:"君子多识前言往行,以畜其德。"此之谓也。……今之学者或不然,不务深讲而笃信之,徒巧其词以为华,张其言以为大。夫强为则用力艰,用力艰则有限,有限则易竭;又其为辞不规模于前人,则必屈曲变态以随时俗之所好,鲜克自立。此其充于中者不足,而莫自知其所守也。(《与乐秀才第一书》)

这不是与退之所说的"养其根而竢其实,加其膏而希其光。根之茂者其实遂,膏之沃者其光晔,仁义之人,其言蔼如也"(《答李翊书》)、"所谓文者必有诸其中,是故君子慎其实。实之美恶,其发也不掩。本深而末茂,形大而声宏,行峻而言历,心醇而气和"(《答尉迟生书》)的意思完全相同吗?

不过永叔虽重视道,但与退之一样的也重视文。至道与文二者之间,与其说他们是因道而重文,无宁说他们是为文而重道。文是目

的,道不过是达到目的的手段而已。所以永叔在《唐田布碑》中云:

> 今有道《史》、《汉》时事者,其人伟然甚著,而市儿俚妪犹能道之。自魏、晋以下不为无人,而其显赫不及于前者,无左丘明、司马迁之笔以起其文也。

可知文是如何的重要了。惟其如此,所以永叔对于文章修辞上非常的注意。他道:

> 然著撰苟多,他日更自精择,少去其繁,则峻浩矣。然不必勉强,勉强简洁之,则不流畅,须待自然之至,其如常宜在心也。(《与徐无党书》)

> 作文之体,初①欲奔驰,久当收节,使简重严正。或时肆放以自舒,勿为一体,则尽善矣。(同上)

> 第以文字传远,须少储思②。盖寻常思意未及,为人强作,多不佳也。(《与焦千之书》)

> 顷岁,孙莘老识欧阳文忠公,尝乘间以文字问之。云:"无它术,唯勤读书而多为之,自工;世人患作文字少,又懒读书,每一篇出,即求过人,如此少有至者。疵病不必待人指摘,多作自能见之。"(《东坡题跋·记欧阳公论文》)

这几则可以看到永叔对作文如何注意辞句之精练、体势之严正、文思之蓄蕴以及技巧之练习了。此外如关于记事传人之详略、规矩,均见于其所作之《与杜诉论祁公墓志铭》及《论尹师鲁墓志》,兹不赘。

在北宋初年,老庄之学曾盛行一时。司马光在他的《论风俗札记》中曾说:"窃见近岁公卿大夫好为高奇之论,喜诵老庄之言,流及科场,亦相习尚。新进后生,未知臧否,口传耳剽,翕然成风。"又云:

> 且性者,子贡之所不及;命者,孔子之所罕言。今之举人,发言秉笔,先论性命,乃至流荡忘返,遂入老庄。纵虚无之谈,骋荒

---

① 校订者按,"初"一作"先"。
② 原稿此处引文衍一"意"字,校订者酌删。

唐之辞,以此欺惑考官,猎取名第。利禄所在,众心所趋,如水赴壑,不可禁遏。(同上)

从这里可知当时的学风是比较解放的,先秦各派的思想似乎是纷然杂陈,并不像过去的儒家一尊的样子。苏氏父子生当斯时,所以他们的思想并不纯主一家,儒家以外,自然也受到别派的影响。因为这种关系,所以影响到他们的文学观,与当时的永叔以及唐代的退之就颇有不同之处。现在把他们父子三人分论于后。

先就苏洵(明允)来说。他曾自述其从事于写文的经过。他说:

　　洵少年不学,生二十五岁,始知读书,从士君子游。年既已晚,而又不遂刻意厉行,以古人自期,而视与己同列者,皆不胜己,则自以为可矣。其后困益甚,然后取古人之文而读之,始觉其出言用意,与己大异。时复内顾,自思其才,则又似夫不遂止于是而已者。由是尽烧其曩时所为文数百篇,取《论语》、《孟子》、韩子及其他圣人贤人之文,而兀然端坐终日以读之者,七八年矣。方其始也,入其中而惶然,博观于其外而骇然以惊;及其久也,读之益精,而其胸中豁然以明,若人之言固当然者,然犹未敢自出其言也。时既久,胸中之言日益多,不能自制,试出而书之,已而再三读之,浑浑乎觉其来之易矣,然犹未敢以为是也。

(《嘉祐集·上欧阳内翰书》)

看到这段自述,使我想到退之的《答李翊书》。明允对文章确实①也同退之一样是曾经下过一番苦工来的。至于在文章的内容与形式上,他也很注意于二者的配合的恰当,也就是一方面固然须要有真正的内容,同时也须要足以表现此内容之适当的形式。他在《上田枢密书》中说:

　　诗人之优柔,骚人之精深②,孟、韩之温淳,迁、固之雄刚,

---

① "确实"原稿作"确切",校订者酌改。
② "精深"原稿作"清深",校订者酌改。

> 孙、吴之简切,投之所向,无不如意。常以为董生得圣人之经,其失也流而为迂;晁错得圣人之权,其失也流而为诈。有二子之才而不流者,其惟贾生乎!

这就足证明允在文章方面所受的影响是不只一家了。其次明允虽然①没有提到庄子,但他有一段论文的话则极似自然主义派的口吻。他道:

> 故曰:"风行水上,涣。"此亦天下之至文也。然而此二物者,岂有求乎文哉？无意乎相求,不期而相遭,而文生焉。是其为文也,非水之文也,非风之文也;二物者非能为文而不能不为文也,物之相使而文出于其间也,故此天下之至文也。"(《仲兄字文甫说》)

这是对文章有深的了悟后的见道语。所以明允的文学见解,影响于其二子者至大且巨。苏轼(子瞻)早年受乃父前说②之影响,故所作应制之文颇近于贾生,中年被谪以后接近老庄,其创作与论文,率与明允晚年说相吻合。至于苏辙(子由)因受孟子、史迁之影响,故论文主气,与东坡稍有不同焉。

我们再看子瞻③。他是中国文学史上一位不世出的作家。他的天才横溢,识见超卓,所以在文学上实用主义派的见解决不能餍他的心。大致说来,在创作上早年所作偏于实用派的一路,中年以后即走向自然派的道上。至于文学见解,与其说子瞻是实用主义派的中坚,无宁说他是自然主义派的后劲,倒④还切合一点。他这种倾向实始于其早年而大成于中年。据乃弟子由为其所作之墓志中道:

> 公之于文,得之于天,少与辙皆师先君。初好贾谊、陆贽书,论古今治乱,不为空言。既而读《庄子》,喟然叹息曰:"吾昔有

---

① "虽然"为校订者酌增。
② "前说"原稿作"前者",指代不明,校订者酌改。
③ 原稿此句句首有"其次",与上犯重,校订者酌删。
④ "倒"原稿作"到",校订者酌改。

见于中,口未能言,今见《庄子》,得吾心矣。"

这是使我们了解子瞻的最重要的一段记载。本来自然主义派的见解,自庄子以后的一些作者,大半都属于天资超人、高明朗爽的一流。子瞻自然也是这一类型的作者。无怪他读《庄子》后有"先得吾心"之叹也。

　　基于子瞻这种倾向,所以他论文与过去自然主义派不谋而合。

一、无意为文,而文始能工。——《江行唱和集序》中云:

　　夫昔之为文者,非能为之为工,乃不能不为之为工也。山川之有云雾,草木之有华实,充满勃郁而见于外。夫虽欲无有,其可得邪! 自闻家君之论文,以为古之圣人有所不能自已而作者;故轼与弟辙为文至多,而未尝敢有作文之意。

又《答黄鲁直五首》之二①云:

　　晁君骚词,细看甚奇丽,信其家多异材耶? 然有少意,欲鲁直以己意微箴之。凡人文字,当务使平和,至足之余,溢为怪奇,盖出于不得已也。晁文奇丽似差早,然不可直云尔。

由此足见子瞻主张为文应一本自然而反对勉强做作。他虽极称道退之,说他是"文起八代之衰"(《潮州韩文公庙碑》),但他见解不同于退之者甚多。盖退之之文系由勉力勤劬而成者,故退之以后学退之者,多得其形似,而流弊丛生。子瞻对此风气甚觉不满②。他在《上欧阳内翰书》中道:

　　右轼启:窃以天下之事,难于改为。自昔五代之余,文教衰落,风俗靡靡,日以涂地。圣上慨然太息,思有以澄其源,疏其流,明诏天下,晓谕厥旨。于是招来雄俊魁伟敦厚朴直之士,罢去浮巧轻媚丛错采绣之文,将以追两汉之余,而渐复三代之故。士大夫不深明天子之心,用意过当,求深者或至于迂,务奇者怪

---

① "之二"为校订者酌增。
② 原稿此句句首有"故"字,与前犯重,校订者酌删。

僻而不可读,余风未殄,新弊复作。大者镂之金石,以传久远;小者转相摹写,号称古文。纷纷肆行,莫之或禁。盖唐之古文,自韩愈始。其后学韩而不至者,为皇甫湜;学皇甫湜而不至者,为孙樵。自樵以降,无足观矣。

此外如退之盛推扬雄与司马相如,说"子云、相如,同工异曲"(《进学解》)。可是子瞻对他二人却不甚恭维。他说:

> 扬雄好为艰深之词,以文浅易之说。若正言之,则人人知之矣。此正所谓雕虫篆刻者,其《太玄》、《法言》,皆是类也,而独悔于赋,何哉?终身雕篆而独变其音节,便谓之"经",可乎?屈原作《离骚经》,盖风雅之再变者,虽与日月争光可也,可以其似赋而谓之"雕虫"乎?使贾谊见孔子,升堂有余矣,而乃以赋鄙之,至与司马相如同科。雄之陋如此比者甚众。可与知者道,难与俗人言也。(《与谢师民①推官书》)

至子瞻所推尊之作者,则为渊明与子厚。此亦因为在创作态度上他俩与子瞻极相同之故。子瞻晚年曾编和陶诗,他评陶、柳二人道:

> 柳子厚诗在陶渊明下、韦苏州上。退之豪放奇险则过之,而温丽靖深不及也。所贵乎枯澹者,谓其外枯而中膏,似澹而实美,渊明、子厚之流是也。(《东坡题跋·评韩柳诗》)

总之子瞻是主张创作要自然,而极力反对勉强与做作。

二、文章不必人人相同——《答张文潜书》云:

> 文字之衰,未有如今日者也!其源实出于王氏。王氏之文,未必不善也,而患在于好使人同已。自孔子不能使人同,颜渊之仁,子路之勇,不能以相移。而王氏欲以其学同天下。地之美者,同于生物,不同于所生。惟荒瘠斥卤之地,弥望皆黄茅白苇,此则王氏之同也。

文章惟其不同,才可以"异曲同工",各有其独特之面目。若句模字

---

① 校订者按,"谢师民"又作"谢民师"。

拟,万口一声,则何创作之足云乎?

三、文章之价值应付诸社会之公论——《与谢师民推官书》云:"欧阳文忠公言:文章如精金美玉,市有定价,非人所能以口舌定贵贱也。"又《答毛泽民(滂)书》云:

> 世间唯名实不可欺。文章如金玉,各有定价。先后进相汲引,因其言以信于世,则有之矣。至其品目高下,盖付之众口,决非一夫所能抑扬。

这意思是①,大多数人的批评才是可靠的批评,因为这比较客观。一二人的好恶,因为胸有成见,甚不足据也。

四、创作之鹄的——《与谢师民推官书》云:

> 孔子曰:"言之不文,行而不远。"又曰:"辞达而已矣。"夫言止于达意,即疑若不文,是大不然。求物之妙,如系风捕影,能使是②物了然于心者,盖千万人而不一遇也,而况能使了然于口与手者乎?是之谓辞达。辞至于能达,则文不可胜用矣。

这个话就有几分禅机,开后来明季公安派的"以无法为法"的先河。写文章的惟一目的就是达意,能达,而文章之能事毕矣。但如何才能作到"达"的地步?子瞻并未告诉读者。这就在读者自己去练习、去寻求了。所以子瞻同庄子一样,对于一种问题他只告诉你一种原则,但他并不告诉你任何方法。

五、自述其创作经验——子瞻自己曾述其平日创作经验道:

> 吾文如万斛泉源,不择地而出。在平地滔滔汩汩,虽一日千里无难;及其与山石曲折,随物赋形,而不可知也。所可知者,常行于所当行,常止于不可不止,如是而已矣。其他虽吾亦不能知也。(《文说》)③

---

① "这意思是"原稿作"这种意思",校订者酌改。
② 原稿漏引"是"字,校订者酌补。
③ 校订者按,《文说》又名《自评文》。

又云:"某平生无快意事,惟作文章,意之所到,则笔力曲折,无不尽意。自谓世间乐事,无逾此者。"(苏轼与刘景文语,见《春渚纪闻》卷六①)拿这种经验来与退之所述的参看,就晓得他们在创作的过程上所经过的甘苦是如何的不同了。

我们就以上诸条来看子瞻的文学观,(中年以后的)他不同于实用主义派,因为他不去高唱"明道"或"载道"之说,同时又不认为文学就一定可以转移世风,把它当作讽谕教训的工具。其次他又不同于唯美主义派,因为他反对雕虫篆刻,反对矫揉造作。他在创作上只标出一个"达"字,同时主张创作要根于自己之不得已,所谓"无意于文"。这样才能达到极境。所以这都足以证明他是自然主义派文学论的发扬者。晚明公安派抬出他来反对复古派,乃是极自然的结果。

最后我们再看子由。他的集子中论文的文字甚少。他的文学见解,有的地方近于实用主义,而有些地方又近于自然主义。他称道韩、欧,他说:

> 自汉以来,更魏晋历南北②,文弊极矣。虽唐正(贞)观开元之盛,而文气衰弱,燕许之流,倔强③其间,卒不能振。惟韩退之一变复古,阏其颓波,东注之海,遂复西汉之旧。自退之以来,五代相承,天下不知所以为文。……及公之文行于天下,乃复无愧于古。於乎!自孔子至今,千数百年,文章废而复兴,惟得二人焉。夫岂偶然也哉!(《欧阳文忠④公神道碑》)

同时他论文主气,实上承孟子,而下开方、姚。他说:

> 文者气之所形,然文不可以学而能,气可以养而致。孟子曰:"我善养吾浩然之气。"今观其文章,宽厚宏博,充乎天地之间,称其气之大小。太史公行天下,周览四海名山大川,与燕赵

---

① "见《春渚纪闻》卷六",原稿失注,校订者酌补。
② 原稿此处衍义"朝"字,校订者酌删。
③ "倔强"原稿引作"崛起",校订者酌改。
④ "文忠"为校订者酌补。

  间豪俊交游,故其文疏荡,颇有奇气。此二子者,岂尝执笔学为如此之文哉?其气充乎其中,而溢乎其貌,动乎其言,而见乎其文,而不自知也。(《上枢密韩太尉书》)

这种论调表面上似乎全是属于退之一派的,而实际则受自然主义的影响甚深。"文不可以学而能"、"此二子者,岂尝执笔学为如此之文哉?"这都是自然派的口气。所以他主张在阅历同修养上下功夫,认为这是创作的基本条件。他并不讲什么"明道"或"载道",可是他却能抓着创作的要点,所以子由实可以说是实用派与自然派的调和者。以后一些从事古文的人一谈到写作,就要说什么"养气",这全是拾子由的牙慧。

曾巩(子固)也是北宋古文方面的一个大家,后来桐城派一谈到北宋文章就拿他与永叔并称,谓之"欧曾"。他的文学见解与退之、永叔最相近,可以说他是能继承古文正统的一个作家。今略述其论文大致如次。

一、文贵能明道而当于理——他说:

  自三代教养之法废,先王之泽熄,学者人之(人)异见,而诸子各自为家,岂其固相反哉?不当于理,故不能一也。由汉以来,益远于治。故学者虽有魁奇拔出之材,而其文能驰骋上下、伟丽可喜者甚众。然是非取舍,不当于圣人之意者,亦已多矣。故其说未尝一,而圣人之道未尝明也。士之生于是时,其言能当于理者,玄(亦)可谓难矣。由是观之,则文章之得失,岂不系于治乱哉?(《王子直文集·序》)

又道:

  深父,吾友也,姓王氏,讳回。当先王之迹熄,六艺残缺,道术衰微,天下学者无所折衷,深父于是奋然独起,因先王之遗文以求其意,得之于心,行之于己,其动止语默必考于法度,而穷达得丧不易其志也。文集二十卷,其辞反复辨达,有所开阐,其卒

> 盖将归于简也。其破去百家传注推①散缺不全之经,以明圣人之道于千载之后,所以振斯文于将坠,回学者于既溺,可谓道德之要言,非世之别集而已也。后之潜心于圣者,将必由是而有得,则其于世教岂小补之而已哉!"(《王深父文集序》)

从这两段里可以看出子固的倾向了。

二、由道而及文——子固认为道是本而词为末。其《答李沿书》云:

> 夫足下之书,始所云者欲至乎道也,而所质者则辞也,无乃务其浅,忘其深,当急者反徐之欤?夫道之大归非他,欲其得诸心,充诸身,扩而被之国家天下而已,非汲汲乎辞也。其所以不已乎辞者,非得已也。孟子曰:"予岂好辩哉?予不得已也。"此其所以为孟子也。

又《上欧阳学士第一书》云:

> 巩性朴陋,无所能似。家世为儒,故不业他。自幼迨长,努力文字间,其心之所得,庶不凡近。尝自谓于圣人之道,有丝发之见焉。周游当世,常斐然有扶衰救缺之心,非徒嗜皮肤、随波流、搴枝叶而已也。

所以子固决不肯仅仅以文人自命。不过子固虽认为道之重要,但并不菲薄文辞,这是他之所以为古文家而异于道学家的地方。他《寄欧阳舍人书》论铭志云:

> 千百年来,公卿大夫至于里巷之士,莫不有铭,而传者盖少。其故非他,托之非人,书之非公与是故也。然则孰为其人,而能尽公与是欤?非畜道德而能文章者无以为也。盖有道德者之于恶人,则不受而铭之,于众人则能辨焉。而人之行,有情善而迹非,有意奸而外淑,有善恶相悬而不可以实指,有实大于名,有名侈于实。犹之用人,非畜道德者,恶能辨之不惑、议之不徇?不

---

① "推"原稿引作"惟",校订者酌改。

惑不徇,则公且是矣。而其辞之不工,则世犹不传,于是又在其文章兼胜焉。故曰,非畜道而能文章者,无以为也。

所以"畜道而能文章"虽是子固称道永叔的话,同时也正是他平生学问的惟一鹄的。试再看他《上欧阳学士第一书》更足证明他这种见地是始终一贯的。他道:

夫道之难全也,周公之政不可见。而仲尼生于干戈之间,无时无位,存帝王之法于天下,俾学者有所依归。仲尼既没,析辨诡词,骊驾塞路。观圣人之道者,宜莫如于孟、荀、扬、韩四君子之书也,舍是醨矣。退之既没,骤登其域,广开其辞,使圣人之道复明于世,亦难矣哉!近世学士,饰藻缋以夸诩,增刑法以趋响,析财利以拘曲者,则有闻矣。仁义礼乐之道,则为民之师表者,尚不识其所为,而况百姓之蚩蚩乎?圣人之道,泯泯没没,其不绝若一发之系千钧也,耗矣哀哉!非命世大贤以仁义为己任者,畴能救而振之乎?巩自成童,闻执事之名;及长得执事之文章,口诵而心记之。观其根极理要,拨正邪僻,掎挈当世,张皇大中,其深纯温厚,与孟子、韩吏部之书为相唱和,无半言片辞蹖驳于其间,真六经之羽翼,道义之师祖也。(《上欧阳学士第一书》)

足见子固平生所推重的贤哲,而俨然以永叔为继承退之之大贤。那么子固之祈向不已昭然若揭了吗?

王安石(介甫)文学见解纯为实用主义的。他不同于韩、欧,因为他不口口声声讲什么明道的话,同时又不同于东坡,因为他的实用主义的色彩太浓厚。大致说来他的文论颇近于唐代元、白的诗论。他说:

所谓文者,务为有补于世而已矣;所谓辞者,犹器之有刻①镂绘画也。诚使巧且华,不必适用;诚使适用,亦不必巧且华。要之以适用为本,以刻镂绘画为之容而已。不适用,非所以为器

---

① "刻"原稿引作"雕",校订者酌改。

也;不为之容,其亦若是乎? 否也。然容亦未可已也,勿先之其可也。(《上人书》)

这是主张质文并重的,不过应该是先质而后文,但其求适用之目的是很明显的。因为这种关系,所以他甚不满意于当时那种倾向唯美主义的绮丽之文。他道:

> 某尝患近世之文,辞弗顾于理,理弗顾于事,以襞绩故实为有学,以雕绘语句为精新。譬之撷奇花之英,积而玩之,虽光华馨采,鲜缛可爱,求其根柢济用,则蔑如也。(《上邵学士书》)

这不是与乐天《与元九书》中批评六朝文学,谓其①"吟风月,弄花草"为无补实用一样的见解吗? 总之,介甫是一个喜欢用世的人,而其思想来源亦不主一家,所以他虽是主张以文学为工具,但倒②并不讲什么"明道"的话,这是他所以异于与他并世诸贤的地方。

李觏(泰伯)的文学论最近于白乐天,对实用主义之主张发挥极详。他论文章的功用道:

> 文者岂徒笔札章句而已,诚治物之器焉。其大则核礼之序,宣乐之和,缮政典,饰刑书。上之为史,则怙乱者惧;下之为诗,则失德者戒;发而为诏诰,则国体明而官守备;列而为奏议,则阙政修而民隐露。周还委曲,非文曷济?(《上李舍人书》)

文不但有此作用,而且还有它特别的魔力,他在《上宋舍人书》宗道:

> 窃谓文之于化人也深矣。虽五声八音,或雅或郑,纳诸听闻而沦入心窍,不是过也。尝试从事于简策间,其读虚无之书,则心颓然而厌于世;观军阵之法,则心奋起而轻其生;味纵横之说,则思谲诡而忘忠信;熟刑名之学,则熹苛刻而泥廉隅;诵隐遁之篇,则意先驰于水石;咏宫体之辞,则志不出于衾匣。文见于外,心动乎内,百变而百从之矣。

---

① "其"为校订者酌增。
② "倒"原稿作"到",校订者酌改。

因为文学有这样的功用与魔力,所以他一则曰:"贤人之业,莫先乎文。"(《上李舍人书》)再则曰:"然则圣君贤辅,将以使民迁善而远罪,得不谨于文哉?"《上宋舍人书》他对文既如此之重视,那么究竟什么样的文才是他理想的文?什么样的文是他所摈斥的呢?他在《上宋舍人书》中道:

> 有周而上,去古未远,而睿哲时起,以纲领之。彬彬之盛,如天地日月,不可复誉其大而褒其明也。至于汉初,老师大儒,未尽凋落。嗣而兴者,皆知称先圣,本仁义。数百年中,其秉笔者多有可采。魏晋之后,涉于南北,斯道积羸,日剧一日。高冠立朝,不恤治具,而相高老佛无用之谈。世主储王,而争夸奸声乱色,以为才思。虚荒巧伪,灭去义理,俾元元之民虽有耳目,弗能复视听矣。赖天相唐室,生大贤以维持之:李、杜称兵于前,韩、柳主盟于后,诛邪赏正,方内向服;尧舜之道,晦而复明;周孔之教,枯而复荣。逮于朝家,文章之懿,高视前古者,阶于此也。
>
> 不意天宇之广,颓风未绝。近年以来,新进之士,重为其所扇动。不求经术,而摭小说以为新;不思理道,而专雕镂以为丽。句千言万,莫辨首尾,览之若游于都市,但见其晨而合,夜而散,纷纷藉藉,不知其何氏也!远近传习,四方一体。有司以备官之故,姑用泛取。琐辞谬举,无如之何。圣人之门,将复榛芜矣。

他推尊李、杜、韩、柳,谓其能复古,而提倡尧、舜、周、孔之教,攻击魏晋六朝文学,谓其称述佛老而务辞采。由这里可知他在文章上想继承韩、柳之传统(实际他盛推韩,对柳甚为不满,见他的《答李观书》),而主张称先圣、本仁义,期乎恢复尧、舜、周、孔之道。在宋人中,他最近于永叔、子固,而与三苏则相去甚远也。

第二节 实用主义之极端论及其修正①

一、极端论之倡始者——司马光

司马光(君实)为北宋之大政治家,同时又为当时学术界之巨子。他对文学另有一种看法,既②不同于唐之退之,又不同于宋之永叔。他认为文学有文学之功用,其《颜太初杂文序》云:

> 太初虽贱而夭,其文岂必不传?异日有见之者,观其《后车》诗,则不忘鉴戒矣;观其《逸党》诗,则礼义不坏矣;观其《哭友人》诗,则酷吏愧心矣;观其《同州题名记》,则守长知弊政矣;……由是言之,为益岂不厚哉。

对于徒事华藻、以文采相高之作品,则甚为反对。他道:

> 今之所谓文者,古之辞也。孔子曰:"辞达而已矣。"明其足以通意,斯止矣,无事于华藻宏辩也。必也以华藻宏辩为贤,则屈、宋、唐、景、庄、列、杨、墨、苏、张、范、蔡,皆不在七十子之后也。颜子不违如愚,仲弓仁而不佞,夫岂尚辞哉!(《答孔文仲司户书》)

所以他与一般的实用主义不同的地方,就是很显明的是重质而轻文。他道:

> 足下所谓:"学积于内,则文发于外,积于内也深博,则发于外也淳奥,则夫文者虽不学焉,而亦可以兼得之。学不充于中,而徒外事其文,则文盛于外,而实困于内,亦将兼弃其所学。"斯言得之矣。(《答孔文仲司户书》)

他甚至于③认为不知道而徒重文,反会④为害于社会。其《传家集·

---

① 此节原题"实用主义之极端论派",校订者据内容酌改。
② "既"为校订者酌增。
③ "他甚至于"原稿作"甚至于他",校订者酌改。
④ "会"原稿作"能",校订者酌改。

迁书》中云：

> 或谓迁叟："子于道则得其一二矣,惜乎无文以发之。"迁叟曰："然！君子有文以明道,小人有文以发身。夫变白以为黑,转南以为北,非小人有文者,孰能之？"(《文害》)

由这种论调推演下去,不就成为周、程等极端论了吗？

二、极端论的发挥者——周敦颐、二程及程门弟子①

周敦颐(茂叔)为北宋理学大师,彼论文即特别偏重于内容而轻视形式。《通书》中《文辞》篇云：

> 文所以载道也。轮辕饰而人弗庸,徒饰也,况虚车乎？文辞,艺也；道德,实也。笃其实,而艺者书之,美则爱,爱则传焉。贤者得以学而至之,是为教。故曰："言之无文,行之不远。"

他就是②把文辞看成一种技艺,而文之目的即③用之以载道。所以他对于专事文辞而无道德以充之的文章,则甚加鄙弃。他又说："不知务道德而第以文辞而能者,艺焉而已。"(同上)

窃以实用主义派自唐以后分为两支：退之、永叔等以实用为主,而实窃取唯美派之长；而理学家则比较接近自然主义,及走于极端,则内容上为实用主义的,而在形式上则为自然主义的。茂叔之鄙视"以文辞为能"即是此种原因。

不过④温公、茂叔虽鄙薄之辞,但对专门从事文辞者,尚未予以排击。至二程,则直视之与异端同科矣。

《二程遗书》中云："今之学者有三弊:一溺于文章,二牵于训诂,三惑于异端。苟无此三者,则将何归？必趋于道矣。"(卷一八)又道："今之学者歧而为三:能文者谓之文士,谈经者泥为讲师,惟知道

---

① 此小节原题"极端论的发挥者",校订者据内容酌改。
② "他就是"原稿作"就是他",校订者酌改。
③ "即"原稿作"则",校订者酌改。
④ "不过"二字为校订者酌增。

者乃儒学也。"(卷六)又道:"古之学者一,今之学者三,异端不与焉。一曰文章之学,二曰训诂之学,三曰儒者之学。欲趋道,舍儒者之学不可。"(卷十八)

至"文"与"道"是不是可以兼为而不背呢?在他二人的意见,觉得文不但无补于道,而且有害于道。二程语录载程颢(明道)之言云:

> 忧子弟之轻俊者,只教以经学念书,不得教作文字。子弟凡百玩好皆夺志。(《近思录》卷一一①)

> 学者先学文鲜有能至道。至如博观泛滥,亦自有害。(《二程集·河南程氏外书》卷一二)

又载程颐(伊川)之言云:

> 问:"作文害道否?"曰:"害也。凡为文不专意则不工,若专意则志局于此,又安能与天地同其大也。《书》曰:'玩物丧志',为文亦玩物也。吕与叔有诗云:'学如元凯方成癖,文似相如始类俳。独立孔门无一事,只输颜氏得心斋。'此诗甚好。古之学者惟务养情性,其他则不学。今为文者专务章句,悦人耳目;既务悦人,非俳优而何?"曰:"古者学为文否?"曰:"人见六经,便以为圣人亦作文,不知圣人只摅发胸中所蕴,自成文耳。所谓'有德者必有言'也"曰:"游、夏称文学,何也?"曰:"游、夏亦何常秉笔学为词章也。且如'观乎天文以察时变,观乎人文以化成天下',此岂词章之文也?"(《河南程氏遗书》第一八伊川先生语四)

伊川又有《颜之所好何学论》云:"不求诸己而求诸外,以博闻强记,巧文丽辞为工,荣华其言,鲜有至于道者。则今之学与颜子所好异矣。"这同退之之论作一比较是极有意味的事。退之对唯美派是阳攻而阴袭,所以他称道子云、相如。可是二程则直视相如为俳优,而对唯美派攻击得不遗余力。至二程于自然主义派如何呢?从他们的论

---

① 以下三条二程语录,原稿失注,校订者酌补。

调上来看，同这派最接近了。他们认为"圣人之文乃是出于不得已"（伊川《答朱长文书》），不过是"摅发胸中所蕴，自成文耳"。这不是完全自然主义派的见解吗？本来道学家受道家影响至深，则彼等在文学观上于不知不觉间竟与之偶同，本是不足怪的。

程门弟子之文学观，大致不出乃师之见。可是也有一二人其重道轻文之见，虽与乃师同，但其在理论上有尚未为乃师所道及者。即先以杨时而论，他对于六经的看法，一方面颇受庄子的影响，即道之精微往往出于言意之表，非文字所能传达者。譬如三代之时，尚无所谓六经，然当时之士蕴道怀德、优入圣域者非常的多。反之，秦代以后文章粲然，文士辈出，可是考其论著，不诡于圣人者益寡。所以他认为："古之时六艺未具，不害其善学；后世文籍虽多，无①益于得也。"（《送吴子正序》）这种论调一方面开南宋陆象山之论，所谓"尧舜曾读何书来"，即如某不识一字，也当还我堂堂作一个人。以这样的见解来衡论古之作者，当是很少能被他看得上的。他道：

> 自秦焚诗书，坑术士，六艺残缺。汉儒收拾补缀，至建元之间②，文辞粲如也。若贾谊、董仲舒、司马迁、相如、杨雄之徒，继武而出，雄文大笔，驰骋古今，沛然如决江河，浩无津涯。后虽有作者，未有能涉其波流也。然贾谊明申、韩，仲舒陈灾异，马迁之多爱，相如之浮侈，皆未足与议；惟扬雄为庶几于道，然尚恨其有未尽者③。积至于唐，文籍之备，盖十百前古。元和之间，韩、柳辈出，咸以古文名天下，然其论著不诡于圣人盖寡矣。（《送吴子正序》）

---

① "亡"原稿引作"无"，校订者酌改。

② "至建元之间"原稿引作"至建元、元狩之间"，校订者酌改。按，"至建元、元狩之间"乃是任访秋先生的校正，杨时其实是根据《史记·太史公自序》的叙述——"自孔子卒，京师莫崇庠序，唯建元、元狩之间，文辞粲如也。"——但杨时的引述缺漏了"元狩"。建元、元狩，均为汉武帝年号。

③ "有未尽者"原稿引作"未有尽者"，校订者酌改。

他批评韩退之道①：

> 若唐之韩愈,盖尝谓世无仲尼,不当在弟子之列,则亦不可谓无其志也。及观其所学,则不过乎欲雕章镂句,取名誉而止耳。然则士固不患不知有志乎圣人,而特患乎不知圣人之所以学也。(《与陈传道序》)

实际上退之确是如此。这就很分明的可以看出道学家的文论与古文家是如何的划然不同了。

其次是尹焞。他是伊川的门人,关于论文,他虽不诋文辞为"玩物丧志",但他则甚反对有意的使文辞华美、内容新奇。他讲:"学贵于力行,不贵空言,若欲意义新奇,文辞华赡,则非臣所知也。"(《进论语状》)这种重行而不重文的主张,可以说深受乃师之影响,与孔子之论文亦大相径庭。可知这是实用主义受到自然主义影响后而走到极端的结果。

三、极端论的修正派——朱熹及朱门后学②

北宋的理学,自从周子倡其端,二程竟其绪,到南宋时候朱熹(元晦、晦庵)出,遂臻于大成。从整个的宇宙到部分的个人,莫不同条共贯而组成一极有条理之体系,此朱学自宋以后所以能统制中国思想界至五六百年之久也。

晦庵在学问的进修上主张从"道问学"③入手,所以他平生于学无所不窥,博极群书,于哲学、史学、文学均有极深邃之造诣,而见解又甚平正而通达。故其对于文学批评,其见解虽不能不受周、程实用

---

① 原稿此句句首有"其次"二字,与下犯重,校订者酌删。
② 此小节原题"极端论的修正派",校订者据内容酌改。
③ "道问学"原稿误引作"道学问",校订者酌改。按,"道问学"语出《中庸》"君子尊德性而道问学",朱熹注云:"尊德性,所以存心而极乎道体之大也;道问学,所以致知而尽乎道体之细也。二者修德凝道之大端也。不以一毫私意自蔽,不以一毫私欲自累,涵泳乎其所已知,敦笃乎其所已能,此皆存心之属也。"

主义极端论之影响,但能不为所囿,而随时发抒己见,以修正彼等偏颇之处,此所以朱派后学虽均系理学家,但率都为能文之士也。至于彼之见解,兹依次分述如后。

(一)①、创作论

1②. 文与道的关系——唐人李汉有文以贯道的说法,朱子甚不以为然。《朱子语类》(以下简称《语类》)卷一百三十九载:

> 才卿问:"韩文《李汉序》头一句甚好。"曰:"公道好,某看来有病。"陈曰:"'文者贯道之器。'且如六经是文,其中所道皆是这道理,如何有病?"曰:"不然,这文皆是从道中流出,岂有文反能贯道之理?文是文,道是道,文只如吃饭时下饭耳。若以文贯道,却是把本为末,以末为本,可乎?其后作文者皆是如此。"

这就是道学家与古文家见解的最大不同处。古文家虽口口声声讲道,但毕竟其着重点在文,而道学家则反是。又道:

> 道者,文之根本。文者;道之枝叶。惟其根本乎道,所以发之于文,皆道也。三代圣贤文章,皆从此心写出。文便是道。今东坡之言曰:"吾所谓文,必与道俱。"则是文自文,而道自道;待作文时,旋去讨个道③来,入放里面,此是它④大病处。只是它每常文章华妙,包笼将去,到此不觉漏逗,说出他本根病痛所以然处。缘他都是因作文,却渐渐说上道理来,不是先理会得道理了,方作文,所以大本都差。"(同上)

这段说法正是前一段最好的注脚。

2. 重内容——由于重道德原因,所以他对文章特别主张必须先有真实的内容,方可从事于写作。《语类》卷一三九载:

---

① "(一)"原稿作"甲",校订者酌改。以下类推,不另说明。
② "1"原稿作(一),校订者酌改。以下类推,不另说明。
③ 原稿引文此处衍一"理"字,校订者酌删。
④ 原稿引文缺漏"它"字,校订者酌补。

一日说作文。曰:"不必著意学如此文章,但须明理;理精后,文字自典实。伊川晚年文字如《易传》,直是盛得水住。苏子瞻虽气豪,善作文,终不免疏漏处。"

《语类》卷一三九又①载:

　　　因论文,曰:"作文字须是靠实,说得有条理乃好,不可架空细巧。大率要七分实,只二三分文。如欧公文字好者,只是靠实而有条理。如张承业及宦者等传,自然好。东坡如《灵璧张氏园亭记》,最好,亦是靠实。秦少游《龙井记》之类,全是架空说去,殊不起发人意思。"

这些见解都很正确,就是说教人有话说才去说,不要装腔作势,无病呻吟。

3. 初学为文应从模仿入手——《语类》卷一三九载:

　　　又曰②"人做文章,若是仔细看得一般文字③熟,少间做出④文字,意思语脉自是相似。读得韩文熟,便做出韩文底文字;读得苏文熟,便做出苏文底文字。若不曾仔细看,少间却不得用。向来初见拟古诗,将谓只是学古人之诗,元来却是如古人说——'灼灼园中花',自家也做一句如此;'迟迟涧畔松',自家也做一句如此;'磊磊涧中石',自家也做一句如此;'人生天地间',自家也做一句如此。意思语脉皆要似他底,只换却字。某后来依如此做得二三十首诗,便觉得长进。盖意思句语、血脉势向,皆效它底。大率古人文章,皆是行正路,后来杜撰底,皆是行狭隘邪路去了。而今只是依正底路脉做将去,少间,文章自会高人。"

这只是说初学不妨模仿古人,若是光止于模仿,那就又错了。

----

① 原稿"又"字在此句句首,校订者酌改。
② 原稿漏引"又曰",校订者酌补。
③ "文字"原稿引作"文章",校订者酌改。
④ "出"原稿漏引,觉得酌补。

4. 用字欲求稳妥,应多加修改——《语类》卷一三九云:

> 苏子由有一段论人做文章,"自有合用底字,只是下不着"。又如郑齐叔云:"做文字自有稳底字,只是人思量不着。"横渠云:"发明道理,惟命字难。"要之,做文字下字实是难,不知圣人说①出来底,也只是这几字,如何铺排得恁地安稳!

又云:

> 欧公文亦多是修改到妙处。顷有人买得他《醉翁亭》稿,初说滁州四面有山,凡数十字,末后改定,只曰:"环滁皆山也"五字而已。如寻常不经思虑,信意所作言语,亦有绝不成文理者,不知如何。(《语类》卷一三九)

又云:

> 前辈云:"文字自有稳当底字,只是始者思之不精。"又曰:"文字自有一个天生成腔子,古人文字,自贴这天生成腔子。"
> (《语类》卷一三九)

晦庵虽极注意于用字的稳妥,但他又不像子美、退之那样看法,所谓"语不惊人死不休"与"处若忘,行若遗,俨乎其若思,茫乎其若迷"的专精一意的态度。他道:"作文何必苦留意,又不可太颓塌,只略教整齐足矣。"(《语类》卷一三九)又道:"不必着意学如此文章,但须明理;理精后,文字自典实。"(《语类》卷一三九)这就可以看到子美、退之是在受着唯美的影响,故力求其工丽;而晦庵是受着自然主义的影响,故②而认为无须过于留意;所以虽同为实用主义,而其见解竟大相径庭乃尔。

5. 反对艰涩文字——他道:

> 今人作文,皆不足为文,大抵专务节字,更易新好生面辞语;至说义理处,又不肯分晓。观前辈欧、苏诸公作文,何尝如此。

---

① "说"原稿误引作"做",校订者酌改。

② "故"为校订者酌增。

圣人之言坦易明白,固言以明道,正欲使天下后世由此求之。使圣人立言要教人难晓,圣人之经定不作矣。若其义理精奥处,人所未晓,自是其所见未到耳。学者须玩味深思,久之自可见。何尝如今人欲说又不敢分晓说,不知是甚所见。毕竟是自家所见不明,所以不敢深言,且鹘突说在里。"(《语类》卷一三九)

《语类》又载①:"看陈蕃叟《同合录序》,文字艰涩。曰:'文章须正大,须教天下后世见之,明白无疑。'"(同上)

(二) 批评论

根据前边的见解,晦庵来批评唐宋文坛上一般的作者。现在摘录其评语如次:

1. 韩愈

韩文高。(《语类》卷一三九)

韩文力量不如汉文,汉文不如先秦战国。(《语类》卷一三九)

韩退之则于大体处见得,而于作用施为处却不晓。如《原道》一篇,自孟子后无人似它见得。"郊焉而天神格,庙焉而人鬼享。以之为人,则爱而公;以之为心,则和而平;以之为天下国家,无所处而不当。"说得极无疵,只是空见得个本原如此,下面功夫都空疏,更无物事撑住衬簟,所以于用处不甚可人意。缘他费功夫去作文,所以读书者,只为作文用。自朝至暮,自少至老,只是火急去弄文章;而于经纶实实务不曾究心,所以作用不得。每日只是招引得几个诗酒秀才和尚度日。有些工夫,只了得去磨炼文章,所以无功夫来做这边事。兼他说,我这个便是圣贤事业了,自不知其非。如论文章云"自屈原、荀卿、孟轲、司马迁、相

---

① "《语类》又载"原稿作"又云",但下面引文其实是先叙朱子看陈蕃叟文、然后才提出批评,校订者酌改。

如、杨雄之徒",却把孟轲与数子同论,可见无见识,都不成议论。(《语类》卷一百三十七)

2. 柳宗元

柳文亦自高古,但不甚醇正。(《语类》卷一三九)

柳文局促,有许多物事,却要就些子处安排,简而不古,更说些也无妨,《封建论》并数长书,是其好文。(《语类》卷一三九)

3. 欧阳修

欧公文字,铎刃利,文字好,议论亦好。尝有诗云:"玉颜自古为身累,肉食何人为国谋!"以诗言之,是第一等好诗,以议论言之,是第一等议论。(《语类》卷一三九)

欧公文字,敷腴湿润。(《语类》卷一三九)

4. 曾巩

曾文一字挨一字,谨严,然太迫。(《语类》卷一三九)

曾南丰文字又更峻洁,虽议论有浅近处,然却平正好。(《语类》卷一三九)

5. 王安石

广问:"荆公之文如何?"曰:"他却似南丰文,但比南丰文亦巧。"(《语类》卷一三九)

6. 三苏

到得东坡,便伤于巧,议论有不正当处;后来到中原,见欧公诸人了,文字方稍平。老苏尤甚。大抵已前文字都平正,人亦不会大段巧说。自三苏文出,学者始日趋于巧。(《语类》卷一三九)

道夫问:"看老苏文,似胜坡公。黄门之文,又不及东坡。"曰:"黄门之文衰,远不及也,只有《黄楼赋》一篇尔。"……又曰:"欧文如宾之相见,平心定气说好话相似;坡公文如说不办后,对人闹相似,都无恁地安详。"(《语类》卷一三九)

前辈文字有气骨,故其文壮浪。欧公、东坡亦皆于经术本领上用功。今人只是于枝叶上粉泽尔,如舞讶鼓然,其间男子妇人

僧道杂色,无所不有,但都是假底。(《语类》卷一三九)

从以上对唐宋诸大家批评的话中,可以看出晦菴是推挹永叔同子固,对韩、柳、王、苏都有微辞。其所以然者,还是因为欧、曾之文比诸其余的各家更近于道的缘故。至于就晦菴整个的文学见解论,他毕竟还是实用主义派,但比较彻底,方之韩、柳,似乎不像他们那样的斤斤于文辞的锻炼;方之周、程,似乎又不像他们那样的鄙薄文辞。所以就实用派而论,他的主张最与孔子为近,可以说最能得乎中道了。

(三) 朱门后学

晦菴后学在文学方面能承其见解而时时予以阐发的,为真德秀(景元,人称西山先生)与魏了翁(华父,号鹤山)二人。真氏受业于詹体仁,为晦翁之再传弟子;魏氏为晦翁之私淑弟子。兹述彼二人之见于后。

真氏之文学见解与朱子大抵相同。首先我们看他对文章的解释:

《西山集》卷三十一《问文章性与天道》条下云:

文章二字非止于言语词章而已,圣人盛德蕴于中,而辉光发于外,如威仪之中度,语言之当理,皆文也。尧之文思,舜之文明,孔子称尧曰"'焕乎其有文章',子贡曰:'夫子之文章',皆此之谓也。"至于二字之义,则五色错而成文,黑白合而成章。文者灿然有文之谓,章者蔚然有章之谓。章犹条也,《六经》、《论语》之言文章,皆取其自然形见者。后世始以笔墨著述为文,与圣贤之所谓文者,异矣。

这种解释,要就《论语》中所言之文章而论,自无不合,但以之作为后来文学的涵义,那就太广泛了。不过西山对于文章之见,实以此为本,而其各种主张,均以此作为出发点。就中最重要者:

1. 文为作者自然之流露,非可力强而至者。他道:

自昔有意于文者,孰不欲媲《典》、《谟》,俪《风》、《雅》,以希后世之传哉?卒之未有得其仿佛者。盖圣人之文,元气也,聚

>为日星之光耀,发为风尘之奇变,皆自然而然,非用力可至也。(《日湖文集序》)

基于这种见解,他认为一个学者应该从根本上去着手,不应该专注眼到文字的佳恶。所谓根本为何?即励学与养气之谓。他道:

>沈涵六艺,咀其菁华,则其形著,亦不可掩,此学之所本者然也。是故致饰语言,不若养其气;求工笔札,不若励于学。气完而学粹,则虽崇德广业,亦自此进,况其外之文乎?(《日湖文集序》)

这就是一种折衷派的见解,既不同于古文家之以励学养气为作文之方法,如韩愈、苏辙等;又不同于北宋道学家之根本反对着意于文而以文为害道。不过是认为养为第一,有了学养,自可以发而为传世之文罢了。

2. 重视明道之作与真诚之作。这从他对古人的批评上可以看出。他道:

>汉西都文章最盛,至有唐为尤盛。然其发挥理义,有补世教者,董仲舒氏、韩愈氏而止耳。国朝文治蔚兴,欧、王、曾、苏,以大手笔追还古作,高处不减二子。至濂、洛诸先生出,虽非有意为文,而片言只辞,贯综至理,若《太极》、《西铭》等作,直与六经相出入,又非董、韩之可匹矣。然则,文章在汉、未足言盛,至我朝乃为盛尔。(《跋彭忠肃文集》)

这些见解都是从晦庵来的。其次,他批评诸葛武侯的文章道:

>诸葛武侯文采不艳,然其《出师》二表与《开府作牧教》,至今为学者脍炙。有志之士击节读之,有至吁歔流涕者。六朝、隋唐文人动百数十篇,秾华纤巧,极其雕饰,或卒无一语可传。然则,文之为①文,岂必多且丽乎哉!(《跋祕阁太史范公集》②)

---

① 原稿漏引"为"字,校订者酌补。
② 校订者按,此文题目一作《跋范太史集后》。

这些见解均极超卓。至主张文章贵乎自然之流露,而认为人为之雕饰无补于写作,亦①为极精到之见。此虽系本于晦翁,然追溯源渊,实亦与道家之言为近也。

魏了翁虽非晦翁之及门弟子,然彼实承朱子之学而予以播杨者。他的②文学见解大抵与朱子不相远,而与真西山氏为最相近。兹将魏氏之见分条论述与次。

1. 文章的本原——《游诚之默斋集序》云:

> 文乎文乎,其根诸气、命于志、成于学乎。性寓于气,为柔为刚,此阴阳之分也。而柔刚之中有正有偏,威仪文词之分,常必由之。昔人所谓昭晰者无疑,优游者有余。其根若是,其发也必不可掩。然而气命于志,志不立则气随之;志成于学,学不讲则志亦安能以立?是故威仪文词,古人所以立诚定命莫要焉。(《鹤山大全集》卷五四)

又《攻媿楼宣献公文集》序中云:

> 盖辞根于气,气命于志,志立于学。气之薄厚,志之小大,学之粹驳,则辞之险易、正邪从之。如声音之通政,如蓍蔡之受命,积中而形外,断断乎不可掩也。(《鹤山大全集》卷五六)

这种见解完全系根据朱子的一套形而上学的见解而演出的。这把天才与修养分而为二,认为系文章的根本,气是天赋,志与学是修养,气即不佳,而学可以变化。这当然是无可非议的。至于说到粹驳、险易、正邪,就纯粹是道学家之见了。基于前边所讲的阴阳柔刚一套话,到了清代就有桐城的姚氏(鼐)来加以发扬(《与鲁絜非书》),继姚氏之后,曾涤生(国藩)又有四象之说,以此种标准选出《古文四象》一书。不知者谓刚柔之说为姚氏之创见,究其实乃完全导源于鹤

---

① "亦"原稿作"均",与前犯重,校订者酌改。
② "的"原稿作"对",校订者酌改。

山。至于学之究极为何？鹤山①于《杨少逸不欺集序②》中云："辞虽末技,然根于性,命于气,发于情,止于道,非无本者能之。"(《鹤山大全集》卷五四)由此可知,道为文章之最终鹄的,为文者必先讲学明道,由讲学明道而始能立志,志立然后才能见诸于操养,操养纯熟,而刚正浩然之气始于焉以生,然后发而为文章,始能成为不朽之作。否则,专恃才气而无学养作基石,是不能持久的。他于《浦城梦笔山房记》中道：

> 诗三百,圣贤忧愤之所为者十六七。六艺之作,七篇之书③,亦出于历聘不遇。凡皆坦明敷畅,日星垂而江河流也。圣人之心如天之运纯亦不已,如川之逝不舍昼夜。虽血气盛衰所不能免,而才壮志坚纯终弗贰,曷尝以老少为锐惰、穷达为荣瘁者哉。灵均以来,文词之士兴,已有虚骄恃气之习；魏晋而后,则直以纤文丽藻为学问之极致。方其年盛气强,位亨志得,往往时以所能哗世眩俗；岁悒月迈,血气随之,则不惟形诸文词衰飒不振,虽建功立事,蓄缩顾畏,亦非复盛年之比。此无他,非有志以基之,有学以成之,徒以天资之美、口耳之知,才驱气驾而为之耳。(《鹤山大全集》卷四九)

所以他认为史书所载,任彦升、丘灵鞠、江文通诸人之所谓"才尽",并非"才尽",而实由于无学养作基础之故。

2. 古人文章率基于不得已,而非有意为之者——根于前边的理论,必然的会有这样的见解。他在《彭忠肃公止堂文集序》中云：

> 某闻之程子曰："圣贤之言,不得已也。有是言则是理明,无

---

① "鹤山"原稿作"他",指代不明,校订者酌改。
② 原稿漏引"序"字,校订者酌补。
③ 校订者按,宋明儒者例以"七篇之书"指称《孟子》。如《朱子语类》卷十九："董卿问：'《论语》之书,无所不包,而其所以示人者,莫非操存涵养之要；《七篇》之指,无所不究,而其所以示人者,类多体验充广之端。'"方孝孺《赠郭士渊序》云："其后孟子得是气,说东方诸侯辅以政治而不能用,则著为七篇之书。"

是言则天下之理有阙焉。"又曰："后人之始执卷，则以文为先。平生所为，多于圣人，然有之无补，无之无阙。"窃尝以是读圣贤之书，如《易》、《书》、《诗》、《春秋》，篇具一体，不相袭沿。至于曾子、子思、孟子，亦皆孔氏不言之意，非为是以求闻于世也。不则，无以宅天衷、奠民极、障人欲、祛世迷，凡不得已而有言也。自灵均而后，始有文辞之士，或竟相模拟，或刊落陈言，千七百年，何啻数千百家。然而所谓"无是言则理有阙"者，自汉毛、董后至近世诸儒，盖可屈指。而所谓"有之无补，无之无阙"者，则不知其几千百家矣。（《鹤山大全集》卷五四）

《裴梦得注欧阳公诗集序》①则谓：

> 古之士者，惟曰德行道艺，固不以文词为学也。今见之歌谣风雅者，上自公卿大夫，下至闾里闺闼，往往后世经生文士专门名世者所不逮。盖礼义之浸渍已久，其发诸威仪文词，皆其既溢之余，是惟无言，言则本乎情性，关乎世道。（《鹤山大全集》卷五四）

又《坐忘居士房公文集序》中云：

> 古之学者，自孝弟谨信、泛爱亲仁，先立乎其本；迨其有余力也，从事于学文。文云者，亦非若后世哗然后②众取宠之文也。游于艺，以趣③博其趣；多识前言往行，以蓄其德。本末兼该、内外交养，故言根于有德，而辞所以立诚。先儒所谓"笃其实而艺者书之"，盖非有意于为文也。后之人稍涉文艺，则沾沾自喜，玩心于华藻，以为天下之美尽在于是，而本之则无，终于小技而已矣。然则虽充厨盈几，君子奚贵焉？（《鹤山大全集》卷五一）

所谓"宅天衷，奠民极，障人欲，祛世迷"与"有之无补，无之无阙"等

---

① 校订者按，下面所引《裴梦得注欧阳公诗集序》一段，为任访秋先生补写在原稿眉端上者，此处纳入正文。
② 校订者按，"然后"二字疑衍。
③ 校订者按，"趣"字疑衍。

话,可以说是纯然的实用主义之见。至于"言根于有德"与"辞所以立诚",又是前边文章须根于学的理论的发挥。

3. 不满于一般专重文采之作——了翁在文学见解上既然是一纯粹实用主义者,当然对那般专重文采的作品不甚满意。他在《黄侍郎定胜堂文集序》中云:

> 自义理不竟,士学外驰,居则曰"不无知也"。而夷考其实,则丧志于记诵,灭质于文采,务以哗众取宠,而本质则无,触事墙面,甚至枉道以求合。……唐之文人,韩、柳齐名,而所操异心;元、白方驾,而所制殊行。文乎文乎!记诵文采之云乎!(《鹤山大全集》卷五一)

《杨济道钝斋集序》则云:

> 士生斯世,将以宅天衷,而奠人极,非以记览词章,矜多斗靡为悦者也。本之则无,纤能小慧,高词相挺,此如蟪菌之感人耳目,倏然而腐草朽壤矣。(《鹤山大全集》卷五三)

《裴梦得注欧阳公诗集序》又云:

> 后之人自始童习,即以属词绘句为事,然旷日逾年,卒未有以稍出古人之区域。迨乎去本益远,则辨篇章之耦奇,较声韵之中否,商骈俪之工拙,审体制之乖合,自谓穷探力索。然有之固无所益,无之亦无所阙;况于为己之事,了无相关。极于晚唐闰周,以暨我国初,西昆之习滋炽,人亦稍稍厌苦之,而未有能易之者。(《鹤山大全集》卷五四)

从这段话可以看出他是如何的抵訾唯美主义派的作品了。本来实用主义派对于唯美派一向是持反对的态度,鹤山之有如此论调,自是毫不足怪的。

西山与鹤山在文学见解上,一方面承唐宋古文家之论,一方面为对于实用主义极端论者的修正。他们①于唐宋古文家中比较起来实

---

① "他们"原稿作"但",指代不明,校订者酌改。

接近于东坡,也就是受到了自然主义的影响。如认为古人文章皆为自然之流露而非有意为之者。这与受唯美主义影响的退之与工部之见大相径庭。所以实用主义派的文学论,到唐宋以后很显然的分为两支①:一支受唯美主义之潜入而成为古文家一路②的主张;一支受自然主义之潜入而成为朱子后学亦即道学家一路的主张。这一点是我们研究中国文学批评史者所不应轻忽的。

第三节 黄庭坚、陆游、刘克庄、元好问等几位诗人的诗论③

宋代的诗人于创作之余,往往喜欢把个人写作的祈向与经验,或者批评前人与同辈的作者的意见,用诗歌的形式表现出来。这在过去如工部、退之都已有此种倾向,不过到宋代此风更盛罢了。兹将宋代的几位诗作者及金之元好问④对于诗的见解叙述如次。

梅尧臣字圣俞,有《宛陵集》。他是欧阳修最好的朋友。他一生精力全用之于诗歌的创作。他的散文流传下来的很少。他对于写诗,就内容而论有点近于实用主义,即如集中卷二十五《答裴送序意》诗:

> 我于诗言岂徒尔,因事激风成小篇。辞虽浅陋颇剋苦,未到《二雅》未忍捐。安取唐季二三子,区区物象磨穷年。

他不满意于唐代一般习为描摹物象的作者,而个人的作品总想追步二雅。这本无足怪,圣俞为欧阳永叔的至友,在文学观上当然要多多

---

① "支"原稿作"派",与前犯重,校订者酌改。下文两处"一支",并同此例,不另说明。

② "一路"原稿作"一派",与前犯重,校订者酌改。下文"道学家一路",并同此例,不另说明。

③ 此节原题"几位诗人的诗论",校订者酌改,并删去原稿里以九位诗人之名相标举的小题目。

④ "及金之元好问"为校订者酌增。

少少受有他的影响。永叔既为一实用主义的作者,那么他当然不能例外。

至于写作态度上,圣俞倒①是受到唯美派的影响很大。他把创作当作自己的生命,大有工部的"语不惊人死不休"与退之的"唯陈言之势去,戛戛乎其难哉"的意味。就像下边他这些话:

> 人间诗癖胜钱癖,搜索肝脾过几春。……但将苦意摩层宙,莫计终穷涉暮津。(《诗癖》,《宛陵集》卷二〇)

> 患世愈不出,孤吟夜号霜。霜寒入毛骨,清响哀愈长。(《读蟠桃诗寄子美永叔》②,《宛陵集》卷二四)

这都足见圣俞对于创作是如何郑重不苟而刻意为之的态度。他企慕韩、孟,而以韩比欧,以孟自比③。他于《读蟠桃诗寄子美永叔》中云:

> 韩、孟为文词,两雄力相当。偶以怪自戏,作诗惊有唐。篇章缀谈笑,雷电击幽荒。众鸟谁敢和?鸣凤呼其凰。孟穷苦累累,韩富浩穰穰。穷者啄其精,富者烂文章。发生一为宫,挚敛一为商。二律虽不同,合奏乃锵锵。

又《宛陵集》卷二十四《永叔寄诗八首并祭子渐文一首因采八诗之意警以为答》中云:

> 昔闻退之与东野,相与结交贱微时。孟不改贫韩渐贵,二人情契都不移。韩无骄矜孟无胳,直以道义为已知。我今与子亦似此,子亦不愧前人为。

又《依韵和永叔澄心堂纸答刘原甫》:

> 退之昔负天下才,扫掩众说犹除埃。张籍卢仝斗新怪,最称

---

① "倒"原稿作"到",校订者酌改。

② 校订者按,此诗亦收入《欧阳文忠公文集》,诗题《读一本有圣俞蟠桃诗寄子美》,字句小有出入,或说为欧阳修读了梅尧臣的一首"蟠桃诗"(《郭之美忽过,云往河北谒欧阳永叔、沈子山》)后所作,误入梅氏集中。

③ 校订者按,此言或不尽然——据《邵氏闻见后录》卷十八所记,"圣俞谓苏子美曰:'永叔自要作韩退之,强差我作孟郊。'虽戏语,亦似不平也"。

东野为奇瑰。当时辞人固不少,漫费纸札磨松煤。欧阳今与韩相似,海水浩浩山巍巍。石君苏君比卢籍,以我拟郊嗟困摧。公之此心实扶助,更复有力谁论哉。

可知当时不只别人以孟郊比圣俞,即圣俞个人亦以孟自拟。其所以如此,并不是完全由于圣俞之穷愁潦倒似孟郊,实亦由于其创作态度似孟郊也。

圣俞虽在创作态度上如此谨重,而其标举之意境则近于渊明。一则曰:"因吟适情性,稍欲到平淡。"(卷二八,《依韵和晏相公》)再则曰:"作诗无古今,惟造平淡难。"(卷四六,《读邵不疑学士诗卷》)殊不知"平淡"决非有意为之而可以达到的,这完全基于作者对宇宙的认识与觉解。有此认识,有此觉解,而胸襟洒洒落落常如光风霁月,然后才能够以物观物,写出平淡之作。圣俞于此似乎尚隔一层,虽企慕渊明,其作品实与渊明相去尚远也。

黄庭坚(山谷)在北宋诗人中,与苏东坡关系最密。当时彼与秦少游、张耒、晁无咎诸子有苏门四学士之目。彼在学问上极推服东坡,然彼在创作上乃自成一派,别开生面,为江西诗派之祖。其论文亦如此,虽同于东坡者甚多,然非与之全同也。

中国文学批评到北宋已各派毕具,实用、唯美、自然三派,各有其长亦各有其短。山谷于此时隐隐然能取得此三派之长而融合之,故其主张与此三派均有相同者,然又均有相异者。此因其对过去这三派虽左右采获,然并不全主于一家故也。其论诗文主张从学问修养入手,同时又认为立身为人生大节,而文章特其次焉者;且即令为文,亦须与人生社会有关。此诸点均为实用派之见解。其言云:

> 治经之法,不独玩其文章、谈说义理而已;一言一句皆以养心治性。事亲处兄弟之间,接物在朋友之际,得失忧乐一考之于书,然后尝古人之糟粕而知味矣。读史之法,考当世之盛衰与君臣之离合。在朝之士观其见危之大节;在野之士观其奉身之大义。以其日力之余玩其华藻。以此心术作为文章,无不如意,何况翰墨与世俗之事哉。(《书赠韩琼秀才》)

读书须精治一经,知古人关捩子,然后所见书传,知其指趣,观世故在吾术内。古人所谓"胆欲大而心欲小"——不以世之毁誉爱憎动,此胆欲大也;非法不言,非道不行,此心欲小也。文章乃其粉泽,要须探其根本,本固则世故之风雨不能漂摇,古之特立独行者,盖用此道耳。……忠信孝友,立则见其参①于前,在舆则见其倚于衡,当久而后能安之。若但绣其鞶帨,又安能美七尺之躯哉!(《与徐甥师川》②)

  所寄《释权》一篇,词笔纵横,极见日新之效。更须治经,深其渊源,乃可到古人耳。……文章最为儒者末事,然索学之,又不可不知其曲折,幸熟思之。(《答洪驹父书》)

  君子之事亲,当立身行道,扬名于后,文章直是太仓之一稊米耳。(《与洪甥驹父》)

学问修养为为文之根本,这几段话已说得很透辟入微。至于在写作时,山谷之见全与唯美派相同,主张不率意妄作,而要③精心结撰,谨慎将事。在理论上,他推挹刘勰同刘知几。在创作上,他尊崇杜甫同韩愈。试看他下边这几段话:

  《淮阴行》情调殊丽,语气尤稳切,白乐天\\元微之为之,皆不入此律也。(《跋刘梦得〈淮阴行〉》)

  此诗入陶渊明,格律颇雍容,使高子勉追之或未能。然子勉作唐律五言数十韵,用事稳贴,置字有力,元老亦未能也。(《跋欧阳元老诗》)

  余闻雷太简才气高迈,观此诗,信如所闻也。梅圣俞与余妇家有连,尝悉见其平生诗,如此篇是得意处。其用字稳实,句法刻厉,而有和气。他人无此功也。(《跋雷太简梅圣俞诗》)

  作文字不必多,每作一篇,要商榷精尽,检阅不厌勤耳。

---

① "参"原稿引作"森",校订者酌改。
② 原稿此处夹注为"《与洪甥驹父》",误,校订者酌改。
③ "要"原稿作"主张",与前犯重,校订者酌改。

(《与秦少章觏》)

　　某心醉于诗与楚词,似若有得,然终在古人后。至于论议文字,今日乃当付之少游及晁、张、无己,足下可从此四君子一二问之。前日王直方作楚词二篇来,亦可观。尝告之云:如世巧女,文绣妙一世,设欲作锦,当得锦机,乃能成锦。足下试以此思之。(《与秦少章觏》)

　　小诗若能令每篇不苟作,须有所属乃善。顷来诗人,惟陈无己得此意,每令人叹服之。盖渠勤学不倦,味古人语精深,非有为不发于笔端耳。(《与王立之承奉》)

　　刘勰《文心雕龙》、刘子元《史通》,此两书曾读否?所论虽未极高,然讥弹古人,大中文病,不可不知也。(《与王立之承奉》)

　　《青琐》祭文,语意甚工,但用字时有未安处。自作语最难,老杜作诗,退之作文,无一字无来处,盖后人读书少,故谓韩、杜自作此语耳。古之能为文章者,真能陶冶万物,虽取古人之陈言入于翰墨,如灵丹一粒,点铁成金也。(《答①洪驹父书》)

讲律度、讲锻炼,自是唯美派的创作本色,同时彦和、子玄又是唯美派的理论家,而子美同退之又是受唯美派影响最深的创作家。然②则在创作态度上,山谷之全盘承袭了唯美派的理论,从这些地方不是看得很清楚了吗?

　　至于诗文的意境,山谷完全受着自然主义派的影响。他批评别人的作品最好用这两句话,即"胸中有万卷书,笔下无一点尘俗气"。(《跋东坡乐府》、《书刘景文诗后》)山谷尤其是到晚年,极倾服陶渊明的作品,故其创作与理论,可以说从工部入而又从彭泽出者。其《题意可诗后》云:

---

① "答"原稿误引作"与",校订者酌改。
② "然"为校订者酌增。

> 宁律不谐,而不使句弱,用字不工,不使语俗,此庾开府之所长也,然有意为诗也。至于渊明,则所谓不烦绳削而自合。虽然,巧于斧斤者多疑其拙,窘于检括者辄病其放。孔子曰:"宁武子,其知可及也,其愚不可及也。"渊明之拙与放,岂可为不知者道哉!

《论诗》又云:

> 谢康乐、庾义城之于诗,炉锤之功不遗力也。然陶彭泽之墙数仞,谢庾未能窥者,何哉?盖二子有意于俗人赞毁其工拙,渊明直寄焉耳。

山谷对渊明认识最清,而尤其是后一段更其精辟,盖系其晚年之见,彼于唯美、自然两派已显然分出优劣矣。他在《赠高子勉诗》中又云:"拾遗句中有眼,彭泽意在无弦。顾我今六十老,付公以二百年。"此所以山谷之诗在律度上追求整炼,而在意境上趋向冲淡也。

至山谷①之语最足以看出其陶融三派而一之的主张的,是题跋中所载的《书王知载朐山杂咏后》一文:

> 诗者,人之情性也,非强谏争于廷、怨忿诟于道、怒邻骂坐之为也。其人忠信笃敬,抱道而居,与时乖逢,遇物悲喜,同床而不察,并世而不闻,情之所不能堪,因发于呻吟调笑之声,胸次释然,而闻者亦有所劝勉,比律吕而可歌,列干羽而可舞,是诗之美也。

合乎这种条件的诗才是山谷所认为最好的诗。可说要具备这些条件,如"情之所不能堪,因发为呻吟调笑之声,胸次释然",即②是说诗歌是自然的流露,不得已的流露,不是故意去作,乃是不得不写,这是自然主义派的见解。至于说"闻者亦有所劝勉",这就谈到内容的影

---

① 原稿此处有"论文"二字,容易让人误解为狭义的"论文"之语(其实指广义的文评),校订者酌删。

② "即"原稿作"这",与下犯重,校订者酌改。

响问题了。自然主义派是不问作品写出后对社会影响如何的,惟有实用主义派才注意及此,因为自然派只求真,而实用派才求善。"有所劝勉"乃是善的问题,而非真的问题。最后又说"比律吕而可歌,列干羽而可舞",这又是唯美派的见解,实用派①、自然派都不管这些问题的,只有唯美派才注意到写出来的作品是否合乎律度、是否可歌、是否可舞。所以我们乍一看山谷的论诗文的一些话,会②觉得奇怪。譬如他既推尊工部又推尊渊明;同时又好讲一套为学与做人的大道理,好像是有点矛盾似的。可是我们③仔细一分析,就可以晓得他把这三派的主张完全统一了起来,使它们融合而无间。山谷有此理论并以之见诸实行,他的作品之能成为北宋以后诗坛上一大宗派,并不是偶然的啊。

陈师道字无己,号后山,为江西诗派中的作者。他于诗极推尊山谷,而且自称其为诗在以山谷为法。他有诗道:

> 公诗端王道,亭亭如紫云。落手④不敢学,谓是诗中君。独有黄太史,抱杓挹其尊。韵出百家上,诵之心已醺。黄钟毁少合,大裘摈不文。世事如病耳,螳斗作牛闻。苦怀太史惠,荞豹烟雨昏。后世无高学,举俗爱许浑。(《次韵苏公西湖观月听琴》)

又《答秦觏书》云:

> 仆于诗,初无诗法,然少好之,老而不厌,数以千计。及一见黄豫章,尽焚其稿而学焉。豫章以谓:"譬之奕焉,弟子高师一著,仅能及之,争先则后矣!"仆之诗,豫章之诗也。豫章之学博矣,而得法于杜少陵,其学少陵而不为者也,故其诗近之,而其进则未也。故仆尝谓豫章之诗如其人,近不可亲,远不可疏,非其

---

① "实用派、自然派"之两"派"字,为校订者酌增。
② "会"原稿作"都",校订者酌改。
③ 原稿漏缺"们"字,此处"我们"承上句而来,校订者酌加补。
④ "落手"原稿引作"落世",校订者酌改。

好莫闻其声。而仆负戴道上,人得易之,故谈者谓仆诗过于豫章。足下观之,则仆之所有从可知矣。

其《答魏衍黄预勉余作诗》①又云:

> 我诗浅短子贡墙,众目俯视无留藏。句中有眼黄别驾,洗涤烦热生清凉。人言我语胜黄语,扶竖夜燎齐朝光。

后山既然在创作上以山谷为法,故论诗亦与山谷相同。首先在创作态度上,他是以诗歌为生命的一个诗人。他道:"此生精力尽于诗,末岁心存力已疲"(《绝句》),同时山谷有"闭门觅句陈无己"之句(《病起荆江亭即事》),就可以晓得后山②之写诗精神与唐代的孟郊、贾岛实无二致。这自然都是受了工部的"语不惊人死不休"的影响,所以才这个样子。不过后山虽极意炼句,但却③不取那种绮丽粉饰的作风,而颇响往于冲淡自然的境界。他道:"不共卢王争出手,却思陶谢与同时。"(《绝句》)这不与山谷之论如出一辙吗?不过有点我觉得后山高于山谷的,乃是山谷诗最喜用典,而后山则否。后山谓其诗为"众目俯视无留藏",故不如山谷之含蓄,殊不知此正为彼之高于山谷处。

唐庚字子西,眉州丹稜人,绍圣中登进士第,为苏轼的同乡后辈。著有《唐子西集》二十四卷,另有《唐子西文录》(以下简称《文录》),见于清人何文焕④所辑之《历代诗话》中。

子西虽为东坡之同乡后学,但其论文颇注意于格律气象,与东坡之主张自然者迥乎不侔。其言云:

> 诗在与人商论,深求其疵而去之,等闲一字放过则不可,殆

---

① 下引《答魏衍黄预勉余作诗》一段,为任访秋先生补写在原稿眉端上者,此处纳入正文。
② "后山"原稿作"他",指代不明,校订者酌改。
③ "却"原稿作"确",校订者酌改。
④ "清人何文焕"原稿作"近人丁福保",此系误记,丁福保所辑乃《历代诗话续编》,校订者酌改。

>近法家,难以言恕矣,故谓之诗律。东坡云:"敢将诗律斗深严。"余亦云:"律伤严,近寡恩。"大凡立意之初,必有难易二涂,学者不能强所劣,往往舍难而趋易,文章罕工,每坐此也。作诗自有稳当字,第思之未到耳。皎然以诗名于唐,有僧袖诗谒之,然指其《御沟诗》云:"'此波涵圣泽','波'字未稳,当改。'僧怫然作色而去。僧亦能诗者也,皎然度其去必复来,乃取笔作'中'字掌中,握之以待。僧果复来,云:"欲更为'中'字如何?"然展手示之,遂定交。要当如此乃是。(《文录》)

此论用字之谨严。又云:

>过岳阳楼观杜子美诗,不过四十字尔,气象阔放,涵蓄深远,殆与洞庭争雄,所谓富哉言乎者。太白、退之辈率为大篇,极其笔力,终不逮也。杜诗虽小而大,馀诗虽大而小。(《文录》)

又云:

>谢玄晖诗云:"寒城一以眺,平楚正苍然。""平楚",犹平野也。吕延济乃用"翘翘错薪,言刈其楚",谓楚,木丛,便觉意象殊窘。凡五臣之陋,类若此。(同上)

可知子西对诗最注意于气象阔放,意境开阔。所以他于文标举司马迁,于诗标举杜子美。他道:

>六经已后便有司马迁,三百五篇之后便有杜子美。六经不可学,亦不须学,故作文当学司马迁,作诗当学杜子美,二书亦须常读,所谓"何可一日无此君"也。(《文录》)

>司马迁敢乱道,却好。班固不敢乱道,却不好。(同上)

子西这种主张后来虽颇为王若虚所讥议(《滹南遗老集》卷三十四,卷三十九),但至明季遂为前后七子之所本。彼等标举"文必秦汉",实际是"文必史迁";"诗必盛唐",实际是"诗必工部"。至彼等模拟工部,又专在铺张夸大上用功夫,所谓"万水千山"一类字眼充溢诗篇。此等流弊实子西之论有以启之也。

邵雍字尧夫,号康节,是北宋道学家中的一位诗人。他不但遗留下来近千首的作品,而且在他的作品中,还写出他对于诗歌的极宝贵的见解。他因为是以儒者自命的诗人,所以自然不脱实用主义派的见解。他在他的《伊川击壤集序》中极力阐发《诗大序》中的话。他道:

> 子夏谓"诗者,志之所之也。在心为志,发言为诗。情动于中而形于言,声成其文而谓之音"。是知怀其时则谓之志,感其物则谓之情,发其志则谓之言,扬其情则谓之声,言成章则谓之诗,声成文则谓之音。然后闻其诗,听其音,则人之志情可知之矣。

《诗大序》中几句简单的话经他这一阐发,使我们觉得意义更精微了。因为他标出"怀其时则谓之志"的解释,于是他对于专写一已之休戚的作品,认为是有害于人的,必须是有关于兴废治乱、"以天下大义而为言"之作,那才算是真正"言志"之作。他道:

> 且情有七,其要在二,二谓身也、时也。谓身则一身之休戚也,谓时则一时之否泰也。一身之休戚,则不过贫富贵贱而已;一时之否泰,则在夫兴废治乱者焉。……近世诗人,穷戚则职于怨憝,荣达则专于淫泆。身之休戚发于喜怒,时之否泰出于爱恶,殊不以天下大义而为言者,故其诗大率溺于情好也。(《伊川击壤集序》)

至于诗歌的效用,他在《诗史吟》中讲得最详细。诗云:

> 诗史善记事,长于造其真;真胜则华去,非如目纷纷。……皇王帝伯时,其人长如存;百千万亿年,其事长如新。可以辨庶政,可以齐黎民;可以述祖考,可以训子孙;可以尊万乘,可以严三军;可以进讽谏,可以扬功勋;可以移风俗,可以厚人伦;可以美教化,可以和疏亲;可以正夫妇,可以明君臣;可以赞天地,可以感鬼神。

这都充分的代表着实用主义派的见解。不过北宋的道学家虽宗法孔、孟,而实际在骨子里都受着很深的道家思想的影响,就中以尧夫为尤甚,所以他的文学观有许多地方与自然主义派很相同。

首先他认为我们对于人生若持"以道观性,以性观心,以心观身,以身观物"的态度,虽说"治则治矣,然犹未离乎害者也。不若以道观道,以性观性,以心观心,以身观身,以物观物,则虽欲相伤,其可得乎?"(《伊川击壤集序》)他所说的第二种态度,即纯然的是道家的态度。渊明诗之所以写得那样的自然、冲淡,即全因为他能够达到"以物观物"的境界之故。

其次是他对于写作的态度纯粹基于自然,是"无所为而为"的。他道:

> 所未忘者,独有诗在焉。然而虽曰未忘,其实亦若忘之矣。何者?谓其所作异乎人之所作也。所作不限声律,不沿爱恶,不立固必,不希名誉,如鉴之应形,如钟之应声。其或经道之余,因闲观时,因静照物,因时起志,因物寓言,因志发咏,因言成诗,因咏成声,因诗成音。是故哀而未尝伤,乐而未尝淫。虽曰吟咏情性,曾何累于性情哉!(《伊川击壤集序》)

他又于《答傅钦之》诗中道:"亦不多吟,亦不少吟。亦不不吟,亦不必吟。"这不都是自然主义派的态度吗?

再次是他对于诗歌的本身主张淳朴、自然,不尚雕饰,不重造作。他一则曰"不限声律"(《伊川击壤集序》),再则曰"兴来如宿构,未始用雕镌"(《谈诗吟》),所以他的诗最真切最自然,有许多白话之作。这种风格与渊明之直抒胸臆极其相近。不过尧夫因为是道学家,诗中说理的成分极多,此其所以在风味上不如渊明之淳朴也。

陆游字务观,号放翁。他是南宋诗坛上一位极重要的作家。他论诗的诗篇很多,大致看来,他的见解与自然、实用两派为最相近。

首先,他认为一个大作家之所以成为大作家,都是由于环境遭遇的铸造,而决不是偶然的。他在《感兴》中道:

> 文章天所秘,赋予均功名。吾尝考在昔,颇见造物情。离堆太史公,青莲老先生。悲鸣伏枥骥,蹭蹬失水鲸。饱以五车读,劳以万里行。险艰外备尝,愤郁中不平。山川与风俗,杂错而交并。邦家志忠孝,人鬼参幽明。感慨发奇节,涵养出正声。故其所述作,浩浩河流倾。岂惟配诗书,自足齐韶韺。我衰敢议此,长歌涕纵横。

其次,他自述他之得到写诗的三昧,是从实际生活中了悟出来的。《九月一日夜读诗稿有感走笔作歌》中道:

  我昔学诗未有得,残余不免从人乞。力孱气馁心自知,妄取虚名有惭色。四十从戎驻南郑,酣宴军中夜连日。打球筑场一千步,阅马列厩三万匹。华灯纵博声满楼,宝钗艳舞光照席;琵琶弦急冰雹乱,羯鼓手匀风雨疾。诗家三昧忽见前,屈、贾在眼元历历。天机云锦用在我,剪裁妙处非刀尺。世间才杰固不乏,秋毫未合天地隔。放翁老死何足论,《广陵散》绝还堪惜。

与这篇诗的见解可以互相发明的还有《示子遹》篇:

  我初学诗日,但欲工藻绘。中年始少悟,渐若窥宏大。怪奇亦间出,如石漱湍濑。数仞李杜墙,常恨欠领会。元白才倚门,温李真自郐。正令笔扛鼎,亦未造三昧。诗为六艺一,岂用资狡狯?汝果欲学诗,工夫在诗外。

这都能道出创作的要点。所谓"功夫在诗外"者,即谓①专斤斤于声律词句之讲求,是决写不出好诗的,必须从实际生活中去多阅历、多体验,这样才有一旦豁然贯通之时。一般从事写作者多不解此,而终日咿唔吟毫,其结果不过是一种笔墨的游戏,决谈不上创作的。放翁这一些见解,都可以说与自然主义派的看法很相近。《庄子》中所讲的"性"、"命"、"故"②,不都是指的客观环境来说的吗?至于纯粹合

---

① "谓"为校订者酌增。

② 校订者按,任访秋先生此处所谓"《庄子》中所讲的'性'、'命'、'故'",大概指的是《达生》篇的这段话:孔子观于吕梁,县水三十仞,流沫四十里,鼋鼍鱼鳖之所不能游也。见一丈夫游之,以为有苦而欲死也,使弟子并流而拯之。数百步而出,被发行歌而游于塘下。孔子从而问焉,曰:"吾以子为鬼,察子则人也。请问:蹈水有道乎?"曰:"亡,吾无道。吾始乎故,长乎性,成乎命,与齐俱入,与汨偕出,得水之道而不为私焉。此吾所以蹈之也。"孔子曰:"何谓'始乎故,长乎性,成乎命?'"曰:"吾生于陵而安于陵,故也;长于水而安于水,性也;不知吾所以然而然,命也。"

于自然主义派的主张的,是《文章》一诗:

> 文章本天成,妙手偶得之。粹然无疵瑕,岂复须人为。君看古彝器,巧拙两无施。汉最近先秦,固已殊淳漓。胡部何为者?豪竹杂哀思。后夔不复作,千载谁与期。

此外放翁的见解有与实用派相同的,即他盛推工部同东坡,而其所以推尊他们的原因,完全由于从他们作品的内容上看,觉得堪与《三百篇》的雅颂相比之故。他道:

> 看渠胸次隘宇宙,惜哉千万不一施!空回英概入笔墨,《生民》、《清庙》非唐诗。(《读杜诗》)

> 千载诗亡不复删,少陵谈笑即追还。常憎晚辈言诗史,《清庙》、《生民》伯仲间。(《读杜诗》)

这是批评工部的,而对东坡也崇拜得五体投地①:

> 晚途迁海表,万里天宇空。岂惟骑鲸鱼,遂欲跨蝘蜓。心空物莫挠,气老笔愈纵。秕糠《郊祀歌》,远友《清庙》颂。我生虽后公,妙句得吟讽。整衣拜遗像,千古尊正统。(《玉局观拜东坡先生海外画像》)

放翁不以诗人来看工部同东坡,认为把他们看作诗人未免太小觑了他们。这纯是实用派的见解。放翁晚年总是不忘家国,临死作诗《示儿》,还说"王师北定中原日,家祭无忘告乃翁"。这都是深受儒家思想影响之故。

至于唯美派,放翁的见解似乎与之不甚相合。他反对纤艳,《醉书》中云:"但恨诗不进,榛荒失耘锄。何当扫纤艳,杰作追黄初。"反对温、李,《示子遹》中云:"元白才倚门,温李真自郐。"反对西昆,《宋都曹屡寄诗且督和答,作此示之》中云:

> 古诗三千篇,删取才十一,每读先再拜,若听清庙瑟。诗降为楚骚,犹足中六律。天未丧斯文,杜老乃独出。陵迟至元白,

---

① "而对东坡也崇拜得五体投地",为校订者酌增。

  固已可愤疾。及观晚唐作,令人欲焚笔。此风近复炽,隙穴始难窒。淫哇解移人,往往丧妙质。苦言告学者,切勿为所怵。航川必至海,为道当择术。

以主张"文章天成,妙手偶得"的放翁,则其反雕镂、反粉饰,自是极自然的事。

  杨万里字廷秀,号诚斋,著有《诚斋集》。他是与放翁同时的一位诗人①,平生作品极多,在他的集子中,论诗的诗文颇有些。从他自道其创作经验及评论古代作者的话②,可以晓得他的创作是由自然主义而转入唯美主义,最后又从唯美主义而转回自然主义。他的《书王右丞诗后》诗③云:

  晚因子厚识渊明,早学苏州得右丞。忽梦少陵谈句法,劝参庾信谒阴铿。

这恰巧说明了他写诗的三阶段,因为他在创作上出入于自然与唯美之间,所以他的论调有些近于唯美派,有些又近于自然派。其近于唯美派的,如:

  个个诗家各筑坛,一家横割一江山。只知轻薄唐将晚,更鲜攀翻晋以还。遮莫蟠胸书似山,更饶落笔语如泉。阴、何绝倒无人怨,却怨渠侬秘不传。(《和段季承左藏惠四绝句》)

又《答徐子材谈绝句》④:

  受业初参且半山,终须投换晚唐间。国风此去无多子,关捩挑来只等闲。

他称道晚唐作者,替晚唐作者鸣不平,大有工部为四杰鸣不平之概,

---

  ① "他是与放翁同时的一位诗人",原稿作"他与放翁同时。他说一位诗人。"校订者酌改。

  ② 原稿此处有"看来"二字,校订者酌删。

  ③ "诗"原稿作"中",校订者酌改。

  ④ 校订者按,下引《答徐子材谈绝句》,为任访秋先生补写在原稿眉端上者,此处纳入正文。

同时他又称道阴、何,都足看到他对那班唯美派的作家甚为推重。至于他主张在创作时要锻炼字句,更见于他的《答卢宜伯书》,书中云:

> 惟诗似未甚进,盖体未宏放,句未锻炼,字未汰择。借使一两联可观,要之未可摘诵,令人洞心骇耳也。如"成败萧何"等语,此不应收用。诗固有以俗为雅,然亦须经前辈取镕,乃可因承尔。如李之"耐可",杜之"遮莫",唐人之"里许"、"若个"之类是也。昔唐人寒食诗,有不敢用饧字,重九诗有不敢用糕字,半山老人不敢作郑花诗。以俗为雅,彼固未肯引里母田妇,而坐之于平王之子、卫侯之妻之列也。何也?彼固有所甚新,而不轻也。

可见诚斋诗如何的主张慎于用字、严于造句,而以"洞心骇耳"亦即工部所谓"惊人"为鹄的了。他又于《答徐赓书》中论为文云:

> 盖闻文者,文也。在《易》为贲,在《礼》为绘。譬之为器,工师得木,必解之以为朴,削之以为质,丹腹之以为章,三物者具,斯曰器矣。有贱工焉,利其器之速就也,不削不丹、不腹不解焉而已矣,号于市曰:"器莫吾之速也!"速则速矣,于用奚施焉?时世之文,将无类此?抑又有甚者,作文如作宫室,其式有四:曰门、曰庑、曰堂、曰寝。缺其一,絫其二,崇庳之不伦,广狭之不类,非宫室之式也。……今其言曰:"文焉用式,在我而已。"是废宫室之式,而求宫室之美也。

这就可以看出诚斋是怎样重视雕饰与格律了。不过,诚斋有些话于自然派又很相近,这当是他晚年了悟了作诗三昧之后的说法。试看他下边的这些话:

> 赠我新诗字字奇,一奁八百颗珠玑。问侬佳句如何法?无法无盂也没衣。(《酬阁皂山碧崖道士甘叔怀赠"美名人不及,佳句法如何"十古风》)

> 晚爱肥仙①诗自然,何曾绣绘更琱镌?春花秋月冬冰雪,不听陈言只听天。(《读张文潜诗》)

这是以无法为法的主张,同时对于不加粉泽而一出于自然的诗甚加推赞。至于他的《答徐达书》,更畅论偶然感兴之作绝胜于勉强唱酬之作。书中云:

> 大抵诗之作也,兴上也,赋次也,赓和不得已也。我初无意于作是诗,而是物是事适然触乎我,我之意亦适然感乎是物是事,触先焉、感随焉,而是诗出焉,我何与哉②?天也——斯之谓"兴"。或属意一花,或分题一草,指某物课一咏,立某题征一篇,是已非天矣,然犹专乎我也——斯之谓"赋"。至于赓和,则孰触之、孰感之、孰题之哉?人而已矣。出乎天,犹惧牋③乎天;专乎我,犹惧弦④乎我;今牵乎人而已矣,尚冀其有一铢之天、一黍之我乎?盖我未尝觌是物,而逆追彼之觌。我不欲用是韵,而抑从彼之韵,虽李、杜能之乎?而李、杜不为也。是故李、杜之集无牵率之句,而元、白有和韵之作。诗至和韵而诗始大坏矣,故韩子苍以和韵为⑤诗之大戒也。

所谓"天"即自然之意,而"人"即为人为。此等见解全由自然主义派来者。就诚斋之作品论,这许是他的晚年之见,故初则无法,进而为有法,最后又臻于无法,而达到了极其纯熟之境。宋人论诗喜用禅家话头,诚斋亦然。如:

> 黄语似萧语,已透最上关。(《答赋永丰宰黄岩老投赠五言古句》)

> 西昌有客学南昌,衣钵真传快阁旁。(《跋萧彦毓梅坡诗

---

① 校订者按,张耒,字文潜,因为体胖,所以人称"肥仙"。
② "哉"原稿引作"焉",校订者酌改。
③ 校订者按,"牋"或疑当作"戕"。
④ 校订者按,"弦"一作"强"。
⑤ 原稿漏引"为"字,校订者酌补。

集》)

>   要知诗客参江西,政似禅客参曹溪。不到南华与修水,于何传法更传衣?(《送分宁主簿罗宏材秩满入京》)

所谓禅家传法,重在从实际生活中刻苦体验,最后臻于妙悟之境。作诗亦然,必须在初期痛下功夫,历时渐久,自有了悟之一日,一旦了悟,则信笔所之,即成律度,不加雕镂,而精妙绝伦,所以无法还是从有法中脱出者。能明白这种道理,那么诚斋之论也就①毫不足怪了。

刘克庄字潜夫,号后村居士,福建莆田人,著有《后村大全集》。后村是南宋的一位大诗人,同时他与道学也有渊源关系。他曾师事真德秀,而他又被列名于《宋元学案》中的《艾轩学案》。因此郭绍虞先生称他为"诗人中的道学家,与道学家中的诗人"。后村因为与道学有渊源关系,所以他论文学总偏于实用主义这一边;又因为他是一位诗人,所以他不像道学家那样的反对在创作上用工力。因此他的见解非常的弘通博大,而能撷实用、唯美与自然三派之长,而融铸变化以成其个人独特之文学论。

现在我们首先看他所受到的实用派的影响如何。实用派论文,主要在创作必须得有所为而为才是有意义的创作,也就是一般儒者所说的"文以载道"与"诗中必有事在"这两句话。后村论文,极推重韩、曾,这自然是南宋一般道学家之见。他道:

>   道散斯文体尚浮,韩、曾力与化工伴。山瞻泰华岩岩笋,河出昆仑混混流。长庆从官销不得,熙宁丞相挽难留。沧州奏疏潮州表,犹被人拈作话头。(《韩曾一首》)

这真赞仰道极点了。至他批评工部,《后村诗话》(以下简称《诗话》)中云:

>   杜五言感时伤事,如"亲朋无一字,老病有孤舟",如"敢料安危体,犹多老大臣",如"不愁巴道路,恐湿汉旌旗";其用事琢

---

① 原稿此处有"觉得"二字,校订者酌删。

对,如"须为下殿走,不可好楼居",如"竟无宣室召,徒有茂陵求",如"鲁卫弥尊重,徐陈略丧亡":八句之中,著此一联,安得不独步千古! 若全集千四百篇,无此等句语①为气骨,篇篇都做"圆荷浮小叶,细麦落轻花"道了,则似近人诗矣!

他批评元结同韦应物云:

> 唐诗人出牧者,多夸说军府之雄、邑屋之丽、士女之盛,惟元道州《贼退示官吏》云:"追呼尚不忍,况乃鞭扑之。"②韦苏州《寄人》③云:"身多疾病思田里,邑有流亡愧俸钱。"皆有忧民之意。(《诗话》)

又其《瓜圃集序》云:"亡友翁应叟尤工律诗,……其言多有益世教,凡敖慢亵狎、闺情春思之类,无一字一句及之。是岂可以律诗而檗少之耶?"其《王子文诗序》亦云:"古诗皆切于世教。'訏谟定命,犹犹辰告',大臣之言也;'敬之敬之,命不易哉',谏臣之言也;……禹之训、皋陶之歌、周公之诗,大率达而在上者之作也。"这都足看到后村论诗的微旨。

其次是他极不赞同香艳一类的篇什,不过还不像一般道学家之甚。《诗话》论《玉台新咏》云:

> 徐陵所序《玉台新咏》十卷,皆《文选》所弃余也。六朝人少全集,虽赖此书略见一二,然赏好不出月露,气骨不脱脂粉,雅人壮士见之废卷。昔坡公笑萧统之陋,以陵观之,愈陋于统。如沈休文《六忆》之类,其亵慢有甚于《香奁》、《花间》者,然则自《国风》、《楚辞》而后,故当继以《选》诗,不易之论也。

又论李群玉云:

> 唐人多不矜细行,李群玉有《龙门寺佳人阿最歌》云:"何须

---

① 原稿漏引"语"字,校订者酌补。

② 校订者按,"追呼尚不忍,况乃鞭扑之"为元结《春陵行》诗句,刘克庄记忆有误。

③ 校订者按,《寄人》诗的准确诗题是《寄李儋元锡》。

同泰寺,然后始为奴。"其放浪①如此。夫陶写情性,如《闲情赋》可也,过则为群玉矣。(《诗话》)

又论杜牧之云:

> 杜牧罪元、白诗歌传播,使子父女母交口诲淫,且曰:"恨吾无位,不得以法绳之。"余谓此论合是元鲁山、阳道州辈人口中语,牧风情不浅,如《杜秋娘》、《张好好》诸篇,"青楼薄倖"之句、街吏平安之报,未知去元白几何?以燕伐燕,元、白岂肯心服!(《诗话》)

这可以看出他对于一般写恋情的作品是不大恭维的。不过他的尺度比较的宽,不像昭明那样的拘泥罢了。

再次是他对于专事吟风弄月而毫无寄兴之作也很致非难。这一点与白居易颇有点相近了。他在《听蛙诗序②》中道:"近时小家数,不过点对风月花鸟,脱换前人别情闺思,以为天下之美在是,然力量轻,边幅窘,万人一律。"这与前边"诗中必有事在"的主张是一而二、二而一的见解。

至于后村受自然派影响的地方,是他特别重视内容,而认为形式是决定于内容的。他在《方俊甫小稿序③》中道:

> 三百五篇有出于小夫贱隶、寺人媵妾、放臣逐子之作,而圣笔不能删,高弟子夏、名儒卫宏不能序,韩婴不能传,左史倚相④不能知,毛、郑不能笺,束晳不能补,王通不能续,其故何也?余观古诗以六义为主,而不肯于片言只字求工。季世反是,虽逢之高才,不过欲去陈言以夸末俗。后人因之,虽守诗家之句律严,然去风人之情性远矣。君诗之病在于炼字而不炼意,予窃以为未然。若意义高古,虽用俗字亦雅,陈字亦新,闲字亦警。君归

---

① "放浪"原稿引作"放泼",校订者酌改。
② 原稿漏缺"序"字,校订者酌补。
③ 原稿漏缺"序"字,校订者酌补。
④ 校订者按,倚相者,倚氏、名相,春秋时楚国左史。

而求之,高无对矣。

又《跋①刁通判诗卷》中云:

> 余尝评本朝诗,昆体过于雕琢,去情性浸远,至欧、梅始以开拓变拘狭、平淡易纤巧。子曰:"辞达而已矣",岂必掮扯义山入杜②乎。

这种轻格律重性情的见解,可以说开了明季公安与清代③随园论诗之风。后村以这样的标准来衡量唐诗,故对高适、岑参等辈颇加赏识,而于退之一派的诗人则不甚赞许。他道:"高适、岑参,开元、天宝以后大诗人,与杜公相颉颃,歌行皆流出肺肝,无斧凿痕。……郊、岛辈句煅月炼④者,参谈笑得之,辞语壮浪,意象开阔。"(《诗话》)又评退之《南山诗》云:"韩《南山》诗,设'或如'者四十有九,辞义各不相犯,如缫甕茧,丝出无穷。……⑤尽斯文变态,穷天下精博,然非诗之极致。"这都足证后村瓣香,不在此辈。

说到唯美派,后村也不能说与之毫无关系。首先他重视文学之价值,这已不是一般道学家的固陋所能及了。他道:

> 叔孙穆叔有云⑥:"太上立德,其次立功,其次立言。"信斯言也,是云有功德者,无待于立言欤?……自穆叔之论行,世始以文为道之小技,诗又文之小技。王公大人率贵重不暇为,或高虚

---

① 原稿漏缺"跋"字,校订者酌补。

② 校订者按,据《后村题跋》,则"杜"当作"社"。

③ "清代"原稿作"清季",按,袁枚生活在乾隆时代,时非"季世",校订者酌改。

④ 原稿此处引文衍"而成"二字,校订者酌删。

⑤ 原稿此处引文有"如弯硬弓,臂力有余"两句,乃是后村对柳宗元诗《寄张澧州》(全题《同刘二十八院长述旧言怀感时书事,奉寄澧州张员外使君五十二韵之作。因其韵增至八十通赠二君子》)的评语,与韩愈《南山》诗无涉,校订者酌删。

⑥ 原稿引文无"云",乃据《后村先生大全集》通行本,《全宋文》则据清抄本补"云"字,校订者据以酌补。

不屑为,而山林之退士、江湖之旅人,遂得以执其柄而称雄焉,自晋、唐以来已然矣。(《信庵诗序①》)

其次是他对创作态度非常的严肃而谨重。他在晚年自述其创作的经过道:

> 海滨荒浅幼无师,前哲藩篱尚未窥。元(玄)咏易流西晋学,苦吟不脱晚唐诗。远僧庵就勤求记,亡友坟成累索碑。天若假余金石寿,所为讵肯止于斯。(《自勉》)

同时他认为欲作品之佳,必勤作、多作不可。其《序仲弟诗》②中云:

> 昔梅圣俞日课一诗。余为方孚若作行状,其家以陆放翁手录诗稿一卷为润笔。题其前云:"七月十一日至九月二十九日,计七十八日,得诗一百首。"陆之日课尤勤于梅。二公岂贪多哉!艺之熟者必精,理势然也。

这些都是不易之论。

以上为后村与已往批评方面各派之关系,底下试再就其论③创作与批评两方面作一检讨。

后村对于创作,首先注意于作家个人的人格修养,就是欲文章之奇伟,必须在人格上能够超群拔俗才行。他道:

> 夫人皆为文,文不能皆奇,由俗学窒之,俗虑汩之耳。迂则不俗,不俗则奇。非极天下之迂,不能极天下之奇。……迂者去富贵利达常远,而去淡泊枯槁常近也。(《题傅自得文卷》)

所谓不俗,即在能有超功利之见与超功利之行才可以。本于这种见解,所以他认为"诗非达官显人所能为",肯定④"诗必天地畸人、山林退士,然后有标致。"(《跋章仲山诗》)"惟极天下之清,乃能极天下之工。"(《毛震龙诗藁》)

---

① 原稿漏缺"序"字,校订者酌补。
② 校订者按,《序仲弟诗》,《后村题跋》作《跋仲弟诗》。
③ "论"原稿作"对于",校订者酌改。
④ "肯定"原稿作"同时",校订者酌改。

其次在诗歌的造诣上,他悬出两个鹄的,即"大家数"与"小家数"。他在《王与义诗序》中道:

> 前辈有"学诗如学仙"之论,窃意仙者必极天下之轻清,而后易于解脱,未有重浊而能仙也。君之作庶乎轻清矣。然余闻之,丹家冲漠自守,专固不急,一旦婴儿成、囟门开,足以不死矣。此养内丹者之事,癯于山泽之仙也。若夫大丹,则异于是:传方诀必有师,安炉灶必有地,致久永必有赍,又必修三千功行以俟之。及其成也,笙鹤幢节本不期而至,王乔骖乘,韩众执辔,翱翔太清而朝于帝所,此天仙也,异乎前之癯于山泽者矣。余以其说推之于诗,凡"大家数"擅名今古,大丹之成者也;"小家数"各鸣所长,内丹之成者也。

从这段文中,可以看出后村所谓"大家数"与"小家数"二者之不同来。所谓"大家数"必然的要有师承,要有学养,同时还得要有长期的功力,此即所谓"有师"、"有地"、"有赍"与"三千功行"也。至于成功之后,其作品在形式上是兼备各体,而在内容上又是包罗万象,所以才足以擅名千古。至于"小家数",也有才情,也有功力,不过局量狭、气魄小,虽有独至,也不过是各鸣其所长而已。后村立此鹄的,用它来开导后学,同时又用它来批评作者。我们试读他的诗歌散文以及诗话,常常看见这样的字眼。

除此之外,他认为诗人在创作方面既不应全凭典籍,又不应抛弃典籍。他道:"资书以为诗,失之腐;捐书以为诗,失之野。"(《韩隐君诗序》)至于模拟古人,他的见解颇同于刘子玄所谓"貌同心异"与"貌异心同"之见。他说:

> 余尝谓作文难,论文尤难。貌似者,不若意似。貌似者,《法言》之似《论语》也,《两京》、《三都》之似《上林》、《子虚》也;意似者,杜诗之似《史记》也,《贞符》之似《王命论》。(《郑大年文卷》)

而其极致乃在能"融液众作而成一家之言"(《跋①陈秘书集句诗》)。

最后他认为一个诗人要真想成功,必须得有坚强的自信力。他道:"吾诗工,人曰拙,勿信也;吾诗拙,人曰工,勿信也。孰信哉?自信而已。"(《跋梅窗程公垣诗卷》②)此即庄子③所谓"举世誉之而不加劝,举世毁之而不加沮"之意。

后村的批评论可以说同他的创作论是互为表里的。首先他对于创作是注意人格修养的,因之他批评古之作者也就往往从这里着眼。即如他批评嗣宗同渊明云:

> 自有诗人以来,惟阮嗣宗、陶渊明自是一家。譬如景星、庆云、醴泉、灵芝,虽天地间物,而天地亦不能使之④常有也。然嗣宗跌荡弃礼法,矜傲犯世患⑤,晚为《劝进表》以求容,志行扫地,反累其诗。渊明多引典训,居然名教中人,终其身不践二姓之庭,未尝谐世而世故不能害,人物高胜,其诗遂独步千古。(《赵寺丞和陶诗序》)

此以嗣宗与渊明并称,终于扬陶而抑阮。《诗话》中又云:"嵇、阮齐名,然《劝进表》,叔夜决不肯作",又抑阮而申嵇。此均以行谊而论作家也。

---

① 原稿漏缺"跋"字,校订者酌补。

② 《跋梅窗程公垣诗卷》,原稿失注,校订者酌补。

③ "庄子"原稿作"昌黎",校订者酌改。按,《庄子·逍遥游》云:"举世而誉之而不加劝,举世而非之而不加沮",任访秋先生误记为韩昌黎语了。复按,韩愈在《伯夷颂中》曾说:"士之特立独行,……一家非之,力行而不惑者,寡矣;至于一国一州非之,力行而不惑者,盖天下一人而已矣;若至于举世非之,力行而不惑者,则千百年乃一人而已耳。若伯夷者,穷天地亘万世而不顾者也。"曾国藩《求阙斋读书录》乃谓:"举世非之而不惑,此乃退之生平制行作文之宗旨,此自况之文也。"任先生或许因此误记而未及检查也。

④ 原稿漏引"之"字,校订者酌补。

⑤ "跌荡弃礼法,矜傲犯世患",任访秋先生据《后村先生大全集》通行本作"跌荡弃礼矜法,傲犯世患",《全宋文》据四库本乙倒,校订者据以酌改。

其次后村标出大小家数之说，创作以之，而批评亦以之。他于唐推李、杜，于宋推梅、陆，以彼等均为大家数之故。《跋①李贾县尉诗卷》中道：

> 杜、李，唐之集大成者也；梅、陆，本朝之集大成者也。学唐而不本李、杜，学本朝而不由梅、陆，是犹喜蓬户之容膝而不知有建章千门之巨丽，爱叶舟之掀浪而不知有龙骧万斛之负载也。

又论梅宛陵云：

> 欧公诗如昌黎，不当以诗论。本朝诗惟宛陵为开山祖师。宛陵出，然后桑濮之哇淫稍熄，《风》、《雅》之气脉复续，其功不在欧、尹下。世之学梅诗者，率以为淡。集中如"葑上春田阔②，芦中走吏参"(《乌程》)，"海货通闽市，渔歌入县楼"(《余姚》)，……之类，殊不草草。盖逐字逐句铢铢而较者，决不足为大家数，而前辈号大家数者，亦未尝不留意于句律也。(《诗话》)

又评放翁云：

> 近岁诗人，杂博者堆队仗，空疏者窘材料，出奇者费搜索，缚律者少变化。惟放翁记问足以贯通，力量足以驱使，才思足以发越，气魄足以陵暴。南渡而后，故当为一大宗。末年云："客从谢事归时散，诗到无人爱处工。"又云："外物不移方是学，俗人犹爱未为诗。"则皮毛落尽矣。(《诗话》)

最后，后村论文也很注意于孟子所说的"知人论世"之见。他于《跋李炎子诗卷》中云：

> 看人文字，必推本其家世，尚论其师友。《史记》、杜诗固高妙，然子长世掌太史，如董相、东方先生，皆同时相颉顽。子美自谓："吾祖诗冠古"，又与子昂、太白、岑参、高适诸诗人唱和，故能

---

① 原稿漏缺"跋"字，校订者酌补。
② "葑上春田阔"，原稿引作"葑田春日阔"，校订者酌改。

洗空万古,自成一家。

惟其能够本其家世、论其师友,才足以了解其作品,更进而了解其全人格。

我们统观后村的文学论,就可以晓得他是兼取各派、不主故常而能自成一家之言的。他认为学问、人格为文章之根本,又认为创作必须超功利才能够写得好①,同时他虽不积极主张雕琢推敲,但他也决不蔑弃工巧。这都足证其见解之博大弘通而不泥于一方。在南宋诗人而兼批评家中,恐怕在理论的博瞻精审上,后村要算是数一数二的了。

元好问字裕之,号遗山,金太原人,著有诗文集四十卷、《杜诗学》一卷、《东坡诗雅》三卷、《锦機》一卷。遗山为有金一代唯一的一位大诗人,史称其"为文有绳尺,备众体,其诗奇崛而绝雕刿,巧缛而谢绮丽。五言高古沉郁,七言乐府不用古题,特出新意。歌谣慷慨,挟幽并之气。其长短句,揄扬新声,以写恩怨者又数百篇"(《金史·文艺传》)。可谓的评。遗山诗文中论诗之处极多,可知其不仅以一代作者自命,而且以一代批评家自居也。

遗山对于诗歌的见解,大抵在内容上意存寄兴,同于实用派;在表现上则主自然流露而反对雕琢粉饰,同于自然派;而对于写作态度则视作品为生命,而苦心孤诣、竭全力以赴,则同于唯美派。其个人创作以此为鹄的,而批评亦莫不以此为标准。今将其诗论分述如次。

首先我们看遗山对于文学体用的看法。他认为诗文就是言语,而创作之根本在诚。他道:

> 尝试妄论之,诗与文特言语之别称耳,有所记述之谓文,吟咏性情之谓诗,其为言语则一也。唐诗所以绝出于三百篇之后者,知本焉耳矣②。何谓本?诚是也。(《杨叔能小亨集引》)

---

① 原稿此句句首有"同时"二字,与下犯重,校订者酌删。
② 原稿漏引"矣"字,校订者酌补。

《鸠水集序》①说:"呜呼!文章圣心之正传,达则为经纶之业,穷则为载道之器。顾所遭何如耳。"如果作品都能本之于诚,那就可以给社会以优良的影响。他又道:

> 故由心而诚,由诚而言,由言而诗也。三者相为一,情动于中而形于言,言发乎迩而见乎远,同声相应,同气相求,虽小夫贱妇孤臣孽子之感讽,皆可以厚人伦、敦②教化,无它道也。故曰不诚无物。夫惟不诚,故言无所主,心口别为二物,物我逸其千里,漠然而往,悠然而来;人之听之,若春风之过马耳,其欲动天地感鬼神,难矣!(《杨叔能小亨集引》)

此外他又标举温柔敦厚之旨,以此为作诗之极则,而以唐诗为能深得此旨者。他道:

> 唐人之诗,其知本乎?何温柔敦厚蔼然仁义之言之多也!幽忧憔悴,寒饥困惫,一寓于诗,而其阨穷而不悯,遗佚而不怨者,故在也。至于伤谗疾恶不平之气,不能自掩,责之愈深,其旨愈婉,怨之愈深,其辞愈缓,优柔餍饫,使人涵泳于先王之泽,性情之外不知有文字。幸矣,学者之得唐人为指归也!(《杨叔能小亨集引》)

根于这种准则,他在早年写诗定出十数条以自警。即:

> 无怨怼,无谑浪,无鸷狠,无崖异,无婞阿,无傅会,无笼络,无衔鬻,无矫饰,无为坚白辨,无为贤圣癫,无为妾妇妒,无为仇敌谤伤,无为聋俗闒传,无为瞽师皮相,无为黥卒醉横,无为黠儿白捻,无为田舍翁木强,无为法家丑诋,无为牙郎转贩,无为市倡怨恩,无为琵琶娘人魂韵词,无为村夫子《兔园策》,无为算沙僧困义学,无为稠梗治禁词,无为天地一我今古一我,无为薄恶所移,无为端人正士所不道。(同上)

---

① 下引《鸠水集序》几句话,为任访秋先生补写在原稿眉端上者,此处纳入正文。

② "敦"原稿引作"美",校订者酌改。

这一些消极限制,几乎完全是属于内容方面的。从这里就可以知他的积极的宗旨是什么了。

由于他以上的主张,他反对那些毫无寄兴一类的作品,他在《如庵诗文叙》中道:"予窃谓古今爱作诗者,特晋人之自放于酒耳;吟咏性情,留连光景,自当为缓忧之一物。"而于时人之诋评古人深致不满。他在《赠答刘御史云卿》诗中道:

> 学道有通蔽,今人乃其尤。温柔与敦厚,扫灭不复留。高寒当父师,排击剧寇仇。真是未可必,自私有足羞。古人相异同,宁复操戈矛。春风入万物,枯栎将和柔。克己未有加,归仁亦何由。先儒骨已腐,百骂不汝酬。胡为文字间,刮垢搜瘢疣。吾道非申韩,哀哉涉其流。

同时他认为一个作家必须要先从立身大节上着眼,文章不过是其次焉者。如大节有亏,文章虽工,亦无足取。其《曲阜纪行》中道:

> 天地有至文,六籍留圣谟。圣师极善诱,小智只自愚。文章何物技,不直咳唾余。操戈竞虚名,望尘拜高车。所得不毫发,咎责满八区。公论悬日星,岂直小人儒?喻彼失相者,伥不知所如。指南一授辔,圣门有修途。阳光照薄暮,尚堪补东隅。悠哉发深省,洒扫今其初。

篇中鄙薄潘安仁,同时在《咏诗绝句》中又专论安仁道:"心画心声总失真,文章宁复见为人。高情千古《闲居赋》,争信安仁拜路尘。"像这从人格上来观察作者,最足以证明遗山受实用派的影响非常的深。

至于在诗歌风格上,遗山的主张又颇同于自然派。他不喜欢粉饰雕琢的作品。他一则曰:"昨朝见君临水句,乃知抽青妃①白非诗人。"(《送诗人秦略简夫妇苏坟别业》)又②曰:"斗靡夸多费览观,陆

---

① "妃"原稿引作"配",校订者酌改。按,"妃"通"配"。
② "又"原稿作"再则",与下犯重,校订者酌改。

文犹恨冗于潘。"(《论①诗绝句》)再则曰:"切响浮声发巧深,研摩虽苦果何心。"(《论诗绝句》)足证他对太康、齐梁时期一般唯美派的作家不大满意。他所标举的诗风,是其情自然流露出来的作品。他推重渊明:"一语天然万古新,豪华落尽见真淳。南窗白日羲皇上,未害渊明是晋人。"(《论诗绝句》)推尊元结:"浪翁水乐无宫徵,自是云山韶濩音。"(同上)其至推尊《敕勒歌》:"慷慨歌谣绝不传,穹庐一曲本天然。中州万古英雄气,也到阴山敕勒川。"(同上)他又称道陈子昂,因为他能一矫齐梁浮靡的作风。他道:"沈、宋横驰翰墨场,风流初不废齐、梁。论功若准平吴例,合著黄金铸子昂。"(同上)他讥讽元微之,因为微之称道工部,专注意其诗歌的技巧的缘故。他道:"排比铺张特一途,藩篱如此亦区区。少陵自有连城璧,争奈微之识碔砆。"(同上)他又讥讽陈后山,因其终日苦吟也。他道:"池塘春草谢家春,万古千秋五字新。传语闭门陈正字,可怜无补费精神。"(同上)从这些诗篇,可知遗山对唯美派的重视技巧、重视粉饰,认为是没有多大意义的。如《新轩乐府引》所说②:

　　唐歌辞多宫体,又皆枉力为之。自东坡一出,情性之外,不知有文字,真有"一洗万古凡马空"气象。……自今观之,东坡圣处,非有意于文字之为工,不得不然之为工也。

可是话虽如此说,遗山难道丝毫没受唯美派的影响吗?是又不然。在创作的认真与严肃的态度上以及视诗歌为性命这两点上,可以说遗山完全承袭了唯美派的精神。他在《陶然集诗序》中叙述古代作者对格律的注意与生死于诗中的情形道:

　　故文字以来,诗为难;魏、晋以来,复古为难;唐以来,合规矩准绳尤难。夫因事以陈辞,辞不迫切而意独至,初不为难;后世

---

① "论"原稿作"咏",校订者酌改,下同不另说明。按,《论诗绝句》即元好问著名的《论诗三十首》。

② 下引《新轩乐府引》一段文字,为任访秋先生补写在原稿眉端上者,此处纳入正文。

以不得不难为难耳。古律歌行,篇章操引,吟咏讴谣,词调怨叹,诗之目既广,而诗评诗品诗说诗式亦不可胜读。大概以脱弃凡近、澡雪尘翳、驱驾声势、破碎陈敌、囚锁怪变、轩豁幽秘、笼络今古、移夺造化为工;钝滞僻涩、浅露浮躁、狂纵淫靡、诡诞琐碎、陈腐为病。"毫发无遗恨"、"老去(晚节)渐于诗律细"、"佳句法如何"、"新诗改罢自长吟"、"语不惊人死不休",杜少陵语也;"好句似仙堪换骨,陈言如贼莫经心",薛许昌语也;"乾坤有清气,散入诗人脾。千人万人中,一人两人知",贯休师语也;"看如寻常最奇崛,成如容易却艰难",半山翁语也;"诗律伤严近寡恩",唐子西语也,子西又言:"吾于它文不至寒涩,惟作诗极艰苦,悲吟累日,仅自成篇,初读时未见可羞处,姑置之;后数日取读,便觉瑕疊百出,辄复悲吟累日,反复改定,比之前作稍有加焉;后数日复取读,疵病复出:凡如此数四,乃敢示人,然终不能工。"李贺母谓贺必欲呕出心乃已,非过论也。今就子美而下论之,后世果以诗为专门之学,求追配古人,欲不死生于诗,其可已乎!

其次他自述其作诗经验道:

　　仆自以起寒乡小邑,未尝接先生长者余论,内省缺然,故痛自鞭策,以攀逸驾。后学时文,五七年之后,颇有所省。进而学古诗,一言半辞传在人口,遂以为专门之业,今四十年矣。见之之多,积之之久,挥毫落笔、自铸伟词以惊动海内,则未能;至于量体裁,审音节,权利病,证真赝,考古今诗人之变、有戆直而无姑息,虽古人复生,未敢多让。(《复聪上人书》①)

又《与张仲杰郎中论文诗》道:

　　文章出苦心,谁以苦心为?正有苦心人,举世几人知?工文与工诗,大似国手棋。国手虽漫应,一著存一机。不从著著看,何异管中窥。文须字字作,亦要字字读。咀嚼有余味,百过良未

---

① 校订者按,《复聪上人书》原稿作《答聪上书》,此据《金文最》改。

  足。功夫到方圆,言语通眷属。只许旷与夔,闻弦知雅曲。今人诵文字,十行夸一目。阕颤失香臭,瞽视纷红绿。毫厘不相照,觌面楚与蜀。莫讶荆山前,时闻刖人哭。

又《自题》诗云:"共笑诗人太瘦生,谁从惨淡得经营。千秋万古回文锦,只许苏孃读得成。"这都足证遗山对诗歌是曾经费过一番苦心的。总之,宋代以来一些论文的如陆放翁、陈后山等,都认为在创作上最初必得集中精力以赴,等到时间既久,自然可以有所了悟。这和道家与禅宗论修道功夫,可以说毫无二致。遗山亦曾提到法的问题,而认为无法是从有法中出来的。他道:

  虽然,方外之学有"为道日损"之说,又有"学至于无学"之说,诗家亦有之。子美夔州以后,乐天香山以后,东坡南海以后,皆不烦绳削而自合,非技进于道者能之乎!诗家所以异于方外者,渠辈谈道不在文字、不离文字,诗家圣处不离文字、不在文字。唐贤所为,情性之外,不知有文字云耳。(《陶然集诗序》)

又道:"诗笔看君有悟门,春风过水略无痕。庵名未便遮藏得,拙里元来大巧存。"(《周才卿拙庵》)"诗为禅客添花锦,禅是诗家切玉刀。心地待渠明白了,百篇吾不惜眉毛。"(《答俊书记学诗》)而这种了悟后的妙诀是不能传人的。遗山又道:"晕碧裁红点缀匀,一回拈出一回新。鸳鸯绣了从教看,莫把金针度与人。"(《论诗三首》之一)这与轮扁之言正相吻合。金针并不是不愿度,而是压根不能度也。

  就上边所引的一些论诗文的话来看,遗山不只为有金一代的大诗人,而且堪称为当时惟一的一位批评家。他的明慧的见解,确能将实用、自然、唯美三派的利弊分析得清清楚楚,而自己取其长而舍其短,因以镕铸变化而成为个人独特的文学观。循他的指示走去,确不致走错了道路。像他这样博大而精微的见解,在过去诗人中确是不易找到的。

第四节　张戒、严羽和王若虚三位批评家的诗论①

张戒是南宋初年的一位文学批评家,他著有《岁寒堂诗话》二卷,颇为后来正统派文人所推重。从他这部诗话看来②,张戒的思想很显然的是偏于儒家的一路,所以他的诗论,也是发扬实用一派的见解。首先他标出"言志",而认为咏物乃是其次,这完全是根据汉儒的《诗大序》而又加以引申的见解。他道:

> 建安、陶、阮以前,诗专③以言志;潘陆以后,诗专以咏物;兼而有之者,李、杜也。言志乃诗人之本意,咏物特诗人之余事。古诗、苏、李、曹、刘、陶、阮,本不期于咏物,而咏物之工卓然天成,不可复及,其情真,其味长,其气胜,视《三百篇》几于无愧,凡以得诗人之本意也;潘、陆以后,专意咏物,雕镌刻镂之工日以增,而诗人之本旨扫地尽矣。

又道:

> 诗以用事为博,始于颜光禄而极于杜子美;以押韵为工,始于韩退之而极于苏、黄。然"诗者,志之所之也","情动于中而形于言",岂专意于咏物哉?子建"明月照高楼,流光正徘徊",本以言妇人清夜独居愁思之切,非以咏月也,而后人咏月之句,虽极其工巧,终莫能及。渊明"狗吠深巷中,鸡鸣桑树颠",本以言郊居闲适之趣,非以咏田园,而后人咏田园之作,虽极其工巧,终莫能及。故曰"言之不足,故长言之;长言之不足,故咏叹之;咏叹之不足,故不知手之舞之,足之蹈之"。后人所谓"含不尽之意"者,此也。用事押韵,何足道哉!

---

① 此节原题"几位批评家的诗论",校订者酌改。
② 校订者按,"从他这部诗话看来"原稿作"戒的思想从他这部诗话看来",此处将"(张)戒的思想"移至下句句首。下文"张戒",原稿皆简称为"戒",现一律改为"张戒",不一一说明。
③ 原稿漏引"专"字,校订者酌补。

这才可以说抓住了创作的要点,由此见引申,即为重视内容而以形式为次的主张。他道:

> 段师教康昆仑琵琶,且遣不近乐器十余年,忘其故态。学诗亦然。苏黄习气净尽,始可以论唐人诗;唐人声律习气净尽,始可以论六朝诗;镌刻之习气净尽,始可以论曹、刘、李、杜诗。《诗序》云:"情动于中而形于言,言之不足,故嗟叹之。"子建、李、杜,皆情意有余,汹涌而后发者也。刘勰云:因情造文,不为文造情。若他人之诗,皆为文造情耳。

这很有点近于自然派的见解,就文论而言自是极正确的。其次是他阐发孔子论诗的"思无邪"之说。他道:

> 孔子曰:"《诗》三百,一言以蔽之,曰:思无邪。"世儒解释终不了。余尝观古今诗人,然后知斯言良有以也。《诗序》有云:"诗者,志之所之也。在心为志,发言为诗,情动于中而形于言。"其正少,其邪多。孔子删诗,取其思无邪者而已。自建安七子、六朝、有唐及近世诸人,思无邪者,惟陶渊明、杜子美耳,余皆不免落邪思也。六朝颜、鲍、徐、庾,唐李义山,国朝黄鲁直,乃邪思之尤者。鲁直虽不多说妇人,然其韵度矜持,冶容太甚,读之足以荡人心魄,此正所谓邪思也。鲁直专学子美,然子美诗读之使人凛然兴起、肃然生敬,《诗序》所谓"经夫妇、成孝敬、厚人伦、美教化、移风俗"者也,岂可与鲁直诗同年而语耶?

这种见解几乎近于道学家之论。孔子"思无邪"之旨,恐怕不见得是如此,果尔,则三百篇中尽多男女相悦之词,则张戒将何以解之耶?实用派喜以伦理眼光论文学,而其弊往往不免流于迂腐。此种见解与昭明论渊明《闲情赋》之论,正可谓无独有偶也。

其次在表现的技巧上,张戒特别重视含蓄而不赞成发露太尽。他道:

> 刘勰云:因情造文,不为文造情。若他人之诗,皆为文造情耳。沈约云:"相如工为形似之言,二班长于情理之说。"刘勰云:"情在词外曰隐,状溢目前曰秀。"梅圣俞云:"含不尽之意见于

言外,状难写之景如在目前。"三人之论,其实一也。

他①以此标准批评古之作者,故对白居易之作即深致不满。他道:

> 梅圣俞云:"状难写之景如在目前。"元微之云:"道得人心中事。"此固白乐天长处,然情意失于太详,景物失于太露,遂成浅近,略无余蕴,此其所短处。

又道:

> 世言白少傅诗格卑,虽诚有之,然亦不可不察也。元、白、张籍诗,皆自陶、阮中出,专以道得人心中事为工,本不应格卑,但其词伤于太烦,其意伤于太尽,遂成冗长卑陋尔。比之吴融、韩偓俳优之词,号为格卑,则有间矣。若收敛其词,而少加含蓄,其意味岂复可及也。

诗之不同散文者,即在一含蓄,一发露。张戒这种见解自是无可非议的。

此外,他对诗歌的内容,标出意、味、韵、气四个标则作为创作之极致。他道:

> 阮嗣宗诗,专以意胜;陶渊明诗,专以味胜;曹子建诗,专以韵胜;杜子美诗,专以气胜。然意可学也,味亦可学也,若夫韵有高下,气有强弱,则不可强矣。此韩退之之文,曹子建、杜子美之诗,后世所以莫能及也。

又道:

> 韵有不可及者,曹子建是也;味有不可及者,渊明是也;才力有不可及者,李太白、韩退之是也;意气有不可及者,杜子美是也。

至于宋人为诗,喜专力于用事与押韵,张戒亦深不以为然。他道:

> 苏、黄用事押韵之工,至矣尽矣,然究其实,乃诗人中一害,使后生只知用事押韵之为诗,而不知咏物之为工,言志之为本

---

① "他"为校订者酌增。

也。风雅自此扫地矣。

这对当时尊奉江西诗派者,不啻是一个当头棒喝。张戒就以上边诸端为准绳,而衡量千古的作者。就个人而论,他最推崇工部,而其所以推尊的原因,固然在诗歌的本身上谓其意气有不可及,而实际还在其思想为儒家的。所以他评工部的诗"乃圣贤法言,非特诗人而已"。又道:"然子美诗读之使人凛然兴起、肃然生敬,《诗序》所谓'经夫妇、成孝敬、厚人伦、美教化、移风俗'者也。"他又称道李义山,而其所以称道者①,不在其词采之工丽,而谓其"咏物似琐屑,用事似僻,而意则甚远。世但见其诗喜说妇人,而不知为世鉴戒"。又评温庭筠《华清宫》②诗谓:"庭筠小子,无礼甚矣。"又谓:"刘梦得《扶风歌》、白乐天《长恨歌》及庭筠此诗,皆无礼于其君者。"就因为他立意不敬,其结果至评之谓"其格至卑,其筋骨浅露"。这都是实用派之绳尺所得到的结论。至于另外如太白、退之、渊明、子建,亦均为张戒所称道,不过这些人的长处不全在内容,而在其韵味才力。至就时代而论,他认为宋不如唐,唐不如汉魏。他道:

> 乙卯冬,陈去非初见余诗,曰:"奇语甚多,只欠建安,六朝诗耳。"③余以为然。及后见去非诗全集,求似六朝者,尚不可得,况建安乎?词不逮意,后世所患。邹员外德久尝与余阅石刻,余问:"唐人书虽极工,终不及六朝之韵,何也?"德久曰:"一代不如一代,天地风气生物,只如此耳。"言亦有理。

---

① "者"原稿作"他的",与前犯重且指代容易混淆,校订者酌改。
② 校订者按,温庭筠《华清宫》诗全名《过华清宫二十二年韵》。
③ 校订者按,"奇语甚多,只欠建安,六朝诗耳",原稿引文与《岁寒堂诗话》通行本一样,标点为:"奇语甚多,只欠建安六朝诗耳"(或"奇语甚多,只欠建安、六朝诗耳");然细绎文义,陈去非乃是说张戒的诗达到了六朝诗的水准,但比建安诗还有差,张戒在下文说他看陈去非的诗"求似六朝者,尚不可得",而不说"求似建安六朝者,尚不可得",亦可证在张戒那里"建安"、"六朝"为诗的两个层级,不可混而论之。

这种崇古之论,就开了稍后严沧浪论诗推崇盛唐与汉魏的先河,再往后明代的前后七子的复古运动,亦未尝不是导源于此啊。

严羽字仪卿,一字丹丘,邵武人,自号沧浪逋客,著有《沧浪诗话》五卷,其中分《诗辨》、《诗体》、《诗法》、《诗评》、《诗证》五类。作者对于此书非常自负。他于《答出继叔临安吴景仙书》云:

> 仆之《诗辨》,乃断千百年公案,诚惊世绝俗之谈,至当归一之论。其间说江西诗病,真取心肝刽子手;以禅喻诗,莫此亲切,是自家实证实悟者,是自家闭门凿破此片田地,即非傍人篱壁、拾人涕唾得来者。李杜复生,不易吾言矣!

并说①:"仆于作诗,不敢自负,至识则自谓有一日之长。"(同上)又云:

> 妙喜自谓参禅精子,仆亦自谓参诗精子。尝谓李友山论古今人诗,见仆辨析毫芒,每相激赏,因谓之曰:"吾论诗,若那吒太子析骨还父、析肉还母。"友山深以为然。(同上)

他虽如此的自负,可是后来攻击他的,说他根本不懂得禅,甚至骂他所讲的禅为野狐禅。(方桀如《偶然欲书》、陈继儒《偃曝谈余》、冯班《沧浪诗话纠谬》)这当然不能说平允。但沧浪对禅之误解,自是不能讳言的。现在不妨撇开这些不谈,试就沧浪之见作一分析。

首先是,沧浪以禅来喻诗②,这当不是他的发明。因为宋代禅宗极盛,因之影响到文学界,诗人往往喜以禅喻诗。沧浪在当时风气之下,自亦不能不受其影响。他道:

> 禅家者流,乘有大小,宗有南北,道有邪正。学者须从最上乘,具正法眼,悟第一义。若小乘禅,声闻、辟支果,皆非正也。论诗如论禅:汉魏晋与盛唐之诗,则第一义也;大历以还之诗,则

---

① "并说"原稿作"又云",与后犯重,校订者酌改。

② "首先是,沧浪以禅来喻诗",原稿作"沧浪首先是以禅来喻诗",易滋误解,校订者酌改。

小乘禅也,已落第二义矣;晚唐之诗,则声闻、辟之果也。学汉魏晋与盛唐诗者,临济下也;学大历以还之诗者,曹洞下也。(《诗辨》)

既以禅喻诗,禅主顿悟,于是沧浪认为学诗亦须从妙悟入。他道:

大抵禅道惟在妙悟,诗道亦在妙悟。且孟襄阳学力下韩① 退之远甚、而其诗独出退之上者,一味妙悟而已。惟妙悟乃为当行,乃为本色。然悟有浅深、有分限:有透彻之悟,有但得一知半解之悟。汉魏尚矣,不假悟也;谢灵运至盛唐诸公,透彻之悟也;他虽有悟者,皆非第一义也。(《诗辨》)

沧浪以此为标准而批评时代。他道:

大历以前,分明别是一副言语;晚唐分明别是一副言语;本朝诸公分明别是一副言语。如此见,方许具一只眼。(《诗评》)

唐人与本朝人诗,未论工拙,直是气象不同。(《诗评》)

大历之诗,高者尚未失盛唐,下者渐入晚唐矣。晚唐之下者,亦堕野狐外道鬼窟中。(《诗评》)

诗有词理意兴:南朝人尚词而病于;本朝人尚理而病于意兴;唐人尚意兴而理在其中;汉魏之诗,词理意兴,无迹可求。(《诗评》)

诗者,吟咏情性也。盛唐诸人,惟在兴趣,羚羊挂角,无迹可求。故其妙处,透彻玲珑,不可凑泊,如空中之音,相中之色,水中之月,镜中之象,言有尽而意无穷。近代诸公,乃作奇特解会,遂以文字为诗、以才学为诗、以议论为诗。夫岂不工,终非古人之诗也。(《诗辨》)

其次他又批评古今的作者道:

汉魏古诗,气象混沌,难以句摘。晋以还方有佳句,如渊明"采菊东篱下,悠然见南山"、谢灵运"池塘生春草"之类。谢所

---

① 原稿引文漏缺"韩"字,校订者酌补。

以不及陶者,康乐之诗精工,渊明之诗质而自然耳。(《诗评》)

黄初之后,惟阮籍《咏怀》之作,极为高古,有建安风骨。晋人舍陶渊明、阮嗣宗外,惟左太冲高出一时,陆士衡独在诸公之下。(《诗评》)

大历以后,吾所深取者,李长吉、柳子厚、刘言史、权德舆、李涉、李益耳。(《诗评》)

大历后,刘梦得之绝句,张籍、王建之乐府,吾所深取耳。(《诗评》)

李、杜二公,正不当优劣。太白有一二妙处,子美不能道;子美有一二妙处,太白不能作。子美不能为太白之飘逸,太白不能为子美之沉郁。(《诗评》)

少陵诗,宪章汉、魏,而取材于六朝;至其自得之妙,则前辈所谓集大成者也。(《诗评》)

李、杜数公,如金鸮擘海,香象渡河。下视郊、岛辈,直虫吟草间耳。(《诗评》)

根于他这种批判,于是在创作上他毅然的提出,就时代来说要以盛唐为法。他道:

嗟乎!正法眼之无传久矣。唐诗之说未唱①,唐诗之道或有时而明也。今既唱其体曰唐诗矣,则学者谓唐诗诚止于是耳,得非诗道之重不幸邪!故予不自量度,辄定诗之宗旨,且借禅以为喻,推原汉魏以来,而截然谓当以盛唐为法。(《诗辨》)

就作家来说要以李、杜为准。他道:"论诗以李、杜为准,挟天子以令诸侯也。"(《诗评》)又道:

夫学诗者以识为主,入门须正,立志须高:以汉、魏、晋、盛唐为师,不作开元、天宝以下人物;若自退屈,即有下劣诗魔入其肺腑之间,由立志之不高也;行有未至,可加工力,路头一差,愈骛

---

① "唱"原稿引作"倡",校订者酌改。下同,不另说明。

愈远,由入门之不正也。故曰:学其上,仅得其中,学其中,斯为下矣。(《诗辨》)

因此他主张学古人要全似古人。他道:

> 诗之是非不必争,试以己诗置之古人诗中,与识者观之而不能辨,则真古人矣。(《诗法》)

所以他极推崇江文通道:

> 拟古惟江文通最长,拟渊明似渊明,拟康乐似康乐,拟左思似左思,拟郭璞似郭璞,独拟李都尉一首,不似西汉耳。(《诗评》)

现在我们统观沧浪之见,他辨析古诗体制,评骘作者得失,以及论诗的创作必须基于才情并须有待于工力,这都是很值得推许的。所可惜的是他太好古,而竟不惜模古,并期乎全然要与古人之作相似,这就不免有点荒谬了。他不知道一代有一代之文学,六朝之不能同于汉魏,唐之不能同于六朝,宋之不能同于唐,乃是不得不异,并不是后人要故意立异。所以沧浪之论一出,到了明代的前后七子,果然受到这种论调的影响,于是为诗标举盛唐,而于盛唐又特别标举李、杜,但这些作者才情都不够,因为好古于是就不能不拟古,结果产生了许多不明不唐的一种假古董。假若我们不满于明代复古运动的成绩,而要穷根溯源的话,沧浪是不能辞其咎的。

王若虚,字从之,金末藁城人,著有《滹南遗老集》,内有《文辨》四卷、《诗话》三卷,其主张大抵倾向于自然主义一路,其文学观之渊源实自北宋东坡来者。我们现在来就他的见解归纳起来,首先是文学的内容与形式两方面,他是比较重视内容的。《文辨》中云:

> 吾舅周君德卿尝云:"凡文章巧于外而拙于内者,可以惊四筵而不可适独坐,可以取口称而不可得首肯。"至哉!其名言也。杜牧之云:"杜诗韩笔愁来读,似倩麻姑痒处抓。"李义山云:"公之斯文若元气,先时已入人肝脾。"此岂巧于外者之所能邪?

· 301 ·

又道:"凡为文章,须是典实过于浮华,平易多于奇险,始为知本①。世之作者往往致力于其末而终身不返,其颠倒亦甚矣。"(《文辨》)因为他重视内容的原故,所以他对于徒具形式而毫无内容的体制,如四六、律赋,根本不承认其有文学价值。他道:

> 四六,文章之病也,而近世以来,制诰表章,率皆用之。君臣上下之相告语,欲其诚意交孚,而骈俪浮辞,不啻如俳优之鄙,无乃失体耶?后有明王贤②大臣一禁绝之,亦千古之快也。(《文辨》)

又道:

> 科举律赋不得预文章之数,虽工不足道也。而唐宋诸名公集往往有之,盖以编录者多爱不忍,因而附入,此适足为累而已。(《文辨》)

同时他又反对奇诡,反对藻饰。他道:"扬雄之经,宋祁之史,江西诸子之诗,皆斯文之蠹也。散文至宋人始是真文字,诗则反是矣。"(《文辨》)又引其舅氏语云:"雕琢太甚,则伤其全;经营过深,则失其本。"(《诗话》)此都足以见其重内容而轻形式、重自然而轻粉饰的主张了。

从之既然是轻形式、反雕琢,那他必然是重自然、贵自得。其言云:"文章自得方为贵,衣钵相传岂是真?已觉祖师低一著,纷纷法嗣复何人?"(《戏作四绝》之四)又云:

> 鲁直论诗,有夺胎换骨、点铁成金之喻,世以为名言,以予观之,特剽窃之黠者耳。鲁直好胜,而耻其出于前人,故为此强辞,而私立名字。夫既已出于前人,纵复加工,要不足贵。虽然,物有自然之理,人有同然之见,语意之间岂容全不见犯哉?盖昔之

---

① 校订者按,《滹南遗老集》淡生堂抄本、畿辅丛书本、四库本此处皆有"末"字。

② 原稿漏引"贤"字,校订者酌补。

作者,初不校此,同者不以为嫌,异者不以为夸,随其所自得,而尽其所当然而已。至于妙处,不专在于是也,故皆不害为名家,而各传后世,何必如鲁直之措意邪?(《诗话》)

他以①这样的标准来衡量古今的作者,于是乎在诗歌上就推尊乐天同东坡。《诗话》中云:

乐天之诗,情致曲尽,入人肝脾,随物赋形,所在充满,殆与元气相伴。至长韵大篇,动数百千言,而顺适惬当,句句如一,无争张牵强之态。此岂捻断吟须悲鸣口吻者之所能至哉!而世或以浅易轻之,盖不足与言矣。

又云:

张舜民谓乐天新乐府几乎骂,乃为《孤愤吟》五十篇以压之,然其诗不传,亦略无称道者,而乐天之作自若也。公诗虽涉浅易,是大才②,殆与元气相伴,而枉斐③之徒,仅能动笔,类敢谤伤,所谓"尔曹身与名俱灭,不废江河万古流"也。(《诗话》)

又为四绝,其自序云:"王子端云,'近来陡觉无佳思,纵有诗成似乐天',其小乐天甚矣。予亦尝和为四绝。"其后二绝云:

妙理宜人入肺肝,麻姑搔痒岂胜鞭。世间笔墨成何事,此老胸中具一天。百斛明珠一一圆,丝毫无恨彻中边。从渠屡受群儿谤,不害三光万古悬。

对乐天真可谓推崇备至矣。至于东坡,他更是赞不绝口,《文辨》中云:

邵公济云:"欧公之文,和气多英气少;东坡之文,英气多和气少。"其论欧公似矣,若东坡,岂少和气者哉?文至东坡,无复遗恨矣。

---

① "他以"原稿作"以他",校订者酌改。
② 校订者按,"是大才",《滹南遗老集》淡生堂抄本作"要是大才"。
③ 校订者按,"枉斐",畿辅丛书本、四库本作"狂斐"。

> 赵周臣云:"党世杰尝言,'文当以欧阳子为正,东坡虽出奇,非文之正。'"定是谬语。欧文信妙,讵可及坡?坡冠绝古今,吾未见其过正也。
>
> 东坡自言其文如万斛泉流,不择地而出①,滔滔汩汩,一日千里无难,及其与山石曲折,随物赋形,而不自知所之者,当行于所当行,而止于不可不止。论者或讥其太夸,予谓惟坡可以当之。夫以一日千里之势,随物赋形之能,而理尽辄止,未尝以驰骋自喜,此其横放超迈而不失为精纯也邪!
>
> 东坡之文,具万变而一以贯之者也:为四六而无俳谐偶俪之弊;为小词而无脂粉纤艳之失;楚辞,则略依仿其步骤,而不以夺机杼为工;禅语,则姑为谈笑之资,而不以穷葛藤为胜。此其所以独兼众作,莫可端倪。而世或谓四六不精于汪藻,小词不工于少游,禅语、楚辞不深于鲁直,岂知东坡也哉!

这对东坡之文真可说推服到五体投地了。至于东坡的诗词,他在《诗话》中再三称②道:

> 东坡,文中龙也,理妙万物,气吞九州,纵横奔放,若游戏然,莫可测其端倪。鲁直区区持斤斧准绳之说,随其后而与之争,至谓未知句法。东坡而未知句法,世岂复有诗人?而渠所谓法者,果安出哉?老苏论扬雄,以为使有孟轲之书,必不作《太玄》。鲁直欲为东坡之迈往而不能,于是高谈句律,旁出样度,务以自立而相抗,然不免居其下也,彼其劳亦甚哉!向使无坡压之,其措意未必至是。世以坡之过海为鲁直不幸,由明者观之,其不幸也旧矣。
>
> 东坡《南行唱和诗序》云:"昔人之文,非能为之为工,乃不能不为之为工也。山川之有云,草木之有华实,充满勃郁而见于

---

① 校订者按,"出"字据淡生堂抄本、畿辅丛书本、四库本酌补。
② "再三称"三字为校订者酌增。

外,虽欲无有,其可得耶?故予为文至多,而未尝敢有作文之意。"时公年始冠耳,而所有如此,其肯与江西诸子终身争句律哉?

陈后山谓"子瞻以诗为词",大是妄论,而世皆信之,独茅荆产辨其不然,谓公词为古今第一。今翰林赵公亦云,此与人意暗同。盖诗、词只是一理,不容异观。自世之末作习为纤艳柔脆,以投流俗之好,高人胜士亦或以是相胜,而日趋于委靡,遂谓其体当然,而不知流弊之至此也。文伯起曰:"先生虑其不幸而溺于彼,故援而止之,特立新意,寓以诗人句法。"是亦不然。公雄文大手,乐府乃其游戏,顾岂与流俗争胜哉!盖其天资不凡,辞气迈往,故落笔皆绝尘耳。

就①从之的这些话看来,一方面可以晓得他之称道东坡,正因为东坡的文学观与他的极相合之故,另一方面又可以知道他的文学观与东坡实有源流之关系也。

至从之论诗,最为他所抵排的则为山谷。其所以然者,即因山谷太注意于律度句法、雕琢铺陈的缘故。他道:

古之诗人,虽趣尚不同,体制不一,要皆出于自得。至其词达理顺,皆足以名家,何尝有以句法绳人哉?鲁直开口论句法,此便是不及古人处。而门徒亲党以衣钵相传、号称法嗣,岂诗之真理也哉?(《诗话》)

山谷自谓得法于少陵,而不许于东坡。以予观之,少陵,典谟也;东坡,《孟子》之流;山谷,则扬雄《法言》而已。(同上)

山谷之诗,有奇而无妙,有斩绝而无横放,铺张学问以为富,点化陈腐以为新,而浑然天成如肺肝中流出者,不足也。此所以力追东坡而不及欤。(同上)

这对山谷真可谓尽诋諆之能事了。

---

① "就"原稿作"从",不便与"从之"(王若虚)连读,校订者酌改。

至于就时代而论文①,从之之见尤为超卓。他了解文章是随时代而变的,后人不一定非酷似前人不可。他道:

> 近岁诸公,以作诗自名者甚众,然往往持论太高,开口辄以《三百篇》、《十九首》为准,六朝而下,渐不满意,至宋人殆不齿矣。此固知本之说,然世间万变,皆与古不同,何独文章而可以一律限之乎?就使后人所作可到《三百篇》,亦不肯悉安于是矣。何者?滑稽自喜,出奇巧以相夸,人情固有不能已焉者。宋人之诗,虽大体衰于前古,要亦有以自立,不必尽居其后也。遂鄙薄而不道,不已甚乎?(《诗话》)

这就很有点像近人所谓之历史演变论了。

从之是不主做作、不重雕饰而认为文无定法的(《文辨》),可是他对于文章上的文法同修辞,倒②是非常讲求。《文辨》中云:

> 或问:"文章有体乎?"曰:"无。"又问:"无体乎?"曰:"有。"然则果如何?曰:"定体则无,大体须有。"

所谓"定体"即一定的形式,是指篇章结构、声调律度一类而言;"大体"即所谓文法学与修辞学。句子不如此造即不通,词采不如此配即不适。为了把自己内心的情绪同见解如实的传达出来,非如此作不能恰到好处,这与他的文无定法之见是并不冲突、并不矛盾的。(从之论文法、修辞的条目极多,兹不赘。)

总之,从之之文学观,系本东坡自然主义一派的理论下来的,到他又特别的加以发挥,而与当时提倡拟古、模古的论者相抗,于是推尊白、苏与文无定法之论,遂作了明代公安派反对前后七子复古运动的前驱。

---

① "文"为校订者酌增。
② "倒"原稿作"到",校订者酌改。

第五节　余论：实用、自然、唯美三派文学批评在宋元的交集①

从北宋开国以迄元亡，这四百多年中的中国文学批评界，大致是以实用主义派的复古运动为主潮，自然主义与唯美主义两派同它②相互间起着或分或合、或攻或袭的作用。这样的相激相荡，至元末明初而文坛上所表现之作风，益趋隳堕萎靡而不振。于是在本期中唯美派复古论之浮流，遂因之而出，进而③波浪滔天，竟形成下一时期——明代文学批评史上之主潮，此是后话。现在我们已将本章叙竟，对此一时期之文学批评之纵的发展，似有再综合的回溯一下的必要。

先就散文说，在宋初实用主义派为矫当时唯美派——西昆体浮滥藻饰之弊，而大唱明道与振文。欧、曾等直以韩、柳为法，以为天下倡，于是文风为之一变。不过退之在创作态度上本受有唯美派极深之影响，至宋代古文家如欧、曾辈，当亦不能免此。于是即有道学家如周、程等起而矫之，倡为文足以害道之论，此后人所谓之"文统"与"道统"，就不得不离而为二。直至南宋朱熹出，一面以北宋理学之集大成者自命，同时在散文上又以韩、柳、欧、曾为宗，此等合"文"与"道"为一之作风，遂为后来正统派散文作家树一永久之圭臬。

诗歌方面，这一时期的诗人同批评家十分之七八，在内容上都不脱实用主义派之见，即所谓"诗中必有事在"。此中④原因，当系北宋以后中国始终受异族之侵凌，国家多事，文人很难个人钻进象牙塔中，而不问外事。像陆放翁虽退归田园，但其诗作仍不忘国家之仇，即是最好例证。至于在表现上，或倾向唯美，或倾向自然，即如北宋

---

① 此节原题"余论"，校订者据内容酌改。
② "它"原稿作"他"，校订者酌改。
③ "进而"原稿作"于是"，与前犯重，校订者酌改。
④ "中"原稿作"种"，校订者酌改。

作者苏东坡天才纵放,不屑于步趋古人,故其诗多变唐人之风而自成局度。后来作者,受他的影响的颇不乏人。至于黄山谷就有点倾向于唯美这一方面了,他学工部,而于雕章刻句用尽功夫,遂为后来江西诗派之宗。像陈无已本为此派中人,自不必论;至南宋作者如杨诚斋、刘后村辈,其主张实亦深受其影响。于苏、黄之外,最足让我们注意的,即北宋的唐子西,他开始在诗歌上标举杜工部,在散文上标举司马迁。以后的严沧浪又专在诗歌上标举时代,主以盛唐为法,标举作者,主以工部、太白为法。此种论调,实为明代复古派之始作俑者。唯反对此等论调者,亦非无人。即如金末之王若虚,其主张大体衍自东坡,对唐子西之论驳斥之不遗余力,遂开明中叶公安派反复古①之先河。此等起伏变化,如仔细探索,则其来龙去脉甚为显著也。

---

① "公安派反复古",原稿作"公安反复古派",校订者酌改。

第六篇 唯美派之复古运动与自然派之反复古运动——明

第一章 唯美派之兴起及其所倡之复古论

在前篇中所讲的中国文学批评的发展情形,可以说是实用主义为其主潮,自然主义与唯美主义两派乃错综参杂于其间,时时起着调和折中或分化离析的作用。可是我们不要忘记,批评的倾向固然可以转移创作的风气,而①创作风气也能影响到批评的倾向。中国文学不论是散文同诗词的发展,到了金、元,似乎都到了变无可变的境地,这时,代起的本是戏曲同小说。可是在过去一般传统的观念中,总喜欢以诗文为主体,而鄙戏曲、小说为小道。所以有元一代,尽管戏曲同小说在创作上成为一时的风尚,而且有不少光辉的杰作,可是在文学批评上对其注意者,则渺不可得。在这样的情况下,一些比较对诗文有野心的作者,打算在荒寞枯寂的文坛上作一番振衰起弊之业的,就不能不抬出古代的典型出来。这是唯美派在明代②提倡复古的第一个原因。其次,从宋以来,在实用主义盛极一时的时代,已

---

① "而"原稿作"可是",与前犯重,校订者酌改。
② "在明代"为校订者酌增。

有一二不甘于随波逐流而倡为复古之说的,即如较早的唐庚(子西)同稍后的严羽(仪卿),他们不满于当时的诗文,于是沧浪在诗歌上就标举盛唐,而高呼"当以盛唐为法",同时在盛唐中又标举李、杜,而大唱"论诗以李、杜为准"。至于子西于诗推杜子美,于文推司马迁,他说"六经不可学,亦不须学,故作文当学司马迁,作诗当学杜子美"(《唐子西文录》)。这在宋代的文坛上虽不曾发生很大的影响,但到了元末明初,无形中给主张复古的作家们以启示、以诱导。这是唯美派提倡复古的第二个原因。有此二因,于是唯美派复古之论遂于焉以兴。

第一节 明代文学复古论的起源:
杨维桢、高棅和李东阳[①]

在明初,首先以复古之论昭示于学者的,是杨维桢。

维桢字廉夫,山阴人,元泰定进士,明初曾被召修纂礼乐,其所作诗风行海内,一时号为铁崖体。他于诗就时代上标举汉、魏、盛唐,就作家上标举陶、杜、二李。他说:

> 客有语予诗之学,则曰有《三百篇》、楚《离骚》、汉乐歌之辞。生年过五十岁,不敢出一语作末唐、季宋语,惧其非诗也。以此自勖,而又以之训人。(《郭义仲诗集序》,《东维子文集》卷七)

又说:

> 评诗之品无异人品也,人有面目骨骼,有情性神气,诗之丑好高下亦然。风雅而降为骚,[骚]降为十九首,十九首而降为陶、杜,为二李,其情性不野,神气不群,故其骨骼不庳,面目不鄙。嘻!此诗之品在后无尚也。下是为齐梁、为晚唐、季宋,其

---

① 此节标题为校订者酌加。

面目日鄙、骨骼日㾕,其情性神气可知已①。嘻!学诗于晚唐、季宋之后,而欲上下陶、杜、二李,以薄乎骚、雅,亦落落乎其难哉!(《赵氏诗录序》,《东维子文集》卷七)

至于在作法上,他又标出情性神气与面貌骨骼四者。他说:

> 然诗之情性神气,古今无间也。得古之情性神气,则古之诗在也。然而面目未识,而谓得其骨骼,妄矣;骨骼未得,而谓得其情性,妄矣;情性未得,而谓得其神气,益妄矣!(同上)

这虽然没有标出"格调"二字,但所谓②"面貌骨骼情性神气",已无形中给后来李、何们由主张复古③进而模古以④一个指示。

至于在散文方面,他在《王希赐文集再序》⑤中说:

> 自天历来⑥,文章渐萎靡,不失于搜猎破碎,则沦于剽盗灭裂,能卓然自信、不流于俗者,几希矣。……吁!吾于此求夫笃于自信、不为流俗所移者,东浙之士仅得三人⑦,曰王⑧廉氏,其一也。其为文不谐于人,人则以鉴识⑨衡定者属于吾,吾每为之起畏,谂其追⑩古作者,则西京而上,秦与燕也,楚之骚也,春秋之《国语》也,班固、崔骃而下弗论也。若是者,其时于一已之独,不以一代之气运盛衰为高下者也,岂不伟欤!吾使魏生镇录其追于古者,而告诸学古之友云。(《东维子文集》卷六)

---

① "已"原稿引作"矣",校订者酌改。
② "所谓"二字为校订者酌增。
③ 原稿此处有"因而"二字,校订者酌删。
④ "以"原稿作"的",校订者酌改。
⑤ 《王希赐文集再序》,原稿误作《王希赐文集序》了,校订者酌改。
⑥ "自天历来",原稿引作"大历以来",校订者酌改。按,"天历"为元文宗年号。
⑦ 校订者按,"仅得三人"一作"仅四三人"。
⑧ 原稿漏引"王"字,校订者据《全元文》补。
⑨ 原稿漏引"识"字,校订者据《全元文》补。
⑩ "追"原稿误作"近",校订者酌改。

这不是标出了秦汉作为文章的圭臬了吗？

继廉夫之后，对诗仍主推崇盛唐的，为林鸿同高棅。

林鸿字子羽，福建福清人，他的诗论见于高棅的《唐诗品汇》。这部书的凡例中说：

> 先辈博陵林鸿，尝与余论诗，上自苏、李，下迄六代，汉魏骨气虽雄，而菁华不足，晋祖玄虚，宋尚条畅，齐梁以下，但务春华，殊欠①秋实，唯李唐作者，可谓大成。然贞观尚习故陋，神龙渐变常调，开元、天宝间，神秀声律，粲然大备②，故学者当以是楷式③。予以为确论。

高棅字彦恢，号漫士，福建长乐人，是林鸿的后辈，在诗论上他受林的影响颇不小，他选有《唐诗品汇》一书，凡例中道：

> 一、诸体集内定立正始、正宗、大家、名家、羽翼、接武、正变、余响、傍流诸品目者，不过因有唐世次文章高下而分别诸卷，使学者知所趋向，庶不惑乱也。

> 一、大略以初唐为正始，盛唐为正宗、大家、名家、羽翼，中唐为接武，晚唐为正变、余响，方外异人等诗为傍流。

所以这部书的目的，即给世之学诗者一规模盛唐的范本。《四库提要》中评道："明初闽人林鸿始以规仿盛唐立论，而棅实左右之，是集其职志者也。"又道："《明史·文苑传》谓终明之世，馆阁以此书为宗，厥后李梦阳、何景明等，摹拟盛唐，名为崛起，其胚胎实兆于此。"这自是极正确的看法。

廉夫同林、高对于复古，只可说开其先声，至真正对李、何影响最大的，则为李东阳。

东阳字宾之，号西涯，湖南茶陵人。他生在三杨（荣、溥、士奇）之

---

① "殊欠"原稿引作"少"，校订者酌补。
② "神秀声律，粲然大备"，原稿引作"声律大备"，校订者酌补。
③ "故学者当以是楷式"，原稿引作"当以是为楷式"

后,文坛上正当啴缓靡弱奄奄一息的时候,他一面承杨、林之论,一面救当时之弊,于是复古的空气马上就浓厚起来。同时西涯又是一位天才纵横的作家,他虽以古法为式,但这是以复古为解放,不模古,不窃古,所以才成就了他的振衰起弊之功。

西涯论诗的主张俱见于他的《怀麓堂诗话》。他说:"汉、魏、六朝、唐、宋、元诗各自为体。……六朝、宋、元诗,就其佳者,亦各有兴致,但非本色,只是禅家所谓小乘,道家所谓尸解仙耳!"这分明是在受着严沧浪的以禅喻诗的影响。他又说:

> 长篇中须有节奏,有操、有纵、有正、有变。若平铺稳布,虽多无益。唐诗类有委曲可喜之处,唯杜子美顿挫起伏,变化不测,可骇可愕,盖其音响与格律正相称。回视诸作,皆在下风。然学者不先得唐调,未可遽为杜学也。

可知西涯于时代中推唐,于作家中推杜,至于作法上又特别注意于音响格律,这都给后来的李、何以莫大的启示。王世贞说:"长沙之于何、李也,其陈涉之启汉高乎?"(《艺苑卮言》)很清楚的说明了他们中间的渊源关系。不过西涯在诗歌上虽主张复古,但他重变化而反对模拟。他道:

> 今之为诗者,能轶宋窥唐,已为极致,两汉之体,已不复讲。而或者又曰:"必为唐,必为宋。"规规焉,俛首缩步,至不敢易一辞出一语,纵使似之,亦不足贵矣,况未必似乎!说者谓:"诗有别才,非关乎书;诗有别趣,非关乎理。"然非读书之多,识理之至,则不能作。必博学以聚乎理,取物以广夫才,而比之以声韵,和之以节奏,则其为辞,高可讽,长可咏,近可以述,而远则可以传矣。岂必模某家效某代,然后谓之诗哉?(《镜川先生诗集序》,《怀麓堂集·文稿八》)

同时他对于林鸿的《鸣盛集》之规规模唐深加诋訾。他道:

> 盖极力摹拟,①不但字面句法,并其题目亦效之;开卷骤视,宛若旧本,然细味之,求其流出肺腑,卓尔有立者,指不能一再屈也。(《怀麓堂诗话》)

惜乎在这些地方,以后的李、何、王、李等都太不注意了,否则这一代的复古运动在成绩上决不会搞得那样糟的。所以明末的钱谦益在他的《国朝诗集》中,虽说是痛诋复古派,但对于作为李、何、王、李先驱的西涯作品,竟是推尊备至,说是"含咀宫商,吐纳和雅,讽讽乎,洋洋乎,长离之和鸣,共命之交响"。从这里就可以了然其中的原故了。

---

① "盖极力摹拟",原稿未引,校订者酌补。

附录

古典文学现代研究的重要创获

——任访秋先生文学史遗著三种校读记

一

这里校录的是先师任访秋先生的三部文学史遗著《中国小品文发展史》、《中国文学史讲义》和《中国文学批评史述要》,它们撰写于20世纪三四十年代,乃是任先生早年的著述,而在先生生前都没有机会出版,留下的是部分石印讲义和更多的手稿,至今已约七十年了。

《中国小品文发展史》手稿装订一册,封面题"《中国小品文发展史》(上册)附中郎以后的散文,三四,十一月十一日订于陈仓",稿凡101页,最后一页手稿后有"二六,一,十九日于洛阳"的字样。据此推测,大部分手稿当写于1936年,到1937年1月19日只写出了上册,而全书并未完成。按任先生的计划,全书的重心"源流"篇,包括萌蘖期——由魏至隋(220~617)、中衰期——由唐至明中叶(618~1566)、大成期——由明末叶至清中叶(1567~1794)、凋悴期——由清中叶至民国初(1795~1919)、复兴期——现代(1920~1940)五个部分。现存手稿只写到大成期,并且大成期也略过最重要的公安派,而只写出了"袁中郎以后晚明的散文"。推究起来,当时的任先生可能因为已撰有《袁中郎研究》,觉得只需压缩一下就可以移入本书,所以暂时略过了这部分,转而叙述"袁中郎以后晚明的散文",而完成这

· 315 ·

部分稿子已是1937年初,其后可能因为教学及其他事务而暂时中断了写作,更不料随后是长达八年的抗战,所谓"三四,十一月十一日订于陈仓"也只是就原稿略加删订,并未作全面修订,亦未补足全稿。参考手稿中引用时贤的文字,则基本上可以确定现存书稿撰写于1936年至1937年之初。记得20世纪80年代的什么时候与任先生闲聊,他曾对我说过,自己早年撰有一部"小品文史",一直没有出版过,我当时听过也就罢了,未及索阅,直到现在才得以拜读遗稿,一窥究竟。

《中国文学史讲义》装订四册:第一册题"《文学史讲义》第一卷",讲述上古至秦统一的文学;第二册题"《中国文学史》第二编",讲述汉至隋的文学;第三册题"《中国文学史》第二章唐",讲述唐代文学,主要是唐诗;第四册题"《中国文学史讲稿》",讲述五代宋元明文学。其中,前三册是"河南省立洛师"的石印讲义,第四册则是未及印发的手稿。现在统名之曰《中国文学史讲义》。可以肯定,这部《中国文学史讲义》乃是任先生在洛阳师范任教时(1934~1939)编写的,但具体写作过程,则尚须考证。先生哲嗣任亮直君所编《任访秋先生生平著述系年》于1935年年末说:"年底,完成《中国文学史讲义》先秦至隋两卷及唐代诗歌部分的撰写,存有石印本。"①这恐怕不很准确。任先生虽然没有留下完整的撰写记录,但也有一些线索可寻。比如在这部文学史讲义石印本第二册的末尾,就有"一九三六,一二,三一,二卷终"。由此可知,截止1936年的岁末,从先秦到隋的两册(卷)讲义都写完并随即印发了,而关于唐代文学的第三册石印讲义,也可大体推断是在紧接着的1937年写出并印发的,因为随后的1938年战况转急,学校四处播迁,事实上再也没有条件石印讲义了,此所以第四册就只存手稿,而且从内容看也较前简略,留下了匆

---

① 任亮直:《任访秋先生生平著述系年》,见《任访秋先生纪念集》第237页,河南大学出版社,2004年。

促成文的痕迹，并且清代以后的文学史也不及续写，则第四册很可能写于洛阳师范1938和1939两年辗转迁移的间隙。至于这部文学史讲义开始撰写的年月，则大约可以推定是在1934年，因为本年任先生才在洛阳稳定下来，担任洛阳师范的中国文学史课程，并且在他的这部《中国文学史讲义》之开宗明义的第一章"绪论"中，所引时贤关于中国文学史的著作多种，都截止于1934年——最晚的是宋佩韦的《明代文学》，出版于1934年9月，这似乎也可以反过来证明，任先生至迟在1934年后半年即已开编这部文学史讲义了。总而言之，这部《中国文学史讲义》的编撰经历了1934~1939年间的五个年头，规模宏大而又立意创新，所以任先生几乎全力以赴精心结撰，全书也已接近完成，现存书稿的学术水准无疑称得上当时的中国文学史写作之佳作，可惜由于战乱的干扰和工作的调动，致使全书未竟全功。此次校录，石印部分由清华大学博士研究生张芬同学录出，手稿部分则由我录出，并对全书做了统一的校订。

《中国文学批评史述要》手稿装订三册，封面分别题作"《中国文学批评史》上册，三五，十一，一，订"、"《中国文学批评史》中册之一，三四，十一月十二日于宝鸡"、"《中国文学批评史》中册之二，三七，二，三（二？）十三"。按，任先生1940年转任河南大学讲席，开设了两门新课，一门是"新文学研究"，1941年开课，因此着手撰写了学术界第一本《中国现代文学史》（上册由南阳前锋报社于1944年5月印行），1943年"新文学研究"课程结束，又改开"中国文学批评"课程，于是开始编写"中国文学批评史"讲义，现存手稿上册和中册之一、二分册，纵论先秦至明初的中国文学批评，颇有不同时贤的特见，而手稿颇为整齐，很可能是为了出版之用而有所订正的誊清稿，然而兵荒马乱，终于没有机会付梓，作者也不免意兴阑珊，余剩部分也再未续写。到了晚年，任先生检点旧稿，不免觉得弃之可惜，于是又让其长婿周恭夫先生（河南省电力局高工）抄录出一份稿子，现存原稿上还有任先生为便抄写而改繁体为简体、改草书为正书的痕迹，时在20世纪80年代前半期，那时我正跟任先生学习，曾经听他说过想出版这部文学批评史,并且亲眼看到周恭夫先生业余认真抄录文稿的情形。此次整理,先拿到的即是周恭夫先生的抄录稿,由清华大学研究生王会楠同学据以录出,而考虑到周先生毕竟是学理科出身,我不免担心抄稿万一有误,所以后来又复印了原稿,据以重新校录一过。因为名为《中国文学批评史》的著作已颇多,而任先生这部书稿比较简要,其特点并不在涉及面的周全和论述的详赡上,而在其整体把握的扼要清通和转折分合的中肯分析上,所以特此更名为《中国文学批评史述要》,这样或许更为恰切些。

可以说,现在呈现在此的这几部书稿,是按照任先生的遗稿一字一句校录的。而我作为校订者所做的整理工作,则主要集中在这样五个方面:一、订正笔误、疏通字句。任先生的文稿大体上是整齐的,并且为文也很清通,但毕竟是未正式出版的讲义和手稿,也存在着一些字词的笔误和一些不甚通顺而有碍阅读的句子,校订者根据上下文义做了必要的订正和修改,凡所订正和修改,都加注说明原稿的情况,万一校订者误改了,则原稿仍可覆按和复正。二、核对引文,改正疏漏。这几部书稿纵论先秦至元明的中国文学和文学批评,其间引文是很繁多的,涉及大量的古典文献,而先生手录引文时也不免有误漏之处,加上战时的条件限制,所引诸书只能就近取便,于版本是无法特别讲究的,所以校订者尽可能依据目前公认的较佳版本,一一核对了引文,凡有错讹和缺漏迳为改补,而所改补处则加注说明原稿情况,以便覆按,即使校订者改错了,亦可复原。三、理顺层次、订正标题。因为是手稿,各书的结构分层不免有前后不一致之处,而各层级的标题也存在着不很整齐的情况,因此校订者做了一些统一和修订工作,然而改订未必都妥当,所以凡所改订之处,都加注做了说明,以便覆按。四、在原稿的天地头,也有任先生的一些批注,多是他当年或稍后重读原稿时顺手写下的补充和修订意见,这次校录时也酌情吸收到正文中。五、校订者于原稿个别有疑议处,也酌加了一点注释和辨证,略述相关情况和校订者的意见,聊供读者和研究者参考。

按,任访秋先生1929年夏从河南一师毕业后,随即考入北平师范大学国文系,一边学习,一边勤奋写作以赚取学习费用,在当年北平的报刊上发表了不少学术论文;1933年夏大学毕业后即赴洛阳师范任教,开始文学史的撰著,1935年秋又入北京大学研究院深造,师从周作人、胡适之,专攻晚明文学,1936年夏以《袁中郎研究》的论文通过研究生答辩,秋季重返洛阳师范任教;1940年转任河南大学讲席,自1946年秋随河南大学迁居开封,从此直到终老,一直生活工作在河南大学和开封。应该说,这三部论著都是任先生三四十年代的用心之作。那时在河南从事古典文学研究的学者并不乏人,但多是传统的旧学问。比如以治《文选》学而闻名学界的河南大学教授段凌辰先生,依然规模黄季刚、刘师培,追步骆鸿凯,把经学、汉学的方法移用于《文选》,加上一点文章辨体,并无新的方法与意识;治古典而学术趋向较新的河南籍学者是张长弓(燕京大学)、李嘉言(清华大学、西南联大)二先生,但他们三四十年代多在外地工作。所以,在三四十年代的河南,能够真正预流新思潮、新学术而全力开展中国文学史之研究者,几乎只有任先生了。这一时期,任先生发表了数十篇古典文学的研究论文(其中部分结集为《中国文学史散论》,师友社1948年印行),广泛涉及从先秦到明清的中国古典文学;但现在看来,真正能够代表他这一时期学术水平的集成性成果,还是这三部文学史著作,可惜由于战乱的时世,它们都未能完成全稿,及时问世。虽然如此,这三部未完成的文学史论著仍然有着不容忽视的现代学术史意义:它们不仅代表了任先生当年最好的学术水平,而且就当时国内学界文学史研究的整体水准而言,也允称有大见识之佳作。至其局限与问题,也与新文化思潮和现代学术之新的傲慢与偏颇之通病相关。对其创获与问题,我在校订过程中亦不无感触,下面就谈谈若干感想,以就正于学界友朋。

二

就像中国文学的其他部门一样,小品文也自来无史,有之,则自任先生的《中国小品文发展史》始(迄今也只有两部断代的小品文论著——吴承学先生的《晚明小品研究》,江苏古籍出版社,1998年;尹恭弘先生的《小品高潮与晚明文化》,华文出版社,2001年)。任先生这部书稿对自魏晋以来直至明末的中国小品文的曲折发展历程,做出了相当清晰的叙述和得当的论衡,可以说是一部简明扼要、铨叙精审的古典小品文史。而任先生能够在七十多年前着意为小品文作史,显然得力于当时的新文学观念,比如文学进化观,纯文学观和个人主义、抒情主义的文学新观念等,都在本书中有充分的表达,它们事实上是作者为中国小品文做历史正名的基本理据。可以想象,在一个仍然坚持古文、骈文正统地位的旧派文人那里,是不可能写出也不屑去写小品文史的。只有在任先生这样受过新文化、新文学理念洗礼的新一代文学史家手里,才会写出这部令人耳目一新的小品文史。正是通过他的颇富新意的历史清点,古典散文艺术之林,因为小品文的重新发现,而得到了不小的丰富和充实。而特别值得注意的是,任先生这部论著在小品文的辨体方面颇有明敏透辟的观察。比如他以为"近人有谓小品文乃由赋演变而来者,赋至唐宋渐渐散体化,于是而有小品文。此因彼不知六朝已有小品,故有是论。然而若就小品之内容而言,谓与赋有关,亦非过言。盖两汉以来之赋,抒情如贾谊,写景如相如、二谢(惠连、庄),体物如祢衡、徐干,彼等之作,登峰造极。唐以来作者,无能嗣响。但起而代之者,非后来李白、杜甫之俦,而实为袁中郎、张宗子、祁彪佳之流。其内容同,其形式则不同。亦犹诗至五代变而为词,至元变而为曲,其躯壳虽异,而其精神则一也。故小品文者,实代赋而兴之新文体也"。又谓"散体比较朴质自然,而少拘束,用以说理叙事固宜,即用以抒情亦无不可。唐宋作者如柳子厚、苏东坡、黄山谷等,当其写应制或说理文字时,则道貌岸然,可是在不经意与友人尺牍或描摹山水时,则清泠隽永,意味无穷。故知古文实为写小品最适宜之工具。六朝作者,其词采犹不脱俳偶之习,自唐以后下逮晚明一般作者,已几于全用散体矣。故晚明实为吾国小品文之全盛时期,彼以古文之形式,而实以辞赋之内容,故融为纯文艺之散文。此诚治文学史者所不可忽者也"。这些都是超越前修、有别时贤的文学史洞见。

看得出来,任先生的这部小品文史著深受鲁迅、周作人的影响。这并非偶然。周氏兄弟是公认的中国现代散文之大家,这只要看看郁达夫编选的《中国新文学大系·散文二集》几乎用了一半的篇幅选录周氏兄弟的散文还觉得美不胜收,就可知他们二人在现代散文史上的分量。而不论是鲁迅还是周作人,在重建中国散文的过程中,都既取资于西方文艺,也发扬了本土传统:鲁迅通过译介厨川白村的《出了象牙之塔》和鹤见祐辅的随笔集《思想·山水·人物》,向中国文坛和读者介绍了随笔(essay)这种外来散文文体,同时鲁迅也是对"魏晋文章"和"晚唐杂文"特别有研究的文学史家,他的文章尤其是晚年的杂文显然深深汲引于此;而周作人则是最早向中国介绍"美文"的概念(1921)并带头付诸创作实践的人,30年代他更从"载道"与"言志"的分野出发,重新梳理了中国本土的散文史,尤其着意提倡"言志"的晚明小品,甚至以之为"新文学的渊源"。任先生年轻的时候就非常崇敬鲁迅的道德文章,被人视为"拥鲁派",而周作人又是他在北大读研究生时的导师,可谓亲承音旨、与闻绪论,所以来自二周的创作启迪和观念濡染,自然就深刻地影响了甚至左右了任先生的散文史观。这只要看看他在论魏晋文章和晚唐杂文时多援引鲁迅的观点,而在涉及唐宋古文运动和晚明小品时则频频引用周作人的观点,就可以一目了然了。不过,任先生显然也意识到二周的观点虽有一致之处,却也不无矛盾——事实上周作人大力张扬"言志"的晚明小品文,其目的就是要对抗所谓新"载道"的左翼文学,包括鲁迅的杂文——所以任先生在接受二周的观点的同时,也尽可能地调停他们观点的矛盾,那便是着重吸取周作人文学观中表彰异端、反对正统、批判现实的积极一面,从而与鲁迅的观点相协调,而剔除了30年代以来周作人日益明显的消极思想和隐逸趣味。我甚至有一个推测,那就是任先生在抗战末期重理这部小品文史却未能续写,很可能与他眼见周作人后来的附逆而碍难下笔有关。此外,嵇文甫先生(他是任先生在河南一师时的老师,30年代前期任教于北大哲学系)的著作《左派王学》(1934年开明书店出版),也显然深刻地影响了任先生的学术思想,使他特别关注王学左派的思想解放运动与晚明文学革新运动的关系。

要说这部《中国小品文史》之值得斟酌的问题,那便是如何处理小品文与其他"中国文章"之间的关系,尤其是小品文与古文的关系问题了。任先生写的是小品文史,所以少讲古文和骈文,那自然可以理解。问题乃在于他那种拔高小品、贬抑古文乃至骈文的态度。受五四以来反对文道正统、标榜异端思想的新观念之影响,尤其是受二周对非骈文的魏晋文章、非正经的唐末杂文、非古文的明清小品之推崇的影响,任先生将这些旁枝斜出的文章都纳入到小品文的范畴,并将之确立为中国文章进化之顶端,以与传统上居于正宗地位的骈文,尤其是与正经的古文相抗衡。这确是新的文学史观主导下的新发现,但这种反转过来的"正宗"、"异端"观念,在彰显了一些东西的同时,也同样遮蔽了一些东西。其实,小品和古文、骈文各擅胜场,共同推进了中国文章的繁荣。倘若大量的古文和骈文了无足观,可观的中国文章只剩下抒情的小品,那岂不是另一种贫乏?并且,即就文体而论,骈文、古文是否就完全与小品不可通融呢?比如,魏晋六朝的抒情小赋,是否也可以说是清新的小品?而唐宋古文家在正经的载道文章之外,也有许多抒情寄怀的篇什,它们是否也可以算小品?再者,即使韩愈的载道文章是否就与言志截然对立?设若他确是出于真心信仰而为、针对时弊而发、率性抒情而作如不少著名的赠序,是否也有一顾的价值?可是,由于深受周作人标榜思想解放,反对韩愈以来的"道统"、"文统"之论的影响,任先生以为:"唐既统一天下,照一般专制政府的惯技,一定继之而来一个思想的统一。……论者谓其束缚思想,较之汉武帝罢黜百家、一尊儒术可谓有过之而无不及。至于文学思潮,由隋以来即直奔向复古的道路上去。最初是陈子昂、李太白对诗歌的提倡复古,继之以权德舆、独孤及、柳冕、韩愈对散文之提倡复古。诗歌复古的结果,走到写实,而注重社会的现状的路上。散文复古的结果,是'文以载道',此所谓道乃孔孟之道,载道者乃是借文章来阐明发挥孔孟之圣道。"又谓:"在北宋初年,本来是古文二次的复兴期,欧阳修自命是传韩退之的衣钵,而东坡则是出于永叔之门的,所以他们的思想总归是囿于一曲,而不能弘通。至东坡早年的文章,譬如制策之类,完全学韩愈,就文学而论,不值得称道。"事实是,唐宋两代都是思想比较自由开明的时代,且韩愈之在唐、程朱之在宋,都并不是得势的思想之主流,而唐宋两代的古文家其实是"以复古为革新"的,其文学与思想的关系也相当复杂,是不可一概以所谓"载道"而拒斥的,若笼统用"思想统一"、"文以载道"来蔑弃唐宋两代的古文,则不免是一种新的傲慢与偏见。很可能是意识到这样一刀切的简单化,任先生也多少做了一些补救,比如特意表彰了柳宗元的山水小品、苏东坡的书札题跋。尤其是对苏东坡的文章,任先生恐怕实在于心难以割舍,但又受反载道论的影响而碍难肯定他的思想和古文,于是便大力推举东坡出于天才的非正经文章——书札题跋之类。可是东坡的书札题跋再好,恐怕还是难以同他的那些古文名作相比美吧。而问题是,推崇反载道的小品文,在任先生那里几乎成了一个新教条,以致于他赞誉明末李流芳等人的小品文"在这方面的成绩又岂是归有光等一流古文家所能企及的"。这恐怕也不是符合文学史实际的判断。(任先生稍后撰写的《中国文学史讲义》末章则说:"震川为嘉靖间革命使者。当王世贞名震一时之际,而彼独抱唐宋诸家遗集,与二三弟子讲授于荒江老屋之间,毅然与世贞相抗衡,诋之为'庸妄巨子'。后世贞对之亦颇心折。所以震川对一时之影响,实远过王、唐二人之上。同时又下开有清桐城一派之先声。其文曲折变化,极其自然,于八家中与欧阳永叔最近。"这就中肯多了。)由此可见,即使再新再好的文学新观念一旦成为教条,那就很可能阻碍人们对文学史的实际做实事求是的分析。应该说,像任先生这样的"新偏见"在现代学术中并不少见,它们在现代学术建立的过程中自是难免,但我们今天重理现代学术史却不能不对此有所反思,从而才有可能在前辈的基础上把现代学术真正向前推进一步。

三

与作为专题史的《中国小品文发展史》不同,《中国文学史讲义》是一部文学通史,其学术规模无疑更为宏大,学术难度也更为艰巨,因而所耗心力也更为繁剧,而任先生的学术立意也更为高远。那时,任先生刚从新文化和新学术的中心北京归来,可谓风华正茂而且训练有素、学有所成,所以在该书第一章"绪论"中,他总结了截至1934年现代学术界在中国文学史研究方面的既有成果之得失,除了肯定"专体的研究颇有几部杰出的,如王国维的《宋元戏曲史》,鲁迅的《小说史略》,刘毓盘的《词史》,陆侃如、冯沅君所合著的《诗史》,都是精心结撰"之作外,对断代史与通史的既有成果则少所许可,尤其致憾于通史之作,以为"就近年来所出版的中国文学通史来看,几乎连一部令人满意的作品都没有",在此基础上,任先生提出了自己关于通史的研究旨趣,特别强调的乃是科学的方法、历史的解释和客观的态度,可谓理据充分,持之有故,显示出跃跃欲试的学术豪气和超迈前人的学术抱负。

果然,这部文学史讲义出手不凡,充满了迄今仍然值得珍视的历史洞见和文学卓识。

举其荦荦大者,比如第二编讲述"周至秦的文学",乃断制为"周民族的文学"、"楚民族的文学"、"秦民族的文学"三章,即以周、楚、秦三民族的兴衰更替为线索来叙述周秦文学之演变,最终结之以南北文学的由分到合与秦的统一,诚可谓纲举目张而条理井然。按,任先生所说的周民族、楚民族、秦民族,乃是后来汉民族的三个先导族群,仿照当时"方国"的说法,称之为"方族"或许更为适当些。而迄今为止的文学史论著讲到这个中国文学的奠基期,都是先《诗经》后《楚辞》,从西周到东周而至秦,……缕缕铺叙,视野不免局促,而从未见有如此综观时空、概括为三大民族文学者,而任先生的这种概括,也显然更符合中国上古的社会史与文学史之实际,所以给人实事求是而又举重若轻之感。

再如第四编讲述唐诗,任先生力破初、盛、中、晚分期的琐碎与矛盾,而力推胡适之以安史之乱为界区分为前后期之说,于是乃以李、杜作为前后期的枢要诗人,纵论唐诗前后期之变迁大势云——

从唐高祖武德初,到唐玄宗的天宝初,中间约历一百三十余年。这是一个太平时代,社会既安定,人民生活自然也就优裕,所以一般文人大可以优哉游哉的来过他们的创作生活。不过这时在文坛上正是南北两派的文学融合的当儿,因此在风格上也就极不一致:有的承齐梁之遗风,而愈趋于雕饰化、规律化,四杰、沈宋可为代表;有的受北方英雄文学的影响,来想象着边塞的从军生活,而故作大言壮语,岑参、高适等可为代表;还有不满于六朝文章的绮丽,而极力提倡复古的,陈子昂、张九龄等可为代表;另外还有倾慕陶、谢而专来歌咏自然之美的,王维、孟浩然等可为代表,就中尤以李白能兼擅各派之长,简直可作为这期的总代表。自从天宝之乱以后,唐代的政治就日趋杌陧,贞观开元的盛世,也再不来了。所以这时的诗人,他们受着时代的震撼,眼看着政治的黑暗,人民的痛苦,也就不能再歌颂什么太平了。他们要描写时事,要把自己切身所感到的痛苦,一般人民所感到的痛苦,都如实的一一宣泄出来。固然有些不尽是如此,但他们的作品似乎也比前一期来的着实的多。即如颓废派的作者杜牧之,他的作品中所表现的个人生活,虽然也极端的放纵,但总带几分感伤的情调,与李白之狂歌纵酒、企慕神仙者自是不同。另外在诗歌本身的演进上也有着显著的变化:中国诗歌的格律到了杜工部可以说是登峰造极了,自他之后,一般的作者有的是步他的后尘,来斤斤于字句的推敲,有的觉着形式上没什么研讨的余地了,于是就在内容上来开辟新的途径,因之就有孟郊、贾岛等之苦吟,卢仝、李贺等之怪癖。到了最后,变无可变,于是就有一些作者来沿南朝宫体之余波,专从事于爱情的描写。诗到这个时候,意境上形式上,都已到了山穷水尽的地步,于是,词也就趁着这个时机而产生了。

整个第四编就是按照这样精辟的洞见来安排章节、铨叙唐诗史的,所以同样给人纲举目张、井然有序、品评得当之感,确非大手笔莫办,显示出深造自得者的自信和从容。

任先生对中国文学史的大见识,特别表现于一些专章的"余论"一节。尽管这些专章已经比较详细地叙述了一个时代的文学历程,但作者显然意犹未尽,还有一些综观前后时代的重要文学史识需要集中表达,于是乃于章末特设"余论"一节,所论往往是承前启后的文学史演进之大势和文学流变之关键,所以特别地精警透辟而启人思索。例如在叙述了两汉文学的发展之后,任先生写了这样一节"余论",纵论两汉文学之史的意义及其后续演变云——

> 我们现在试统观两汉文学在文学史上的地位。除了那些汪洋浩瀚的赋,为本期特有的产品外,其余如诗歌、散文,似乎都可以说是魏晋六朝文学的一个序幕。乐府本身固有它不朽的价值,但要专就这一点来说,不仅量的方面不能成为大观,即在质的方面,也不能令我们十分的满意,因为有些地方表现的粗疏与幼稚,是不能讳言的事实。所以站在文学史的观点上来看,与其说乐府的价值在于它本身的优美,无宁说它的价值在于它能孕育出新兴的五言体。所以在魏晋能产生出像子建、嗣宗、渊明、康乐诸伟大的五言诗的作家,你不能说这不是多少受乐府之赐。说到散文,汉代的大致可分为三派:一是承先秦的余波的,二是开古文一派的先河的,三是开骈文一派的先河的。其间尤以后者的演进的痕迹为最明显,从西汉的董仲舒起,似乎已开了一个小小的源头,后来渐渐的扩大起来,竟成了滔滔汩汩之势,大有不达于海而不终止的样子。从仲舒到伯喈,这种剧烈的变化,使你不能不惊,但由伯喈而到齐梁时期的庾子山同徐孝穆,似乎又是必然的趋势。所以我们把两汉魏晋南北朝,在文学史上分为一个段落,在此段落中又分为四个小的段落:两汉为第一期,一切都是做了个开端。魏晋为第二期,不管诗歌同散文,都如日到中天,臻于极盛的境地。南北朝为第三期,渐渐的倾向于形式的

雕琢，内容渐趋于贫瘠，已大有江河日下的趋势了。隋为第四期，终于南北统一，因为与异民族的文化的交融，于是文学就不得不舍旧而谋新，走到一个新的时代去！

而在讲述了魏晋文学之后，任先生又有这样一段"余论"——

>在这个段落中文学上的成绩，已远非两汉所能比。先就诗歌来说，从三世纪初到五世纪初，仅仅不过二百年左右，产生了三个伟大的诗人——曹植、阮籍与陶潜。尤其是陶潜，在中国诗歌史上除了屈原同杜甫，可以说没有再能比得上他的了。魏晋本是五言诗的黄金时代，而陶潜的作品，更是使五言的进展达到了最高峰。唐代五言诗的作者辈出，有谁能来超过他？所谓王、孟、储、韦要算是最擅长五言的作家了，但还不能望他的项背，其余的，更不必说了。赋的方面虽说大变汉人之旧，但要站在文学立场上看，无宁说比汉人还要高出一筹。散文方面比诸两汉似乎有点逊色，过去一向人都是这样说。的确！从这一期中，那还能找出司马迁那样纵横不可一世的大家呢？不要说史迁了，即如班固之渊雅典丽，也很难觅得匹敌。至于嵇康的清峻，渊明的闲适，在质的方面何尝不好，但这不过是一池一沼之秀美，比着那汪洋浩瀚、风起云诡的江海大观已差得多了。又何况那才既拙而学复俭的文士们，来装点词采，以自炫耀，不更将为班、马所笑吗？不过，魏晋确是中国文学复兴的时代，因为思想的解放，政治的紊乱，士大夫阶级的苦闷，都足以促进文学的发展。所以这一期，在总成绩上之超过两汉，自是无足怪的。

同样精辟的，还有在讲述了南北朝文学之后的那一节纵论南北文学特点及其由分趋合大势的"余论"，……诸如此类的"余论"，大抵从文学史的上下文着眼，扼要总结一时代文学的文学史意义，真正是要言不繁、语语中的，显示出任先生对中国文学史发展大势和关键环节，委实是烂熟于心，所以发为议论，才能独出心裁，深切著明，得其体要，而这些文学史洞见，不仅在三四十年代的文学史论著中颖然秀出，即使在今天那些写得越来越繁重的文学史著作中也甚为罕见，所以至今读来仍然让人深深感佩其以少总多、启人神智的力度与美感。

在三四十年代的文学史著中,任先生的这部文学史讲稿还有两个与众不同的特点。

其一是特别注意从学术思想史的角度来看文学问题。本来,中国古代文史哲不分家,文学思潮常常与学术思潮相交融、共消长,这是一个历史的事实,而任先生在河南一师的老师嵇文甫先生乃是著名的中国思想史专家,而任先生在北大研究院的导师之一胡适之先生,更是赫赫有名的中国思想史权威,受这两位老师的深刻影响,任先生治中国文学史,也便特别注意从学术思想的角度看文学问题了(这事实上成了任先生一生治文学史的突出特点)。比如论到贾谊的文章风格——语言夸张、常带感情而析理明晰,从而肯认他确"是一位颇有政治眼光的文学家",更进而考究贾谊文章特点之源,则以为"这些特点,我们要追溯它们的渊源,第一是受着纵横家的影响;第二是受着《楚辞》的影响;第三是受着法家的影响。本来贾生的思想,就不主一家,儒法杂糅,而又羼以纵横,且富于诗人的气质,受屈原的熏陶也很深,所以他的作品就形成这样一种特殊的风格。"这不能不说是发人之所未发、道人之所未道的创见。再如讨论到中国歌咏自然的一派诗歌之起源时,便推原到道佛思想的影响及诗人信守之真伪,从而做出了相当深入惬当的区分与评骘——

  咏歌自然的诗歌,与道佛的思想实在有着极密切的关系。中国的诗歌在魏晋以前,还没有产生出有意识来歌咏自然的篇什。到了魏晋以后,因为社会环境的恶劣,与道佛思想的勃兴,于是士大夫为的要"苟全性命于乱世",就产生出陶渊明与谢灵运两位伟大的诗人。不过陶的修养较深,人格亦高,所以他的作品极其朴质而自然。至于谢呢?虽然也一样的来描写自然,但因过于求工,结果反不免为做作。自此之后,在中国诗史中无形就树下歌咏自然的派。在这派中又可分为田园和山林两种。前者是咏歌田家的生活,所谓自然也不过是作者描绘生活时的背景而已。后者是歌咏个人隐居的生活,但常常有专一刻画自然的篇什。本来中国的文人自来就有入世与出世的两派。入世的自然是处处关心国计民生啦,至于出世的大半都是以道佛思想为主,以守命安命自足,而鄙弃世人之汲汲皇皇为利禄而奔驰。不过出世也有真假之分。真的一派,他们的确是看穿了人生,而自己甘心长为农夫以殁世,他们的胸怀是冲淡的,他们的生活是悠闲的,所以他们的作品才是真正自然的。陶渊明的诗就是这一派。至于所谓假的,大都是热衷于名利,但是宦途坎坷,于是故而隐居,以自鸣高。他们并不是真个爱好自然,又不是实在忘情利禄,所以他们的作品常常是"心缠机务,而虚言人外",实在是不自然的。谢灵运就属于此派。到了唐代,颇有不少的作者来追迹陶、谢,前期的如王绩、孟浩然、王维、储光羲、祖咏都是。不过天分有巧拙,造诣有深浅,因之成绩自然也就极其不同。

如此将思想、世情与诗歌综合联系进行分析,得出的判断自然就明敏而中肯了。

与此相关的另一个特点,即是努力运用辩证的思想方法来看待文学的流变及其与社会的关系。任先生的这种思想方法之萌芽,当然与作为马克思主义哲学家的嵇文甫之最初的启发有关,而在30年代又深受"最懂得辩证法"的鲁迅之沾溉(30年代的任先生即被文坛视为"拥鲁派")和蓬勃开展的马克思主义新史学之影响。于是任先生在撰写这部文学史讲稿的过程中,便自觉地运用辩证的观点来观察文学史的问题,力求在广泛复杂的关联中深入发掘文学与社会之矛盾运动的辩证关系,从而发为深切透辟之论。比如,论到东晋文学趣味的流变与其时社会现实之隔阂的奇特关系,任先生便辩证地分析道——

这一个时期,可以说是中华民族的衰微时期。胡人对汉民族的凌逼同压榨,对中原文化之践踏与扫荡,真是无所不用其极。社会是那样的混乱,人民终天在黑漆漆的地狱中过日子,按平常的情理来说,在文学上自然应该产生出比杜甫的《北征》同《奉先咏怀》一类的诗歌还要沉痛的作品才是。事实上大谬不然,这类作品很难从当时作家的集子中找到。反之,倒产生了些虚无缥缈的游仙诗,同恬淡闲适的田园诗。这种原因,一则由于时代的不安,一些文人不得不遁逃到另外的一个世界中来,暂且隐身;再一方面,则由于老庄方士思想的炽盛。本来老庄同依附于老庄的方士,从魏晋以来就渐渐的在思想界抬起了头,正始文人几无不受他们的影响。到了西晋的初年,似乎因为政治上的统一,文学大有走向唯美化的趋势,但不久大乱一起,社会震动,一般诗人的作品,就又渲染上了游仙与遁世的色调。不过,文学之唯美化的趋势并未中止。与所谓闲适诗人陶渊明并世的谢灵运,虽然在咏歌自然这一面,不无受老庄思想的熏染,但在技巧上则纯粹是从太康文学一脉相传下来的。所以我们可以说,东晋的文学乃正始同太康两种极不相同的文学的源流之并时再现。

那时的任先生还是一个不过30岁的青年学者,却能如此辩证地看待时代与文学的复杂关系进而准确考镜文学变迁之源流脉络,实在不能不让人佩服。

以上所说,多是关于一些文学史大问题的大判断,至于具体到一些文学作家和作品,任先生此著也颇多发明。虽然这部文学史讲义篇幅不大,文字比较简明,但对于一些名家名作则不惜重点突出,叙述品评颇为详赡而且富于学术个性。比如讲到陈思王曹植,任先生就有相当细致的分析,而结尾更回顾学术史,提出了对子建诗学渊源与影响问题的个人观点——

过去论子建诗者,钟嵘说他"出于国风",以后都无异辞。这话固然不错,但我觉得这还有点偏不概全之病。实际《楚辞》、乐府给子建作品的影响也极大。即如《妾薄命》之与《九歌》、《招魂》,《美女篇》之与《陌上桑》,很明显的有着源流的关系。子建的思想是儒家的,很有用世之志,但没机会来使他表现,故抑郁而不得志,所以他的作品上承屈原而下开工部。又因他生长在富厚的境地中,所以风格高华,无丝毫寒俭之色。钟嵘说"陈思之于文章也,譬鳞羽之有龙凤,女工之有黼黻"。的确是一点也不错。

这无疑比传统观点更接近曹植的实际。再如张籍之被视为韩派诗人,是历来相传的定论,胡适的《白话文学史》虽然指出白居易"认张籍为同志"①,但还是为他与韩愈的交情所限,而没有把他直接列为白派诗人,其他三四十年代的文学史论著,也都在韩派诗人的范围里来论张籍。可是,任先生却独排众议,断然将张籍置于白派诗人之列——

> 文昌是韩愈的好友,一向都把他列进韩愈派诗人中。不过就他的作风说,与其把他放进韩派,无宁把他放进白派更为合适些。白居易的文学主张,是"诗歌合为事而作",他平生推评的并世作者除元微之之外,就要数到文昌了。

检点同时论者,也只有钱钟书先生同持是论——《谈艺录》论张文昌诗,以为"其多与元白此唱彼于,盖虽出韩之门墙,实近白之坛坫"②。按,钱先生的《谈艺录》写于四十年代上海沦陷期间,而任先生的观点则在30年代末的石印讲义里就提出了,可谓慧眼所见略同。

此外,还有一个值得注意的特点是,作为一个受过新文学、新思潮洗礼的现代文学史家,任先生对中国古代文学作家作品的看法,显然多了一层世界文学的视野或者说比较文学的眼光,因之综合观照、得会其通,一些向来聚讼纷纭的问题,到他那里也就迎刃而解了。即如对于陶渊明的《闲情赋》和《桃花源记》的批评,就是典型的例子。关于前者,任先生给予了非常同情体贴的现代阐释——

> 为萧统所讥为"白璧微瑕"的《闲情》一赋,在现在我们看来,倒是很有趣的一篇文章,写一位害着单相思的男子,因为实

---

① 胡适:《白话文学史》上卷,新月书店,1929年第三版,第382页(按,此第三版其实指第三次印刷)。
② 参阅钱钟书:《谈艺录》,开明书店,1948年,第110页。

际不能与所爱的女子接近,所以就幻想着只要能使自己变为她的日常所用的衣物,得与她常常接近就好了,可是又怕这些衣物过时了,会为她所抛弃,……因为"考所愿而必违,徒契阔以苦心",于是就想到郊外去散步,也许偶然之间,可以碰到她。但终于是白走了一趟,这时天也黑了,外边只刮着冷冷的风。于是又盼望着就寝,在梦中或可同她相逢,可是偏偏就"恫恫不寐,众念徘徊",害起失眠症来。不得已,又起来走到门外,望着天边的行云,想托它把自己的一片相思之情带给她,可是行云呢,竟无语而逝。这番深情终究无由申诉,末了只有任它去了。周作人先生在他的《苦竹杂记·文章的放荡》中曾论过梁简文帝的"文章且须放荡"的话,中引英国霭理思"文学是情绪的操练"一语,来说明简文帝的话是对的。从这看来,则渊明虽有《闲情》之作,当也无伤于他为一位隐逸的高士也。

关于后者,任先生则接过梁任公的观点而进一步发挥道——

《桃花源记》是写他自己理想的乡土,梁任公称它为"唐以前的第一篇小说"。为了这篇东西,后来引起了许多无谓的揣测:唐人像王维(《桃源行》)、韩愈(《桃源图》)、刘梦得(《桃源行》《游桃源一百韵》)都认为渊明所写的乃是仙境;到了宋代的王荆公(《桃源行》)、苏东坡(《和桃花源诗》)都否认唐人之说,这自然是比较唐人要高明一点,不过他们仍不免拘泥于一方,认为桃源也许是实有其地;直至任公才算一语道破了渊明写这篇东西的真意。本来文学有写实,有理想,渊明生逢乱世,退隐田园,所有的诗篇都是他自己的生活的写照,从他的诗中,看不到乱离的描写,不过时或有一二愤慨之语罢了,但你能说他对于时代不关心吗?不过他不愿从正面来表现,他写出自己的理想乡,正是要借此来反映他所处的是一个乱离的社会。后人不明白这一点,来任意的推测,结果渊明的真意,竟被他们所曲解了。

显然,正是这种有别于旧派学者的世界文学视野和比较文学的眼光,才使任先生能够快刀斩乱麻,彻底廓清历来旧说之迷误,而直探渊明为文苦心于一千五百年之后。再如论到汤显祖的《牡丹亭》,任先生联想到歌德的《少年维特之烦恼》,于是自然地予以比较品评——

> 考诸西洋文学,其写爱情之作而摇动青年男女之情感至深而且巨者,唯歌德《少年维特之烦恼》一书,可以同她比并。一为东方,一为西方,一写女子之怀春,因梦竟相思以至于死,一写男子之眷恋其友人之妻,以无由结合至于自杀。前者道出几千年来在旧道德压迫下的女子之苦闷,后者写在社会习惯下被拘束的男子之烦恼。东西相照,先后辉映(按歌德生于西历一七四九年,距义仍之卒仅百余年),同为青年男女所倾慕而顶礼之作,岂得不谓文学史上之佳作哉。

而难得的是,任先生在比较品评中西文学时,并不止于类比,也很注意区分其间的差异。比如在评价白派诗人时,任先生使用了"写实"这个西洋文学的名词,但又慎重地区分了元白的写实与西方近代的写实之差别——

> 近代的写实主义,大抵是专来表现社会的黑暗,而不随便发议论,也可说是专写病案,而不开药方。只不过提出问题,让读者去评判,去解决罢了。可是乐天同微之就不然了,他们是要来讽喻,同西汉的经生们拿三百篇当谏书的意味颇有点相同。他们不采取正颜厉色的方式,而拿诗歌来从容讽谏,所以不但要指出病状,而且还要列出医治的方剂,希望当道能够随时采纳。这种差异的产生,我觉得还是政治背景不同的缘故。近代的写实主义,乃是产生在民主政治之下,自然是以博得大众的注意为目的,而九世纪的写实主义,是产生在专制的政治之下,所以不能不偏重在天子这方面。元白的新乐府中,之所以不免常常要羼进大量的说理成分,的确也是无足怪的。

如此见同而知异,较诸当时和后来学术界简单照搬西方文学概念术语来论中国文学的做法,就慎重而且明达得多了。

从总体上看,这部文学史讲义讲述先秦到唐诗的部分,写得比较从容详赡、深入浅出、新见迭出,而宋元明部分则显得比较简略而乏深入独到之论。考其原因,一则当然与抗战战局的转变有关。先秦到唐诗部分,写于战前和抗战之初,那时作者生活比较安定,研究条件也比较好,所以得以从容地考究与写作;而1938年之后战局转急,不断颠沛在乱离途中的作者,自然没有条件和心情仔细续写了,而不得不草草结束,以致清代文学没有来得及续写。二则恐怕与作者的学术准备有关。应该说,30年代的任先生对先秦到唐代的文学已有独立的研究,学术准备比较充分,而对宋元明清文学,除了关于晚明诗文尤其是小品文有比较充分的研究基础外,对其余词、曲、小说都还缺乏独到的研究(四五十年代之交,任先生的学术兴趣,才转向宋元明清的俗文学以及近现代文学),所以这部早年的文学史讲义论词、曲、小说的部分,多依据学界既有的研究成果。比如讲词,就多依据王国维和胡适之二家之论(任先生1934年在北平即撰有《王国维〈人间词话〉与胡适〈词选〉》一文,同时又看到胡适的《宋词人朱敦儒小传》一文)而加以折中综合,于是将两宋词人简单区分为温婉派、豪放派和清淡派三支,所谓清淡派其实只有朱敦儒一人支撑,却于一代大词人李清照未置一词,这不能不说是一个大缺憾。其实李清照与朱敦儒都是由北到南的词人,如果说南宋词坛真有所谓清淡一派,《樵歌》的作者朱敦儒何以当之?一代才女李易安或许更适合为其开山人物吧。

　　当然,关于宋代以前的文学,这部文学史讲义也有措置未安之处。比如,讲唐代文学而只限于唐诗,对韩柳主导的唐代古文运动,则弃置不论,这也不能不说是一个重大的缺失。而造成这个缺失的原因,倒未必是任先生对古文缺乏研究,而是他的文学观念里还存在着新的傲慢与偏见。从这部文学史讲稿里可以看出,30年代后期的任先生虽然已经认识到"中唐实是文学上的革新时代,韩、柳是努力于散文的革新,而元、白则是努力于诗歌的革新",但实际上他推尊的乃是元、白,而对韩愈的人、文、诗则颇为不屑,所以有这样的讥议——

退之最初本是极倔强的人,但遭了这次打击后,锐气顿消,马上可变了那副刚直的面孔,反来阿谀乞怜了。当他到了潮阳之后,给宪宗上表,先说那里地方的恶劣,他年已衰迈,受不了那种折磨;次说他"单立一身,朝无亲党",假若天子不怜恤他,没有人肯替他讲话;接着说他禀性愚陋,人事多所不通,但好学问文章,将来那种歌功颂德的文章,自己敢说胜任而无愧;末了又说了一大堆谄谀的话,劝宪宗把自己的功业应定之于乐章,告之于神明,东巡泰山,奏功皇天,俾可垂之万世而不朽。表上遂改授袁州刺史。…………(中略)不过我总觉得退之的诗缺乏朴质与自然,所以令人感不到亲切的意味。他学工部的奇险,结果流而为虚矫,学太白的豪放,结果流而为粗犷。至于李、杜两人的长处,所谓空灵飘逸与恳挚质实,则彼实概乎其未之闻。至退之的作品,为什么竟走上这样一条路?我认为还不外他的思想与修养的关系。我们试读他的散文《原道》,就可以看出他是以道统自任的一个人,而他的朋友张籍也曾劝过他来担负道统(《新唐书·一七六·张籍传》)。因此他就不能不故意的装腔作势,摆出规矩尊严的样子来。加以他又是不能忘情名利的热衷者,他劝他的儿子要努力读书,因为惟有读书,才能够富贵利达。……(中略)这种纯以利禄来诱导子弟,就可以晓得退之这个人的修养是如何了。像他这样不真率的人,怎能写出真率的诗呢。

其实呢,所谓封建时代的士大夫,当遭贬左迁而不得不上书"谢恩"之际,对皇帝说一点软话,乃是官场的常理常例,又何嫌于退之?何况退之"认错"的官话套话,也未必就没有皮里阳秋的意味在,岂能按字面意思句句当真?至于韩愈做诗希望儿子读书上进以期将来"比肩于朝儒"(《示儿》),亦是那个时代的人之常情,他能够那样坦白地写出来,而不故作淡然萧散之态,正见出其为人做诗的坦直真率、表里如一,又何损于他的思想与人格?

推原任先生之所以对韩愈有此讥议,以至对整个唐代古文运动都弃置不道,其实还是缘于他仍受限于新文化、新文学和新学术观念之影响。从这些"新"的立场上看,"文以载道"的古文,由于其所载之道,既不合近代"人的文学"在思想和政治上的正确性,也不符合"纯文学"的艺术正确性和纯粹性,自然难免遭否定之灾,而韩愈则因为是这个道统和文统之开山,也就首当其冲,成了最遭批判的古典作家了。批判最激烈也最持久的,就是任先生的导师周作人。按,自30年代以来,为了抬高所谓独抒性灵的"言志"小品,周作人极力非难"载道"的古文之首领韩愈,写了不少声讨文章,简直视韩愈为不可饶恕的假道学、戕害文学的罪魁祸首。① 而说来有趣的是,周作人之狠批韩愈,不仅遵循着"载道"有害"作文"的新理念,而且沿袭了宋代一些理学家颇嫌韩愈为道不纯、作文害道、人品与文品皆有缺的旧说法,却不解韩愈之"不纯"、"有缺",正是他与故作正经的伪道学之不同处,正足见其为人为文之可爱也。然而,乃师周作人对韩愈和古文的批判,实在相当深刻地感染了任先生。由于截至1938年周作人尚未公开附逆,所以任先生这部文学史讲义的先秦至唐代部分,仍然颇多援引周作人的观点,而任先生对韩愈和古文的看法,显然与周作人

---

① 周作人最早提到韩愈,是1921年1月1日发表在《新青年》第8卷第5号上的《〈旧约〉与恋爱诗》一文,不过顺口提及:"中国从前有一个'韩文公',他不看佛教的书,却做了什么《原道》,攻击佛教,留下很大的笑话。我们所以应该注意,不要做新韩文公才好。"发表于1924年5月14日《晨报副镌》的《"大人之危害"及其他》一文,仍然比较谅解地说:"当时韩文公挥大笔,作《原道》,谏佛骨,其为国为民之心固可钦佩,但在今日看来不过是感情用事的闹了一阵,实际于国民生活思想上没有什么好处。"此后几年便很少说道韩愈。可是进入1930年代以来,周作人在大力提倡独抒性灵的晚明小品的同时,也逐渐加多了而且日益加重了对韩愈与古文的挞伐,如《中国新文学的源流》(1932年)、《谈韩退之与桐城派》(1935年)、《关于家训》(1936年)、《宋人的文章思想》(1936年)、《谈方姚文》(1936年)、《〈瓜豆记〉题记》(1936年)、《读书随笔》(1936年)、《谈孟子的骂人》(1937年),……至1939年所写《国文谈》一文,还借钱玄同之口大骂韩愈与古文,此后亦持续批判,直至八十多岁,还写了《反对韩文公》一文,可谓始终而不懈。

如出一辙。这种出自新文化、新文学理论逻辑的批判,当然有其必然性和合理性,可也确实带着新的傲慢与偏见,而不免苛求和曲解了古人。究其实,韩愈乃是针对中唐以来藩镇割据、佛老糜费、民不聊生、国将不国的现实,而思有以矫之,于是才重倡古典人文主义思想和古典艺文的传统,岂可以其"文以载道"之不合于现代文学的理念和理想,就不加分析地予以拒斥?并且诚如钱钟书先生所说,在古代文论中,分体言之,则"诗以言志"、"文以载道",合而观之,则同一人既可写"言志"之诗也可做"载道"之文,并不觉得有什么矛盾,今人又何须从狭隘的纯文学观出发去特意褒"言志"而刻意贬"载道"?① 更何况,从中外几千年的文学史来看,文学又何尝能纯和可纯到仅只是为文而文地独抒性灵趣味——从某种意义上说,"不纯"的生活感想和深挚的道德感怀乃是文学创作的初衷,唯此才能使文学言之有物、充盈坚实,然则,有感而发、有所持守的"文以载道",即使不合于今,又何足为古文的千古不赦之罪?

由此看来,新文化、新文学和新学术的观念,在使任先生获得超乎往常的视野和卓识的同时,确也不免使他有所遮蔽和偏见。因此如何克服新的遮蔽和偏见,从而对中国文学史作出更富历史同情的批评和更合历史实际的分析,对年轻的任先生来说尚需时日以深长思之。

四

令人欣喜的是,到了20世纪40年代的中后期,经过持续不断的战火洗礼和深思熟虑的学术思索,人到中年的任先生在学术上显然地趋于成熟,所以才能于继续发挥新见卓识之外,自觉地克服年轻时的遮蔽与偏见,特别体贴把握中国文学史上的重要现象和问题的复

---

① 参阅中书君(钱钟书):《评周作人的〈中国新文学的源流〉》,《新月》第4卷第4期,1932年11月出版。

杂性，从而做出更为辩证中肯的分析。这在他此一时期的学术论著《中国文学批评史述要》里多所表现。

如所周知，在关于中国文学的现代研究里，中国文学批评史是成绩最为显著的一个门类。自 1927 年陈钟凡先生出版了比较简略的《中国文学批评史》之后，到任先生完成他的这部中国文学批评史论著的中册之第二分册的 1948 年初，在这短短 20 年间，先后出版有郭绍虞先生的《中国文学批评史》(上册 1934 年出版，下册 1947 年出版)、罗根泽先生的《中国文学批评史》(1934 年出版先秦至六朝部分，1943 年至 1945 年又出版了增订的《周秦两汉文学批评史》、《魏晋六朝文学批评史》、《隋唐文学批评史》和《隋唐五代文学批评史》)、方孝岳先生的《中国文学批评》(1934 年出版)和朱东润先生的《中国文学批评大纲》(1944 年出版)。郭、罗二著都是考镜源流、详述历程的宏篇巨制，允称扛鼎之作；方、朱两书，则以批评家为主，评骘短长，诚所谓片言居要，颇有精审之论。然则，在这种情况下，任先生撰写这部篇幅不大的中国文学批评史，又所为何来，特点何在？

一则当然是为了教学之需。按，任先生 1943 年在河南大学开"中国文学批评"课程，此时除了朱东润先生的著作尚未出版外，其他郭、罗、方三人战前出版的著作，任先生应该都是看过的(书稿中明确提及的是郭著)。就教学而言，郭、罗的著作均详赡繁富而都不免博而寡要，未必适合教学之用；而方著篇幅简短，时见精义，却不免过于具体以致零乱而缺乏史的概括勾勒，其实也不大适合教学之需。这应该就是任先生撰写他的《中国文学批评史述要》的直接动机。不过，这并不是任先生撰写此书的唯一动机。事实上，任先生自二十年代末走上学术之路以来，即对中国文学批评史上的问题颇感兴趣，30 年代更有独立的思考，部分成果已写入《中国文学史讲义》，此后也一直持续钻研、思考转深，比如在 1940 年随河南大学迁徙于嵩县潭头之际，任先生即撰写了《〈文赋〉疏证》的专著(现存手稿)……而随着研究和思考的深入，他对中国文学批评史的问题，显然有了不同于时贤的独到看法，乃谋著述以自表见，这应该说是他撰写这部中国文学批评史论著的另一个重要动机。

诚如舒芜先生晚年评论他的父亲方孝岳的《中国文学批评》时所说:"文学批评是为文学本身服务的,文学批评史的研究也应该为文学史的研究服务,这一点可惜并不是文学批评史家们经常记住的。"①舒芜先生并将此概括为"文学与批评一贯的原则"。这是不错的。但当舒芜先生由此进而发挥说:"其实,根据'文学与批评一贯'的原则,也只有对一国文学本身是内行,然后对这一国的文学批评,方能是内行。"②这话若在近代以前说出,自然无可疑议,但若就五四以后而论,则纵使相当内行于一国文学,也未必就是能够明了一国文学之究竟的充要条件了。事实是,千百年来可称本国文学之内行的人成百上千,可是堪称懂得中国文学几千年究竟大势的人并不算多,而真正比较系统和科学的中国文学史研究,乃是从五四以来才开始的。即如方孝岳先生,其所以能够对中国文学批评家有些精见卓识,固然因为他自幼沾溉于桐城文学的传统,但也显然有得益于新文学观念感染之处,所以他才能跳出桐城派的牢笼看问题,而其所以又未能对中国文学批评有更大的见识与判断,则恐怕又与他终究不很了解域外的外国文学,视野只限于一国文学有关。此所以西谚有云:"只知其一者,是为不知。"当然,对方孝岳先生这类新旧过渡时代的学者,是应该谅解而无须苛求的。任先生比方氏年纪略小,但自童蒙及少年时代,受的仍然是传统教育,却又不必受科举应试之限,所以对古典诗书之熟习,并不让于传统士子,甚至眼界更为开阔些,而稍长入新式师范、大学、研究院,更系统接受新文化、新文学的教育和现代学术以及传统治学方法的训练,成为既有旧学根底又有现代眼界的新一代文学史研究者。其"现代眼界"表现之一,就是具有比较开阔的"世界文学"视野,尤其是比较了解西方文学和文学观念,故此当

---

① 舒芜:《重印缘起》,见《中国文学批评》之三联书店1986年重印本。
② 出处同上。

他们研究中国古典文学时,就不仅"对一国文学本身是内行",而且还有一种来自世界文学的比较会通以至跨学科的眼光,因而也就能够"对一国文学本身"之变迁大势"识其大体,明其究竟"了。

此所以这部《中国文学批评史述要》虽然比较简要,却绝不简单,而独具手眼和创见。在开宗明义的第一章,任先生就参考西方的文学批评概念,提出了研究中国文学批评史的两条方法论。第一就是应该从"文学批评与文学演变之关系"着眼,他以为——

> 文学批评与文学作品,就关系上说,是互为影响互为因果的。盖批评之产生,最初由于对流行作品之分析与归纳,其结果批评之倾向常与一时作品之风尚相应合,故文学批评之转变,恒随文学之趋向为转移。……至批评、创作中间相互影响之枢纽,又常在于后者。大抵文学本身,最初自有其演进之趋势,在此趋势未达至顶点之时,有一二学者出,窥出此种之趋势,因设为理论以推波助澜,助长其发展,加速其演进,于是风气以成。迨风气既成,而此趋势转眼即达于最后之境地,于是追风趋时者纷纷而出,因之流弊亦随之而生。当此时期,又有一二明哲之士睹此趋向已无由再行发展,如循此而不变,只有江河日下,愈趋卑陋,于是遂倡为新的理论,而大声疾呼以矫之。于是所谓文学上之革命运动以兴。及此种运动成功之后,创作又走入新的方向,过一时期,又有流弊,于是再有人以另一种理论出而矫之。如是循环往复,遂形成所谓文学史与文学批评史。

这不正是舒芜先生所谓"文学与批评一贯的原则"之更为辩证的说法么?当然,此前的文学批评史研究者,事实上也不可能脱离文学的实际来研究文学批评史,但发为自觉而且辩证的方法论之思考者,乃是任先生,而"文学与批评一贯"之典型表现,就是笼罩一时以至一个时代的文学思潮,那正是任先生文学批评史研究的重点所在。同时,任先生又提出研究文学批评史的第二个方法论,即必须注意"文学批评与学术思想演变之关系",他以为——

> 文学批评之产生,最初往往附丽于哲学思想,即由某种哲学

观以观察文学,而得到某种之见解。即以吾国先秦而论,儒家思想为积极的入世主义,故其文学观即为实用主义的。道家为消极的遁世主义,故其文学观即为自然主义的。稍后则文学批评之风气又常随哲学思潮以为转移。即如在两汉为儒家一尊时代,因之当时之文学批评,鲜能逃出实用主义轨范范围之外者。魏晋南北朝为老庄及佛学盛行时代,于是两汉时代文学批评之风为之一变,自然主义与唯美主义遂代之而兴。此后而隋唐,而元明,文学批评几无不与学术思想互为消息,故吾等研究中国文学批评之演变,应把握其所以演变之枢纽。此枢纽为何?一曰文学本身之趋向,二曰时代思潮之演变。明乎此,则中国文学批评之演变,及其所以演变之故,可以知其大略矣。

自然,以往和并时的文学批评史研究者,事实上也不可能不注意文学批评与学术思想的关系,但发为自觉而且辩证的方法论者,仍然是任先生——如前所述,30年代的任先生受其两位老师嵇文甫和胡适之的影响,已很注重学术思潮与文学思潮的关系,至此乃发为自觉的方法论,并一生持守而不息,成为他研治文学史的一个显著的特点。而事实上,任先生研究中国文学批评史以至整个中国文学史,还有一个没有说出的方法论,那就是来自外国文学修养的比较观照之手眼。应该说,正是以上三条方法论的结合,使得任先生的中国文学批评史研究,虽不能与时贤的著述在详博具体上争胜,却显著地具有了迥异于时贤的特点和优势。

那特点和优点之一,就是对"中国文学批评之演变,及其所以演变之故",能够"识其大体,明其究竟"。而要做到这一点,其实是很不容易的。即如郭绍虞先生在其《中国文学批评史》里,也试图扼要概括,将整个中国文学批评史分为三期:一、文学观念演进期(周秦、两汉、魏晋南北朝)。二、文学观念复古期(隋、唐、宋)。三、文学批评之完成期(元、明、清)。正如任先生所批评的那样,"顾此等分法,余觉其甚为笼统,未能显示其错综之变化。故本书不从其说"。而任先生则以上述三种方法论作为观察的角度,而综观整个中国文学批评史,于是乃能"识其大体,明其究竟",以为自先秦至清末的中国文学批评,就其演变之大势而论,可概括为三大思潮交替错综发展的六个时期。那三大思潮就是实用主义、自然主义和唯美主义,六个时期则为周秦、两汉、魏晋南北朝、隋唐宋元、明、清。其中尤以对先秦至唐宋时期的文学批评史源流演变之大势的论析,最为得其体要而且圆通得当。如第二章概论中国文学批评史之演变大势,首先指出先秦哲人各自发挥其思想,而以儒、道、墨最为著名,后来"墨家思想中道夭殂,惟儒道二家源远而流长,而其影响亦至巨,整个之中国文学批评,其思想基础几无不源于此二家"。而"儒家重实用;道家重自然",既是中国哲学也是中国文学上之实用主义和自然主义思潮的源头。接着纵论两汉至唐宋的文学批评史,乃将文学与世变、文学与学术、创作与批评融为一体,发为考镜源流、洞察错综之卓见——

  汉初当大乱之后,学术思想悉承先秦余波,此时文学,楚辞之风最盛。循此以进,则颇有渐趋于唯美主义之势。无如自汉武帝时,罢黜百家独尊儒术,政府遂以通经为仕进之阶梯。以后经学渐盛,而一般经学家之文学观,悉以儒家为准,故彼等之见,无非实用主义者。渐渍渐久,此等观念影响于整个社会,以扬子云之辞赋家,最后亦薄文辞,而目之为雕虫篆刻。以王仲任思想之反时流,而其文学观亦仍不脱实用主义之窠臼。杨、王二子尚且如此,则其余可以知矣。东汉末年,君昏臣嫚,政府横征暴敛,人民不堪其苦,因而爆发黄巾起义,接着又发生董卓之乱。迨董卓既平,遂分而为三国。西晋统一仅短短数十年间,天下又分崩离析。此时期可谓中国政治最不上轨道之时期。因大乱之故,于是名、法、老、庄及西方之释,遂乘机而起,儒家思想已失其统治之效力。此时反映于文学批评者,为自然主义与唯美主义之代实用主义而兴起。所谓自然主义,乃系受老庄思想影响之作家,彼等以自我表现为目的,无视格律,而更不含丝毫实用之观念,此派可以叔夜、嗣宗、渊明等为代表。唯美主义派乃系沿南方文学发展之趋向而产生者。此派之见解实肇端于相如与子云,至曹丕《论文》出,遂大张旗鼓,以后陆机继之而加以发扬,至沈约、刘勰出,而此派之理论遂臻于完成。当唯美派全盛之时,一时希声附和者遍天下,因之流弊丛生,于是久已潜伏之自然主义派、实用主义派遂起而矫之。由此发展,遂酿成唐代之复古运动焉。隋代为时甚暂,一切均为唐开其端。唐初文学批评,其趋向有二:在诗歌上,有自然主义派之反齐梁,陈子昂、李白可为此派之代表;另外则有实用主义派之沿齐梁,杜甫可为此派之代表。在散文方面,仍为实用主义之反齐梁,独孤及、萧颖士等可为此派之代表。至唐之中叶,韩、柳、元、白出,不论彼等在诗歌上见解有何不同,但其为实用主义则一致。韩、柳从散文方面倡复古之运动,而元、白则从诗歌方面向复古发展。总之,彼等均为儒家思想之信徒,其反对六朝之无所为而为之文学观,实毫无二致也。唐末五代唯美派之伏流又起,至北宋之初欧阳修出,又从事于二次之复古运动。但实用主义派为实用计,故主于文质并重,虽注意内容,但并不轻忽形式。试观韩愈虽反齐梁,但推尊扬、马,可以知矣。但当北宋中叶,一般道学家出,彼等因受道家自然主义之影响,故轻视文采,但又受孔、孟实用主义之影响,故特别尚用,因此遂以古文家之重文为足以害道。至南宋朱子出,始矫周、程诸子之偏,而中国传统之文学观,遂于焉以成。

如此将实用主义、自然主义和唯美主义三大文学思潮在一千多年间的源流变迁及其错综调和之大势,解说得一清二楚,各得其所,却只用了寥寥一千字,真是言简意赅,笔力千钧!比较而言,此前或同时的文学批评史著作,在详博或精细上皆有足多者,但像任先生这样洞察关键、提纲挈领的大手笔和大见识,则似乎不多见,而在当今写得越来越繁细或时新话语连篇累牍的文学批评史论著中,就更为罕见了。

显然,实用主义、自然主义和唯美主义这样的概念术语都来自西方,甚至跨越了学科,因此把它们移用来概括中国文学批评思潮,就必须注意它们的适用范围而不得不有所订正。对此,任先生是很注意分寸的。比如,实用主义这个概念,现在往往被笼统地当作功利主义的同义语,概指一切有伦理道德、社会政治追求的文学取向,所以从古代儒家、法家的文学主张以至现代的革命文学主张,都被称作实用主义的或功利主义的。但任先生却对实用主义与功利主义做了分疏,以为"实用主义派为实用计,故主于文质并重,虽注意内容,但并不轻忽形式",而仅以功利主义指称墨家、法家的文学主张,对于唐宋以来的实用主义文学主张也给予了具体的分析——"窃以实用主义派自唐以后分为两支:退之、永叔等以实用为主,而实窃取唯美派之长;而理学家则比较接近自然主义,及走于极端,则内容上为实用主义的,而在形式上则为自然主义的"。这就中肯得当多了。至于用"自然主义"来概称中国文学主潮之一,任先生更是经过一番慎重仔细的考究。事实上,任先生起先使用的概念乃是"浪漫主义",但后来几经考虑,觉得还是用"自然主义"这个概念更为恰当贴切些,所以遂把"浪漫主义"改换为"自然主义",现存手稿上还有个别涂改未尽之处。在中国,自然主义的文学思潮当然导源于老庄,而到魏晋时期乃臻于极盛,在任先生看来,中国的自然主义文学思潮与西方的自然主义是完全不同的,而更近似于西方的浪漫主义文学,它们往往能在文坛守旧沉闷之际,以回归自然、自由表现相号召,发挥出显著的解放作用。即如——

> 从嗣宗到渊明这一派自然主义的作家,有些地方很有点近于欧洲十八世纪的浪漫派,其返回自然,一也。主于自由表现,二也。轻视社会之规范,三也。对旧时代之思想,是革命的态度,四也。将个人之见解寄托于理想的故事之中以表现之,五也。(如渊明的《桃花源记》)所不同者,仅浪漫派主于表现奔放的热情,而此派则否耳。(按,欧洲之浪漫主义为老庄思想与希腊思想混合而成,而中国则纯为老庄的,故重收敛而不重发扬。晚明文人稍有不同,即因受王学影响所以重发扬而不主收敛,故晚明文学为浪漫主义的。)所以至此派对后世之影响,以其在内容上重视自我的表现,在形式上主于信腕直寄,不拟古,不模古,

> 无视一切的格律,故写出之作品,其风格之高者,则清新活泼,一片化机;即其次者,亦如天马行空,不受羁勒。故在中国文学上,凡当文坛风气流于拘泥迂腐、陈陈相因之际,往往宗法此派者一出,即顿改旧观,而视听为之一新焉。

这是非常明澈精辟之论。显然,任先生是在西方浪漫主义文学思潮的启发下,才在中国发现了近似的文学思潮的,但在一番比较考究之下,他最终还是放弃了西方的浪漫主义概念而决定启用中国固有的"自然"论,而之所以如此,乃是因为在他看来,如其中国本土的概念已足以为一种主导性的中国文学观念、文学思潮命名,那就尽量不用异域的概念。这自然是一种更为成熟的学术态度和风度。应该说,"自然主义"确是一个更明快也更符合中国文学实际因而更具有本土特色的概括,所以毫无疑问,用它来为中国的一种主导性的文学观念以至于文学主潮命名,乃是任先生对中国文学史研究的一大发明和贡献——由于他的这一原创性的概括,中国文学批评史以至中国文学史的上许多颇为纠缠的问题,都可涣然冰释了。

而尤为难得的是,任先生并不以三大思潮的概述为满足,更进而着力揭示这三大思潮在中国文学史上如何"错综之变化"的复杂情况,提出了一些非常深入地辩证分析中国文学史复杂实际的卓见。比如,关于隋唐时代的"文学复古",似乎是个显而易见的事实,而一般学者向来都认为,支撑这一时期文学复古的思想观念就是儒家的实用主义。但任先生却指出,在隋唐之际针对唯美主义而进行文学复古运动的,其实有自然主义和实用主义两种思潮——

> 唯美主义派的文学,到了齐、梁已经是登峰造极了。这时反对这种潮流的可以说有两派:一是实用主义派,是就内容上来立论,不是说这些作品无裨实用,就是说这些作品有害于世道人心。李谔、王通之论,最可以作为这派的代表。二是自然主义派,是就形式上来立论,认为这些作品太矫揉造作,不是出于真心之所发抒。王绩、陈子昂、李白,可以作为这派的代表。

稍后,在唐代真正完成了文学复古运动之大业的,乃是杜甫和韩愈等,而杜、韩之关怀世道与治道,似乎显然地宗奉着儒家的实用主义了。然而,任先生却从唐代文学与此前南北朝文学("北朝文学重实用,偏于所谓实用主义;南方文学重华美,偏于所谓唯美主义")的关系着眼,指出以杜甫、韩愈为代表的成功而且成熟了的文学复古论者,乃是经过了唯美主义的洗礼,所以其文学观实际上是实用主义与唯美主义的一种错综之综合和辩证之扬弃——

> 就在文学批评上,实用主义派也又重新抬起了头。初则,由北朝的几个文人发端,到了唐代,继起者引端赓绪,于是就造成了震撼一代、影响百世的复古运动。不过,我们要以为唐代的实用主义派与六朝以前的实用主义派,在创作的见解和态度上完全相同,那就错了。因为这是经过一个唯美主义全盛阶段以后的实用主义。虽然在口号上他们是反对唯美主义的,而实际是经过了一番扬弃的过程的。他们遗其皮毛而袭其精神,所以才造成了韩、柳二人在散文上伟大的建树。至于诗歌,工部的作品同见解,更可以看到他是如何的在镕铸南北文学之长,而奠定了他的诗圣的地位。明乎此,才能了解由隋到元这一段的文学同文学批评。

这实在是辩证分析、切中肯綮的洞见与卓识,为此前和迄今的许多研究者所隐约有感却未能阐明者。而任先生之所以能有如此见识,则无疑是得益于他的辩证的思想方法。前面说过,自30年代接触到马克思主义以来,任先生就尝试着运用其历史观,尤其是辩证法,来观察和分析中国文学史上的复杂问题。到了40年代,任先生对马克思主义的辩证思维,尤为服膺而心仪,运用起来也更为得当和得体。这在那时研治古代文学的学者中,是很少见的。当然,任先生并没有把马克思主义当作教条,他着意领会的乃是其辩证地观察复杂问题的思想方法。正因为如此,他这一时期的文史学研究,才特别注意文学史的"错综之变化"和"扬弃的过程",故而颇多发覆烛隐的精彩之论,至今读来仍给人深刻的启发。

任先生对一些大问题如三大文学思潮千百年来的"错综之变化"

的辩证分析,其精彩已如上述;至其对一些重要的作家和批评家的文学观念发展变化之"扬弃的过程"的辩证剖析,也同样的精深透辟,这个则可以他对韩愈文学观念及文学趣味的辨析为例证——前边已说过30年代的任先生对韩愈之新的傲慢与偏见,及对韩愈与古文运动之简单化的文学史措置,现在正不妨看看40年代的任先生对韩愈的看法有何改变,也是很有意味的一件事。

此时的任先生当然仍旧认为韩愈是个文学上的实用主义者,但是他却不再简单地因为韩愈的"文以载道"和反对佛老而否定其文及人了,倒是热情地赞誉韩愈"在散文上伟大的建树"等,而尤为精彩的是他对韩愈文学思想及文学趣味的复杂性的辩证分析——

一般的说来,退之是宗信儒家思想的,那么他的文学主张自然不成问题的是属于纯粹实用主义啦。其实不尽然。反之,他倒是受唯美派的影响甚深。这话说来似乎颇为费解,因为他不是主张复古,主张反唯美主义吗?可是我们只要把他的论文的话仔细加以分析,就可以晓得这里面有它们的矛盾的统一在。首先退之对于文章的技巧是最重视的。你说他尊道,无宁说他是重文。……至他自己,也确切在写文上下过极深的功夫。……他这种对文章惨淡经营的态度,不是同唯美主义派完全相同吗?他对文章要"终其身而已矣"的精神,不很有点近于曹丕把文章视为"不朽之盛事"的见解吗?他所说的"唯陈言之务去,夔夔乎其难哉",不是与陆士衡所说的"谢朝华于已披,启夕秀于未振"的主张完全吻合吗?所不同者,不过是唯美派主张自由抒写,而他主张明道;唯美派在形式上趋于俳偶,而他则主张散体就是了。其次,还有一点是他折中于唯美与实用两派的铁证。他原是提倡复古,而反对当时骈俪之作的。……他虽是如此,但同李华、独孤及、梁肃、柳冕等则不同。李等不满意于六朝浮靡之作,同时等而上之,连屈原、宋玉、枚乘、司马相如、扬雄等也都在攻击之列,说他们"不近风雅"(李华),说他们"华而无根"(梁肃),说他们"亡于比兴"(柳冕)。可是退之则不然,他虽提倡复古，但他并没有明昭大号的反对六朝的文章，甚至对屈、宋、扬、马之徒，推挹备至。他在《进学解》中说："沈浸醲郁，含英咀华，作为文章，其书满家。……下逮庄、骚，太史所录；子云、相如，同工异曲。"又道："汉朝人莫不能为文，独司马相如、太史公、刘向、扬雄为之最。"（《答刘正夫书》）前边一句是自述其在作文上所得力的古人的著作，后边一句说他在汉代文人中所最佩服的几位作者。所以退之的文章不只是法六经、史迁，而且是学屈、宋、扬、马。他的文章体制，虽是以北方的散体为主，但他受南方辞赋的影响也非常的深。所以他对于唯美派的作品，可以说是能够袭其精而遗其粗。从刘彦和、颜之推两人所主张的实用与唯美两派调和折衷的理论，所谓"以理致为心肾，气调为筋骨，事义为皮肤，华丽为冠冕"（《颜氏家训·文章篇》）的理想，到退之的文章，可以说完全实现了，也无怪后世推他为文章的山斗，而东坡誉之谓"文起八代之衰"了。这种地方非从理论上来探讨，是不会洞彻的了解的。

恕我孤陋寡闻，此前还真没有看见学界有谁对韩愈的文学思想和文学趣味，做出像任先生这样深入中肯的分析。应该说，像韩愈这样的文学大家，大家都是比较熟悉和关注的，而韩愈的人、文、思想之特点也都堪称鲜明，惟其如此，人们也就往往只根据那鲜明而不免单纯的印象而论韩愈，却常常忽视了掩映其后的复杂性，此所以任先生要说"这种地方非从理论上来探讨，是不会洞彻的了解的"。而任先生此处所谓"理论"，除了一般的文学理论而外，其实还特指马克思主义哲学的辩证思维方法——没有这个思想方法，任先生是不可能做出韩愈的文学观念乃是"矛盾的统一"的判断的。窃以为，任先生这样辩证中肯、深入贴切的评论韩愈，乃是《中国文学批评史述要》一书的最见精彩之处，而他能如此发为实事求是、体贴入微之论，显然包含着对自己先前简单化的偏见和遮蔽的自我纠正，同时也可能暗含着任先生身处万方多难、民族危亡的抗战时代，对民族文化和先贤情怀之感同身受的亲切体认吧。当然，这部中国文学批评史讲稿对重要的文学作家和批评家的精彩论述,并不止于韩愈一人,其他如分析陆机、钟嵘、沈约、刘勰的文学思想之转换,辨析李、杜和元、白文学观念之同异,以及对道学家文学观之分疏,都有相当独到的观察和思考,此处就不一一缕述了。

至于此书比较明显的弱点,或者乃在用"唯美主义"来标示中国文学的一种主潮了。诚然,从汉代司马相如、枚乘、扬雄等"极丽靡"的辞赋,到魏晋六朝的所谓"文之自觉"及声律论和宫体诗的发达,再到晚唐的温、李和两宋的婉约艳冶且重声律之美的诗词,还有宋初的所谓西昆体诗文,……中国文学史上确实有这么一股文学思潮在激荡起伏,它们与西方唯美主义文学也确有相似之处,但究其实毕竟不同科;至于明代前后七子的文学复古运动,更与唯美主义表里不同,很难说是"唯美主义的复古运动"了。当然,任先生当年使用这个概念,恐怕也是不得已——他显然有所发现而又苦于无以名之,于是才借用了唯美主义的概念,并且加以限定,用来指称中国文学史上比较崇尚和追求文学的艺术形式之美的一派,但毕竟有些牵强,不如"自然主义"那样切合中国文学的实际而且富于中国文论的特色了。

在中国文学研究的现代化进程中,像任先生这样的得与失都是应有和必有的事,而其成功的经验和失败的教训,则值得后继者深长思索和总结。毫无疑义,中国古典文学的现代研究,已不可能也没有必要斤斤计较于"一国文学本身"之中,而必须参照外国文学,才能洞达其变迁大势和是非曲折。当然,以外例中而恰如其分的事情并不多,此所以任先生既经使用了"浪漫主义"的概念,几经考虑又决然放弃,还是换用了更合中国文学实际也更具中国特色的"自然主义"概念;而"自然"的观念虽然在古代中国向称发达,但起用它来标识中国文学以至中国思想的一股主潮,在任先生当年也并非手到擒来的那么容易,而显然受了西方浪漫主义观念的启发。在这过程中,综合观照而又折中损益,乃是必然的工作和必须的工夫。循着任先生的这个成功的先例,则所谓中国的唯美主义文学,似乎也可从中国文论中生发出比较贴切的概念来概括,比如,"丽靡主义"或许就是一个比较合适的概念——古人早有"辞人之赋丽以淫"、"极丽靡之辞"、"诗赋欲丽"、"诗缘情而绮靡"以至"词为艳科"等说法可为张本,而由"丽"及"靡",也恰如其分地显示了"丽靡主义"文学思潮之由合理而至于极端的特性。自然,这只是我的一点粗浅的感想,遗憾的是再也不能向访秋师当面讨教了。

五

访秋师去世之初,哲嗣任亮直君即以整理出版先生的遗著为己任,数年间孜孜矻矻,颇有进展和收获,而亮直君辗转病榻仍僶勉从事,其苦心可感而困难实多。值此之故,同门诸子稍后集议商略此事,乃决议由众弟子分任之。《中国小品文发展史》、《中国文学史讲义》和《中国文学批评史述要》三部书稿,就是分到我头上的任务。整理先师的遗稿,当然责无旁贷而且责有攸归,但由于这三部书稿都是关于古典文学的论著,这对学习现代文学的我,实在不能不说是勉为其难的事,并且又多是手稿,所以辨认录入、校理订正,都不很容易,加上教学及其他事务的搅缠,进展就不免缓慢了,直至今年暑假,才算全部校订完毕,可以交付出版了。

校订遗稿的过程,在我自然也是一个难得的学习的机会。所以校订既竟,缕述学习感想如上,间或也夹杂了自己的一些随兴的联想和信口的评论,则自知不免荒腔走板以至于胡说八道矣,但不论对与错,就其所知而知无不言,言无不尽,才是为学为徒的态度,所以想象宽厚的访秋师的在天之灵也未必以之为忤,而在我亦所以报先生施教之恩也。不觉中,先生辞世已逾十年,余亦从此违教无状,如今回忆师生因缘、从学往事,岂仅哀痛感激而已!

解志熙 2011 年 8 月 25 日至 9 月 21 日谨撰于清华园之聊寄堂

怪谈秋

编委会

主 任 关爱和　刘增杰

委 员（以姓氏笔画为序）

马小泉　白春超
关爱和　任　光
刘增杰　刘进才
刘　涛　刘小敏
朱秀梅　张云鹏
张先飞　李国平
李　敏　沈红芳
杨萌芽　杨站军
孟庆澍　侯运华
胡全章　郝魁峰
高恒文　袁喜生
解志熙　靳宇峰

总校阅 任　光

任访秋文集 ⑨

未刊著作三种 下

河南大学出版社
·郑州·

中国文学史讲义

第一编　上古至夏商的文学①

第一章　绪论②

第一节　什么是文学史

我们在未讲文学史本题之前,首先应当解决的,就是什么是文学史的问题。③ 假如我们们能够认清文学史是什么,同时关于它所负的任务也就很容易地可以了解,如此才可以再进一步的讨论到我们对中国文学研究时所应采取的方法,及我们所应持的态度。

什么是文学史?我们要想给整个问题一个圆满的解答,首先要看什么是文学,其次再看什么是史。

"文学"是什么一个问题,过去的中外学者不晓得给它下过多少定义,但大抵不是偏于太宽泛,就是偏于太狭隘,现在我无须来繁征博引的把那许多的不适当的定义拉出,以占本文的篇幅,只就一般人所公认的文学所必须的几个要件提示出来,作为文学的解释:

---

① 此编标题为校订者酌增。
② 此章标题为校订者酌增。
③ 此处原书作逗号,校订者酌改为句号。以下标点符号及引文断句的改订,除特殊情况外,不再出校说明。

> 文学应当是表现作者的感情、思想同想象的东西,它必须具有艺术的形式,而能给予读者一深的感动与美的满足。

说到这一点,那么就有问题产生出来啦!像中国文学中如诗、词、戏曲、小说,其为文学自不待言,但一部分散文是不是可以称为文学呢?这当然是值得考虑的问题,即如先秦诸子的散文,六朝的骈文,唐宋以来的古文,明中叶以来的小品文,其中有的自然是内容同形式都合乎文学的条件,即有不尽是表现感情的,但它具有作者的卓越的思想,同时又益以优美的形式;我们遽而把它摈出文学的园地以外,似乎是有点不大合理,其余那些无内容又极拙劣的,自然应当一律地舍弃而无所顾惜。

其次该谈到史的问题,它也同文学一样,定义也是笔难尽书。大致说起来:

> 史乃是记载人类活动的东西,它应具的条件是:一、必须信实正确。二、说明一切事物演变的因果关系。三、能给与读者以最大的启示,使他们有所取法,有所鉴戒。

在一切的历史中,有文化史这一种,而文学史乃是文化史中之一部。既然如是,那么:

> 文学史乃是记载文学演变的东西,它应具的条件是:一、说明文学的变迁及其盛衰的情况。二、研究文学变迁与盛衰的所以然。三、考证作品的真伪与产生的时代及作者身世与所处的环境。四、评出文学的价值。

第二节　怎样来研究文学史

本节所要讨论的问题是:一、文学史的种类。二、研究的方法。三、研究时应有的精神及态度。今依次分述于后。

文学史这是一个很大的题目,要来研究它,决不是笼笼统统漫无边际所易为功的,所以过去的人常常把它分开来研究。这种分类的办法,比较的容易详尽,容易正确,容易得到较好的结果。现在把过去人所已做到的工作,分类如次:

一、专家的研究——把一个作家作为研究的对象,要点不外:(一)考证他的身世,(二)考证他的作品的真伪与产生的时期,(三)说明他的作品的渊源与流派以及同当时所处的环境的关系,(四)作品价值的估定。例如《屈原》(陆侃如)、《宋玉》(陆侃如)、《陶渊明》(梁任公)、《李长吉评传》(王礼锡)、《李清照评传》(胡云翼)、《袁枚评传》(杨鸿烈)、《黄仲则评传》(章依萍)等,都属此类。

二、流派的研究——这一类应注意的,是在某一派中所有的作家的相同点与相异点之辨析,至于作家身世等问题,当与前者采取同样的考索方法。不过就现在已出版的东西来看,关于①这类的研究极少,仅有姜书阁之《桐城文派评述》一书,是简而寡要。其实在文学史上如建安七子、竟陵八友、唐初四杰、西昆诗派、江西诗派、公安派、竟陵派、桐城派……等,都值得去研究的。

三、专体的研究——这是就中国文学中的体裁分类,而专着一种去研究的,注意点是纵的方面说明某一体的渊源流变,横的方面说明这一体的作家身世、作品与环境,等等。过去关于此类的著作,颇有几部杰出的,如王国维的《宋元戏曲史》,鲁迅的《小说史略》②,刘毓盘的《词史》,陆侃如、冯沅君所合著的《诗史》③,都是精心结撰,绝非抄袭敷衍、率而操觚者所可比。

四、断代史的研究——这是专就某一代而加以④研究,在横的方面较专体为宽,而在纵的方面较专体为短。属于此类的作品,如游国恩的《先秦文学》,刘师培的《中古文学史》,吕思勉的《宋代文学》,宋佩韦的《明代文学》等,惜多匆匆成篇,无甚精彩。

五、通史的研究——这是最繁重的一桩工作,以中国文学历史之悠久,文体之碎杂,作家之林立,能够把它一一容纳在一部书中,就

---

① "关于"原书作"对于",校订者酌改。
② 按,全名当作《中国小说史略》。
③ 按,全名今作《中国诗史》。下同不另出校。
④ "加以"原书作"加一",校订者酌改。

光正确已是极不容易,更不要说能够有什么特见卓识了。因为这个缘故,就近年来所出版的中国文学通史来看,几乎连一部令人满意的作品都没有,不过有的虽然见解稍偏,但毕竟还有独到之处,可资参考,至于那些专事抄袭、不加检择的,多半荒谬芜杂,简直是不值一读。现在①还是把比较可看的选择出几部来:(一) 胡适之先生的《白话文学史》,(二) 胡小石的《中国文学史》,(三) 郑振铎的《插图本中国文学史》,(四) 曾毅的《订正中国文学史》,(五) 郑宾于的《中国文学流变史》②,(六) 刘大白的《中国文学史》。近十几年来,中国文学通史之问世者,不下数十种之多,而值得一读的仅此寥寥六部,由此也就可以晓得这种大的工作是如何不容易作了。

关于文学史的种类,既如上述,那么我们现在也来做这种卖力不讨好的工作,不是太不聪明了么?其实不然,我们现在来从事于这样繁难的工作,只要能用科学的方法,小心审慎地去研讨,虽不能说能发前人所未发,至少"可以无大过矣"。所谓科学的方法,不外是③客观的,以证据为依归。我们研究作家的身世,有可信的史料我们来引用,否则宁可阙疑,绝不以讹传讹;对作品的真伪,应依辨伪的通则,去考证它的产生时代;其次是注意文体演变的说明,与时代的背景的解释,对作家决不存崇拜英雄的心理,去夸大地推尊,应着实地解释其作品所以产生的必然性。以上只不过是荦荦大者,至于琐屑细微之处,不必一一赘述了。

末了说到我们研究时应具的精神及应持的态度等问题了。大概过去研究文学的总免不了门户之见,常常是入主出奴,尊骈俪的必菲薄古文,尊唐诗的必菲薄宋诗,至于尊宋古文同尊宋诗的其訾议骈俪同唐诗,自不必说了。我们要极力避免这种习气,要具有独特的精

---

① "现在"原书作"到现在",校订者酌改。
② 原书漏排了"文学"二字,校订者酌补。
③ "不外是"原书误排作"不是外",校订者酌改。

神,不依附古人,同时又必须持一种客观的态度,能实事求是,既不阿附此,更无须攻击彼,能够这样,才可以达到我们所希望的"真"与"信"的目的。

第三节　怎样来划分时期

讲文学史为便利起见,事实上必须分期,不过分期按说是很困难的,而且有点不合理,不过也不能因此而不分期。就一般研究文学通史的,其分期的方法大体有两种:

一、朝代划分法——以政治的朝代起已为标准,于是有所谓三代文学,春秋战国文学,两汉文学等。谢无量的《中国大文学史》,曾毅的《中国文学史》,刘大白的《中国文学史》都是如此划分的。

二、文体划分法——以文体的产生与兴衰为标准,于是有《诗经》时代,《楚辞》时代,乐府时代等。陆侃如、冯沅君合著的《诗史》是这样划分的。

以上两种方法,要比较起来,各有优劣。时代划分法固然说有点呆板,因为文体的演进,自有它的路径,决不因着时代的更替而为之变化。但过去政治时常会影响到文学的盛衰,即如两汉的赋,建安同齐梁时候的诗文,都因为帝王的奖励,才显出特别的发达。其次,如唐诗、宋词、元曲,谈文学者每冠一朝代,以说明此三种文体惟盛于此三个时代。但为什么诗盛于唐而不盛于六朝?词盛于宋而不盛于唐?曲盛于元而不盛于宋?这固然一部分的原因,是由于文体自身演进的关系,但时代背景也不能一笔抹杀的。至于说到文体的分期法,这对诗歌史自然可以这样作,但对文学通史,就比较困难了。因为通史它①所包含的范围较广,要还用这种方法,就有几分走不通了。即以汉代而论,按诗歌说是乐府最盛的时期,但是过去人一向称

---

① 此处"它"原书作"他"。按,在民国时期,"他"、"它"往往混用,并无严格区分。

道汉代的赋为赋的全盛时期,那么现在完全①以乐府来代表这一时期呢,抑用赋来代表这一时期呢?因为各种文体它们②起伏兴衰,往往是错综的,要勉强的来以文体划分,常不免陷于拘泥牵强的路上。

所以我们鉴于以上两类划分法之各种利弊,那么现在最好是兼而用之,不要太拘泥于一方面。即如郑西谛先生的《中国文学史》,他是不大拘执的,有时以文体,有时以时代,这样圆融得多了。本编即用此法,我想或者能得到两者之利,而无二者之弊。

三、本书的分期③——根据以上的见地,我对于本书的分期,暂定如次:

第一期——上古至夏商。约自公元前 2700 年、民元前 4611 年起,至公元前 1122 年、民元前 3033④ 年止,约占 1500 年。在这一段的历史中,只有商代因为甲骨文的发现,过去传说的史迹,已证明大部分是可信的了。至于夏以及再早的唐虞,还应在传疑之列。说到文学,只有商代的卜辞,还可以看到散文最初产生时的雏形。至于韵文,虽有所谓⑤《股肱歌》、《南风歌》……都是后人的伪作,极不可信。所以说到这个时代,实在贫瘠得很,不过我们既然讲文学史,自不应把它忽略过去。

第二期——周至秦。自公元前 1121 年、民元前 3032 年起,至公元前 207 年、民元前 2118 年止,占 940 年。这时期的文学已经达到了成熟的境地,在种族方面,有周、楚、秦三个民族,他们所占的地域既不同,自然风俗习惯也不一样,而产生的文学作品在风格上也就有着极大的差异。其次,在时代上有春秋战国剧烈的政治变化,

---

① 此处"完全"原书作"完",显然遗漏了"全"字,校订者酌改。
② "它们"原书作"他们",校订者酌改。
③ "三、本书的分期",为校订者据原书目录酌补。按,本书对上古到唐代的文学,基本上按预定分期编印成册,但作为手稿的五代两宋元明部分则合为一编(册),未再坚持预定的分期。
④ "三〇三三"原书作"三〇〇三三",衍一"〇",校订者酌改。
⑤ "所谓"原书作"所为",校订者酌改。

于是在文学中不论散文同韵文,都呈现出一种奇特的姿态,大致说起来散文方面有说理文学与传记文学,韵文方面有《诗经》同《楚辞》。文学到这个时期,一切的文体雏形都已具有,只待后人去推演去变化了。

第三期——汉至隋。自公元前 206 年、民元前 2117 年起,至公元 617 年、民元前 1294 年止,占 823 年。这一个时期文学的特色,一是五言诗的产生与成熟,二是七言诗的萌芽,三是南北朝两派文学之巨流汇合后,而产出辞赋,由此演进而形成六朝之骈俪,四是①文学批评之产生,渐渐把纯文学与杂文学分开,结果末流竟使文学专注意于辞采的雕饰,而忽略了内容。其余如戏曲小说,在这个阶段中,也都有着相当的进展。

第四期——唐。自公元 617 年、民元前 1294 年起,至公元 907 年、民元前 1005 年止,占 289 年。这个时期是中国诗歌黄金时代,一方面是近体的完成,使诗歌的形式达到极其完备的程度,再一方面是内容的扩张,使世间一切的情态都能表现诸诗。不过文体到了极盛,接着也就是渐次衰竭。到了晚唐变无可变,而走进了魔道,于是就有了新兴的文体词,起而代之。

第五期——五代至宋。自公元 907 年、民元前 1005 年起,至公元 1277 年、民元前 635 年止,共约 369② 年。这个时期③可以说是词的时代。五代是词的发育时期,北宋是词的成熟时期,南宋为词的衰老时期。在这个阶段中除词以外,小说同戏曲也都进展到一个相当的程度,只等一个相当的时机,就可以开花结实。至于诗同散文,承唐之余风,已有着相当的变化,自然也要把它们略为提一提。

第六期——元。自公元前 1277 年、民元前 635 年起,至西历

---

① "是"为校订者酌加。

② "369"原作"1169"。按,从 907 年到 1277 年共计 369 年,原稿竖写的"三"被误看误排为"一一"了,校订者酌改。

③ "时期"原书作"时",漏排了"期"字,校订者酌加。

1390年、民元前①522②年止,共约113年。这是曲的极盛时代,因为曲的发源很早,中间屡经变化,到宋金已达到③快要完成的境地,不过因为环境的关系,没得登峰造极。到了元代异族入主中华,汉民族多被歧视,一般才智之士不能身登清显,多退居下僚,于是遂④感慨发愤,从事于曲的创作,而产生出许多历史上不朽的名著。本期除曲外,小说也有相当的成绩。诗词散文多不足观,自应付之阙如。

第七期——明清。自公元1390年、民元前522年起,至公元1912年、民元元年止,共522年。这个时期⑤乃是小说的时代。由明代之历史小说,同故事演成的小说,进而为作者自身的写照,与现时社会的写真。由平话小说之搜集与刊刻,进而为短篇小说的创作。因为这样的关系,才孕育了民元以后的新文学运动。至于小说以外戏曲也极发达,几可与小说方驾,但因为写剧本的多为文士,而创作又系有目的的缘故,所以多流于睢⑥雕声色,已不能与元曲之真香真色等量齐观。此谈曲者之所以重元而轻明清也。小说戏曲而外,明之小品文,清之诗词,亦有可取者,不宜一笔抹杀也。

第八期——民国。自公元1912年、民元元年起,至公元1935年、民元二十四年止,共约24年。这一期可以看出旧文学一部分之衰老死亡,而平民文学所用之语体之抬头。中间经过一度长时期辩论争执,终于语体占了优势,而独霸了文坛的⑦诗词古文同那些装腔

---

① "民元前"原书误作"公元前",校订者酌改。

② "522"原书作"523"。按,西历1390年乃民元前522年,下文即作"522",校订者酌改。

③ 此处原稿衍一"般"字,校订者酌删。

④ "于是"与"遂"连用,语义重复。这是作者的习惯用法,下同不另出校。

⑤ 此处原书衍一"则"字,校订者酌删。

⑥ "睢"疑当作"琢"。

⑦ "的"为校订者酌增。

作势的戏曲、雕琢堆砌的小说,都被摈弃,而不为一般人所称道。新文学运动后,又继之而有新写真主义与写实主义之争,又继①之而有大众语之争,此均足证明文学之演进,与时代有②着如何密切的关系。

关于本书分期③,大体已如上述。作者的目的在使它尽可能的范围去担负起说明文学演变及其所以演变的任务来。同时更盼望读者能触类④旁通,随时参考,作一种比较深而且详的研究,对于文学史上有着比较有点价值⑤的作品出现,那么"抛砖引玉",作者也不算徒劳了。

第二章　上古至夏商的文学⑥

第一节　对商代以前的散文与诗歌的辨伪

关于中国古代史,过去的学者大抵尊信传闻,于是遂渐渐造成一种极有统系的帝王世系。直至近代才有一部分的学者抱着疑古的精神,用极审慎的态度,来治古史,因之过去一向认为不成问题的,都成为问题了。要根据普通的"无征⑦不信"的原则,则只有殷商一代的确可信,至于夏则有晋时发现之汲冢书,与史迁之《夏本纪》印证,大抵均无讹误,是夏代虽无其他的实物作为证明,但也比较的可以相信。至夏以前,就成为问题了。据近人陆懋德氏《中国上古史》谓在

---

① "继"原书误作"断",校订者酌改。
② "有"原书误作"是",校订者酌改。
③ "本书分期"原书误作"本期分书",校订者酌改。
④ 此处原书遗漏了"类"字,校订者酌加。
⑤ 此处原书遗漏了"值"字,校订者酌加。
⑥ 原书此章标题作"上古至夏商",校订者酌改。
⑦ "征"("徵")原书误作"微",校订者酌改。

夏时大概有一度洪水为灾,至于究竟在什么时候,已无从证明。既然中原曾为洪水所淹,那么文化自然要受相当的影响。陆氏云:

> 今洪水时代之文化,除无文字之石器陶器外,虽尚未发现其他实物为证,然若以殷墟、西周之文化为比例,而上推之,即可知洪水时代之文化,当然已至可惊之程度。或当时河南为文化中心,洪水泛滥,全被淹没,尧舜之都山西,即为避洪水之灾,而旧有文化,逐尽①洪水以去。前所言《尧典》、《禹贡》、《皋陶谟》三篇,当为周末人纪述,而其篇内所载之上古文化亦多含后世色彩。然当时必已有比殷墟时代较简之文字器物及制度则无可疑,惜尚未得确证。(《中国上古史》第五章)

从这种推测看来,这时期一定会有文学的产生,就近代一般研究文学起源论者的说法看来,韵文产生之早于散文,已成定论。玻格达诺夫②说道:"诗歌开始于人类语言开始之处。"(《无产阶级的诗歌》)又云:"诗歌从那里发生的,它是与语言与思维领有同一的发生。"(《社会意识学》)那么由商代的卜辞看来,夏代以前的散文,一定是极其幼稚的,也许仅仅有着极简单的文字,只备纪事之用,这时的人还不会运用文字来表现自己的思想。但即令③散文是如此,诗歌也总会有的。其所以没有遗留下来,大概一则因为只流传于一般人的口耳,没有用文字纪载④下来,二则即间或有纪下来的,也许遭受洪水的淹没,完全都散失了。现在把相传下来的不可信的韵文同散文辨析于后。

现在先看散文。上古散文之流传至今者,就是《尚书》中的《虞书》同《夏书》,但就他们的文字来看,其为后人所作,似乎不成多大

---

① "逐尽"疑当作"尽逐"。陆懋德氏《中国上古史》尚未找到,暂时无法核对。
② 通译"波格丹诺夫"(А. А. Богданов),俄苏哲学家、社会学家。
③ "即令"原书误作"即今",校订和酌改。
④ "纪载"通作"记载"。下同不另出校。

问题。今分别解释于后:

一①、《虞书》——古文《尚书》中之《虞书》之伪作,已不成问题。至于今文《虞书》其《尧典》(包括《舜典》)及《皋陶谟》(包括《益稷》)两篇,它们开端都说"曰若稽古",很明白的是后人追记的口吻。此外《尧典》之非上古产品,证据很多,举其要者,如《尧典》中之"金作赎刑",但据考古学者证明,此时期尚为石器时代,何得有钱币之说。(梁启超说)又如"蛮夷猾夏"乃春秋时的成语,而以夏指"中原",必须夏以后才可。(梁启超说)再如,"宅南交","南交"即"象郡",秦以后始与中原交通。(顾颉刚说)即此几点②,也就可以晓得它产生时代不但不在上古,恐怕还在春秋之后呢。

二、夏书——古文《尚书》之为伪作,已如上述。至今文《尚书》中之《夏书》只有《禹贡》同《甘誓》两篇。《禹贡》之疑点为"厥贡珍,铁,银,镂,砮,磬"一句中的"铁""镂"等字,非夏时所能有。(丁文江说)又如"荆及衡阳惟荆州",其实在春秋时期楚地尚南不过洞庭,所以陆懋德说:

> 《禹贡》篇及其中之词句,未见为周人所称引,然在西汉③初年已行于世。(《尚书大传》、《史记·夏本纪》均引《禹贡》)盖此篇当为周末秦初间人所述,故其中富有统一天下之思想。在四千年前,民族自由迁徙,部落自由占领,决不会有此划井分疆、四海会同之组织。且当洪水方退,政散民流,劳徕安集,尚恐不暇,亦不能有此任土作贡、别壤成赋之制度。故知《禹贡》一篇……为后人假借先王之名义,以发表自己的思想,虽可作为学术的研究,而不能作为历史的根据。(《中国上古史》第五章)

《禹贡》既不可信,《甘誓》呢?在思想方面虽可代表古代的神权

---

① "一"原书作"(1)",校订者酌改。下文序号依次改换,不另出校。
② "点(點)"原书误作"然",校订者酌改。
③ "汉"原书误作"汙",校订者酌改。

思想，但字句太平易，且有"六卿"同"五行"等词，似亦非夏代应有之产品。

商代以前的散文，既都系后人的伪托，至于韵文呢？明人冯惟讷的《诗纪》中前集十卷，可以说把古代传流的诗歌搜集得已十分完备了，现在择①其要者，说明于后：

一②、《蜡词》——见于《礼记·郊特牲》，以为是伊耆氏作的。相传伊耆氏即神农。神农既是渺茫难信的神话中人物，则此篇之为伪托，当可不辨自明了。

二、《击壤歌》——《论衡》、《帝王世纪》诸书，都载有此篇，认为是尧时③老人所作。这分明是后来诸子所托，不要说是辞句那样的易懂了，就一般史学家的考证，商代还是后新石器的时代，而且农业还在极幼稚时期。尧之为尧尚不敢定，即令有尧，还在商代数百代之前，怎么就会"耕田而食"、"凿井而饮"呢？

三、《虞帝歌》——见今本伪古文尚书《益稷》篇，认为是舜同皋陶唱④和之歌，《虞书》既不可信，已如上述，则此篇之不可靠，自不必说了。

四、《卿云歌》——见于《尚书大传》，⑤以为舜与八伯唱和之歌。《大传》系伪书，而篇中用兮字，又为骚⑥体，其为伪作无疑。

五、《南风歌》——见《孔子家语》，此书之为王肃伪作，已成定

---

① 原书此处显然脱漏"择"字，校订者酌加。
② "一"原书作"1"，校订者酌改。下文序号依次改换，不另出校。
③ "尧时"原书误作"尧氏"。按，《论衡·感虚篇》云："尧时，五十之民击壤于涂"。校订者酌改。
④ "唱"为校订者酌加。
⑤ 原书此处有一"骚"字，疑是错简，联系下句"又为体"之"体"前似缺一"骚"字，而《卿云歌》乃为骚体，则"骚"字应移至此句中，作"又为骚体"。校订者酌改。
⑥ 原稿此处少一字，所缺之字应即窜入上句的"骚"字。校订者酌加。

论,且此篇之句字也显然是模仿南方民族的歌谣而成的。

六、《五子歌》——见于古文《尚书》中之《夏书》,古文《尚书》之为伪作,已久经论定,此处无须再辨了。

除此六篇为最流行的而且为一般人所熟知的外,还有《弹歌》(《吴越春秋》)、《有炎氏颂》(《庄子·天运篇》)、《游海诗》(《拾遗记》)、《皇娥歌》(《拾遗记》)、《伊帝子歌》(《拾遗记》)、《神人畅》(《古今乐录》)、《箕山歌》(《古今乐录》)、《康衢谣》(《古今乐录》)、《南风操》(《古今乐录》)、《祠田辞》(《文心雕龙》)、《襄陵操》(《古今乐录》)、《涂山歌》(《吴越春秋》)、《夏人歌》(《尚书大传》)等十四篇,有的见于伪书,有的见于小说,有的分明是模拟《诗经》同《楚辞》的,其为伪托已无疑义,所以在此不必赘论了。

就上边的辨析,商以前的文学简直毫不足言,所以现在讲文学史实际只应从商开始。

第二节 商代的文学

有商一代的历史,大概在春秋时已经大部都散佚了,所以孔子说:"殷礼吾能言之,宋不足征也。"司马迁《史记》中虽有《殷本纪》之作,但究竟根据何书,已不得而知。所以近人夏曾佑作《中国古代史》,把商代也放进传疑期中。直至王国维、罗振玉诸氏,将三十年前从安阳殷墟发现之甲骨文研究出相当的结果后,证明从甲骨文中发现之商代帝王世系,与《史记·殷本纪》大致相合。于是商代的历史才确切成为可信的了。

商氏民族的来源,据陆氏《中国上古史》认为最初是在山东,后迁到河南,再迁到河北。至于迁的原因,最初还是游牧民族,故常常移动,后渐进为农业社会,已有了细密的宗族组织。(王国维《观堂林集》卷十之《殷周制度论》)但盘庚仍旧要迁徙的缘故,则因为黄河常常泛滥,不得不然。至于这时期的思想,仍旧在极迷信的神权统治之下来活动,就由卜辞看来,就可以晓得商民族是每事必要取决于神的。

在这样的社会环境中，文学自然应该要进展到相当的程度的。不过商代遗留到现在的①东西，散文只有卜辞，《尚书》中的（古文《尚书》多为伪作，今据今文）《汤誓》、《盘庚》、《微子》、《高宗肜②日》、《西伯戡黎》等五篇。韵文只有《盘铭》、《桑林祷辞》、《岐山操》、《哀慕歌》、《文王操》、《拘幽操》、《商铭》、《箕子操》、《麦秀歌》、《采薇歌》等十篇。就这很少的东西里边，除卜辞绝对可信外，而《尚书》中的几篇，同其余的十篇，究竟是否为商代的产品，却还成问题。

大概近来作文学史的，对古代作品的看法分成三派：

一是毫不怀疑。二是没有确切判定为伪作的作品，都相信它。三是于其③过而信之，无宁过而疑之。在我个人是尊信第三派见解的，不过那些可疑而尚未确定为伪作的，不妨也提一提，而待后人之论定。

现在就先把已经认定为后人伪托的，辨析于后：

一、散文——散文之中属于伪托的，当为《汤誓》。此篇文辞与周书中之《牧誓》极相类，且即以《盘庚》而论，远在《汤誓》之后，而文字竟如此难懂，所以此为后来史官之拟作，当无可疑。

二、韵文——就前边所引的十首来看，《盘铭》见于《礼记》，此书晚出，其为拟作无疑。《桑林祷辞》始见于《荀子·大略》篇，以为汤作。《大略》篇乃伪作，这篇东西自不必说了。《岐山操》见于《琴苑要录》，以为太王之作，琴曲不可靠，自然此篇亦失去了它的历史的价值。至于《哀慕歌》（相传为季历作）、《拘幽操》（文王作）、《箕子操》（箕子作）均见于《古今乐录》，全系后人伪托。至于《文王操》（文王作）其不可信与《南风操》同。《商铭》见于《国语》，其文体与商末金文相距太远，令人可信的成分很少。《麦秀歌》同《采薇歌》虽

---

① 原书此处遗漏了"的"字，校订者酌加。
② "肜"原书一律误排为"肜"，以下迳改，不另出校。
③ "于其"通作"与其"。

都见于《史记》,一认为箕子作,一认为伯夷、叔齐所作,但这类史料大半都是史迁采自传闻,能够不信它,还是不信它好。

其次就该提到那些可疑的篇子了。这一类完全是《尚书》中的几篇散文,即《盘庚》、《微子》、《高宗肜日》、《西伯戡黎》等。陆懋德氏《中国上古史》认定此四篇为商人同时代之史料。陆氏云:

> 今本《尚书》内之《商书》,虽仅存五篇,而除《汤誓》之外,《盘庚》、《高宗肜日》、《西伯戡黎》、《微子》四篇,似是商人同时代之史料,非后人所能伪作。然则现存五篇《商书》之内,已有五分之四是真,如果二十余篇全在,恐其中真《商书》尚不止于此数。凡此各篇,皆纪商代大事。如《盘庚》篇记盘庚之迁,《高宗肜日》记祖已之训。《西伯戡黎》记周人之将至。《微子》篇记殷代之将亡。是皆史册遗篇,当然是太史所掌。凡上古大事书于册而存之,此即是史。此诸篇既是史的性质,则不得谓之商代无史。……(第七章)

又云:

> 右录《盘庚》篇一则,其"佶屈聱牙"(韩愈语)可以概见。然此当为殷代之文字,非后人所能伪造。……然则《商书》内之第一篇可信的殷代文字,即以《盘庚》篇为始①,此为吾国三千年前之作品,当与殷墟卜辞同为重要,惜其字句古奥,后人不能尽读,然观其字法句法与后之《周诰》文体正相衔接,可以断定其决非伪作。盖字句之古奥可以模仿,而文体之衔接不能假造,此为考定古文之秘诀。……(第八章)

陆氏既相信《商书》中那四篇,所以他就根据它们来论述商代的史事。但陆侃如、冯沅君两人所著的《中国文学史简编》就不承认它

---

① 校订者按,"始"原书误作"如",另,本书第三章第一节也将"原始民族"误排为"原如民族",可为参证,但因陆懋德的《中国上古史》尚未找到,暂时无法核对。

们的真实性,该书第一讲中云:

> 又如一般人所相信的《盘庚》,第一句即说"盘庚迁于殷",但我们知道卜辞是称商不称殷的,故可知为伪托。余如《西伯戡黎》与《微子》也都有"殷"字,可类推。

这样的理由,并不十分充足。按甲骨文中已有"史"及"太史"之名词,(罗振玉《殷墟书契》卷五第三九页)那么这些官职,他们的任务自是记载史事的。像《盘庚》当然不成问题的是史官的追记,里边的诰文,当是原有的,而前边又加个小序,以说明其产生的原因。决不能以甲骨文中没有"殷"字,就否认它们的真实性。其次,一般怀疑《商书》的,大概因为看到卜辞的文句,都很短,所以对这些长篇的东西,觉得不会产生于商代。不知卜辞原为占卜后的卦辞,试看《易经》中解释卦的,就根本没有长篇的东西,又何况刻在很小的龟版上呢。现在要想确定《商书》中比较可信的四篇之究竟为商代之产品与否,应用卜辞的句法,来同它们比较一下,就可以断定它们的年代了。所以关于这个问题,只有存疑,以待将来之论定了。今节录《盘庚》上篇于后:

> 盘庚迁于殷,民不适有居,率吁众戚出矢言……王命众,悉至于庭。王若曰:"格汝众,予告汝训汝猷①,……今汝聒聒,起信险肤,予弗知乃所讼。非予自荒兹德,惟汝含德不惕予一人。予若观火,予亦拙谋,作乃逸。若网在纲,有条而不紊;若农服田力穑,乃亦有秋。汝克黜乃心,施实德于民,至于婚友,丕乃敢大言汝有积德。乃不畏戎毒于远迩,惰农自安,不昏作劳,不服田亩,越其罔有黍稷。汝不和吉言于百姓,惟汝自生毒,乃败祸奸宄,以自灾于厥身。乃既先恶于民,乃奉其恫,汝悔,身何及!相时憸民,犹胥顾于箴言,其发有逸口,矧予制乃短长之命?汝曷弗告朕,而胥动以浮言?恐沈于众,若火之燎于原,不可向迩,其

---

① 原书此处引文漏掉了"汝猷",校订者酌补。

犹可扑灭？则惟汝众自作弗靖，非予有咎。迟任有言曰："人惟求旧，器非求旧，惟新。"古我先王，暨乃祖乃父，胥及逸勤，予敢动用非罚？世选尔劳，予不掩尔善。兹予大享于先王，尔祖其从与享之。作福作灾，予亦不敢动用非德。予告汝于难，若射之有志。汝无侮老成人，无弱孤有幼。各长于厥居。勉出乃力，听予一人之作猷。无有远迩，用罪伐厥死，用德彰厥善。邦之臧，惟汝众；邦之不臧，惟予一人有佚罚。凡尔众，其惟致告：自今至于后日，各恭尔事，齐乃①位，度乃口，罚及尔身，弗可悔！"

三、卜辞——这是刻在甲骨上的一种文字。清光绪二十六年，发现于河南安阳之小屯。最初得到的是福山王懿荣。后王氏殉国，其家以所藏之甲骨转售于刘鹗②。刘氏继续收集，共得五千余片，选其要者，欲印为《铁云藏龟③》。（公元1903年出版）后继踵④刘氏之后而大事搜集与研讨者，为上虞罗振玉，彼所获数倍于刘氏，且研究成绩亦极卓著，刊有《殷墟书契前编》、《殷墟书契考释》等书。民国十七年中央研究院派人到殷墟进行正式发掘的工作，所获亦复不少。加以研究者亦日多一日，如王国维、郭沫若等均有专著发表。从此殷代的史事，遂被证实了。

卜辞的发现，既如上述⑤，但它对文学史的研究上究竟有什么关系呢？按罗振玉的研究，卜辞中虽无"诗"、"歌"等字，但多"乐"字同"舞"字。布哈林在《历史唯物论》里曾说："舞蹈、音乐与诗歌，是艺术最古的形态，三样是溶合在一起的。"所以卜辞中虽然没有"诗"、"歌"等字，但我们确信那时是有诗歌的，不过后来散失罢了。其次，卜辞可以看到殷代散文的雏形，因为它太短了，看不出文章的风格，

---

① "乃"原书误作"尔"，校订者酌改。
② "刘鹗"原书误作"刘鹤"，校订者酌改。
③ "龟"字原书漏排，校订者酌加。
④ "踵"原书误作"锺"，校订者酌改。
⑤ "上述"原书误作"上属"，校订者酌改。

但句法的构造总还可以看出一点来。今自郭沫若《卜辞通纂》中选出一二,以见一班①:

"壬子卜,贞王日雝,往来无灾。"
"丁亥卜,贞今夕师,亡尤宁。"
"辛亥卜,贞今日不雨。"
"戊辰卜,及今夕雨?弗及今夕雨?"
"癸卯卜,今日雨。其自西来雨?其自东来雨?其自北来雨?其自南来雨?"

卜辞是绝对可信的,那么我们从这种简短的文句看来,似乎在这个时期,总应会产生出比较长一点的散文的。所以像《盘庚》那样简质的文字之是否为伪托的问题,我们去下判语时,应如何审慎,才不至陷于武断。

---

① "班"通作"斑"。

第二编　周至秦的文学①

第一章　周秦文学的历史背景②

我们都晓得在第一期当中所产生的文学,不是不可信,就是可信而极其幼稚。所以真正的有价值的作品,乃是产生于第二期。不过这一期为时较长,历史的背景变化也非常的大,从周民族的兴起一直到秦民族的统一,中间历时九百四十年之久。说到史事变动,最初是周民的统一,继之而西周灭亡,迁都洛阳,而为东周。从此诸侯强大,王室衰微,而有五霸之兴起,历史家称此时期为春秋。继之而诸侯互相吞并,末了小国渐次灭亡,只剩③下七国,仍是终年战争,史家称此时期为战国。最后终于处在西部的秦民族,凭借自然的优势,遂统一天下。我们要把这些事绩详细叙述,势有所不能,现在只有简括的分述于后,以说明这期文学是在什么样的环境中产生出的。

现在先说周民族。关于周民族的来源,按《史记》的说法认为

---

① 此编为原书第一编的一章,原题"周至秦",现改为第二编,以下各节则酌改为章。
② 此章原题"历史背景的演变",校订者酌改。
③ "剩"原书误作"乘",校订者酌改。

和①殷民族同一个祖宗,均出于帝喾,这自然是不足信的。那么要按他们②所处的地域来说,久居陕西的西部,恐怕与那时的西边野蛮民族戎狄、羌族有着血统的关系。(陆懋德说)就《大雅·生民》篇所述,周民族的始祖乃是后稷,他的母亲是姜嫄。这是无足怪的,因为原始民族大抵是知母而不知有父的。后稷始居邰(今陕西武功县西南),教民稼穑,从此遂奠定下周民族的基础。

三传而到公刘,又迁到豳(陕西邠县附近)。在这个地方,很待了些时期,一直到古公亶父,又去豳而迁于歧(陕西凤翔附近)。这一次的迁徙,据传说是因为受狄人的逼迫之故,但当时西北文化落后,中原文化极高,周民族之渐向东迁,虽说不免有其他的原因,但亦许是一定的计划。古公亶父一传而为季历(诗作王季),这时周民族也极强大,《鲁颂》中谓:"后稷之孙,实维太王。居岐之阳,实始翦商。"可见这时太王已有吞并中原的计划。再传而至文王,这时周民族的势力更大了,恰巧殷民族又在极衰微之时,周民族之欲统一中原已成必然的趋势,不过文王没得达到目的就死了,他的儿子武王承继他的志愿,终了会师中原,灭商而代之。这时天下算是整个儿为周民族所统一了。

武王统一天下之后,就施行封建之制,大封同姓及功臣,种下了以后春秋各国相争的祸根。又因为中原各地自然环境的不同,与风俗习惯的不一致,于是就产生出作风极不相类的诗歌来。《三百篇》就是把这些产生于各地的诗歌搜集在一起而成的总集。

武王十一传而到幽王,为犬戎所杀,周民族为苟延残喘计,不得不东迁到洛阳。从此,西周的历史算结束了,而周家鼎盛的历史,也就从此告一段落。此后王室衰微,诸侯强大,自周平王四十九年至周

---

① "和"原书作"同",与后面的"同"字犯重,校订者酌改。
② "他们"原书作"它们",校订者酌改。

贞定王元年(西历纪元前722①年至纪元前468年),史家称为春秋时代。这个时期是列国竞争的时期,交通频繁,文化进化得②异常迅速。同时教育也从贵族手里解放③出来,一般平民也有了受教育的机会,私人讲学之风,至孔子而大盛,从此平民崛起④,处士横议,遂产生出所谓论辩文学,同传记文学。

自春秋以后,迄秦之统一,其间之经历年限,也有二百余年之久,即史家所称之战国是也。这个时期各国的争斗较过去益发激烈了,同时楚民族的兴起与秦民族的强大,都予中原周民族以极大的打击。因为时代的需要,产生出了《孟子》、《荀子》、《韩非子》、《战国策》一类的典籍。又因为环境的逼迫,又产生出了庄子同屈原那样奇特而趋向迥⑤然不同的作家。这中间兔起鹘落,气象千万,直到秦民族统一后,才算告一段落。

秦统一后,因为政治上采取愚民政策,不但学术方面遭此打击而一蹶不振,即文学除了歌功颂德外,也没有另外的作品。所以写到此地,可以说没一个史学家不为之扼腕叹息的。

第二章　周民族的文学

周民族统一中原的时候,在文化方面已经很高了。到了中原以后,又盘踞了六七百年之久,中间又与其它新兴民族——楚、秦互相角逐,所以在文学上有着卓越的成绩遗留下来。现在我们仍旧就诗

---

① 原书误作"717",校订者酌改。另按,20世纪二三十年代史学界关于"春秋"起讫尚未达成一致,现在一般把东周周平王元年(前770年)至周敬王四十三年(前477年)这一时期统称为"春秋时期"。
② "得"原书作"的",校订者酌改。
③ "放"原书误作"族",校订者酌改。
④ "崛起"原书作"蹶起",校订者酌改。
⑤ "迥"原书误作"迫",校订者酌改。

歌和①散文两方面来看。

第一节　诗歌——《三百篇》②

　　作为周民族在诗歌上的最好的成绩的,就是《三百篇》,中间固然也有异族的文学作品羼杂进去,如《商颂》之为殷民族的祭歌,《秦风》、《二南》之为秦民族与楚民族先期的产品。但除掉这极少数的外,其余几全为周民族的作品。现在我们就根据《三百篇》来论周民族的诗歌。

一、它们产生的年代

　　《三百篇》产生的时代就以周代的帝王来说,从文王到定王,即③从西历纪元前12世纪到纪元前6世④纪,中间约历六百年之久。至里边的颂、雅、风、二南各体产生的先后,据近人陆侃如氏的《诗史》的说法,认为颂的时代最早,雅次之,风又次之,南最晚出。现在根据历史的演变,同它⑤们的内容,说明如次。

　　我们都晓得原始民族的艺术,常常是联系的,所谓舞蹈⑥音乐同诗歌是三位一体的。又据近代一般研究艺术之起源的,多认原始⑦民族的艺术,多含实用的色彩,所以大半与祀神有关。根据这样的说法,周民族灭商后,最初产生的祭歌和⑧舞歌,就是所谓《周颂》。一

---

①　"和"原书误作"的",校订者酌改。

②　校订者按,此节原题"诗歌",指《诗经》,下文统称《三百篇》,此处酌添《三百篇》,以照应下文之所指。

③　"即"为校订者酌加。

④　"世"原书误作"七",校订者酌改。

⑤　"它"原书作"他",校订者酌改。

⑥　"蹈"原书误作"踏",校订者酌改。

⑦　"始"原书误作"如",校订者酌改。

⑧　"和"原书作"的",校订者酌改。下面第(四)小节说"《周颂》同《鲁颂》大半是舞歌同祭歌"可证。

是纪念战争的成功,二是追祭已死的祖先。不过在那时,诗歌还在幼稚时代,所以不像汉代的郊庙歌辞同舞曲歌辞那样的华美。《周颂》的时代,也只到康王为止。东迁以后,鲁有《鲁颂》,宋有《商颂》。技术方面很显明的较《周颂》已有极大的进步。

继颂而起的,是雅。因为音乐关系,分为大小的两种。东迁以后的作品,过去有人名之为变雅的,因中间颇多愤世①嫉俗之作,同国风已极相近了。

较雅产生略后的是国风,普通都称为十五国风。不过"二南"不是国名,所以实际只有十三国,所谓邶、鄘、卫、王、郑、齐、魏、唐、秦、陈、桧、曹、豳等。惜邶、鄘二风已亡(现在的邶、鄘二风实系卫风),见存仅十一国。里边除豳、桧二风及秦风一部分外,都是东周的产品。二南产生稍晚,当在讲楚民族文学时详论之。今将它们产生的时代列表如后。

诗体\时期	西周 (西历前1122~771)	东周 (前770~570)
颂	(周颂)	(商颂)　　(鲁颂)
雅	(大小雅)	
国风		
二南		

二、它们产生的地域

前边把《三百篇》产生的年代问题,大致说过了。现在我们该讨论第二个问题,就是它们究竟都产在什么地方?一谈到这个问题,首先值得我们注意的,是邶、鄘二风之有无问题,与周、召二南之产生的

---

① 原书此处漏排了"世"字,校订者酌补。

地域问题。关于邶、鄘二国的国风,向①都认为不成问题的,虽然邶、鄘二风有写卫国的事的,但解者遂即以邶、鄘两国为卫之属国以自圆其说。不过王国维在他的《观堂集林》中《邶伯鼎跋》一文中道:

> 北盖古之邶国也。自来说邶国者,虽以为在殷之北,然[皆]于朝歌左右求之。今则殷之故虚,得于洹水,大且大父大兄三戈出于清苑②,则邶之故地,自不得不更于其北求之。余谓邶即燕。鄘即鲁地也。邶之为燕,可以北伯诸器出土之地证之。邶即远在殷北,则鄘亦不当求之于殷境内。余谓鄘与奄声相近,……奄地在鲁……而太师采诗之目而仍其故名,谓之邶、鄘。然皆有目无诗。季札观鲁乐,为之歌《邶》、《鄘》、《卫》。时犹未分为二,后人以[卫]诗独多,遂分隶之于邶、鄘。

可知邶、鄘二国之诗乃是有目无诗,且并不与卫为邻。至于二南,就内容来看,所举的地名,南边是江,北边是河,其次即江河之间的汝水及汉水。可见二南产生的地域乃在湖北的北部同河南的南部,正是楚民族的所在地。所以把二南当作楚风,并不算是无理。其余的国风,大致看起来桧、郑在豫州,现在的河南新郑一带;魏在冀州,现在山西之南端;唐在冀州,现在山西太原一带;齐在青州,现在山东青州一带;秦在雍州,现在甘肃之南端;陈在豫州,现在河南陈州一带;曹在兖州,现在山东曹州一带;豳在雍州,现在陕西北部;王在豫州,现在河南洛阳一带。其余如《周颂》产生之在陕西(长安),《鲁颂》产生在山东(曲阜),《商颂》产生之在河南(商丘)。大小二雅一部分是产生在陕西(长安),一部分是产生在河南(洛阳),都是不成问题的。今为明白计,绘图如次:

---

① "向"原书作"而",语气不顺,疑似"向"之误植,校订者酌改。
② "清苑"《观堂林集》中华书局1959年版第885页作"易州"。另,此段引文有缺漏处皆以[ ]补出。

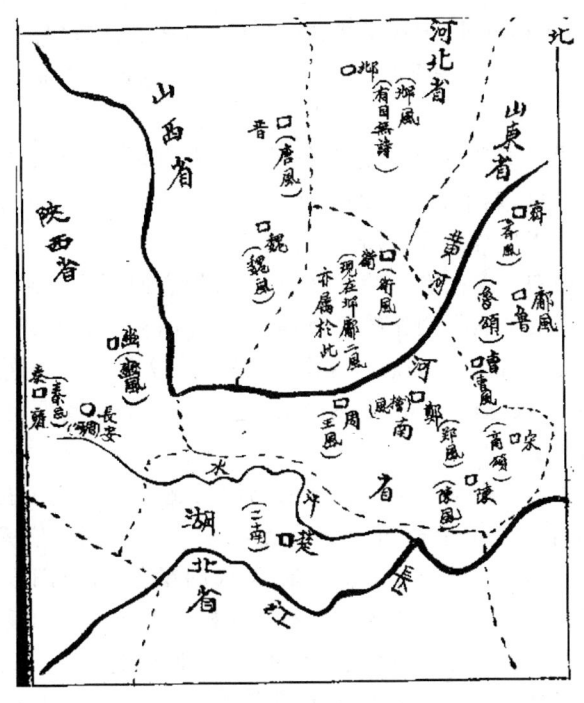

三、它们是怎样被搜集来的

关于《三百篇》的来源,过去人大半尊信《礼记·王制》中的话,认为它们是被政府派人搜集来的。以后《汉书》的《食货志》又根据《礼记》的话,而加以推阐,所以经过二千年之久,没人对这样的说法加一①怀疑过。直至崔述才对之加以辩驳,他在《读风偶识》中道:

> 余按②克商以后,下达陈灵,近五百年,何以前三百年所采殊少,后二百年所采甚多。周之诸侯千八百国,何以独此九国有风可采,而其余皆无之。……且十二国中,东迁以后之诗居其大

---

① "加一"通作"加以"。
② "按"原书误引作"安",校订者酌改。

半,而春秋之策,王人至鲁,虽微贱无不书者,何以绝不见有采风之使?乃至《左传》之广搜博采,而亦无之,则此言出于臆度无疑也。

这话说得很有道理,不过我们虽否认政府采诗之说,但诗歌之为人写定与整辑,是不成问题的。你想国风本为民间流行的歌谣,平常只不过流行于口耳之间,假若没人置理,怎么会①成为一部完整的书呢?所以最初一定是有一些好事的人,去把它们写了下来,后来又因为音乐的需要把它们用作歌辞,到最后有专门喜欢研究音乐的,为的参考比较起见,把它②们总合起来,而成功为这部诗集。这虽然也邻于臆度,但比较总还近情,不然的话,这部诗集不是成为突然而来的神奇的东西了吗?

末了我们附带地谈一谈孔子的删诗问题,自《史记·孔子世家》说孔子删古诗三千余篇而为三百余篇之后,后来谈诗者多尊信之。直到宋代的郑樵对此说才大加非难,清代的崔述、方玉润也都辨过孔子不删之说。所以我们到现在自不应再相信史迁臆度的话。不过有人要怀疑,就是自西周末叶到东周中叶,中间经过五百年之久,不应只这三百多篇的诗。关于此一点,我们也不必怀疑,因为文学作品本有着所谓自然淘汰,最初也许很多,大概不是不适于音乐,就是内容没有什么价值。加以古代缮写文学的工具又极困难,所以淘汰同散佚的结果,自然剩的是很少啦。我们不应因为觉得它太少,就说孔子曾经删削过。因为这样子,孔老夫子会在地下大叫冤枉的。

---

① "会"原书作"为",校订者酌改。
② "它"原书作"他",校订者酌改。

四、二雅、九国风所表现的内容之剖析①

关于颂、雅、国风它们的内容所写的是什么？这是现在我们②要讨论的。不过颂如《周颂》同《鲁颂》大半是舞歌同祭歌,技巧同内容都逊于风雅,所以我想把它们略而不讲,现在我们先来看看二雅,以次及国风。

（一）二雅③——雅因为乐的关系,分为大小二种。大雅的产生时间比较早一点,正是周民族的鼎盛时期,所以虽有讽刺的作品,但还少愤激之作。至于小雅就不然了,有很多情感极其激昂的,从这一点就可看出周代的政治是一天不如一天了。

关于二雅的篇目,大雅共31篇,小雅74篇。就它们的内容看起来,大约可分为五种：

1. 祭祀④的——如大雅的《文王》

　　文王在上,于昭于天。周虽旧邦,其命维新。有周不显,帝命不时。文王陟降,在帝左右。亹亹文王,令闻不已。陈锡哉周,侯文王孙子。文王孙子,本支百世,凡周之士,不显亦世。世之不显,厥犹翼翼。思皇多士,生此王国。王国克生,维周之桢；济济多士,文王以宁。

（下四章略）

小雅的《楚茨》：

　　楚楚者茨,言抽其棘。自昔何为,我艺黍稷。我黍与与,我稷翼翼。我仓既盈,我庾维亿。以为酒食,以享以祀。以妥以

---

① 校订者按,此小节原题"对它们所表现的内容的剖析",而在目录上复以"二雅"、"九国风"为次级标题,校订者酌改如上,并删去目录上的次级标题。

② 原书此处有"现在"一词,与前重复,校订者酌删。

③ 此处序号"（一）"为校订者据酌加,下同不另说明。

④ "祭祀"原书误作"祭死",下面第5小节后总结说"关于祭祀、祝颂、燕饮三种"可证,校订者酌改。

侑,以①介景福。

(下五章略)

均属此类。

2. 祝颂的——如大雅的《棫朴》：

芃芃棫朴,薪之槱之。济济辟王,左右趣之。
济济辟王,左右奉璋。奉璋峨峨,髦士攸宜。
淠彼泾舟,烝徒楫之。周王于迈,六师及之。
倬彼云汉,为章于天。周王寿考,遐不作人？
追琢其章,金玉其相。勉勉我王,纲纪四方。

小雅的《天保》：

天保定尔,亦孔之固。俾尔单厚,何福不除。
俾尔多益,以莫不庶。天保定尔,俾尔戬穀。
罄无不宜,受天百禄。降尔遐福,维日不足。
天保定尔,以莫不兴。如山入阜,如冈如陵。
川之方至,以莫不增。

(下三章略)

均属此类。

3. 燕颂的——大雅的《既醉》：

既醉以酒,既饱以德。君子万年,介尔景福。
既醉以酒,尔肴既将。君子万年,介尔昭明。
昭明有融,高朗令终。令终有俶,公尸嘉告。

小雅的《鹿鸣》：

呦呦鹿鸣,食野之苹。我有嘉宾,鼓瑟吹笙。
吹笙鼓簧,承筐是将。人之好我,示我周行。
呦呦鹿鸣,食野之蒿。我有嘉宾,德音孔昭。
视民不恌,君子是则是效。我有旨酒,嘉宾式燕以敖。
呦呦鹿鸣,食野之芩。我有嘉宾,鼓瑟鼓琴。

---

① "以"原书误引作"一",校订者酌改。

　　　　鼓瑟鼓琴,和乐且湛。我有旨酒,以燕乐嘉宾之心。
均属此类。

　4. 讽刺的——如大雅中之《板》：
　　　　上帝板板,下民卒瘅。出话不然,为犹不远。
　　　　靡圣管管,不实于亶。犹之未远,是用大谏。
　　　　天之方难,无然宪宪。天之方蹶,无然泄泄。
　　　　辞之辑矣,民之洽矣。辞之怿矣,民之莫矣。
小雅中之《小弁》：
　　　　弁彼鸒斯,归飞提提。民莫不谷,我独于罹。
　　　　何辜于天？我罪伊何？心之忧矣,云如之何？
　　　　踧踧周道,鞫为茂草。我心忧伤,惄焉如捣。
　　　　假寐永叹,维忧用老。心之忧矣,疢如疾首。
　　　　　　　　　　　　　　　　　　　　　　（下六章略）
均属此类。

　5. 抒情的——大雅中没有这类作品,小雅中这类作品最多。有的是遭受乱离的叹息,有的是失恋后的感伤,同以上①四类比起来,以此类的价值为最高。如下边的这些例证,都是千古的名句：
　　　　昔我往矣,杨柳依依。今我来思,雨雪霏霏。行道迟迟,载渴载饥。我心伤悲,莫知我哀！
　　　　　　　　　　　　　　　　　　　　　　（节录《采薇》）
　　　　昔我往矣,黍稷方华。今我来思,雨雪载途。王事多难,不遑启居。岂不怀归？畏此简书。
　　　　……
　　　　春日迟迟,卉木萋萋。仓庚喈喈,采蘩祁祁。执讯获丑,薄言还归。赫赫南仲,狁于夷。
　　　　　　　　　　　　　　　　　　　　　　（节录《出车》）

---

① 原书此处衍一"诸"字,校订者酌删。

驾彼四牡,四牡项领。我瞻四方,蹙蹙靡所骋。

(节录《节南山》)

苕之华,其叶青青。知我如此,不如无生!

(节录《苕之华》)

习习谷风,维风及雨。将恐将惧,维予与女。将安将乐,女转弃予。

(节录《谷风》)

现在我们把上边所举的例子看起来,关于祭祀、祝颂、燕饮三种,大雅中的技术比较拙劣,小雅毕竟因为产生稍晚,所以在描写的方面很生动,而且有时还富有恳挚的情谊。至于后两种,大雅只有讽刺一类的作品,比较郑重板滞,小雅沉痛得多了;关于①抒情的,更是小雅中的杰出的产品,堪与国风之抒情诗等量齐观。

(二) 九国风——其次,我们来看国风。前边我们已经说过了,过去人所称之十五国风,二南是独立的,结果只剩了十三,而邶、鄘又是有目无诗,现在所有的乃是卫风。这样子又只剩了十一风了。就这十一风之中,秦、陈二风不属于周民族,所以现在只谈谈豳、桧、王、卫、唐、齐、魏、郑、曹九国的风。就这九风,我们要就地域把它们分开来看,固然未始不可,实际也没有多大的必要。现为简单计,把它们分为抒情、描写、叙事、讽刺四类。今依次分述之。

1. 抒情的——国风的作者多不知名,大致看起来有的是一些平民的作品,有的是士大夫的作品。不过他们的感情都极真挚,又表现得极其动人,因之数千年来最为一般读者所称道。不过国风中的诗②表现的内容也不一致,其分为四类已如上述。就这四类中,而尤以抒情的篇数为最多,同时它们的价值也最高。不过在抒情之中,又有着很大的不同,有的是写爱情的,有的是写遭遇的,有的是写时事

---

① "关于"原书作"至于",与前一句"至于"云云犯重,校订者酌改。
② "诗"为校订者酌加。

的,现在也要把它们分开来说。

写爱情的——国风中写爱情的篇子很多,大致看起来,表现得均极坦白,毫不隐藏遮掩。得到恋人的,就异常的欢欣,失恋了,就痛哭流涕。有的是欲爱而不能爱,有的是被人爱后而又为人家所抛弃。真是形形色色,无奇不有。

  静女其姝,俟我于城隅。爱而不见,搔首踟蹰。
  静女其娈,贻我彤管。彤管有炜,说怿女美。
  自牧归荑,洵美且异。匪女之为美,美人之贻。
(《邶风·静女》)

这是男女相爱约定幽会的地址,而又相互投赠的事。

  彼狡童兮,不与我言兮。维子之故,使我不能餐兮。
  彼狡童兮,不与我食兮。维子之故,使我不能息兮。
(《郑风·狡童》)

  习习谷风,以阴以雨。黾勉同心,不宜有怒。采葑采菲,无以下体?德音莫违,及尔同死。

  行道迟迟,中心有违。不远伊迩,薄送我畿。谁谓荼苦,其甘如荠。宴尔新婚,如兄如弟。

  泾以渭浊,湜湜其沚。宴尔新婚,不我屑以。毋逝我梁,毋发我笱。我躬不阅,遑恤我后。

  就其深矣,方之舟之。就其浅矣,泳之游之。何有何亡,黾勉求之。凡民有丧,匍匐救之。

  不我能畜,反以我为仇。既阻我德,贾用不售。昔育恐育鞠,及尔颠覆。既生既育,比予于毒。

  我有旨蓄,亦以御冬。宴尔新婚,以我御穷。有洸有溃,既诒我肄。不念昔者,伊余来墍。
(《邶风①·谷风》)

---

① "《邶风》"原书误作"《邶鄘》",校订者酌改。

前一篇是女子失恋而怨男子薄幸之作，后一篇是弃妇对她丈夫的怨恨之辞。两篇比较起来，以后者为最工，令千古被弃之女子读后，均当为之泣下。

此外，如《桑中》、《溱洧》乃是男女幽会互相约期之作，《褰裳》乃是女子嘲笑她的情人之作，《将仲子》乃是女子拒绝她的情人之作。都可以说是绝妙好辞，今不具引。

写遭遇的——在国风中属于此一类的，不如二雅中之多，原因自是因为二雅的作者多系士大夫阶级，而国风的作者乃多属一般平民之故。不过我也可以找到两篇，作为这类的代表。一是《王风》中的《兔爰》：

  有兔爰爰，雉离于罗。我生之初尚无为，我生之后，逢此百罹。尚寐无吪。

  有兔爰爰，雉离于罦。我生之初尚无造，我生之后，逢此百忧。尚寐无觉。

  有兔爰爰，雉离于罿。我生之初尚无庸，我生之后，逢此百凶。尚寐无聪。

第二是《魏风》中的《园有桃》：

  园有桃，其实之肴。心之忧矣，我歌且谣。不知我者，谓我士也骄。彼人是哉，子曰何其？心之忧矣，其谁知之？其谁知之，盖亦勿思！

  园有棘，其实之食。心之忧矣，聊以行国。不知我者，谓我士也罔极。彼人是哉，子曰何其？心之忧矣，其谁知之？其谁知之，盖亦勿思！

这两篇都是作者遭际不偶，而藉①此发抒自己忧愤之作。与《小雅》中《正月》、《小弁》诸作，异曲同工。

写时事的——这一类可以《王风》中《黍离》为代表：

---

① "藉"原书误作"籍"，校订者酌改。

彼黍离离,彼稷之苗。行迈靡靡,中心摇摇。知我者谓我心忧;不知我者谓我何求。悠悠苍天,此何人哉?

　　彼黍离离,彼稷之穗。行迈靡靡,中心如醉。知我者谓我心忧;不知我者谓我何求。悠悠苍天,此何人哉?

　　彼黍离离,彼稷之实。行迈靡靡,中心如噎。知我者谓我心忧;不知我者谓我何求。悠悠苍天,此何人哉?

按《小序》谓:"闵宗周也。周大夫行役,至于宗周,过故宗庙宫室,尽为禾黍。闵周室之颠覆,彷徨不忍去,而作是诗也。"朱子《集传》仍主此说。而崔述详驳此说之非,而认为"感伤时事之作",谓"乃未乱而内忧之,非已乱而追伤之也"。细玩诗意,以崔说为近理。

2. 描写的——国风中有专事描写的篇什,此类当以《卫风》中的《硕人》及《齐风》中的《猗嗟》二篇为代表。

　　硕人其颀,衣锦褧衣。齐侯之子,卫侯之妻。东宫之妹,邢侯之姨,谭公维私。

　　手如柔荑,肤如凝脂,领如蝤蛴,齿如瓠犀,螓首蛾眉,巧笑倩兮,美目盼兮。

　　硕人敖敖,说于农郊。四牡有骄,朱幩镳镳。翟茀以朝。大夫夙退,无使君劳。

　　河水洋洋,北流活活。施罛濊濊,鳣鲔发发。葭菼揭揭,庶姜孽孽,庶士有朅。

这篇第一章为描写①庄姜门第之华贵,第二章活活的画出一个美人图来。第三章写庄②姜成婚时之情形,第四章又写其媵从之盛。其想象之丰富同比拟之适当,真是绝无仅有。

　　猗嗟昌兮,颀而长兮。抑若扬兮,美目扬兮。巧趋跄兮,射则臧兮。

---

① "描写"为校订者酌加。
② 原书漏掉了"庄"字,校订者酌加。

猗嗟名兮,美目清兮。仪既成兮,终日射侯,不出正兮,展我甥兮。

　　猗嗟娈兮,清扬婉兮。舞则选兮,射则贯兮,四矢反兮,以御乱兮。

这是描写男子的勇武的,但比着前篇,已有点逊色。

3. 叙事的——关于此类,可以《豳风·七月》为代表。

　　七月流火,九月授衣。一之日觱发,二之日栗烈。无衣无褐,何以卒岁?三之日于耜,四之日举趾。同我妇子①,馌彼南亩。田畯至喜。

　　七月流火,九月授衣。春日载阳,有鸣仓庚。女执懿筐,遵彼微行,爰求柔桑。春日迟迟,采蘩祁祁。女心伤悲,殆及公子同归。

　　七月流火,八月萑苇。蚕月条桑,取彼斧斨。以伐远扬,猗彼女桑。七月鸣鵙,八月载绩。载玄载黄,我朱孔阳,为公子裳。

（下五章略）

这一篇叙述农家生活,极其详尽,从这儿也可以看到农民的劳顿,从年头到年尾,几乎就没有休息的时间。让一般不耕而食、不织而衣的人看起来,不知作何感想。

4. 讽刺的——按《毛传》中《小序》的解释,几乎三百篇中,十分之七八都是讽刺之作。其实全不是那回②事。有许多简直不含一点讽刺的意味,而《小序》硬谬作如是解,真不知令多少诗人含冤莫白。现在我们来讲《三百篇》,自然不再上《小序》的当了,但是亦不能因《小序》中说大多数作品是讽刺,而我们故意来说没一篇是讽刺,这种矫枉过正的论调,也不见得就对。现在我们试看里边,也颇有几篇是属于此类的。今以《魏风》中的《伐檀》同《硕鼠》两篇作为代表。

---

　　① "妇子"原书引作"妇人",校订者酌改。
　　② "回"原书误作"会",校订者酌改。

坎坎伐檀兮,置之河之干兮。河水清且涟猗。不稼不穑,胡取禾三百廛兮？不狩不猎,胡瞻尔庭有县貆兮？彼君子兮,不素餐兮！

　　坎坎伐辐兮,置之河之侧兮。河水清且直猗。不稼不穑,胡取禾三百亿兮？不狩不猎,胡瞻尔庭有县特兮？彼君子兮,不素食兮！

　　坎坎伐轮兮,置之河之漘兮。河水清且沦猗。不稼不穑,胡取禾三百囷兮？不狩不猎,胡瞻尔庭有县鹑兮？彼君子兮,不素飧兮！

(《魏风·伐檀》)

其次为《硕鼠》：

　　硕鼠硕鼠,无食我黍！三岁贯女,莫我肯顾。逝将去女,适彼乐土。乐土乐土,爰得我所。

　　硕鼠硕鼠,无食我麦！三岁贯女,莫我肯德。逝将去女,适彼乐国。乐国乐国,爰得我直。

　　硕鼠硕鼠,无食我苗！三岁贯女,莫我肯劳。逝将去女,适彼乐郊。乐郊乐郊,谁之永号？

这都是一般平民受不了那些剥削阶级的苛政,才作出这样的诗来。从①这些诗,就可以看到当时的政治是如何②的黑暗了。

五、风雅颂③在文学上的价值之比较

要把风雅颂三类作品来比较它们的价值,那我们最好是先问一问一般人最喜欢读哪一类作品？恐怕大都是喜欢读风,其次是雅,至于颂,除非是研究《三百篇》的,才来翻一翻。就从这一点看,它们的

---

① "从"原书作"就是",与下文犯重,校订者酌改。
② 原书遗漏了"何"字,校订者酌补。
③ 原书此处有"它们"一词,校订者酌删。

价值之高下也就很显明的可以分出来了。本来无足怪的,国风是一般平民的作品,其特点在有热烈的情感与纯真的表现,所以最能动人。过去的编诗者,把它们放在前边,也许就因为这种缘故。至于雅,还大半是抒情之作,内容就不像风那样是多方面的宽广的表现,但还不少真正感情之流露,所以也能受读者相当的称赏。说到颂,纯粹是歌功颂德之作,为对神所说的话,自然不能不俨乎其然来装腔作势,于是在内容上既缺乏情感,在形式上又没有活气,结果就不能不落到下乘。一般人之不喜读,自是理有应该。

从上边三类诗歌的内容上来分析,就可以发现后来的诗人是如何的在受着它们极大的影响。大致说来,以后的抒情诗多系从国风来的,讽喻诗多是从雅来的,而所谓庙堂文学、歌功颂德一类的应酬诗,乃是从颂来的。此研究文学史者,所不应轻忽者。

第二节 散 文

根据前边的论述,我们晓得简单的散文,在商代已经产生了,那么到了周代,自然是因着社会的进化,而慢慢地演进。大体来说,在西周还没产生出什么优美的作品,一直到了春秋,因为社会的遽烈变动,一切都有着迅速的推进。散文自然也不例外。于是史传文学就产生了。继之又因私人讲学风气之盛行,为适应社会的需要,于是在学术上就产生出许多流派。这些不同的流派,主张极不一致,甚而有站①在极端反对的地位的。这时各派都为宣传自己的主张计,就不能不攻击别一派,以自表现。于是各以所学,而是其所是,而非其所非。因此论辩②文学遂于是而生。所以我们统观这一段散文的进展史,大致周初散文还在极幼稚的时代,春秋为史传文学的产生时代,而战国为论辩文学产生的时代。最初的散文只不过用以记事而

---

① "站"原书误作"占",校订者酌改。
② "论辩"原书通作"论辨",校订者酌改,下同不另出校。

已。进一步遂用以发抒个人特殊的思想与感情。所以散文到了战国,虽未臻于极盛,但确已达到成熟的境地了。今将此二类——史传文学与论辩文学分述于后。

一、《春秋》、《左传》、《国语》等史传文学①

关于这一类,最早的自然是《尚书》中的《周书》,其次是《春秋》,再次是《左传》同《国语》。今依次分述之。

(一)《周书》——《尚书》中的周书现存的不下一二十篇,但里边有很多是后人伪托的。即如《牧誓》、《洪范》、《金縢》等,前人早已证明其为春秋时的产品。比较可靠的,也只有《多士》、《多方》同《大诰》等数篇。但从文学上看还是极其幼稚,不是诘屈聱牙②,就是累赘重复。今录《多士》之首节及最后一节于左③,以见一斑。

> 惟三月,周公初于新邑洛,用告商王士。……王曰:"告尔多士,昔朕来自奄,予大降尔四国民命。我乃明致天罚,移尔遐逖;比事臣我宗④,多逊。"王曰:"告尔殷多士,今予惟不尔杀,予惟时命有申。今朕作大邑于兹洛,予惟四方罔攸宾,亦惟尔多士,攸服奔走臣我,多逊。尔乃尚有尔土,尔乃尚宁干止。尔克敬,天惟畀矜尔;尔不克敬,尔不啻不有尔土,予亦致天之罚于尔躬!今尔惟时宅尔邑,继尔居,尔厥有干有年于兹洛。尔小子乃兴,从尔迁。"

这里边值得注意的是在第一节之中,第一人称连用"朕"、"予"、

---

① 此小节原题"史传文学",目录上复有以书为目的次级标题,校订者酌改如上,并删去目录上的次级标题。另按,原书并用《左传》、《左氏传》,现统一改为《左传》,不在一一说明。

② "诘屈聱牙"原书作"结屈敖牙",校订者酌改。

③ 原书竖排,所以下文曰"左",现改为横排,大"左"字不改,下同不另出校。

④ "宗"原书误作"家",校订者酌改。

"我"三种不同的称呼。这是在研究文法演变时所应注意的。至于文字不过是仅能达意,缺乏剪裁,缺乏润色,自不用说了。

（二）《春秋》——《春秋》之为孔子作,其说始于《孟子》,近人对此书之是否为孔子作一问题,虽不无怀疑,但尚未见有确凿之证据足以推翻旧说,故现在仍以之归诸孔子。今将《春秋》经文摘录如次:

> 元年,春,王正月。
> 三月,公及邾仪父盟于蔑。
> 夏,五月,郑伯克段于鄢。
> 秋,七月,天王使宰咺来归惠公、仲子之赗。
> 九月,及宋人盟于宿。

因为《春秋》经文过简的缘故,所以需要传的申述,又因为孟子有"世衰道微,邪说暴行有作,臣弑其君者有之,子杀其父者有之,孔子惧,作《春秋》"同"王者之迹熄而诗亡,诗亡然后《春秋》作。晋之《乘》,楚之《梼杌》,鲁之《春秋》,一也。其事则齐桓、晋文,其文则史。孔子曰：'其义则丘窃取之矣'"的话,于是以后有"三传"之争。现在我们平情而论,《春秋》当系鲁之旧史,最初①也许不免失之于凌乱,到了孔子,才把它们加以②整理,或者参考其他各国的国史,而加以补充。在这里边因为感情作用,使他偏袒祖国,自是情理中事。要说一定有什么"微言大义",这恐怕是后人的附会之辞,是极不可靠的。

（三）《左传》中的誓命与书辞——散文到了春秋,已有着极显明的进步。现在我们从《左传》一书,可以看到春秋各国的誓命,同一般士大夫阶级彼此来往的书札。这固然未始没经过左氏的修正润色,但它们的本来面目,总还是可以看出一二来。

春秋僖公二十八年（西历纪元前 632 年）宁俞与卫人盟于宛濮:

---

① "初"原书误作"出",校订者酌改。
② "以"原书误作"一",校订者酌改。下同不另出校。

> 天祸卫国，君臣不协，以及此忧也。今天诱其衷，使皆降心以相从也。不有居者，谁守社稷？不有行者，谁扞牧圉？不协之故，用昭乞盟于尔大神，以诱天衷。自今日以往，既盟之后，行者无保其力，居者无惧其罪。有渝①此盟，以相及也。明神先君，是纠是殛！

这是当时的誓命，说理既委婉，而遣词亦简要，已远非周初散文所能比。

春秋文公十七年（西历纪元前610年）郑公子归生与赵盾书：

> 寡君即位三年，召蔡侯而与之事君。九月，蔡侯入于敝邑以行。敝邑以侯②宣多之难，寡君是以不得与蔡侯偕。十一月，克灭侯宣多，而随蔡侯以朝于执事。十二年六月，归生佐寡君之嫡夷，以请陈侯于楚而朝诸君。……在位之中，一朝于襄，而再见于君。夷与孤之二三臣相及于绛。虽我小国，则蔑以过之矣。今大国曰："尔未逞吾志。"敝邑有亡，无以加焉。古人有言曰："畏首畏尾，身其馀几？"又曰："鹿死不择音。"小国之事大国也，德，则其人③也；不德，则其鹿也，铤而走险，急何能择？命之罔极，亦知亡矣，将悉敝赋以待于鯈。唯执事命之。文公二年六月壬申，朝于齐。四年二月壬戌，为齐侵蔡，亦获成于楚。居大国之间，而从于强令，岂其罪也？大国若弗图，无所逃命。

这是一篇小国给大国的④信，措词极其委婉，在请求谅解之中，而又隐隐地透露出自己的决心来。大概在春秋时，因为国际间交涉之频繁，所以对于言辞特别的注意。孔子说："诵诗三百，授之以政，不达，使于四方，不能专对，虽多亦奚以为？"同时孔子又说："不学《诗》，无以言。"可见当时言辞之重要。至于《论语》中还有对于郑国

---

① "渝"原书误引作"谕"，校订者酌改。
② "侯"原书误引作"候"，校订者酌改。下同不另出校。
③ "人"原书误引作"鹿"，校订者酌改。
④ 原书此处有"一封"二字，与前面的"一篇"用语重复，校订者酌删。

的注意辞命的记载,谓:"为命裨谌草创之,世叔讨论之,行人子羽修饰之,东里子产润色之。"可知郑国对于辞命是如何的审慎了。书函与辞命实质颇相类。以郑国之小,而处于两大国之间,其能绵延国祚,而不至于灭亡者,大部分赖他们国家之注意外交,与夫在外交上所运用的辞命的谨慎。所以像前边那样的作品之出自于郑人之手,自是无足怪的。

(四)《左传》——《史记·十二诸侯年表序》谓:

孔子明王道,千七百余君莫能用,故西观周室,论史记旧闻,兴于鲁,而次《春秋》。上记隐下至哀之获麟,约其文辞,去其烦重,以制义法,王道备,人事浃。七十子之徒,口受其传指,为有所刺讥,褒讳挹损之文辞不书见也。鲁君子左丘明,惧弟子人人异端,各安其意,失其真,故因孔子史记具论其语,成《左传春秋》。

班氏《艺文志》因此说而又谓丘明为鲁太史。至杜预又谓丘明曾受经于仲尼(《春秋经传集解序》),结果左丘明的身世越来越知道的多了,而大多数人均以此说为定论。但到宋代王安石著有《春秋解》一卷,证左氏非丘明者十一事。陈振孙《书录解题》谓出依托,今未见其书,不知十一事者何据?(《四库提要》)但以我们现在的眼光看来,王安石之有此书,正不足怪。彼原已有"春秋为断烂朝报"之说。彼既否认《春秋》之价值,则对向来以左氏传经之说,更不会置信。但欲破除此说,势必证明此书之非鲁之左丘明所作不可。故《春秋解》一书,不见得为他人所依托。至其散佚之原因,亦正与郑渔仲《诗辨妄[①]》之散佚同科。盖正统派对此等新奇之说法,最为痛恶,其不能传之久远也故宜。近年来因在整理国故之声浪中对古籍之真伪问题,多半旧[②]事重提。对《左传》一书,一因其叙事下及战国,二因其

---

① "妄"原书误作"妾",校订者酌改。
② "旧"原书误作"就",校订者酌改。

所叙史事多是晋非鲁,故瑞典学者珂罗倔伦(B. Karlgren①)与吾国学者卫聚贤、林语堂等已确定其非为鲁之左丘明所作。所以现在已不容我们再因袭旧说了。至此书产生的时代,当在春秋之末与战国之初。

其次谈到《左传》在文学上的价值问题了。韩愈曾评此书谓"浮夸"(《进学解》),则此书对春秋各国史实之描写,多含浓厚的文学意味也可知。所以我们现在试一读此书,有的觉得可笑,有的觉得可愕。自来之称道《左传》文章者,多谓其长于叙事,如城濮之战、鄢陵之战、邲之战,叙事既有条而不紊,描写亦跃然而生动。惜此类篇幅太长,所以无法征引。现在择两篇比较有点小说风味的,录之于后:

春秋庄公八年。……齐侯使连称、管至父戍葵丘,瓜时而往,曰:"及瓜而代。"期戍,公问不至。请代,弗许。故谋作乱。僖公之母弟曰夷仲年,生公孙无知,有宠于僖公,衣服礼秩如适②。襄公黜之。二人因之以作乱。连称有从妹在公宫,无宠,使间公曰:"捷,吾以汝为夫人。"冬十二月,齐侯游于姑棼,遂田于贝丘,见大豕③。从者曰:"公子彭生也。"公怒曰:"彭生敢见!"射之。豕人立而啼。公惧,坠于车,伤足丧屦。反诛屦于徒人费,弗得,鞭之见血。走出,遇贼于门,劫而束之。费曰:"我奚御哉。"袒而示之背。信之。费请先入,伏公而出,斗死于门中。石之纷如死于阶下。遂入,杀孟阳于床。曰:"非君也,不类。"见公之足于户下,遂弑之,而立无知。

寥寥二三百字,把一件国家篡弑的大事,写得不但头绪清楚,而

---

① 原书误作 B. Karlgreu,校订者酌改。校订者按,B. Karlgren 即 Bernhurd Karlgren,通译高本汉(1889~1978),瑞典著名汉学家,他的《论左传之真伪及其性质》一文曾由陆侃如口译、卫聚贤笔受,发表在 1927 年出版的《北京大学研究所国学门月刊》第 1 卷第 6 号上,在中国学术界引起了热烈的讨论。

② "适"通"嫡",指太子。

③ 校订者按,"大豕"一作"豕大"。

且异常的逼真。虽然不无小说的臭味,但唯其如此,才能有感发读者的魔力。所以站①在史学的立场上,对这样迹近荒唐的记载,不能不稍加訾议。但站在文学的立场上,正因为富于神秘的描写,才益觉其出色。

春秋成公十年。……晋侯梦大厉,被发及地,搏膺而踊,曰:"杀余孙,不义。余得请于帝矣!"坏大门及寝门而入。公惧,入于室。又坏户。公觉,召桑田巫,巫言如梦。公曰:"何如?"曰:"不食新矣。"公疾病,求医于秦。秦伯使医缓为之,未至,公梦疾为二竖子,曰:"彼,良医也,惧伤我,焉逃之?"其一曰:"居肓之上,膏之下,若我何!"医至,曰:"疾不可为也,在肓之上、膏之下,攻之不可,达之不及,药不至焉,不可为也。"公曰:"良医也。"厚为之礼而归之。六月丙午,晋侯欲麦,使②甸人献麦,馈人为之。召桑田巫,示而杀之。将食,张,如厕,陷而卒。小臣有晨梦负公以登天,及日中,负晋侯出诸厕,遂以为殉。

我在儿时,读《左传》到这一篇,不禁毛发竦然,因此,它给我的印象最深了。时逾十余年,《左传》中的故事大体多已遗忘,惟此篇仍极清楚的印在记忆中。它的好处在描写之生动,而最令人发生趣味的,乃是在这③短短的一段之中记三个梦,晋候之梦大厉,又梦二④竖子,小臣之梦负公登天,且都有验证。至于桑田巫之言,尤属离奇。我想这在春秋那个时代,原无足怪。社会上既有迷信的传说,史家也就如实地写下来,所以就造成这种极其怪诞的史料。从此,益足反映春秋时之社会思想,不应以此责作者之"浮夸"也。

(五)《国语》——"国语"之名,始见于《史记》,司马迁且以为左丘明作。东汉韦昭《国语解叙》云:"左丘明……复采录前世穆王以

---

① "站"原书误作"占",校订者酌改。下同不另出校。
② 原书引文缺漏了"使"字,校订者酌补。
③ 原书此处有"一"字,与后文"一段"犯重,校订者酌删。
④ "二"原书误作"工",校订者酌改。

来,下迄鲁悼、智伯之诛,……以为《国语》。其文不主于经,故号曰外传。"这样说来,《国语》的作者与《左传》的作者乃系一人。但把《左传》与《国语》比较以后,证明此二书乃系一书,而为后人割裂而成者。梁启超根据刘逢禄、康有为、崔适诸人之书,而给它们以如下之判断:

一、《国语》即《左氏春秋》,并非二书。

二、其书分国为纪,并非编年。

三、刘歆将鲁惠、隐间迄哀、悼间之一部分抽出,改为编年体,取以与孔子所作《春秋》年限相比附,谓之《春秋左氏传》。其余无可比附者,别出仍其旧名,及旧体例,谓之《国语》。

四、凡今本《左传》释经云文,皆非原书所有,皆刘歆引传释经之结果,内中有"君子曰"云云者,亦同。

五、其余全书中,经刘歆窜入者当不少。①

既然如此,则《国语》与《左传》实为一书,其作风亦极相同,所以我也无庸征引了。

二、《论语》、《孟子》、《韩非子》等论辩文学②

论辩文学之产生,照例是晚于史传文学。因为散文之产生,最初的用途,不过只是纪事而已,不过作为全民族的共用品而已。进一步才有所谓私人的著述,或者记载私人的言语及生活。大致说来,可以说史传文学偏于记事而论辩则偏于记言。现在就以本节所应论述的而言,如《易经》中的卦辞爻辞可以说是论辩文学之祖,是用以阐明由卦所昭示的吉凶祸福的。不过作者已不可考。其次《论语》、《檀

---

① 校订者按,此说出自梁启超《要籍解题及其读法·左传国语》,见《饮冰室合集》第9册第55页。但梁启超后来在《古书真伪及其年代》中又改变了看法,认为"《左氏》不是刘歆伪造或从《国语》分出来的"。

② 此小节原题"论辩文学",目录上复有以书为目的次级标题,校订者酌改如上,并删去目录上的次级标题。

弓》、《孟子》、《墨子》均为弟子记其先师的言论而成的典籍,与宋人的语录①实无多大差异。至于《韩非子》才算真正私人的著述。《韩非子》流行以后,不久秦就灭了六国,关于周民族散文中的属于论辩一类的作品,也就至此而止了。

（一）《周易》卦爻辞——《周易》分"经"与"传"两部分,过去一向认为十翼是孔子作的,但比较有点眼光的学者如欧阳修、姚际恒、崔述等,均已断定其为伪托。所以只"经"的一部分卦辞同爻辞产生较早。至于时代当在商末与周初。(可参考《古史辨》第三册下)它的性质,决不是什么圣贤说教的著作,大部分与近代之谶②诗极相类,但要看起来,它们实在是说理文字的滥觞。

　　乾,元亨利贞。
　　初九,潜龙,勿用。
　　九二,见龙在田,利见大人。
　　九三,君子终日乾乾,夕惕若,厉无咎。③
　　九四,或跃在渊,无咎。
　　九五,飞龙在天,利见大人。
　　上九,亢龙,有悔。

文字之简质,与卜辞实无二致。

（二）《论语》——《论语》一书的来源,《汉书·艺文志》中谓:"《论语》者孔子应答弟子时人及弟子相与言而接闻于夫子之语也。当时弟子各有所记,夫子既卒,门人相与辑而论纂,故谓之《论语》。"但据崔述的《洙泗考信录》中的考证,则此书(一)所记之君④大夫多以谥举。(二)曾记曾子疾革之言。则其写定当在孔子既殁数十年之后。原为七十子之门人追记其师所述以成篇,而后儒辑之以成书者。

---

① "语录"当指宋代理学家的讲学语录,原书误排为"论录",校订者酌改。
② "谶"原书误作"戬",校订者酌改。
③ "夕惕若,厉无咎"原书误引作"若厉,无咎。"校订者酌改。
④ "君"原书引作"居",可能因两字形近而误排。

至其中虽大部分文体简质,但较之《小戴记》当为可信。至其内容经后人羼入之伪①作亦颇不少,如《季氏》、《微子》、《阳货》、《子张》、《尧曰》等五篇,崔氏已证明其多不可靠。如是则《论语》一书,实不能将全部均认为可信之史料。至于文字方面,虽然简质,但描写叙事说理,亦有极精到之处。

子路、曾皙、冉有、公西华②侍坐。子曰:"以吾一日长乎尔,毋吾以也!居则曰:'不吾知也!'如或知尔,则何以哉?"子路率尔而对曰:"千乘之国,摄乎大国之间,加之以师旅,因之以饥馑,由也为之,比及三年,可使有勇,且知方也。"夫子哂之。"求,尔何如?"对曰:"方六七十,如五六十,求也为之,比及三年,可使足民;如其礼乐,以俟君子。""赤,尔何如?"对曰:"非曰能之,愿学焉!宗庙之事,如会同,端章甫,愿为小相焉。""点,尔何如?"鼓瑟希,铿尔,舍瑟而作,对曰:"异乎三子者之撰!"子曰:"何伤乎?亦各言其志也。"曰:"莫春者,春服既成;冠者五六人,童子六七人,浴乎沂,风乎舞雩,咏而归。"夫子喟然叹曰:"吾与点也。"三子者出,曾皙后。曾皙曰:"夫三子者之言何如?"子曰:"亦各言其志也已矣。"曰:"夫子何哂由也?"曰:"为国以礼,其言不让,是故哂之。""唯求则非邦也与?""安见方六七十如五六十而非邦也者?""唯赤则非邦也与?""宗庙会同,非诸侯而何?赤也为之小,孰能为之大?"(《论语·先进篇》)

这是一篇叙述而兼描写的绝妙文字,因各人称述之不同,与举止之不同,把每个人的性格都表现得非常地逼真。这是文学的笔墨,决非很呆板的叙事文字所能比。

子路曰:"卫君待子而为政,子将奚先?"子曰:"必也正名

---

① "伪"原书误作"为",校订者酌改。
② "公西华"原书误排为"羊公华",校订者酌改。

乎!"子路曰:"有是哉,子之迂也?奚其正?①"子曰:"野哉由也!君子于其所不知,盖阙如也。名不正,则言不顺,言不顺,则事不成,事不成,则礼乐不兴,礼乐不兴,则刑罚不中,则民无所措手足。故君子名之必可言也,言之必可行也。君子于其言,无所苟而已。"(《论语·子路篇》)

这是一篇畅达的说理文字,也就代表了孔子哲学的要点。我们要把《论语》统盘的看起来,以说理的占大部分,像前边那样描写意味的篇子,实不多见。

(三)《檀弓》——这是《礼记》中的一篇。因为记者檀弓②长于礼,所以就因其名以命篇。内容多记孔子及其弟子的言行,有许多地方颇可以补《论语》之不足。不过内容驳杂,崔述已疑其言之不足信。它的产生当在战国中叶③,或末叶,至少比《左传》之成书还要晚一点。这时儒家已经派别分歧,所以里边有许多关于礼的见解,与孔子之见大相径庭的。(崔述《洙泗考信录》)不过也不能因为这个缘故,而把它一笔抹煞。现在我们就文学的立场上看,它的文字极其简洁,描写亦特别生动,与《左传》虽都富于文学的意味,但作风一则偏于恣肆,一则偏于谨严,全不相侔。

曾子寝疾,病。乐正子春坐于床下,曾元、曾申坐于足,童子隅坐而执烛。童子曰:"华而睆,大夫之箦与?"子春曰:"止!"曾子闻之,瞿然曰:"呼!"曰:"华而睆,大夫之箦与?"曾子曰:"然,斯季孙之赐也,我未之能易也。元,起易箦!"曾元曰:"夫子之病革矣,不可以变,幸而至于旦,请敬易之。"曾子曰:"尔之爱我也不如彼。君子之爱人也以德,细人之爱人也以姑息。吾何求哉?吾得正而毙焉,斯已矣!"举扶而易之,反席未安而没。

齐大饥,黔敖为食于路,以待饿者而食之。有饿者蒙袂辑

---

① 原书漏排了"奚其正?"校订者酌补。
② 原书此处有一"因"字,与前文"因为"犯重,校订者酌删。
③ 原书此句句首有"不过"二字,与前句犯重,校订者酌删。

屦,贸贸然来。黔敖左奉食,右执饮,曰:"嗟,来食!"扬其目而视之,曰:"予唯不食嗟来之食,以至于斯也。"从而谢焉;终不食而死。曾子闻之曰:"微与! 其嗟也可去,其谢也可食。"

这两段写得都很好,当日的情形似乎都历历如在目前。胡适之先生曾将《檀弓》中杜篑谏诤晋侯的一篇,与《左传》(昭公九年)所记的来比较,就显出《左传》的文字散漫而少剪裁。所以《檀弓》乃是经过洗练后的文字,与《论语》之质而不俚、辩而不华的风格,正是一脉相传下来的作品。

(四)《墨子》——这部书也不是墨子著的,乃是他的门徒记录他的言行而成的。它的产生的时代,当在战国中叶至末叶。这既不是墨子著的,当然不能代表墨子作品的作风,所以我们不谈墨子身世,就好像讲《论语》不谈孔子的身世是一样。

至于《墨子》这部书,据胡适之先生的研究,现在里边共有五十三篇,可分为五组:

第一组,自《亲士》到《三辨》凡七篇,皆后人假造的。

第二组,《尚贤》、《尚同》、《兼爱》、《非攻》、《节用》、《节葬》、《天志》、《明鬼》、《非乐》、《非命》、《非儒》凡二十四篇,大抵皆墨者演墨子的学说所作的。

第三组,《经》(上、下)、《经说》(上、下)、《大取》、《小取》六篇,不是墨子的书,就是《庄子·天下》篇所说的"别墨"做的。

第四组,《耕柱》、《贵义》、《公孟》、《鲁问》、《公输》这五篇是墨子的言行录。

第五组,自《备城门》以下到《杂守》①都是墨家守城备敌的方法。

就这五组看来,第二、三、四这②三组最可以代表墨派的文字。不过要专以论辩一类而论,则只有二、三两组值得注意。至其产生的

---

① 《杂守》原书误引作《杂受》,校订者酌改。

② "这"为校订者酌加。

时侯,自以第二组产生较早,第三组较晚。今选录《非攻》及《小取》于后:

今有一人,入人园圃,窃其桃李,众闻则非之,上为政者得则罚之。此何也?以亏人自利也。至攘人犬豕鸡豚者,其不义又甚入人园圃窃桃李。是何故也?以亏人愈多,其不仁兹甚,罪益厚。至入人栏厩,取人马牛者,其不仁义又甚攘人犬豕鸡豚。此何故也?以其亏人愈多。苟亏人愈多,其不仁兹甚,罪益厚。至杀不辜人也,扡其衣裘、取戈剑者,其不义又甚入人栏厩取人马牛。此何故也?以其亏人愈多。苟亏人愈多,其不仁兹甚矣,罪益厚。当此,天下之君子,皆知而非之,谓之"不义"。今至大为"不义"①攻国,则弗知非,从而誉之,谓之"义"。此可谓知义与不义之别乎?杀一人,谓之不义,必有一死罪矣。若以此说往,杀十人,十重不义,必有十死罪矣;杀百人,百重不义,必有百死罪矣。当此,天下之君子,皆知而非之,谓之"不义"。今至大为"不义"攻国,则弗知非,从而誉之,谓之"义",情不知其不②义也,故书其言以遗后世。若知其不义也,夫奚说书其不义以遗后世哉?今有人于此,少见黑曰黑,多见黑曰白,则以此人为不知白黑之辩矣;少尝苦曰苦,多尝苦曰甘,则必以此人为不知甘苦之辩矣。今小为非,则知而非之;大为非攻国,则不知非,从而誉之,谓之义;此可谓知义与不义之辩乎?是以知天下之君子也,辩义与不义之乱也。(《非攻》上)

墨子学说的建立是根据所谓"三表法",即:一、有本之者;二、有原之者;三、有用之者。假若我们能把《非攻中》同《非攻下》两篇都看看,也就可以晓得他是如何在用着这种方法。不过就光这一篇,也

---

① 通行的《墨子》文本此处无"不义"二字,任访秋先生可能是据毕沅校本补出的。

② 此处原书漏排了"不"字。

很足①以看出墨派学说是处处有根据的,是一点也不苟的。所以论辩文学,到了《墨子》,才可以说是达到了成熟的境地了。原因是立论遵循着一定方法,一层一层地推进,而终于得到了一个比较可靠的结论。《墨子》一书的文字,本来是极朴拙的,但里边决没有废话,这正是论辩文学的正轨。至于《小取》,因为篇幅过长,合节录其前三段于后:

夫辩者,将以明是非之分,审治乱之纪,明同异之处,察名实之理,处利害,决嫌疑。焉摹略万物之然,论求群言之比,以名举实,以辞抒意,以说出故,以类取,以类予。有诸己,不非诸人,无诸己、不求诸人。或也者,不尽也。假者,今不然也。效者,为之法也;所效者,所以为之法也。故中效,则是也;不中效,则非也,此效也。辟也者,举他②物而以明之也。侔也者,比辞而俱行也。援也者,曰:"子然,我奚独不可以然也。"推也者,以其所不取之,同于其所取者,予之也。是犹谓"他③者同也。"吾岂谓"他者异也。"夫物有以同而不率遂同,辞之侔也。有所至而正,其然也,有所以然也。其然也同,其所以然不必同。其取之也,有所以取之。其取之也同,其所以取之不必同。是故辟、侔、援、推之辞,行而异,转而危,远而失,流而离本,则不可不审也,不可常用也。故言多方,殊类异故。则不可偏观也。(下略)

这一篇文字详细地说明"辩"的用处同"辩"时应用的根本方法,可以说是极谨严的一篇逻辑论文。(参考胡适《中国哲学史大纲》页二〇〇至二二〇)因此才能给后来哲学家以④很大的影响。

(五)《孟子》——关于《孟子》一书的来源,《史记·孟子荀卿列

---

① 原书此处有"可"字,语义重复,校订者酌删。
② 此处"他"字,《墨子》通行本作"也",王引之以为"也与他同",任访秋先生可能据王说迳改为"他"。
③ 此句及下句中的"他",《墨子》通行本均作"也"。
④ "以"原书作"一",校订者酌改。

传》中云:"孟柯①乃述唐虞三代之德,是以所如者不合,退而与万章之徒,序诗书,述仲尼之意,作《孟子》七篇。"汉赵歧《孟子题辞》云:"退而与高第弟子公孙丑、万章之徒,难疑问答,又自撰其法度之言,著书七篇。"从这两段话看来,则《孟子》为孟轲所自著,但我们从内容上看,决不像孟轲自撰的口吻。崔东壁《孟子事实②录》辨证此事甚详,他说:

> 余按,谓《孟子》一书为公孙丑万章所纂述者近是。谓孟子与之同撰,或孟子所自撰,则非也。《孟子》七篇之文,往往有可议者,如禹决汝汉排淮泗而注之江,伊尹五就汤,五就桀之属,皆与事理未合。果孟子所自著,不应疏略如是,一也。七篇中,称时君皆举其谥,如梁惠王、襄王、齐宣王、鲁平公、邹穆公皆然,乃至滕文公之年少,亦如是,其人未必皆先孟子而卒,何以皆称其谥?二也。七篇中于孟子门人多以"子"称,如乐正子、公都子、屋庐子、徐子、陈子皆然,不③称子者无几,果孟子所自著,恐未必称其门人皆曰"子",三也。细玩此书,盖孟子之门人万章、公孙丑等所追述,故二子问答之言在七篇中为最多,而二子在书中亦皆不以子称也,今正之。

崔氏的话,自是很有见地。孟子是战国时一个很有主张的哲学家,他生在战国,多少总受一点战国游说之士的影响。他曾见梁惠王、齐宣王,也同孔子周游列国差不多。但他同孔子的态度已大大的不同。孔子有时还不免过于拘谨,他就恢阔得多了。现在的《孟子》既为记言之作,而记者又是他的及门弟子,其真实性比诸《论语》之于孔子自然要大得多。所以我们现在来读《孟子》,则孟轲当时对那些诸侯谈论时的声色,还依稀可以想到。所以记言之书,若能毫不伪作,如实的记载,则此著作更能表现出说话人的个性。孟子是最会讲

---

① 原书引作"孟子",校订者酌改。
② "事实"原书误引作"实事",校订者酌改。
③ "不"原书误引作"子",校订者酌改。

话的,他的口才真不弱于那些纵横家。他善于引用比喻,有时在诙谐中透露着讽刺。至于他劝当时的国君,让他们施行仁政,不惜多方解说,一步紧一步,陈述他的主张的重要。无奈社会的环境的逼迫,使这般国君只知注意富国强兵,那还能听他那一套,来慢慢的作呢!终于他的"仁义"之说,也同孔子之主张"复礼"是一样的成为空想。不过孟子虽汲汲欲行其道,但他不愿枉道以求和,他对那一般不顾廉耻而一味①为利禄而作官的人,真骂得痛快淋漓。现在就关于②这一点,把他的话节录两段,以见其笔墨之雄肆。

曰:"晋国亦仕国也,未尝闻仕如此其③急。仕如此其急也,君子之难仕,何也?"曰:"丈夫生而愿为之有室,女子生而愿为之有家。父母之心,人皆有之。不待父母之命、媒妁之言,钻穴隙相窥,踰墙相从,则父母国人皆贱之。古之人未尝不欲仕也,又恶不由其道。不由其道而往者,与钻穴隙之类也。"(《滕文公下》)

齐人有一妻一妾而处室者,其良人出,则必餍酒肉而后反。其妻问所与饮食者,则尽富贵也。其妻告其妾曰:"良人出,则必餍酒肉而后反;问其与饮食者,尽富贵也,而未尝有显者来,吾将瞷良人之所也。"蚤起,施从良人之所之,徧国中无与立谈者。卒之东郭墦间,之祭者,乞其余;不足,又顾而之他,此其为餍足之道也。其妻归,告其妾曰:"良人者,所仰望而终身也。今若此。"与其妾讪其良人,而相泣于中庭。而良人未之知也,施施从外来,骄其妻妾。由君子观之,则人之所以求富贵利达者,其妻妾不羞也而不相泣者,几希矣。(《离娄下》)

就从这两段也就可以看出《孟子》实在是最富于文学色彩的著

---

① "一味"原书作"一惟",校订者酌改。
② 原书此处漏排了"于"字,校订者酌加。
③ "其"原书误引作"之",校订者酌改。

作,后之作议论文者,多以此书为范本。三苏的文章,恐怕受它的影响最深。

（六）《韩非子》——这部书是韩非作的。我们知道在孟子以前的著作多是后人记述前人的话而成的,所以清人章实斋有"古无私门之著述"、"六经皆先王之政典"(《文史通义》)一类的话。近代学者如冯友兰及傅孟真等均认为私人著作,乃起于战国末年。今所传《韩非子》一书,虽有五十五篇之多,但真出于韩非子之手的也不过七篇,即《显学》、《五蠹》、《定法》、《难势》、《诡使》、《六反》、《问辩》等(胡适《中国哲学史大纲》页六三五)。

关于韩非的身世,据《史记·老庄申韩列传》,说他是韩国的公子,与李斯同受业于荀卿。当时韩国削弱,韩非遂著书,攻击当时政府的积弊,而主张极端的功利主义。后来他的文章被秦始皇看到了,很想收用他,于是就发兵攻韩,韩国这时才派他入秦,不料秦王见他以后,竟不能用,而且听了李斯等的谗言,把他下狱,后竟死于狱中,时为西历纪元前233年。

韩非的主张既是严刻少恩,一以律法为依归,所以他的文字纯属说理,丝毫不带感情的色调,而形成一种峻刻精练的风格。今节录《五蠹》于后:

> 古者丈夫不耕,草木之实足食也;妇人不织,禽兽之皮足衣也。不事力而养足,人民少而财①有余,故民不争。是以厚赏不行,重罚不用,而民自治。今人有五子不为多,子又有五子,大父未死,而有二十五孙。是以人民众而货财寡,事力劳而供养薄,故民争,虽倍赏累罚而不免于乱。尧之王天下也,茅茨不翦,采椽不斲;粝粢之食,藜藿之羹;冬日麑裘,夏日葛衣:虽监门之服

---

① "财"原书误引作"则",校订者酌改。

养,不亏于此矣。禹之王天下也,身执耒臿,以为民先,股无完①胈,胫不生毛,虽臣虏之劳,不苦于此矣。以是言之,夫古之让天子②者,是去监门之养,而离臣虏之劳也,故③传天下而不足多也。今④之县令,一日⑤身死,子孙累世絜驾,故人重之。是以人之于让也,轻辞古之天子,难去今之县令者,薄厚之实异也。夫山居而谷汲者,膢腊而相遗以水;泽居苦水者,买庸而决窦。故饥岁之春,幼弟不饟;穰⑥岁之秋,疏客必食。非疏骨肉爱过客也,多少之心⑦异也。是以古之易财,非仁也,财多也;今之争夺,非鄙也,财寡也。轻辞天子,非高也,势薄也;重争士橐,非下也,权重也。故圣人议多少、论薄厚为之政。故罚薄不为慈,诛严不为戾,称俗而行也。故事因于世,而备适于事。

第三章　屈原与楚民族的文学⑧

第一节　楚民族的盛衰⑨

在未谈到楚民族的文学之前,不妨先把楚民族的盛衰同它所占领的区域,略为说一说。

按《史记·楚世家》说它的祖先出自帝颛顼高阳,高阳者,黄帝之

---

① "完"为校订者酌补。按,今所传《韩非子》有缺"完"字者,或为任访秋先生所据。
② "天子"原书误引作"天下",校订者酌改。
③ "故"原书引作"古",校订者酌改。
④ 原书引文此处衍一"日"字,校订者酌删。
⑤ "一日"原书误引作"一旦",校订者酌改。
⑥ "穰"原书误引作"饟",校订者酌改。
⑦ "心"原书引作"实",校订者酌改。
⑧ 本章原题"楚民族的文学",校订者酌改。
⑨ 此节标题由校订者酌拟。

孙昌意之子也。这种说法，自然是极其荒唐不可信啦。按楚民族的最初的根据地①，是在湖北，与中原的周民族自不是一个来源。据春秋时楚大夫析父曾有这样的话："昔我先王熊绎，僻在荆山，筚路②蓝缕③，以处草莽，跋涉山林，以事天子。"可知熊绎在楚民族的历史上是可征信的人物。在他之前那些记载恐怕都近于神话似的传说，是丝毫不足置信的。

自熊绎以后，楚民族渐渐强大，领土亦渐渐扩张。十七传而至熊通，势力竟达到中原了，他曾请周王尊楚，周王不许，结果他自上尊号，称为武王。四传而到庄王，国势益振，长江流域的小国，几乎都被楚吞并了。晋栾贞子所谓"汉阳诸姬，楚实尽之"是也。他以他的聪明智慧，竟然征服了周民族的许多国家，而列为五霸之一。这时可以说是楚民族的全盛时代。它占有的领土，竟已包括现在的江苏、浙江、安徽、江西、湖北、湖南、四川等七省，及河南、山东之一部。至于周民族则仅剩有河北、山西两省，及山东、河南、陕西三部。假若以后，秦民族不强大起来，则统一中原者，恐非楚莫属了。

到了战国中叶，秦民族凭借自然环境的优势，所谓进可以战、退可以守的四塞之国，加以民性的强悍、政治的修明，结果终于统一了中原，而楚民族亦未能幸免。

不过，楚民族虽然在政治上失败了，但在文学上反而成功了。这也因为它所处的环境，有峻伟的高山与雄丽的大川，加以政治腐败，使一般智士不能用其力，而放浪于江湖，因之就产生出伟大的文学作品。现在我们来讲它④的文学，仍就诗文两方面来说。

---

① "地"为校订者酌补。
② "路"原书误作"露"，校订者酌改。
③ "缕"原书作"蒌"，校订者酌改。
④ "它"原书作"他"，校订者酌改。

第二节 《离骚》前的楚地诗歌①

楚民族在文学方面的成绩之大,决非周、秦二民族所能比,流传到现在的作品,不仅有平民的而且还有伟大的诗人的,所以讲它的诗歌,应以诗人屈原为中心,上而考其作品之渊源,下而究其作品之影响。今分叙如次。

《离骚》前②的楚民族的作品,当分为三组来讲:一③、《三百篇》中的"二南"。二、先秦诸子书中所记载的楚民族的歌谣。三、《楚辞》中的《九歌》。

一、二南

"二南"究竟是什么地方的产品?过去一向对这个问题不曾详细的探究过,直至近来研究文学史的陆侃如同郑宾于他们,都大胆的把"二南"就算④楚风。他们这种新的说法,并不是没有道理。第一从它产生的地域来说,"二南"中所涉及的地名如:

"在河之洲"(《关雎》)

"南有乔木"(《汉广》)

"汉有游女"(同上)

"江之永矣"(同上)

"遵彼汝坟"(《汝坟》)

"江有汜"(《江有汜》)

可见这些诗所产生的地域,南为江而北为河,其次是江河中间的

---

① 校订者按,此节在目录上原作"《离骚》前期的作品",正文失录。考虑到"《离骚》前期"容易导致误解,所以现将目录和正文里的此小节标题统一改为"《离骚》前的楚地诗歌"。
② "前"原书作"前期",校订者酌改。
③ "一"原书作"(一)",校订者酌改。以下依次酌改,不另出校。
④ "就算"原书误排为"算就",校订者酌改。

汉水同汝水,这自然是现在的河南南部与湖北北部。我们从春秋时的疆域图上来看①,这正是楚民族的所在地。至于它②们产生的时代,过去《毛诗》把它们认为西周初年的作品,这可以说是大错而特错,我们从内容上来分析,再从周民族文化进展的历程上看,它们③应该是东周的产品。

其次,我们应该要讲的,是"二南"的内容,大致的分析起来,有五类:1④.恋歌。2.女子思远之作。3.写女子生活之作。4.祝颂之作。5.关于政治之作。

（一）恋歌——属于这一类的,有《关雎》、《汉广》、《摽有梅》、《野有死麕》等篇。《关雎》系男子恋爱成功后而追叙其苦尽甘来的心情之作,最初是"窈窕淑女,寤寐求之。求之不得,寤寐思服。悠哉悠哉,辗转反侧"。及至求得成功以后,则琴瑟以友之,钟鼓以乐之,有不胜欢欣鼓舞之意。《汉广》就不同了,乃是失恋者的悲歌,陆侃如《诗史》中就说这篇是"似乎描写单相思的,但没有成功,故说'汉有游女,不可求思',他只希望当她出嫁时,能够替她服务。'之子于归,言秣其马',这种情意是如何的诚恳呢!"这真是顶有意思的解释。至《野有死麕》一篇,写男的引诱女子,女子临行时嘱托男的让他再会她的时候,要小心一点:"舒而脱脱兮,无使尨犬吠!"末了《摽有梅》一诗,更其有趣了,写一个年纪大了的女子,急于要结婚,等不得男家选择吉日的焦躁心情,真是逼真极了:

摽有梅,其实七兮。求我庶士,迨其吉兮。
摽有梅,其实三兮。求我庶士,迨其今兮。
摽有梅,顷筐墍之。求我庶士,迨其谓之。

---

① "看"为校订者酌增。
② "它"原书误排作"他",校订者酌改。按,"它们"指的是"二南"。
③ "它们"为校订者酌增。
④ "1"原书作"一",为编序统一起见,校订者酌改为"1"。以下依次酌改,不另出校。

（二）女子思远之作——这类的有《卷耳》、《汝坟》、《草虫》及《殷其雷》等篇。《卷耳》写女子在外正采卷耳,但忽然想起了她的远方爱人,于是也无心乎①工作,就把筐子扔到路的旁边。《汝坟》、《草虫》两诗都是写女子思念爱人及假想其爱人回来后的欢愉情况。《殷其雷》乃女子思念其夫而盼其早早归来之作。为节省篇幅计,今俱从略。

（三）写女子生活的——关于此类,有《葛覃》、《芣苢》、《采蘩》、《采蘋②》及《行露》等。《葛覃》写女子之刈葛而织之为衣,又写其自己已织成之衣,而归宁父母。《芣苢》一诗,一向论者谓其音节最为③幽美,读之如"恍听田家妇女,三三五五,于平原旷野,风和日丽中,群歌④互答,余音袅袅,若远若近,若断若续,不知其情之何以移,而神之何以旷"（清人方玉润语）,则此诗之富于音乐意味可知。

　　采采芣苢,薄言采之。
　　采采芣苢,薄言有之。
　　采采芣苢,薄言掇之。
　　采采芣苢,薄言将之。
　　采采芣苢,薄言袺之。

《采蘩》、《采蘋》乃写女子采此类植物,以作祭祀时之用。《行露》乃女子拒绝向其求婚者之言,但较之《郑风·将仲子》一篇,已稍有点直率,而无委婉之致。

（四）祝颂的——《桃夭》、《樛木》、《螽斯》、《麟之趾》、《鹊巢》、《何彼秾矣》等,均属此类。这几篇恐怕都与结婚有关。《桃夭》、《鹊巢》、《何彼秾矣》,是很明白的写女子之出嫁。有的描写妆奁之盛,

---

① "乎"原书作"手",疑似"乎"或"于"之误植,校订者酌改。
② "蘋"原书引作"频",校订者酌改,下同不另出校。
③ "为"原书作"好",可能因原稿"为"字草书近似"好"字导致误排,校订者酌改。
④ "歌"原书误作"颜",校订者酌改。

有的称赞新娘之美,同时在这里边并含有相当祝颂的意味。至于《樛木》一篇,如陆侃如谓"恐系颂新郎的"。《螽斯》、《麟之趾》,一祝子女之多,一赞子女之秀,这当然都是在新婚对新郎新娘预祝之词,所以直到现在,旧式结婚时的新联,还常引用"螽斯"、"麟趾"的典事。质之明达,不知以为然否?

(五)关于政治的——有《兔罝》、《甘棠①》、《羔羊》及《驺虞》等篇。《兔罝》赞武官之勇。《羔羊》赞文官之温文有礼,《甘棠》乃纪念贤者之作。《驺虞》描写田猎的情形,并称颂猎者技术的高妙。

最后我们来论"二南"在文学史上的地位。最早的孔子是极端的赞美"二南"的,《论语》中曾有:"《关雎》乐而不淫,哀而不伤",同"女②为《周南》、《召南》矣乎?人而不为《周南》、《召南》,其犹正墙面而立也与?"这自然是就"二南"的音乐上的美与文学上的美而说的,但就因为这种关系,汉朝一般说诗的儒者,就把"二南"解作正始③之音,而以其它国风为变风,于是乎什么"文王之化"、"后妃之德"等"妙不可言"的解释,都产生出来了。其实这些都是不值一顾的。"二南"的价值乃在其表现民间生活的真挚,而且平易温和,浑融含蓄。至谱诸音乐以后,也极其委婉舒徐,所以才为历代一些有识的学者所称赏。

二、先秦史传中所记载的楚民族歌谣

先秦书中所载的楚民族的歌谣,有三篇:即《论语》中的《楚狂接舆之歌》,《孟子》中的《孺子沧浪之歌》,及《左传》中的《庚癸歌》。这是较为可信的。我们从它们的形式上看,与"二南"大不相同,乃是一种长短句,已开后来《九歌》及《离骚》的先河。但刘向的《新序》同

---

① "棠"原书误作"裳",校订者酌改。
② 原书此处引文衍一"子"字,校订者酌删。
③ "正始"原书引作"正如",校订者酌改。按,《诗大序》谓:"《周南》、《召南》,正始之道,王化之基。"

《说苑》中,也载有四篇楚人的歌,即《子文歌》、《楚人歌》同《严陵季子歌》、《越人歌》①。前两篇都是四言,且字句平易,恐不可信。至于后二篇颇与楚风为近,但刘向是西汉末年人,他这两部书中所记载的故事,多含有小说的意味,尤其是关于吴季札的故事,大部分是后人的附会,所以也很难置信。即以《越人歌》而言,词意均佳,但它产生远在屈原②之前,不应在技术上已臻于如是纯熟的地步。这说不定是汉人模仿《楚辞》中《九歌》而作的。这篇诗中有"山有木兮木有枝,心悦君兮君不知",而《九歌·湘夫人》中则有"沅有芷兮澧有兰,思公子兮未敢言!"《九歌》既为屈原以前楚民族的祭③歌,那他决不会来模仿《越人歌》,反之汉人正可以来模仿《九歌》。所以我们来比较一下,就分明的可以看出,前者是从后者脱胎而来的。所以我们决不可轻易上了刘氏的当。

三、九歌

《九歌》在过去如王逸同朱熹都认为是楚民族的民间的祭歌,不过其词淫鄙,曾经过屈原的修正与润色,于是他们就拿一些忠君爱国的话来解释它,终于是讲来讲去,也讲不通。近来经胡适、陆侃如等的考证,认为它确像楚民族的祭歌,但与屈原毫无关系。至于它产生的时代,当在前五世纪。

《九歌》一共有十一篇,即(一)《东皇太一》、(二)《云中君》、(三)《湘君》、(四)《湘夫人》、(五)《大司命》、(六)《少司命》、

---

① 校订者按,原书只列了《子文歌》、《楚人歌》同《严陵季子歌》三首,而遗漏了《越人歌》。《越人歌》,亦见《说苑》,虽为越人所唱,却被译成楚语,也算得"楚歌",兹为补入。

② 原书此处作"屈平"。按,本书"屈原"、"屈平"并用,为统一起见,一律改为"屈原"。下同不另出校。

③ "祭"原书误排作"蔡",校订者酌改。下文说《九歌》"是楚民族的民间的祭歌"可证。

（七）《东君》、（八）《河伯》、（九）《山鬼》、（十）《国殇》、（十一）《礼魂》。它们的内容，一方面写祭神时的仪式之隆重，与祭品之丰洁，同时呢，也附带着有许多言情的地方。至描写自然的景物，其技术之工妙，尤非《三百篇》所能及。

> 瑶席兮玉瑱，盍将把兮琼芳。蕙肴蒸兮兰藉，奠桂酒兮椒浆。（《东皇太一》）

这是写粢盛的丰洁。

> 浴兰汤兮沐芳，华采衣兮若英。灵连蜷兮既留，烂昭昭兮未央。（《云中君》）

这是写祭者的衣饰鲜丽。

> 桂櫂兮兰枻，斵冰兮积雪。采薜荔兮水中，搴芙蓉兮木末。心不同兮媒劳，恩不甚兮轻绝。石濑兮浅浅，飞龙兮翩翩。交不忠兮怨长，期不信兮告余以不闲。（《湘君》）

> 沅有芷兮澧有兰，思公子兮未敢言。荒忽兮远望，观流水兮潺湲。（《湘夫人》）

> 秋兰兮青青，绿叶兮紫茎。满堂兮美人，忽独与余兮目成。入不言兮出不辞，乘回风兮载云旗。悲莫悲兮生别离，乐莫乐兮新相知。（《少司命》）

这些都是写恋情的，但都是失恋后悲哀之情①发抒，所以有不少的名言警句。至于写自然景色的如：

> 袅袅兮秋风，洞庭波兮木叶下。（《湘夫人②》）

实为工部《登高》一诗之范本。又如：

> 采三秀兮于山间，石磊磊兮葛蔓蔓。怨公子兮怅忘归，君思我兮不得闲。……雷填填兮雨冥冥，猿啾啾兮又③夜鸣。风飒

---

① "的"为校订者酌增。
② "人"原书误引作"子"，校订者酌改。
③ 校订者，"又"一作"狖"。

飒兮木萧萧,思公子兮徒离忧。(《山鬼》)
于景中含情,借一副极凄凉的背景来衬托出失恋者的孤独与寂寞,这真是绝妙之笔!

我们从上边的例子看来,可以晓得《九歌》在表现的技巧上面已经证明楚民族的文学已到烂熟的地步了,它①描写是那样的曲折婉媚,它的内容所包括的情感,是那样的丰富而真挚,同时在理想方面又是那样的高洁。这一切都予屈原以极大的影响②。所以就文学史进展的历程上看,到了《九歌》,我们就自然而然的觉到一种伟大的杰作,在这样的环境之中,是快要产生了!

第三节　屈原③

一、屈原的生平④

屈原(前343~290?⑤),名平,字原,楚王的同族。他的事迹可考的,只有《史记》中《屈原贾生列传》、《新序·节士篇》同他的自著《离骚》、《九章》一类的作品。据清代学者陈玚(《屈子生卒年月考》)同刘师培(《古历管窥》)的考证,他的生日是寅年寅月寅日,正当楚宣王二十七年,周显王二十六年。他在二十几岁的时候,就作了楚怀王的左徒,因为他学问的博洽,见解的卓越,所以他很为国君所信任,对内呢,同他来"图议国事,以出号令",对外呢,用他来"接遇宾客,应

---

① "它"原书作"牠",疑似"牠(它)"字之误植,校订者酌改。
② 原书此句句首有"所以"二字,与下句句首犯重,校订者酌删。
③ 此节原题"屈平",校订者酌改常用的"屈原"。
④ 此小节原题"他的略传",校订者酌改。
⑤ 校订者按,关于屈原的生卒年问题,学术界迄无定论,比较通行的说法有二,一说在前335年至约前296年之间,一说在前339年至约前278年。

对诸侯"。他不仅是一位了①不起的政治家,而且是使强敌恐惧的外交家。他有的是远大的目标,热烈的心肠,认真的态度,耿介的节操。现在又有着这样的好机会,来②施展他的怀抱,当然不成问题的,可以作出极伟大的事业来的。但社会决不允你照着你的理想去作的,凭空它总要生出一些魔障来阻碍你的进展,尤其是在政治的漩涡里。屈原就在这个当儿,惹起了别人的红眼,就百法地来谗毁他,就中为头的一个是上官大夫。有一次他正为楚王造宪令,起草还没有完的时候,上官大夫就要来抢夺,他不肯给他,于是上官大夫就老羞变怒,便对怀王说:"王使屈平为令,众莫不知。每一令出,平伐其功,以为'非我莫能为也'。"怀王竟信了这话,以后慢慢对屈原疏远起来,终于削去了他的职位,这时屈原已近三十岁了。

他自去职之后,胸中异常悲哀牢骚。你想他是那样热肠的人,而且又极其有才,现在突然遭了这个出乎他意料之外的打击,他怎能不抑郁怨愤呢?一方面顾念到国家的危机,一方面忧虑到自己年岁之易逝,因之怨恨楚怀王之糊涂,痛恶群小之卑鄙,而同时又怀疑到自己过去的一切是不是对呢?在这样忧思的前提之下,就产生出他的照耀千古的杰作《离骚》来。

不过他虽去职,但还在京都。所以他仍计划③着联络齐国来抵制秦国的方略。秦国很害怕,就派张仪到楚,贿赂屈原的敌人上官大夫、靳④尚之徒,使他们在楚王跟前陷害屈原。结果楚王⑤遂把他放逐到汉北。《九章》中的《抽思》就是⑥这时候写的。

自屈原放逐后,张仪就运用他的诡诈的手腕,来破坏楚与齐的关

---

① 原书漏排"了"字,校订者酌补。

② "来"原书误作"未",校订者酌改。

③ "划"原书作"画",校订者酌改。另按,"画(畫)"也可通"划(劃)"。下同不另出校。

④ "靳"原书误作"勒",校订者酌改。

⑤ "楚王"为校订者酌增。

⑥ "是"为校订者酌增。

系,条件是楚若能绝齐,秦愿与楚以商於①之地六百里。楚王就相信了这话,谁知楚已绝齐,而秦竟食言。这时,楚王才晓得上了张仪的大当,于是非常的后悔,又把屈原召了回来,派他去齐,与齐重结旧好。秦看到这种情形,又有点不放心,第二年就给楚讲和,愿割汉中地以求和,但楚不愿要地,愿得张仪而甘心焉。张仪遂去楚,用一些诡诈的方法,竟逃脱了。这时屈原从齐回来,抱怨楚王为何不杀张仪。楚王虽后悔,也来不及了。

秦国始终是抱着破坏楚齐结好的计划,后以计诱怀王入秦,竟客死于秦。顷襄王即位后,屈原的敌党用事,遂把屈原放逐到湘南。自此以后,楚国政治日趋黑暗,国势也日益削弱,屈原一方面觉得自己再起之绝望,同时又看到家国终难逃掉沦亡的运数,于是举②《怀沙》之篇,遂自沉于汨罗。他的死年至今不能确定,大约在他六十岁前后。

二、屈原的作品③

在最早的王逸《楚辞章句》同以后朱熹《楚辞集注》,差不多都认为在《楚辞》中属于屈原的作品有《离骚》、《天问④》、《九章》、《远游》、《卜居》、《渔父》等篇。至于《九歌》则曾经过屈原的修正润色。但据近来学者的考证,不仅《九歌》为楚民族的祭歌,与屈原无干,即一向深信而不疑的《九章》里边的《惜诵》、《思美人》、《惜往日》和《悲回风》,还有《远游》、《卜居》、《渔父》,都是后人的伪托,并非出自屈原之手。所以现在我们只根据《离骚》、《天问》及《九章》的《涉江》、《哀郢》、《抽思》、《怀沙》和《橘颂》等七篇,来论屈原的文学。

---

① "於"原书误作"放",校订者酌改。
② "举"原书作"觉",可能因"举(舉)"与"觉(覺)"形近而致误排。校订者酌改。
③ 此小节原题"他的作品",校订者酌改。
④ "问"原书误作"向",校订者酌改。下同不另出校。

法国的法朗士说:一切文学作品,是作者的自叙传。这句话用到别家的作品上,其适合与否,我不敢必,可是要用到屈原的作品上,是真没有比这话再恰当的了!关于屈原的身世已略如上述,至于他的作品,《橘颂》是他早年的试作,内容同技术都比较幼稚,不必讲它。《天问》呢,胡适之先生曾疑惑它是汉人的作品,近来经王国维的研究,认为里边所称述的事迹有与甲骨卜辞相合的,所以它大概不是汉人的作品。不过现在虽把它归诸屈原,但也是屈原在极端的消极之后,而生出一种怀疑的思想,里边对于天地之剖判,同历史上一些事迹,都加以怀疑,很少说到他个人的事的,所以把它撇开不说。目今就根据其余的五篇来分析它们里边究竟都说些什么。

纷吾既有此内美兮,又重之以修能。扈江离与辟芷兮,纫秋兰以为佩。(《离骚》)

余幼好此奇服兮,年既老而不衰。带长铗之陆离兮,冠切云之崔嵬。被明月兮佩宝璐。世溷浊而莫余知兮,吾方高驰而不顾。驾青虬兮骖白螭,吾与重华游兮瑶之圃。(《涉江》)

这是对自己的分析,不仅有先天的智能,而且富有后天的修养。学识既深邃,品格又高洁。

惟夫①党人之偷②乐兮,路幽昧以险隘。岂余身之惮殃兮,恐皇舆之败绩!……

长太息以掩涕兮,哀民生之多艰。③ 余虽好修姱以鞿羁兮,謇朝谇而夕替。(《离骚》)

这说明为了国家,为了民族,使他不能坐视不理,而决计要踏到政治的漩涡里,来挽救他那已颓的国运。

日月忽其不淹兮,春与秋其代序。惟草木之零落兮,恐美人

---

① 原书漏掉落"夫"字,校订者酌补。
② "偷"原书误作"愉",校订者酌改。
③ 原书把以上两句排错了次序,校订者酌改。

> 之迟暮！……忽驰骛以追逐兮,非余心之所急。老冉冉其将至兮,恐修名之不立!（《离骚》）

这是说他并不是自己要急急于从政,乃是怕岁月易逝,一旦老了,什么也都完了。

但是事实总不像自己所想的那样完满顺利,你看着是最①光明的大道,结果是遍地荆棘。一些奸诈卑污的小人,他们②素来对这些比较有点才智的人,是要忌妒的,所以必定来加以③谗毁,加以陷害,使他一筹莫展,潦倒以死而后快！

> 众皆竞进以贪婪兮,凭不厌乎求索。羌内恕己以量人兮,各兴心而嫉妒。……怨灵修之浩④荡兮,终不察⑤夫民心。众女嫉余之蛾眉兮,谣诼谓余以善淫。固时俗之工巧兮,偭规矩而改错。背绳墨以追曲兮,竞周容以为度。……民好恶其不同兮,惟此党人其独异。户服艾以盈要兮,谓幽兰其不可佩。（《离骚》）

一般小人们只知自私自利,谄谀献媚,对此真正为国家做⑥事的人,反骂他为邪僻的怪人。不过别人虽然来陷害他,只要国君明达,不听他们这一套,也就得啦,谁知国君呢——

> 忽奔走⑦以先后兮,及前王之踵武。荃不察余之中情兮,反信谗以齌怒。……初既与余⑧成言兮,后悔遁而有他。余既不难夫离别兮,伤灵修之数化。……闺中既以邃远兮,哲王又不寤。怀朕情而不发兮,余焉能忍而与此终古?（《离骚》）

---

① "最"原书作"鼎",疑为"最"或"顶"之误植。校订者酌改。
② "们"为校订者酌增。
③ "以"原书作"一",校订者酌改。下同不另出校。
④ "浩"原书误作"好",校订者酌改。
⑤ "察"原书误作"擦",校订者酌改。
⑥ "做"原书作"作",校订者酌改。
⑦ 原书漏排了"走"字,校订者酌补。
⑧ 原书漏掉了"余"字,校订者酌补。

>　　昔君与我①成言兮,曰"黄昏以为期"。羌中道而回畔兮,反既有此他志。憍②吾以其美好兮,览余以其修姱。与余言而不信兮,盖为余而造怒。(《抽思》)

原来国君③是这样的禁不起别人说了屈原几句坏话,于是把往日信用屈原的心完全打消了,不但不再任用他,反要加之以罪名!屈原在这样不幸的遭际之中,心中该是如何的悲哀呢?

>　　曾歔欷余郁邑兮,哀朕时之不当!揽茹蕙以掩涕兮,沾余襟之浪浪。……何昔日之芳草兮,今直为此萧艾也?岂其有他故兮,莫好修之害也!……陟升皇之赫戏兮,忽临睨夫旧乡;仆夫悲余马怀兮,蜷局顾而不行。(《离骚》)

>　　既惸独而不群兮,又无良媒在其侧。道卓远而日忘兮,愿自申而不得。望北山④而流涕兮,临流水而太息。望孟夏之短夜兮,何晦明之若岁?惟郢路之辽远兮,魂一夕而九逝。(《抽思》)

他对国事那样的热心,那样的勉力,结果不为国君所了解,终于被放逐了出去。不过他并不因放逐而完全灰心,他总希望国君有觉悟的时候,那时再让他来收拾危局,前途或者还有点办法。然而举目都是他的政敌,有谁肯替他在国君跟前说句疏通的话呢?这种误解,这种沉冤,只有终古莫白了,所以这时候与他有特别关系的人,就劝他改变一下旧日的态度——

>　　女婆之婵媛兮,申申其詈予。曰"鲧婞直以亡身兮,终然殀乎羽之野。汝何博謇而好修兮,纷独有此姱节?薋菉葹以盈室兮,判独离而不服。众不可户说兮,孰云察余之中情?世并举而好朋兮,夫何茕独而不予听?"《离骚》)

---

① "我"原书引作"余",校订者酌改。
② "憍"原书引作"骄",校订者酌改。
③ "国君"为校订者酌增。
④ 校订者按,"北山"一作"南山"。

但他抱定了主旨,决不同流合污,决不为求合而牺牲了自己的政见,改变了自己的节操。所以他就说:

> 既替余以蕙纕兮,又申之以揽茞。亦余心之所善兮,虽九死其犹未悔。……忳郁邑余侘傺兮,吾独穷困乎此时也。宁溘死以流亡兮,余不忍为此态也。……屈心而抑志兮,忍尤而攘诟,伏清白以死直兮,固前圣之所厚。(《离骚》)

像这些话真是举不胜举。这个时候是屈原精神上最痛苦的时期①,感情理智,终日纷争,有时不免借古人以自慰:

> 鸷鸟之不群兮,自前世而固然。何方圆之能周兮? 夫孰异道而相安? (《离骚》)

> 接舆髡首兮,桑扈裸②行。忠③不必用兮,贤不必以。伍子逢殃兮,比干菹醢。举④前世而皆然兮,吾又何怨乎今之人! 余将董道而不豫兮,固将重昏而终身。(《涉江》)

有时又要借游历以抒怀:

> 吾令羲和弭节兮,望崦嵫而勿迫。路漫漫其修远兮,吾将上下而求索。(《离骚》)

> 长濑湍流,泝⑤江潭兮。狂顾南行,聊以娱心兮。(《抽思》)

> 山峻高以蔽日兮,下幽晦以多雨。霰雪纷其无垠兮,云霏霏而承宇。哀吾生之无乐兮,幽独处乎山中。吾不能变心而从俗兮,固将愁苦而终穷。(《涉江》)

有时还要借占卜以解疑:

> 索藑茅以筳篿兮,命灵氛为余占之。曰:两美其必合兮,孰信修而慕之? 思九州岛之博大兮,岂唯是其有女? 曰:勉远逝而

---

① 此句句首有一"在"字,校订者酌删。
② 校订者按,"裸"通作"臝"。
③ "忠"原书误作"悉",校订者酌改。
④ 校订者按,"举"一作"与"。
⑤ "泝"原书误作"沂",校订者酌改。

>无狐①疑兮,孰求美而释女?何所独无芳草兮,尔何怀乎故宇?
>……欲从灵氛之吉占兮,心犹豫而狐疑。巫咸将夕降兮,怀椒糈而要之。(《离骚》)

事实毕竟是事实,他终于一直受小人排挤,这时他很清楚地认识了社会是什么样一种情形,原来是:

>变白以为黑兮,倒上以为下。凤凰在笯兮,鸡鹜翔舞。……邑犬之②群吠兮,吠所怪也。非俊疑杰兮,固庸态也。(《怀沙》)

这时他真绝望了,他觉得他往日的理想完全打碎了,是没一毫实现的可能了,于是遂下了最后的决心:

>民生禀命,③各有所错兮。定心广④志,余何畏⑤惧兮?……知死不可让,愿勿爱兮。明告君子,吾将以为类兮。(《怀沙》)

我们伟大的诗人,终于毅然决然的抛弃了那残酷的混浊的社会,而自投汨罗以死了!

日本武者小路实笃说:"凡有艺术品……最要在将自己全体倾注于作品中。"屈原才真正是把他整个的自己倾注到作品中了。哥德说:"我最爱文学以血书者。"⑥屈原的作品才真以血书者。我们来读他的作品,应当认识他的整个的灵魂,他是有那样的高洁的人格,同烈火一样的热情,使得他以后的读者,不得不为他洒一掬同情之泪!汉代刘安批评他的作品最为得⑦当,今引之于后,聊作为本节的收束——

---

① 校订者按,一本无"狐"字。
② "之"字原书漏排,校订者酌补。
③ 校订者按,此句一本作"万民之生"。
④ "广"原书引作"光",校订者酌改。
⑤ 原书漏掉了"畏"字,校订者酌补。
⑥ 校订者按,此处任访秋先生记忆有误。《人间词话》第十八条谓:"尼采谓一切文学余爱以血书者。后主之词,真所谓以血书者也。"
⑦ "得"原书作"的",校订者酌改。

《国风》好色而不淫,《小雅》怨诽而不乱。若《离骚》者,可谓兼之矣!……其文约,其辞微,其志洁,其行廉。其称文小而其指极大,举类迩而见义远。其志洁,故其称物芳;其行廉,故死而不容自疏。濯淖污泥之中,蝉蜕于浊秽,以浮游尘埃之外,不获世之滋垢,皭然泥而不滓者也。推此志也,虽与日月争光可也!(《史记·屈原贾生列传》所引)

三、屈原在文学史上的地位

我们看屈原作品的渊源,它一方面在内容上承《风》、《雅》之流风,另一方面在外形上继《九歌》之余韵。缠绵悱恻,怨而不怒,香草美人以比君子,飘风云霓以喻小人。汉扬子云谓"诗人之赋丽以则,辞①人之赋丽以淫"。屈原的作品,实开后来"诗人之②赋"的先河。贾谊、司马相如、扬子云均受他极大的影响。即以魏代萌芽的七言诗而论,溯其源流,也当归于《离骚》。所以屈原实不愧为中国诗人中之第一流的作家。无管是他的人格,他的作品,都深深地刻在后来的读者的脑海里,使他们不自觉的在受他的感动转移与同化!

第四节　宋玉等晚于屈原的一些诗人③

《史记·屈原贾生列传》中云:"屈原既死之后,楚有宋玉、唐勒、景差之徒者,皆好辞而以赋见称,然皆祖屈原之从④容辞令,终莫敢直谏。"即此可见自屈原死后,楚民族文学的空气异常的浓厚。《汉书·艺文志》载唐勒有赋四篇,现已亡佚。景差的作品,汉志未载,可知在西汉已经亡佚。《楚辞》中有《大招》一篇,或说是景差作的,或说是屈原作的,但从内容上看,很显明的是汉人模仿《招魂》的。唐、

---

① "辞"原书引作"词",校订者酌改。
② "之"为校订者酌加。
③ 此节原题"晚于屈原的一些诗人",校订者酌改。
④ "从"原书误排为"徒",校订者酌改。

景二人既无作品流传下来，所以现在对他二人只有从略了。今只讲宋玉。

宋玉——关于宋玉的详细事迹，已不可考。就《史记》来说，彼乃与楚襄王同时，又按彼所作之《九辩》中，有"坎廪兮贫士失职而志不平"，又云"愿赐不肖之躯而别离兮，放游志乎云中"。可知他确实在楚国做①过官，大概中途解职，潦倒坎坷，并作《九辩》以抒怀。至于其他种种附会的传说，均不可置信。

关于宋玉的作品，今所传者《楚辞》中有《九辩》、《招魂》二篇，《文选》中有《风赋》、《高唐赋》、《神女赋》、《登徒子好色赋》四篇。《古文苑》有《笛赋》、《大言赋》、《小言赋》、《讽赋》、《钓赋》、《舞赋》六篇。合起来共十二篇。实际呢，只有《楚辞》中所载的两篇可信，其余的则均为后人伪托。理由是②，赋中多称时王的谥号且多冠一"楚"字，宋玉既为楚人，自称其君何必冠一"楚"字？且其君在作赋之时尚未死，何得称其谥号？故清人崔东壁已早疑之，他在他的《观书余论》中云：

> 周庾信为《枯树赋》，称殷仲文为东阳太守，其篇末③文"桓大司马闻而叹曰……"云云，仲文为东阳时桓温之死久矣，然则是赋作者，托古人以畅其言，固不计其年世之符否也。谢惠莲之赋雪也，托之相如，谢庄之赋月也，托之曹植，是知假托成问，乃词人之常事。然则《卜居》、《渔父》亦必非屈原之所自作，《神女》、《登徒》亦必非宋玉之所④自作明矣。但惠连、庄、信，其时近，其作者之名⑤传则人皆知之，《卜居》、《神女》之赋，其世远，其作者之名不传，则遂以为屈原、宋玉之所作耳。

---

① "做"原书作"作"，校订者酌改。
② 校订者按，"是"原书作"一"，但下文未见有"二"，故此酌改为"是"。
③ "末"原书误引为"未"字，校订者酌改。
④ "所"原书误引作"作"，校订者酌改。
⑤ "名"原书误引作"明"，校订者酌改。

从崔述这话看起来，则除去《楚辞》中两篇外，其余皆为后人之作也明矣。

现在要把《九辩》分析起来，虽然说内容同形式两方面都很明显的在受着《离骚》的影响，不过同《离骚》不尽相同。屈原是曾经得志而中道被斥的，以一个不可一世的天才政治家而有着那样不幸的际遇，所以他文字中表现出的情感是激越的，"如惊涛拍岸，卷起千堆雪"。至于宋玉呢？他虽然也遭际不偶，但同屈原已大不相同了。所以他的作品，也只是作到"叹老嗟悲"而止，中间借秋气的萧索、秋气的凄其，来象征自己的年龄与身世。如：

秋既先戒以白露兮，冬又申之以严霜。收恢台之孟夏兮，然欿傺而沉藏。

叶菸邑而无色兮，枝烦挐而交横。颜淫溢而将罢兮，柯仿佛而萎黄。

萷櫹椮之可哀兮，形销铄而瘀伤。惟其纷糅而将落兮，恨其失时而无当。

不过作者虽明知自己是如此，但还不愿"枉①道以求和"。此点与屈原之态度颇为近似。如：

何时俗之工巧兮？灭规矩而改凿！独耿介而不随兮，愿慕先圣之遗教。

处浊世而显荣兮，非余心之所乐。与其无义而有名兮，宁穷处而守高。

食不媮而为饱兮，衣不苟而为温。窃慕诗人之遗风兮，愿托志乎素餐。

蹇充倔而无端兮，泊莽莽而无垠。无衣裘以御冬兮，恐溘死不得见乎阳春！

也真够凄厉了！本来四时之中，秋天的景色与其它各季都不一样，特

---

① "枉"原书误作"狂"，校订者酌改。

别的容易引起人的愁思,尤其是情感敏锐的诗人。自宋玉以后,"悲秋"成了文人通用的典事。而诗人作品,属于秋季者,更其不胜枚举。这种习气,不能说不是导源于宋玉。

至于《招魂》一文,首先备陈东南西北四方及上天下地之危险,而戒劝死者之魂幸勿他往。继而又详叙室宇之富丽,侍女之艳冶,饮食之丰盛,服玩之珍奇,而招引死者之魂返于故居。末①以极哀戚之乱辞以结之。今择录三节于后,以见一斑——

> 魂兮归来!东方不可以托些。长人千仞,惟魂是索些。十日代出,流金铄石些。彼皆习之,魂往必②释些。归来归来!③不可以托些。

> 天地四方,多贼奸些。像设君室,静闲安些。……室中之观,多珍怪些。兰膏明烛,华容备些。二八侍宿,射递代些。九侯淑女,多迅众些。盛鬋不同制,实满宫些。容态好比,顺弥代些。弱颜固植,謇其有意些。姱容修态,絙洞房些。蛾眉曼睩,目腾光些。靡颜腻理,遗视矊些。离榭修幕,侍君之闲些。……魂兮归来,反故居些④!

> 乱曰……湛湛江水兮,上有枫;目极千里兮,伤春心。魂兮归来,哀江南!

这真是配称为描写铺叙文中的杰作。我们现在最好从《九歌》经《离骚》、《九章》一直到《九辩》、《招魂》,来看这种文体的演进,觉得它⑤们真给我们以极大的启示。《九歌》是抒情而兼描写与铺叙的文字。屈原的作品,更其特别注意于情的发抒,而不专主铺陈。到了宋玉就

---

① "末"原书误排作"未",校订者酌改。
② "必"原书误排为"少",可能因原稿"必"字手写近似"少"字所致,校订者酌改。
③ 此句一作"归来兮"。
④ "反故居些"原书误引作"何远为些",校订者酌改。
⑤ "它"原书作"他",校订者酌改。

不同了。《九辩》中常常一段两段专写秋日的景色,至于《招魂》则纯粹是描摹与刻画,已经成为赋体了。我们试拿汉枚乘的《七发》来比较一下,就晓得《七①发》是如何的在有意的来摹仿它。扬雄谓:"诗人之赋丽以则,辞人之赋丽以淫。"那么我们要把《楚辞》按这两类来分的话,《离骚》乃"诗人之赋",而《招魂》就是"辞人之赋"。近人刘大白《中国文学史》认《招魂》乃屈原作,这是没看清《楚辞》的演变的缘故,要以屈原来说,他决作不出《招魂》这样的文字。关于这一点,过去王逸、朱熹的见解,倒②是还比较正确一些。

我们明白了《九辩》、《招魂》的重要,那么宋玉在文学史上的地位,也就不问可知了。他实在是把骚体变化而为赋体的中间最重要的一个作者!

第五节 散 文

楚民族为春秋时代各民族中间的后起之秀。它在政治上势力的扩张,已略如上述。至在文化方面,它③在春秋时,还是④极幼稚的时代,不能与中原民族相抗衡。但自与中原接触,经过一个长时期的吸收与消化之后,遂陡然大放异彩:在诗歌方面产生出像屈原同宋玉那样伟大的诗人,在思想界就产生像李耳、庄周一类的不可一世的哲学家。关于屈、宋已详前节,兹不复赘。现在专论李耳与庄周两人的著作。

一、《老子》

关于《老子》这部书的作者,近来已成为学术界一个争论的题目。原因是由于司马迁在他的《史记》里边,把老子说得太惝恍迷离了,既

---

① "七"原书误排为"上",校订者酌改。
② "倒"原书作"到",校订者酌改。
③ "它"为校订者酌增。
④ "是"原书作"在",与前句犯重,校订者酌改。

像是神,又像是人,因之弄得后来人就对之议论纷纷,聚讼莫决。胡适之先生的《中国哲学史大纲》,把这部书的作者算作①老聃,说是春秋时人,比孔子还要年长。冯芝先生在他的《中国哲学史》中,又把这部书的所有权归诸战国时的李耳,比孔子还要晚。甚而如钱宾四说这部书更晚了,还远在《庄子》之后(《国学概论》)。最近郭沫若在《新文学》杂志②中发表一篇文章,说这部书的思想确切是春秋时老聃的思想,不过它③的写成乃是在战国,他断定是老子的弟子或再传弟子关尹所写的(《老聃、关尹、环渊》)。这许许多多的说法,似乎都是"言之有故,持之成理"的。但我们要从它的内容同形式上来看,还是把它算作战国楚民族的产品,比较还能讲得通。

《老子》一书中的思想,偏于虚无方面,对人类的文化,都加以④否认;对原始社会的迷信,完全推翻,而认为世界上一切的一切,都是自然演变来的。所以这种学说,与西洋自然主义派的哲学极相近。这种思想之产生,按情理说,是应当产生于楚民族那样的环境之中。因为楚民族是新兴民族,文化方面虽说幼稚,但它正因为这种关系,才不受传统思想的束缚。东周以来楚民族与中原民族交通往来,接触了中原的文化,而在这时正是中原民族国与国竞争最烈的时候,社会秩序极不安定,人民都终日在愁苦中过日子。所以在楚民族的思想家看起来,中原民族的文化既是那样的高,为什么社会反而如此的紊乱呢?因之对中原文化起了怀疑。因怀疑,遂进一步加以否认,由否⑤认而又产生出自己的特殊的见解。这种推嬗的步骤,是很明显的。

---

① "算作"原书作"算就",这似乎是任访秋先生的习惯用法。校订者酌改。下同不另出校。
② "杂志"为校订者酌增。
③ "它"原书作"他",校订者酌改。
④ "以"原书作"一",校订者酌改。下同不另出校。
⑤ "否"原书误排作"不",校订者酌改。

《老子》一书既为楚民族的产品,那么它①的写定究竟在什么时候?我们要从文体上看,似乎应当在骚体的流行之后。里边有许多章都是韵文,且近于骚体。如:

> 道冲而用之,又②弗盈。渊兮似万物之宗。挫其锐,解其纷,和其光,同其尘,湛兮似或存。吾不知谁③之子,象帝之先。(第四章)

又如:

> 绝学无忧,唯之与阿,相去几何?善之与恶,相去何若?人之所畏,不可不畏,荒兮其未央④。众人熙熙,如享太牢,如登春台。我独泊兮其未兆。如婴儿之未孩,乘乘兮若无所归。众人皆有余,而我独若遗。我愚人之心也哉,沌沌兮。俗人昭昭,我独若昏。俗人察察,我独闷闷。忽兮若晦,飘兮若无所止。众人皆有以,我独顽似鄙。我独异于人,而贵食母。(第十七章)

都是很好的例证。里边尤其是"俗人昭昭,我独若昏。俗人察察,我独闷闷"几句,与《渔父辞》中的"众人皆浊我独清,众人皆醉我独醒"两句的意味,颇有近似之处。至散文则可以里边六十七章为代表:

> 小国寡民,使有什佰⑤之器而不用,使民重死而不远徙。虽有舟车,无所乘之;虽有甲兵,无所陈之。使民复结绳而用之。甘其食,美其服,安其民,乐其俗,邻国相望,鸡犬相闻。民至老死,不相往来⑥。

这篇成了以后陶渊明的《桃花源记》的蓝本,写出作者的一个理想国,是那样的恬⑦淡醇朴,让现在我们读起来还不能不为之神往!

---

① "它"原书作"牠",校订者酌改。
② 校订者按,"又"一本作"久"。
③ 原书此处衍一"家"字,校订者酌删。
④ 原书此处衍一"哉"字
⑤ 此处原书从河上公本衍一"人"字,校订者酌删。
⑥ "往来"原书误引作"来往",校订者酌改。
⑦ "恬"原书误排作"括",校订者酌改。

二、《庄子》

庄周蒙人，曾做蒙漆园吏(《史记》)。在时代上，他大概与梁惠王、齐宣王同时，不过①比孟子年纪要小一点。他的详细的事迹已不得而知，不过从《庄子·秋水》篇(此篇大部分当是出于他的后学之手)中所记载的关于他几段故事看，也可以约略对他的为人了解一点。

> 庄子钓于濮水，楚王使大夫二人往先焉，曰："愿以境内累矣！"庄子持竿不顾，曰："吾闻楚有神龟，死已三千岁矣，王巾笥而藏之庙堂之上。此龟者，宁其死为留骨而贵乎？宁其生而曳尾于涂中乎？"二大夫曰："宁生而曳尾涂中。"庄子曰："往矣！吾将曳尾于涂中。"

这当是事实。周虽为蒙②人，但他的思想则完全是南派一系传下的。我想他早年或者中年，一定在楚国住过一段时期，所以楚王闻其名，才来聘他为相。其次一段是记载他同他的朋友惠子两人的事：

> 惠子相梁，庄子往见之。或谓惠子曰："庄子来，欲代子相。"于是惠子恐，搜于国中，三日三夜。庄子往见之，曰："南方有鸟，其名为鹓鶵，子知之乎？夫鹓鶵发于南海，而飞于北海，非梧桐不止，非练实不食，非醴泉不饮。于是鸱得腐鼠，鹓鶵过之，仰而视之曰：'吓！'今子欲以子之梁国而吓我邪？"

从前边这两个故事看来，庄子的为人是如何的旷达，他之轻视名利，并不是居奇以鸣高，正是看得透、认得真的表现，他嘲笑那一班为利禄而不惜牺牲一切的人。哥德说的好，"能克己者，能由拘束万物之力脱出"。像庄周那样的敝屣一切，才真是宇宙间最自由的人。他

---

① 校订者按，此处"不过"原书作"不要"，与后文矛盾，且疑"不要"或乃"不过"之笔误，特为酌改。

② 校者按，汉代学者一般认为蒙在战国时的宋国，即今河南商丘一带；后有人认为蒙是楚地，即今安徽蒙城。

把自由的小我放大,使与宇宙间的万物混合而无间,一直达到了忘我境地而后止。这里还有两个故事,最足说明庄周在修养上的造诣是如何的深邃——

  昔者庄周梦为胡蝶,栩栩然胡蝶也。自喻适志与,不知周也。俄然觉,则蘧蘧然周也。不知周之梦为胡蝶与,蝴蝶之梦为周与?周与蝴蝶,则必有分矣。此之谓物化。(《齐物论》)

  庄子与惠子游于濠梁之上。庄子曰:"儵鱼出游从容,是鱼乐也。"惠子曰:"子非鱼,安知鱼之乐?"庄子曰:"子非我,安知我不知鱼之乐?"惠子曰:"我非子,固不知子矣;子固非鱼也,子之不知鱼之乐,全矣。"庄子曰:"请循其本。子曰'女安知鱼乐'云者,既已知吾知之而问我,我知之濠上也。"(《秋水》)

前边一段说明庄子的精神,能同万物融化在一起而不分彼此高下与贵贱。后边一段,则写庄子能由个人的感触,而推及于万物。因为自己游于濠上,觉得舒适愉快,于是看到鱼的出游从容,自然也一定是愉快的。惠子不了解这一点,想驳倒庄子,正见其所见之浅也。《天下》篇中说庄子:"独与天地精神往来,而不傲睨于万物。……上与造物者游,而下与外死生、无终始者为友。"这是真正了解庄子的话。

其次谈到庄子的著作。《汉书·艺文志》说《庄子》有五十二篇。现在流传的只有三十三篇。里边共分三组:一、内篇七;二、外篇十五;三、杂篇十一。大概说起来,内篇较可信,(也有后人窜入的,即如《齐物论》中的"昔者庄周之梦为胡蝶也",这分明是后人追记的口吻。)杂篇、外篇,当像庄子的后学作的。理由是,一、从体裁上看,内篇的命题都是综合篇中的主旨而成的,并非把篇首的两字或三字拿来作题目。但外篇同杂篇恰好相反,全是以篇首的几字作为题目。二、从内容上看,内篇的见解比较纯粹,外篇、杂篇比较驳杂。三、从文字上看,内篇雄浑恣肆,外篇、杂篇有许多简直是故意模仿内篇,"画虎不成,反为犬",弄得异常的拙劣(如《让王》、《说剑》等)。不过外篇中的《秋水》,杂篇中的《庚桑楚》、《寓言》等篇多有很卓越的见地，似非后人所能假托，当系①庄周的高足记录他的言行而成的，同儒家的《论》、《孟》相类。故研究庄子，也不应把它们轻易撇掉。

末了该论庄周的文学了。《天下》篇中批评庄子的书，说他"以谬悠之说，荒唐之言，无端崖之辞，时恣纵而不傥，不以觭见之也。以天下为沈浊，不可与庄语。以卮言为曼衍，以重言为真，以寓言为广"。《史记》中也说他"著书十余万言，大抵皆寓言也"。庄子的文字，既然都是寓言，当然是一种最富于文学意味的哲学论文。他不用抽象的术语来解释他的哲理，他用一种具体的事物来比喻、来暗示。他的话是说得那样的诙谐，令你感到特殊的兴味。同时他的比喻，又是那样的恰切，使你不能、而且不得不相信他的话是对的。现在我们试来看他的超拔的文字吧——

> 惠子谓庄子曰："吾有大树，人谓之樗。其大本擁肿而不中绳墨，其小枝卷曲而不中规矩。立之涂，匠者不顾。今子之言，大而无用，众所同去也。"庄子曰："子独不见狸狌乎？卑身而伏，以候敖②者；东西跳梁，不避高下；中于机辟，死于网罟。今夫斄牛，其大若垂天之云。此能为大矣，而不能执鼠。今子有大树，患其无用，何不树之于无何有之乡，广莫之野，彷徨乎无为其侧，逍遥乎寝卧其下，不夭斤斧，物无害者，无所可用，安所困苦哉！"
>（《逍遥游》）

这发挥他的"无用之用"的道理，可说是透辟极了。庄子的哲学，处处在说明宇宙无绝对的真理，一切都是相对的。在一般人也许觉得庄周的话是无用的，但在有识者反觉得他的见解处处闪烁着真理之光。其次我们再看看它的描写的技术是如何的巧妙吧——

> 夫大块噫气，其名为风；是唯无作，作则万窍怒呺；而独不闻之翏翏乎？山林之畏佳，大木百围之窍穴，似鼻、似口、似耳；似

---

① "系"原书作"像"，疑似"系（係）"之误植，校订者酌改。
② "敖"原书误排作"教"，校订者酌改。

> 枅、似圈、似臼；似洼者、似污者；激者、謞者、叱者、吸者、叫者、譹者、宎者、咬者；前者唱于，而随者唱喁。泠风则小和，飘风则大和，厉风济则众窍为虚；而独不见之调调、之刁刁乎？（《齐物论》）

这是形容风的来源，同它的声音之复杂，真可以说是曲尽其情了。又如：

> 子来有病，喘喘然将死，其妻子环而泣之。子犁往问之曰："叱！避！无怛化！"倚其户与之语曰："伟哉造物！又将奚以汝为？将奚以汝适？以汝为鼠肝乎？以汝为虫臂乎？"子来曰："父母①于子，东西南北，唯命之从。阴阳于人，不翅于父母，彼近吾死而我不听，我则悍矣，彼何罪焉！夫大块载我以形，劳我以生，佚我以老，息我以死。故善吾生者，乃所以善吾死也。今大冶铸金，金踊跃曰：'我且必为镆铘'，大冶必以为不祥之金。今一犯人之形，而曰'人耳！人耳！'夫造化者必以为不祥之人。今一以天地为大炉，以造化为大冶，恶乎往而不可哉？成然寐，蘧然觉。"（《大宗师》）

这真是极诙谐的文字。所以庄周同屈原一样，都有着富于幻想的脑筋，在他们的笔底②下，无管草木，无管虫鱼，甚而至于神灵鬼怪，都会听他们的调遣。不过所不同的，屈原乃以之抒泄他的③悲郁的情感，庄周乃以之发挥他的闳深的哲理。他们在中国过去的作家中，都可以说是第一流的人物。庄周虽然在文学史上的地位，不象屈原那样的重要，但他对后来散文影响之大，是丝毫不减于屈原之对后来诗歌的影响的。据拙作《古文家的文论》中对古文家平日曾述及个人创

---

① 原书此处衍一"之"字，校订者酌删。
② "底"原书作"低"，校订者酌改。
③ "他的"原作"的他"，校订者酌改。

作之经验者的统计①,中间曾受庄子的影响者,庶几②占全数二分之一有奇。如唐之昌黎、柳州,宋之东坡,清之桐城、湘乡,都是古文派中的健者,想不到庄子对他们③的魔力竟能与六经、《史》、《汉》匹敌。退之虽口口声声排斥道家,但于文字一途,仍不能不乞灵于这位庄周先生,这就不能不说是因为他的奇特的幻想与变化多方的笔墨有以致之。

第四章　秦民族的文学及南北文学的分合④

秦民族的来源,据《史记·秦本纪》说,它是颛顼之苗裔,但这实在是靠不住⑤的;它的确是一种新兴的民族,最初僻居于陕西的西北部,周室东迁以后,西戎猖獗,这时秦民族已渐渐地强大起来。到了庄公同襄公遂败西戎,把过去歧周之地整个儿据为己有。降及战国,孝公任用商鞅大变旧法,《国策》说他的政策是"平权衡,正度量,调轻重,决裂阡陌,教民耕战"。从此遂慢慢地强大起来。以后正如贾谊《过秦论》中所说的,"惠、文、武、召蒙故⑥业,因遗策,南兼汉⑦中,西举巴蜀,东割膏腴之地,北收要害之郡"。于是遂有"囊括四海之志,并吞八荒之心"。最后到了始皇,就灭了六国,而成功为一大帝国。

不过秦民族在政治上是成功了,可是在文学上的成绩,就远不能与周、楚两民族相比。早期的产品,只有《三百篇》中的《秦风》还有

---

① "统计"原书作"通计",校订者酌改。
② "庶几"原书作"匹几",校订者酌改。
③ "庄子对他们"原书作"他",指代不明,故校订者酌为增改。
④ 此章由"秦民族的文学"、"南北文学的比较"、"秦的统一于文学"三节合并而成,章题由校订者酌拟。
⑤ "住"原书作"着",校订者酌改。
⑥ "故"原书误引作"其",校订者酌改。
⑦ "汉"原书误作"漠",校订者酌改。

几篇较好的诗歌。以后的散文中,只有荀卿及其弟子李斯可称得起一代的作手,其余都平庸不足数了。

第一节 诗 歌

一、《秦风》

《秦风》是秦民族早期的产品,一共有十篇。从作风上看,大与其他各国的诗歌不同。我们看周民族同楚民族的民间文学,总少不掉写爱情的篇什,可是秦民族的诗歌几乎连一篇恋歌都没有,反之表现他们的勇武的作品,倒是屡见不鲜。我们试看《小戎》:

> 小戎俴收,五楘梁辀。游环胁驱,阴靷鋈续。文茵畅毂,驾我骐馵。言念君子,温其如玉。在其板屋,乱我心曲。(下两章略)

这是赞美军容之盛的。又如《驷驖》:

> 驷驖孔阜,六辔在手。公之媚子,从公于狩。奉时辰牡,辰牡孔硕。公曰左之,舍拔则获。游于北园,四马既闲。輶车鸾镳,在①猃歇骄。

这是赞美猎者的武勇的。至于《无衣》一篇,亦属此类。此外如《黄鸟》是一篇挽歌,据《左传》文公六年秦伯任好卒,以子车氏之三子奄息、仲行、鍼虎为殉,皆秦之良也。国人哀之,为之赋《黄鸟》:

> 交交黄鸟,止于棘。谁从穆公?子②车奄息。维此奄息,百夫之特③。临其穴,惴惴其栗。彼苍者天,歼我良人。如可赎兮,人百其身!(下两章略)

---

① "在"原书误引作"载",校订者酌改。
② "子"原书漏排,校订者酌加。
③ "特"原书误排作"时",校订者酌改。

陆侃如说,"这是中国挽歌之祖,较《薤露》、《蒿里》之悲,田横①尤为沉痛"。可谓有见之论。余如《蒹葭》一诗,其格调之高,表现技术之巧,实为《秦风》中独一无二之作。论者谓:"此篇不知是招隐,抑是怀春?"②但我觉得比较解作"思友",还合适一点。我们试读渊明的《停云》与子美的《落月》两诗,觉得他们的风致实与此篇为近,今以③此篇,作为《秦风》之压卷:

> 蒹葭苍苍,白露为霜。所谓伊人,在水一方。溯洄从之,道阻且长。溯游从之,宛在水中央。
>
> 蒹葭凄凄,白露未晞。所谓伊人,在水之湄。溯洄从之,道阻且跻。溯游从之,宛在水中坻。
>
> 蒹葭采采,白露未已。所谓伊人,在水之涘。溯洄从之,道阻且右。溯游从之,宛在水中沚。

二、《荀子》

荀况,他是战国时代的一位极伟大的哲学家,不过他的作品对后世文学上的影响也极大,无论韵文同散文。据《史记·孟荀列传》说他是赵人,但赵与秦同祖,故把他算作秦④民族的作家。关于他的身世,据《史记》中说:

> 荀卿,赵人,年五十始来游学于齐。驺衍……田骈之属皆已死,齐襄王时,而荀卿最为老师。齐尚修列大夫之缺,而荀卿三为祭酒焉。齐人或谗荀卿,荀卿乃适楚,而春申君以为兰陵令。春申君死,而荀卿废,因家兰陵。李斯尝为弟子,已而相秦。荀

---

① 校订者按,"田横"云云,语句不完整,但查《中国诗史》1931年商务印书馆及大江书铺初版,均作如是,1956年作家出版社版删去了"田横"。窃疑陆侃如先生当年或者要说的是"田横之自杀",但排版时漏掉了。

② 校订者按,这是陆侃如先生在《中国诗史》中的疑问,见该书初版第130页。

③ "以"原书作"一",校订者酌改。

④ "作"原书作"就","秦"原书作"楚",这当是笔误或误排,校订者酌改。

> 卿嫉浊世之政,亡国乱君相属,不遂大道,而营于巫祝、信禨祥,鄙儒小拘,如庄周等又猾稽乱俗,于是推儒墨道德之行事兴坏,序列数万言而卒。因葬兰陵。

从这短短的记载中,可知他在齐国停了很长的时期,晚年的生活大半都是在楚国消磨去的。至于他是否去过秦国,就不得而知了。

他的作品可分为韵文与散文两类。散文详后,现在先来看他的韵文①。据《汉书·艺文志》说他存赋十篇。就今本《荀子》来看,有《成相》三篇,赋五篇,佹诗一篇,失题一篇,恰好十篇。但是否就是班氏所说之十篇,就无从考知了。

荀子毕竟是一代的思想家,而不是诗人,所以他的作品虽有着很好的题目,但写出的总免不掉说理的成分,里边缺乏丰富的情感同卓越的想象。所以同屈、宋的作品比起来,就逊色多了。先就他的《赋篇》而论,里边所描写的是"礼"、"知"、"云"、"蚕"、"箴",有的是儒家的教条,有的是自然界的景色,有的是生物界之一种,不知因为什么把它们拼②到一起?不过就这几个题目,如《云》如《蚕》也很容易写到好上的,然而一看它所写的内容,仍不免为之失望:

> 有物于此,居则周静致下,动则慕高以钜。圆者中规,方者中矩。大参天地,德厚尧禹。精微乎毫毛,而大盈乎大寓。忽兮其极之远也,攭兮其相逐而反也。卬卬兮天下之咸③塞也。德厚而不捐,五采备而成文,往来惽惫,通于大神,出入甚极,莫知其门。天下失之则灭,得之则存。弟子不敏,此之愿陈,君子设辞,请测意之。曰:此夫大而不塞者与?充盈大宇而不窕,入郤穴而不偪者与?行远疾速而不可托讯者与?往来惽惫而不可为固塞者与?暴至杀伤,而不忆忌者与?功被天下而不私置者与?

---

① "韵文"原书误作"散文",校订者酌改。
② "拼"原书误作"姘",校订者酌改。
③ "咸"原书误作"盛",校订者酌改。

> 托地而游宇,友风而子雨,冬日作寒,夏日作暑,广大精神,请归之云。

我们试来分析它一下,觉得情感的份子太少了。它远不如《九歌》中的"表独立兮山之上,云容容兮而在下。杳冥冥兮羌昼晦,东风飘兮神灵雨"同《九章》中的"山峻高以蔽日兮,下幽晦以多雨;霰雪纷其无垠兮,云霏霏其承宇"那样的来得动人。《赋篇》的末尾,是佹诗,在内容上与屈原的作品很有点近似的地方。如:

> 天地易位,四方易乡。列星殒坠,旦暮晦盲。幽晦登昭,日月下藏。……螭龙为蝘蜓,鸱枭为凤皇。比干见刳,孔子拘匡。……

这不是同《怀沙》中的"变白以为黑兮,倒上以为下。凤凰在笯兮,鸡鹜翔舞",及①《涉江》中的"接舆髡首兮,桑扈裸②行。……伍子逢殃兮,比干菹醢"是一样的意思吗?佹诗的末尾,而以小歌结之:

> 其小歌曰:念彼远方,何其塞矣!仁人绌约,暴人衍矣。忠臣危殆,谗人服矣。琁玉瑶珠,不知佩也。杂布与锦,不知异也。闾娵子奢,莫之媒也。嫫母力父,是之喜也。以盲为明,以聋为聪,以危为安,以吉为凶。呜呼上天,曷维其同?

这可以说同《离骚》、《哀郢》等后边的乱辞,实无二致。荀子居楚颇久,在这一点恐怕多少总要受一点屈原的影响。

此外,在《荀子》书中还有一篇《成相篇》,也是韵文,不过内容全是说理同叙事,教训的意味太浓厚了,站在文艺的立场上看,几无多大价值之可言。据俞曲园的注解,说这种体裁的来源,乃是源于民间。荀子运用这种体裁来宣传他的道德教条。卢文弨更说它是后来的弹词之祖,这也是很可注意的一点。据近人考证,说弹词是从佛教文学中的变文同俗文而来的,但是我们看这篇《成相篇》的句调——

---

① "及"原书作"与",校订者酌改。
② 校订者按,"裸"通作"蠃"。

请成相,世之殃。愚闇愚闇堕贤良。人主无贤如瞽无相,何怅怅!

与后世的弹词的句调,不很一样吗？所以与其说弹词是源于俗文同变文,无宁说俗文变文的体裁也是受了《成相篇》的影响才形成的,比较还有点近理。

　　总之我们统观荀子的作品,觉得他是一个哲学家,并不是诗人。他太偏重于现实,太偏重于说理,这是使他的作品不能成功为第一流的最大原因。但现在我们为什么还要刺刺不休的来讲他呢？须知这并不是他的作品的本身的价值使①我们如此,乃是他的作品的历史上的价值使我们如此。假若六朝的文人写出这样的东西,那我们将根本连瞧就不瞧它。现在我们且看它在赋的演进上,予后来作者以如何的影响吧。

　　一、对赋的方面——屈原同宋玉的作品还没称为赋,以赋名篇自荀子始。至他这几篇东西,有几点是与屈、宋的作品不大相同的：(一)是四言,(二)是②设问,(三)是说理。所以汉赋中如贾谊《鵩鸟》之用四言,枚乘《七发》、司马相如《子虚赋》之设问,张衡《思玄》之说理,都是汲他的流波而形成的。

　　二、对创作的方面模拟民歌,实开后来汉魏诗人模拟乐府之风。

　　三、对于诗歌方面,《成相篇》很多七言的句子,以后七言诗的产生,不能说丝毫不受它的影响。

　　总之,赋在先秦,南方为屈原,北方为荀卿,这两个源头到了汉代,融合为一条巨流,汹涌澎湃,直至唐宋而不歇。"六义附庸,蔚为大国",彦和这两句话真是一点也没说错。

---

　　①　原书此处漏排了"使"字,校订者酌增,下文有"使我们如此",句式与本句相同。

　　②　原书此处漏排了"是"字,校订者酌增。

第二节 散 文

一、《秦誓》

秦民族的散文,最早的当推《尚书》末篇《秦誓》。《秦誓》①的产生,是由于春秋僖公三十三年,秦派三帅袭郑,事为郑国所知,中途而反,遇晋师于殽,三帅竟被擒,后晋释之归。穆公因作《秦誓》以罪己,所以篇中很多自责的话,如"我心之忧,日月逾迈②,若弗云来"等句,都是极诚恳的。它虽是一篇诏令一类的官样文章,但因为用意的恳挚,同技术的高妙,所以有很感人的魔力。就如同唐代陆贽的《翰苑集》一样,虽历千百年,可是仍有不少的人在爱好着它。

二、《荀子》

荀况的事迹,已详前节,那么关于他这部书的篇目的真伪,在未讲到他③的文学史上的地位之前,仍有讨论的必要。现在的《荀子》,一共有三十二篇,里边固然大部分是出自荀卿之手,但如《儒效》、《议兵》、《强国》等篇,皆称"荀卿子",似出门弟子的记录。又《大略》以下六篇,杨倞已指为荀卿弟子所记卿语及杂录传记而成。由此可知《荀子》一书,并非荀子所自编,故内容如此驳杂。现在我们来论荀卿的文学,当以其最可信者作为研讨④之资料。

荀子在思想上是韩非的前导,韩非的文字是那样的重理智轻情感,及我们读了荀子的作品以后,就会恍然大悟他乃是受荀子的影响而成的。现在试节录他的《天论》中的一段,以见一斑:

　　天行有常,不为尧存,不为桀亡。应之以治则吉,应之以乱

---

① 原书此处有"它"字,校订者酌删。
② "迈"原书误作"遇",校订者酌改。
③ "他"原书误排作"它",校订者酌改。
④ "讨"原书误作"诗",校订者酌改。

则凶。强本而节用,则天不能贫;养备而动时,则天不能病;修道而不贰,则天不能祸。故水旱不能使之饥,寒暑不能使之疾,祅怪不能使之凶。本荒而用侈,则天不能使之富;养略而动罕,则天不能使之全;倍道而妄行,则天不能使之吉。故水旱未至而饥,寒暑未薄而疾,祅怪未至而凶①。受时与治世同,而殃祸与治世异,不可以怨天,其道然也。故明于天人之分,则可谓至人矣。不为而成,不求而得,夫是之谓天职。如是者,虽深,其人不加虑焉;虽大,不加能焉;虽精,不加察焉:夫是之谓不与天争职。天有其时,地有其财,人有其治:夫是之谓能参。舍其所以参而愿其所参,则惑矣。列星随旋,日月递照②,四时代御,阴阳大化,风雨博施,万物各得其和以生,各得其养以成,不见其事而见其功:夫是之谓神。皆知其所以成,莫知其无形:夫是之谓天。唯圣人为不求知天。

荀子的文章,可以说是《檀弓》的一派,说理透辟,结构谨严,是论辩文学的正规③。他不像庄周那样的恢廓恣肆,令你摸不着头脑,又不像孟子那样的妙口生莲,机智百出,所以在风格上就不免有点呆板,不大为后来文士们所爱诵。加以④他的学说,自两汉以后,不大为儒者所重视,到了唐宋他的地位益发低落,与孟子简直有云泥之别,所以他的作品的影响,竟是非常的微小。⑤

三、《吕氏春秋》

这部书的产生,据《史记·吕不韦列传》,"不韦家童万人,当是

---

① "凶"原书误作"出",校订者酌改。
② "照"原书误作"怊",校订者酌改。
③ 此句句首有"可以说",与前句犯重,校订者酌删。
④ "以"原书作"一",校订者酌改。
⑤ 校订者按,此处所说似与前节所谓"他的作品对后世文学上的影响也极大,无论韵文同散文"有矛盾。

时,魏有信陵君,楚有春申君,赵有平原君,齐有孟尚君,皆下士喜宾客以相倾。吕不韦以秦之疆,羞不如,亦招致士,厚遇之,至食客三千人。是时诸侯多辩士,如荀卿之徒,著书布天下。吕不韦乃使其客人人著所闻,集论①以为八览、六论、十二纪,二十余万言。以为备天地万物古今之事,号曰《吕氏春秋》"。从这一段的记载中,我们晓得这部书是多数人写成的,其次在产生的时代上要比《荀子》稍晚。在思想上,一向列此书为杂家。思想既非常的纷杂,作风自然也极不统一。但就大体上看来,似乎与《荀子》、《韩非子》为近,也是极其质直而不尚藻饰的文字。里边每篇多喜引征故事,作为论证,开汉代刘子政《说苑》、《新序》一类文字的先河。

四、李斯

李斯,楚上蔡人,是荀卿的学生。早年入秦,为吕不韦的舍人。后官至秦国的丞相。到了二世的时候,被谗,腰斩咸阳市。他本与韩非同窗,后韩非入秦,他谗毁之,结果非竟被下狱死。但韩非死后,他就根据非的学说来治秦。秦统一后,对方方面面②的政策,完全③出于他的计划,所以他在文学上的地位,倒④远不如他在政治上的地位之重要。他的著作传到现在的极少,现在只有《史记》本传中所载的四篇上书,同他为始皇所作的一些碣铭之类。按说这些碣铭,应该在前边申述的,但因为都是些歌功颂德的东西,形式上既是摹仿《三百篇》的,内容又毫无生气,故也就省略了。至于散文,可信的也就只这四篇,就中唯有《谏逐客书》一文是比较有点价值的。本来秦要下逐客令,他本系楚人,也应在被逐之列,所以他痛陈客之无负于秦及逐客之失策,结果竟赖他的雄辩,政府居然取消了逐客令。今全录此篇

---

① 原书漏排"集论"二字,校订者酌补。
② "方方面面"原书误作"方他方面",校订者酌改。
③ "全"原书漏排,校订者酌补。
④ "倒"原书作"到",校订者酌改。

于后：

　　臣闻吏议逐客，窃以为过矣！昔缪公求士，西取由余于戎，东得百里奚于宛，迎蹇叔于宋，来①丕豹、公孙支于晋。此五子者，不产于秦，而缪公用之，并国二十，遂霸西戎。孝公用商鞅之法，移风易俗，民以殷盛，国以富强，百姓乐用，诸侯亲服，获楚、魏之师，举地千里，至今治强。惠王用张仪之计，拔三川之地，西并巴蜀，北收上郡，南取汉中，包九夷，制鄢郢，东据成皋之险，割膏腴之壤，遂散六国之从②，使之西面事秦，功施到今。昭王得范雎，废穰侯，逐华阳，强公室，杜私门，蚕食诸侯，使秦成帝业。此四君者，皆以客之功。由此观之，客何负于秦哉！向使四君却客而不内，疏士而不用，是使国无富利之实，而秦无强大之名也。今陛下致昆山之玉，有随、和之宝，垂明月之珠，服太阿之剑，乘纤离之马，建翠凤之旗，树灵鼍之鼓。此数宝者，秦不生一焉，而陛下悦之，何也？必秦国之所生然后可，则是夜光之璧，不饰朝廷，犀象之器，不为玩好，郑、卫之女，不充后宫，而骏良駃騠，不实外厩，江南金锡不为用，西蜀丹青不为采。所以饰后宫、充下陈、娱心意、悦耳目者，必出于秦然后可，则是宛珠之簪、傅玑之珥、阿缟之衣、锦绣之饰不进于前，而随俗雅化、佳冶窈窕赵女，不立于侧也。夫击瓮叩缶、弹筝搏髀，而歌呼呜呜快耳者，真秦之声也。郑卫桑间、韶虞武象者，异国之乐也。今弃击瓮叩缶而就郑、卫，退弹筝而取韶虞，若是者何也？快意当前，适观而已矣。今取人则不然，不问可否，不论曲直，非秦者去，为客者逐。然则是所重者在乎色乐珠玉，而所轻者在乎人民也。此非所以跨海内、制诸侯之术也。臣闻地广者粟多，国大者人众，兵强则士勇。是以泰山不让土壤，故能成其大；河海不择细流，故能就

---

① "来"原书误作"求"，校订者酌改。
② "从"通"纵"。

其深；王者不却众庶，故能明其德。是以地无四方，民无异国，四时充美，鬼神降福，此五帝、三王之所以无敌也。今乃弃黔首以资敌国，却宾客以业诸侯，使天下之士，退而不敢西向，裹足不入秦，此所谓藉寇兵而赍盗粮者也。夫物不产于秦，可宝者多；士不产于秦，而愿忠者众。今逐客以资敌国，损民以益仇，内自虚而外树怨于诸侯，求国之无危，不可得也。

从这篇文章看起来，在战国晚年，南北两派的文学已经有着合①流的趋势了。这篇第一段完全是纵横家的口吻，而第二段称述宫中珍宝美女之来源，很浓厚的带着《楚辞》的色彩。汉代的邹阳、枚乘、司马相如诸人之赋的内容，与此篇多有类似之处。这②本来就无足怪，他的老师的作品就已经镕《三百篇》与《楚辞》为一炉了，何况他的时代又稍晚，且系楚人，一面饱受南方文学的熏陶，到北方后又染上了这些游说之士的习气，自然而然的是要写出这样的文字的。

五、《战国策》

关于这部书，我们可以分作几方面来讨论。先就它的命名③来说，据刘向的《序》中说，它的本号"或曰《国策》，或曰《国事》，或曰《短长》，或曰《事语》，或曰《长书》，或曰《修书》。臣向以为战国时游士辅所用之国，为之策谋，宜为《战国策》"。这是它的今名之来源。其次，它的内容，在纵的方面"继春秋之后，迄楚汉之起，二百四十五年间之事"（向《序》）。在横的方面，除七国外，尚包含周、宋、卫、中山等四国。既然它④的内容是当时各国史事的⑤总记录，那么为何要把它放在秦民族的文学中来讲呢？原因是它的结集，乃是在

---

① 校订者按，"合"原书作"意"，此据下文文义校改。
② "这"为校订者酌增。
③ "名"原书误排作"各"，校订者酌改。
④ "它"原书误作"他"，校订者酌改。
⑤ "的"为校订者酌增

秦统一之后(《汉书·司马迁传》),所以不得不如此。

好了,现在我们试把"苏秦始将①连横"中说秦惠王一段,节录出来看一看吧:

> 曰:"大王之国,西有巴蜀、汉中之利,北有胡貉、代马之用,南有巫山、黔中之限,东有肴、函之固。田肥美,民殷富,战车万乘,奋击百万,沃野千里,蓄积饶多,地势形便,此所谓天府,天下之雄国也。以大王之贤,士民之众,车骑之用,兵法之教,可以并诸侯,吞天下,称帝而治,愿大王少留意,臣请奏其效。"(《秦策一》)

从这里可以看出,当时的纵横家大抵好侈陈山河之险与物产之富,来投合国君的心理。所以汉代的赋就有一部分很受这种辞调的影响。近来刘师培把汉赋分为三类:一、写怀,二、骋辞,三、阐理。而第二类之来源,彼谓即源于纵横家。《汉志》中载此类之赋,共有二十一家之多。这是纵横家对赋的影响。至于后世散文②作家受《国策》影响的,如宋之明允、子瞻,清之叔子、朝宗③,都是彰彰较著者。至于诗歌方面,刘氏以太冲、太白亦归于纵横家,要说是近似则可,要说他们一定如何在学《战国策》,那就有点流于④"穿凿附会"了。

第三节　南北文学的分合⑤

前边把秦以前的各民族文学,大致已经交代明白了。现在趁这个空儿,大可以把它们来比较一下。因为比较是研究学问的一件最有趣味的事,而且想明白某种事物的真象⑥,比较可以说是一条不二

---

① "将"原书误作"收",可能因原稿草书而致误认误排,校订者酌改。
② "文"原书误作"之",校订者酌改。
③ 校订者按,"叔子、朝宗"指魏禧(字叔子)和侯方域(字朝宗)。
④ "于"原书误作"下",校订者酌改。
⑤ 此节原题"南北文学的比较",校订者酌改。
⑥ 校订者按,"真象"通作"真相"。

的法门。不过在周、楚、秦三个①民族中,文学的成绩较小的,是秦民族。而且在文化上,它还不能独树一帜,不是受周②民族的影响就是受楚民族的影响,并③且它僻居西北,所以把它与周民族并在一起而总称之为北方民族,与南方的楚民族来作一次对比④。

一、自然环境的比较——周秦民族所在地,于水则有河、淮、泾、渭,于山则有泰、嵩、华、恒,土地大半为平原,气候较南方为稍冷。楚民族所在地就不然了,于水则有江、汉、沅、湘,于山则有五岭。土地则多为水田,气候较北方为暖。我们要从自然景色上来说,北方以雄伟胜,南方以秀丽胜。要从人民生活上说,北方则较艰苦,南方则较优裕。所以北方民族的性格,偏于刚毅木讷⑤,南方民族的性格,偏于俊逸明慧。这完全是自然环境同生活所陶冶出来的结果。

二、文化演进的比较——黄河流域为中国文化的发源地,所以北方民族的开化较早,文化进步也比较快。南方民族直到西周的末叶,才渐渐的兴盛起来,它的文化仍是照抄北方的,就因它是新兴民族的缘故,所以在文化上也就占了很大的便宜。它⑥不像周民族那样的老实的承认现实的一切,而是很聪明的,抱着怀疑的态度。所以它能采取北方民族文化的特长,而补己之不足。

三、文学作品的比较⑦——就因为南方民族与北方民族在环境、性格、文化三方面的差异,所以反映到文学上,自然也就显着很多不同的地方。现在我们试先从文学的内容上来看。

(一)思想——北方民族因为生活的拖累,使他们不得不注意现实。又因为文化已进展到相当的阶段,各种传统的风俗习惯又逐渐

---

① 原书此处衍一"三"字,校订者酌删。
② 原书此处漏排了"周"字,校订者酌增。
③ 校订者按,"并"原书作"而",为免与前文重复,酌改为"并"。
④ "比"原书误作"此",校订者酌改。
⑤ "讷"原书误作"纳",校订者酌改。
⑥ "它"原书误作"他",校订者酌改。
⑦ 原书此处漏排了"三、文学作品的比较",此据目录补。

的熏陶,慢慢的像锁枷似的套在他们的精神上面,所以思想就不能走到极端的路子上。儒家所提倡的中庸,最足代表北方民族一般的思想。可是南方民族呢,生活极容易,有的是闲暇来让他们去冥想,加以它①是新兴的民族,虽受北方文化的影响,但并不是盲目接受,而②是有选择有限度的。所以他们最富于怀疑的精神。思想呢,常是极彻底的,从这一极端而到那一极端。所以在处世③方面,有庄周那样的鄙弃名利的隐士,同时又有屈原那样热心事功的志士。庄周根本不愿作官,所以任是楚王来请他,他也置之④不顾。屈原早就有意政治,任是国君把他放逐出去,而他仍是念念不忘,终于愤懑而自杀。他们都不像孔孟那样的,得志则为龙、不得志则为蛇的"持其两端"的态度。就因为这种关系,南方民族的文学,才特别的有一种动人的魔力。

(二) 想象——北方民族因为都太偏重于⑤现实了,所以在作品上缺乏丰富的想象。《孟子》一书,已经比较着闳肆得多了,但他举的故事,也完全是偏于人事方面的。这在不喜谈"怪力乱神"的儒家,自是不足怪的。但墨家可是信鬼的一派,可是在他们的作品中,也看不出有什么奇特的幻想。南方民族就不然了,无管是《九歌》下而至于⑥屈宋,他们的想象,都是那样的丰富,无论宇宙之大,品物之繁,以至⑦幽冥之远,都会在他们的脑中浮现,而表现诸作品之中。所以在文学的立场上说,这一点又是北方文学所不及的。

---

① "它"原书误作"他",校订者酌改。
② "而"为校订者酌加。
③ "处世"原书误作"出世",校订者酌改。
④ 原书此处漏排"之"字,校订者酌补。
⑤ 原书此处还有"现重于"三字,当为衍文,校订者酌删。
⑥ "至于"原书作"出于",似为排印之误,校订者酌改。
⑦ "以至"原书误作"一致",校订者酌改。

（三）形式①——其次，我们再就形式上看。句调——就纯以韵文来说，《三百篇》句短而多重调，以四言为正格。《楚辞》句长而无重调，以七言为正格。

辞采——《三百篇》质朴平淡，形容多用叠字。而《楚辞》精彩绝艳，形容多用骈字。这本不足怪，《三百篇》多出于平民作家之手，在修辞上自然要较文人的殚精竭虑之作，略逊一筹。

四、南北文学合流后所生出的变化②——南北文学的不同既如上述，现在我们再进而看一看这两派文学交流以后，在文坛上生出什么样新的变化。关于这，目下可以分为四点来讲：

（一）汉赋——汉代的赋，乃是南北文学结婚后的产儿。一面采取了《楚辞》中的③辞采与句调，一面采取了北方纵横家的思想与荀赋的结构，于是就成功为司马相如、扬子云等的杰作。

（二）咏歌自然的诗歌——到了魏晋，老庄之学大盛，于是拿了南派出世的思想，而套上了汉以④来新兴的诗体——五言诗的外衣，而产生了陶、谢一流咏歌自然的作品。

（三）载道——在散文方面，由六经、《孟》、《荀》、《左》、《国》类的典籍，进而为迁、固的《史》、《汉》，到了唐代韩、柳，继之就造成了古文一派。他们的作品是朴质的，乃是一种应用文。这一些孔子的信徒，一面拿它来写一些应酬的文字（碑、志、序、吊之类），一面还要大喊着"载道"，把那些随意抒情的作品，竟鄙薄得不值一顾。

（四）言志——六朝的骈俪，可以说是散文的楚辞化，而明清以来的小品文，乃是楚辞的散文化。这话是怎么讲呢？本来散文是一种应用的文字，而赋乃是纯粹的美文。一主说理，一主抒情。但到了六朝，渐渐的文学上偏重了辞采的雕饰，这种风气之所被，于是使平

---

① 原书此处漏排了"（三）形式"，此据目录补。
② 原书漏排了"四、南北文学合流后所生出的变化"，此据目录补。
③ "的"为校订者酌增。
④ "以"原书误排作"一"，校订者酌改。

日应用的散文也走上了排偶的道子,结果就成功为骈俪。本来散文是极自然的一种说理文字,可是这样一来,就变成雕琢堆砌极其拘束的东西了。可是赋呢?本来是不妨讲一讲辞采同声调的,因为它原是抒情的,但到了唐宋,受了古文的洗礼,结果把那一层用作粉饰的词采声调反而脱去了。欧阳修、苏轼的赋,不简直变成了纯粹的散文了吗?由这推衍,到了明代,就产生了"言志"一派的小品文,内容仍是赋的,而外形乃是清隽的散体。所以比着骈俪,形式是自由了,比着古文,内容是随便了。可以说在中国过去文章①中,惟有它才配算作②纯文学的作品,堪与诗歌、小说、戏剧等类齐观。

总之,我们来研究文学史,最要在能明变。我们既然了解中国文学的最早的源头,那么我们再顺流而下,来找出它们是怎样的在互相激荡,及激荡后所产生出的新的流派的迹象,这是一桩多么有趣的事呢。

第四节　秦之统一与文学

秦始皇二十六年,命王贲袭齐,王建降,天下遂统一。到二世三年,秦亡,凡十五年。在这短短的过程中,自然文学史上没什么成绩之可言,有人也许会把李斯所作的那些歌功颂德的碑碣之类,作为秦统一后的诗歌看,其实这毫无文学价值之可言。不过始皇的政策,倒③是对文学上有着极大的影响。《史记》秦始皇三十四年,李斯上书,请求:

> 史官非秦记④皆烧之。非博士官所职,天下敢有藏诗书百

---

① "文章"原书作"文学",疑当作"文章"——作者其实是在"文章"的范畴来讲小品文的。校订者酌改。
② "算作"原书作"算就",校订者酌改。
③ "倒"原书作"到",校订者酌改。
④ "记"原书误作"能",校订者酌改。

家语者,悉诣守尉杂烧之。有敢偶语诗书者①弃市。以古非今者族。……所不去者,医药、卜筮、种树②之书。若欲有学法令,以吏为师。

结果始皇就接受了他的建议,用着极严苛的政治压力,来推行李斯的主张。在这样的政治之下,有几点是与③文学有关的:

一、统一文字——在战国的时候,文字极不一致,各国有各国的文字。到了秦统一后,就实行文字的统一,这一点对文学的发展上可以说有着相当的帮助。

二、思想之压制——春秋战国之所以成为中国学术史上的黄金时代,原因是自④由的观察一切,来自由的思索一切;秦统一后,实行高压政策,限制思想的自由。这不仅使中国的哲学受了极大的打击,就是文学也一样因为政治的关系,而现出荒凉萧索的状态,而且以后的专制帝王所兴起的文字狱,恐怕也是从始皇学来的。

三、文学之粉饰化——秦以前的文学,都是作者个人的情感与思想的表现,所以才真挚动人,成为不朽的作品;自李斯开始以诗歌称颂功德,遂开汉代文人以文学为取媚时君的工具。于是一些无生命而专事铺张雕琢的作品,竟是叠床架屋的出现于文坛。

我们现在试总观秦代政治对于文学的影响,可以说是罪多而功少。加以这时方士思想,受了帝王的推尊,遂渐渐盛行起来。秦以后的游仙诗歌同神怪小说之产生,我们若追根溯源,不能不归究于秦政之黑暗有以致之。所以秦代历史虽为时较暂,但对中国文化实种下不少的恶因,这也是我们研究文学史者所不应轻忽的。

---

① "者"原书漏排,校订者酌补。
② "种树"原书漏排,校订者酌补。
③ "与"为校订者据上下文酌补。
④ 原书漏排了"自"字,校订者酌补。

第三编　汉至隋的文学①

第一章　汉至隋的历史背景与文学演变②

第一节　两汉政教与文学

自西历纪元前206年秦亡以后,中间又经过五年的楚汉之争,到了纪元前202年,刘邦灭了项羽,次年即帝位,才算又造成了一个统一的局面。

据《史记·高祖本纪》中说,高祖征黥布之乱,还过沛,留置酒沛宫,悉召故人父老子弟纵酒,发沛中儿得百二十人,教之歌。酒酣,高祖自击筑,遂歌《大风之歌》,令儿童皆习和之。可见③刘邦虽然是出身于戎马中的武人,但是颇饶兴致。不过他对于艺术的兴趣,要比着

---

① 原编题作"汉至隋",校订者酌改。按,原书第二编讲汉至隋的文学,全编只有一章,篇幅过长、层次过繁,现将该章各节离析为四章,并为部分章节补拟了标题。

② 校订者按,本章为原第二编第一章的第一节,原标题为"历史背景的演变",现改为第一章并改题如上,章下各节之分及其标题,由校订者酌加,不再一一说明。

③ "可见"原书作"可是",校订者酌改。

他的玄孙彻还逊一筹。

汉代的帝王,要说与文学最有关系的,要算是刘彻了。本来在文景之际天下刚刚平定,人民的疮痍未复,自然还谈不到所谓文化的发展。到了武帝汉兴已六七十年,四海宴然,人民富饶,恰巧又碰上了这位自负不凡的天子,他乘着这样的机会,一面在政治上创了许多新花样,另一面在武功上向外开辟了不少新领土。至于文化呢,他利用着政治的手腕,来统一思想,开后来儒家一尊的局面;文学,不论是平民的同庙堂的,在这时期都渐次抬起了头。大致缕数起来,因设立乐府,于是大批的来搜集民间的歌谣,开后来五言诗的先声;以利禄召致文士,于是司马相如、枚乘、东方朔等都以辞赋见用,开后来以文学粉饰太平、取媚帝王的工具的先例。

武帝以后,经过昭、宣、元、成、哀、平,因为社会渐渐的不安定起来,政治上也时时出乱子,所以文坛也极其沉寂。到了王莽时代,出了两位学者,一个是刘歆,一个是扬雄。他们都是热心复古的,加以①又碰上这位政治上的要人,又是他们的同志,于是不仅政治上要实行过去思想家所编的一部理想的政治制度大纲《周官》,就是文学也一步一步要追拟古人。王莽主持国政,虽然为时颇暂,可是文化上的影响,倒②是还不小呢。

光武中兴,在历史上称为东汉,从他到献帝,中间凡一百九十六年。政治上,在他同他以后的明、章、和三帝,都是澄平的时代。这时的文学,可以说是两方面的发展:赋的方面,是衍西汉司马相如、枚乘等之余波,而仍是雕缋满目,没多大的意思;诗歌方面,倒③恰恰相反,一般文人竟是有意的来模拟乐府,五言诗因之就渐渐由萌芽而成长了。

---

① "以"原书作"一",校订者酌改。
② "倒"原书作"到",校订者酌改。
③ "倒"原书作"到",校订者酌改。

殇帝以后,国势渐渐不振,外族既一天一天的来凌逼,政治也渐渐的越出了轨道。不是外戚专权,就是宦官弄势。最后竟至于闹得连那不在其位的太学生们,也忍不住①的起来攻击他们了。终于还是因为政权操握在他们的手中,比较那手无寸铁的太学生们有办法,到了桓帝延熹②九年(166年),于是大兴党狱,逮捕了清流中的知名之士,竟达二百余人之多。灵帝建宁二年(169年),遂杀了一百余人。以后只要是行为廉正一点的官吏,一概都被视为党人,加以逮捕与残害。从此汉代的政治遂到了不可收拾的地步。不久黄巾作乱,政治上先之以董卓,继之以曹操的操纵,外戚宦官的势力虽说完了,东汉的国运也就从此不说了。

　　东汉的最后一位皇帝是刘协。自他即位可以说没享过一天太平天子的福③气,自始至终都是做④着曹家的傀儡,让他怎么干,他就怎么干,末了终于被废为山阳公。不过在他还没被废以前,在文学史上倒⑤是一个极重要的时代——所谓"建安文学"的"建安"就是他的年号。不过名义上虽是他的年号,实际似乎与他没有多大的关系。这时作者,除了曹氏父子以外,就是曹氏的部下一些文人,只除了孔融同祢衡和⑥曹氏关系还浅。这是中国五言诗的一个黄金时代,因为在东汉中叶文人已在模仿乐府,在试写五言诗,后来就产生了《古诗十九首》那样的杰作。由十九首的产生来看,就知道诗坛上在不久的将来,一定有一番绚烂光华的新时代会来的。到了曹操秉政以后,一则由于他对文学有相当了解,二则他又奖掖文士,三则他又生了两位天才的儿子丕同植。于是建安文学,就成了文学史上一个极惯用而

---

① "住"原书作"着",校订者酌改。
② "熹"原书误作"喜",校订者酌改。
③ "福"原书作"富",校订者酌改。
④ "做"原书作"作",校订者酌改。
⑤ "倒"原书作"到",校订者酌改。
⑥ "和"原书作"同",句中犯重,校订者酌改。

又极动听的语辞了。

第二节　魏晋政治的嬗变与文学的变迁

建安二十五年(220年)献帝被废,曹丕即帝位。221年刘备即帝位,222年孙权即帝位。从此三国的局面正式开幕了。不过吴、蜀两国比较偏僻,而且国君都不像曹氏父子那样的喜欢文学、奖掖文人,所以就没有什么成绩可说的。至于①魏呢?仍是建安时代的几个老作家支撑门面,到了黄初也就渐次的凋谢了。西历240年魏齐王芳即位,年号正始。这时司马氏当国,曹家的大权渐次要落到司马氏的手里。在这个期间,也颇有几位天才的作家,堪与建安匹敌,不过作风则迥然不同。建安时代的文士多受国君的知遇,优游闲适,所以很多游宴应酬的作品。正始时期②是曹同司马两家正冲突得激烈的时候,党于曹家吧,为司马氏所疾视,党于司马吧,心中又不屑。所以一举一动、一言一笑稍不留意,就有生命的危险。因为这种关系,这时的文人都走到颓废的路上,终日极端的浪漫,饮酒服药,把自己埋葬在醉乡里,或者沉浸在幻想里,来消磨岁月。因此这个时期的文学作品,在风格上很显著的同较前的建安与稍后的太康截然不同。所以这不能不说是由于政治的背景有以致之。

西历265年魏主奂被废为陈留王,司马炎即位,国号晋。前二年(263年)蜀被灭,仅余吴犹孤立江东,同晋对抗。280年晋命王浚讨吴,遂灭之,从此天下又归统一。武帝改年号为太康。这时除了③中原的作家外,吴国的作家也来到了北方,一时有所谓三张、二陆、两潘、一左,文坛上又颇成热闹的气象。同时作风又为之一变,渐渐有趋向雕饰的趋势④,与正始完全不同了。

---

① "于"为校订者酌加。
② "正始时期"原书作"这个时期",校订者酌改。
③ "除了"原书作"除掉",校订者酌改。
④ "趋势"原书作"局势",校订者酌改。

西晋自武帝死后,不久即有八王之乱,继之以五胡的骚扰,所以很勉强的支持了 37 年就亡掉了。到了西历 317 年,元帝即位于建康,从此又算重新打开了新的局面。一方面绵延了司马氏的帝业到 103 年之久;另一方面与北方的胡人相抗衡,把汉民族的文化继承保持,使它逃脱了胡人的摧残与蹂躏。这一个时期①,可以说是中华民族的衰微时期。胡人对汉民族的凌逼同压榨,对中原文化之践踏与扫荡,真是无所不用其极。社会是那样的混乱,人民终天在黑漆漆的地狱中过日子,按平常的情理来说,在文学上自然应该产生出比杜甫的《北征》同《奉先咏怀》一类的诗歌还要沉痛的作品才是。事实上大谬不然,这类作品很难从当时作家的集子中找到。反之,倒②产生了些虚无缥缈的游仙诗,同恬淡闲适的田园诗。这种原因,一则由于时代的不安,一些文人不得不遁逃到另外的一个世界中来,暂且隐身;再一方面,则由于老庄方士思想的炽盛。本来老庄同依附于老庄的方士,从魏晋以来就渐渐的在思想界抬起了头,正始文人几无不受他们的影响。到了西晋的初年,似乎因为政治上的统一,文学大有走向唯美化的趋势,但不久大乱一起,社会震动,一般诗人的作品,就又渲染上了游仙与遁世的色调。不过,文学之唯美化的趋势并未中止。与所谓③闲适诗人陶渊明并世的谢灵运,虽然在咏歌自然这一面,不无受老庄思想的熏染,但在技巧上则纯粹是从太康文学一脉相传下来的。所以我们可以说,东晋的文学乃正始同太康两种极不相同的文学的源流之并时再现。④

---

① 原书作"在这一个时期",校订者删去"在"字。
② "倒"原书作"到",校订者酌改。
③ "所谓"为校订者酌加——从后文对陶渊明的评述看,任访秋先生并非真地认为陶渊明是"闲适诗人"。
④ 校者按,此处原有一段文字论述佛教的输入与中国文学的关系,但后来被作者圈删,故此舍弃不录。

第三节　南北朝至隋的政治与文学之分合

西历420年,刘裕篡晋,国号宋,凡八世五十九年。479年,萧道成篡宋,国号齐,凡七世二十三年。502年,萧衍篡齐,国号梁,凡四世五十六年。557年,陈霸先篡梁,国号陈,凡五世三十一年。在这短短的一百六十余年之中,朝代更易四次,因为始终是偏安江左,与北边的胡对峙①,历史上称之谓南朝。南朝②在文学上,唯美派渐渐的占了上风,加以到了齐梁,产生了像刘彦和这样的批评家,对于纯文学的推挹,与夫帝王如梁昭明太子③与梁元帝的提倡,文学遂渐渐脱离了应用之一途而独立。本来文学独立是很好的现象,可以说是一种进步,但末了竟渐渐趋重于辞采的粉饰与字句的雕琢,加以四声之发明与应用诸文学,因之在作品上就渐趋于浮靡。到了陈代,文学④竟成为宫廷帝妃淫乐的玩具。文学这样的转变,无异于一个岸然道貌的学者一变而为婉娈送媚的倡优,真可以说是"斯文扫地"了!

至于北朝,在政治上比南朝更为纷杂。因为他们都是野蛮民族,在文化上虽然处处的模仿汉民族,但低落依旧低落,说不到什么建树。文学上除了南朝流落到那里的几个作家以外,在胡人里边几乎找不到一个值得称述的作者。所以谈到北朝的文学,除去民歌外,其余几乎没有什么可说的。

西历581年,杨坚篡周,国号隋。这时南朝陈后主正在过着他的旖旎温馨花天酒地的沉醉生活,到了五八九年隋师南下,他终于把明媚的南朝河山断送到自己⑤的手里。从此二百余年的分裂局面,又算统一了。在隋朝开国之初,因为天下初定,还说不到学术方面的复

---

① "峙"原书误作"持",校订者酌改。
② "南朝"二字为校订者补。
③ "太子"二字为校订者酌补。
④ 原书作"两汉",校订者酌改。
⑤ "自己"原书作"他",校订者酌改。

兴。文帝逝世后,炀帝即位,他倒①是一个很了解文学而且又富于浪漫气质的国君,早年虽说是雄才大略,但以后沉醉到游冶与荒淫之中,结果即位不到十四年,就被弑了。所以有隋一代的政治文化,同秦差不多,似乎是一个过渡时代,一切的一切它都是一面在结束过去而另一面则启导将来。文学呢,自不必说,把慷慨激昂的北方文学,与缠绵悱恻的南方文学,混合在一起,而让它在融化、在孕育,随后便②产生了一个极璀璨而光焰万丈的新诗坛。

第二章　两汉诗歌③

讲文学史到了这个时期,比较最可注意的,为民歌的搜集,同五言诗的产生。其次才能谈到赋与散文的演进。现在依次分述于后。

北方民族的诗歌,最早的自然要数到《三百篇》。关于它的结集当④在春秋的中叶,以后除了《楚辞》可以代表战国时南方楚民族诗歌外,至于北方经过战国一直到西汉几乎就无诗歌之可言。民间文学没有采集,自然也就烟消云散、自生自灭了。可是文人呢,几乎没有一个可以说是以诗名家的。即如孔门的子游子夏是被派进四科中的文学之列的,而子夏尤以善于解诗著称,但并没见他们有一篇诗歌流传下来。所以百余年来,不能不说是诗歌的中衰时代。假如南方不产生像屈、宋那样的诗人,你想这诗坛的荒凉枯寂,还能够用文字来形容吗?

幸亏文学是一般人普遍的需要,民间的诗歌是永久不断的在发荣滋长,只要一星的火,就会燃烧起来,发出异样的光的。所以武帝

---

① "倒"原书作"到",校订者酌改。
② "随后便"原书作"于是遂",校订者酌改。
③ 校订者按,本章为原书第二编第一章第二节"两汉文学"中的诗歌一小节,现改为第二章,改题"两汉诗歌",章下各节及节下的小节之区分,以此类推。
④ "当"原书作"自然",校订者酌改。

的设立乐府,继之以民歌的搜集,于是五言诗,遂跟着就产生了出来。

第一节 乐府

一、乐府的设立及乐府歌辞的来源

据《汉书·礼乐志》载:

> 初,高祖既定天下,过沛与故人父老相乐,醉酒欢哀,作"风起"之诗,令沛中僮儿百二十人嘻而歌之。至孝惠时,以沛宫①为原庙,皆令歌儿习吹以相和,常以百二十人为员。文景之间,礼官肄业而已。至武帝……乃立乐府,采诗夜诵,有赵、代、秦、楚之讴。以李延年为协律都尉,多举司马相如等数十人,造为诗赋,略论律吕,以合八音之调,作十九章之歌。

从这一段话看来,可知②乐府这个衙门实肇端于高祖,不过最初很简陋罢了;到了武帝,才正式设立了机关,专门执掌音乐这桩事。至于③乐府歌辞的来源,有四:一是④民歌的搜集。据《艺文志》所载,有138篇,都是民间的作品。产生的地方,为吴、楚、汝南、燕、代、雁门、云中、陇西、邯郸、河间、齐、郑、淮南、左冯翊、京兆尹、河东、蒲反、雒阳、南郡等处。二是文人的创制。前边所载,谓"举司马相如等数十人,造为诗赋"。现在可以考见的,只有郊祀歌中,有一部分是司马相如作的。也有一部分是邹子作的。其余的姓氏就无从考知了。另外还有两个来源,《礼乐志》中不详,今一并附列于次。三是前代的遗

---

① "宫"原书误作"公",校订者酌改。
② 原书此处有"一、",校订者酌删。
③ 校订者按,"至于"原作"二、",为免层层加码的繁琐,此处删去"二、",改为"至于"开始的直接叙述。
④ 此处原作"Ⅰ、",校订者酌改为"一是",以下"二是"、"三是"、"四是"的情况相同,不再说明。

留，郊祀歌中的房中祠乐系高祖姬唐山夫人(前① 200?)所作，而留传下来的。四是外国的输入，如鼓吹曲是高祖时从北方输入来的，横吹曲是武帝时张骞通西域时带回来的。

乐府的来源既然是多方面的，自然在风格上也就不会一致，而用途也就不会相同了。

二、乐府的分类

乐府的来源既然那样的纷歧，那么它们的用途自然也就极不一致。我们为清楚的明瞭它，及讲述的便利起见，似乎不能不把它们分一分类。现在根据过去的典籍，可以晓得在东汉明帝(永平三年)时，已经把它们分为四品了。哪四品呢？即：

1. 大予乐——郊庙上陵所用。
2. 雍颂乐——辟雍、飨射所用。
3. 黄门鼓吹乐——天子宴飨群臣所用。
4. 短箫铙歌乐——军中所用。(据《隋书·乐志》)

后来蔡邕虽然曾经把它们略加修改，而实际仍是四类，没多大变动。再②后来郑樵《通志》同编纂《乐府诗集》的郭茂倩他们都曾有着③更新的分法。现在先看郑樵的分法。他把乐府统共分为五十六小类，全系汉代的十四类，汉及后代混杂的十六类，全非汉代的二十六类。因为这样的分类太琐碎，而且不依音律，所以不为后人所采用。至于郭茂倩的分法，比较起来简单而扼要得多了。他把乐府分为十二大类，有时一类之下又分为若干小类。这十二大类为：

1. 郊庙歌辞(汉至五代)
2. 燕射歌辞(晋至隋)
3. 鼓吹曲辞(汉至唐)

---

① "前"原书漏排，校订者酌加。
② "再"为校订者加。
③ "着"原书误作"看"，校订者酌改。

4. 横吹曲辞（汉至梁）
5. 相和歌辞（汉）
6. 清商曲辞（晋至隋）
7. 舞曲歌辞（汉至隋）
8. 琴曲歌辞（唐虞至隋唐）
9. 杂曲歌辞（汉至唐）
10. 近代曲辞（隋唐）
11. 杂歌谣辞（唐虞至隋唐）
12. 新乐府辞（唐）

依陆侃如的见解，认为这十二类只有前七类同后边的杂曲歌辞可以采用，余均可删却，理由是琴曲本有声无辞，其辞大都为后人假托；杂歌谣及新乐府，皆为徒诗，并不入乐；近代曲则与杂曲相同（郭茂倩自己所说）。那么乐府的分类，只应有郊庙、燕射、鼓吹、横吹、相和、清商、舞曲及杂曲八种。在这八种里边，要按郭茂倩自己的说法，则燕射歌及清商曲汉代是没有的，我们不能够在此地来讲。不过据梁任公先生的见解，认为郑樵作《通志》时，误把清商与相和混为一谈。原来平、清、瑟、楚四调及大曲，是隶属于清商曲。郑①樵因看错了《宋书·乐志》，竟把它列入相和歌，因之遂谓"汉但尚音"、"晋宋尚辞"。其实是错谬的。（梁任公先生未刊稿，见陆侃如《诗史》中引）现在我们就根据梁氏的话，以前列五曲（平、清、瑟、楚、大曲）还诸清商。这样一来，只有燕射一曲，汉无其辞，今付阙如。就这七曲来说，仍可分为三组，即：

1. 民间的乐府——相和歌、清商曲及杂曲。
2. 贵族的乐府——郊庙歌及舞曲。
3. 外国输入的乐府——鼓吹曲及横吹曲。

---

① "郑"为校订者酌补。

底①下我们就依此三组,来逐一申述之。

三、乐府内容之剖析:贵族的、外来的和民间的②

(一)③贵族的乐府

汉乐府歌辞出于贵族文士之手的,只有郊庙歌辞同舞曲歌辞,燕射歌辞已佚,自不必说了。

1④. 郊庙歌辞——这又可分为二类:一为安世房中歌,一为郊祀歌。现在先看前者。

安世房中歌,据《汉书·礼乐志》说:"房中祠乐,高祖唐山夫人所作。"韦昭注:"唐山,姓也。"服虔⑤注:"高祖姬也。"至于她的生平事迹,因《汉书》无明文记载,自然也无从查考了。就因为作者是一个女子,又歌名⑥为"房中",因之后来人就误解为"闺房之乐"。据梁任公的考证,谓房"本古人宗庙陈主之作,故以'房中'为名。所以实际上乃是'宗庙乐歌'"。这是很有价值的辨正。说到它⑦的内容,因为既是祭祀祖先的乐章,当然一方面是称颂功德,再一方面来申述孝的重要啦。所以在这十七章中,阐明"孝"的意义的有四处之多。如第一章:

> 大孝备矣,休德昭清。高张四县,乐充宫廷。芬树羽林,云景杳冥。金支秀华,庶旄翠旌。

就从这一章看起来,可以晓得它的内容是雍容尔雅的。在形式上颇

---

① "底"原书作"低",校订者酌改。
② 此小节原题"对乐府内容的剖析",目录上复有次级标题,校订者酌改如上,并删去目录上的次级标题。
③ "(一)"原作"I",以下统一改为(一)、(二)、(三)。
④ "1"原书作"甲",以下统一改为阿拉伯数字。
⑤ "虔"原书误作"处(處)",校订者酌改。
⑥ 原书此处有一"又"字,与前文重复,校订者酌删。
⑦ "它"原书作"他",校订者酌改。

受《三百篇》的影响，故多为四言。在表现的技巧上，也不无《楚辞》的风味，因为里边也颇多极秀美的词采。所以我们读起来，觉得比着《三百篇》中的颂还有点意思。

其次是郊祀歌，现存的一共有十九章。它的用途是祭祀祖先以外的神祇的，至于作者，据《汉书·礼乐志》说"举司马相如等数十人，造为诗赋"，就现在的十九章来看，究竟哪①些是司马相如所作，就不得而知了。陆侃如就年代的推算，假定《练时日》、《赤蛟》两章为司马相如所作，这不过可以作为我们一个参考罢了。此外《汉志》中《青阳》、《朱明》、《西颢》、《玄冥》四章末均注有"邹子乐"三子，此所谓"邹子"是否即为邹阳？也很难说。梁任公谓："阳景帝时人，似不逮事武帝，想是当时乐府采其词以制谱。"所以这种随意的揣测，我们还是把它存疑的好。

郊祀歌的形式，有三言的，四言的，七言的，四七言糅杂的。前者如《练时日》，其次如《西颢》，再其次如《天门》，最后如《景星》。现在就这四篇逐一分析一下它们的内容，以见其技术的巧妙。

《练时日》共四十八句，每句三言，是迎神的歌曲，共分六段。第一段写对时日的选择；二段写灵来时的威仪与骑从之盛；三段写灵到后的情况；四段写灵坐下后，音乐齐作、粢盛陈列之丰盛；五段写供神的女乐的服饰之艳冶；六段写祀神之美女从容献觞。其中②以二、五两段写的最好。

    灵之车，结玄云。驾飞龙，羽旄纷。灵之下，若风马。左仓龙，右白虎。灵之来，神哉沛。先以雨，般裔裔。灵之至，庆阴阴。

这是二段。再看五段：

    众嫭并，绰奇丽。颜如荼，兆逐靡。被华文，厕雾縠。曳阿

---

① "哪"原书作"那"，校订者酌改。
② "其中"原书作"中间"，校订者酌改。

锡,佩珠玉。

虽然在形式上是《三百篇》的,而描写的手法全是《楚辞》的。我们不能不说它是《九歌》后祀神歌曲之最优美者。

《西颢》本是祭秋之神的。《史记》中《乐书》说:"春歌《青阳》,夏歌《朱明》,秋歌《西颢》,冬歌《玄冥》。"这一章一面写秋天的景色,一面并含有无限的祝颂的意味:

> 西颢沆砀,秋气肃杀。含秀垂颖①,续旧不废。奸伪不萌,袄孽伏息。隅辟越远,四貉咸服。既畏兹威,惟慕纯德。附而不骄,正心翊翊。

这是自然以受《三百篇》的影响为最深。

《天门》据王先谦的注解,谓原应有"兮"字,后来把它的②"兮"删去了。这很有道理,因为我们若把每句上加一"兮"字,念起来非常的顺畅,决不像现在的拗口。里边描写最好的,如"月穆穆以金波(兮)③,日华耀以宣明",这就在后来的诗词中,想找出这样的句子,恐怕也颇不容易。

《景星》一章,当亦有"兮"字,同《天门》一样被删过的,里边的描写是那样的带着田家风味,同时音节也极其和乐而自然:

> 空桑琴瑟(兮)④结信成。四兴递代(兮)八风生。殷殷钟石(兮)羽籥鸣。河龙供鲤(兮)醇牺牲。百末旨酒(兮)布兰生。泰尊柘浆(兮)析朝酲。微感心攸(兮)通修名。周流常羊(兮)思所并。穰穰复正(兮)直往宁。冯蠵切和(兮)疏写平。上天布施(兮)后土成,穰穰丰年(兮)四时荣。

---

① "颖"原书误作"颍",校订者酌改。
② "的"字为校订者酌加。
③ 校订者按,原书"兮"字外无括号,因为它是作者根据王先谦的意见补上的,所以应该加括号以示区别。
④ 校订者按,原书"兮"字外无括号,因为它是作者根据王先谦的意见补上的,所以酌加括号以示区别,下同不另出校。

按《景星》据如淳注:"谓景星者,德星也。见无常,常出有道之国。"武帝元鼎五年,得鼎汾阴,因作此乐章,以志祥瑞。所以内容不外是些祝祷物阜民康、四方和乐的话。本来《楚辞》多半是表现激越情感的作品,但到了汉代,在句调同修辞上多来模拟《楚辞》,而内容则反为极和平的歌功颂德的祭歌。这不能不说是一种大大的进步。郊庙歌辞在文学上的价值,之所以能远逾于《三百篇》中的三颂者,就在于此。

2. 舞曲歌辞——舞曲也因它们的用途的不同,而分为三类,即雅舞、杂舞及散舞。雅舞用于"郊庙燕飨",歌辞已完全亡佚。杂舞用于"宴会",现存者只《公莫舞》与《铎舞歌》,但内容多不可解,自然谈不到文学史上的价值。至于散舞,大概是排演戏时所用的,今存《俳歌辞》,一名《侏儒导》,歌辞很简短,内容也很难解,大概是写杂伎百戏的。

总之,汉代贵族的乐府,只有郊祀歌还有相当的文学价值。至于燕射歌辞已佚,舞曲歌辞虽留传下来一篇两篇,然而内容含混,在郭茂倩编《乐府诗集》时已认为"声辞杂写,不可复辨"了,到了现在自然是更不懂了。

(二) 外国输入的乐府

外国输入的乐府,为鼓吹曲同横吹曲。前者输入中国,在汉高帝时,后者在汉武帝时,约晚六十年。今仍述于后。

1. 鼓吹曲——《乐府诗集》引刘瓛定《军礼》云:"鼓吹未知其始也。汉班壹雄朔野,而有之矣。"这是说它出现于中土的时代。至它的用途,大约可分四类:①为朝会宴飨,②为道路送行,③为师有功,④为赐功臣。篇目方面,据郭茂倩的解题①谓:"汉有《朱鹭》等二十二曲,列于鼓吹,谓之铙歌。"但后边他又引《古今乐录》中的话,谓:

---

① 原书此处有一"中"字,校订者酌删。

鼓吹铙歌十八曲,字多讹误。一曰《朱鹭》,二曰《思悲翁》,三曰《艾如张》,四曰《上之回》,五曰《拥离》,六曰《战城南》,七曰《巫山高》,八月《上陵》,九日《将进酒》,十曰《君马黄》,十一曰《芳树》,十二曰《有所思》,十三曰《雉子班》,十四曰《圣人出》,十五曰《上邪》,十六曰《临高台》,十七曰《远如期》,十八曰《石留》。又有《务成》、《玄云》、《黄爵》、《钓竿》,亦汉曲也,其辞亡。

可知二十二曲只剩了十八曲,其余的曲在陈时已经亡佚了。

　　就现存的十八曲看来,这些歌辞的来源,似乎也很复杂。有的显然是民歌,有的又像出于贵族之手,有的多有不可解的字句,这是因为"声辞相杂"以致"不可复分"呢?抑因为是译作,到后来才看不懂了呢?这是颇可考虑的一件事。说到它①的内容,也极不一致。含有祝颂意味的,如《上之回》里边有这样的话:

　　　　游石关,望诸国。月支臣,匈奴服。令从百官疾驱驰,千秋万岁乐无极。

又《圣人出》中云:

　　　　圣人出,阴阳和。美人出,游九河。佳人来,騑离哉。何驾六飞龙,四时和。

这分明的是出于士大夫之手,很显然地露出模仿《楚辞》的痕迹。本来祝颂的东西,一向是缺乏感情的,所以也就没有多大意思。比较表现最真挚、情感最热烈的要算这两篇了,即《有所思》同《上邪》——

　　　　有所思,乃在大海南。何用问遗君。双珠玳瑁簪,用玉绍缭之。闻君有他心,拉杂摧烧之。摧烧之,当风扬其灰。从今以往,勿复相思。相思与君绝!鸡鸣狗吠,兄嫂当知之。妃呼狶,秋风肃肃晨风飔,东方须臾高知之。(《有所思》)

　　　　上邪,我欲与君相知,长命无绝衰。山无陵,江水为竭,冬雷

---

① "它"原书作"他",校订者酌改。

> 震震,夏雨雪,天地合,乃敢与君绝。(《上邪》)

前边的一篇是很愤激的决绝辞。本来打算要送给爱人以珍贵的饰品,中途忽然听说他变了心,于是恨恨地把它烧掉了。烧尚不足以泄愤,而且还要当风扬其灰。这真可以说是由热烈的爱而变成了极端的恨了。后边的一篇①是对新相知所发出的一篇誓辞,真也可以当起"海誓山盟"四个字了。

此外《艾如张》之写田猎,《将进酒》之写宴饮,多有不可解之处。能与前面两篇②相比的,只有《战城南》一篇:

> 战城南,死郭北,野死不葬乌可食。为我谓乌:且为客豪!野死谅不葬,腐肉安能去子逃?水深激激,蒲苇冥冥;枭骑战斗死,驽马徘徊鸣。梁筑室,何以南?何③以北?禾黍不获君何食?愿为忠臣安可得!思子良臣,良臣诚可思:朝行出攻,暮不夜归!

这是中国第一篇最有声色的非战的诗歌。描写战场上的情况,是那样逼真而活现。唐代诗人的一些非战的作品,恐怕多少总受点它的影响。

就前边的几篇看来,表现热烈、词句自然的,还是写爱情同写战争的这三篇。但这系出自民间作者之手,当无问题。可知文学是需要丰富的感情的,仅仅注意于辞采的粉饰,而轻忽了内容的充实,是不会写出好的作品的。

2. 横吹曲——它的输入,是始于张骞之通西域。当时仅仅带回来《摩诃兜勒》一曲。后来李延年因胡曲又造新声二十八解,用以为军乐。后汉和帝时,带领万人的大将才能用它。但到了魏晋,这些歌辞就完全散佚了。现《乐府诗集》中所载的,都是南北朝隋唐时人的

---

① "一篇"为校订者酌补。
② "前面两篇"原书作"前者",应该指的是《有所思》和《上邪》两篇,校订者特为酌改。
③ "何"原书误作"梁",校订者酌改。

作品，所以此地只有省略了。

(三) 民间的乐府

关于此类，有相和歌及清商曲两种。前人把后者的曲辞混到前一类，于是就说汉代的歌辞已亡，这直到梁任公才算把它辨明了，而还它们一个本来面目。此外还有杂曲歌辞，今存着大抵为文士的作品，现在也把它附在后边。

1. 相和歌——《宋书·乐志》云："相和，汉旧曲也。丝竹更相和，执节者歌。"这是它的命名之由来。歌辞就现在可考见的，晓得当初一共分为四类：一、《相和六引》，为《箜篌引》《商引》《征引》、《羽引》、《宫引》、《角引》，均已亡佚。郭氏以瑟调《公无渡河》为《箜篌引》，这是不对的。二、相和旧曲，据《古今乐录》谓："张永《元嘉技录》①相和有十五曲，一曰《气出唱》，二曰《精列》，三曰《江南》，四曰《度关山》，五曰《东光》，六曰《十五》，七曰《薤露》，八曰《蒿里》，九曰《觐歌》，十曰《对酒》，十一曰《鸡鸣》，十二曰《乌生》，十三曰《平陵东》，十四曰《东门》，十五曰《陌上桑》。"这里边的《陌上桑》乃瑟调的《艳歌罗敷行》，应入清商。此外现存的尚有七曲，即《江南》、《东光》、《薤露》、《蒿里》、《鸡鸣》、《乌生》、《平陵东》。三、《吟叹曲》，据《古今乐录》谓"张永《元嘉技录》有吟叹四曲，一曰《大雅吟》，二曰《王明君》，三曰《楚妃叹》，四曰《王子乔》"，现存者只《王子乔》一曲。四、《四弦曲》，全亡。目下就这八篇，来看看它们的内容同技术如何。

《江南》很明显的是一篇民歌：

江南可采莲，莲叶何田田。鱼戏莲叶间。鱼戏莲叶东，鱼戏莲叶西，鱼戏莲叶南，鱼戏莲叶北。

---

① 原书此处引作"张永元《嘉技录》，"似应作"张永《元嘉技录》"，校订者酌改。下同不另出校。

描写是这样的朴质自然,音调又是这样的和悦优美。它的特点,同《三百篇》中的《芣苢》一样,与其说是文章的,无宁说是声音的;与其说是诗歌的,无宁说是音乐的。

《东光》的技术较差,不必管它。至于《薤露》同《蒿里》,据崔豹的《古今注》,说是田横门人作的,是否可信,很难确定。这是中国最早的挽歌。两首比较起来,以《薤露》为最凄婉动人:"薤上露,何易晞。露晞明朝更复落,人死一去何时归。"后来的文人,都络绎不绝的来作,而尤以陶渊明所作①,在旷达中含有无限的悲凄,为最难得。

《鸡鸣》一篇较长,而结构松懈,不过描写也还生动。如:"舍后有方池,池中双鸳鸯。鸳鸯七十二,罗列自成行。鸣声何啾啾,闻我殿东②厢。"音调和美,不失为一首较好的民歌。

《乌生》一篇全用俚语,来写出老乌生的儿子,都被人弹死,是如何的悲哀。后边又说到林中的鹿,同水中的鲤,有时也不免被人射死或钓去。末尾以"唶我人民,生各各③有寿命,死生何须复道前后"结之,而以一切归之运命,这十足的代表民间"听天由命"的思想。

《平陵东》,崔豹的《古今注》谓为④翟义门人之作。技术平庸,没有大的意味。《王子乔》一篇颇含有游仙同祝颂的两种意味。实际说来,令人读着也感觉不出什么趣味。不过,也说不定它还是以后游仙诗的滥觞呢。

2. 清商曲——此类一共有平、清、瑟、楚、侧⑤五调及大曲。

平调《古今乐录》谓一共有七曲,一曰《长歌行》,二曰《短歌行》,三曰《猛虎行》,四曰《君子行》,五曰《燕歌行》,六曰《从军行》,七曰《鞠歌行》。现存的只有《长歌行》三篇与《猛虎行》一篇、《君子行》

---

① "陶渊明所作"原书作"渊明的",校订者酌补。
② "东"原书误引作"中",校订者酌改。
③ 原书此处漏排一"各"字,校订者酌补。
④ 原书此处为冒号而又无引号,所以校订者改为"为"。
⑤ "侧"原书误作"渊",校订者酌改。

一篇。本来《乐府诗集》中的《长歌行》只有两篇,但后边的一篇较长,严沧浪认为自"岩岩山上亭"以后,应为另一篇,因其意义与前边不一贯。此见良然。那么就这三篇看起来,第一首是教人爱惜景光,及时努力的。第二首是游仙,第三首是思乡,比较起来,以第一首为自然。陆侃如评之,谓"无迂腐浮泛之病"。今录如下:

> 青青园中葵,朝露待日晞。阳春布德泽,万物生光辉。常恐秋节至,焜黄华叶衰。百川东到海,何时复西归?少壮不努力,老大徒伤悲。

《猛虎行》辞短而义浅,兹不复赘。《君子行》教训意味亦极浓厚,且《艺文类聚》谓系曹植作,我们看里边"周公下白屋,吐哺不及餐"等一类的话,恐系出自贵族阶级之手。

清调,《古今乐录》谓一共有六曲:一、《苦寒行》,二、《豫章行》,三、《董逃行》,四、《相逢狭①路间行》,五、《塘上行》,六、《秋胡行》。今存者只有《豫章行》、《董逃行》、《相逢行》三篇而已。

《豫章行》假托白杨的口吻,来写它生于豫章山,后被人斫去,作洛阳宫殿的木材。我想这一定是作者的自况之作。或因为朝廷服役,终年不得归,而以白杨自比,以抒其怀乡之意。如后边的几句②:"身在洛阳宫,根在豫章山。多谢枝与叶,何时复相连?……何意万人巧,使我离根株。"这是多么沉痛的话啊。

《董逃行》,崔豹的《古今注》谓系后汉游童所作,未知可信否?篇中有"采取神药若木端,白兔③长跪捣药虾蟆丸。奉上陛④下一玉柈,服此药可得神仙。"可见是祝颂而兼游仙之作。

《相逢狭路间行》里边有些句子与相和歌中《鸡鸣》相近,可知这都是民间的产品,故句子有些因袭之处。如"入门时左顾,但见双鸳

---

① 校订者按,"狭"原书作"斜","狭"、"斜"可通。下同不另出校。
② "几句"为校订者酌加。
③ 校订者按,"白兔"一作"玉兔"。
④ "陛"原书误作"陆(陸)",校订者酌改。

鸯。鸳鸯七十二,罗列自成行。音声何噰噰,鹤鸣东西厢。"这篇的意思似乎是说交游的,但此篇又名《长安有狭斜行》①,因为中间有"堂上置樽酒,作使邯郸倡"之句,故后来就说是逛妓馆,为狭斜游。

瑟调据《古今乐录》节引王僧虔《技录》谓,一共有三十七曲之多,现存者只十五曲。即此十五曲,又有九曲兼入大曲。九曲为《陇西行》(即《步出大门行》)、《折杨柳行》、《西门行》、《东门行》、《野田黄爵行》、《雁门太守行》、《艳歌何尝行》、《煌煌京洛行》、《擢歌行》,所以现在可供研究的,只有《善哉行》、《病妇行》、《孤子生行》、《饮马行》、《上留田行》及《公无渡河行②》六曲。

《善哉行》为游仙诗,技术平常。《病妇行》写一个女人疾病缠绵,生有两三个孩子,没人照管,她③把他们交给一个丈人,嘱咐他好好的看觑。技术虽不高明,但颇道出病妇心中的凄哀。后边忽加乱辞,这显像模拟《楚辞》的,要是出于文人之手,也可算是最早的写实文学了。

《孤子生行》又名《孤儿行》,④比《病妇行》哀婉动人多了。篇子虽长,不惜把它完全抄来:

> 孤儿生,孤子遇生,命独当苦。父母在时,乘坚车,驾驷马。父母已去,兄嫂令我行贾。南到九江,东到齐与鲁。腊月来归,不敢自言苦。头多虮虱,面目多尘土。大兄言办饭,大嫂言视马。上高堂,行取殿下堂。孤儿泪下如雨。使我朝行汲,暮得水来归。手为错,足下无菲。怆怆履霜,中多蒺藜。拔断蒺藜肠肉中,怆欲悲。泪下渫渫,清涕累累。冬无复襦,夏无单衣。居生

---

① 校订者按,在汉乐府中除本篇亦名《长安有狭斜行》,还有另外一篇《长安有狭斜行》。

② 校订者按,通行文本无"行"字。

③ "她"原书误作"他",校订者酌改。

④ 校订者按,此处原书直书《孤儿行》,没有交代与上文的《孤子生行》之异名同实的关系,所以在此补上"《孤子生行》又名"云云,以免误解。

不乐,不如早去,下从地下黄泉。春气动,草萌芽。三月蚕桑,六月收瓜。将是瓜车,来到还家。瓜车反覆,助我者少,啖瓜者多。愿还我蒂,兄与嫂严。独且急归,当与校计。乱曰:里中一何譊譊,愿欲寄尺书,将与地下父母,兄嫂难与①久居!

这写兄嫂对弟弟的苛虐,自然可与旧剧中的《天河配》的故事相对看。中间写孤儿所受的痛苦,真能令读者为之泪下。至后边写季节的转换一段,简直像极优美的民歌。这种作品是民间乐府中的上乘,很少有②可以与它③相比的。

《饮马行》又名④《饮马长城窟行》,是一篇整个的五言诗体,里边颇多胜语如:

青青河畔草,绵绵思远道。远道不可思,宿昔梦见之。梦见在我傍,忽觉在他乡。他乡各异县,辗转不相见。

这思念远方的人,而竟现诸梦寐,多么的自然,毫无造作的意味,这正是技术的巧妙处。

《上留田行》技术平庸,不必赘述。《公无渡河》是很短的一篇,但一般读者均极喜称道它:

公无渡河,公竟渡河!堕河而死,将奈公何!?

据说一个男子早晨过河,后边一个女子来追他,他跳进河里,竟淹死了。女子一时在急遽的情况下,歌出这几句来。妙在能以简短的句子,传出当时的紧张情景,与夫女子看到男子被淹死后,一种无可奈何的神态!

楚调据《古今乐录》引王僧虔《技录》谓有《白头吟行》、《泰山吟行》、《梁甫吟行》、《东武》、《琵琶吟行》、《怨诗行》六篇。见存者仅《白头吟》及《怨诗行》。《白头吟》兼入大曲,只剩下《怨诗行》。这

---

① "与"原书误作"以",校订者酌改。
② "有"为校订者酌增。
③ "它"原书误作"他",校订者酌改。
④ "《饮马行》又名"为校订者酌加。

篇写人命的短促,谓语如风之吹烛,后归到及时行乐的意思上。技术拙劣,反不如《薤露》之能动人也。

侧调,各书不载,似已全亡。然《古乐苑》以《伤歌行》属于侧调,而《乐府诗集》以此篇入于杂曲,亦许一时的错误。此篇亦纯属五言,技术高妙,与前边的《饮马长城窟行》都显然的是出于文人之手:

> 昭昭素明月,辉光烛我床。忧人不能寐,耿耿夜何长。微风吹闺闼,罗帷自飘扬。
>
> 揽衣曳长带,屣履下高堂。东西安所之?徘徊以傍徨。春鸟翻南飞,翩翩独翱翔。
>
> 悲声命俦匹,哀鸣伤我肠。感物怀所思,泣涕忽沾裳。伫立吐高吟,舒愤诉穹苍。

从这样的作品看来,就可以预知那五言诗的黄金时代①快要来了。

最后我们来看大曲。这类原为十二曲,现只存《东门行》、《折杨柳行》、《艳歌罗敷行》、《西门行》、《艳歌何尝行》、《步出夏门行》、《满歌行》、《雁门太守行》、《白头吟行》等九曲。里边表现的技术较好的要算《艳歌罗敷行》、《西门行》同《白头吟行②》了。

《艳歌罗敷行》又名《陌上桑》,其辞为:

> 日出东南隅,照我秦氏楼。秦氏有好女,自名为罗敷。罗敷喜蚕桑,采桑城南隅。青丝为笼系,桂枝为笼钩。头上倭堕髻,耳中明月珠。缃绮为下裙,紫绮为上襦。行者见罗敷,下担捋髭须。少年见罗敷,脱帽着帩头。耕者忘其犁,锄者忘其锄。来归相怨怒,但坐观罗敷。使君从南来,五马立踟蹰。使君遣吏往,"问是谁家姝。""秦氏有好女,自名为罗敷。""罗敷年几何?""二十尚不足,十五颇有余。""使君谢罗敷,宁可共载不?"罗敷前置辞:"使君一何愚!使君自有妇,罗敷自有夫。东方千余骑,夫婿

---

① 原书此处有一"就"字,与前重复,校订者酌删。
② "行"为校订者酌补。

居上头。何用识夫婿？白马从骊驹,青丝系马尾,黄金络马头。腰中鹿卢剑,可值①千万余。十五府小史,二十朝大夫,三十侍中郎,四十专城居。为人洁白皙,鬑鬑颇有须,盈盈公府步,冉冉府中趋。坐中数千人,皆言夫婿殊。"

这首从结构上看,大致可分三段。一段先描写罗敷的家世同她的衣饰,中间写她的姿容之美丽,从观者的忘形上来暗示,是一种特别的表现法。末段写使君与罗敷的对话。首尾具备,是中国文学中有数的叙事诗。据崔豹的《古今注》中谓:"《陌上桑》者,出秦氏女子。秦氏邯郸人,有女名罗敷,为邑人千乘王仁妻。王仁后为赵王家令。罗敷出采桑于陌上,赵王登台,见而悦之,因置酒欲夺焉。罗敷巧弹筝,乃作《陌上桑》之歌以自明,赵王乃止。"这话可靠②与否,不得而知,无论如何它总是乐府中的难得的篇什。

《西门行》是一篇表现消极思想的作品,奇怪的是它的后段与《古诗十九首》中的第十五首几乎全一样,也许③《十九首》中那一首乃是删节《西门行》而成的。我们试一比较,就可以知道。

> 出西门,步念之,今日不作乐,当待何时？夫为乐为乐当及时。何能坐愁怫郁,当复待来兹。饮美酒,炙肥牛,请呼心所欢,可用解愁忧!

这是前一段。

> 人生不满百,常怀千岁忧。昼短而夜长,何不秉烛游？自非仙人王子乔,计会寿命难与期。自非仙人王子乔,计会寿命难与期。④ 人寿非金石,年命安可期。贪财爱惜费,但为后世嗤。

这是后一段。我们统观全篇,总觉得表情虽真挚,而句子上时有重复

---

① "值"原书引作"直",校订者酌改。
② "可靠"原书作"靠着","靠着"乃河南方言,即"靠得住"之意,为免方言引起误解,校订者酌改为"可靠"。
③ 原书此处有一"是"字,校订者酌删。
④ 以上重复的两句,原书漏,校订者酌补。

累赘之病。我们试看《十九首》中的：

> 生年不满百,常怀千岁忧。昼短苦夜长,何不秉烛游？为乐当及时,何能待来兹。愚者爱惜费,但为后世嗤。仙人王子乔,难可与等期!

这比前边的优美得多了。其实内容句子并无多大的不同,只不过略加修正,句子的位置变换一下而已。这很明显的,前者是民歌的本来面目,而《十九首》中的乃是经文人修正后的东西。

《白头吟行》又名①《白头吟》,据《西京杂记》谓:"司马相如将聘茂陵人女为妾,卓文君作《白头吟》以自绝,相如乃止。"这个不见得可靠。就全篇大意来说,倒②像是一个女子对她的情人的诀别辞。开端如:"闻君有两意,故来相决绝。"继之以"今日斗酒会,明旦沟水头。躞蹀御沟上,沟水东西流"。后边又有"凄凄复凄凄,嫁女不须涕。愿得一心人,白头不相离"。这显然是弃妇的口吻了。末了又有"男儿欲相知,何用钱刀为？"似乎是男子有了二心的原因,乃是因爱了别的富家女子的缘故,这一点似乎与相如文君的事不大符合。《西京杂记》之言,可知纯为揣测附会之辞了。

末了还有一篇《艳歌何尝行》,据胡适之先生在他的《白话文学史》中说,《焦仲卿妻③》一诗的开端"孔雀东南飞,五里④一徘徊"两句,乃是从这诗⑤里边"飞来双白鹄,乃从西北来"两句演变而来的。最初作《焦仲卿妻》这篇诗的,因觉得《艳歌何尝行》中的意思与之恰恰相合,遂⑥把这首诗作为引子,以比仲卿虽爱兰芝,以迫于母威,无可如何。后来流传既久,述者因觉得此诗为人所熟知,于是就把大部

---

① "《白头吟行》又名"为校订者酌补。
② "倒"原作"到"。
③ 原书漏了"妻"字,校订者酌补。本段下两处同此,不另出校。
④ "里"原书误排为"东",校订者酌改。
⑤ "诗"字为校订者酌加。
⑥ "遂"原书作"因",因为与前文重复,校订者酌改为"遂"。

分省略掉了,只剩下前两句,虽稍有变化,而意义仍存。这是一个很大的发现,足以祛千古读《焦仲卿妻》一诗者的不解之谜。

3. 杂曲——这一类都有主名,如马援的《武溪深行》、辛延年的《羽林郎》、宋子侯①的《董娇娆》、无名氏的《蜨蝶行》和《驱车上东林行》等。现在就这几篇大致来研究一下。

马援字文渊,扶风茂陵人,为光武将官,拜扶波将军。据《古今注》说《武溪深》乃他南征时之所作,极简短:

滔滔武溪一何深,鸟飞不度,兽不敢临。嗟哉武溪兮多毒淫!

这大概是即景之作,与孔子的"逝者如斯夫!不舍昼夜!"虽都是对水而言,但意味就全然的不同。从这篇语气与意义上很明白的表示出作者是一个军人。

辛延年的事迹已不可考,只知他是后汉人。他的《羽林郎》无论内容同句调,都有模拟《艳歌罗敷行》的嫌疑。里边写冯子都调笑酒家胡,但胡姬也同罗敷一样,不受他的引诱,而拿话来拒绝了。她的"男儿爱后妇,女子重前夫。人生有新故,贵贱不相踰。多谢金吾子,私爱徒区区!"的话,不同《罗敷行》中的"使君自有妇,罗敷自有夫"是一样的意思吗?不过,虽有模拟的痕迹,然此篇仍不失为一篇极优美之作。

宋子侯亦为东汉人,身世不详。他这篇《董娇娆》大致是以花落比盛年之易逝,有无限缠绵悲凉之致:

洛阳城东路,桃李生路旁。花花自相对,叶叶自相当。春风东北起,花叶正低昂。不知谁家提笼行采桑。纤手折其枝,花落何飘飏。请谢彼姝子,何为见损伤?高秋八月月,白露变为霜。终年会飘堕,安得久馨香?秋时自零落,春月②复芬芳。何时盛

---

① "侯"原书误作"候",下同不另出校。
② "月"原书误作"日",校订者酌改。

> 年去,欢爱永相忘①。吾欲竟此曲,此曲愁人肠。归来酌美酒,挟瑟上高堂。

无名氏的《蜨蝶行》是写蜨蝶与燕子的故事,惜颇有令人难解之处。《驱车上东门行》乃《古诗十九首》中之第十三首,在思想上也是由消极而趋于享乐之作。可知当为东汉晚叶的产品,因为与那时的时代思潮最相近也。技术已臻于完成的地步,五言诗至此时已到烂熟的时候了。

> 驱车上东门,遥望郭北墓。白杨何萧萧,松柏夹广路。下有陈死人,杳杳即长暮。潜寐黄泉下,千载永不寤。浩浩阴阳移,年命如朝露。人生忽如寄,寿无金石固。万岁更相送,圣贤莫能度。服食求神仙,多为药所误。不如饮美酒,被服纨与素。

关于乐府的内容,大致已如上述。底②下再来看乐府本身的价值,及其与五言诗的关系。

四、乐府在文学史上的地位

乐府在汉代,与《三百篇》之在周代,完全一样。从用途上看,都是乐章。从内容上看,郊庙相当于颂,燕射相当于雅,而相和、清商相当于风。在表现的技术上,自然无优劣之可分,不过要从外形上看,已有着很显明的差异。燕射歌辞已亡,不必说了。郊庙因为出自贵族文士之手,所以大半是四言,也有七言的,很明显的露出模拟《三百篇》同《楚辞》的痕迹。至于相和同清商呢,大半是五言的,句调已不像《三百篇》那样反复的重叠,全篇已不再见有"兮",篇幅虽较《楚辞》为短,而大半则较《国风》为长,且有很完美的叙事诗。这种原因,我觉得乃是南北统一、文化交融后应有的现象。所以不但贵族的作品,可以辨出受《三百篇》、《楚辞》影响的地方,即民间作品,亦在

---

① "忘"原书误作"亡"。
② "底"原书作"低",校订者酌改。

所不免,即如《艳歌罗敷行》与《孤儿行》有些句子是那样的秀丽,全不像《三百篇》那样朴质,且有的后边还杂以"乱曰",迹象更为显然。不过①这一点,我们不能一定说是进步,只可说是一种演变。社会环境的转变,人类语言的转变,都是使文学不能不转变的最要因素。至于以价值而论,我们就以汉代来说,可以毫不迟疑的承认,乐府为汉代文学中之代表。因为惟有它才是真的文学,才是有生命的文学。

其次,我们再看一看它对后来的影响如何。

1②. 五言诗的滥觞——胡适之先生在他的《白话文学史》中揭出一条文学史上的颠扑不破的原则,即"一切的文学由民间来"。五言诗的来源,过去论者纷纭,有的向《三百篇》中找,有的向楚民族的民歌中找,实际都是徒劳。假若我们一看汉代的乐府,我们就会很清澈的了悟它才真是五言诗的母亲呢。大概看起来,民歌产生之早一点的,还是三言五言的杂糅,不过五言已占着大的势力。到了东汉中叶以后,不管是民歌,还③是文人模拟民歌的产品,已完全成为五言的了。到了建安,一般文人几没有不模拟乐府的,而他的作品已整个的来运用五言了。

2. 李白之复古——诗歌自东晋以后,渐④趋浮靡,一直到了唐代的初年,才出了一位陈子昂来立意复古。到了李白,以他的不可一世的雄才,来追步汉魏,他受乐府的影响最深,所以他能一脱齐梁浮靡之习、脂粉之饰,而一返于自然。诗坛上的风气,竟陡然为之⑤一变。

3. 白居易之新乐府——李白之复古,乃是在形式上受了乐府的影响,至乐天之新乐府,则是内容上受了乐府的影响。我们看汉代乐府中的《妇病行》、《孤儿行》、《豫章行》、《战城南》等,都是描写民间

---

① 原书此处有一"在"字,校订者酌删。
② "1"原书作"甲",校订者酌改,以下同此不另出校。
③ "还"字处原书作"不管",校订者酌改。
④ "渐"原书误排作"斩",校订者酌改。
⑤ "之"为校订者酌增。

的疾苦的作品,到了乐天他就本此意而益扩大了他的描写的范围,尽量的来替人民鸣不平,替弱者来出气。这都是汲汉代乐府之余波,才能有着这样的写实作品。

4. 魏晋的游仙诗——以上都是汉乐府①影响的好的地方,至于此点,就是坏的了。大概方士思想经过了秦皇汉武的表彰,以后就渐渐的流行起来。后来到了东汉,士大夫虽不大相信了,而它的势力竟深入一般民心而不可拔。反映到文学上的,就成功了那些消极颓唐而沉浸到幻想中的游仙诗。如《董逃行》、《王子乔》都是这一类的作品。到了魏晋几乎每个作家都要来写一篇两篇,至于郭景纯那简直是要以"游仙"名家了。

第二节 五言诗的产生

关于五言诗产生的时代问题,过去讨论颇不乏其人。最早的刘勰,稍后的东坡,以及近代的陈延杰同日人铃木虎雄,他们的话虽是详略不同,但已足见过去②对此问题之有着如何的注意了。

本来五言诗之真正产生的时代,是很容易推定的。假若没有《文选》中李陵、苏武同班姬的作品,及《玉台新咏》中所载的枚乘的作品的话。但③既然萧统同徐陵曾这样的主张过,而且过去同现在④相信他的话的人很多,我们似乎不应轻轻放过。所以本节所讨论的,一为对李陵、苏武、班姬作品之辨伪,二为对《古诗十九首》产生时代之推定。今分述于后。

关于枚乘的作品,据《玉台新咏》中所载,谓有《西北有高楼》、《东城高且长》、《行行重行行》、《涉江采芙蓉》、《青青河畔草》、《兰若生阳春》、《庭前有奇树》、《迢迢牵牛星》、《明月何皎皎》九篇。实

---

① "汉乐府"三字为校订者酌增。
② 原书此处漏排了"去"字,校订者酌补。
③ "但"原书作"现在",校订者酌改。
④ 原书此处有"的人"二字,校订者酌删。

际上这九首均在《古诗十九首》中,恐①非乘所作。理由:一是②《汉书》乘本传只载生平、诗赋略只记有赋九篇而不及诗③。二是那样好附会的萧统,还把这几首归诸无名氏,徐陵较统为晚,何以知之？三是陆机所拟古诗,均谓拟古而不曰拟枚乘。且《诗品》亦谓"机所拟古诗,人代冥灭",更可证明此非乘所作明矣,亦④可知徐陵的话是如何的不可信了。

李陵的诗现存三首,最初均见于《文选》,标题为《与苏武诗三首》,就内容上说,不失为一缠绵悱恻之离别辞。就各方面看,这三篇东西,似乎不会出于李陵之手。⑤

一是⑥用字触汉惠帝讳。宋洪迈《容斋随笔》中说:

> 《文选》李陵苏武诗,东坡云"后人所拟"。余观李诗云"独有盈觞酒","盈"惠帝讳,汉法触讳有罪,不应陵敢用。东坡之言可信也。

又顾炎武《日知录》云:

> 李陵诗"独有盈觞酒",枚乘诗"盈盈一水间"。二人皆在武昭之世,而不避讳,又可知其为后人之拟作,而不出于两京矣。

这是从避讳看是为此。

二是与《汉书》中所载李⑦陵的作品风格不类。《汉书·李陵传》

---

① 原书此处有一"决"字,校订者酌删。

② "一是"原书作"甲、"单另起行,校订者酌改,以下"二是"、"三是"并同此例,不另出校。

③ 此处原书作"《汉书》乘本传及诗赋略只载而不及赋诗",语意不完,校订者酌改。

④ "亦"为校订者酌补。

⑤ 此句原书作"似乎这三篇东西,决不会出于李陵之手",语气陷于疑决之矛盾,校订者酌改。

⑥ "一是"原书作"甲、",校订者酌改,以下"二是"、"三是"、"四是"并同此例,不另出校。

⑦ "李"原书误排作"了",校订者酌改。

载苏武归汉时,李陵置酒饯送,作歌道:

> 径万里兮度沙漠,为君将兮奋匈奴。路穷绝兮矢刃摧,士众灭兮名已隤。老母已死,虽欲报恩将安归?

从形式上看,是七言而兼为楚辞体①的,从内容上看,是激越慷慨的。这才像是出自于一个武将之手的作品。与荆卿之《易水歌》、项羽之《垓下歌》②可以先后辉映。可是这三首《与苏武诗》③呢,形式既是五言的,而内容又是那样的缠绵悱恻,如:

> 风波一失所,各在天一隅。长当从此别,且复立斯须。欲因晨风发,送子以贱躯。(其一)

又如:

> 徘徊蹊路侧,恨恨不能辞。行人难久留,各言长相思。安知非日月,弦望自有时。

真可以说是"儿女情多,风云④气少",拿这同前边一诗一比较,不是很显然的有着极不相同之点么?即令说李⑤陵也可以写五言,但内容同样的是别苏武,为何风格有着这样的差异呢?又将何以解释?假若我们承认《汉书》中所载的是真的,那么我们就不能不认定这三首是后人的伪托,因为二者是不可得兼的。

三是诗中所描写之事实,多与李、苏二人身世不合。《文选旁征》引翁方纲的话道:

> 今即此三诗论之,皆与当时情事不切。史载陵与武别,陵起舞作歌,"径万里兮"五句,此当时真诗也,何当有"携手河梁"之事?即以河梁一首言之,其曰"安知非日月,弦望自有时",此谓离别之后,或尚冀其会合耳。不思武既南归,即无再北理?而陵

---

① "兼为楚辞体"为校订者酌加。
② 《垓下歌》原书作"《技(拔)山歌》",校订者酌改。
③ 《与苏武诗》为校订者酌加。
④ "云"原书误作"重",校订者酌改。
⑤ "李"为校订者酌加。

云:"大丈夫不能再辱",亦自决无还汉之期,则此"日月"、"弦望"为虚辞矣!

又云:

> "嘉会难再遇,三载为千秋"。苏、李二子之留匈奴,皆在天汉初年,其相别在始元五年,是二子同居者十八九年之久矣。安得仅云"三载嘉会"乎?若准本传岁月证之,皆有所不合。

这又是一条很重要的证据。

四是就文学演进的历程上,此时决产生不出这样的作品。按《文心雕龙·明诗》云:

> 汉初四言,韦孟首唱,匡谏之义,继①轨周人。孝武爱文,柏梁列韵;严马之徒,属辞无方。至成帝品录,三百馀篇,朝章国采,亦云周备;②而辞人遗翰,莫见五言,所以李陵、班婕妤见疑于后代也。

可见在齐梁已经有人在惑疑其为伪托了!至清代钱竹汀在他的《十驾斋养新录》中道:

> 七言至汉,而《大风》、《瓠子》见于帝制。柏梁联句,一时称盛,而五言靡闻。唯"邪径败良田"童谣见于成帝之世耳!……要之,此体之兴必不在景武之世。

就这四点看来已经是"铁案如山"了。而近人古直在他的《汉诗研究》中仍力主旧说,以为后人伪托其写情决不能如③此之真,煞是可笑!此三诗既非李陵所作,而原初作者也并非要故意嫁名于李陵,不过是写自己的离别之情罢了。后来流传日久,就失去了作者的名字,也同《十九首》中的无名氏的作品一样。到了萧统,他以为这三首是离别之作,与李陵别苏武的事相似,因就嫁名于李陵,也没顾及到这

---

① "继"原书误作"经",校订者酌改。
② "朝章国采,亦云周备",原书漏引,校订者酌补。
③ "如"原书误排作"始",校订者酌改。

中间的矛盾。后来相信《文选》的,遂不惜曲为之辞,牵强附会,真可以说是白费苦心。

苏武诗四首,也同李陵诗一样,是别人的作品。萧统把它们强算作是苏武作的。其不是的①理由:一是②《汉书》中不载——据武本传及《艺文志·诗赋略》,均未提及他的五言诗。二是《诗品》中本已列了许多的伪作,但尚未提及苏武。三是苏轼《答刘沔书》谓:"李陵苏武赠别长安,而诗有'江汉'之语……而统不悟。"所以同所谓李陵诗③是一样的不可信。

班婕妤的《团扇诗》,最初见于《文选》,但刘勰已谓其见疑于后代,而清代的崔述更谓④班固不知,而萧统知之,不载于《汉书》,而载于《文选》,所以也是极不可靠的。

《古诗十九首》最初见于《文选》,其篇目为(一)《行行重行行》、(二)《青青河畔草》、(三)《青青陵上柏》、(四)《今日良宴会》、(五)《西北有高楼》、(六)《涉江采芙蓉》、(七)《明月皎夜光》、(八)《冉冉孤生竹》、(九)《庭中有奇树》、(十)《迢迢牵牛星》⑤、(十一)《回车驾言迈》、(十二)《东城高且长》、(十三)《驱车上东门》、(十四)《去者日以疏》、(十五)《生年不满百》、(十六)《凛凛岁云暮》、(十七)《孟冬寒气至》、(十八)《客从远方来》、(十九)《明月何皎皎》。就它们的字句及内容上来分析,大抵都是东汉中叶以后的产品。

一⑥、从用字上看,这些诗⑦多与东汉有关。如《青青陵上柏》

---

① "其不是的"为校订者酌加。
② "一是"原书作"甲、",校订者酌改,以下"二是"、"三是"并同此例,不另出校。
③ "同所谓李陵诗"为校订者酌加。
④ "谓"原书作"为",校订者酌改。
⑤ 原书漏排了第十首《迢迢牵牛星》,特为补上,以下序号依次变更。
⑥ "一"原书作"甲",校订者酌改,以下"二"并同此例,不另出校。
⑦ "这些诗"为校订者酌加。

中有"游戏宛与洛"句;《东城高且长》中有"促织鸣东壁"句,按"促织"之名,不见《尔雅》、《方言》等书,至汉末《纬书》始见"促织"之名;《凛凛岁云暮》中有"锦衾遗洛浦"句;《孟冬寒气至》中有"四五蟾兔缺",按月中有兔始《楚辞·天问》,月中有蟾始于《淮南子·精神训》,而蟾兔并居月中,则始见于张衡《灵宪》。从这些地方看起来,不是称举的地方为东京,就是所引用的词大半产生于东汉,那么它们产生的时代,自可大略推定了。

二、从思想上看,这些诗的内容①与魏晋时代思潮颇有近似之处。如《驱车向东门》中之:

> 人生忽如寄,寿无金石固。万岁更相送,圣贤莫能度。服食求神仙,多为药所误。不如饮美酒,被服纨与素。

又如《青青陵上柏》中之:

> 人生天地间,忽如远行客。斗酒相娱乐,聊厚不为薄。驱车策驽马,游戏宛与洛。

这都是感到人生寿命的短促,而沉进消极的享乐主义中的思想,与魏晋人颇有吻合之处。

所以不②管从哪一方面来讲,它们的产生时代,至早不能超过东汉的初叶。

《古诗十九首》的特点,就在能以自然之笔写自然之情,王静庵《人间词话》中云:

> "昔为倡家女,今为荡子妇。荡子行不归,空床难独守"、"何不策高足,先据要路津。无为久贫贱,轗轲长苦辛",可谓淫鄙之尤。然无视为淫鄙者,以其真也。

这自是卓见,《十九首》中有许多地方表现出极度的颓废思想,但并无损它们的价值,原因还是因为它们的情感是真挚的,并非出于矫饰,

---

① "这些诗的内容"为校订者酌加。
② "不"原书作"无",校订者酌改。

所以仍有无限动人的力量。

第三节 一些试作五言的诗人

我们知道在前边所论述的乐府中,已经大半是用五言写出的了,如《鼓吹曲》中的《有所思》,相和歌中的《鸡鸣》、杂曲中的《冉冉孤竹生》,前者是杂有五言的杂体了,而后者几已全成为五言体了。到了东汉,一般文人有意无意的来模仿乐府,后来打从①为徒诗时也采用五言了。从此五言诗才真正的正式成立,竟在文坛上代替了四言的地位。

最早作五言诗的当首推应亨,亨是东汉初年人,事迹已不可考,作者《赠四王冠诗》其自序曰:"永平四年,外弟王景系兄弟四人并冠,故贻之诗。"诗云:

　　济济四令弟,妙年践二九。令月惟吉日,成服加元首。人咸
　饰其容,鲜能离尘垢。虽无觥觥爵,杯醮传旨酒。

按他的年代上说,永平为汉明帝年号,相当于西历六十一年,内容是祝颂的,而技巧太质朴,自然是五言诗初期应有的现象。

其次是班固,他是一位著名的史学家,扶风安陵人,生于汉平帝元始八年,死于汉和帝永元四年,年六十一。其一生之杰作为《前汉书》一百卷,诗歌本非他之所长。不过他曾写了咏史诗,且为五言的,所以不能把他拉掉。内容只作到叙述同说理的境地,感人的力量极其薄弱。如:

　　小女痛父言,死者不可生。上书诣阙下,思古②歌《鸡鸣》。
　忧心摧折裂,晨风扬激声。

这无怪乎后人批评它"质木无文"啊!

---

①　"打从"原作"打总","打总"为方言,意为"归拢到一起",与此处句意不合,疑为"打从"(自打从)之误植,校订者酌改,特此说明。

②　"古"原书误引作"苦",校订者酌改。

东汉的末叶,有一位诗人秦嘉,他有《留郡赠妇诗》三首,风格极凄怆,如第一首云:

> 人生譬朝露,居世多屯蹇。忧艰常早至,欢会常苦晚。念当奉时役,去尔日遥远。遣车迎子还,空往复空返。省书情凄怆,临食不能饭。独坐空房中,谁与相劝勉。长夜不能眠,伏枕独展转。忧来如循环,匪席不可卷!

所以《诗品》中批评道:"夫妇事既可伤,文亦凄怨。"关于他的身世,《后汉书》无传,从他《赠妇诗》的短序上,可知他字士会,陇西人,为郡上计①。其妻徐淑寝疾,"不获面别,赠诗云尔"。

末了应该数到②极著名的女诗人蔡琰了。她③是汉末一位学者蔡邕的女儿,字文姬,初嫁卫仲道,夫亡无子,归宁于家。兴平中,为胡骑所获,没于南匈奴左贤王。在胡十二年,生二子。曹操遣使者,以金璧赎之,后再嫁董祀,祀犯罪,当斩,文姬求于操,始获免。她的那篇《悲愤诗》,可以说是她自己的自叙传,描写乱离,描写她自己的遭际,都很凄哀动人!

> 猎野围城邑,所向悉破亡。斩截无孑遗,尸骸相撑拒。马边悬男头,马后载妇女。长驱西入关,迥路险且阻。还顾邈冥冥,肝脾为烂腐。所略有万计,不得令屯聚。或有骨肉俱,欲言不敢语。失意几微间,辄言毙降虏。要当以亭刃,我曹不活汝。岂敢惜性命,不堪其詈骂。或便加棰杖,毒痛参并下。旦则号泣行,夜则悲吟坐。欲死不能得,欲生无一可。彼苍者何辜,乃遭此厄祸。

这是写被虏后所目击的一切惨状。

> 有客从外来,闻之常欢喜。迎问其消息,辄复非乡里。邂逅

---

① 校订者按,"上计"一作"上掾"。
② 原书此处有"这位"一词,校订者酌删。
③ "她"原书误作"他",校订者酌改。下同不另出校。

徼时愿,骨肉来迎己。己得自解免,当复弃儿子。天属缀人心,念别无会期。存亡永乖隔,不忍与之辞。儿前抱我颈,问母欲何之?人言母当去,岂复有还时?阿母常仁恻,今何更不慈?我尚未成人,奈何不顾思!见此崩五内,恍惚生狂痴。号泣手抚摩,当发复回疑。兼有同时辈,相送告离别。慕我独得归,哀叫声摧裂。马为立踟蹰,车为不转辙。观者皆嘘唏,行路亦呜咽。

这是①写去胡返国时同她的儿子离别的情形,真也可以令读者为之"呜咽"了。

总之,五言诗到东汉末年,确已达成熟的地步,所以一般文人用它来抒情的固然不少,即用它来叙事的,也数见不鲜。从这儿可知四言已渐渐为文人所遗弃,而五言竟"起而代之"了!

第三章　两汉文章②

第一节　汉赋

过去的人,一向认为"赋"为汉代文学之代表,但到了近代,它的地位竟一落千丈。胡适之先生的《白话文学史》把它整个儿丢弃了,连一个字也没提。实际说来,要拿真文学的标准来衡量汉代的赋,恐怕里边十分之七八要落选的,因为它们虽则富于想象,而且有华赡③的词采,但可惜太缺乏感情了。所以令人看起来,总觉得头目晕眩,实际得不到一点启示。不过它总算是过去文学中的一体,我们为明白中国文学演进的流别起见,似不应把它一笔抹杀。

---

① "是"为校订者酌补。

② 本章由原书第二编第一章第二节中的"赋"、"散文"及"余论"三小节合并而成,章题及节题由校订者酌拟。

③ "赡"原书误作"赡",校订者酌改。

赋①自然是从荀卿《赋篇》及《楚辞》来的,到了汉代又加上了纵横家的色调,益发恢②廓了。不过大致仍可分作下列几派:(一) 偏于抒情的,有贾谊。(二) 偏于铺叙的,有枚乘、司马相如、班固、傅毅等。(三) 偏于说理的,有张衡。本来汉赋是南北文学合③流后的产儿,在内容同形式两方面,都很明显的在受着它们的遗传,不过内容比较接近北方,至形式大抵汲楚辞的流波,根本已找不到像荀卿《赋篇》那样朴拙的产品了。现在为便利起见,按照作者的年代叙列如次。

一、贾谊、枚乘、司马相如、扬雄的赋

贾谊(前201~前④169)洛阳人。天资英发,名冠乡里,年十八就受知于当地的郡守吴公。文帝时被荐,到京为博士。这时他才二十几岁。在那一群老师宿儒中,以他的年纪为最轻。但是他的聪明学识,倒⑤还出他们之上。每遇朝廷令下,一般老先生都觉得没有办法的问题,他都能一一解答,不但解答,而且能令他们个个满意、倾服。这时他们才觉得谊才卓绝,不是他们所能及的。同时呢,文帝对他也很赏识,一年之中竟升至太中大夫。后来他屡次上疏,陈述意旨,均有卓见,朝廷拟任以公卿之位,但不幸竟遭一些武夫们的毁谤,终未实现。末了还把他放逐到极辽远的南方,作长沙王的太傅。他真太不幸了,竟同屈原一样遭受着迁徙的乖运,所以当他往长沙过湘水时,就作赋以吊屈原。在长沙三年又被召回,改为梁怀王太傅。怀王坠马死,谊自伤为傅无状,哭泣伤悼,不久就死掉了。著作有《新

---

① 原书此处作"赋的来源",与后文"来的"重复,校订者酌删。
② "恢"原书误作"诙",校订者酌改。
③ 原书此处漏排了"合"字,此据本书第一编第三章第三节"总之,赋在先秦的代表作者,南方为屈原,北方为荀卿,这两个源头,到了汉代,融合为一条巨流"酌补。
④ "前"为校订者酌补。
⑤ "倒"原作"到",校订者酌改。

书》十卷,赋二篇行于世。

贾①谊的遭际既是那样的不幸,所以竟至于抑郁而卒。可知他是如何的富于感情的人了。他的《吊屈原》一文,最为沉痛,这虽是吊屈原,实际乃是自吊:

> 恭承嘉惠兮,俟罪长沙;侧闻屈原兮,自沉汨罗。造讬湘流兮,敬吊先生。遭世罔极兮,乃殒厥身。呜呼哀哉!逢时不祥。鸾凤伏窜兮,鸱枭翱翔。阘茸尊显兮,谗谀得志;贤圣逆曳兮,方正倒植。世谓随、夷为溷兮,谓跖、蹻为廉;莫邪为钝兮,铅②刀为铦③。吁嗟默默,生之无故兮;斡弃周鼎,宝康瓠兮;腾驾罢牛,骖蹇驴兮;骥垂两耳,服盐车兮;章甫荐屦,渐不可久兮;嗟苦先生,独离此咎兮。……

这无论内容同形式,都是从《离骚》、《哀郢》、《怀沙》等篇来的。不过他把屈原的意思,更加以发挥罢了!至他在长沙所作的《鹏鸟赋》,内容大部分是说理,不过是借老庄一派的哲学见解,来慰藉自己而已:

> 祸兮福所依,福兮祸所伏;忧喜聚门兮,吉凶同域。彼吴强大兮,夫差以败;越栖会稽兮,勾践霸世。斯游遂成兮,卒被五刑;傅说胥靡兮,乃相武丁。

这是说祸福都不是固定的,自己虽被贬谪,但说不定将来也许会因之而得福,正不必太过于伤悼。末尾又云:

> 释智遗形兮,超然自丧;寥廓忽荒兮,与道翱翔。乘流则逝兮,得坻则止;纵躯委命兮,不私与己。其生兮若浮,其死兮若休;澹乎若深渊④之静,泛乎若不系之舟。不以生故自宝兮,养空而浮;德人无累兮,知命不忧。细故蒂芥兮,何足以疑。

这是多么透辟明澈的见解!你不能说他看得不真,认得不澈。但他

---

① 此处另起段,称名自以全名为妥,故酌补姓氏。
② 校订者按,"铅"一作"鈆"。
③ "铦"原书误作"铦",觉得酌改。
④ 校订者按,"渊"一作"泉"。

为什么末了终于伤悼而死呢？我觉得这与性格同修养有关。大概性格执着的，对事总特别的认真，而且最富于感情，所以一遇挫折，就容易走到①极端的路上。屈原、贾谊可以代表这一派。其次，性格通脱的，对一切事能从两面去看，而且对于得失也不是那样的萦萦于心，所以碰着坎坷，很能以旷达处之。渊明、东坡最可代表此派。要说屈原同贾谊，他们何尝见不到，不过他们的性格是生就了的，不巧就遭际着那样的不幸，结果竟致一个自沉、一个夭折，令后来人一读到他们的作品，就不能不为他们惋惜！东坡批评贾生，对他的态度表示不满，这正足见他们的性格不同，所以一事才有两样的看法。所以就贾谊的处事的态度看来，与其说他是政治家，无宁说他是文学家。因为他虽有政治家的眼光与识②见，但他的一切行动则纯为文学家的，所以他始终在政治上没有获得成功。

  枚乘（前215～前③135？）字叔，淮阴人。初为吴王濞郎中。吴王欲谋反，乘上书力谏，吴王不听。于是遂去吴之梁与孝王游。景帝即位，晁错请削诸侯王，吴王与六国谋反，以诛错为名，举兵西向，政府迫于威势斩错以谢。乘此时又上书，劝吴王休兵，吴王仍不听，终取灭亡。七国既平，乘声名渐高，景帝拜为弘农都尉，但他已过惯宾客的生活，不乐郡吏，又以病辞归，再游梁。武帝即位，以安车蒲轮征乘，道死。

  他是最善属辞赋的作家，《汉书》说他"复游梁"，梁客皆善属辞赋，乘尤高。不过可惜他的作品流传下来的太少了。现在只有《梁王菟园赋》、《柳赋》及《七发》，可以代表他的作品的④，也只有《七发》一篇。这篇大致分为八段，第一段是小序，写楚太子有疾，吴客往问

---

① "到"为校订酌增。

② "识"原书误作"试"，当是因为"识"、"试"两字繁体"識"、"試"近似而致误排，校订者酌改。

③ "前"为校订者酌加。

④ "的"为校订者酌加。

之。太子最初很不高兴来同他周旋,后来竟因他的妙舌生莲,渐渐的对他的话感到了兴趣。二段写音乐,三段写饮馔,四段写骏马,五段写园囿,六段写田猎,七段写广陵潮,八段写方术,一一的问太子能不能起而享受,最初太子答以"仆病未能",到了中间,太子的病已渐有起色,听到末了,太子竟"据几而起"说道:"涣①乎若一听圣人辩士之言","澁然汗出,霍然病已"。结构大致是这样,文字异常的绮丽,内容大半都是幻想。如第一段写悲凉的音乐道:

> 龙门之桐,高百尺而无枝,中郁结之轮菌,根扶疏以分离。上有千仞之峰,下临百丈之溪;湍流溯波,又澹淡之。其根半死半生。冬则烈风漂霰飞雪之所激也,夏则雷霆霹雳之所感也,朝则鹂黄鸣鸪鸣鸣焉,暮则羁雌迷鸟宿焉。独鹄晨号乎其上,鹍鸡哀鸣翔乎其下。于是背秋涉冬,使琴挚斫斩以为琴,野茧之丝以为弦,孤子之钩以为隐,九寡之耳以为约。使师堂操《畅》,伯子牙为之歌。歌曰:"麦秀蕲兮雉朝飞,向虚壑兮背槁槐,依绝区兮临回溪。"飞鸟闻之,翕翼而不能去;野兽闻之,垂耳而不能行;蚑蟜蝼蚁闻之,拄喙而不能前。此亦天下之至悲也。……

这无论是从哪一方面,都可以看出作者是有意的来模拟《招魂》,至于这种设问的体裁,荀卿《赋篇》固已开其先例,至南方文学中如宋玉之《对楚王问》以及《卜居》、《渔夫辞》都系此类,所以我们可以说枚乘的作品,形式同内容都是从《楚辞》来的,不过他偏于描摹物象,与贾谊之偏于抒情,稍有不同而已。至于后来把《七》作为一体,纷纷效颦,那真可说是"每况愈下"、"不足观矣"。

司马相如(前180?~前②118?)字长卿,蜀郡成都人。景帝时曾为武骑常侍,因病免。客游梁,与一般文士游,这才开始创作。梁孝王卒,归依临邛令王吉。临邛富人卓王孙有女新寡,相如闻之,后

---

① "涣"原书误作"渔",当是因为两字手写近似而致误排,校订者酌改。
② 以上两"前"字为校订者酌补。

于赴卓氏宴会之际,以琴挑之,两人竟相携而逃。武帝即位,喜文辞,相如被召,拜为中郎将,使于蜀,后以病免,死于茂陵。

　　相如的作品,最著名的有《子虚赋》、《上林赋》、《大人赋》、《封禅文》等。至于《美人赋》同《长门赋》颇有伪托的嫌疑。相如的思想极复杂,从胡安受经,似儒;奉使西南邑,作《喻巴蜀》及《难蜀父老》,似纵横;作《大人赋》,言神仙,又似方士。从他作品来看,辞采雕绘,想象丰富,惜乎太缺乏感情,不然总可以称得起贵族文学中的杰作。在此①把他的《子虚》、《上林》同《大人》三赋中各举出一段,以见他的文学手法之一斑。

　　　　于是郑女曼姬,被阿緆,揄纻缟,杂纤罗,垂雾縠。襞积褰绉,纡徐委曲,郁桡溪谷;衯衯裶裶,扬袘戌削,蜚纖垂髾;扶舆猗靡,翕呷萃蔡,下靡兰蕙,上拂羽盖;错翡翠之葳蕤,缪绕玉绥;眇眇忽忽,若神仙之髣髴。(《子虚赋》)

这是对楚王宫女②衣饰的刻画,真可以说是极靡丽之能事了。

　　　　于是乎离宫别馆,弥山跨谷。高廊四注,重坐曲阁。华榱碧珰,辇道骊属,步櫩周流,长途中宿。夷嵕筑堂,累台增成,岩突洞房。俯杳眇而无见,仰攀橑而扪天。奔星更于闺闼,宛虹拖于楯轩。青龙蚴蟉于东箱,象舆婉僤于西清,……醴泉涌于清室,通川过于中庭。(《上林赋》)

本来帝王的园囿,已经够侈丽了,又经过这位文士的夸张的描写,那更非我们这一般小民所能意想③得到的了。所以不④管他如何的说得"天花地坠",似乎与我们的生活经验不发生若何的关系,因之也就感不到什么兴趣。

　　　　回车揭来兮,绝道不周,会食幽都。呼吸沆瀣兮餐朝霞,咀

---

① "在此"为校订者酌补。
② "宫女"原书作"夫人",按称"夫人"不合赋中人物身份,校订者酌改。
③ "想"为校订者酌增。
④ "不"原书作"无",校订者酌改。

> 噍芝英兮叩琼华。僸䬾寻而高纵兮,纷鸿溶而上厉。贯列缺之倒景兮,涉丰隆之滂濞。骋游道而修降兮,骛遗雾而远逝。迫区中之隘陕兮,舒节出乎北垠。遗屯骑于玄阙兮,轶先驱于寒门。下峥嵘而无地兮,上嵺廓而无天。视眩泯而亡见兮,听敞恍而亡闻。乘虚亡而上遐兮,超无友而独存。(《大人赋》)

这是《大人赋》的末段,很明显的带着极浓厚的《楚辞》色彩,不过屈原的作品虽也很多离奇①的幻想,但因为有感情作中心,所以弥觉动人。相如这篇只是空洞的幻想,只不过使希望成仙的皇帝读后大悦,有飘飘凌云之感罢了。

按相如的行径,近于浪漫,又极富于幻想,倒②是具有诗人本质的一个作家。但他不免以文学作为投合时君、猎取利禄的工具,既不能"感人之感"又不能"感己之感",只写出一些没有生命的东西,此其所以可惜也!

扬雄(前53~后③18)字子云,同相如是同乡,不过比相如晚五十六年。他的家庭是世世业农。他呢,一则不喜为章句之学,自然不能以明经猎取功名,二则他不大善于讲话,是一个常常沉浸在静思默想中的哲学家,所以交游方面就差一点。但他颇能恬淡自安,不戚戚于贫贱,不汲汲于富贵,倒也很适意。成帝时,有人荐他文章似相如,被召为郎,又给事黄门。王莽篡位,他以耆老久次,转为大夫,校书天禄阁。后以病免,年七十一,卒。

他平生对于创作最喜欢摹拟了。他的作品很少能一空依傍、自创新体的,《汉书》中说他④:

> 顾尝好辞赋。先是时,蜀有司马相如,作赋甚弘丽温雅,雄心壮之,每作赋常拟之以为式。又怪屈原文过相如,至不容,作

---

① "离奇"原作"奇离",校订者酌改。
② "倒"原书作"到",校订者酌改。
③ "前"、"后"为校订者酌加。
④ "他"为校订者酌加。

《离骚》,自投江而死,悲其文,读之未尝不流涕也。以为君子得时则大行,不得时则龙蛇,遇不遇命也,何必湛身哉!乃作书,往往摭《离骚》文而反之,自岷山投诸江流以吊屈原,名曰《反离骚》;又旁《离骚》作重一篇,名曰《广骚》;又旁《惜诵》以下至《怀沙》一卷,名曰《畔牢愁》。

又云:

> 经莫大于《易》,故作《太玄》;传莫大于《论语》,作《法言》;史篇莫善于《仓颉》,作《训纂》;箴莫善于《虞箴》,作《州箴》;赋莫深于《离骚》,反而广之;辞莫丽于相如,作四赋。皆斟酌其本,相与放①依而驰骋云。

所以他的作品,除了一部分属于哲学的,我们无须管它外,至于文学方面的作品,如《州箴》、《广骚》、《甘泉赋》、《河东赋》、《蜀都赋》、《羽猎赋》、《长杨赋》,都没有什么新意之可言,一味只知堆砌粉饰,矫揉造作,枚、马之作描写方面或有可取,至扬雄则并此而失之。所以这种专事铺叙的赋,到此时可以说把弱点整个儿暴露出来了。

子云本不愿以文士自居,大概他弄文学,也是他早年的嗜好,他最初总以为赋可以讽谏时君,对政治不无帮助,后来他深切的感到赋不但不能对时君有所匡正,反而有推助的危险,所以他在中年以后,就辍而不为。因而他就说"童子雕虫篆刻"、"壮夫不为"(见《法言》)。这虽不免有点轻视文学之嫌,但他鉴于武帝之以倡优对待东方朔、枚皋之流,自然不免要有这样反动的论调。不过就此也正足以看到汉人的文学观,纯粹是功利主义的了。

子云的文学见解,给后世的影响倒②不见得大,可是在创作上他开了模古的前例,真给文学上种下了不小的恶根。后来文人之喜于模拟,使文学常常在因袭剽窃之中打旋转,而不能够有着迅速的进

---

① "放"原书误排为"於",校订者酌改。
② "倒"原书作"到",校订者酌改。

步,这不能不认为他是这类作品的始作俑者!

二、班固、傅毅、张衡的赋

班固(略履已详前节),他的赋流传到现在的,只有《两都》及《幽通》两篇,比较而言,前者①可作为他的代表作。据他的序上,讲他作这篇赋的动机道:

> 臣窃见海内清平,朝廷无事,京师修宫室,浚城隍,起苑囿,以备制度。西土耆老,咸怀怨思,冀上之眷顾,而盛称长安旧制,有陋洛邑之议。故臣作《两都赋》,以极众人之所眩曜,折以今之法度。

可见他这篇东西不无政治作用,很想借此来矫正"西土耆老"的错误观念。至于他这篇东西写成后,是否达到他所期望的目的,那就不得而知了。

《两都赋》可以说全是模仿相如的《子虚》同《上林》而成的。②《子虚》、《上林》是假设亡③是公与乌有先生的答问,而此篇则是假设西都宾与东都主人的答问,内容不过比《子虚》、《上林》稍加恢廓,不仅铺叙宫室、苑囿,即物产、人物、山川、河流,均在被称述之列,所以相如、子云的作品,固是以描写皇帝的居处为主题,但是局部的、琐碎的,而孟坚则包罗一切,从此开了以京都为题材的先例。后来傅毅的《洛都》,张衡的《西京》、《东京》、《南都》同左思的《三都》等赋,都是《两都赋》的后继者。说到辞采,不外是铺张扬厉,不但没脱去那些粉饰堆④砌之病,而且益发的变本加厉了。子云谓:"诗人之赋丽以则,辞人之赋丽以淫。"有汉一代的赋堪称是诗人的实不多觏,除了贾谊

---

① 校订者按,此处原书作"比较前者",现酌改为"比较而言",并将"前者"改为下句的主语。
② 原书此句句首有"说到"二字,与后文"可以说"犯重,校订者酌删。
③ "亡"原书误作"无",校订者酌改。
④ "堆"原书误排作"碓",校订者酌改。

的外,恐怕其余都应归诸辞人的一类吧。

其次,孟坚对赋的见解,还有可称述者。在孟坚以前,相如、子云也有论赋的话,不过都很零星,到了孟坚比较着对赋已有着具体的系统①的主张,大致说来:(一)认赋为继诗而作的一种文体,乃是时代的产物(《汉志·诗赋略》);(二)主张赋应能"抒下情而通讽喻"、"宣上德而尽忠孝"(《两都赋序》);(三)尊相如而薄贾生。扬子云本有"贾生升堂,相如入室"的话。我们若站在文学的立场上看,毋宁说是"相如升堂,贾生入室"。清人刘熙载说的好:"屈子之赋,贾生得其质,相如得其文。虽途径各分,而无庸轩轾也。"(《艺概》)

这是比较平允的评论。自子云开模拟相如之风,以后的作者完全走的这个道路,无怪他们都异口同声的称赞相如了! 总之孟坚的文学观,带着极浓郁的儒家色彩,故一以"功利"为依归。

傅毅(40? ~90?)字武仲,扶风茂陵人。最初习章句之学,作《迪志诗》以自励。肃宗时,被召为兰台令史,拜郎中,与班固、贾逵共典校书。后车骑将军马防聘毅为军司马。马氏败后②,免官归。永元元年,车骑将军窦宪复请毅为主记事,后复为司马,与班固同僚。

据③《后汉书》毅传,谓毅著作有诗、赋、诔、颂、祝文、七激、连珠,凡二十八篇。今存之赋,仅有《洛都》、《七激》与《舞赋》。《洛都》似因受《两都》影响而作者。《七激》似模拟《七发》的,比较《舞赋》还算是别开生面,有点意思。里边写郑女跳舞的姿态道:

> 于是合场递进,按次而俟。埒材角妙,夸容乃理。轶态横出,瑰姿谲起。眄般鼓则腾清眸,吐哇咬则发皓齿。摘齐行列,经营切儗。彷佛神动,回翔竦峙。击不致笑,蹈不顿趾。翼尔悠往,暗复辍已。及至回身还入,迫于急节,浮腾累跪,跗蹋摩跌。

---

① "系统"原书作"统系",校订者酌改。
② 此句原作"后马氏败",为免前后两句起首连用"后"字,故酌改如此。
③ 原书此句句首有"毅的作品"四字,与下文犯重,校订者酌删。

纤形赴远,潅似摧折。纤弛蛾飞,纷猋若绝。超逾鸟集,纵弛殟殁。蜲蛇姌袅,云转飘曶。体如游龙,袖如素霓。黎收而拜,曲度究毕。迁延微笑,退复次列。观者称丽,莫不怡悦。

描写女性美之作,恐怕要以此篇为最早了。至如宋玉《登徒子好色赋》、《神女赋》同相如的《美人赋》,大概都系伪托,其产生当在此篇之后。

张衡(80? ~140?)字平子,南阳西鄂人,永元中举孝廉,后征拜郎中,迁尚书郎,转太史令。永和初,出为河间相①,寻征拜尚书,卒。他不仅是一个文学家,而且是一个了不起的科学家。他造有浑天仪同候风地动仪,惜乎后人很少能继承他的研究结果,而加以发扬光大的。他在文学上的建树,当然是以赋的方面为大。诗歌他也写过,也很有特殊的风格,惜篇数极少。他的赋倒②是不少,但几全有模拟前人的痕迹。如《舞赋》拟傅毅,《二京赋》拟班固,《羽猎赋》拟扬雄,《思玄赋》拟《离骚》。比较起来③,《髑髅赋》题目还新颖,且篇子极短,内容大意是说他在季秋之辰,命驾出游,见髑髅于路旁,于是他就问它为谁。髑髅答以己为庄周。平子请恢复它的本来的肉体,髑髅坚执不可,认为它现在的情况,比生着还要自由,还要舒适。大意不外是庄子哲学中的见解。就这篇看来,觉得有几点可以注意:(一)描写范围之扩大。过去的作者来写赋不外是帝王的宫廷同苑囿,至此而为之一变,把赋的范围扩④大,什么都可以拿赋来写了。(二)篇幅缩短了。以往都是连篇累牍,动不动数千言,而此篇才几百字,已经不以铺叙为主了。(三)文辞已趋朴质。相如、子云之作,喜用形容疏状等词,堆砌雕饰,这篇的文字已极其自然,颇有素朴的意味。

---

① 以上两句原书作"永平初,出为何间相",按,"何"当作"河",而张衡出为河间相是汉顺帝永和年间的事,校订者酌改。

② "倒"原书作"到",校订者酌改。

③ "起来"为校订者酌加。

④ "扩"原书作"阔",校订者酌改。

（四）发抒哲理。过去的赋多半是叙事或描写，而此篇为则说理。总之，庙堂之赋，至相如而极盛，至子云、孟坚而衰微，至武仲、平子一面承往日之弊，而另一面则又开辟了一条新的途径，所以到建安时代的赋，已很显然的转变了方向，与西汉之作大异其趣了。

汉代的赋的作家，除了上列的数人之外，于西京尚有虞邱寿王、东方朔、枚皋、王褎、刘向、倪宽、孔臧、董仲舒、刘德、萧望之等，于①东京，则试一翻阅《文苑传》中人物的著作目录，几乎每人都有关于赋的制作。据笔者前所作之《读〈后汉书·文苑传〉》中的统计，十五人之中写赋者竟不下十人，可知赋到东京已成为极通行的文体，不过可称述的太少了。前边所举的七位，比较还算是辞人中之卓卓者，但他们的作品已是那样的令人不能卒读，至于次焉者，那更不必说了。

末了还有应该讨论的问题，就是赋在最初并不是不富于情感的文体。为什么越作，离文学越远，末了竟成了有韵的地志一类的文字呢？据我个人的见解，觉得这种演变，不外是由于下列几种原因，有以致之。

一是②帝王的奖励——赋在汉代最盛的时期是景、武之世，景帝虽不喜辞赋，但那时贵族如吴王濞、淮南王安、梁孝王武都喜招纳文士，尤其是梁国，一时几成为天下文人荟萃之区。而梁王的菟园几乎③成为文人们的筵饮游赏的场所了。鼎鼎大名的赋作家如枚乘、司马相如，都在他那里不知写出了多少的作品。我们从枚乘不肯去作天子的官，而仍愿回到梁国当一个门客这一点上看，就可以晓得梁王对这些文人是如何的优容，而这些文人的生活又是如何的舒适了！景帝死后，继之为武帝。他是一个富有野心的天子，一面想扩张领土，造成东方的大帝国，同时又接纳文人，让他们来粉饰太平。于是

---

① "于"原作"与"，校订者酌改。
② "一"是原书作"甲"，校订者酌改。以下"二是"并同此例，不另出校。
③ "乎"原作"也"，校订者酌改。

乎东方朔、枚皋、司马相如都被录用了。赋既受这般贵族们的青睐①,那它②所描写的对象自不能不以贵族们的生活为主题,这样子内容就不能不富丽,而词采就不能不侈靡了。

二是文人的利用——文学价值,贵在独立而不依,最怕是被人利用,一为人利用,那它的生命就根本斲丧了。《楚辞》的产生,乃屈原、宋玉一些不得志的诗人的悲歌,是用血和泪写成的,所以能照耀千古。汉初作者,唯贾生尚能得屈宋遗意。至景武之际,一般文人全拿它作为干禄猎名的工具,于是赋就失去了它固有的价值,一变而为取媚时君的倡优。真性情,真感情,完全看不到了,满篇尽是虚伪的词句。这本不足怪,穷文人凭了几篇文章,得了地位,为保持永久起见,更不能不多写一点让主子看了高兴的文章,于是乎赋就不得不降低身价,不得不为贵族们的装饰品、娱乐品！王静庵先生谓"餔餟的文学决非真正之文学也"。我们看到汉代的赋,不自觉的就会发生出这样的感想！

第二节　两汉散文

我们在未谈到两汉的散文之先,应当把先秦的散文,回顾一下。

关于先秦的散文,在风格方面很明显的可以分出这几派:（一）儒家贵典雅,《檀弓》可为代表。（二）道家贵奇谲,庄周可为代表。（三）纵横家贵闳肆,《战国策》可为代表。（四）法家贵峻刻,韩非可为③代表。（五）史家贵简明,《左氏传》可为代表。但我们试翻阅两汉文人的作品,觉得很明白的可以同政治一样,分为两个时代。西京的作者,大抵沿先秦的余波,而东京的作者则融铸变化,自辟新途,作六朝之前导。其演变之主因,与政治相推移,这不能不说是一件偶然的际遇。

---

① "睐"原书误排为"睬",校订者酌改。
② "它"原书误作"他",校订者酌改。
③ "为"原书误作"谓",校订者酌改。

一、贾谊、晁错、董仲舒、司马迁、刘向的散文

贾谊(略传已见前),他的散文,我们看起来,分明有三种特点:一是①铺张扬厉——《过秦论》可为代表。像开端的一段:

> 秦孝公据崤函之固,拥雍州之地,君臣固守以窥周室,有席卷天下,包举宇内,囊括四海之意,并吞八荒之心。当是时也,商君佐之,内立法度,务耕织,修守战之具,外连衡而斗诸侯。于是秦人拱手而取西河之外。

在②这短短的几十个字的当中,就充分的露出夸张的色彩。二是常带情感——《陈政事疏》可为③代表。如开端即谓:"臣窃惟事势④,可为痛哭者一,可为流涕者二,可为长太息者六。"像这样的上疏的文字,古今实不多见。三是析理明晰——贾生是一位颇有政治眼光的文学⑤家,对当时社会的观察异常洞澈,所以见解透辟,他所说的话,到后来都一一的"不幸而言中"了。现在随便举一段,以见其风格之一斑:

> 然则天下之大计可知已:欲诸王之皆忠附,则莫若令如长沙王;欲臣子之勿菹醢,则莫若令如樊、郦等;欲天下之治安,莫若众建诸侯而少其力。力少则易使以义,国小则亡邪心。令海内之势,如身之使臂,臂之使指,莫不制从。诸侯之君,不敢有异心,辐凑并进而归命天子。虽在细民,且知其安,故天下咸知陛下之明。割地定制,令齐、赵、楚各为若干国,使悼惠王、幽王、元王之子孙,毕以次各受祖之分地,地尽而止。及燕、梁它国皆然。

---

① "一是"原作"甲、",校订者酌改。以下"二是"、"三是"并同此例,不另出校。
② 校订者按,"在"原书作"就",与下文犯重,故此改为"在"。
③ "为"原书误作"谓",校订者酌改。
④ 原书漏排"势"字,校订者酌补。
⑤ 原书此处漏空一字,所缺当为"学"字,校订者酌补。

其分地众而子孙少者,建以为国,空而置之,须其子孙生者举使君之。诸侯之地,其削颇入汉者,为徙其侯国,及封其子孙也,所以数偿之。一寸之地,一人之众,天子亡所利焉,诚以定治而已,故天下咸知陛下之廉。地制一定,宗室子孙,莫虑不王,下无倍畔之心,上无诛伐之志,故天下咸知陛下之仁。法立而不犯,令行而不逆,贯高、利几①之谋不生,柴奇、开章之计不萌,细民乡善,大臣致顺,故天下咸知陛下之义。卧赤子天下之上而安,植遗腹、朝委裘而天下不乱,当时大治,后世诵圣。一动而五业附,陛下谁惮而久不为此?(《陈事政疏》)

这些特点,我们要追溯它们的渊源,第一是受着纵横家的影响;第二是受着《楚辞》的影响;第三是受着法家的影响。本来贾生的思想,就不主一家,儒法杂糅,而又羼以②纵横,且富于诗人的气质,受屈原的熏陶也很深,所以他的作品就形成这样一种特殊的风格。

晁错(前200~前154③)颖川人,文帝时以文学为④太常掌故,后为太子舍人、门大夫、太子⑤家令。数上书,文帝不能用,然奇其材,迁为中大夫。景帝即位,以他为内史,迁御史大夫。因上书请削诸侯地,诸侯遂反,以诛错为名,结果遂被斩。他的文字,留传下来的都是策论一类的东西。而尤以《论贵粟疏》及《言兵事书》为最著名。今节录其言兵事一文于后:

臣又闻小大异形,强弱异势,险易异备。夫卑身以事强,小国之形也;合小以攻大,敌国之形也;以蛮夷攻蛮夷,中国之形也。今匈奴地形、技艺与中国异。上下山阪,出入溪涧,中国之马弗与也;险道倾仄,且驰且射,中国之骑弗与也;风雨罢劳,饥

---

① "几"原书误作"钱",校订者酌改。
② "以"原书误作"一",校订者酌改。
③ 生卒年为校订者酌补。
④ 校订者按,"为"字原书作"的",此据《汉书》晁错传改。
⑤ 校订者按,原书无"太子"二字,此据《汉书》晁错传补。

渴不困,中国之人弗与也:此匈奴之长技也。若夫平原易地,轻车突骑,则匈奴之众易挠乱也;劲弩长戟,射疏及远,则匈奴之弓弗能格也;坚甲利刃,长短相杂,游弩往来,什伍俱前,则匈奴之兵弗能当也;材官驺发,矢道同的,则匈奴之革笥木荐弗能支也;下马地斗,剑戟相接,去就相薄,则匈奴之足弗能给也:此中国之长技也。以此观之,匈奴之长技三,中国之长技五。陛下又兴数十万之众,以诛数万之匈奴,众寡之计,以一击十之术也。

可知晁①错的文字,在析理明晰上与贾谊同。但简覈②廉悍则过之。据《汉书》晁错传,说他③"为人陗直刻深"且"学申商刑名于轵张恢先所"。可见他的思想纯属法家,所以文字自然也就不自觉的在受着申韩的影响。

董仲舒(前179~前104④)广川人,景帝时为博士。武帝即位,举贤良文学之士,仲舒以贤良对策,出为江都相。中废为太中大夫。后居,著灾异之记,当时辽东高庙灾,主父偃素疾仲舒,因将其书奏之天子,天子召诸生,示其书,中多刺讥。仲舒弟子吕步舒不知其为师书,以为下愚,因下仲舒吏,当死,后又赦之。以问罪于公孙弘,出为膠相,以病免,卒于家。其著作除《汉书》本传中所载之对策外,尚有《春秋繁露》十卷,行于世。仲舒喜言灾异,文中时有荒诞之言,但援引经典说理委婉,不失为淳朴温雅之作。如《贤良对策》中这一段:

事在强勉而已矣。强勉学问,则闻见博而知益明;强勉行道,则德日起而大有功。此皆可使还至而有效者也。《诗》曰"夙夜匪解",《书》云"茂哉茂哉!"皆强勉之谓也。道者,所繇⑤适于治之路也,仁义礼乐皆其具也。故圣王已没,而子孙长久安

---

① 原书简称"错",校订者酌补。下同不另出校
② 原书此处一字漫漶不清,疑为"覈"字,录以待考。
③ "他"原书作"错",校订者酌改。
④ 生卒年为校订者酌补。
⑤ "繇"原书引作"由",校订者酌改。下同不另出校。

宁数百岁,此皆礼乐教化之功也。王者未作乐之时,乃用先王之乐宜于世者,而以深入教化于民。教化之情不得,雅颂之乐不成,故王者功成于乐,乐其德也。乐者,所以变民风,化民俗也;其变民也易,其化人也著。故声发于和,而本于情,接于肌肤,臧于骨髓。故王道虽微缺,而管弦之声未衰也。夫虞氏之不为政久矣,然而乐颂遗风犹有存者,是以孔子在齐而闻《韶》也。夫人君莫不欲安存而恶危亡,然而政①乱国危者甚众,所任者非其人,而所繇者非其道,是以政日以仆灭也。

很可以代表仲舒文字的风格。不过他这里边已有着对偶的句子,可知散文到了汉代的中叶,已有走向新的道路上的趋势了。

司马迁(前145~86?)字子长,左冯翊夏阳人。迁父谈为太史令,据子长《太史公自序》②中说他的经历道:

年十岁则③诵古文。二十而南游江淮,上会稽,探禹穴,窥九疑,浮于沅湘,北涉汶泗,讲业齐鲁之都,观孔子④遗风,乡射邹峄;厄困蕃薛彭城,过梁楚以归。

从这段的记载,可以晓得子长的足迹曾经到过江苏、浙江、湖南、山东、河南、湖北等省,这是他早年的游历,后又"仕为郎中,奉使西征巴蜀以南,略邛、筰、昆明,还报命"。

于是西南又被他巡视一遍。当他归来的时候,与他的父亲谈晤面于河洛之间,谈谆谆以纂史之责委托于子长。不久谈卒,子长遂继其父为太史令,䌷史记石室金匮之书。又五年着手写其大著《史记》。因李陵降虏,子长为陵辩护,竟受腐刑,官至中书令,卒年不详。

子长一生最伟大的著作即《史记》。凡百三十篇,本纪十二,表十,书八,世家三十,列传七十。他对这部著作的期许,谓"能绍明世,

---

① "政"原书误排作"攻",校订者酌改。
② 《太史公自序》原书作《史记自序》,校订者酌改。
③ "则"原书误作"即"。
④ "孔子"原书引作"夫子"。

正《易传》，继《春秋》，本《诗》《书》《礼》《乐》之际"。又谓："略以拾遗补艺，成一家之言，厥协六经异传，整齐百家杂语，藏之名山，副在京师，俟后世圣人君子。"这些话都不能算是自赞之辞，因为《史记》一书的确当得起这样的批评。就中国过去一切的著作中，像《史记》这样有组织，有系统，有独到之见而且富于创造性的实不多见。它在史学上的价值，我们暂置不谈，因为一则既非本文范围内事，二则也不是一言半语所能说完，目下就专从文学上来看。

一①、表现逼真——一般史籍，大致只能作到叙事详审的地步，很少能把历史中人物的精神、个性，表现真实的，这一点正是子长的长处，也是一般人所不可及处。大凡读过《史记》的，对《史记》中所叙述的人物都会有一极清楚的印象。刚直如项羽、诡谲如刘邦、壮烈如荆轲、奸诈如张仪，都是不能使我们忘记的。人物的描写是如此，至于史事的叙述，其安插、排列、布局，恐怕有多少历史小说家都赶不上他的工妙，如鸿门宴的紧张、垓下之围的悲壮，易水送的激昂，一幅一幅同画图似的，在那里陈列着。所以本书写到其他散文的作家时，常常举出一段原作，以见作者风格之一斑②，但对《史记》，竟无从选择，不过略为提示，希望阅者去读整个的原作好了。

二、运用适当的语体——从西周到西汉，中间将近千年，所以语言上自然要有极大的变化。子长写《史记》虽不见得纯用当时的白话，但大致与当时的语言总相去不远，不过加以修饰，"远于鄙俗"罢了。怎么见得呢？我们试看《五帝本纪》材料，多采自《尧典》，但对《尧典》原文多加翻译，比较容易懂得多了。其余如《殷本纪》中的"汤誓"，《周本纪》中的"牧誓"，与今本《尚书》原文都颇有出入，如"厥"之易为"其"，"罔"之易为"无"，"弗"之易为"不"，"协"之易为"和"，都可以看到《史记》的翻译痕迹。这都足以证明子长见识高明

---

① "一"原书作"Ⅰ"，校订者酌改。下面"Ⅱ"并同此例，不另出校。

② 原书误作"班"，校订者酌改。

的地方。后人如王世贞、李攀龙之模拟秦汉,为文唯恐不古,使子长有知,亦当笑煞于地下。

其次我们应该讨论的是子长文字的渊源问题。他的史料的来源大致有三。一是从这些古籍中采集的:(一)《左传》,(二)《国语》,(三)《世本》,(四)《战国策》,(五)陆贾《楚汉春秋》,(六)六艺,(七)秦史记,(八)《谍记》(或即《世本》),(九)诸子著书现存者,(十)功令官书,(十一)方士言。(见梁任公《史记解题》)。二是从各地采访探寻来的,如《史记》中"吾闻之周生"(《项羽本纪》);"吾适大梁之墟,墟中人言曰"(《魏世家》);"吾如淮阴,淮阴人为余言"(《淮阴侯列传》);"吾观郭解貌不及中人"(《游侠列传》)等语。又知子长《史记》之成,一面固多赖于过去之典籍,而另一面得力于游历者,亦复不少。他的文章的风格,也是如此,有左氏妙于传神的叙事法,同时又有屈子的沉郁的热烈情感。至其笔墨的灵活,如兔起鹘落,令人无从揣测的变化,恐怕这都是从游览时与大自然接近而得到的启示,所以后人如苏子由就说:"太史公行天下,周览四海名山大川,与燕、赵间豪杰交游,故其文疏荡,颇有奇气。"(《上枢密韩太尉书》)总之,一个作家文字风格的构成,原因极为复杂,子长《史记》之那样的富有生气,成一部活的历史,除了他的学识同阅历外,至于天才与遭际,实亦占最重要的因素。清人曾涤生说:"吾观子长所写《史记》,亦皆寓言。"(《圣哲画像记》)真是一语破的的话。

《史记》在文学史上地位之重要,就在其对后来散文的影响。自唐代中叶,韩昌黎提倡复古,为文以六经、《史记》为法,以后从事古文的几无不以《史记》为圭臬,据拙作《古文家的文论》中的统计,在十三位作家中自述其为文曾得力于《史记》者,有十一位之多。唐代的韩、柳,宋代的欧、苏,明代的震川,清代的侯、方、曾、吴,都是极力推尊《史记》的古文家。所以《史记》自唐以后,已不只为史学中的名著,而且成为文学中散文的范本了。

刘向(前77~6)字子政,原名更生。他本是汉家的本家,系楚元王交的后代。十二岁即任为辇郎,后被擢为谏大夫。他家藏有《枕中鸿宝》同《苑秘书》①两书,里边尽是谈些极②荒诞的事。他把它们献给皇帝,说黄金可成,于是皇帝就如法铸造,花了很多钱,也没成功,遂把他以枉上的罪名,下狱问罪。按法,就有生命的危险,赖他哥哥的营救,才得不死。不久因他讲论《谷梁春秋》又拜为郎中,给事黄门,迁散骑、谏③大夫、给事中。元帝时,因同萧望之、周堪等接近,为外戚同宦官所嫉忌,屡被谗毁,终于被废,家居十余年。直到成帝时,敌党伏辜,才又被召进用,改名向④,官至光禄大夫,中垒校尉,甚见亲任,成帝几次想用他为九卿,但屡为王氏所阻,故终不迁,年七十二卒。

子政的著作很丰富,最著名的有《列女传》、《新序》、《说苑》等书,不过要想了解子政散文的特点,应当以《汉书》本传所载的《条灾异封事》、《极谏用外戚封事》、《谏营昌陵疏》三篇为代表。子政是一个极博洽的学者,他对于经学极有研究,但决不像一般经生那样疏陋。同时他的人格又很高洁,决不趋媚权贵,苟合取容,所以居官能正言直谏,退休能发愤著述。我们读他的文章,真能"想见其为人",用意是那样的诚恳,辞采又是那样的华赡⑤。假若稍为明达一点的皇帝,看到他这些文字,恐怕没有不受他感动的吧。所以清代曾涤生评子政文,谓其有阴柔之美。最后我们应注意的,是他在极端的受着董仲舒的影响。他喜言灾异,在思想上自然毫无疑义的是仲舒一派。至于文字,也有点不免。如《条灾异封事》中云:

　　夫执狐疑之心者,来谗贼之口;持不断之意者,开群枉之门。谗邪进则众贤退,群枉盛则正士消。故《易》有"否"、"泰"。小

---

① 校订者按,《苑秘书》原书作为《秘苑》,此据《汉书》改。
② "极"原书作"将",或因"极"、"将"二字草书近似而致误排,校订者酌改为"极"。
③ 校订者按,"谏"原书漏引,兹据《汉书》补正。
④ "改名向",为校订者补。
⑤ "赡"原书误作"瞻",校订者酌改。

人道长,君子道消,则政日乱,故为"否"。否者,闭而乱也。君子道长,小人道消,则政日治,故为"泰"。泰者,通而治也。

像这样排偶的句子,在仲舒的文章里就不易找到,可知子政的文字,比较仲舒的益趋工丽了。

二、匡衡、班彪、班固、王充、蔡邕的散文

匡衡(生卒年不详)字稚圭,东海承人。家本业农,到了稚圭才努力向学,最初穷得连花①费都供给不起,于是为人雇工,藉作资用。因为他天资的卓越,与遭际的得时,竟由布衣而掌故,而文学,而博士给事中,而光禄大夫,太子少傅。元帝建昭三年,竟代韦玄成为丞相,封乐安侯。成帝时,因他的儿子昌醉酒杀人,遂免官为庶人。稚圭的文章,同刘向走的是一条道路,都是喜援引经术,授匡时君。所不同的,是子政的文章多偶句,而稚圭的多排句。如上元帝论政治的得失疏中云:

> 臣窃考《国风》之诗,《周南》、《召南》被贤圣之化深,故笃于行而廉于色。郑伯好勇,而国人暴虎;秦穆贵信,而士多从死;陈夫人好巫,而民淫祀;晋侯好俭,而民畜聚;太王躬仁,邠国贵恕。由此观之,治天下者审所上而已。

又《上疏言治性正家》中云:

> 盖聪明疏通者戒于大察,寡闻少见者戒于雍蔽,勇猛刚强者戒于大暴,仁爱温良者戒于无断,湛静安舒者戒于后时,广心浩大者戒于遗忘。必审己之所当戒,而齐之以义,然后中和之化应,而巧伪之徒不敢比周而望进。

从这两节,就可以看出稚圭文字的特色。总之不管是喜用偶句,或排句,而其为以后四六文的先声则一也。清人刘熙载《艺概》中比较刘、匡二人的文字异同道:"刘向、匡衡文,皆本经术。向倾吐肝胆,诚恳

---

① "花"原书作"化",校订者酌改。

悱恻,说经却转有大意处。衡则说经较细,然觉志不逮辞矣。"

实际刘向是一位学者,匡衡是一位经生,也无怪乎他们的文字不能尽同。

班彪(3~54)字叔皮,扶风安陵人。父稚,哀帝时曾为西河属国都尉,迁广平相。叔皮生在这样的家庭里,所以在幼年时即同他的从兄嗣出外游学,得与当时名流如扬雄、桓谭等生很密切的关系。年二十,逢王莽乱,他往依隗嚣,时嚣有称帝野心,叔皮劝他不可轻率从事,嚣不听,于是作《王命论》申述帝王之兴,均应有天命,决非一般人所应轻于希冀者,以警戒嚣。后看他终不觉悟,乃避地河西。大将军窦融嘉其才,因推荐他为徐令。建武末,卒。叔皮的散文,现存者有《王命论》、《史记论》、《奏议答北匈奴》、《复护羌校尉疏》等。就中以《王命论》为最知名,而这篇也足以作为叔皮的散文的代表。我们知道子政的散文是多偶句,稚圭的散文是多排句。至于叔皮呢?可以说是兼斯二者。即①如:

> 是故驽蹇之乘,不骋千里之涂;燕雀之俦,不奋六翮之用;楶棁之材,不荷栋梁之任;斗筲之子,不执帝王之重。易曰:"鼎折足,覆公𫗧",不胜其任也。

这可以代表篇中的排句。再②如:

> 盖在高祖,其兴也有五:一曰帝尧之苗裔,二曰体貌多奇异,三曰神武有征应,四曰宽明而仁恕,五曰知人善任使。加之以信诚好谋,达于听受,见善如不及,用人如由己,从谏如顺流,趣时如响赴;当食吐哺,纳子房之策;拔足挥洗,揖郦生之说;寤戍卒之言,断怀土之情;高四皓之名,割肌肤之爱;举韩信于行陈,收陈平于亡命,英雄陈力,群策毕举:此高祖之大略,所以成帝业也。

---

① "即"为校订者酌加。
② "再"为校订者酌加。

这可以代表篇中的偶句,所以散文到了东汉很明显的是已走入骈俪的路上了。

班固(孟坚)的《汉书》与子长的《史记》,同为中国史学上的名著,而且在文学上的地位,也不相上下。过去谈史者,喜言班、马优劣,这不过是从史学的立场上作着异同的比较,与高下的评判而已。现在我们应从文学上来试论一下。

孟坚产生的时代,比子长要晚百余年之久,不仅社会的环境有着很大的不同,即他们的身世也极不一样。所以《史记》中多感慨愤懑、抑郁不平之气,而《汉书》则颇能据事直书,不杂感情的色彩。班叔皮谓子长《史记》:"论学术,则崇黄老而薄《五经》;序货殖,则轻仁义而羞贫贱;道游侠,则贱守节而贵俗功。"这全是不了解子长的处境的话,假若使孟坚立于子长地位来执笔修史,恐怕写出的内容同现在比较起来,一定会有着很大的不同吧。至于词采①方面,子长承先秦之余风,所以质朴而自然。班叔皮评谓:"善述序事理,辩而不华,质而不野,文质相称。"这并不是过分的话。孟坚呢,生在东汉,散文在他父亲的手里,已经是进展到那样华赡②工巧的地步了,孟坚幼承家学,自然渊源有自,其文字之崇尚典雅,力求工丽,自然不足怪。范蔚宗评其文谓:"序事不激诡不抑抗,赡而不秽,详而有体,使读之者,亹亹而不厌③。"这话也很中肯。反正《史》《汉》文章,俨然代表中国散文中的两大派:一为后来古文家之宗,一为后来骈文家之宗。所以《汉书》在六朝极见推重,注之者竟达二十余家之多,而《史记》地位,直到唐代中叶韩柳提倡复古以后,始渐渐抬高。历宋、明、清,古文无形中在文坛上成为正统,因之《史记》就也变成一部家喻户晓的读物了。由此可知在过去《史》、《汉》的地位,乃是以骈文古文的消长为

---

① "采"为校订者酌增。
② "赡"原书作"瞻",校订者酌改。
③ 校订者按,"厌"原书引作"倦",此据《后汉书》本传改。

转移的。到了近代,语体代兴,骈文古文都已成为过去,可是《史》、《汉》似乎仍为一般人所注意,不过它们的优劣,要拿新的文学观点来衡量的话,恐怕《汉书》对《史记》就不能不甘拜下风了。

王充(27~100)字仲任,会稽上虞人。他不独是东汉的一位了不起的思想家,即在文学上也是独树一帜、主张与别人不同的理论家。《后汉书·王充传》①说他"到京师,师事扶风班彪,好博览而不守章句"。可知他是不受时俗牢笼的一位有眼光的学者。不过一生宦途潦倒,最初"刺史董勤辟为从事,转治中,自免还家"。后充"友人同郡谢夷吾上书荐充才学,肃宗待诏公车征,病不行"。不久即卒于家。著有《论衡》85篇,《养性书》16篇。后者已佚,独前者大行于世。

我们晓得,散文的进展,到了东汉,已渐渐的重排偶、贵雕饰了,那时的文人学者,谁能够不受这种潮流的击撼呢?但仲任独能毅然决然的不随②人脚跟,自己的著作竟是用极平易的文字写出的。不过他也晓得,他这样的文字一定不会使时人满意,因之他在《论衡·自纪》篇中,故作设问,来说明自己的主张:

或曰:"口辩者其言深,笔敏者其文沉。案经艺之文,贤圣之言,鸿重优雅,难卒晓睹。世读之者,训古乃下。盖贤圣之材鸿,故其文语与俗不通。玉隐石间,珠匿鱼腹,非玉工珠师,莫能采得。宝物以隐闭不见,实语亦宜深沉难测。《讥俗》之书,欲悟俗人,故形露其指,为分别之文。《论衡》之书,何为复然?岂材有浅极,不能为深③覆?何文之察,与彼经艺殊轨辙也?"答曰:"玉隐石间,珠匿鱼腹,故为深覆。及玉色剖于石心,珠光出于鱼腹,

---

① "《后汉书·王充传》"原书作"据《充传》",不言书名,下面的引文也有节略,校订者酌改。

② "随"原作"跟",校订者酌改。

③ "深"为校订者酌补。按,现存《论衡》此句脱"深"字,任先生引文从之。

其犹①隐乎？吾文未集于简札之上，藏于胸臆之中，犹玉隐珠匮也；及出获露，犹玉剖珠出乎！……夫口论以分明为公，笔辩以获露为通，吏文以昭察为良。深覆典雅，指意难睹，唯赋颂耳！经传之文，贤圣之语，古今言殊，四方谈异也。当言事时，非务难知，使指闭隐也。后人不晓，世相离远，此名曰语异，不名曰材鸿。浅文读之难晓，名曰不巧，不名曰知明。秦始皇读韩非之书，叹曰："犹独不得此人同时。"其文可晓，故其事可思。如深鸿优雅，须师乃学，投之于地，何叹之有？夫笔著者，欲其易晓而难为，不贵难知而易造；口论务解分而可听，不务深迂而难睹。

这是多么透辟的见解，在以艰深文浅陋的扬子云的复古文学论的空气迷漫之下，仲任发出这样的论调，不能说不是一剂对症之②良药，惜乎当时人能够注意他③的④太少了，即令有人注意到，恐怕也因缺乏像他那样的勇气，所以散文的进展仍然是往绮靡的一条旧路上走去。

蔡邕(133~192)字伯喈，陈留圉人。桓帝时，因他善鼓琴，被征，中道称疾而归。建宁三年，辟司徒桥玄府，出补河平长。召拜郎中，校书东观，迁议郎。光和初，因上疏讥刺官者获罪，与家属髡钳徙朔方。次年大赦，遂被宥。又因得罪五原太守王智，不得不"亡命江海，远迹吴会"。中平六年，董卓用事，以强力迫邕为祭酒。初平元年，拜左中郎将，后封高阳乡侯。卓败，被下狱死，得年六十一。著有诗、赋、碑、诔、铭、赞、连珠、箴、吊、论议、《独断》、《劝⑤学》、《释诲》、《叙乐》、《女训》等百四十篇，今尚存文集十卷。

伯喈为一代学者，他很有意纂辑东汉的历史，因遭大故，终于没

---

① 原书引文脱"犹"字，校订者酌补。
② "之"原书误作"下"，校订者酌改。
③ "他"原书误作"它"，校订者酌改。
④ 此处原有一"人"字，显为衍文，校订者酌删。
⑤ 校订者按，"劝"原书误作"勤"，此据《后汉书》本传改。

有完成他的大愿,据《后汉书》本传,说他作"《灵纪》及《十意》,又补诸列传四十二篇,因李傕之乱,湮没多不存"。可知他对东汉一代掌故,是极其熟悉的。因为他擅长于史事,所以他的著作以碑传著称。碑传之中,而尤以《郭泰铭》可以作为他的散文代表。即如《郭泰铭》中的段落①:

先生诞膺天衷,聪睿明哲,孝友温恭,仁笃柔惠。夫其器量弘深,姿度广大,浩浩焉,汪汪焉,奥乎不可测已②。若乃砥节厉行,直道正辞,贞固足以干事,隐括足以矫时。遂考览六籍,探综图纬。周流华夏③,游集帝学。收文武之将坠,拯微言之未绝。于时缨緌之徒,绅佩之士,望形表而景④附,聆嘉声而响和者,犹百川之归巨海,鳞介之宗龟龙也。

又如《陈寔碑》中的段落⑤:

君膺皇灵之清和,受明哲之上姿,凭先民之遐迹⑥,秉玄妙之淑行,投足而袭其轨,施舍而合其量,夫其仁爱温柔,足以孕育群生,广大宽裕,足以包覆无方,刚毅强固,足以威暴矫邪。正身体化,足以陶冶世心。先生有四德者,故言斯可象,静斯可效,是以邦之子弟,遐方后生,莫不同情瞻仰。由其模范,从其趣尚,戾狠⑦斯和,争讼化让,虽严威猛政⑧,迫以刑戮,未若先生潜导之速也。

就这两段分析起来,前者可以代表俪句的工整,后者可以代表骈句之

---

① "段落"为校订者酌加。
② "已"原书引作"矣",校订者酌改
③ "夏"原书误引作"下",校订者酌改。
④ "景"原书误引作"累",校订者酌改。
⑤ "段落",校订者酌加。
⑥ "迹"原书误引作"迲",校订者酌改。
⑦ "狠"原书误引作"很",校订者酌改。
⑧ "严威猛政"原书误引作"严石猛正",校订者酌改。

重叠,都很显然的是用过一番匠心铸造成的。按《论衡》之流入中原,多赖伯喈之力(《抱朴子》)。但在文学上,他似乎丝毫没受到仲任的影响,仍是遵循着骈俪的旧路走去,可知文学潮流的趋向,不是一二人之力所能挽回的了。

第三节　余论——两汉文学的文学史地位[①]

我们现在试统观两汉文学在文学史上的地位。除了那些汪洋浩瀚的赋,为本期特有的产品外,其余如诗歌、散文,似乎都可以说是魏晋六朝文学的一个序幕。乐府本身固有它不朽的价值,但要专就这一点来说,不仅量的方面不能成为大观,即在质的方面,也不能令我们十分的满意,因为有些地方表现的粗疏与[②]幼稚,是不能讳言的事实。所以站[③]在文学史的观点上来看,与其说乐府的价值在于它本身的优美,无宁说它的价值在于它能孕育出新兴的五言体。所以在魏晋能产生出像子建、嗣宗、渊明、康乐诸伟大的五言诗的作家,你不能说这不是多少受乐府之赐。说到散文[④],汉代的大致可分为三派:一是承先秦的余波的,二是开古文一派的先河的,三是开骈文[⑤]一派的先河的。其间尤以后者的演进的痕迹为最明显,从西汉的董仲舒起,似乎已开了一个小小的源头,后来渐渐的扩大起来,竟成了滔滔汩汩之势,大有不达于海而不终止的样子。从仲舒到伯喈,这种剧烈的变化,使你不能不惊,但由伯喈而到齐梁时期的庾子山同徐孝穆,似乎又是必然的趋势。所以我们把两汉魏晋南北朝,在文学史上分为一个段落,在此段落中又分为四个小的段落:两汉为第一期,一切都是做了个开端。魏晋为第二期,不管诗歌同散文,都如日到中天,

---

① 原题"余论","两汉文学的文学史地位"为校订者据内容酌加。
② "其间"原书作"中间",而接之以"后者",读来有点别扭,校订者酌改。
③ "站"原书误作"占",校订者酌改。
④ 任访秋先生的"散文"概念相当于"文章",所以可包括骈文。
⑤ 原书漏排了"文"字,校订者酌补。

臻于极盛的境地。南北朝为第三期,渐渐的倾向于形式的雕琢,内容渐趋于贫窭,已大有江河日下的趋势了。隋为第四期,终①于南北统一,因为与异民族的文化的交融,于是文学就不得不舍旧而谋新,走到一个新的时代去!

第四章　魏晋诗歌②

在从汉末建安,到了东晋灭亡——中间约历二百年——这一个短短的阶段中,可以说是五言诗的全盛期,也可以说是五言诗变化最烈期。大致③说来,从最初以写乐府为主,但也写徒诗,不过内容多偏于燕饮赠答的"建安七子"起,继之而为带着极浓郁的颓废色彩的嵇、阮。不久晋室统一,政治暂趋安定,而文学中崇尚粉饰的风气,又抬了头。不过西晋远不如西汉把统一的江山保持得那么样的长久,仅仅数十年,就分裂了。继之以永嘉之乱,不但西晋被异族所灭,即是汉民族的文化,也大有摇摇欲坠之势。东晋偏安江左,因可偷安旦夕,可是政治仍是不就轨道,于是志士多放居田园,加以老庄思想的浸溉,于是就产出一些讴歌自然的诗人,渊明可为此派之代表。所以魏晋两朝,是中国政治最纷乱的时代,同时也是中国思想最复杂的时代,所以诗歌在此时期不能不因之而生出极巨的变化。本节的目的,即在阐明此种变化的情况,及其所以变化的因子。

第一节　曹氏父子与建安及黄初诗坛④

诗歌在这一期,很显明的特点是:(一) 四言体的流风余韵尚未

---

① "终"字为校订者酌补。

② 本章为原书第二编第一章的第三节,改为单独一章后,各节及小节的标题有所增删改订。

③ "大致"原书作"大差",疑有误,校订者酌改。

④ 此节标题原作"从建安到黄初",校订者酌改。

完全消歇,仍有一些诗人来继续的采用;(二)乐府的创制已成为文坛上普遍的风气;(三)五言体在诗坛上已占着极重要的地位。诗人们的创作,除了乐府外所写的徒诗,几大半是五言的,而且在表现的技术上,很明白的已有极显著的成功,所以我们认定此期为五言诗的成熟期。

曹氏父子与所谓建安七子中的几位是这一时期诗坛的主角,以下摘要论述之。①

曹操(155~200)字孟德,沛国谯县人,少机②警,有权数而任侠。举孝廉,为郎,迁南顿令。后封魏王。有《魏武帝集》。孟德本是汉末政治上一位怪杰,他对文学也有着相当的爱好,一时的文人,几乎无不受他的罗致与宠异。他在这样的环境之中,自然要受着这些文人们的薰陶,不时的也来③写几首。不过他的作品全像乐府,有的是四言,有的是五言,不拘一体。但因他天性④豪迈,所以作品中尤以《短歌行》同《苦寒行》最足代表。前者是四言的,后者是五言的。

对酒当歌,人生几何?譬如朝露,去日苦多。慨当以慷,忧思难忘。何以解忧?唯有杜康。青青子衿,悠悠我心。但为君故,沈吟至今。呦呦鹿鸣,食野之苹。我有嘉宾,鼓瑟吹笙。明明如月,何时可掇?忧从中来,不可断绝。越陌度阡,枉用相存。契阔谈䜩,心念旧恩。月明星稀,乌鹊南飞。绕树三匝,何枝可依?山不厌高,海不厌深,周公吐哺,天下归心。——《短歌行》

北上太行山,艰哉何巍巍!羊肠坂诘屈,车轮为之摧。树木何萧瑟!北风声正悲。熊罴对我蹲,虎豹夹路啼。溪谷少人民,雪落何霏霏!延颈长叹息,远行多所怀。我心何怫郁,思欲一东归。水深桥梁绝,中路正徘徊。迷惑失故路,薄暮无宿栖。行行

---

① 以上两句为校订者酌加。
② "机"原书误排为"讥",校订者酌改。
③ "来"原书误作"夹",可能因形近而致误排,校订者酌改。
④ "天性"原书作"天姿",与"豪迈"连用似觉欠通,校订者酌改。

日已远,人马同时饥。担囊行取薪,斧冰持作糜。悲彼《东山》诗,悠悠使我哀。——《苦寒行》

《短歌行》很清楚的是从《三百篇》来的,不过表现自然,较着两汉诗人所写的四言有生气得多了。至于《苦寒行》,乃是运用着新的诗体,在技巧上自然比《短歌行》优美。梁钟嵘《诗品》中把孟德放到下品,这①未免太小觑了他。

曹丕(187~226)字子桓,孟德的长子,袭他父亲的遗业,篡汉称帝,谥文帝。有《魏文帝集》。子桓的诗,钟嵘《诗品》中谓:"其源出于李陵,颇有仲宣之体。"这全系揣测之辞,其实是靠不住②的。不要说《文选》中所载的《与苏武诗》三首是不足信了,即退一万步认此三诗真为陵作,但也绝非子桓诗篇之所祖。以我的见地,子桓的诗多本风、骚,诗中袭用《三百篇》句子及模拟《三百篇》句子的不一而足。如《善哉行》其二"有美一人,婉如清扬"见《三百篇·郑风·野有蔓草》二③章;《黎阳作》其二"殷殷其雷,蒙蒙其雨"、"遵彼洹湄,言刈其楚"均系模仿《三百篇》句子的构造而成的。《至广陵于马上作》"谁云江水广,一苇可以航"系仿三百篇《河广》首④章。至于带着楚辞色调的,为《寡妇诗⑤》:

霜露纷兮交下,木叶落兮凄凄。候鴈叫兮云中,归燕翩兮徘徊。妾心感兮惆怅,白日急兮西颓。守长夜兮思君,魂一夕兮九乖。怅延伫兮仰视,星月随兮天廻。徒引领兮入房,窃自怜兮孤栖。愿从君兮终没,愁何可兮久怀。

这里边有许多句子,不很像《楚辞》中的"袅袅兮秋风,洞庭波兮木叶

---

① 原书此处有一"书"字,当为衍文,校订者酌删。
② "靠不住"原书作"靠不着","靠不着"乃河南方言,意同"靠不住",校订者酌改。
③ "二"原书漏排,校订者酌补。
④ "首"字原书漏排,校订者酌补。
⑤ "诗"原书误作"篇",校订者酌改。

下"(《九歌》)、"雁翩翩其辞归兮,鹍鸡啁哳而悲鸣"(《九辨》)这一类的风味吗?至子桓的杰作,当推《西北有浮云》、《大墙上蒿行》同《燕歌行》,而尤以后者系七言,在诗歌的演进上,也是颇值得注意的。

曹叡(204~239)字符冲,子桓子,后谥明帝。他的作品比着乃祖乃父差得多了。现存的,全是乐府,但找不到什么精警之作,无已只有《长歌行》还差强人意:

> 静夜不能寐,耳听众禽鸣。大城育狐兔,高墉多鸟声。坏宇何寥廓,宿屋邪草生。中心感时物,抚剑下前庭。翔佯于阶际,景星一何明。仰首观灵宿,北辰奋休荣。哀彼失羣燕,丧偶独茕茕。单心谁与侣,造房孰与成?徒然喟有和,悲惨伤人情。余情偏易感,怀往增愤盈。吐吟音不彻,泣涕沾罗缨。

我们看他这篇的内容极平凡,词采也很质朴,当然感人的力量也极其微弱,所以就魏室三祖来看,可以说一代逊于一代。

曹植(192~237)字子建,武帝子,文帝弟。他的文学天才,在幼年就已显露出来了。不但博闻广览,而且善于属文。那时武帝还不相信他的才学,看到他的文章,问他道:"汝倩人耶?"他于是随口答道:"言出为论,下笔成章。顾当面试,奈何倩人!"后来因作《铜爵①台赋》,很为武帝所赏识,从此对他就另眼看待。

我们晓得诗人的性格,总是有几分真率的,像屈原、贾谊都因为他们太不能迎合时人的心理,所以终竟不能在政治上有所施展。子建也是一样如此,本来他在文学上很使武帝喜欢,几次想立他为太子,但因为一则他"任性而行,不自彫励,饮酒不节",有许多地方令武帝不高兴,二则又恰巧碰着他的令兄丕,对他非常的忌妒,而且丕②善于应付环境,结果宫人左右都替丕说话,终于太子这一席被丕夺去了。

---

① "爵"通作"雀"。
② "丕"为校订者酌增。

建安十六年曹植封①为平原侯,十九年袭封临淄侯。后来丕即位,对他既不满意,首先把他的羽翼丁仪、丁廙杀了,其次又派人监视他的行动。不久他因监国谒者之指奏,有司请治罪,丕因太后故,把他贬爵为安乡侯②。从此他的命运就交到坎坷的路上了。黄初二年改封鄄城侯,三年立为鄄城王,四年徙封雍丘王。黄初七年丕卒,此后子建的行动才算比较稍微自由一点了。太和元年明帝即位,徙封浚仪,二年复还雍丘。子建这时有在政治上施展自己怀抱的野心,于是就上疏求自试,不过明帝对他虽较文帝客气得多了,但并没有重用他的意思,所以只不过"优文答报",敷衍敷衍面子而已。三年徙封东阿,六年改封陈王。他虽不愿以文人终老,但政府始终不给他一个施展的机会,因之他就不能不怅然绝望。加以政府对藩国异常刻薄,子建又因以前过事,更不能与一般藩国比较。十三年中而三徙都,所以汲汲无欢,终竟抑郁而死,时年四十一。

　　文学是作者身世的写照,只要是真正的文学作品,没有不是作者心灵的呼声的。过去的诗人像屈原,他的《离骚》、《九章》充分的代表着他的一切。子建为建安到黄初这个时期的第一流的诗人,他虽然是长养在富贵的家庭,但因遭逢着那多疑喜忌的哥哥,使他无时不在惶恐忧惧中过日子。所以他的中年的环境最坏,早年比较着在他父亲的优容之下,倒③还过了一点愉快的生活。晚年因为曹丕的死,无形中给他一很大的解放。不过因为他始终有政治上的怀抱,而不得施展,想到岁月的易逝,自然就不能不抑郁寡欢。现在我们把他的作品比较能反映他的生活的,按着时代分述于后。

　　子建早年的作品,大抵是游宴赠答的,因为这时武帝尚在,所以他大可优哉游哉的过他的富贵公子的生活。加以武帝喜欢招揽文

---

① 此句"曹植封"原书作"他封",校订者酌改。

② 校订者按,此处原书作"贬为爵安侯",当是误排,此据《三国志·魏书》卷十九改正。

③ "倒"原书作"到",校订者酌改。

士,当时一些比较擅长文墨的,都已集中到邺下。这些文士之中如应玚、徐干、王粲自然都是他的文学上的伴侣。因之愈发使他忘去了社会同政治上的一切,而整个把他的生活时间抛入文学中去。这期的作品,可以《公燕诗》、《赠徐干》、《赠王粲》三首为代表:

> 公子敬爱客,终宴不知疲。清夜游西园,飞盖相追随。明月澄清影,列宿正参差。秋兰被长坂,朱华冒绿池。潜鱼跃清波,好鸟鸣高枝。神飙接丹毂,轻辇随风移。飘飖放志意,千秋①长若斯。(《公燕诗》)

这是对那种富丽的宫廷生活的描写,我读着这篇总不觉的就会想到李煜的第一期的词来。

> 惊风飘白日,忽然归西山。圆景光未满,众星灿以繁。志士营世业,小人亦不闲。聊且夜行游,游彼双阙间。文昌郁云兴,迎风高中天。春鸠鸣飞栋,流猋激棂轩。顾念蓬室士,贫贱诚足怜。薇藿弗充虚,皮褐犹不全。慷慨有悲心,兴文自成篇。宝弃怨何人,和氏有其愆。弹冠俟知己,知己谁不然。良田无晚岁,膏泽多丰年。亮怀璠玙美,积久德愈宣。亲交义在敦,申章复何言。(《赠徐干》)

据子建诗注说:"子建与徐干俱不见用,有怨刺之意,故为此诗。"这话虽不见得可信,可是这里安慰伟长的意思,倒②是异常得显然。

> 端坐苦愁③思,揽衣起西游。树木发春华,清池激长流。中有孤鸳鸯,哀鸣求匹④俦。我愿执此鸟,惜哉无轻舟。欲归忘故道,顾望⑤但怀愁。悲风鸣我侧,羲和逝不留。重阴润万物,何惧泽不周。谁令君多念,自使怀百忧。(《赠王粲》)

---

① "千秋"原书误作"千古",校订者酌改。
② "倒"原作"到",校订者酌改。
③ "愁"原书引作"悲",校订者改正。
④ "匹"原书引作"其",校订者改正。
⑤ "望"原书误引作"忘",校订者改正。

这篇同前边意思大致相同,因粲有《登楼赋》寄托其不得志之忧闷,故子建才有"重阴润万物,何惧泽不周"一类的话来劝慰他①。

岁月消逝的非常得快,子建那种无思虑的公子生活在他父亲死后,无形中算是告了一个段落,以后他的哥哥丕即位,对他非常的猜忌,所以他终日在忧惧中过日子,而称为他诗中的杰作的《赠白马王彪》也就是产生于这个时候。这篇诗一共分七章,初写自己的离别京都,心中是如何的依依不舍,中间写路途上的困难,同与白马王将要分手时,心里是怎样的难过。末了自解自劝,并安慰白马王让他不要过于感伤,将来终有后会之期。本来子建这次同各王晋京朝谒,想不到任城王竟为文帝所害,大家都弄得一个不欢而散。且在离别时子建原要与白马王同行,而政府又偏不准,子建满腔悲愤,但又不敢明白的直爽的吐露出来,只有绕着弯儿来发抒了。大凡作品在欲吐不敢,而不吐又不能的情况下写出来的,一定会有着最大的成功。《赠白马王彪》也就是在这样情况下产出来的。下边的是篇中的五、七两章:

  太息将何为,天命与我违。奈何念同生,一往形不归。孤魂翔故域,灵柩寄京师。存者忽复过,亡没身自衰。人生处一世,去若朝露晞。年在桑榆间,影响不能追。自顾非金石,咄唶令心悲。

  苦辛何虑思,天命信可疑。虚无求列仙,松子久吾欺。变故在斯须,百年谁能持?离别永无会,执手将何时?王其爱玉体,俱享黄发期。收泪即长路,援笔从此辞。

文帝死后,明帝即位,子建总还不愿以文人终老,想在政治上有些建白,但终究没达到目的。《杂诗七首②》充分的表现出他晚年失意颓唐的心情。如:

---

① "他"原书误排作"化",校订者酌改。
② 原书误排为"六首",校订者酌改。

> 转蓬离本根,飘飖随长风。何意回飙举,吹我入云中。高高上无极,天路安可穷。类此游客子,捐躯远从戎。毛褐不掩形,薇藿常不充。去去莫复道,沉忧令人老。

这①是叹自己的飘泊。又如:

> 南国有佳人,容华若桃李。朝游江北岸,夕宿潇湘沚。时俗薄朱颜,谁为发皓齿?俛仰岁将暮,荣曜②难久恃。

这③是悲自己之迟暮,以后工部的《佳人》当系脱胎于此,不过感慨更深罢了。

底下我们看子建的乐府。子建写乐府不过是借汉乐府中的题目,实际意思同形式,多半是与原来的不合。这不但不足为子建病,而且益发可以看出他的卓越的创造天才。里边技术最高的描写,要算《妾薄命行》、《名都篇》同《美女篇》;抒情当推《薤露行④》、《悲歌行》同《吁嗟篇》。如《美女篇》写一个闺中待字的小姐:

> 美女妖且闲,采桑歧路间。柔条纷冉冉,落叶何翩翩。攘袖见素手,皓腕约金环。头上金爵钗,腰佩翠琅玕。明珠交玉体,珊瑚间木难。罗衣何飘飖,轻裾随风还。顾盼遗光采,长啸气若兰。行徒用息驾,休者以忘餐。

这⑤是如何的妖艳华贵。《吁嗟篇》自托于转蓬:

> 吁嗟此转蓬,居世何独然。长去本根逝,宿夜无休闲。东西经七陌,南北越九阡。卒遇回风起,吹我入云间。自谓终天路,忽然下沉泉。惊飙接我出,故归彼中田。当南而更北,谓东而反西。宕宕当何依,忽亡而复存。飘飖周八泽,连翩历五山。流转无恒处,谁知吾苦艰。愿为中林草,秋随野火燔。糜灭岂不痛,

---

① "这"为校订者酌加。
② "曜"原书误引作"耀",校订者改正。
③ "这"为校订者酌加。
④ "行"原书误作"篇",校订者酌改。
⑤ "这"为校订者酌加。

愿与根荄连。

意思是①宁愿为平民,虽然无声无臭而死,但尚有安居一处之乐,比身为贵族而终年播迁,还要好得多。真可算是沉痛之至了。

过去论子建诗者,钟嵘说他"出于国风",以后都无异辞。这话固然不错,但我觉得这还有点偏不概全之病。实际《楚辞》、乐府给子建作品的影响也极大。即如《妾薄命》之与《九歌》、《招魂》,《美女篇》之与《陌上桑》,很明显的有着源流的关系。子建的思想是儒家的,很有用世之志,但没机会来使他表现,故抑郁而不得志,所以他的作品上承屈原而下开工部。又因他生长在富厚的境地中,所以风格高华,无丝毫寒俭之色。钟嵘说:"陈思之于文章也,譬鳞羽之有龙凤,女工之有黼黻。"的确是一点也不错。

刘桢(? ~217)字公干,东平人,以文学见知于魏氏诸公子。后太子尝宴诸文学,酒酣坐欢,命夫人甄氏出拜,坐中众人咸伏,而桢独平视。太祖闻之,乃收桢以不敬,竟嘱吏减死输作。建安二十二年卒。有《刘公干集》,见张溥所编之《汉魏六朝②百三名家集》。公干的诗流传到现在的极少,以之与子建较,不③管量同质差得很远,但在七子中总要算杰出的了。感怀的如《赠五官中郎将》其三:

秋日多悲怀,感慨以长叹。终夜不遑寐,叙意于濡翰。明灯曜闺中,清风凄已寒。白露涂前庭,应门重其关。四节相推斥,岁月忽已殚。壮士远出征,戎事将独难。涕泣洒衣裳,能不怀所欢。

自况的如《赠从弟》其二:

亭亭山上松,瑟瑟谷中风。风声一何盛,松枝一何劲。冰霜

---

① "是"为校订者酌改。

② 原书漏排了"六朝",校订者酌补。按,完整的书名当作《汉魏六朝一百三家集》。

③ "不"原书作"无",校订者酌改。

正惨凄,终岁常端正。岂不罹①凝寒,松柏有本性。

这些诗作②都还能言所欲言。曹丕说他"五言诗妙绝当时"(《与吴质书》),未免有点过誉,比较钟嵘的话倒还平允,他说:"其原出于古诗,仗义爱奇,动多振绝,真骨凌霜,高风跨俗。但气过其文,彫润恨少,然自陈思以下,颇称独步。"(《诗品》)

王粲(177~217)字仲宣,山阳高平人。曾祖父龚、祖父畅,皆为汉三公。父谦为大将军何进长史,以疾免,卒于家。献帝西迁,粲徙长安,年十七,司徒辟诏除黄门侍郎,以西京扰乱,乃之荆州依刘表。表卒,粲劝表子琮令归曹操,操辟为丞相掾,赐爵关内侯。后迁军谋祭酒。魏国既建,拜侍中。建安二十二年卒。诗文集见《汉魏六朝③百三名家集》。

仲宣作品多系写实,尤其是《七哀诗》感慨苍凉,令人想见当时离乱之象。如其一云:

> 西京乱无象,豺虎方遘患。复弃中国去,远身适荆蛮。亲戚对我悲,朋友相追攀。出门无所见,白骨蔽平原。路有饥妇人,抱子弃草间。顾闻号泣声,挥涕独不还。"未知身死处,何能两相完。"驱马弃之去,不忍听此言。南登霸陵岸,回首望长安。悟彼下泉人,喟然伤心肝。

这当是他要去荆州时写的。其次如《从军行》其三:

> 从军征遐路,讨彼东南夷。方舟顺广川,薄暮未安坻。白日半西山,桑梓有余晖。蟋蟀夹岸鸣,孤鸟翩翩飞。征夫心多怀,凄凄令吾悲。下船登高防,草露沾我衣。回身赴床寝,此愁④当告谁。身服干戈事,岂得念所私。即戎有授命,兹理不可违。

---

① 校订者按,此字在各本中多作"罹",或作"罗[羅]",疑当作"惧[懼]","岂不惧凝寒"与下句恰成问答。

② "这些诗作"为校订者酌加。

③ "汉魏六朝"为校订者酌补。

④ "愁"原书引作"悲"校订者酌改。

这大概是仲宣作司空军谋祭酒从军远征时写的。据《三国志》本传中说"粲貌寝而体弱",有点近于神经质,身遭乱离故多发凄怆之辞。《诗品》说他的作品出于李陵,未免有点附会。

孔融(153~208)字文举,鲁国人。年十六,以救其兄之友人张俭名闻于世,后大将军何进辟融为侍御史,旋以病辞。董卓为相,举融为北海相。卓败,曹操秉政,融见操雄诈多端,数不能堪,故发辞偏宕,多致乖忤。操初则勉相容忍,继恐其有鲠大业,遂设谋杀之,卒年五十六。

文举天性诙谐,《后汉书》本传说融年十岁随父去京师,时李膺名重一时,但不妄接宾客,非当世名人及与①通家不得见。融打算见他,遂去膺门,告诉守门的说:"我是李君通家子弟。"因得见。膺问:"高明祖父尝与仆有恩旧②乎?"融曰:"然!先君孔子与君先人李老君同德比义而③相师友,则融与君累世通家。"一座莫不叹息。太中大夫陈炜后至,座中以告炜,炜道:"夫人小而聪了,大未必奇。"融应声曰:"观君所言,将不早慧乎?"膺大笑曰:"高明必为伟器。"这是他早年的故事。晚年作官时,曹操当权,攻屠邺城,袁氏父子,多见侵略,操子丕私纳袁熙妻甄氏。融与操书,称武王伐纣,以妲己赐周公,操不悟,后问出何经典?对曰:"以今度之,想当然耳。"这都可以看到他的性格的幽默。他的散文如与曹操《论酒禁》两书,都很有风趣,后当详论。可惜他的诗歌流传下来的太少了,现在他的集子中只剩八首,而且有些还是应酬游戏之作,只有《杂诗》二首同《临终诗》可以看到他的诗的真面目。

  远送新行客,岁暮乃得归。入门望爱子,妻妾向人悲。闻子

---

① "与"为校订者酌补。
② "旧"原书误作"臼",校订者酌改。
③ "而"原书引作"即",此据《后汉书》本传校改。

不可见,日已潜光辉。"孤坟①在西北,常念君来迟。"褰裳上墟丘,但见蒿与薇。白骨归黄泉,肌体乘尘飞。生时不识父,死后知我谁?孤魂游穷暮,飘飘安所依?人生图嗣息,尔死我念追。俯仰内伤心,不觉泪沾衣。人生自有命,但恨生日希。

——《杂诗》其二

言多令事败,器漏苦不密。河溃蚁孔端,山坏由猿穴。涓涓江汉流,天窗通冥室。谗邪害公正,浮云翳白日。靡辞无忠诚,华繁竟不实。人有两三心,安能合为一。三人成市虎,浸渍解胶漆。生存多所虑,长寝万事毕。

——《临终诗》

曹操虽然杀了文举,但他的长子丕倒②反是文举的知音。在他死后,丕曾募天下有上融文章者,辄赏以金帛,而且他在《典论·论文》中评文举的作品说:"体气高妙,有过人者;然不能持论,理不胜辞,至于杂以嘲戏。及其所善,扬、班俦也。"所谓"杂以嘲戏",拿现在的话说,就是常常含有幽默的风趣。

这个时期的诗人,值得称述的实际也只是上面这几个人。所谓七子,除了刘、王、孔三人外,余③如陈(琳)、徐(干)、应(玚④)、阮(瑀)四人,他们的作品不但量少而质也不足观。所以钟嵘说:"陈思为建安之杰,公干、仲宣为辅。"可见余子碌碌无足道也。至于就这个时期整个看起来,五言诗在技巧上的成熟自是毫无疑问,不过可惜的是这一期的诗篇多缺乏社会的描写,高才如子建也不过是写他的悲愤抑郁,其余诸子更多帮闲的作品,如最无味的《公䜩诗》,几乎每人的集子都少不了一篇两篇。至如阿谀的颂赞之篇,在诸子集中竟

---

① "坟"原书误引作"愤",校订者改正。另按,"孤坟在西北,常念君来迟"当是妻妾告语,所以酌加引号。
② "倒"原书作"到",校订者酌改。
③ "余"为校订者酌加。
④ "玚"原书误排作"阳",校订者改正。

也屡见不鲜。本来文学为时代的产品,这个时期的时代思潮是名法、是黄老,所以从作品中看不到出世的色彩,至多不过写一两篇聊以遣兴的游仙诗罢了。当时那些文人们的生活,又都极其侈丽,跟着要人们任秘书、任参军,天下虽然乱,人民虽然流离,怎能到①这班文人的眼里呢?所以从他们的作品中,看不见时代乱离的描写,自是无足怪的。建安文学虽为后来一般诗人所称道,而在我总觉得它②远不如正始时期的作品来得深刻!

第二节　阮籍、嵇康与正始诗坛③

正始是魏废帝芳的年号,在历史上正是所谓魏晋之际。这个时期的诗歌,在形式上同前一期虽说没有多大差异,可是在内容上④就有着截然的不同了。其所以不同的原因,不外是时代思想同政治背景有着显著的变化之故。本来儒家思想到汉末已渐呈衰歇之势,老庄思想从王充开始,渐次的在士大夫阶级中扩展它⑤的势力。到了正始玄风大倡,遂蔚然为时代思潮。加以政治上的司马氏同曹氏两家的倾轧斗争,士大夫出处稍一不慎,就有生命的危险,因此益发使老庄的厌世思想,得到了优势。学者文人遂相率跑到老庄的领域中,作为逃避现世的乐园。不过这些文人虽然厌世,他们并不能像长沮、桀溺真个耦⑥耕田园,像庄周老聃真个看澈生死。所以他们一面厌世,而一面还浮沉于政治漩涡中;一面超脱,而一面还相信方士长生之说,服食延年。在这样的情况之下,就产生正始时期特殊的文学作风:一面诅咒现世,一面企慕神仙。

---

① 原书此处衍一"到"字,校订者酌删。
② "它"原书误排作"他",校订者酌改。
③ 此节标题原书作"正始",校订者酌改。
④ 原书此处有一"可"字,因为与句首的"可是"重复,校订者酌删。
⑤ "它"原书作"他",校订者酌改。
⑥ 校订者按,原书"耕"前一字漫漶不清,此据《论语·微子》补。

阮籍(210~263①)字嗣宗,陈留尉氏人。他的父亲瑀是"建安七子"之一。他生性就富于诗人的气质,据《晋书》本传中说,他"志气宏放,傲然自得,或闭户读书,累月不出。或登临山水,经日忘归"。恰好这时正是老庄思想抬头的时候,他的性格正与这一派相合,同时时际乱世,社会上的种种险诈与污浊,都足以使他走到厌世同颓废的路上。他在思想方面以老庄为依归,在生活上以音乐文学为慰藉,以酒为逃避现世的乐园。他不愿作官,但不幸他已有着所谓声名,虽不愿作而不可得。最初之为奏记,是受蒋济的逼迫,以后曹爽召他为参军,算是借病得免。到司马氏辅政,更是没法逃出他们的圈套,为从事中郎,封关内侯,迁散骑常侍,最终为步兵校尉,都是不得已而虚与②委蛇的办法。他行为虽不遵礼法,任性而行,常常招人物议,但他有点长处,就是不瞎批评人的好坏,毕竟从嘴上没有多开罪于人,所以在那样难处的时代,而他居然的幸免于死,这不能不说是他高明的地方。

嗣宗一生的杰作,是他那八十二篇《咏怀诗》。这些诗,自然不是一个短时期的产品,大概是随时写下来的,而且也没题目,到后来积久成帙,才总名之曰"咏怀"。所以它③们既不是一时写成的,自然内容也不一贯,形式也不一致;又因为是随时即兴的篇什,作者又没有序,说明要写的原因,因之也就有许多意义隐晦,使读者对他的用意不能完全贯通④。不过,嗣宗是很明慧而又富于情感的诗人,(其母卒,举声一号,吐血数升,毁瘠骨立,殆致灭性)他看到社会的险诈,同一般人的拼命去争趋利禄,他虽嘴里不说,他的心中能忍耐得下吗?所以他非找一个方法来发泄出来不可。但那时正是言语致祸的时

---

① 原书作"二六二",按阮籍卒于景元四年,时当公元二六三年,校订者酌改。
② "与"原书作"为",校订者酌改。
③ "它"原书误排作"他",校订者酌改。
④ "贯通"原书作"贯彻",校订者酌改。

代，把意思直率的表现在文字，更是易于致祸，所以他不得不采取象征的方法，故意隐约其辞，辗转的把自己心中按捺不住①的愤懑，发挥出来，虽然有许多我们已不知他何所为而作，但他那一团厌恶社会与嫉视黑暗之情，溢于言表。近人陆侃如说他的诗中所表现的多是"无常"。如：

> 二妃游江滨，逍遥顺风翔。交甫怀环佩，婉娈有芬芳。猗靡情②欢爱，千载不相忘。倾城迷下蔡，容好结中肠。感激生忧思，萱草树兰房。膏沐为谁施，其雨怨朝阳。如何金石交，一旦更离伤！（其二）

这是爱情的无常。又如：

> 嘉树下成蹊，东园桃与李。秋风吹飞藿，零落从此始。繁华有憔悴，堂上生荆杞。驱马舍之去，去上西山趾。一身不自保，何况恋妻子。凝霜被野草，岁暮亦云已。（其三）

这是写豪华之无常。此外如其六写富贵之无常，十五写荣誉之无常，二十七写颜色之无常，都是佳品。嗣宗既觉得世间什么功名利禄都不足恃，自然是极力要想找到一个可以安身立命的所在，于是就想出世、想长生。其十、三十二③两篇，最足代表他这样的思想——

> 北里多奇舞，濮上有微音。轻薄闲游子，俯仰乍浮沉。捷径从狭路，僶俛趋荒淫。焉见王子乔，乘云翔邓林。独有延年术，可以慰我心。（其十）

> 朝阳不再盛，白日忽西幽。去此若俯仰，如何似九秋？人生若尘露，天道邈悠悠。齐景升丘山，涕泗纷交流。孔圣临长川，惜逝忽若浮。去者余不及，来者吾不留。愿登太华山，上与松子游。渔父知世患，乘流泛轻舟。（其三十二）

---

① "不住"原书作"不着"，"不着"乃河南方言，意同"不住"，校订者酌改。
② "情"原书误引作"性"，校订者酌改。
③ 校订者按，"三十二"原书误排作"三十四"，下文所引诗后附注即作"三十二"，不误。

但是这种自慰,也不能持久,最后简直连求仙这种事也怀疑了——

  天网弥四野,六翮掩不舒。随波纷纶客,汎汎若浮凫。生命无期度,朝夕有不虞。列仙停①修龄,养志在冲虚。飘飘云日间,邈与世路殊。荣名非己宝,声色焉足娱。采药无旋返,神仙志不符。逼此良可惑,令我久踌躇。(其四十一)

据鲁迅先生说,魏晋文人之所以纵酒吃肉,乃是因为他们服药的缘故。(《魏晋风度及文章与药及酒之关系》)嗣宗生在当时,自然要受那种风气的薰染。所谓当时的名士,实际乃是道家与方士糅合后而产出的新人物。不过"服食求神仙,多为药所误"(见《古诗②十九首》,此诗当产生在嗣宗之前)这是前代诗人的至言③。明慧如嗣宗能不了解这一点吗?所以早年的嗣宗也许真个相信长生是不会骗人的,但到了最后恐怕已经觉悟了。早年的饮酒也许是服药而不得不然,但到晚年,他因步兵厨营人善酿,有贮酒三百斛,竟然求为步兵校尉,这就恐怕是要借酒来浇愁,以醉乡作为逃避现世的惟一的园地了吧?

至于嗣宗作品的评骘,在好的方面就是语言④朴质而喻意深远。钟嵘所谓:"可以陶性灵,发幽思,言在耳目之内,情寄八荒之表,洋洋乎会于风雅,使人忘其鄙近。"可是在疵颣方面,就是教训气味太重,用事太隐晦,词句重复太多(陆侃如说)。不过嗣宗乃是无意为文的人,他只不过是直抒胸臆,自然不去斤斤于字句雕饰。他的作品之不免后人的指摘,自是为此,可是令人可喜的,也莫不为此。子建的作品在技巧上要比嗣宗精炼得多,可是在深刻方面,就远不如嗣宗了。子建所写的,纯是个人的悲欢,他眼光只是注意到自身,而嗣宗所写的是整个社会,他眼光放射到人间的诸相。其所以有这样的不同,并

---

① "停"原书误引作"膏",校订者酌改。
② "古诗"为校订者酌补。
③ 原书"言"字处漏空一字,此据上下文意酌补。
④ "语言"原书作"形式",校订者酌改。

不是他们的天才有若何的轩轾,乃是为他们的身世、遭际,以及时代思潮都不一样的缘故。

嵇康(223~262)字叔夜,谯国铚人。少有天才,学不师受,而无所不通,与魏宗室为婚,官拜中散大夫。叔夜的性格同嗣宗很有点相近,思想趣①味都很相同,他们都是老庄的信徒,而又都喜欢音乐同文学。不过在修养上,叔夜比嗣宗稍差。嗣宗早年虽是任才使气(如善为青白眼之类),但晚年则锋芒顿敛;至于叔夜,他那②种刚峻之气,始终如一。他自己也很有自知之明,在他的《与山巨源绝交书》中说:

> 阮嗣宗口不论人过,吾每师之,而未能及。至性过人,与物无伤,唯饮酒过差耳。至为礼法之士所绳,疾之如仇,幸赖大将军保持之耳。以③不如嗣宗之贤,而有慢驰之阙;又不识人情,闇于机宜;无万石之慎,而有好尽之累,久与事接,疵衅日兴,虽欲无患,其可得乎?

又说:"又每非汤、武而薄周、孔,在人间不止此事,会显世教所不容,……刚肠疾恶,轻肆直言,遇事而发。"就因为这些缘故,他深为司马氏所不喜,而且开罪了不少的人。据《晋书》本传中说,他性喜打铁,家中有一棵柳树,枝叶峻茂,于是他就引水把它④环绕起来,每当夏天,就在这棵柳荫下打铁。有一天,颖川钟会去拜访他,他毫不为礼,只管打他的铁,会坐了一会,觉得怪气愤的,就要走,这时他才向会问道:"何所闻而来?何所见而去?"会曰:"闻所闻而来,见所见而去。"从此会心中非常的恨他。后来不巧他的朋友吕安以事获罪,竟连累到他,朝廷把他逮捕了去。这时钟会就乘机来陷害他,说他"言论放荡,非毁典谟,帝王者所不宜容。宜因衅除之,以淳风俗"。司马昭听

---

① "趣"原书误作"趋",校订者酌改。
② "那"原书误作"即",校订者酌改。
③ "以"原书误引作"吾",校订者改。
④ "它"原书误排作"他",校订者酌改。

信钟会的话,结果就把他杀了,时年四十。

叔夜的诗远不如嗣宗。本来这个时期新的诗体——五言已经成熟了,但他仍因袭四言体,所以非常质板,而且有时模拟《三百篇》的句子,未免食而不化。不过也有写得较好的。如:

> 息徒兰圃,秣马华山。流磻平皋,垂纶长川。目送归鸿,手挥五弦。俯仰自得,游心太玄。嘉彼钓叟,得鱼忘筌。郢人逝矣,谁与尽言。(《赠兄①秀才入军诗》其十四)

可以看到他胸中那一片自然的天机。又如:

> 曰余不敏,好善闇人。子玉之败,屡增惟尘。大人含弘,藏垢怀耻。民之多僻,政不由己。惟此褊心,显明臧否。感悟思愆,怛若创痏②。欲寡其过,谤议沸腾。性不伤物,频致怨憎。昔惭柳惠,今愧孙登。内负宿心,外恧良朋。(《幽愤诗》)

可以看到他遭难③后的愤懑忧闷之情。叔夜也有五言的篇什,但为数较少,质的方面反不如四言之能感人,大致都不免带几分教训的意味。比较可读的,是下面这篇:

> 含哀还旧庐,感切伤心肝。良时遘数④子,谈慰臭如兰。畴昔恨不早,既面侔旧欢。不悟卒永离,念隔增忧叹。事故无不有,别易会良难。郢人忽已逝,匠石寝不言。泽雉穷野草,灵龟乐泥蟠。荣名秽人身,高位多灾患。未若捐外累,肆志养浩然。颜氏希有虞,隰子慕⑤黄轩。涓彭独何人,唯志在所安。渐渍殉近欲,一往不可攀。生生在豫积,勿以恍自宽。南土旱不凉,衿计宜早完。君其爱德素,行路慎风寒。自力致所怀,临文情辛

---

① "兄"原书漏排,校订者酌加。按,"兄"指嵇喜,曾举秀才。
② "痏"原书误引作"痛",校订者酌改。
③ "遭难"原书作"遇难","遇难"一般指遇害,而写《幽愤诗》的嵇康仍然活着,校订者特为酌改如此。
④ 校订者按,"数"一作"吾"。
⑤ "慕"原书误排为"幕",校订者酌改。

酸。(《与阮德如》)

钟嵘说他"过为峻切,讦直露才",很可以作为我们的参考。

刘彦和《文心雕龙》中说:"正始明道,诗杂仙心;何晏之徒,率多浮浅。唯嵇志清峻,阮旨遥深,故能标焉。"所以这一时期的诗歌,嗣宗和叔夜已经很可以代表了。至于刘伶、何晏、嵇喜、阮侃等,大抵篇什所存既少,内容又复平庸,大可不必在这里赘述了。

第三节　太康诗坛与左思的诗①

太康原是晋武帝灭吴后改的年号。因为自灭了吴,于是江东二陆(机、云)也来了洛阳,一时文人荟萃,造成了文坛上一种新的风气。所以梁代钟嵘就说:"太康中,三张、二陆、两潘、一左,勃尔复兴,踵武前王,风流未沫,亦文章之中兴也。"(《诗品·序》)从此以后,遂有了"太康文学"的称号。至于太康文学与正始文学是不是一派流传下来的呢?我们只要稍为把这两个时期的作品拿来比较一下,就可以②看到它③们有着极显著的不同。本来太康去正始只不过三十余年(248～281)之久,而且太康时期的重要作者张华,早年还很受过阮嗣宗的赏识(叹其为王佐之才),为什么他们作品的趋向,有着截然的不同呢?为要解答这个问题,我们就不得不仔细的来分析一下他们的关系。

按,正始时期的诗人像嵇、阮诸人,他们都是无意为文的,他们的作品都是在不可遏抑的苦闷中奔迸出来的,又因为他们的天才高,所以虽不注意于修饰,而自臻妙境。本来诗歌须得有思想,有情感,有天才,嵇、阮等人的④作品之所以成功的原因,就在他们都具备这几种条件。但是到了西晋,士大夫阶级一部分是模仿王(弼)、何(晏)

---

① 此节标题原书作"太康",校订者酌改。
② "以"原书误排为"亦",校订者酌改。
③ "它"原书误排为"他",校订者酌改。
④ "人的"为校订者酌加。

等的清谈,一部分是模仿嵇、阮等的放达,大抵都是学得一些皮毛。据《世说新语·德行篇》注引王隐《晋书》谓:

> 魏末阮籍,嗜酒荒放,露头散发,裸袒箕踞。其后贵游子弟阮瞻、王澄、谢鲲、胡毋①辅之之徒,皆祖述于籍,谓得大道之本。故去巾帻,脱衣服,露丑恶,同禽兽。甚者名之为通,次者名之为达也。

就《晋书》所载,则山简、张翰、毕卓、庾敳、光逸、阮孚之流,都属于这一派。但他们有的不娴文辞,即有一二善于为诗的,如张翰、谢鲲等在晋代文坛上都不占重要地位。所以太康诸②子的作品,显然的另是一个来源。

现在我们看太康时期,在政治上与正始完全不同,一个是统一的局面刚成,一个是两家相争,正不知鹿死谁手的时候。士大夫所处的环境既不同,而他们的思想同心情自然也就大异。其次是正始时期的嵇、阮,甚而至于王、何,都是思想家而兼为文学家;但在太康就不然了,喜欢清淡同放达的,多半表现在语言同行动上,并不要见之于文字,可是这般喜欢文学的人,又因时代环境较好,自无须也走进老庄的圈里,他们为使自己的文字写得好,使自己成为③一个不朽的作者起见,自然就不得不跨过正始而力追建安,上而至于东京的张、蔡,西京的扬、马,以至先秦的屈、宋、《三百篇》。他们为要"倾群言之沥液,漱④六艺之芳润"(陆机《文赋》),所以就不能不博古,为要"谢朝华于已披,启夕秀于未振",所以就不能不雕饰。但可惜他们的天才

---

① "毋"原书引作"母"。校订按,通作"胡毋",有时也作"胡母"。
② "诸"原书作"诗",校订者酌改。按,此处所谓"太康诸子"当指上述"三张、二陆、两潘、一左"。
③ "成为"原书误排为"为成",校订者酌改。
④ "漱"原书误排为"濑",校订者酌改。

都不算十分高,而时代又是极其平顺,所以他们①的作品也就不免②在内容上多半是应酬模拟,而在外形上多是雕虫篆刻。刘彦和《文心雕龙·明诗》篇中批评这个时期的话,最为允当。他说:

> 晋世群才,稍入轻绮。张、潘、左、陆,比肩诗衢。采缛于正始,力柔于建安。或析文以为妙,或流靡以自妍,此其大略也。

所以假若可以拿西洋文学上的流派来比附的话,则正始文学近于浪漫主义,而太康文学则近于古典主义及唯美主义。

陆机(261~303)字士衡,吴郡人。他是吴丞相逊的孙子,吴大司马抗的儿子。抗死后,他领父兵,为牙门将。二十岁时吴灭,遂退归田里,闭门读书。太康中同他的弟云一块到洛阳,很受当时文坛上的领袖张华的赏识。后太傅杨骏辟为祭酒,会骏诛,累迁太子洗马,著作郎。这时晋代的政治已渐趋阢陧,诸王互相倾轧,士衡最初从吴王晏,官至殿中郎,又从赵王伦,官至中书郎。伦诛遂被逮,赖成都王颖、吴王晏的拯救,得以不死。后因感成都王颖全济之恩,遂委身事之,终以讨齐王冏为后将军、河北大都督,遇谗被杀。年四十三。

士衡同他的弟士龙,都是极重视创作的,他们平常常反复讨论关于文章的优劣问题,从士龙给士衡的信中,可以看到。至士衡给士龙的信,已不多见。但他的《文赋》倒③是很值得我们注意的一篇文字。在这里边,他说明他对文学的认识同他自己④创作的甘苦,像篇中所说的"诗缘情而绮靡,赋体物而浏亮",可以看到他对诗赋的见解。又说:

> 其为物也多姿,其为体也屡迁;其会意也尚巧,其遣言也贵妍。暨音声之迭代,若五色之相宣。

又可看到他是如何注意于辞采的华丽与声调的和谐。又说:

---

① "们"原书作"作",当是"们"的误排,校订者酌改。
② "不免"原书误排作"免不",校订者酌改。
③ "倒"原作"到",校订者酌改。
④ 原书此处有"对"字,校订者酌删。

> 或仰逼于先条,或俯侵于后章;或辞害而理比,或言顺而意妨。离之则双美,合之则两伤。考殿最于锱铢,定去留于毫芒。

又可看到他是怎样的注意于字句的推敲,所以他的作品总不免文过于质。他似乎受两汉辞赋作者的影响很深,专就他的作品而论,赋要比诗好得多。他的诗让我们仔细的读起来,只觉得辞采的绮丽,至于所含意境,很难得到一个明确的认识。这种原因,我觉得一则因为作者原无强烈的非吐不快的情感,又加以辞句的雕饰,于是原来平淡的感念,也在这不十分明确的辞句中隐迹了。即如写得比较好的《①赴洛道中二首》:

> 总辔登长路,呜咽辞密亲。借问子何之?世网婴我身。永叹遵北渚,遗思结南津。行行遂已远,野途旷无人。山泽纷纡余,林薄杳阡眠。虎啸深谷底,鸡鸣高树巅。哀风中夜流,孤兽更我前。悲情触物感,沉思郁缠绵。伫立望故乡,顾影凄自怜。远游越山川,山川修且广。振策陟崇丘,安辔遵平莽。夕息抱影寐,朝徂衔思往。顿辔倚高岩,侧听悲风响。清露坠素辉,明月一何朗。抚枕不能寐,振衣独长想。

这是写他赴洛途中的所感,但不知为何远不如《古诗②十九首》里边如"行行重行行"一类感人之深,觉得他里边有许多话,都有些辞费似的。刘孝标注《世说》引《文章传》中张华批评士衡的话说:"人之作文,患于不才,至子为文,乃患太多也。"表面似乎是恭维,实际乃是不满。总之诗人必须有丰富的内心③的生活,才能写出好的作品。士衡本是热衷名利的人,他原不富于诗人的气质,在那样极其危险的政治漩涡中,一再遭逢打击,遂不知见机而作,终遇不测之祸。比之正始诸君,不但节慨不及,即明慧也差得多。无怪乎他的作品,只有赠

---

① 原书此处有"又"字,校订者酌删。
② "古诗"为校订者酌加。
③ "心"为校订者酌加。

人模拟一类的篇什,而孤怀独往、任情遣辞之作,竟不获一二篇①也。

潘岳(? ~300)字安仁,荥阳中牟人。早辟司空太尉府学秀才。因才高,为人所嫉,竟不得迁。后出为河阳令。转怀令,因政绩优良,调补尚书度支郎,迁廷尉,以公事免。杨骏辅政,引为太傅主簿。骏诛,除名。不久迁长安令。及赵王伦辅政,伦所信孙秀素与安仁有隙,诬他将奉齐王冏为乱,遂被诛,夷三族。按《晋书》安仁本传谓:"岳性轻躁,趋世利,与石崇等谄事贾谧,每候其出,与崇辄望尘而拜。构愍怀之文,岳之辞也。谧二十四友,岳为其首。谧《晋书限断》,亦岳之辞也。其母数诮之曰:'尔当知足,而干没不已乎?'而岳终不能改。"要像这样,也无怪乎有人要说"文人无行"!

安仁篇什,近世刘师培曾拿他同陆机相比,谓陆氏之文工而缛,潘氏之文虽绮而清。故潘在陆之上。这话倒②是很有见地。安仁集中固然名篇也不多,但如《悼亡》同《哀诗》写情之真挚,确非徒事华采的士衡的作品所能比:

荏苒冬春谢③,寒暑忽流易。之子归穷泉,重壤永幽隔。私怀谁克从,淹留亦何益。黾勉恭朝命,回心反初役。望庐思其人,入室想所历。帏屏无仿佛,翰墨有馀迹。流芳未及歇,遗挂犹在壁。怅恍如或存,回遑忡惊惕。如彼翰林鸟,双栖一朝只。如彼游川鱼,比目中路析。春风缘隟来,晨霤承檐滴。寝息何时忘,沈忧日盈积。庶几有时衰,庄缶犹可击。(《悼亡诗》其一)

这是他在妻子死后写的,以后诗人悼亡之诗即仿于此。至于《哀诗》④,恐怕也是追念他妻子的篇什:

㴋如叶落树,邈若雨绝天。雨绝有归云,叶落何时连?山气

---

① "篇"原作"屈",可能因两字手书形似而致误排,校订者酌改。
② "倒"原书作"到",校订者酌改。
③ "谢"原书误引作"到",校订者酌改。
④ 校订者按,《哀诗》又题《杨氏七哀诗》,潘岳之妻为西晋书家杨肇之女,据此则《哀诗》确为悼亡之作。

冒冈岭,长风鼓松柏。堂虚闻鸟声,室暗如日夕。昼愁奄逮昏,夜思忽终昔。展转独悲穷,泣下沾枕席。人居天地间,飘若远行客。先后讵能几,谁能弊金石?

安仁集中像这样可读的诗,也不过寥寥几篇,其余四言之作,多系无谓应酬,专模《三百篇》,自然是不值一提啦。

张华(231~300)字茂先,范阳方城人。由太府博士,转河南尹丞,未拜,除佐著作郎,武帝篡魏,拜黄门侍郎,封关内侯。因劝伐吴有功,进封为广武县侯。武帝崩,贾后专政,拜右光禄大夫,开府仪同三司,侍中中书监金章紫绶。永康元年,赵王伦废贾后,杀之,茂先也同时遇祸。

茂先不但是有晋一代的政治家,而且也可说当时最博洽的学者,著有《博物志》。所谓诗文,只不过是他的余事而已。他在位的时候,很喜欢奖掖后进。据《晋书》:"二陆入洛,志气高爽,自以吴之名家,不推中国人士。见华一面如旧,钦华德范,如师资之礼。"所以二陆之能名噪一时,为中原①士大夫所推重,恐怕大半是因为茂先的延誉有以致之。茂先的诗比较好的要算他的《情诗》,诗②一共五首,一、二、四三首从男子方面写;三、五两首从女子方面写。

清风动帷帘,晨月照幽房。佳人处遐远,兰室无容光。襟怀拥虚景,轻衾覆空床。居欢惜夜促,在戚怨宵长。拊枕独啸叹,感慨心内伤。(其二)

明月曜清景,晓光照玄墀。幽人守静夜,回身入空帷。束带俟将朝,廓落晨星稀。寐假交精爽,觌我佳人姿。巧笑媚懽靥,联娟眸与眉。寤言增长叹,凄然心独悲。(其四)

君居北海阳,妾在江南阴。悬邈修涂远,山川阻且深。承欢

---

① "中原"原作"中国",从引文而来,按引文中的"中国"即"中原"之意,所以此处酌改为"中原"。

② "诗"原作"这",疑为误排,校订者酌改。

注①隆爱,结分投所钦。衔恩笃守义,万里托微心。(其五)
钟记室说茂先:"其体华艳,兴托不奇,巧用文字,务为妍冶。虽名高曩代,而疏亮之士犹恨其儿女情多,风云气少!"这话虽不无道理,但《诗品》置士衡于上品,而对茂先则谓"置之中品疑弱,处之下科恨少",我觉得这倒②未免有点不大公平。因为茂先之作虽风骨不如曹、刘之遒劲,但总比诸士衡,尚多真气,《诗品》之评,岂可遽以为定论哉!

左思(252?~306?③)字太冲,齐国临淄人,他家世儒学,早年学钟胡书及鼓琴,均不成。他父亲对友人说:"思所晓解,不及我少时。"从此他发奋读书,兼善阴阳之术。但他貌不雄伟,而且不善言辞,所以不喜交游,惟以闲居为事。因他妹芬入宫,遂搬家到京师,为写《三都赋》才求为秘书郎。赋成,一时豪贵之家,竞相传写,洛阳为之纸贵。当他居官的时候,秘书监贾谧曾请他讲《汉书》。谧诛,遂退居洛阳④宜春里。后因世乱,遂搬家到冀州,卒于家。

太冲在这个时期的作家中,要算最杰出的了。他因为不大热衷名利,所以没得卷入政治漩涡。《晋书》本传中说齐王冏曾命他为记室,而他坚辞不就,否则恐怕也难免于祸。他很富于热情,但生逢乱世,不得不退隐,度着孤寂的生活。《咏史》诗八首,虽是写的是古代的人物,但实际不过是借题发挥,与阮籍《咏怀》并无二致。

弱冠弄柔翰,卓荦观群书。著论准《过秦》,作赋拟《子虚》。边城苦鸣镝,羽檄飞京都。虽非甲胄士,畴昔览《穰苴》。长啸激清风,志若无东吴。铅刀贵一割,梦想骋良图。左眄澄江湘,右盼定羌胡。功成不受爵,长揖归田庐。(其一)

皓天舒白日,灵景耀神州。列宅紫宫里,飞宇若云浮。峨峨

---

① "注"原书引作"枉",校订者酌改。
② "倒"原作"到",校订者酌改。
③ 原书缺左思生卒年,校订者酌补。
④ "洛阳"为校订者酌补。

>　　高门内,蔼蔼皆王侯。自非攀龙客,何为歘来游。被褐出阊阖,
>　　高步追许由。振衣千仞冈,濯足万里流。(其五)

这两篇一写自己想在成立勋业后,退归田里,一写自己来京师之不当,欲马上离开,追步许由。前者可以代表他早年的志愿,后者可以代表他中年的转变。虽然他也并不轻视藻饰,但情盛乎辞,使我们不觉得他在雕绘,这是他超乎同时代其他作者的地方。太冲另外还有《娇女诗》一首,颇为近人所称道,如开端:

>　　　　小字为纨素,口齿自清历。鬓发覆广额,双耳似连璧。明朝
>　　弄梳台,黛眉类扫迹。浓朱衍丹唇,黄吻澜漫赤。……

这是娇女中之小者,后边又写纨素的姊姊,大概因为用词杂有方言的缘故,多有不可解的地方。胡适之先生说这首诗是用白话做的,倒①是很合理②的说法。

　　太康时期的作者,就上边所述的,除左太冲以外,其余本极平庸,至于士衡之弟士龙,安仁之从子正叔,及张孟阳兄弟更是等而下之了。不过我们决不可因为这个时期作品的不大高明,而忽视了它。它实在占有从建安以来主张唯美主义的文学主潮进展中之一重要阶段。本来建安时期已开始有了文学与史学、哲学分家的主张,换言之,就是创作家认清了文学本身的价值,而打算让它脱离史学、哲学的羁绊,而各③自独立。曹丕的《典论·论文》,最可以代表这种见解。文学既要独立,自然在形式上④就不能不主张美化。《典论·论文》中说"诗赋欲丽",这要算主张文学要美化的第一声。(在汉代,固然扬子云已有"诗人之赋丽以则,辞人之赋丽以淫"的话,但所谓丽的范围,还只限于赋。)不过这种潮流,经过正始,因为时代的转换,几乎中断。到太康,政治又恢复了常态,这种潮流好像从地下又被掘出

---

① "倒"原书作"到",校订者酌改。
② "合理"原书作"合理由","由"字疑为衍文,校订者酌删。
③ "各"原书作"个",校订者酌改。
④ "上"为校订者酌补。

来似的。陆机的《文赋》,显然的是曹丕《论文》的余绪,而又加以发挥。这时文坛上简直为这种风气所弥漫,我们试看这个时期诗歌的特色,一是辞采绮丽,二是喜欢对仗。前边所举的例子,辞采既华妍而且篇篇都有对偶的句子,尤其在陆士衡的集子中,有时简直可找出二分之一以上的偶句的篇子来。如《答张士然》:

  洁身跻秘阁,秘阁峻且玄。终朝理文案,薄暮不遑眠。驾言巡明祀,致敬在祈年。逍遥春王圃,踯躅千亩田。回渠绕曲陌,通波扶直阡。嘉谷垂重颖,芳树发华颠。余固水乡士,摠辔临清渊。戚戚多远念,行行遂成篇。

  这时的诗与后世不同的,不过是只差句子用韵同平仄的限制而已。此外在创作的态度上,也比前代较为矜重。陆机的注意于修辞,已如上述,至左思为写一赋,而构思十年,门庭藩溷,皆著纸笔,并且因为觉到自己所见不博,而求为秘书郎。这样的精神,都充分的表现当时①对文学极端重视的趋向。所以这个时期,实是②上承建安而下开齐梁。时至今日,我们平心而论,这种对文学的重视态度,自是极可称许,至标举美的目的,也未可厚非。不过无论怎样高明的主张,到了笨拙的文人手里,也会生出流弊来。注意美丽的末流,而忽视了内容,专去堆砌词藻,自是必然的结果,我们又何必来苛责这一期的作者呢?只是后来人极端的来恭维他们,未免有点名不符实,这大概都有点上了钟嵘同刘勰的当。他们因为见解方面与这期的作者极相吻合,所以就不免阿其所好,轻易的来恭维他们。以后的人,觉得钟、刘既然称赞过他们,那还会错吗!其实呢,完全不是那么回③事。

---

① "时"字原书漏排,校订者酌补。
② 原书此处衍一"是"字,校订者酌删。
③ "回"原书误作"会",校订者酌改。

第四节 从永嘉到义熙的诗坛①

时代之与文学,有时真如形之与影。西晋一代的政治只仅仅有三十年的平治,以后就大乱,终于亡国。到元帝即位江东,虽稍获苏息,可是一则偏安一隅,时时有外患侵袭之虞,二则权臣跋扈,王、苏、桓诸藩镇屡欲颠覆中央,所以晋代真可以说是中国历史上最多事的时期。老庄、方士以及佛教诸派思想之能大倡于此时期,实与政治社会状况互为消息。本来晋初的文学是追踪建安,偏重形式修整的。但到后来玄学、佛学盛行后,已经快要衰熄的正始文学的余烬,又重新的燃烧起来。在永嘉之乱的前后,中原鼎沸,所反映在文学上的,一是宗述老庄,二是企慕神仙,三是发抒忧愤。孙绰代表第一类作者,郭璞代表第二类作者②,刘琨代表第三类作者。这种潮流一直到东晋的末叶,遂产生了一位第一等天才的诗人陶潜。他融合了儒道佛三家的思想,形成他特有的人生观,而孕育了他的高洁的人格与淳化的诗篇。所以陶潜之所以为陶潜,不能不说是③两晋的时代环境之所赐。

孙绰(314～371④)字兴公,太原中都人。他的祖父楚曾为冯翊太守,擅长文学。钟嵘盛⑤称他的"零雨"之篇(按此诗为《征西官属送于陟阳候作》)。绰少承家学,与高阳许询有高尚之志,后征西将军庾亮请为参军,补章安令,征拜太学博士,迁尚书郎,终于廷尉卿,领著作郎⑥。兴公的诗现存者极少,要说可以代表他的作风的篇什,则只有《秋日》与《兰亭集诗》之第一首:

---

① 此节标题原书作"从永嘉到义熙",校订者酌改。
② "作者"为校订者酌补,下句"作者"亦为校补,不另出校。
③ "不能不说是"原作"不能说不是",读来略嫌别扭,校订者酌改。
④ 原书缺孙绰生卒年,校订者酌补。
⑤ "盛"原书误排作"胜",校订者酌改。
⑥ "郎"字原书漏排,校订者酌补。按,孙绰领著作郎或当在任廷尉卿之前。

萧瑟仲秋月,飂①戾风云高。山居感时变,远客兴长谣。疏林积凉风,虚岫结凝霄。湛露洒庭林,密叶辞荣条。抚菌悲先落,攀松羡后凋。垂纶在林野,交情远市朝。澹然古怀心,濠上岂伊遥。(《秋日》)

　　流风拂枉渚,停云荫九皋。莺语吟修竹,游鳞戏澜涛。携笔落云藻,微言剖纤毫。时珍岂不甘,忘味在闻韶。(《兰亭集诗》之第一首②)

钟嵘说:

　　永嘉时,贵黄老,稍尚虚谈。于时篇什,理过其辞,淡乎寡味。爰及江表,微波尚传。孙绰、许询、桓、庾诸公诗,皆平典似《道德论》。建安风力尽矣。(《诗品·序》)

像前边的诗,自然没有建安时期的作品来得壮丽,但颇清疏潇洒,尚不至就如《道德论》之索然寡味。不过这些人的作品多已散失,我们仅仅看到一鳞一爪,自然不能据之以论全般也。

　　郭璞(277~324)字景纯,闻喜人。博学有高才,而讷于言论。惠、怀之际,河东先扰,景纯遂作东南之行,至庐江,太守胡孟康被丞相召为军谘祭酒,后庐江陷,璞遂过江,宣城太守殷佑引为参军。佑迁石头督护,景纯乃随之,后王导极重之,引参己军事,迁尚书郎,以母忧去职。不一年,王敦遂召璞为记室参军,及敦谋作乱,景纯以言语忤之,竟被杀。

　　景纯博学多识,好古文奇字,曾注《尔雅》、《三苍》、《方言》、《穆天子传》、《山海经》及《楚辞》、《子虚》、《上林》赋数十万言。又妙于阴阳算历卜筮等法术,预言无不奇中。但末了也就因此而得祸。景纯在诗歌中的杰作是十四首《游仙诗》,有人说他并不是歌咏赤松、王

---

① 校订者按,《文选》作"飂",一本作"飀"。

② 校订者按,《先秦汉魏晋南北朝诗》据《诗纪》等辑录的孙绰《兰亭诗二首》,第一首是四言,此为第二首。

乔,实际乃是借以发抒他胸中的感情之作。不过在我看来,倒①不尽然。《晋书》景纯本传说他曾"从郭公受业,公以《青囊中书》九卷与之,由是遂洞五行、天文、卜筮之术,穰灾转祸,通致无方,虽京房、管辂不能过也"。同时又记载他如何的有先见之明,这些恐不见得都是附会,也许一部分是事实,又何况《晋书》又说他曾撰前后筮验六十余事,名为《洞林》,抄京、费诸家要最,更撰《新林》十篇、《卜韵》一篇等书呢?假若这些不全属"子虚",那么他之相信神仙而以诗歌来咏歌,以发抒其企慕之情,当是必然的。我们试看阮嗣宗虽也有企慕神仙之作,但终于是怀疑的,可是在景纯的咏歌中很难找出怀疑的成分,这很分明的显示②嗣宗的思想是道家的,而景纯的思想是方士的。现试就他这些诗篇来看,如:

青溪千余仞,中有一道士。云生梁栋间,风出窗户里。借问此何谁?云是鬼谷子。翘迹企颍阳,临河思洗耳。阊阖西南来,潜波涣鳞起。灵妃顾我笑,粲然启玉齿。蹇修时不存,要之将谁使。

这是写仙人生活的。又如:

静叹亦何念,悲此妙龄逝。在世无千月,命如秋叶蒂。兰生蓬芭③间,荣曜常幽翳。

这是深叹年岁的短促,所以他④决意要求仙:

登岳采五芝,涉涧将六草。散发荡玄缁,终年不华皓。
四渎流如泪,五岳罗若垤。寻我青云友,永与时人绝。

然而⑤仙境终不易于达到,所以又⑥有无限的感伤:

---

① "倒"原书作"到",校订者酌改。
② "显示"为校订者酌增。
③ "芭"原书误排作"色",校订者酌改。
④ "他"为校订者酌加。
⑤ "然而"为校订者酌加。
⑥ "又"为校订者酌加。

六龙安可顿,运流有代谢。时变感人思,已秋复愿夏。淮海变微禽,吾生独不化。虽欲腾丹溪,云螭非我驾。愧无鲁阳德,回日向三舍。临川哀年迈,抚心独悲吒。

总之我认为这十四篇诗,不是一时写成的,在时间上总有先后之差,现在的次序已不是原来的了,所以不能把作者的意思完全贯通①。至于技巧方面,颇有太康余风,不过绮丽而并不堆砌,这是潘陆所不能及的。

　　刘琨(271～318)字越石,魏昌人。汉中山靖王胜之后。早年即有文誉,与一时文士陆机、陆云等俱事贾谧,时有"二十四友"之称。及赵王伦执政,越石为记事督,转从事中郎。伦败转尚书左丞,未几又随范阳王虓为司马。虓败,与虓奔河北,以迎大驾勋,封广武邑二千户。永嘉元年,为并州刺史。以讨石勒,竟一败涂地,走依幽州刺史段匹磾,欲与之共奖王室。后为匹磾部下所诬,遂见害。

　　越石为最富于爱国精神的诗人,他听说他的朋友祖逖被用,给亲故书中说:"吾枕戈待旦,志枭逆虏,常恐祖生先吾著鞭耳!"不过可惜的是他自信力太强了,他几次的失败都是因为他不听别人②的计谋与劝告,终于志未酬而身先死,令后人替他惋惜不已。越石生在那样纷③乱的时代,他一生中经过了不知多少的波折。所以他的作品总是慷慨激昂的多,即如《答卢谌》八首乃是被段匹磾所囚时作的,虽是四言,而英气勃勃,实堪与孟德的《短歌行》比美:

　　厄运初遘,阳爻在六,乾象栋倾,坤仪舟覆。横厉纠纷,群妖竞逐,火燎神州,洪流华域。彼黍离离,彼稷育育。哀我皇晋,痛心在目!(其一)

　　天地无心,万物同涂。祸淫莫验,福善则虚。逆有全邑,义

---

① "贯通"原作"贯彻",校订者酌改。按,作者常常在"贯通"的意义上用"贯彻"。
② "人"为校订者酌加。
③ "纷"为校订者酌加。

无完都。英蕤夏落,毒卉冬敷。如彼龟玉,韫椟毁诸。刍狗之谈,其最得乎?(其二)

咨余软弱,弗克负荷。怨衅仍彰,荣宠屡加。威之不建,祸延凶播。忠陨于国,孝愆于家。斯罪之积,如彼山河。斯衅之深,终莫能磨。(其三)

五言的如《重答卢谌》:

握中有玄璧,本自荆山璆。惟彼太公①望,昔在渭滨叟。邓生何感激,千里来相求。白登幸曲逆,鸿门赖留侯。重耳任五贤,小白相射钩。苟能隆二伯,安问党与雠。中夜抚枕叹,相与数子游,吾衰久矣夫,何其不梦周?谁云圣达节,知命故不忧。宣尼悲获麟,西狩涕孔丘。功业未及建,夕阳忽西流。时哉不我与,去乎若云浮。朱实陨劲风,繁英落素秋。狭路倾华盖,骇驷摧双辀。何意百炼刚,化为绕指柔!

里边何尝没有小疵,但因有澎湃的热情在里边,让你读后只觉着兴奋,已经无暇来挑剔其它了②。钟嵘说他"原出于王粲,善为凄戾之词,自有清拔之气",把他放在中品,这不能算是知言之论。比较金朝元遗山《咏诗绝句》中的话,倒是很有见地:"曹、刘坐啸虎生风,四海无人角两雄。可惜并州刘越石,不教横槊建安中。"这样说来,则越石不但可以跨过仲宣,而且直可与曹、刘比肩了。

第五节　陶渊明与魏晋诗潮③

陶渊明(372~427)一名潜,字元亮,浔阳柴桑人。曾祖侃为晋八州都督,封长沙郡公。祖茂曾为武昌太守,父早卒。渊明初为镇军参军(主将为刘牢之),以母丧,归里,服满,又为建威参军。未及一年,

---

① "公"原书误排作"山",校订者酌改。
② "挑剔其它了"原书作"挑剔了其他一切",校订者酌改。
③ 此节标题原书作"陶渊明",校订者酌改。

即补彭泽令,在官仅八十余日,竟自免归。从此终身不复仕,卒年五十六(据梁任公《陶渊明年谱》)。

我们想了解渊明的作品,似乎对他的思想同生活都有检讨一下的必要。梁任公论陶渊明的思想,把他整个儿归到儒家。他说:

> 他虽生长在玄学佛学的氛围中,他一生得力处和用力处,都在儒学。《饮酒》末章云:"羲农去我久,举世少复真。汲汲鲁中叟,弥缝使其淳。凤鸟虽不至,礼乐暂得新。洙泗辍微响,漂流逮狂秦。诗书复何罪,一朝成灰尘。区区诸老翁,为事诚殷勤。如何绝世下,六籍无一亲。终日驰车走,不见所问津。"当时那些①谈玄人物,满嘴里清静无为,满腔里声色货利。渊明对于这班人,最是痛心疾首,叫他们做"狂驰子",说他们"终日驰车走,不见所问津",简单说,就是可怜他们整天价说的话,丝毫受用不着。

又说:

> 他一生品格立脚点,大略近于孟子所说"有所不为"、"不屑不洁"的狷者。到后来操养纯熟,便从这里头发现出真趣味来,若把他当作何晏、王衍那一派放达名士看待,又大错了。

我觉得②任公的话有点太偏,这只能说明渊明思想的一面,而不能说明渊明思想的全般。渊明虽然看不起那些借谈玄和放达来出风头的假名士,但他思想的骨子里,却含有大量老庄思想的成分。他的《桃花源记》充分的表现出无政府主义的意味,实在是从老子的思想来的。那篇文章可以说是《老子》第二十七章的放大。此外,诗歌中如:"纵浪大化中,不喜亦不惧。应尽便须尽,无复独多虑。"(《神释》)"壑舟无须臾,引我不得住。前途当几许,未知止泊处③。"(《杂诗》)

---

① "那些"原书误作"些那",校订者酌改。
② "得"为校订者酌补。
③ "处[處]"原书误排作"虑",校订者酌改。

"聊乘化以归尽,乐夫天命复①奚疑?"(《归去来兮辞》)这不都带有浓郁的庄学色彩吗?至他临死作《自祭文》与《挽歌》,这种看澈生死的明慧似乎若不经过老庄的陶炼,仅仅儒家思想恐怕很难达到这种境地吧。另外,在生活态度上,我总觉得他的率真的处所,很像正始时期的嵇、阮,不过比他们有点分寸,不十分的放纵罢了。这②本来也无足怪,嵇、阮是当时思想界的革命者,行动自不能不"矫枉过正",至渊明那个时候,故作放达之辈已是滔滔皆是,所以他只是率性而行,不虚伪,不矫饰,自然处处都可表现出他的性格的朴质与真率。即如他作彭泽令这件事,就他的《归去来兮辞》的序中说:

> 于时风波未静,心惮远役。彭泽去家百里,公田之利,足以为酒,故便求之。及少日,眷然有归欤之情。何则?质性自然,非矫励所得。饥冻虽切,违己交病。尝从人事,皆口腹自役。于是怅然慷慨,深愧平生之志。犹望一稔,当敛裳宵逝。寻程氏妹丧于武昌,情在骏奔,自免去职。

所以东坡就说他:"欲仕则仕,不以求之为俗;欲隐则隐,不以去之为高。"此外如叩门乞食见诸篇什(《乞食》),平日与人饮酒,若先醉,便语客:"我醉欲眠,卿可去"(萧统《渊明传》),都可以看到他的真率的态度。这种态度不成问题的是从正始来的,不过晋代一般借放达以鸣③高的人,他们的肆无忌惮的行动,令人可厌,而渊明乃是处处为本性的流露,故弥觉可喜。渊明虽然受了一点正始名士与老庄思想的影响,但这又何足为渊明病呢?

渊明看轻了利禄,又看澈了生死,至于千载后的浮名,更是不会放在他的心上。所以《自祭文》中说:"惟此百年,夫人爱之。惧彼无成,愒日惜时。存为世珍,没亦见思。嗟我独迈,曾是异兹。宠非己荣,涅岂吾缁。……不封不树,日月遂过。匪贵前誉,孰重后歌。"《挽

---

① "复"原书误作"夫",校订者酌改。
② "这"为校订者酌补。
③ "鸣"原书作"名",校订者酌改。

歌》中说:"得失不复知,是非安能觉!千秋万岁后,谁知荣与辱?"所以他的写诗,并不像曹丕把它认为是"经国之大事,不朽之盛业"。他不过是藉以"自娱"(《五柳先生传》)、聊为"欢笑"(《饮酒诗序》)罢了。因为这种缘故,他的作品才朴质自然,无丝毫装束之态。现在把渊明的诗择要的录在后边①。

《归田园居》二首

少无适俗韵,性本爱丘山。误落尘网中,一去三十年。羁鸟恋旧林,池鱼思故渊。开荒南野际,守拙归田园。方宅十余亩,草屋八九间。榆柳荫后檐,桃李罗堂前。暧暧远人村,依依墟里烟。狗吠深巷中,鸡鸣桑树颠。户庭无尘杂,虚室有余闲。久在樊笼里,复得返自然。(其一)

种豆南山下,草盛豆苗稀。晨兴理荒秽,带月荷锄归。道狭草木长,夕露沾我衣。衣沾不足惜,但使愿无违。(其三)

《饮酒》三首

道丧向千载,人人惜其情。有酒不肯饮,但顾世间名。所以贵我身,岂不在一生?一生复能几,倏如流电惊。鼎鼎百年内,持此欲何成!(其三)

结庐在人境,而无车马喧。问君何能尔,心远地自偏。采菊东篱下,悠然见南山。山气日夕佳,飞鸟相与还。此中有真意,欲辨已忘言。(其五)

清晨闻叩门,倒裳往自开。问子为谁欤?田父有好怀。壶浆远见候,疑我与时乖。褴缕茅檐下,未足为高栖。一世皆尚同,愿君汨其泥。深感父老言,禀气寡所谐。纡辔诚可学,违己

---

① 校订者按,原书对所引诗重新编序置于每首之前;此据陶集原序以"其一"、"其二"等夹注于各诗之末。

讵非迷。且共欢此饮。吾驾不可回。(其九)

《读山海经》

孟夏草木长,绕屋树扶疏。众鸟欣有托,吾亦爱吾庐。既耕亦已种,时还读我书。穷巷隔深辙,颇回故人车。欢然酌春酒,摘我园中蔬。微雨从东来,好风与之俱。泛览周王传,流观山海图。俯仰终宇宙,不乐复何如。

《责子》

白发被两鬓,肌肤不复实。虽有五男儿,总不好纸笔。阿舒已十六①,懒惰故无匹。阿宣行志学,而不爱文术。雍端年十三,不识六与七。通子垂九龄,但觅梨与栗。天运苟如此,且进杯中物。

《挽歌辞》

有生必有死,早终非命促。昨暮同为人,今旦在鬼录。魂气散何之?枯形寄空木。娇儿索父啼,良友抚我哭。得失不复知,是非安能觉。千秋万岁后,谁知荣与辱?但恨在世时,饮酒不得足。(其一)

渊明的诗歌在齐梁时候虽颇为萧统所赏识,但在那文学以绮丽为时尚的时代,渊明的地位还远不如谢灵运。钟嵘《诗品》把他放在中品,至于刘勰,本身是一位了不起的批评家,而《明诗》篇中竟一字未提渊明②。直到唐代王、孟、储、韦一班人来宗法他,他的地位才高起来。宋代苏东坡更是对他佩服得五体投地,说"吾于诗人无所甚好,独好渊明之诗。渊明作诗不多,然其诗质而实绮,癯而实腴,自

---

① 校订者按,"十六"一本作"二八"。
② "渊明"为校订者酌加。

曹、刘、鲍、谢、李、杜诸人,皆莫及也"。自此渊明在文学史上的地位遂定,不仅是成了魏晋这一时期最伟大的诗人,即在整个的中国文学史上,也要算是极有数的作者。

我们就上边讲的看来,魏晋的诗歌显然的分为四个时期:建安与正始截然不同,一向外,一向内,一壮丽,一深沉;至于以后的太康同永嘉至义熙这两期的作风,无疑义的是前者承建安之末流,而益趋雕绘,后者嗣正始之余响,而渐重说理(钟嵘所谓"诗皆平典似《道德论》"者,正是指此作风而言)。不过一二天才的作者,如刘越石同陶渊明,他们有着极丰富的内心生活,一个遭际非常,备受困厄,一个隐居田园,饱受自然的陶冶;因此他们的成就,一以雄浑胜,一以冲淡胜,不仅为太康诸子所不及,即建安诸子亦当避一席地。然而文学上的潮流是要变的,这种专注意于内容而不重形式的趋向,到了渊明也就及身而止了。此后的文坛上遂又开了一个新局面,那久已衰歇的唯美主义的文学又抬头了。

第五章　魏晋文章及其他①

第一节　魏晋的赋②

赋到了魏晋显然的有着极大的变化。一是贾谊一派以抒情同说理为主的占了优势,而继枚、马之余风者极少。二是篇幅的缩小,普通的赋很少有超过五百言的,有时短得仅仅二十余言(曹植《籍田赋》),还比不上一首诗。至于左思的《三都赋》,那真可说是例外的产品。三是词采的朴质,尤其是建安时期的作品,一洗两京缛丽之

---

①　本章由原书第二编第一章第三节"魏晋文学"的"赋"、"散文"等四小节合并而成,章题由校订者酌拟。

②　此节标题为校订者酌拟。

习。不过太康时期因为文坛风气的转变,陆(机)、潘(岳)之作,都不免偏重藻饰,可是永嘉以后又随着诗歌的趋势而返朴归真。这种变化要追寻它①们的所以然,自然不能不从政治同思想两方面来考索。赋在两汉本为文士藉以猎取名利的工具,但到了这个时期,那种时效已成过去,所以文人无须来专事铺张,只有老老实实的拿它②来抒情、咏物或者说理。又因为它③偏于抒情同咏物,篇幅自不能不缩小,文人即是想写洋洋数千言或数万言的大赋,但为题材所限,也无法可施。其次,老庄思想的盛行也足以使文人重自然而轻人工。魏晋文学中之能有"天然去雕饰"这一派,不能不说是由于受了老庄自然主义的陶冶的缘故。底④下我们选出七位赋的作家来说明这期赋的趋向。于魏则有曹植、王粲,于西晋则有左思、陆机、潘岳,于江左则有孙绰、陶潜。

一、魏的赋家:曹植与王粲⑤

曹植(略历已见前)——子建的赋,现存者有五十余篇,内容有抒情的(《九愁》、《离思》、《释思》、《幽思》、《愁思》、《静思》、《归思》等),有咏物的(如《宝刀》、《芙蓉》、《槐树》⑥、《神龟》、《白鹤》等),有说理的(如《潜志》、《玄畅》等)。比较起来以一二两类为最多。要详细⑦的分析起来,关于抒情的,不外二种趋向⑧。首先是⑨叹自己

---

① "它"原书作"他",校订者酌改。
② "它"原书作"他",校订者酌改。
③ "它"原书作"他",校订者酌改。
④ "底"原书作"低",校订者酌改。
⑤ 此小节标题为校订者酌拟。
⑥ 原书漏引"树",校订者酌补。
⑦ "细"原书误作"析",校订者酌改。
⑧ "二种趋向"为校订者酌补。
⑨ "首先是"原书作"一",校订者酌改,以与下文"其次"相呼应。

遭遇之不偶,如《九愁赋》:

> 恨时王之谬听,受奸柱之虚辞。扬天威以临下,忽放臣而不疑。登高陵而反顾,心怀愁而荒悴。念先宠之既隆,哀后施之不逮。虽危亡之不豫,亮无远君之心。……以忠言而见黜,信毋负于时王。俗参差而不齐,岂毁誉之可同。竞昏瞀以营私,害予身之奉公。共朋党而妒贤,俾予济乎长江。……履先王之正路,岂淫径之可遵! 知犯君之招咎,耻干媚而求亲。顾旋复之无軏①,长自弃于退滨。与麋鹿以为群,宿林薮之葳蕤。野萧条而极望,旷千里而无人。民生期于必死,何自苦以终身! 宁作清水之沉泥,不为浊路之飞尘。

这篇很可以同屈原的《离骚》、《九章》与贾谊的《吊屈原》诸篇参看。第一节即《哀郢》中"发郢都而去闾兮,怊荒忽其焉极? 楫齐扬以容与兮,哀见君而不再得"之意。第二节即《哀郢》中的"憎愠惀之修美兮,好夫人之忼②慨。众踥蹀而日进兮,美超远而逾迈"之意。第三节即《离骚》中的"忳郁邑余侘傺兮,吾独穷困乎此时也。宁溘死以流亡兮,余不忍为此态也"。所以子建的赋,不但形式是从屈、贾来的,即使内容也同他们有着渊源的关系。

其次,关于子建抒情赋的第二类,乃是男女爱情的问题,如《愍志》、《出妇》、《感③婚》等。而尤其以《洛神赋》为此类中之杰作。这篇开始写他所遇的神女之美丽道:

> 其形也,翩若惊鸿,婉若游龙。荣曜秋菊,华茂春松。仿佛兮若轻云之蔽月,飘飘兮若流风之回雪。远而望之,皎若太阳升

---

① 校订者按,"軏"字原书所引不很清晰,看似"轨"字,而一般通俗本也有作"轨"字者,但该字旁有任访先生手写旁注云:"音月,辕端所以接衡者",正合《论语·为政》朱熹注:"軏,辕端上曲钩衡,以驾马者。"则此字当作"軏"。

② "忼"原书引作"慷",校订者酌改。

③ 校订者按,"感"原书所引作"成",但曹植赋中有《感婚》似无《成婚》,故此酌改为"感"。

朝霞;迫而察之,灼若芙蕖出绿波。秾纤得衷,修短合度。肩若削成,腰如约素。延颈秀项,皓质呈露。芳泽无加,铅华弗御。云髻峨峨,修眉联娟。丹唇外朗,皓齿内鲜。明眸善睐,靥辅承权。瑰姿艳逸,仪静体闲。柔情绰态,媚于语言。奇服旷世,骨像应图。披罗衣之璀粲兮,珥瑶碧之华琚。戴金翠之首饰,缀明珠以耀躯。践远游之文履,曳雾绡之轻裾。微幽兰之芳蔼兮,步踟蹰于山隅。

看见这样的神女自然不能不为所动,因之就打算"托微波而通辞","解玉佩而要之"。神女终于有感于他的盛意,就:

> 越北沚①,过南冈,纡素领,回清阳,动朱唇以徐言,陈交接之大纲。恨人神之道殊兮,怨盛年之莫当。抗罗袂以掩涕兮,泪流襟之浪浪。悼良会之永绝兮,哀一逝而异乡。无微情以效爱兮,献江南之明珰。虽潜处于太阴,长寄心于君王。

神女同他周旋一阵之后,就倏忽间消失了。他呢,只有"遗情想象,顾望怀愁。冀灵体之复形,御轻舟而上溯"。末了自然是徒劳梦想,终于弄得他"夜耿耿而不寐,霑繁霜而至曙"。

据《文选》注引《记》说:"植初求甄逸②女不遂,后太祖因③与五官中郎将。植昼思夜想,废寝与食。黄初中入朝,帝示植甄后玉镂金带枕,植见之不觉泣下。时已为郭后谗死,帝仍以枕赉植。植还,度轘辕,息洛水上,因思甄氏,忽若有见,遂述其事,作《感甄赋》。后明帝见之,改为《洛神赋》。"这是否属实,当不敢定。但此赋作于甄后死后的一年,也许不无关系。子建的赋自以抒情的为最重要,至于咏物的大半是借物以喻意,说理的是因事以抒思,都没有征引的必要,在此只得从略了。

---

① "沚"原书引作"渚",校订者酌改。
② "逸"为校订者酌补。
③ "因"原书误作"回",校订者酌改。

王粲——仲宣的赋可分为两类：即抒情与咏物。前者乃是个人真正感情的流露,后者①大抵是应酬的东西。本来仲宣同当时的一般文人,如陈琳、徐干之流,都是曹家府中的幕宾,偏偏曹家的公子像丕、植都擅长文学,所以他们的作品常常是在同一时候写成的,题目自然也是一样。据曹丕的《与吴质书》中说:

　　　　昔日游处,行则连舆,止则接席,何曾须臾相失。每至觞酌流行,丝竹并奏,酒酣耳热,仰而赋诗,当此之时,忽然不自知②乐也。

可以想见建安诸子的作品是在什么样的环境中产生的。所以仲宣的赋与曹植同题者九篇,与曹丕同题者八篇。有些很显明的是奉命而作的,即如《玛瑙勒赋》,丕在他自己所作的序中说:"玛瑙,玉属也,出自西域③,文理交错,有似马脑,故其方人因以名之。或以系颈,或以饰勒。余有斯勒,美而赋之,命陈琳王粲并作。"又《槐赋》序云:"文昌殿中槐树,盛暑之时,余数游其下,美而赋之。王粲直登贤门小阁外,亦有槐树,乃就使赋焉④。"所以像这样的奉命而作的东西,很难写好,即令有才,也不过是一种文章的游戏而已。比较仲宣的赋还是以《登楼》同《思友》两篇最好。《登楼》是他旅居荆州依附刘表不得志时写的,所以就分外的有生气。现在把它⑤中间的一段抄在下边:

　　　　遭纷浊而迁逝兮,漫逾纪以迄今。情眷眷而怀归兮,孰忧思之可任?凭轩槛以遥望兮,向北风而开襟。平原远而极目兮,蔽荆山之高岑。路逶迤而修迥兮,川既漾而济深。悲旧乡之壅隔兮,涕横坠而弗禁。昔尼父之在陈兮,有归欤之叹音。钟仪幽而

---

① "者"原书作"来",当是误排,"后者"乃承"前者"而言,校订者酌改。
② "知"原书漏引,校订者酌补。
③ "域"原书误引作"役",校订者酌改。
④ "焉"原书漏引,校订者酌补。
⑤ 原书此处有"里边"二字,校订者酌删。

楚奏兮,庄舄显而越吟。人情同于怀土兮,岂穷达而异心!
其次,《思友赋》很简短,同一篇诗差不多:

> 登城隅之高观,忽临下以翱翔。行游目于林中,睹旧人之故场。身既没而不见,馀迹存而未丧。沧浪浩兮回流波,水石激兮扬素精。夏木兮结茎,春鸟兮愁鸣。平原兮浃莽,绿草兮罗生。超长路兮逶迤,实旧人兮所经。身既逝兮幽翳,魂眇眇兮藏形。

仲宣的赋在七子中要算是最杰出的,曹丕最赏识他,说他"长于辞赋,《初征》、《登楼》等,虽张蔡不过"①,可算是知言之论。

二、西晋的赋家:左思、陆机、潘岳②

左思——太冲的赋,最著名的是他费十年功夫写成的《三都赋》,他为此③不但门庭藩溷皆置纸笔,而且④要求到政府作官也为的要搜积材料。不过这篇赋在当时之所以能使洛阳纸贵,自有它必然的原因。那时⑤书籍流布不广,没有地志,没有类书,读了他这篇大作无疑的在学问上会有许多新的获得。现在呢,我们想了解当时"三都"的盛况,自有比他记载更详细的典籍告诉我们一切,也无庸去读他这篇东西,这样一⑥来,它⑦的价值就不能不一落千丈,因为要站在文学的立场上来看,只不过是又一篇《两都》或《两京》,实在没有什么新颖之可言。比较起来,《艺文类聚》中他那篇《白发赋》倒颇有风趣:

> 星星白发,生于鬓垂。虽非青蝇,秽我光仪。策名观国,以此见疵。将拔将镊,好爵是縻。白发将拔,悠然自诉:禀命不幸,

---

① 校订者按,这是节引《典论·论文》中语,所略不补。
② 此小节标题为校订者酌拟。
③ "他为此"为校订者酌加。
④ 此处原有"他"字,校订者酌删。
⑤ "时"原书误排为"是",校订者酌改。
⑥ "一"原书误排为"以",校订者酌改。
⑦ "它"原书误排为"他",校订者酌改。

> 值君年暮。逼迫秋霜,生而皓素。始览明镜,惕然见恶。朝生昼拔,何罪之故?子观桔柚,一蠲一晔,贵其素华,匪尚绿叶。愿戢子之手,摄子之镊。咨尔白发,观世之途。靡不追荣,贵华贱桔。赫赫阊阖,蔼蔼紫庐。弱冠来仕,童髫献谋。甘罗乘轸,子奇剖符。英英终贾,高论云衢。拔白就黑,此自在吾。……

这种诙谐的口吻,很有点像他的《娇女诗》。

陆机——士衡的赋同他的诗一样,很注意雕饰。但有些言情的篇子,似乎比他的诗还要高出一筹。即如《叹逝赋》中间一段①:

> 悲夫,川阅水以成川,水滔滔而日度。世阅人而为世,人冉冉而行暮。人何世而弗新?世何人之能故?野每春其必华,草无朝而遗露。经终古而常然,率品物其如素。……寻平生于响像,览前物而怀之。步寒林以凄恻,玩春翘而有思。触万类以生悲,叹同节而异时,年弥往而念广,途薄暮而意迮。亲落落而日稀,友靡靡而愈索。顾旧要于遗存,得十一于千百。乐隤心其如忘,哀缘情而来宅。托末契于后生,余将老而为客。……

这虽然雕饰,但尚不堆砌②。至于《感时赋》,全是模拟《九辨》,《文赋》是一篇讲文学批评的,叙述他自己对创作的见解和经验,在见解上固然很有些独到之处,但从文字上看总有点伤于累赘和繁复,所以士衡虽然有志于追配建安诸子,但因他的天才稍差,以致于结果总是赶不上。

潘岳——安仁的赋,现存者二十篇,有长篇,有中篇,有短篇。《西征》本是纪事的,最长;《闲居》、《秋兴》等是抒情的,较短;《芙蓉》、《秋菊》等是咏物的,最短。不用说,第一类是学枚、马的,而二、三两类是从屈、贾、曹、王这一路来的;所以一类最笨拙,三类又肤浅,

---

① "一段"原书作"像",校订者酌改。
② "砌"原书误排作"切",校订者酌改。

比较有点意味的,是二类。底①下选他《秋兴》篇中的一段,作为代表:

  嗟秋日之可哀兮,谅②无愁而不尽。野有归燕,隰有翔隼。游氛朝兴,槁叶夕殒。于是乃屏轻箑,释纤絺,藉莞蒻,御袷衣。庭树槭以洒落兮③,劲风戾而吹帷。蝉嘒嘒而寒吟兮④,雁飘飘而南飞。天晃朗而弥高兮⑤,日悠阳而浸微。何微阳之短晷,觉凉夜之方永。月朣胧以含光兮,露凄清以凝冷。熠燿⑥粲于阶闼兮,蟋蟀鸣于轩屏。听离鸿之晨吟兮⑦,望流火之馀景。宵耿介而不寐兮,独展转于华省。悟时岁之遒尽兮,慨俛首而自省。斑鬓彪以承弁兮,素发飒以垂领。仰群儁之逸轨兮,攀云汉以游骋。登春台之熙熙兮,珥金貂之炯炯。苟趣舍之殊涂兮,庸讵识其躁静。

三、东晋的赋家:孙绰与陶潜⑧

  孙绰——兴公的赋,现存极少,一向都极称道他的《天台山赋》。按说这篇的写法,的确有点别致,本来应该是专重描写的,但他则杂以说理。如⑨:

  太虚辽廓而无阂,运自然之妙有,融而为川渎,结而为山阜。嗟台岳之所奇挺,实神明之所扶持。荫牛宿以曜峰,托灵越以正

---

① "底"原书作"低",校订者酌改。
② "谅"原书引作"良",此据《文选》校改。
③ "兮"原书漏引,校订者酌补。
④ "兮"原书漏引,校订者酌补。
⑤ "兮"原书漏引,校订者酌补。
⑥ "燿"原书引作"熠",此据《文选》校改。
⑦ "兮"原书漏引,校订者酌补。
⑧ 此小节标题为校订者酌加。
⑨ 原书此处有"开端"二字,但下面所引并非《天台山赋》的开端,校订者酌删。

基。结根弥于华岱,直指高于九疑。应配天于唐典,齐峻极于周诗。

这①是迥然与前人不同的地方。不过他写景,与汉赋也不同,不注重词藻的堆砌,而能直书所见。如:

披荒榛之蒙茏,陟峭崿之峥嵘。济楢溪而直进,落五界而迅征。跨穹隆之悬磴,临万丈之绝冥。践莓苔之滑石,搏壁立之翠屏。揽樛木之长萝,援葛藟之飞茎。虽一冒于垂堂,乃永存乎长生。必契诚于幽昧,履重险而逾平。既克隮于九折,路威夷而脩通。恣心目之寥朗,任缓步之从容。藉萋萋之纤草,荫落落之长松。觌翔鸾之裔裔,听鸣凤之锵锵。过灵溪而一濯,疏烦想于心胸。荡遗尘于旋流,发五盖之游蒙。追羲农之绝轨,蹑二老之玄踪。

所以他自己对这篇作品也很自负,刚作成就拿给他的朋友范荣期看,说"卿试掷地,当作金石声也"。荣期答道:"恐此金石,非中宫商。"但每逢看到佳句,就说"应是我辈语!"此外,如《遂初赋》简直就是散文,我怀疑宋代的文赋的来源,恐怕就是导源于这个时候。

陶渊明——渊明的赋,同他的诗一样,充分表现出他自己特立独行的人格。《归去来兮②辞》是他中年对人生转变方向时的③一篇宣言,这时他深切的认识了他自己的天性与世路不合,所以决计归耕田园:

归去来兮,田园将芜胡不归?既自以心为形役,奚惆怅而独悲?悟已往之不谏,知来者之可追。实迷途其未远,觉今是而昨非。

回到田园以后,深觉乡村一切是有趣味、是可以"长为农夫以没世"

---

① "这"为校订者酌加。
② "兮"原书漏引,校订者酌补。
③ "的"为校订者酌加。

的,所以就下了决心,立定了这样的人生观:

> 已矣乎!寓形宇内复几时?曷不委心任去留?胡为乎遑遑欲何之?富贵非吾愿,帝乡不可期。怀良辰以孤往,或植杖而耘耔。登东皋以舒啸,临清流而赋诗。聊乘化以归尽,乐夫天命复奚疑!

渊明退隐是起于内心的自觉,是自己对人世看澈以后所认定的生活趋向,所以他能实践所言,同潘安仁的《闲居赋》(这是狐狸①吃不着葡萄才说葡萄酸的文章)大不可同年而语。此外,为萧统所讥为"白璧微瑕"的《闲情》一赋,在现在我们看来,倒②是很有趣的一篇文章,写一位害着单相思的男子,因为实际不能与所爱的女子接近,所以就幻想着只要能使自己变为她的日常所用的衣物,得与她常常接近就好了,可是又怕这些衣物过时了,会为她所抛弃:

> 愿在衣而为领,承华首之余芳。悲罗襟之宵离,怨秋夜之未央。
> 愿在裳而为带,束窈窕之纤身。嗟温凉之异气,或脱故而服新。
> 愿在发而为泽,刷玄鬓于颓肩。悲佳人之屡沐,从白水以枯煎。
> 愿在眉以为黛,随瞻视以闲扬。悲脂粉之尚鲜,或取毁于华妆。
> 愿在莞而为席,安弱体于三秋。悲文茵之代御,方经年而见求。
> 愿在丝而为履,附素足以周旋。悲行止之有节,空委弃于床前。

因为"考所愿而必违,徒契阔以苦心",于是就想到郊外去散步,也许偶然之间,可以碰到她。但终于是白走了一趟,这时天也黑了,外边只刮着冷冷的风。于是又盼望着就寝,在梦中或可同她相逢,可是偏偏就"惘不寐,众念徘徊"③,害起失眠症来。不得已,又起来走到门外,望着天边的行云,想托它把自己的一片相思之情带给她,可

---

① "狐狸"原书作"猴子"。按,俗语所谓吃不着葡萄说葡萄酸的乃是狐狸,作者记忆有误,校订者酌改。

② "倒"原书作"到",校订者酌改。

③ "惘不寐,众念徘徊"原书引作"众念徘徊,惘不寐",此据《陶渊明集》(逯钦立校注本)校正。

是行云呢,竟无语而逝。这番深情终究无由申诉,末了只有任它去了。周作人先生在他的《苦竹杂记·文章的放荡①》中曾论过梁简文帝的"文章且②须放荡"的话,中引英国霭理思"文学是情绪③的操练"一语,来说明简文帝的话是对的。从这看来,则渊明虽有《闲情》之作,当也无伤于他为一位隐逸的高士也。至于《感士不遇》一赋系说理,在此无须赘述了。

第二节　散　文

本期的散文大体说来可分为三期:一、建安至正始,在这期中,因曹操的崇尚刑名、豪杰的割据与老庄思想的勃兴,于是反映到文学上,作风就形成清俊通脱与壮丽。二、太康至永嘉,因陆机等之主张华丽,故作风遂渐趋绮靡。三、建武至义熙,因晋室渡江玄风又炽,故作风又返于质朴与平淡。今依时代的先后略述各期的代表作者于后。

一、建安到正始的散文④

孔融——北海的散文,可以列到壮丽的一派。在词彩方面,他上承蔡邕,但气势的雄伟,就远非蔡邕所能比了。即如《肉刑议》就很可以代表他这种特色。

> 末世陵迟,风俗坏乱,政挠俗替,法害其人,故曰:上失其道,民散久矣。而欲绳之以古刑,投之以残弃,非所谓与时消息也。纣斮朝涉之胫,天下谓之无道。夫九牧之地,千八百君,若刖一

---

① "·文章的放荡"为校订者酌补。
② "且"原书引作"必",校订者酌改。按,"立身先须谨慎,文章且须放荡"出自萧纲的《诫当阳公大心书》。
③ "绪"原书引作"感",校订者酌改。
④ 原书此小节标题作"建安到正始",校订者酌改。

人,是天下常有千八百纣也。求俗休和①,弗可得已。且被刑之人,虑不念生,志在思死,类多趋恶,莫复归正。凤沙乱齐,伊戾祸宋,赵高、英布,为世大患。不能止人遂为非也,适足绝人还为善耳。虽忠如鬻拳,信如卞和,智如孙膑,冤如巷伯,才如史迁,达如子政,一罹刀锯,没世不齿。是太甲之思庸,穆公之霸②秦,南睢之骨立,卫武之《初筵》,陈汤之都赖,魏尚之守边,无所复施也。

其次,他的文字还有嘲讽一类的,因曹操下令禁酒,他却③喜欢喝酒,所以就给曹操写信说:"尧不千钟,无以建太平。孔非百觚,无以堪上圣。樊哙解厄④鸿门,非豕肩钟酒,无以奋其怒。赵之厮养,东迎其王⑤,非引卮酒,无以激其气。"可见酒并不负于政。后来操给他写信,又痛陈酒之为害,于是他又覆曹信道:"昨承训答,陈二代之祸,及众人之败,以酒亡者,实如来诲。虽然,徐偃王行仁义而亡,今令不绝仁义;燕哙以让失社稷,今令不禁谦退;鲁因儒而损,今令不弃文学;夏、商亦以妇人失天下,今令不断婚姻。而将酒独急者,疑但惜谷耳,非以亡王为戒也。"这简直是同曹操来开玩笑,所以后来曹操非常恨他,觉得他会妨碍自己前途的计划,就借故把他杀了⑥。

陈琳——(? ~227)字孔璋,广陵人。初为何进主簿,进败,他避难冀州。袁绍招他到幕府,令典文章,曾为绍作檄痛骂曹操,及绍败,归操,操问他"卿昔为本初移书,但可罪状孤而已,恶恶止其身,何乃止及祖父邪?"他深自引咎,操爱其才,不念旧恶,任他为司空军谋祭酒,管记室。建安二十二年卒。

---

① 校订者按,"求俗休和"原书误作"求世休知",此据《后汉书》孔融传所引《肉刑议》改正。
② "霸"原书误引作"羁",校订者酌改。
③ "却"原书作"因",与前文犯重,校订者酌改。
④ "厄"原书误引作"尼",校订者酌改。
⑤ "王"原书误引作"主",校订者酌改。
⑥ 原书此句"就"字前有"所以"二字,与前句犯重,校订者酌删。

孔璋最擅长的是书檄一类的文章，所以是当时一流的秘书人才。他只是抱着作官主义，所以说不到什么节概，颜之推曾讥评他说：

> 自春秋以来，家有拜亡，国有吞灭，君臣固无常分矣。然而君子之交绝无恶声，一旦屈膝而事人，岂以存亡而改虑？陈孔璋居袁裁书，则呼操为"豺狼"，在魏制檄，则目绍为"蛇虺"。在时君所命，不得自专，然亦文人之巨患也，当务从容消息之。（《颜氏家训·文章篇》）

孔璋骂袁绍的文章，现存的集子中已看不到，想系佚失了。他平生似乎很得力于《左氏传》同《韩非子》，即如：

> ……操遂承①资跋扈，肆行凶忒，割剥元元，残贤害善。故九江太守边让，英才俊伟，天下知名，直言正色，论不阿谄，身首被枭悬之诛，妻孥受灰灭之咎。自是士林愤痛，民怨弥重，一夫奋臂，举州同声。故躬破于徐方，地夺于吕布，彷徨东裔，蹈据无所。幕府惟强干弱枝之义，且不登叛人之党，故复援②旌擐甲，席卷起③征，金鼓响振，布众奔沮，拯其死亡之患，复其方伯之位，则幕府无德于兖土之民而有大造于操也。（《为袁绍檄豫州文》）

这不同《左传》中的吕相绝秦的口吻很有点相似吗？又如：

> 昔洪水滔天，泛滥中国，伯禹躬之，过门而不入，率万方之民，致力乎沟洫。及至箫韶九成，百兽率舞，垂拱无为，而天下晏如。夫岂前好勤而后谕乐乎？盖以彼劳求斯逸也。夫世治责人以礼，世乱则考人以功，斯各一时之宜。故有论战阵之权于清庙之堂者，狂矣；陈俎豆之器于城濮之墟者，则悖矣。是以达人君子，必相时以立功，必揆宜以处事。（《应讥》）

---

① "承"原书误作"乘"，校订者酌改。
② "援"原书误作"授"，校订者酌改。
③ "起"原书误作"赴"，校订者酌改。

这段的见解同词句不全是从《五蠹》来的吗？所以孔璋的散文不仅具有纵横家的闳肆,而且兼有法家的峻刻。它之所以能够医治曹操的头风,恐怕也就是为此吧。

诸葛亮(181~234)字孔明,琅琊阳都人。早孤,随从父玄去荆州,依刘表。玄卒,遂躬耕陇亩,好为《梁父吟》,自比于管仲乐毅。及刘备屯新野,曾枉驾三顾,才跟他出任军师,备以后之得荆州,平西蜀,与魏吴成鼎足之势,全出自他的策划。建安二十六年(二二一),刘备即帝位,遂策他为丞相。章武三年(二二三)备卒,受命辅孤,政事不论巨细,都由他裁决,后屡次出师,欲窥中原,但都不获逞,终于于建兴十二年卒于军中。

孔明不仅是一位政治家,即在文学上他也有着不可忽视的贡献。他的思想纯粹是儒家的,那种"鞠躬尽瘁,死而后已"的态度,与孔子的"知其不可而为之"的精神可说是完全相同。他的功业,他的人格,在中国几千年来的历史上,实在是极有数的。工部称赞他说:"伯仲之间见伊吕,指挥若定失萧曹",并不算得过分。他的散文,纯粹是他的人格的表现,句句是出之于诚,所以最能感人,句句是自己的话,所以不假①雕饰。他在写作上与陈琳、王粲之流全然不同。所以他的文章虽然也是建安时期的产品,但丝毫不带当时文学潮流的色彩。这种原因自然一则孔明所处的环境和他们不同,二则孔明是位政治家,而他们是文士,所以一偏重文采,一无暇注意文采。孔明的前后《出师表》早为世人所熟知,用不着来援引,除此以外,像《诫子书》同《临终遗表》也都极其恳挚,现在把它②们录在下边。

> 夫君子之行,静以修身,俭以养德。非澹泊无以明志,非宁静无以致远。夫学须静也,才须学也。非学无以广才,非志无以成学。淫慢则不能励精,险躁则不能治性。年与时驰,意与日

---

① 校订者按,原书此处一字漫漶不清,疑似"假"字,录以备考。
② "它"原书误作"他",校订者酌改。

去,遂成枯落,悲守穷庐,将复何及!(《诫子书》)

伏念臣赋性拙直,遭时艰难,兴师北伐,未获全功,何期病在膏肓,命垂旦夕。伏愿陛下清心寡欲,约己爱民,达孝道于先君,存仁心于寰宇,提拔隐逸,以进贤良,屏黜奸谗,以厚风俗。臣初奉先帝,资仰于官,不自治生。成都有桑八百株,薄田十五倾,子孙衣食,自有余饶。至于臣在外任,别无调度,随身①衣食,悉仰于官,不治别生,以长尺寸。若臣死之日,不使内有余帛,外有赢财,以负陛下也。(《临终遗表》)

何晏(?~249)字平叔,南阳宛人。文帝时拜驸马都尉,明帝时为冗官。齐王即位,屡迁至吏部尚书,封官内候,因党于曹爽,及爽败,被诛。

平叔是首先开谈玄之风的人,但他虽深慕老庄,而实际是名利中人。要按《三国志》的记载,他的行为是极其卑鄙,不过这自然应该打个折扣,因为他是曹爽一党,而爽为司马氏所深恶痛绝的人,陈寿为晋人,故对爽多深文周内②,认为简直是穷凶极恶,无片善可述,这怎能取信于后世呢?至平叔的著作,现存者有十四篇,他的风格论者多谓其清俊简约,即如常为谈思想史者所称引的《无名论》就是很好的例证:

为民所誉,则有名者也;无誉,无名者也。若夫圣人,名无名,誉无誉,谓无名为道,无誉为大。则夫无名者可以言有名矣,无誉者可以言有誉矣。然与夫可誉可名者,岂同用哉?此比于无所有,故皆有所有矣。而于有所有之中,当与无所有相从,而与夫有所有者不同。同类无远而相应,异类无近而相违,譬如阴中之阳,阳中之阴,各以物类,自相求从。夏日为阳,而夕夜远,与冬日共为阴;冬日为阴,而朝昼远,与夏日同为阳,皆异于近,

---

① "身"原书引作"时",校订者酌改。
② 校订者按,"内"通"纳"。

而同于远也。详此异同,而后无名之论,可知矣。凡所以至于此者,何哉?夫道者惟无所有者也。自天地以来,皆有所有也,然犹谓之道者,以其能复用无所有也。故虽处有名之域,而没其无名之象,由以在阳之远体,而忘其自有阴之远类也。夏侯玄曰:"天地以自然运,圣人以自然用。"自然者,道也。道本无名,故老氏曰:"强为之名。"仲尼称:"尧荡荡无能名焉",下云"巍巍成功",则强为之名,取世所知而称耳。岂有名而更当云"无能名焉"者邪?夫惟无名,故可得遍以天下之名名之。然岂其名也哉?唯此足喻而终莫悟,是观泰山崇崛而谓元气不浩茫者也。

嵇康——竹林中人物在文学上自当以嵇、阮为代表,但他二人各有长短。就诗歌说,嵇不如阮,前边已经详论过了。可是在散文上,阮就不如嵇了。原因是他二人一个蕴藉,一个发露,但诗宜蕴藉,文应发露,所以嗣宗的文就不如叔夜的锋芒毕露,晶光森森。

叔夜平生是很直率的,看到什么就说什么,他勇于批评古人,同时也一样的敢于批评时人。即如他在《与山巨源绝交书》中说"每非汤武而薄周孔",可见他有这类的文章,即不然也一定有这样的议论,惜乎现在看不到了。从这一点,可以晓得他对事都有自己的见解,不但不愿与世人附和雷同,而且对世人的谬见也时时加以非难。他有识见,有才气,性子又很质直,所以他文笔博辩峻刻,一时无两。他的集子中《与山巨源绝交书》及《养生论》最可以代表他的这种风格。因为篇幅太长,没法全引,只有选两段写在下面。

> 少加孤露,母兄见骄,不涉经学。性复疏懒,筋驽肉缓,头面常一月十五日不洗,不大闷痒,不能沐也。每常小便而忍不起,令胞中略转乃起耳。又纵逸来久,情意傲散,简与礼相背,懒与慢相成,而为侪类见宽,不攻其过。又读《庄》、《老》,重增其放,故使荣进之心日颓,任实之情转笃。此犹禽鹿,少见驯育,则服从教制;长而见羁,则狂顾顿缨,赴蹈汤火,虽饰以金镳,飨以嘉肴,愈思长林而志在丰草也。(《与山巨源绝交书》)

> 其自用甚者,饮食不节以生百病,好色不倦以致乏绝,风寒

所灾,百毒所伤,中道夭于众难,世皆知笑悼,谓之不善持生也。至于措身失理,亡之于微,积微成损,积损成衰,从衰得白,从白得老,从老得终,闷若无端,中智以下,谓之自然。纵少觉悟,咸叹恨于所遇之初,而不知慎众险于未兆。是犹桓侯抱将死之疾,而怒扁鹊之先见,以觉痛之日①为受病之始也。害成于微,而救之于著,故有无功之治。驰骋常人之域,故有一切之寿,仰观俯察,莫不皆然。以多自证,以同自慰,谓天地之理尽此而已矣。纵闻养性之事,则断以己②见,谓之不然。(《养生论》)

二、太康至永嘉的散文

陆机——士衡的散文,同他的诗一样,也是崇尚绮丽,所以篇篇排偶。我们试看他的《辨亡论》上篇的前两段:

昔汉氏失御,奸臣窃命,祸基京畿,毒遍宇内,皇纲弛紊,王室遂卑。于是群雄蜂骇,义兵四合。吴武烈皇帝慷慨下国,电发荆南,权略纷纭,忠勇伯世,威棱则夷羿震荡,兵交则丑虏③授馘,遂扫清宗祊,蒸禋皇祖。于时云兴之将带州,飙起之师跨邑,哮阚之群风驱,熊黑之众雾集。虽兵以义合,同盟戮力,然皆苞藏祸心,阻兵怙乱,或师无谋律,丧威稔寇④,忠规武节,未有如此其著者也。武烈既没,长沙桓王逸才命世,弱冠秀发,招揽遗老,与之述业。神兵东驱,奋寡犯众,攻无坚城之将,战无交锋之虏。诛叛柔服而江外厎⑤定,饬法修师则威德翕赫,宾礼名贤而张昭为之雄,交御豪俊而周瑜为之杰。彼二君子,皆弘敏而多奇,雅达而聪哲,故同方者以类附,等契者以气集,而江东盖多士

---

① 原书此处引文多一"而"字,校订者酌删。
② "己"原书引作"所",校订者酌改。
③ "虏"原书误排作"肤(膚)",校订者酌改。
④ "寇"原书误排作"冠",校订者酌改。
⑤ "厎"原书引作"底",校订者按,"厎"通作"底"。

矣。

这里边许多句子,分明是在学《过秦论》,所以士衡的散文,在气势上似贾谊,而在排偶上则似蔡邕。总之从西汉以来,这种散文的骈俪化的趋势,在正始时期虽然似乎有点中断,但到太康就又重盛起来,历东晋、刘宋而到齐梁才算是登峰造极。所以象士衡一流的太康时期的作者,在文学史上,配得上称他们为承汉魏而启齐梁者。

三、建武至义熙的散文

王羲之(321~379)——字逸少,临沂人,为晋时山东望族。祖父正,为尚书郎。父旷,为淮南太守。逸少幼有俊才,颇见重于他的伯父敦同导。今人结婚,常写"东床坦腹",这就是他早年的佳话。起家秘书郎,历官至右军将军,会稽①内史。后因病去职,终身不再仕。

逸少是我国最负盛名的书法家,其实他不只字写得好,文章也一样写得好,但文为字所掩,所以后世一般人很少晓得他的文学同品格的。他真正是一位艺术家,平生生活以趣味为主。据说他很喜欢鹅,会稽有一位老太太,养一只鹅善鸣,他想买,没得买到,于是就同朋友们一块去造门看鹅。谁知那位不知趣的老太太,听说逸少要去,于是就把那只鹅杀了来款待他。他竟因此而叹息终日。另外,又有一位山阴道士,也养有好鹅,逸少去看了一次,非常的喜欢,坚执的请道士卖给他。道士说:"你能给我写部《道德经》,我就把这群鹅整个儿的送给你。"他于是就欣然应诺,写毕,就把鹅换了来,心中异常的快活。他平时还喜欢山水,自谢官后,常同东土人士,尽兴去游玩山水,以弋钓②自娱。又同道士许迈共修服食,采药石不远千里,游遍东中各郡,穷诸名山,泛沧海,叹道:"我卒当以乐死。"逸少既有这样的风趣,所以他的散文就常常含有很深厚的诗意。他的《〈兰亭集序〉》,早已

---

① "稽"原书误作"计",校订者酌改。
② "钓"原书误作"钩",校订者酌改。

脍炙人口,无须我来多嘴了。此外他所擅长的乃是书简,大抵简短而有隽永的意味,这自然是在老庄思想的陶冶中,所必然要产生的作品。

与吏部郎谢万①书

古之辞世者,或被发阳②狂,或污身秽迹,可谓艰矣。今仆坐而获逸③,遂其宿心,其为庆幸,岂非天赐?违天不祥。顷东游还,修植桑果,今盛敷荣,率诸子,抱弱孙,游观其间,有一味之甘,割而分之,以娱目前。虽植④德无殊逸,犹欲教养子孙以敦厚退让,戒以轻薄,庶令举策数马,仿佛万石之风。君谓此何如?比当与安石东游山海,并行田视地利,颐养闲暇⑤。衣食之余,欲与亲知时共欢宴,虽不能兴言高咏,衔杯引满,语田里所行,故以为抚掌之资,其为得意,可胜言耶!常依陆贾、班嗣、杨王孙之处世,甚欲希风数子,老夫志愿尽于此也⑥。

十七帖(第九)

计与足下别,廿六年于今。虽时书问,不解⑦阔怀。省足下先后二书,但增叹慨!顷积雪凝寒,五十年中所无。想顷如常,冀来夏秋间,或复得足下问耳。比者悠悠,如何可言。

像这种心平气和的来给自己的知友,缕叙阔别之情,文词朴质,态度

---

① 原书此处衍一"石"字,校订者酌删。
② 校订者按,"阳"原书引作"佯","阳"通"佯",此据《晋书·王羲之传》改。
③ "逸"原书引作"免",此据《晋书·王羲之传》改。
④ 原书引文漏缺"植"字,此据《晋书·王羲之传》补。
⑤ "暇"原书引作"旷",此据《晋书·王羲之传》改。
⑥ "尽于此也"原书引作"尽此矣",此据《晋书·王羲之传》改。
⑦ "解"原书误引作"能",校订者酌改。

恳挚,有着说不出的一种温煦的空气在里边蕴积着,真是中国小品文中最早的佳作。以后的苏、黄尺牍,总不免多少要受他的影响吧。

陶渊明——渊明的散文同他的诗一样,是朴质自然,不尚粉饰的。《桃花源记》是写他自己理想的乡土,梁任公称它为"唐以前的第一篇小说"。为了这篇东西,后来引起了许多无谓的揣测:唐人像王维(《桃源行》)、韩愈(《桃源图》)、刘梦得(《桃源行》、《游桃源一百韵》)都认为渊明所写的乃是仙境;到了宋代的王荆公(《桃源行》)、苏东坡(《和桃花源诗》)都否认唐人之说,这自然是比较唐人要高明一点,不过他们仍不免拘泥于一方,认为桃源也许是实有其地;直至任公才算一语道破了渊明写这篇东西的真意。本来文学有写实、有理想,渊明生逢乱世,退隐田园,所有的诗篇都是他自己的生活的写照,从他的诗中,看不到乱离的描写,不过时或有一二愤慨之语罢了,但你能说他对于时代不关心吗?不过他不愿从正面来表现,他写出自己的理想乡,正是要借此来反映他所处的是一个乱离的社会。后人不明白这一点,来任意的推测,结果渊明的真意,竟被他们所曲解了。《五柳先生传》是他自己的一幅自画像,因为早已竟①被后人读得烂熟,在此大可不必再征引了。此外,我觉得还有一篇最好的,是《与子俨等疏》:

告俨、俟、份、佚、佟:

天地赋命,生必有死,自古贤圣,谁独能免?子夏有言曰:"死生有命,富贵在天。"四友之人,亲受音旨,发斯谈者,将非穷达不可妄求,寿夭永无外请故耶?吾年过五十,少而穷苦,每以家弊,东西游走。性刚才拙,与物多忤。自量为己,必贻俗患,俛俛辞世,使汝等幼而饥寒。余尝感孺仲贤妻之言,败絮自拥,何惭儿子?此既一事矣。但恨邻靡二仲,室无莱妇,抱兹苦心,良独内愧。少学琴书,偶爱闲静,开卷有得,便欣然忘食。见树木

---

① 校订者按,"已竟"通作"已经"。

交荫,时鸟变声,亦复欢然有喜。常言五六月中,北窗下卧,遇凉风暂至,自谓是羲皇上人。意浅识罕,谓斯言可保。日月遂往,机巧好疏,缅求在昔,眇然如何!疾患以来,渐就衰损。亲旧不遗,每以药石见救;自恐大分将有限也。汝辈稚小家贫,每役柴水之劳,何时可免?念之在心,若何可言!然汝等虽不同生,当思四海皆兄弟之义。鲍叔、管仲,分财无猜;归生、伍举,班荆道旧。遂能以败为成,因丧立功。他人尚尔,况同父之人哉!颍川韩元长,汉末名士,身处卿佐,八十而终,兄弟同居,至于没齿。济北范①稚春,晋时操行人也,七世同财,家人无怨色。《诗》曰:"高山仰止,景行行止。"虽不能尔,至心尚之。汝其慎哉,吾复何言。

这当是渊明临终时的一篇遗嘱,他把自己一生立身的大节,用很平淡的话写②出来,大可与他的《自祭文》来参看。以后的文人,能写出这样的文字的就不多见,只有颜之推的《家训》中的文章,有些还庶几近之。

晋室③偏安以后,散文方面固然有王羲之、陶渊明这一派的不尚雕饰,但沿袭太康之余绪的,也颇不乏人,即如郭璞、范宁之流,他们都很崇尚排偶。所以江左的散文,与④其说王、陶为正宗,无宁说他们是别派的较准确些。因为王、陶实在是特立独行之辈,当时的一般散文作者,大都是随波逐流,能够像王、陶的实不多见。至这些人的作品大抵是千篇一律,没有加以称述的必要,所以在此省略了。

---

① 校订者按,"范"原书引作"氾",亦通——《宋书·隐逸传·陶潜传》即作"氾稚春"。
② 原书此处衍一"写"字,校订者酌删。
③ 原书此处漏空一字,"室"字为校订者酌补。
④ "与"原书作"于",校订者酌改。

第三节　早期的戏曲与小说(一)①

中国的戏曲同小说,真正的成熟时期,乃在十四世纪。不过小说中文言的一支,在唐代已经有着极完美的短篇了。但在唐以前,不要说戏曲根本谈不到,即小说虽有不少的志怪一类的作品,但都是笔记体,没有结构,技巧更说不上。不过这个时期小说方面虽是找不到完美的作品,甚而戏曲根本无作品可言,但无论如何它们的确都已经萌芽了。我们为要明了将来的作品起见,那么对它们萌芽及萌芽以后成长的情形,似乎不能不稍加注意。现在就依次分述之。

一、戏曲

中国戏曲的起源,最初当始于巫,所谓巫,乃是介于人神间的一种人,她善于侍神,所以能传达人与神彼此之间的意旨。这原是神权时代一种必然的现象。《楚语》中说:

> 古者民神不杂,民之精爽不携贰者,而又能齐肃中正,……如是②,则神明降之,在男曰觋,在女曰巫。……及少皞之衰也,九黎乱德,民神杂糅,不可方物,夫人作享,家为巫史③。

足证巫的来源很古了。至巫之事神,除祭祀以外,还必须歌舞以娱神,《说文解字》中说:

> 巫,祝也,女能事无形,以舞降神者也。象人两褎,舞形,与工同意。(第五篇上)

其次,《楚辞》中的"灵"也就是北方民族中所称之"巫"。即如《九歌》,乃是楚民族的祭歌,里边一则曰:

> 扬枹兮拊鼓,疏缓节兮安歌,陈竽瑟兮浩倡。灵偃蹇兮姣服,芳菲菲兮满堂。五音纷兮繁会,君欣欣兮乐康。(《东皇太

---

① 此节标题原书作"前期的戏曲与小说(一)",校订者酌改。
② "是"原书引作"此",校订者酌改。
③ "史"原书误作"吏",校订者酌改。

一》)

再则曰:

> 浴兰汤兮沐芳,华采衣兮若英;灵连蜷兮既留,烂昭昭兮未央。(《云中君》)

可知这些所谓灵者,在祭祀的时候,是如何穿着美丽的衣服,来唱歌舞蹈,以取悦于神了。这种歌舞,实际就是后来戏曲的滥觞。

除巫以外,尚有所谓"优",其产生当在巫之后。巫是取悦于神,而优则取悦于人。春秋时,晋有优施,楚有优孟,秦统一后,又有优旃。按"优"字过去训"倡乐"、训"戏",可见他们这类人的职务,是以奏乐或诙谐调笑为主的。至于优孟,《史记·滑稽列传》中说他:

> 为孙叔敖衣冠,抵掌谈语。岁馀,像孙叔敖,楚王及左右不能别也。庄王置酒,优孟前为寿。庄王大惊,①以为孙叔敖复生也,欲以为相。优孟曰:"请归与妇计之,三日而为相。"庄王许之。三日后,优孟复来。王曰:"妇言谓何?"孟曰:"妇言慎无为,楚相不足为也。如孙叔敖之为楚相,尽忠为廉以治楚,楚王得以霸。今死,其子无立锥之地,贫困负薪以自饮食。必如孙叔敖,不如自杀。"因歌曰……于是庄王谢优孟,乃召孙叔敖子,封之寝丘四百户,以奉其祀。

这不但诙谐,竟能妆扮古人了。

到了汉代,关于俳优仍因先秦之旧,不过不仅用以乐人,而且也有乐神的(《盐铁论·散不足》篇)。此外还有新兴的两种技艺。一是角抵②。原来天子宫中朝贺时,常宴会作乐,这时有所谓"常从象人者",他们不但是倡,而且兼以竞技为事(《汉书·礼乐志》)。到了武帝元封三年,来了许多外国客,于是角抵戏才兴。所谓角抵,有比

---

① 原书漏引"庄王大惊"四字,校订者酌补。
② "抵"原书作"觝",按,"角觚"特指满族的摔跤运动,与兼为"象人之倡"的汉代"角抵"是有差别的。校订者酌改。下同不另出校。

赛技艺之意,包括①角力,角技艺,射御等。表演的地方,当时在平乐观。就东汉时张衡的《西京赋》中所写的看来,这些演员不仅是角力、角技,而且也能作假面之戏,及妆扮古人,敷衍故事了。二是傀儡戏,是木偶作戏,杂以歌舞,最初用于丧家,东汉时嘉会亦用之(《鸡肋篇》)。这些比着春秋时的"巫"、"优",真是进步得多了。

魏晋两代,在戏曲上多袭汉人之旧,即如优人云午等之唱"青头鸡"(《魏志》引《世语》及《魏氏春秋》),小优郭怀、袁信等之扮辽东妖妇故事(《魏志》引《魏书》),都不过袭汉世角抵之旧而已。比较值得注意的,乃是石勒使俳优演参军周延断官绢下狱事(事见《太平御览》卷五百六十九引《赵书》,唐段安节《乐府杂录》也载此事),说"参军始自后汉馆陶令石耽",但王静安谓:"后汉之世,尚无参军之官,则《赵书》之说殆是②。"按这不但是扮演故事,而且是以调笑为主,唐宋以后脚色中有名的参军,即出于此。

二、小说

中国先秦的小说,见于《汉志》著录者,有十五家,千三百八十篇,到现在都散佚了。至它们的内容,据班固注,大抵或托古人,或记古事,托人者近于诸子而义浅薄,记事者近于史传而言悠谬。汉人的小说,今存者有东方朔的《神异经》、刘歆的《西京杂记》、班固的《汉武故事》、郭宪的《汉武洞冥记》等。但据鲁迅的《中国③小说史略》说:

> 现存之所谓汉人小说,盖无一真出于汉人,晋以来,文人方士,皆有伪作,至于宋明尚不绝。文人好逞狡狯,或欲夸示异书,方士则意在自神其教,故往往托古籍以衒人。晋以后人之托汉,

---

① "括"原书作"有",校订者酌改。

② 原书引文作"则《赵书》之说殆是此事"。按,在王国维的《宋元戏曲考》中,"则《赵书》之说殆是"是一句,"此事虽非演故事而演时事"云云别是一句。此处引文误将下句的"此事"掺入上句了。校订者酌删。

③ 原书省略了"中国",校订者酌补。

亦犹汉人之依托黄帝伊尹矣。……大抵言荒外之事则云东方朔郭宪,关涉汉事则云刘歆班固,而大旨不离乎言神仙。①

所以这些书自无叙述的必要。真正出自于有主名的文人之手的作品,②最早的当始三世纪。现在就把本期中的小说作者,曹丕、张华、干宝诸人的作品,略论如后。

曹丕——《隋志》录有他的《列异传》三卷,已佚。不过古来文集中常多引用,从一斑以测全般,则内容大致是叙鬼物奇怪之事。

> 南阳宗定伯③年少时,夜行逢鬼,问曰:"谁?"鬼曰:"鬼也。"鬼曰:"卿复谁?"定伯欺之,言:"我亦鬼也,欲至宛市。"鬼言:"我亦欲至宛市。"共行数里,鬼言:"步行太极④,可共迭相担也。"定伯乃大喜。鬼便先担定伯,数里,鬼言:"卿太重。"定伯言:"我新死,故重耳。"定伯因复担鬼,鬼略无重,如是再三。定伯复言:"我新死,不知鬼悉何所畏忌?"鬼答曰:"惟不喜人唾。"于是共道遇水,定伯命鬼先渡,听之了无声。定伯自渡,漼漼有声。鬼复言:"何以作声?"定伯曰:"新死,不习渡水耳,勿怪。"行欲至宛,定伯便担鬼至头上,急持之。鬼大呼,声咋咋,索下,不复听之。径至宛市中,着地化为羊,便卖之,恐其变⑤化,乃唾之,得钱千五百。(《太平御览》卷⑥八百八十四、《法苑珠林》卷六)

张华——他著有《博物志》四百卷,奏于武帝,帝令芟截浮疑,分为十卷。其书现存,里边所记的为异境奇物,琐闻琐事,实与现在所

---

① 校订者按,原书此段引文多有漏字,此据人民文学出版社1981年版《鲁迅全集》第9卷订正。
② 此句句首有"所以"二字,与上句犯重,校订者酌删。
③ 校订者按,《搜神记》等作"宋定伯"。
④ "极"原书引作"亟",此据《太平御览》校正。
⑤ "变"原书误引作"便",校订者酌改。
⑥ "卷"为校订者酌补,下同不另出校。

说之小说不类。

  汉武帝好仙道,祭祀名山大泽,以求神仙之道。时西王母遣使乘白鹿告帝当来,乃供帐九华殿以待之。七月七日夜漏七刻,王母乘紫①云车而至于殿西南,面东向,头上戴七种青气,郁郁如云。有三青鸟如乌大,使侍母旁。时设九微灯,帝东面西向。王母索七桃,大如弹丸,以五枚与帝,母食两枚。帝食桃,辄以核着膝前。母曰:"取此核将何为?"帝曰:"此桃甘美,欲种之。"母笑曰:"此桃三千年一生实。"唯帝与母对坐,其从者皆不得进。时东方朔窃从殿南厢朱鸟牖中窥母。母顾之,谓帝曰:"此窥牖小儿,尝三来盗吾此桃。"帝乃大怪之。由此,世人谓方朔神仙也。(卷八·史补②)

干宝——(283?~351③)字令升,新蔡人。晋中兴后,置史官,他遂以著作郎领国史。因家贫,求补山阴令,迁始安太守。王导请为司徒右长史,迁散骑常侍。他平生著有《晋纪》二十卷,《搜神记》十卷。至他写《搜神记》的动机,乃是因为他感于他父亲的侍婢死而再生,他哥哥气绝复苏,自言见天鬼事,所以才撰此书,以发明神道之不诬。内容所记极其糅杂,不全系鬼神,间有人物变怪之类。

  阮瞻,字千里,素执无鬼论,物莫能难。每自谓此理足以辨正幽明。忽有客通名诣瞻,寒温毕,聊谈名理。客甚有才辨,瞻与之言良久,及鬼神之事,反复甚苦,客遂屈,乃作色曰:"鬼神,古今圣贤所共传,君何得独言无?即仆便是鬼!"于是变为异形,须臾消灭。瞻默然,意色大恶。岁余,病卒。(《卷十六》)

  汉谈生者,年四十,无妇,常感激,读《诗经》。夜半,有女子

---

① 校订者按,"紫"原书漏引,此据《博物志》卷三补。
② 校订者按,在丛书集成本《博物志》里,此故事列入卷三。
③ 原书缺生卒年,校订者酌补。

年可十五六,姿颜服饰,天下无双,来就生为夫妇。之①言曰:"我与人不同,勿以火照我也。三年之后,方可照耳。"与为夫妇,生一儿,已二岁,不能忍,夜伺其寝后,盗照视之。其腰已上生肉如人,腰已下但有枯骨。妇觉,遂言曰:"君负我。我垂生矣,何不能忍一岁,而竟相照也?"生辞谢。涕泣不可复止,云:"与君虽大义永离,然顾念我儿,若贫不能自偕活者,暂随我去,方遗君物。"生随之去,入华堂室②宇,器物不凡,以一珠袍与之,曰:"可以自给。"裂取生衣裾,留之而去。后生持袍诣市,睢阳王家买之,得钱千万。王识之曰:"是我女袍,那得在市?此必发冢。"乃取拷之。生具以实对,王犹不信。乃视女冢,冢完如故。发视之,棺盖下果得衣裾。呼其儿视,正类王女。王乃信之,即召谈生,复赐遗之,以为女婿,表其儿为郎中。(《卷十六》)

此外尚有《搜神后记》,题陶渊明撰,渊明平生思想明澈,不言鬼神,显系后人依托。晋人写小说者除张华、干宝两人外,尚有荀氏作《灵怪志》、陆氏作《异林》、戴祚作《甄异传》、祖冲之作《述异记》……都已佚,间存遗文,兹不具论。

第四节 余论——魏晋文学的文学史地位③

在这个段落中文学上的成绩,已远非两汉所能比。先就诗歌来说,从3世纪初到5世纪初,仅仅不过二百年左右,产生了三个伟大的诗人——曹植、阮籍与陶潜。尤其是陶潜,在中国诗歌史上除了屈原同杜甫,可以说没有再能比得上他的了。魏晋本是五言诗的黄金时代,而陶潜的作品,更是使五言的进展达到了最高峰。唐代五言诗的作者辈出,有谁能来超过他?所谓王、孟、储、韦要算是最擅长五言

---

① 校订者按,"之"明抄本《太平广记》作"乃"。复按,"之"或为"妇"抄写承上省文记号"々"之讹变。
② "室"原书误引作"屋",校订者酌改。
③ 此节原题"余论","魏晋文学的文学史地位"为校订者据酌增。

的作家了，但还不能望他的项背，其余的，更不必说了。赋的方面虽说大变汉人之旧，但要站在文学立场上看，无宁说比汉人还要高出一筹。散文方面比诸两汉似乎有点逊色，过去一向人都是这样说。的确！从这一期中，那还能找出司马迁那样纵横不可一世的大家呢？不要说史迁了，即如班固之渊雅典丽，也很难觅得匹敌。至于嵇康的清竣，渊明的闲适，在质的方面何尝①不好，但这不过是一池一沼之秀美，比着那汪洋浩瀚、风起云诡的江海大观已差得多了。又何况那才既拙而学复俭的文士们，来装点词采，以自炫耀，不更将为班、马所笑吗？不过，魏晋确是中国文学复兴的时代，因为思想的解放，政治的紊乱，士大夫阶级的苦闷，都足②以促进文学的发展。所以这一期，在总成绩上之超过两汉，自是无足怪的。

第六章　南北朝及隋的诗歌③

从刘宋到隋，是中国历史上政治最紊乱的时期。一则汉族自己是迭为篡弑，④不到二百年间，更历四个朝代，不过这种朝代的更替，大抵都是权臣篡夺，一切都已布置妥当，一发动就成功，并不是干戈扰攘，兵连祸结，所以社会还可以保持相当的安定。其次，在位的君主，多无大志，只要能保持自己的疆土，也就不愿意去北伐，而北边的胡人也因彼此的分裂争战，顾不到南侵，因之南朝的天子，也就竟然高枕而卧来享他们的帝王清福。第三，南方山水明秀，物产丰富，所以一般士民也就耽于逸乐。因为这几种原因，所以政治的转变，虽然非常急剧，但在文学上很少看到这种变种的痕迹。反之，一些吟咏山

---

① "尝"原书误作"常"，校订者酌改。
② "足"原书误排作"是"，校订者酌改。
③ 此章由原书第二编第一章第四节"南北朝的文学"之"诗歌"一小节改订而来，章题为校订者酌加。
④ 此句原书作"一方面汉族自己又是迭为篡弑"，校订者酌改。

水、叙述爱情的作品,倒①是蔚成风气。形式呢,也因内容的关系,而渐趋工巧与艳冶。所以自宋迄隋之统一,很明显的可分为三个时期:一,刘②宋,这时的作风是上承太康,而下开齐梁。二,齐、梁、陈,是沿宋以来唯美主义的趋势而变本加厉,这时理论方面有了四声的发明与文笔的对立,于是就产生了一种新体诗,开了唐代律诗的先河。三,隋自从南北统一③后,文学作风也突然大变,糅合南北文学的特质,而形成一种遒丽的风格。这是就南朝的诗歌来说,变化的情形,大致如此。至于北朝,诗歌上非常的贫窭,在胡人中没有产生出什么作家,即令有一二最负盛名的作者④,也都是从南朝流落到那里的,像庾信、王褒、颜之推等,这些人实际不能算作⑤北朝的作者。至北朝所独有的⑥诗歌,也只有一部分民间的乐府,可以充分的表现出北方民族的特色。这种刚健而朴实的风格,给唐人的影响极大,唐代文学竟因之而革去了南朝文学的柔靡之风。

第一节 谢灵运、鲍照与刘宋时期的诗歌⑦

诗歌在这一期,最显着的特征:(一)益趋偶丽,(二)开始用事。这是形式。(三)刻画山水,(四)表现艳情。这是内容。代表作者为谢灵运、颜延之同鲍照。

谢灵运(385~433)陈郡阳夏人。祖父玄曾为晋车骑将军,因此,他得袭封为康乐公,食邑二千户。以国公例,除员外散骑侍郎,不就。后历为琅玡王大司马行参军,抚军将军刘毅记室参军,除宋国黄门侍

---

① "倒"原书作"到",校订者酌改。
② "刘"为校订者酌增。
③ 原书此处衍一"所"字,校订者酌删。
④ "作者"为校订者酌增。
⑤ "算作"原书作"算就","算就"为河南方言,意义略同"算作"。校订者酌改。
⑥ "的"为校订者酌加。
⑦ 原书此小节标题作"甲、宋",校订者酌改。

郎、迁相国从事中郎、世子左卫率,①因辄杀门生,免官。宋高祖篡位(420),被降公爵为候,食邑五百户,起为散骑常侍,转太子左卫率。废帝即位(423),被出为永嘉太守。文帝立(424),再诏还为秘书监。不久又去官,或游会稽,或游始宁,每登山,常从数百人,惊扰百姓,会稽太守遂诬他有异志,文帝遂又任他为临川内史。他到郡后游放如故,遂被逮,徙付广州,终被杀。

灵运本出身贵族,所以生活养成了豪奢的习惯。据《宋书》本传说他:"车服鲜丽,衣裳器物,多改旧制,世共宗之,咸称谢康乐也。"这要拿现在的话说,就是社会上都学他的衣裳器物的模样,说是"谢康乐"式。他平素做官,也极随便,当他在永嘉做太守的时候,《宋书》说他:"肆意遨游,遍历诸县,动踰旬朔,民间听讼,不复关怀。所至,辄为诗咏,以致其意。"在朝为秘书监时,又"多称疾不朝直,穿池植援,种竹树堇,驱课公役,无复期度。出郭游行,或一日百六七十里,经旬不归,既无表闻,又不请急"。后来解职东归,生活益加放纵,《宋书》说他:

  因②父祖之资,生业甚厚,奴僮既众,义故门生数百,凿山浚湖,功役无已。寻山陟岭,必造幽峻,岩嶂千重,莫不备尽。登蹑常著木屐,上山则去前齿,下山去其后齿。常自始宁南山伐木开径,直至临海,从者数百人。临海太守王秀惊骇,谓为山贼,徐知是灵运,乃安。

这种态度,的确是异乎常人,但他为什么要这个样子?我觉得与他的性格极有关系。本来他并不是忘情于功名的人,又因为出身贵族,又有天才,总以为政府应该重加任用;然而在政府看来,他不过是一个公子、一个文士而已,所以总是拿闲散的位置来应付他。他本来性子偏激(《宋书》),又缺乏沉潜的修养,结果就激成他的放纵恣肆的生活,终于因此而得罪。

---

① 原书此句作"相国从事中郎世子左卫率",兹据《宋书》谢灵运传补正。
② 校订者,"因"字据《宋书》本传补。

我们了解他的性格同生活，那么就可以来论他的作品了。现在试先选几首可以看出他的作品的特点的篇什于后：

登 池 上 楼

潜虬媚幽姿，飞鸿响远音。
薄霄愧云浮，栖川怍渊沉。
进德智所拙，退耕力不任。
徇禄反穷海，卧疴对空林。
衾枕昧节候，褰开暂窥临。
倾耳聆波澜，举目眺岖嵚。
初景革绪风，新阳改①故阴。
池塘生春草，园柳变鸣禽。
祁祁伤豳歌，萋萋感楚吟。
索居易永久，离群难处心。
持操岂独古，无闷征在今。

石壁精舍还湖中作

昏旦变气候，山水含清晖。
清晖能娱人，游子憺忘归。
出谷日尚早，入舟阳已微。
林壑敛暝色，云霞收夕霏。
芰荷迭映蔚，蒲稗相因依。
披拂趋南径②，愉悦偃东扉。
虑澹物自轻，意惬理无违。
寄言摄生客，试用此道推。

---

① "改"原书误作"革"，校订者酌改。
② "径"原书引作"迳"，校订者酌改。

斋 中 读 书

昔余游京华,未尝废丘壑。
矧乃归山川,心迹双寂寞。
虚馆绝诤讼,空庭来鸟雀。
卧疾丰暇豫,翰墨时间作。
怀抱观古今,寝食展戏谑。
既笑沮溺苦,又哂子云阁。
执戟亦以疲,耕稼岂云乐。
万事难并欢,达生幸①可托。

这三篇可说是灵运的代表作。他的长处是写景逼真,像第一篇中的"池塘生春草",一向公认为是中国诗歌中的名句。其次,如第二篇中的"林壑敛暝色,云霞收夕霏"的短处,是②太重雕琢,他沿着太康时的趋向排偶的风气,而益走极端,即如第一篇中以"园柳变鸣禽"来对"池塘生春草",就未免失之于硬凑,至如末四句,更是极无聊的对仗。再者③是堆砌繁复。灵运的诗,有很多是长篇,里边何尝④没有一二精警之语,但大都是勉强拼合,即如第三篇中,既有了"既笑沮溺苦,又哂子云阁",已经把自己的志趣说明白了,而底⑤下又续上了"执戟亦以疲。耕稼岂云乐"二句,不是有点太累赘了吗?此外,贪图用典,亦是一弊。⑥ 如第一篇中的"祈祈伤豳歌,萋萋感楚吟"意思极晦,但这还算是用得好的,至如本篇不能尽引的《九日从宋公戏马台集送孔令》篇中的"在宥天下理,吹万群方悦"二句,简直是食古而不化。所

---

① "幸"原书引作"信",校订者酌改。
② 原书"是"后有"(一)",校订者酌删。
③ "再者"原书作"(二)",校订者酌改。
④ "尝"原书误排作"常",校订者酌改。
⑤ "底"原书作"低",校订者酌改。
⑥ "此外,贪图用典,亦是一弊",原书作"(三)用事",校订者酌改。

以陆侃如说他的诗是"深入而深出的"。(《诗史》卷中)

至灵运作品的渊源,钟嵘说他"出于陈思,杂有景阳之体"。这倒是不错。不但他的辞采华赡①,有点近于子建,而且有些简直是在有意地模仿子建(《登临海峤初发强中与从弟惠连》,结构颇像子建的《赠白马王彪》)。不过子建的作品一出于自然,而灵运就不免于刻画之病,这全是上了太康诸子的当。总之,以灵运之才,假若济之以修养,而使他的作品稍返自然,当不难跻于第一流作者之林,但是时代、家世同个性种种的限制,又那是人力所能强呢!

颜延之(384~456)字延年,琅玡临沂人。初为后将军吴国内史刘柳行参军,转主簿,豫章公世子中军行参军。宋高祖即位,补太子舍人。废帝立,出为始安太守。元嘉三年,征为中书侍郎,转太子中庶子。因好酒疏荡,任性直言,开罪刘湛,被谗,出为永嘉太守。延年甚怨愤,遂作《五君咏》,借竹林诸子以自况。咏嵇康道:"鸾翮有时铩,龙性谁能驯。"咏阮籍道:"物故不可论,途穷能无恸?"咏阮咸道:"屡荐不入官,一麾乃出守。"咏刘伶道:"韬精日沉饮,谁知非荒宴?"其实②都是他自己的写照。后官至金紫光禄大夫,以老病卒。

延年才不及灵运,而作诗喜欢讲对偶、用典事,与灵运则毫无二致。《南史》延之传中说:"延之尝问鲍照己与灵运优劣。照曰:'谢五言如初发芙蓉,自然可爱;君诗如铺锦列绣,亦雕缋满眼。'延之终身病之。"又汤惠休说:"谢诗如芙蓉出水,颜如错采镂金。"从这种批评就可以想见延年的作品是怎样重雕琢了。至于用事,延之更甚于灵运,自此侵成风尚。《诗品》中说:

> 观古今胜语,多非补假,皆由直寻。颜延、谢庄,尤为繁密,于时化之。故大明、泰始中,文章殆同书抄。

其流弊之大,可想而知了。今录延年较精警的两篇于后:

---

① "赡"原书作"瞻",校订者酌改。
② "其实"为校订者酌增。

还至梁城作

眇默轨路长,憔悴征戍勤。昔迈先祖师,今来后归军。
振策眷东路,倾侧不及群。息徒顾将夕,极望梁陈分。
故国多乔木,空城凝寒云。丘陇填郛郭,铭志灭无文。
木石扃幽闼,黍苗延高坟。惟彼雍门子,吁嗟孟尝君。
愚贱同湮灭,尊贵谁独闻。喝为久游客,忧念坐自殷!

五君咏(录一首)

中散不偶世,本自餐霞人。形解验默仙,吐论知凝神。
立俗迕流议,寻山洽隐沦。鸾翮有时铩,龙性谁能驯!

——《嵇中散》

鲍照(420?~465?)字明远,东海人。他早年未遇时,曾谒临川王刘义庆,不见知。想献诗言志,别人劝阻他道:"你的地位还低,不要轻易冒犯了大王。"他很愤愤道:"千年来的英才异士,埋没而不闻的不知有多少,一个大丈夫怎好把自己的才智隐藏起来,使人家无从分辨,终天碌碌,与燕雀相随呢!"终究把诗献了上去,于是义庆颇加青睐,赏帛十匹。不久擢为国侍郎,迁秣陵令。文帝又以他为中书舍人。后临海王子顼为荆州,任他为前车参军管书记。顼败,明远①为乱兵所杀。

明远的诗受乐府的陶炼极深,所以清俊自然,多言情的篇什。同时似乎又颇受有太冲的影响(拟古八首即效太冲的咏史之作),所以激越豪放,有拔俗出尘的高致。可以代表前者的如下列四首:

代堂上歌行

四坐且莫喧,听我堂上歌。昔仕京洛时,高门临长河,

---

① "明远"为校订者酌增。

出入重宫里,结友曹与何,车马相驰逐,宾朋好容华。
阳春孟春月,朝光散流霞,轻步逐芳风,言笑弄丹葩。
晖晖朱颜酡,纷纷织女梭,满堂皆美人,目成对湘娥,
虽谢侍君闲,明妆带绮罗。筝笛更弹吹,高唱好相和。
万曲不关心,一曲动情多,欲知情厚薄,更听此声过。

代白纻舞歌辞四首(录一首)

吴刀楚制为佩祎,纤罗雾縠垂羽衣。含商咀徵歌露晞,珠履飒沓纨袖飞。

凄风夏①起素云回,车怠马烦客忘归,兰膏明烛承夜晖。

代白纻曲二首(录一首)

朱唇动,素腕举,洛阳少童邯郸女。古称渌水今白纻,催弦急管为君舞。

穷秋九月荷叶黄,北风驱雁天雨霜,夜长酒多乐未央。

代夜坐吟

冬夜沉沉夜坐吟,含声未发已知心。霜入幕,风度林,朱灯灭,朱颜寻。

体君歌,逐君音,不贵声,贵意深。

可以代表后者的,如下列四首:

代结客少年场行

骢马金络头,锦带佩吴钩。失意杯酒间,白刃起相雠。
追兵一旦至,负剑远行游。去乡三十载,复得还旧丘。
升高临四关,表里望皇州。九衢平若水,双阙似云浮。

---

① "夏"原书引作"夜",校订者酌改。

扶宫罗将相,夹道列王侯。日中市朝满,车马若川流。
击钟陈鼎食,方驾自相求。今我独何为,坎壈怀①百忧。

拟行路难十八首(录二首)

奉君金卮之美酒,瑇瑁玉匣之雕琴,七彩芙蓉之羽帐,九华蒲萄之锦衾。

红颜零落岁将暮,寒光宛转时欲沉。愿君裁悲且减思,听我抵节《行路吟》。

不见柏梁铜雀上,宁闻古时清吹音!(其一)

君不见柏梁台,今日丘墟生草莱。君不见阿房宫,寒云泽雉栖其中。

歌妓舞女今谁在,高坟垒垒满山隅。长袖纷纷徒竞世,非我昔时千金躯。

随酒逐乐任意去,②莫令含叹下黄垆。(其十五)

拟古八首(录一首)

凿井北陵隈,百丈不及泉。生事本澜漫,何用独精坚。
幼壮重寸阴,衰暮反③轻年。放驾息朝歌,提爵止中山。
日夕登城隅,周回视洛川。街衢积冻草,城郭宿寒烟。
繁华悉何在?宫阙久崩填。空谤齐景非,徒称夷叔贤。

明远的性格是古人所说的高明一类的,因为怀才不得志,故作品中时含颓废之色彩。至其言情之作,也如屈原之求有娀姝女,不过聊借之以发抒其块垒不平之气而已。自此后,降而齐、梁、陈,靡靡之音大作,论者都归罪于明远,说他是"始作俑者",这怎能够令人心服④!

---

① "怀"原书误排作"坏",校订者酌改。
② 原书此句引作"随酒逐,任意去",校订者酌改。
③ "反"原书引作"及",校订者酌改。
④ "心服"原书作"心折",校订者酌改。

明远作品,量上乐府与古诗相等;形式上有五言也有七言。就我个人的意见,他的乐府高于他的古诗,他的七言高于他的五言。像那十八篇的《拟行路难》,简直可说是他的代表作。唐代的李白,他的作品受明远的影响很大,不只是因为工部有"俊逸鲍参军"(《春日忆李白》)的话,实际上①他们的作品的形式同内容,相同的地方太多了。他们都具有清绮豪放的风格,都含有颓靡思想的色彩,不过太白的天才更高,较明远益加闳肆、益加壮丽罢了。

有宋一代的诗人,第一流的作者自当推谢、鲍二人。光以他两人来说,鲍大有驾乎谢而上之的趋势。即退一步,两人也是伯仲之间,但钟嵘位谢于上品、鲍于中品,可谓轻重倒置。王渔洋说:"谢之与鲍可谓分路扬镳,仲伟之品,于明远多微词,愚所未解。"可见早有替明远鸣不平的了。至于颜延之,自应列入二流,余如谢惠连、谢庄、鲍令晖等,他们的作品量既少而质亦不佳,或可上比延之,或者更等而下之,在此只有从略了。

第二节　齐、梁、陈诗坛及流寓北方的诗人②

在这个段落中,头绪异常复杂,除述一般诗人之外,民歌也不能不提一提。而诗人中自然以南朝为最多,但也有从南朝流落到北朝的。民歌自是南北朝均有。底下只有分头来说了。

一、"声病说"发明后的南朝诗坛③

诗歌到了刘宋,因为重视对偶,已经有几分拘忌了,但还没有达到极境,到了齐、梁因为有"声病说"之发明,诗歌遂益发格律化。至于"声病说"的提倡同解释,在这里有值得一述的必要。据沈约的

---

① "上"为校订者酌加。
② 原书此小节标题作"乙、齐梁陈",校订者酌改。
③ 此小节原题"Ⅰ、南朝的诗人",校订者酌改。

《谢灵运传论》中说：

> 夫五色相宣，八音协畅，由乎玄黄律吕，各适物宜。欲使宫羽相变，低昂舛节，若前有浮声，则后须切响。一简之内，音韵尽殊；两句之中，轻重悉异。妙达此旨，始可言文。（《宋书》）

又，他在《答陆厥书》中说：

> 宫商之声有五，文字之别累万。以累万之繁，配五声之约，高下低昂，非思力所学，又非止若斯而已也。十字之文，颠倒相配，字不过十，巧历已不能尽，何况复过于此者乎？

沈约在当时文坛上的地位很高，他的主张很能号召一部分党徒。我们仍试看《南史·陆厥传》中说：

> 永明末，盛为文章。吴兴沈约、陈郡谢朓、琅琊王融①以气类相推毂。汝南周颙善识声韵。约等文②皆用宫商，将③平上去入为四声。以此制韵，有平头、上尾、蜂腰、鹤膝。五字之中音韵悉异，两句之内角徵不同，不可增减，世呼为"永明体"。

但这里边只说四病，其余四病，为大韵、小韵、旁纽、正纽（《困学纪闻》引《诗苑类格》）。不过关于八病之解释，在中国方面，不论唐以前的书或者唐代说诗的诗格及诗式之类似书里，都不见有系统说明，只有日本的和尚空海，他著的《文镜秘府论》同《文笔眼心抄》中对它有详细的解释，现在就以他的解释为根据，说明如下：

一、平头——第一字与第六字（即第一句之第一字与第二句之第一字），第二字与第七字（即第一句之第二字与第二句之第二字）不得用同声的字，用了就是病，特别以第二字与第七字同声为大病。

二、上尾——第五字与第十字（即一二两句之末一字）不得同声，同声的就是病。

---

① 原书此处引文略掉了以上三人的籍贯，校订者酌补。
② "约等文"原书引作"为文"，校订者酌改。
③ "将"原书引作"以"，校订者酌改。

三、蜂腰——在同一句内,第二字与第五字不得同声,因要同声的话,则"两头粗,中央细,恰如腰蜂"。

四、鹤膝——在一篇诗中,第五字与第十五字(即第一句之末一字与第三句之末一字)不能同声,否则"两头细,中央粗,恰如鹤膝"。

五、大韵——凡在第十字上押韵时,其上九字中不得用与第十字同韵的字,否则即犯大韵之病。

六、小韵——除韵脚外,其余九字中两次用了同韵的字,就算犯了小韵的病。不过叠字的使用是例外。

七、旁纽——凡在一句中,不得用与某字为双声的其他的字,用了就算是病。但用二字连属起来,作为双声的字是例外。所以旁纽又可以称为禁隔字双声,在五字以内最忌,十字以内稍宽。

八、正纽——在一句或两句中,不得用异声的同音字,譬如壬、衽、任、入四字,用了"壬",就不能再用其它三字,用了的话就算病。

象这样子真是无形中替诗歌加上了许多锁枷,实际这些格律,在那般提倡者还没完全实行的时候,就①已引起了时人的反对。钟嵘《诗品》序云:

> 齐有王元长者,尝谓余云:"宫商与二仪俱生,自古词人不知之。唯颜宪子②乃云'律吕音调',而其实大谬。唯见范晔、谢庄颇识之耳。尝欲进③《知音论》,未就。"王元长创其首,谢朓、沈约扬其波。三贤或贵公子孙,幼有文辩,于是士流景慕,务为精密。襞积细微,专相凌架。故使文多拘忌,伤其真美。余谓文制,本须讽读,不可蹇碍,但令清浊通流,口吻调利,斯为足矣。至平上去入,则余病未能;蜂腰、鹤膝,闾里已具。

这真是极贴切的批评。然而大势所趋,非一二人所能挽回。从此格

---

① "就"原书作"而",校订者酌改。
② 校订者按,有的《诗品》版本此处有"论文"二字。
③ "进"原书误排作"近",校订者酌改。另案,"进"一本作"造"。

律渐趋完备,到了唐代,就成功所谓近体。

我们既已了解所谓"声病说",底①下就不妨来看这个时期诗的作者了。

谢朓(464？~499)字玄晖,陈郡阳夏人。祖述为②吴兴太守,父纬为散骑侍郎。他早年就已知名,最初为豫章王太尉行参军,后转王俭卫军东阁祭酒,太子舍人。竟陵王萧子良时喜接遇文士,他同当时其他知名之士,如任昉、沈约、范云、王融、范缜、王僧孺、陆倕等,都荟萃在那里,一时称他们为竟陵八友。及高宗辅政,任他为骠骑谘议,领记事,掌霸府文笔。又掌中书诏诰,不久又出为宣城太守。建武四年(497)因启王敬则谋反,迁尚书吏部郎。及东昏即位,因开罪江祏,被陷下狱死,年仅36。

玄晖的诗在当时既已负盛名,沈约常说"二百年来无此诗也"。本来那时诗坛的风尚,不外是以词句工丽、写景入画、言情绮妮为最高标准,以玄晖的天才作到这几种境地,自是绰绰乎有余裕的。他的诗在形式上有古体和新体之别。古体同于魏晋而新体又分八句与四句两类,已略具唐代律绝的雏形了。今试就各体中,选出一些写景同言情的篇什于后。写景的:

游 东 田

戚戚苦无惊,携手共行乐。
寻云陟累榭,随山望菌阁。
远树暧③阡阡,生烟纷漠漠。
鱼戏新荷动,鸟散余花落。
不对芳春酒,还望青山郭。

---

① "底"原书作"低",校订者酌改。
② "为"字为校订者酌加。下句同此,不另出校。
③ "暧"原书误排作"瞬",校订者酌改。

晚登三山还望①京邑

灞涘望长安,河阳视京县。
白日丽飞甍,参差皆可见。
余霞散成绮,澄江静如练。
喧鸟覆春洲,杂英满芳甸。
去矣方滞淫,怀哉罢欢宴。
佳期怅何许,泪下如流霰。
有情知望乡,谁能鬒不变。

奉和随王殿下十六首(录一首,新体)

分悲玉瑟断,别绪金樽倾。
风入芳帷散,釭华兰殿明。
想折中园草,共知千里情。
行云故乡色,赠子②一离声。

同王主薄有所思(新体)

佳期期未归,望望下鸣机。
徘徊东陌上,月出行人稀。

玉阶怨(新体)

夕殿下珠帘,流萤飞复息。
长夜缝罗衣,思君此何极。

玄晖对李白也有相当影响,③李白诗中常常地称道他,所谓"解道澄

---

① "望"原书漏引,校订者酌补。
② "子"原书引作"此",校订者酌改。
③ 原书此句句首有"我觉得"三字,校订者酌删。

江静如练,令人长忆谢玄晖"。(《金陵城西楼月下吟》)可知①是怎样的推挹他了。灵运也喜写景,在集子中极多佳句,但就全篇来说,似乎灵运有时远不如玄晖之自然挺拔。不过从宋以来的作者,似乎修养都差,他们的作品也只止于写景如画、言情旖妮,象嗣宗、渊明之能在作品中充分表现出个人的超绝一世的人格,简直是没有一个。所以就中国所有诗人来论,则南北朝作者,可以说找不出一个列入第一流的,有些至多不过可以放进二流而已。

沈约(441~513)字休文,吴兴武康人。祖林子,宋征虏将军;父璞,淮南太守。璞元嘉末被诛。约②因潜逃,得免。初为郢州刺史蔡兴宗安西外兵参军,兼记室。后为步兵校尉,管记室。齐明帝即位(494),进③号辅国将军,征为五兵尚书,迁国子祭酒。明帝卒,东昏侯即位,改授冠军将军,司徒右长史,征虏将军,南清河太守。梁武帝受齐禅(502),以佐命功,为尚书仆射,封建昌县候。天监十二年,以忧惧卒,谥曰隐。

休文是新体诗提倡的最力者。新体诗本就适合于写艳情,而且南方的民歌的靡丽,很容易影响到文人的作品上。休文的诗写景的远不及谢朓,但言情的倒还有可以比得上他的。

洛 阳 道

洛阳大道中,佳丽实无比。
燕裙傍日开,赵带随风靡。
领上蒲④萄绣,腰中合欢绮。
佳人殊未来,薄暮空徙倚。

---

① 原书此处有一"他"字,与后文犯重且易滋生误解,校订者酌删。
② "约"原书作"他",指代不明,校订者酌改。
③ "进"原书误排作"近",校订者酌改。
④ "蒲"原书引作"葡",校订者酌改。

为邻人有怀不至

影逐斜月来,香随远风入。

言是定知非,欲笑翻成泣。

另外有几首言情的杂言诗,即一般人都晓得的《六忆》,比前边写的更要动人得多。今录两首:

忆来时,灼灼上阶墀。

勤勤叙别离,慊慊道相思。

相看常不足,相见乃忘饥。(其一)

忆眠时,人眠强未眠。

解罗不待劝,就枕更须牵。

复恐傍人见,娇羞在烛前。(其四)

此外休文咏物的作品也很多,这种风气在魏晋还不很显著,到了齐梁才盛行起来,而休文的为尤多。这种作品只可说是文章游戏,实际没多大意思。从这些地方,就可以晓得那时候的文人是如何的在勉强作诗了。

江淹(444~505)字文通,济阳考城人。少孤贫好学,沉静少交游。起家南徐州从事,转奉朝请。宋建平王景好士,他因随景为镇军参军事,领南东海郡丞。萧道成辅政,召为尚书驾部郎、骠骑参军事①。道成篡位(497),他被任为骠骑豫章王②记室,带东武令,参掌诏册,并典国史。明帝即位(494),又为车骑临海王长史,旋除廷尉卿,加给事中,迁冠军长史,加辅国将军,出为宣城太守,将军如故。梁武帝篡齐,他以佐命功为散骑常侍,左卫将军,封临沮县开国伯。后又改封醴陵候,天监四年卒。

文通的诗,钟记室《诗品》说他"诗体总杂,善于摹拟"。而胡应

---

① 校订者按,原书此处漏引"事"字,此据《梁书》本传补。

② 校订者按,原书此处引作"建安王",此据《梁书》本传改。

麟《诗薮》更极端地称许他,说"文通拟汉三诗俱远,独魏文、陈思、刘桢、王粲四作,置之魏风莫辨,真杰思也。"其实这是很无聊的,拿它当作诗①作,未尝不可,但认为是诗的极致,那就大错特错了。文通言情如下列两首:

望　荆　山

奉义至江汉,始知楚塞长。
南关绕桐柏,西岳出鲁阳。
寒郊无留影,秋日悬清光。
悲风挠重林,云霞肃川涨。
岁宴君如何?零泪沾衣裳。
玉柱空掩露,金樽坐含霜。
一闻苦寒奏,再使艳歌伤。

古　别　离

远与君别者,乃至雁门关。
黄云蔽千里,游子何时还?
送君如昨日,檐前露已团。
不惜蕙草晚,所悲道里寒。
君在天一涯,妾身长别离。
愿一见颜色,不异琼树枝。
兔丝及水萍,所寄终不移。

还颇可一读。至如《效阮公诗十五首》虽不乏清丽之篇,而总恨其似人者多而自似者少。

吴均(469~520)字叔庠,吴兴故鄣人。他出身寒微,早年颇为沈约所赏识。柳恽为吴兴,召辅主簿,后恽把他荐与临川靖惠王,王称

---

① "诗"原书误排作"试",校订者酌改。

之于武帝,遂被召,为待诏著作,累迁奉朝请。以私撰《齐书》,称武帝为齐明帝佐命,竟免职。后又命他撰通史,未成,而卒。

叔庠的诗在当时很负盛名,模仿他的人①很多,一时称为"吴均体"。他长于写景,同谢朓一样,篇中时有名句,如:

赠王桂阳别三首(录一)

树响浃山来,猿声绕岫急。旅帆风飘扬,行巾露沾湿。
深浪闇蒹葭,浓云没城邑。不见别离人,独有相思泣。

赠鲍春陵别

落叶思纷纷,蝉声犹可闻。水中千丈月,山上万重云。
海鸿来倏去,林花合复分。所忧别离意,白露下沾裙。

不过他有时因讲对仗,句子弄得很不自然。即如"才胜商山四,文高竹林七"(《登钟山燕集望西静坛》)、"一年流泪同,万里相思各"《酬萧新浦王洗马》,真可说是弄巧反拙。至他高出当时人的地方,就是《梁书》本传中所说的"清拔有古气"。换言之,就是能脱去当时柔靡之习。就像他的《闺怨》:

胡笳屡凄断,征蓬未肯还。妾坐江之介,君戍小长安。
相去三千里,参商书信难。四时无人见,谁复重罗纨。

以及《和萧洗马子显古意诗六首》之三②:

春草可揽结,妾心正断绝。绿鬓愁中改,红颜啼里灭。
非独泪成珠,亦见珠成血。愿为飞鹊镜,翩翩照离别。

真是极凄厉之致,与谢朓的"长夜缝罗衣,思君此何极"(《玉阶怨》)③、沈约的"襟前万行泪,故是一相思"(《春思》)的意味,不是迥

---

① "的人"为校订者酌增。
② 此句为校订者酌增。
③ 原书此处有一"同"字,校订者酌删。

然不同吗?

何逊(? ~518①)字仲言,东海郯人。八岁能赋诗,弱冠州举秀才,颇受知于范云。云尝谓:"顷观文人,质则过儒,丽则伤俗。其能含清浊,中今古,见之何生矣。"沈约也很喜欢他的作品,对他说:"吾每读卿诗,一日三复,犹不能已。"可见他是怎样的为当时名流所推重了。天监中,起家奉朝请,迁中卫建安王水曹行参军,兼记室。后又为安②西安成王参军事,兼尚书水部郎。以母丧去职。服阕,除仁威庐陵王记室,不久卒。

仲言诗清丽,尤擅长写景:

与胡兴安夜别

居人行转轼,客子暂维舟。念此一筵笑,分为两地愁。
露湿寒塘草,月映清淮流。方抱新离恨,独守故园秋。

慈 姥 矶

暮烟起遥岸,斜日照安流。一同心赏夕,暂解去乡忧。
野岸平沙合,连山远雾浮。客悲不自已,江上望归舟。

这简直可以追步谢朓,渔阳《古诗选》中说:"梁代右文,作者尤众,绳以风雅,略其名位,则江淹、何逊足为两雄。"我觉得江、何二人比起来,江实不如何,原因是一个喜欢摹拟,而一个能纯然地自出机杼也。

徐陵(507~583)字孝穆,东海剡人。八岁能属文。十二岁通《庄》、《老》义。梁普通二年(521)晋安王为平西将军、宁蛮校尉,引他参宁蛮府军事。大通三年(529)③为皇太子东宫学士。屡迁至镇西湘东王中记事参军,兼通直散骑常侍。太清二年(548)使魏,因候

---

① 何逊卒年为校订者酌补。
② "安"字,校订者据《梁书》文学传补。
③ 校订者按,"大通三年(529)"原书作"大通二年(528)",此据《陈书》本传改。

景之乱,留于魏者数年。及还,为尚书吏部郎①,掌诏诰。绍泰二年(556)又使于齐,还,除给事黄门侍郎、秘书监。陈霸先篡位,加散骑常侍,左丞如故。后又历文帝、废帝、宣帝三朝,屡官尚书左仆射,领军将军,翊右将军,太子詹事,左光禄大夫,太子少傅。后主至德元年卒。

孝穆诗今存者三十余篇,就风格上说,可以富丽高华四字尽之。因他一面承齐梁之余风,故字句极其工丽,一面历任显职,为朝中重臣,故出语闳放,而不流于纤佻。如:

秋日别庾正员

征途愁转笳,连骑惨停镳。朔气凌疎木,江风送上潮。
青雀离帆远,朱鸢别路遥。唯有当秋月,夜夜上河桥。

关 山 月

月出柳城东,微云掩复通。苍茫萦白晕,萧瑟带长风。
羌兵烧上郡,胡骑猎云中。将军拥节起,战士夜鸣弓。

这已带有北方文学的色调,决非齐梁以来那般专写儿女柔情的靡丽之作所可比。至他七言中的《杂曲》,简直像白居易同吴梅村的一篇长歌。

倾城得意已无俦,洞房连阁未消愁。宫中本造鸳鸯殿,为谁新起凤凰楼?
绿黛红颜两相发,千娇百念情无歇。舞衫回袖胜春风,歌扇当窗似秋月。
碧玉宫妓自翩妍;绛树新声最可怜。张星旧在天河上,从来张姓本连天。
二八年时不忧度,旁边得宠谁相妒?立春历日自当新,正月春幡底须故?

---

① 校订者按,"吏部郎"原书作"礼部郎",此据《陈书》本传改。

流苏锦帐挂香囊,织成罗幌隐灯光。只应私将琥珀枕,暝暝来上珊瑚床。

我想孝穆的作风之所以不完全同于南朝的作者的原因,或许是几次出使北朝,而尤其第一次,待了数年之久的缘故,所以不自觉地受到北人的影响,在作品中无形地就带出一种刚健的气魄出来。假若试一看比孝穆稍晚的江总的作品,就会证明这种推论是不错的。

江总(519~594)字总持,济南考城人。年十八,解褐,为宣惠武陵王府法曹参军。后除敬容府主簿,迁尚书殿中郎。梁武帝撰《正言》始毕,制《述怀诗》,他预同此作,帝览其诗,深见嗟赏,仍转侍郎。候景寇京都,台城陷(549),他避难至会稽郡,后又至广州依他的九舅萧勃。天嘉四年(560)始召还为中书侍郎,直侍中省,屡迁至散骑常侍,明烈将军,司徒右长史,太常卿。后主即位,益加尊信,迁至尚书令,进号中权将军。陈亡(589),入隋为上开府,开皇十四年卒。

总持在陈很像汉代的东方朔同枚皋,以文学取悦于时君。当时他同陈暄、孔范、王瑗等十余人,终日与后主游宴后庭,一时都称他们为狎客。所以他的作品,尽轻艳纤巧之能事。本来他在陈代远不能与孝穆比,现在所以要把他提出来加以论述的原因,不过借此可以看到南朝的文学潮流,到了此时已经流弊丛生,言情而偏于艳情,修辞而流于缛丽。长此下去,似乎已无路可走,非重新改变趋向不可了。此处选录他的两首诗以见一斑。①

七　夕

汉曲天榆冷,河边月桂秋。
婉娈期今夕,霞飙渡浅流。
轮随列宿动,路逐彩云浮。
横波翻泻泪,束素反缄愁。

---

① 此句为校订者酌增。

此时机杼息,独向红妆羞。

秋日新宠美人应

后宫唯闻莫琼树,绝世复有宋容华。
皆自争名进女弟,定觉双飞胜荡家。
愿并迎春比翼燕,常作照日同心花。
闻道艳歌时易调,忖许新恩那久要?
翠眉未画自生愁,玉脸含啼还似笑。
角枕千娇荐芬香,若使琴心一曲奏。
幽兰度曲不可终,阳台梦里自应通。
秋树相思一枝绿,为插贱妾两鬓中。

二、庾信等流寓北朝的诗人[①]

庾信(513~581)字子山,南阳新野人。父肩吾,梁散骑常侍,中书令。子山起家湘东国常侍,转南安府参军。后同徐陵同为抄撰学士。累迁至通直散骑常侍,聘于东魏,还为东宫学士,领建康令。候景之乱,台城陷,他奔于江陵。梁元帝即位,封临清县子,邑五百户,除司水下大夫,后迁至骠骑大将军,开府仪同三司。大象初,以疾去职。隋开皇元年卒。

子山的作品,很显然的划为两个时期。前期即在南朝做官的时候,正如《北史》本传中所说的与徐陵"文并绮艳,号徐庾体"。本来当时文学上的唯美主义,已到了极盛的境地。以子山的天才同他的家学,作品自然很容易的超乎一般时人之上。即如《对酒歌》:

春水望桃花,春洲藉芳杜。琴从绿珠借,酒就文君取。
牵马向渭桥,日曝山头脯。山简接䍦倒,王戎如意舞。
筝鸣金谷园,笛韵平阳坞。人生一百年,欢笑惟三五。何处

---

① 此小节原题"Ⅱ.流寓北朝的诗人",校订者酌改。

觅钱刀？求为洛阳贾。

又《咏画屏风诗二十四首》①中的：

逍遥游桂苑，寂绝到桃源。狭石分花径，长桥映水门。

管声惊百鸟，人衣香一园。定知欢未足，横琴坐石根。（其四）

高阁千寻起，长廊四注连。歌声上扇月，舞影入琴弦。

涧水缱窗外，山花即眼前。但愿常欢乐，从今②尽百年。（其六）

两首诗③虽极其绮丽，但并不轻浮，与当时之专事粉饰而毫无实质者，大不可同年而语。后期是自他到了北魏，被留不得南返，久滞北朝，及陈代梁而兴，政府请求北朝放他，但终不获允，所以子山感到极端的难过。按说南北朝这个时期，士大夫对国君很少讲求节概的，平常是历事两代，竟有至三代的。像子山之由梁仕魏仕周原不算什么回④事，但在子山已经觉得这是极可痛心的事了。因此表现在作品上的，一面由乐天的变为感伤的，一面由理想的而转入写实的。《哀江南赋》是他的一篇自叙传，而二十七首《拟咏怀诗》简直是长歌当哭之作。

三

俎豆非所习，帷幄复无谋。
不言班定远，应为万户侯。
燕客思辽水，秦人望陇头。
倡家遭强聘，质子值仍留。
自怜才智尽，空伤年鬓秋。

---

① 原书略作《画屏风诗》，校订者酌补。
② "今"原书引作"此"，校订者酌改。
③ "诗"字为校订者酌加。
④ "回"原书作"会"，校订者酌改。

四

　　楚材称晋用，秦臣即赵冠。
　　离宫延子产，羁旅接陈完。
　　寓卫非所寓，安齐独未安。
　　雪泣悲去鲁，凄然忆相韩。
　　唯彼穷途恸，知余行路难。

梁任公说："吴梅村是被强奸的贰臣。"我觉得要以这话来批评子山，更为贴切。所谓"倡家遭强聘"不是他自己已经这样的比拟了吗？

关于他的作品的影响，我以为后世惟工部所受的为最大。工部极端的称赞他的作品，一则曰"清新庾开府"（《春日忆李白》），再则曰："庾信文章老更成，凌云健笔意纵横。"（《戏为六绝》）三则曰："庾信平生最萧瑟，暮年诗赋动江关。"（《咏怀古迹》）可见工部对子山的作品，是有着深切的了解的。工部的作品后人称之为"史诗"，子山后期的作品实际上也就是"史诗"。在这一点子山已作了工部的前导。明胡应麟《诗薮》说："供奉之癖宣城也，以明艳合也；工部之癖开府也，以沉实合也。"很可以作为我的话的注脚。又明杨升庵《谭苑醍醐》①中解释工部批评子山的话，最为明澈，附在后边，作为收束。

　　庾信之诗，为梁之冠绝，启唐之先鞭。史评其诗曰"绮艳"，杜子美称之曰"清新"，又曰"老成"。"绮艳"、"清新"，人皆知之，而其"老成"，独子美能发其妙。余尝合而衍之曰：绮多伤质，艳多无骨；清易近薄，新易近尖。子山之诗，绮而有质，艳而有骨，清而不薄，新而不尖，②所以为"老成"也。若元人之诗，非不"绮艳"，非不"清新"，而乏"老成"；宋人诗，则强作老成态度，而

---

①　校订者按，《谭苑醍醐》是《说郛》的一部分，收录《升庵诗话》，下面的引文实出自《升庵诗话》。
②　原书漏排了"子山之诗，绮而有质，艳而有骨，清而不薄，新而不尖"几句，校订者酌补。

"绮艳"、"清新",概未之有。若子山者可谓兼之矣。

王褒(512?~575?),字子渊,琅琊临沂人。祖骞、父规在梁俱封侯。他以世家子,好读书,善属文,所以很早就为梁武帝所赏识,把侄女嫁给他。起家秘书郎,后袭父爵,为南昌县侯。梁元帝即位江陵,拜侍中,累迁吏部尚书,左仆射。江陵陷,入魏,为车骑大将军,仪同三司。北周孝闵帝即位,封石泉县子,邑三百户。屡官内史中大夫,太子少保,宜州刺史,卒于官。

子渊是以南朝宰辅而入仕北魏,当然更不免有故国之悲。但是从他的作品中看,这种情思远不如子山来得激越凄切,所谓"虽感而并不深"者是也。即如:

渡 河 北

秋风吹木叶,还似洞庭波。常山临代都,亭障绕黄河。
心悲异方乐,肠断陇头歌。薄暮临征马,失道北山阿。

赠 周 处 士

我行无岁月,征马屡盘桓。崤曲三危岨,关重九折难。
犹持汉使节,尚服楚臣冠。巢禽疑上幕,惊羽畏虚弹。
飞蓬去不已,客思渐无端。壮志与时歇,生年随事阑。
百龄悲促命,数刻念馀欢。云生陇坻黑,桑疏蓟北寒。
鸟道无蹊径,清汉有波澜。思君化羽翮,要我铸金丹。

两首都是很好的例子。所以王士祯的《古诗选》中说的最好:"北周寥寥,仅得子渊、子山,二人之才,一时瑜亮,而钟仪之悲,开府为至矣。"

这期诗人除上述诸家外,其余尚有王融、范云、柳恽、萧统、萧纲、萧绎、阴铿等,在此不及一一备述了。

第三节　南北朝民歌[①]

自从西晋灭亡,天下分裂,直到隋之统一,中间约有两百余年之久。在很长的时期中,南北朝新民族都有着很优美的歌曲流传下来,从这些歌曲中,很清楚的反映南北民族性质及生活的不同。现在把它们分开来讲。

一、南朝的民歌[②]

南朝的民歌,今所存者有《子夜歌》、《读曲歌》、《华山畿》、《懊侬歌》、《碧玉歌》等。现在择优选出几首。

子夜歌(选四首)

宿昔不梳头,丝发被两肩。婉伸郎膝上,何处不可怜?
自从别欢来,奁器了不开。头乱不敢理,粉拂生黄衣。
朝思出前门,暮思还后渚。语笑向谁道?腹中阴忆汝。
年少当及时,蹉跎日就走。若不信侬语,但看霜下草。

读曲歌(选二首)

日光没已尽,宿鸟纵横飞,徙倚望行云,蹙踯待郎归。
打杀长鸣鸡,弹去乌臼鸟。愿得连冥不复曙,一年都一晓。

华山畿(选四首)

奈何许,天下人何限?慊慊只为汝!
啼着曙,泪落枕将浮,身沉被流去。
未敢便相许,夜闻侬家论,不持侬与汝。

---

① 校订者按,原书以此节为附录,此处改为正文的一节。
② 此小节原题"I.南朝",校订者酌改。

不能长久离,中夜忆欢时,抱被空中啼!

懊侬歌(选两首)

月落天欲曙,能得几时眠。凄凄下床去,侬病不能言。
懊恼乃何许?夜闻家中论,不得侬与汝。

碧玉歌

碧玉破瓜时,郎为情颠倒。感郎不羞郎,回身就郎抱。

这些作品值得我们注意的,第一是写情的真挚,丝毫不隐饰。第二是技巧的纯熟,用字简练,胡适之先生评《华山畿》第一篇同《懊侬歌》之第二篇(就本篇所引的次序)道:"这诗用寥寥的十五个字,写出一出悲剧的恋爱,真是可爱的技术。"第三是全属恋情的发抒。本来南方因自然环境同风俗习惯的特殊,所以很容易产生出这种缠绵温馨的儿女文学。南朝士大夫们的作品,受这种民间文学的影响最深。他们以华丽的辞采,来写这种旖旎的恋情,因此就成功为后人所最瞧不起的靡靡之音。但这只能怨那些模仿者的笨拙,不能就说这种民歌的本身没有价值。

末了应该在这里大书特书的,是中国最长而最有价值的叙事诗,《孔雀东南飞》在六世纪之被写定。这篇东西最初是被徐陵选进他的《玉台新咏》里,但并未考定它①产生的确切年代,因此就成为后来聚讼的焦点。梁任公从佛教文学的影响上,推想此诗作于六朝。陆侃如根据"华山"、"青庐"、"龙子幡"等,推定此诗作于宋少帝(423~424)与徐陵之间。但胡适之先生一一的推翻了他们所持的理由,而根据曹丕的《临高台》来推定它产生于三世纪的中叶,后来流传在民间,经过三百年之久,方才收在《玉台新咏》里,方才有最后的写定。这种论断,大体是可信的。

---

① "它"原书作"他",校订者酌改。

至这篇的内容,乃是一幕家庭间的悲剧——写一个凶悍的老太太,无缘无故要赶走她的媳妇,但她的儿子对自己的妻子的爱情是十分浓厚的,因此就在他母亲跟前替他自己的妻子求情,结果终于无效;后来女的回到娘家,被父兄所逼又嫁了别人;在未嫁之前,男的又去同女的见了一次面,他们竟以死相约,女的在嫁后之第一天晚上,遂投水自杀,男的听到这个消息,也自己上吊了。

这诗实在是中国叙事诗中的第一篇杰作,后来文人写的长篇就很少能及得上。它不但是提出人生最重大的婚姻问题,而且在描写中国旧礼教统治下的家庭的罪恶上,也极其逼真。即如写焦仲卿母亲的凶悍:

> 阿母得闻之,椎床便大怒:"小子无所畏,何敢助妇语?吾已失恩义,会不相从许!"

这是训斥仲卿的话。

> 上堂拜阿母,阿母怒不止。"昔作女儿时,生小出野里,本自无教训,兼愧贵家子。受母钱帛多,不堪母驱使。今日还家去,念母劳家里。"

这是兰芝当临走时,挨她婆婆的一阵痛骂,却仍然谦恭有礼①。这位老太婆固然利害②,但兰芝的哥哥也一样的够瞧了。他见他的妹妹不答应媒人的求婚,心中就大不高兴:

> 阿兄得闻之,怅然心中烦!举言谓阿妹:"作计何不量?先嫁得府吏,后嫁得郎君,否泰如天地,足以荣汝身。不嫁义郎体,其往欲何云?"

结果逼得她不得不答应媒人。至全篇中最沉痛也可说最精彩的,是他们夫妇在最后一次的把晤时彼此间的对话:

---

① "却仍然谦恭有礼"为校订者酌加。

② 校订者按,"利害"即"厉害"之谓——现代作家学者常常在"厉害"的意义上用"利害"。

> 府吏闻此变,因求假暂归。未至二三里,摧藏马悲哀。新妇识马声,蹑履相逢迎,怅然遥相望,知是故人来。举手拍马鞍,嗟叹使心伤:"自君别我后,人事不可量。果不如先愿,又非君所详。我有亲父母,逼迫兼阿兄;以我应他人,君还何所望!"府吏谓新妇:"贺卿得高迁!盘石方且厚,可以卒千年;蒲苇一时纫,便作旦夕间。卿当日胜贵,吾独向黄泉。"新妇谓府吏:"何意出此言!同是被逼迫,君尔妾亦然。黄泉下相见,勿违今日言。"

但是中国旧礼教的势力太大了,在三世纪已有为着旧的婚姻制度所酿成的悲剧而提出问题的文学作品出现了,但社会上并不生法来改良这种制度,于是在九百年后(十二世纪)又有类似这样的事产生了出来。鼎鼎大名的诗人陆放翁,他的太太唐氏也是被他的母亲赶走的,后来他们相遇,放翁赋《钗头凤》以见意,不久唐氏竟抑郁而死。放翁一生为此事,感着不能忘情的悲哀。这事因发生在一个诗人身上,所以后人还晓得,至于社会上一般人为婚姻问题而酿成悲剧的,还不知有多少呢。话离题太远了,就此带住①吧。

二、北朝的民歌②

北朝的民歌在风格上都是慷慨激昂以至③苍凉悲壮的,但内容上并不像南朝的那样单纯。有写军中生活的,如《企喻歌》:

> 男儿欲作健,结伴不须多。鹞子经天飞,群雀两向波。
> 放马大泽中,草好马著膘。牌子铁裲裆,𨱏铩鹦尾条。
> 前行看后行,齐着铁裲裆。前头看后头,齐着铁𨱏铩。

同《折杨柳歌辞》:

> 遥看孟津河,杨柳郁婆娑。我是虏家儿,不解汉儿歌。

---

① "带住"原书作"带着","带着"乃河南方言,义同"带住",校订者酌改。
② 此小节原题"Ⅱ.北朝",校订者酌改。
③ "慷慨激昂以至"为校订者酌加——"慷慨激昂"乃北朝民歌的普遍品质,"苍凉悲壮"则是其最高境界。

健儿须快马,快马须健儿。跋跋黄尘下,然后别雌雄。
有写个人的悲忧的,如《陇头歌》:
　　陇头流水,流离山下。念吾一身,飘然旷野。
　　朝发新城①,暮宿陇头。寒不能语,舌卷断绝②。
也有写女孩子急着出嫁的,如《折杨柳枝歌》:
　　门前一株枣,岁岁不知老。阿婆不嫁女,那得孙儿抱!
　　敕敕何力力,女子临窗织。不闻机杼声,唯闻女叹息。
　　问女何所思?问女何所忆?阿婆许嫁女,今年无消息。
我们试拿这些诗篇同南朝的民歌比较一下,就晓得在写情上一委婉、一直爽;在声调上一柔靡、一悲壮;在辞采上一绮丽、一素朴。从这些地方,很充分的可以看出环境同生活对文学的影响是怎样的大。

　　最后,还有一篇在价值上可以与南朝《孔雀东南飞》媲美的《木兰辞》,颇值得特别注意一下。这篇写一个女子替她父亲行军,结果打胜了仗,不愿做官,只求归家;后来天子就把她送了回去,自她出征一直到抵家,她的同伴没有晓得她是个女子的,及至她脱下戎装,换上旧裳,这时她的同伴不禁大为惊讶,才晓得她是个女子。全篇叙事写情都很自然,不成问题的是出自平民之手。不过从中间像"朔气传金柝,寒光照铁衣"同"将军百战死,壮士十年归"一些对仗的句子看来,可知是曾经文人润色过的作品。以这篇诗与《孔雀东南飞》两两对照,煞是奇观。现在节录篇中的第二段同末段于后:
　　东市买骏马,西市买鞍鞯,南市买辔头,北市买长鞭。旦辞爷娘去,暮至黄河边。不闻爷娘唤女声,但闻黄河流水鸣溅溅。旦辞黄河去,暮宿黑山头。不闻爷娘唤女声,但闻燕山胡骑鸣啾啾。
　　爷娘闻女来,出郭相扶将;阿姊闻妹来,当户理红妆;小弟闻

---

①　校订者按,"新城"一作"欣城"。
②　校订者按,"舌卷断绝"一作"舌卷入喉"。

姊来,磨刀霍霍向猪羊。开我东阁门,坐我西阁床;脱我战时袍,着我旧时裳;当窗理云鬓,对镜贴花黄;出门看伙伴,伙伴皆惊惶:同行十二年,不知木兰是女郎!

另外有一篇《敕勒歌》,据说是北齐高欢部下的一个大将军斛律金作的,这本是有主的东西,但因为写那种游牧民族的生活,写得太好了,同时更十足的表现出北方英雄文学的特色,所以就把它附在后边:

敕勒川,阴山下,天似穹庐,笼盖四野,天苍苍,野茫茫,风吹草低见牛羊。

第四节　隋代诗歌①

西历581年,杨坚篡周,改国号曰隋。589年,隋师南下灭陈,于是久已分裂的局面,又复统一了。隋朝的文学与政治,同秦一样,只不过是短短的过渡时期。本来南北朝的文学,南方与北方迥然不同,正如《北史·文苑传》中所说的:

江左宫商发越,贵于②清绮;河朔词义贞刚,重乎气质。气质则理胜其词,清绮则文过其意。理深者便于时用,文华者宜于咏歌。

但自隋朝统一后,文坛上的一些作者,竟能镕铸二者之长,以北人之气质,而被以南人之清绮,虽然没有产生出超迈前代的作者,但已开唐人风气之先。这里③先选出杨广、薛道衡及杨素三人为本期作者的代表。

杨广(569～618)为杨坚的第二子。开皇元年(581)坚篡周,立他为晋王,后以平陈功,进位太尉。及太子勇废,遂立他为皇太子。仁寿四年(604)他竟弑父而自立,自此荒淫无度,筑④宫室,开运河,

---

① 原书此小节标题作"丙、隋",校订者酌改。
② "于"原书引作"乎",校订者酌改。
③ "这里"为校订者酌增。
④ 校订者按,原书此处漏空一字,疑当作"筑",录以待考。

征高丽,天下骚然。大业十三年(617)李渊起兵太原,十四年他在江都被弑,隋亡。

杨广的诗清新绮丽居多,如《春江花月夜》:

> 暮江平不动,春花满正开。流波将月去,潮水带星来。

同《夏日临江》:

> 夏潭荫修竹,高岸坐长枫。日落沧江静,云散远山空。
> 鹭飞林外白,莲开水上红。逍遥有余兴,怅望情不终。

大似庾子山前期的作品。至于《喜春游歌》:

> 步缓知无力,脸曼动馀娇。锦袖淮南舞,宝袜楚宫腰。

又如《四时白纻歌》中的《东宫春》:

> 洛阳城边朝日晖,天渊池前春燕归。含露桃花开未飞,临风杨柳自依依。
> 小苑花红洛水绿,清歌宛转繁弦促。长袖逶迤动珠玉,千年万岁阳春曲。

这同陈后主的艳情之作,真差不许多。但这只是他的作风的一面。此外,像《饮马长城窟行示从征群臣①》同《白马篇》慷慨悲壮②,俨然具有北方文学的风骨。从这些篇子,分明的看出它们是南北两种极不同的文学潮流会合后的新产品。两篇均较长,现只录前者。

> 肃肃秋风起,悠悠行万里。万里何所行,横漠筑长城。岂台小子智,先圣之所营。树兹万世策,安此亿兆生。讵敢惮焦思,高枕于上京。北河秉武节,千里卷戎旌。山川互出没,原野穷超忽。撇金止行阵,鸣鼓兴士卒。千乘万骑动,饮马长城窟。秋昏塞外云,雾暗关山月。缘严驿马上,乘空烽火发。借问长城候,单于入朝谒。浊气静天山,晨光照高阙。释兵仍振旅,要荒事方举。饮至告言旋,功归清庙前。

---

① "示从征群臣",原书误排作"永从军群臣",校订者酌改。
② 校订者按,原书"壮"字处漏空,疑为"壮",录以待考。

薛道衡(540～609)字玄卿,河东汾阳人。初为齐司牧彭城王澄兵曹从事,后官至太尉府主簿,兼散骑常侍。武平初,诏与诸儒修三礼,除尚书左外兵郎。齐亡入周,官至印州刺史。杨坚篡周,进位至上开府。大业五年,被杀。

玄卿诗清绮的居多,像他的新体诗:"入春才七日,离家已二年。人归落雁后,思发在花前。"(《人日思归》)"流火稍西倾,夕影遍曾城。高天澄①远色,秋气入蝉声。"(《夏晚》)都很自然,而无南人的雕琢之弊。至于乐府中那篇《昔昔盐》更是久已为人赞不绝口的佳作:

> 垂柳覆金堤,蘼芜叶复齐。水溢芙蓉沼,花飞桃李蹊。采桑秦氏女,织锦窦家妻。关山别荡子,风月守空闺。恒敛千金笑,长垂双玉啼。盘龙随镜隐,彩凤逐帷低。飞魂同夜鹊,倦寝忆晨鸡。暗牖悬蛛网,空梁落燕泥。前年过代北,今岁往辽西。一去无消息,哪能惜马蹄?

全篇对偶,极工丽之致。据说他就因为这篇诗的"空梁落燕泥"句为炀帝所妒,致种下被杀的祸根。

杨素(?～606)字处道,弘农华阴人。初为周大冢宰宇文护中外记室,转礼曹,加大都督。武帝亲总万机,拜为车骑大将军,仪同三司。入隋,加上柱国,封越国公。炀帝即位,拜司徒,改封楚国公,大业二年卒。处道原系武人,一生勋业,多属战伐,隋之统一,以他的功劳为最多。但竟能娴于文辞,诗格清越,间以豪放,一扫齐梁柔靡之习,真是出乎人意料之外的事。

山斋独坐赠薛内史二首(录一首)

> 居山四望阻,风云竟朝夕。深溪横古树,空岩卧幽石。日出远岫明,鸟散空林寂。兰庭动幽气,竹室生虚白。落花入户飞,

---

① "澄"原书误排作"登",校订者酌改。

细草当阶积。桂酒徒盈樽,故人不在席。日暮山之幽,临风望羽客。

赠薛播州(录一首)

在昔天地闭,品物属屯蒙。和平替王道,哀怨结人风。麟伤世已季,龙战道将穷。乱海飞群水,贯日引长虹。干戈异革命,揖让非至公。

清人沈德潜《古诗源》例言中说:"隋炀帝艳情篇什,同符后主,而边塞诸作,矫然独异,风气将转之候也。杨处道清思健笔,词气苍然。后此射洪、曲江,起衰中立,此为之胜、广矣。"王士祯《古诗选》例言中也有与沈氏同样的见解的话:"隋混一南北,炀帝之才,实高群下,《长城》《白马》二篇,殊不类陈、隋间人。杨处道沉雄华瞻,风骨甚遒,已辟唐人陈、杜、沈、宋之轨,余子莫及。"从这看来,隋代的诗歌不是很分明的是从南北朝到唐中间的一个转变的关键吗?

第七章 南北朝的文章及其他①

第一节 鲍照、江淹和庾信的赋②

魏晋的赋③在内容上已多趋于咏物,而在形式上亦渐尚俳偶,此风在南北朝而益盛。松友《述赋篇》(见《国粹学报》)云:

左(思)陆(机)以下,渐趋整炼,齐梁而降,日事研华,古赋一变而为骈赋。江(淹)鲍(照)虎步于前,金声玉振;徐(陵)庾

---

① 本章由原书第二编第一章第四节"南北朝隋的文学"之"赋"、"散文"、"文学批评"等五小节合并而成,章题为校订者酌拟。
② 此节标题为校订者酌拟。
③ "魏晋的赋",原书作"赋在魏晋","在"字犯重,校订者酌改。

>（信）鸿骞于后，绣错绮交。固非古音之洋洋，未如律体之靡靡也。①

可知魏晋以来这种唯美主义的影响，不但使②诗歌成功为近体，而且赋同散文也都骈体化了。现在就选出鲍、江、庾三家，作为本期代表。

鲍照——明远事迹已见前。他的赋今存十篇(《汉魏六朝③百三名家集》本)，完全是骈俪的。好则他的天才高，富于情思，虽讲对仗，但不堆砌，即如《芜城赋》初写广陵之盛：

>车挂轊，人驾肩；廛闬扑地，歌吹沸天。孳货盐田，铲利铜山，才力雄富，士马精妍。故能侈秦法，佚周令，划崇墉，刳浚洫，图修世以休④命。是以板筑雉堞之殷，井干烽橹之勤，格高五岳，袤广三坟，崒若断岸，矗似长云。制磁石以御冲，糊赪壤以飞文。观基扃之固护，将万祀而一君。

继写广陵之衰：

>泽葵依井，荒葛胃涂。坛罗虺蜮，阶斗麕鼯。木魅山鬼，野鼠城狐，风嗥雨啸，昏见晨趋。饥鹰厉吻，寒鸱吓雏，伏虣藏虎，乳血餐肤。崩榛塞路，峥嵘古馗。白杨早落，寒草前衰。棱棱霜气，蔌蔌风威。孤蓬自振，惊沙坐飞。灌莽杳而无际，丛薄纷其相依。通池既已夷，峻隅又已颓。直视千里外，唯见起黄埃。凝思寂听，心伤已摧。

两段⑤映照，苍凉悲壮之意跃然纸上，使你只顾回味这里边所表现的意境，已不觉得他在那里讲对偶了。其次，《园葵》一篇，写得也极好。开始先写怎样去种：

---

① 校订者按，"松友"即孙梅，这段话亦见其《四六丛话》，"古赋一变而为骈赋"之"古赋"或当作"大赋"。
② "使"原书作"是"，校订者酌改。
③ "汉魏六朝"为校订者酌补。
④ "休"原书引作"体"，校订者酌改。
⑤ "段"原书作"篇"，校订者酌改。

>　　主人拂黄冠，拭藜杖，布蔬种，平圻壤，通畔修直，膏亩夷敞。白茎紫蒂，豚耳鸭掌，沟东陌西，行三畦两。既区既鉏，乃露乃映。

次写发芽后如何的茂盛：

>　　勾萌欲伸，蘖牙将散。尔乃晨露夕阴，霏云四委；沉雷远震，飞雨轻洒。徐未及晞，疾而不靡，柔荑爱秀，刚甲以解。稚叶萍布，弱阴竞抽，萋萋翼翼，沃沃油油。下葳蕤而被径，上参差而覆畴。承朝阳之丽景，得倾柯之所投。

末写成熟以后，对它的享受：

>　　若乃邻老谈稼，女妪归桑，拂此苇席，炊彼稌粱。瓮壶援醯，曲瓢卷浆，乃羹乃瀹，堆鼎盈筐。甘旨蒨脆，柔滑芬芳，消淋逐水，润胃调肠。

这是一幅多么美妙的村居行乐图！这岂是一般咏物的赋的作者，所能比得上的？

　　江淹——文通的赋，比他的诗要好得多，虽然一部分也不免与诗同样犯着摹拟的毛病，但另外倒①是有他自己独到的处所。他的咏物诸篇，不见得怎样好，比较值得注意的，是那两篇描写人类抽象的情绪的《别》、《恨》二赋。从这两篇不仅可以看到他的想象的丰富，与结构的严整，而且有很多新颖的句子，就是在他的诗中也是不容易找到的。即如："春草碧色，春水绿波，送君南浦，伤如之何？……秋露如竹，秋月如珪。明月白露，光阴往来。与子之别，思心徘徊。"（《别赋》）又如："春草暮兮秋风惊，秋风罢兮春草生。绮罗毕兮池馆尽，琴瑟灭兮丘垄平。"（《恨赋》）这些句子即令不放在篇中，把它②们独立起来，也可以成功为不朽的杰作。明张溥批评他道：

>　　身历三朝，辞该众体。《恨》、《别》二赋，音制一变，长短篇

---

① "倒"原书作"到"，校订者酌改。

② "它"原书作"他"，校订者酌改。

章,能写胸臆。……若使生逢汉代,果奋其才,上可为枚叔、子云,次亦不失为冯敬通,孔北海。(《〈江醴陵集〉题词》)

虽不免有些阿其所好,但还不能说是过分的赞誉。

庾信——子山的赋同他的诗一样,也可分为两期。前期多系咏物与写景之作,意境清新,词采绮丽。

> 宜春苑中春已归,披香殿里作春衣。新年鸟声千种啭,二月杨花满路飞。河阳一县并是花,金谷从来满园树。一丛香草足碍人,数尺游丝即横路。开上林而竞入,拥河桥而争渡。出丽华之金屋,下飞燕之兰宫。钗朵多而讶重,髻鬟高而畏风。眉将柳而争绿,面共桃而竞红。影来池里,花落衫中。……三日①曲水向河津,日晚河边多解神。树下流杯客,沙头渡水人。镂②薄窄衫袖,穿珠帖领巾。百丈山头日欲斜,三晡未醉莫还家。池中水影悬胜镜,屋里衣香③不如花。(《春赋》)

这是写景的。

> 暂设妆奁,还抽镜匣。竞学生情,争怜今世。鬓齐故略,眉平犹剃。飞花塼子,次第须安。朱开锦蹹,黛蘸油檀。脂和甲煎,泽渍香兰。量髻鬟之长短,度安花之相去。悬媚子于搔头,拭钗梁于粉絮。梳头新罢照著衣,还从妆处取将归。暂看弦系,悬知缅缦④。衫正身长,裙斜假襻。真成个镜⑤特相宜,不能片时藏匣里,暂出园中也自随。(《镜赋》)

这虽是咏物,但不专就镜的本身上来写,而且把与镜有关的女子梳妆时的情态,也详加描绘,这同鲍明远的《园葵赋》的写法颇有点相近。至于他后期的作品纯粹是抒情的,《哀江南赋》固是一篇自叙传,而

---

① "日"原书误引作"月",校订者酌改。
② "镂"原书误引作"缕",校订者酌改。
③ "衣香"原书误引作"衣裳",校订者酌改。
④ "缦"原书引作"紒",校订者酌改。
⑤ "镜"元素误引作"性",校订者酌改。

《伤心赋》也是老年感叹孤寂的发抒,所以感慨苍凉,读之不禁酸鼻。

> 十里五里,长亭短亭;饥随蛰燕,暗逐流萤;秦中水黑,关上泥青。于时瓦解冰泮,风飞电散。浑然千里,淄渑一乱。雪暗如沙,冰横似岸。逢赴洛之陆机,见离家之王粲,莫不闻陇水而掩泣,向关山而长叹。……且夫天道回旋,生民预焉。余烈祖于西晋,始流播于东川。泊余身而七叶,又遭时而北①迁。提挈老幼,关河累年。死生契阔,不可问天。(《哀江南赋》)

这是写他在被留在北国时的恻怆。

> 况乃流寓秦川,飘飘播迁,从宦非宦,归田不田。对玉关而羁旅,坐长河而暮年。已触目于万恨,更伤心于九泉。至如三虎二龙,三珠两凤,并有山泽之灵,各入熊罴之梦。望陇首而不归,出都门而长送,对宝碗盌②而痛心,抚《玄经》而流恸。石华空服,犀角虚蓼。风无少女,草不宜男。乌毛徒覆,兽乳空含。《震》为长男之宫,《巽》为长女之位。在我生年,先凋此地。人生几何,百忧俱至。(《伤心③赋》)

子山一共有三男二女,但多半夭折,只有一女成人,已出嫁生子,竟又早逝。他羁居北方,本来已是触目伤怀,又加上家庭的萧索,暮年的孤寂,益发使他凄怆伤心,悲不自胜。工部诗云:"庾信平生最萧瑟,暮年诗赋动江关。"子山身世文章,此二语尽之矣。不过子山的短处,在用事太多。以他的天才,是可以一空依傍、独造新语的,但时代的风尚,给他的影响太深了,使他一生没有摆脱掉排偶用事的恶习,时代的力量之大,也就可想而知了。

赋在齐梁虽然已趋重排偶,但还没有什么格律的限制,到了唐代因为律诗的完成,赋也就跟着受了影响,加上了层层的束缚,遂产生

---

① "北"原书误排作"化",校订者酌改。
② "盌"原书误排作"盎",校订者酌改。
③ "心"原书误排为"水",校订者酌改。

所谓律赋。于是本来可以自由的抒情写物的文体,一变而成为一种文章游戏,外形越严整,内容越空虚,它的价值,自然就越低微。本书叙述赋的演进,打算至此为止。六朝以后,这类作者虽颇不乏人,但因作品庸劣,所以只得从略了。

第二节　南北朝的散文①

南北朝隋这一期的散文,一向最为人所菲薄,原因是由于太浮艳了。不过我们要从历史的演进上看,则齐梁之所以为齐梁,乃是必然的。从西汉中叶以来,散文既已渐重排偶,这种趋向,自是非达到完全骈俪的境地而不止。但既讲求排偶,为着方便起见,在内容上就不能不用典事,在辞采上就不能不重藻饰。所以从宋到齐梁,散文方面骈俪一体,遂完全成熟。当时这种体裁,不只用于美文,即应用文也整个的骈俪化了。不过这种潮流,盛于南方,后来稍稍波及北方,可是北方的作者大部分也都能拔戟自成一队。他们一面延续秦汉以来散文的一脉,一面孕育下反骈俪的古文运动。从南北民族的生活同性质上看,这种不同,是极有趣的事。

一、南朝的散文作家

颜延之——延年的诗,在前边已经讲过,有人说他是"错彩镂金",不过他的散文倒②不完全是如此,确有写的很好的,即如他的那篇《庭诰文》,是叔夜《家诫》同渊明的《与子俨等书》一类的文章,是特为写给他的儿子们看的,所以非常的平易近情。

欲求子孝,必先慈,将责弟悌,务为友。虽孝不待慈,而慈固植孝;悌非期友,而友亦立悌。夫和之不备,或应以不和,犹信不

---

① 此节原题"散文",校订者酌改。
② "倒"原书作"到",校订者酌改。

足①焉,必有不信。倘知恩义相生,情理相②出,可使家有参柴,人皆由损。夫内居德本,外夷民誉,言高一世,处之逾嘿,器重一时,体之滋冲。不以所能干众,不以所长议物,渊泰入道,与天为人者,士之上也。若不能遗声,欲人出己,知柄在虚求,不可校得,敬慕谦通,畏避矜倨③,思广监择,从其远猷。文理精出,而言称未达。论问宣茂,而不以居身,此其亚也。若乃闻实之为贵,以辩画所克,见声之取荣,谓争夺可获,言不出于户牖,自以为道义久立,才未信于仆妾,而曰我有以过人。于是感苟锐之志,驰倾觖之望,岂悟已挂有识之裁、入修家之诫乎?记所云"千人所指,无病自死"者也。行近于此者,吾不愿闻之矣。……游道虽广,交义为长。得在可久,失在轻绝。久由相敬,绝由相狎。爱之勿劳,当扶其正性;忠而勿诲,必藏其枉情。辅以艺业,会以文辞,使亲不可亵,疏不可间,每存大德,无挟小怨。率此往也,足以相终。……喜怒者,有④性所不能无,常起于褊量,而止于弘识。然喜过则不重,怒过则不威,能以恬漠为体,宽愉为器者,大喜荡心,微抑则定,甚怒烦性,小忍即歇。故动无愆容,举无失度,则物将自悬,人将自止。

写处家持身,以及交游等,不仅文字自然,即见解也极明通。稍后颜之推的《家训》实本于此。不过延年之作⑤除这篇外,其余的就不免注意对仗,引用典事了。他所以遭受"雕缋满眼"之讥的原因,也就在此。所以从这儿,我们得到一个很大的教训,即有心求工的文字,倒⑥未必工,而无意为之的东西,反倒流誉千载。真正从事写作的

---

① "足"原书误引作"取",校订者酌改。
② "相"原书误引作"可",校订者酌改。
③ "倨"原书误引作"踞",校订者酌改。
④ "有"原书引作"为",校订者酌改。
⑤ "延年之作"为校订者酌增。
⑥ "倒"原书作"到",校订者酌改。下同不另出校。

人,应当了解此中道理。

范晔(398~445)字蔚宗,顺阳人。父泰,为宋车骑将军。出继从伯弘之,袭封武兴县五等候。初为彭城王义康冠军参军,入补尚书外兵郎,出为荆州别驾从事史。寻召为秘书丞。父忧,去职。服终,为征南大将军檀道济司马,领新蔡太守。随道济北征,还为司徒从事中郎。元嘉元年(424)左迁宣城太守,不得志,遂删众家后汉书为一家之作。迁长沙王义欣镇军长史,终于左卫将军,太子詹事。以参与孔熙先、谢综等之逆谋,为徐湛之所告讦,事发,遂被杀。

蔚宗本是一位史学家,但他对文学也很能了解。他的见地,有时比当时一般的文士还要高出一筹。他在狱中给他的诸甥侄书里有这样话:

> 文患其事尽于形,情急于藻,义牵其旨,韵移其意。虽时有能者,大较多不免此累,政可类工巧图缋,竟无得也。常谓情志所托,故当以意为主,以文传意。以意为主,则其旨必见;以文传意,则其词不流。然后抽其芬芳,振其金石耳。

这正是很适中的见解。由此也很可以看出那时的一般文人,已经有偏重于形式的倾向①了。所以他才说:"虽时有能者,大较多不免此累。"至他自己的著作《后汉书》中的文字,他也颇有点自负。他说:

> 吾杂传论,皆有精意深旨,既有裁味,故约其词句。至于《循吏》以下,及《六夷》诸序论,笔势纵放,实天下之奇作。其中合者,往往不减《过秦篇》。尝共比方班氏所作,非但不愧之而已。欲遍作诸志,《前汉》所有②者,悉令备。虽事不必多,且使见文得尽。又欲因事就卷内发论,以正一代得失,意复未果。赞自是吾文之杰思,殆无一字空设,奇变不穷,同合异体,乃自不知所以称之。此书行,故应有赏音者。

---

① "的倾向"三字为校订者酌增。
② 校订者按,"有"原书误引作"无",此据《宋书》本传改正。

可见他在写史时,很注意文辞的修美。今录《后汉书》中《独行传序论》及《班彪传赞》各一篇于后。

独行传序论

孔子曰:"与其不得中庸,必也狂狷乎!"又云:"狂者进取,狷者有所不为也。"此盖失于周全之道,而取诸偏至之端者也。然则有所不为,亦将有所必为者矣;既云进取,亦将有所不取者矣。如此,性尚分流,为否异适矣。中世偏行一介之夫,能成名立方者,盖亦众也。或志刚金石,而克捍于强御;或意严冬霜,而甘心于小谅。亦有结朋协好,幽明共心,踏义陵险,死生等节。虽事非通圆,良其风轨有足怀者。而情迹殊杂,难为条品;片辞特趣,不足区别。措之则事或有遗,载之则贯序无统。以其名体虽殊,而操行俱绝,故总为《独行篇》焉。庶备诸阙文,纪志漏脱云尔。

班彪(子固)传赞

赞曰:二班怀文,裁成帝坟。比良迁、董,兼丽卿、云。彪识皇命①,固迷世纷。

赞原属韵文,则蔚宗之讲求工丽,自不足怪。至前边的那篇论,虽时杂偶俪,但大致仍是以单体为主,这就可见他很能实践自己的主张。

沈约——休文是提倡创作采用四声的,以后骈体文的完成,实受这种影响为大。在一般人的观念,总以为休文的作品一定是尽缛丽之极致的,其实不然,他的碑铭之类,固是讲求偶俪,但这是衍东汉蔡邕以来的余绪,至于《神不灭论》、《难范缜神灭论》均析理明晰,有正

---

① "命"原书引作"节",校订者酌改。

始作者之风。余如《答沈驎士①书》、《报②博士刘杳书》也都宛转而有情致。今择录一二,以见一斑。

难范缜《神灭论》

来论云形即是神,神即是形。又云人体是一,故神不得二。若如雅论,此二物不得相离,则七窍百体,无处非神矣。七窍之用既异,百体所营不一。神亦随事而应,则其名亦应随事而改。神者对形之名,而形中之形,各有其用,则应神中之神,亦各有其名矣。今举形则有四肢百体之异,屈伸听受之别,各有其名,各有其用。言神唯有一名,而用百体,此深所未了也。若形与神对,片不可差,何则?形之名多,神之名寡也。若如来论,七尺之神,神则无处非形,形则无处非神矣。刀则唯刃犹利,非刃则不受利名。故刀是举体之称,利是一处之目。刀之于利,既不同矣,神之于形,岂可忘合耶?又昔日之刀,今铸为剑。剑利即是刀利,而刀形非剑形。于利之用弗改,而质之形亦移。与夫前生为甲,后生为丙,夫人之道或移,往识之神犹传与?夫剑之为刀,刀之为剑,有可异哉?又一刀之质分为二刀,形已分矣,而各有其为。今取一半之身,而剖之为两,则饮沉之生即谢,任重之为不分,又何得以刀之为利,譬神之以形邪?来论谓刀之与利即形之有神。刀则举体是一利,形则举体是一神,神用于体,则有耳目手足之别,手之用不为足用,耳之用不为眼用,而利之为用,无所不可,亦可断蛟蛇,亦可截鸿雁,非一处可割东陵之爪,一处偏可割南山之竹。若谓利之为用,亦可得分,则足以执物,眼可以听声矣。若谓刀背亦有利,两边亦有利,但未锻而铦之耳,利若遍施四方,则利体无处复立,形方形直并不得施利。利之为用,

---

① 原书此处误作"沈石驎"(下面的引文即作《答沈驎士书》),校订者酌改。

② "报"字原书漏缺,校订者酌补。

正存一边毫毛处耳,神之与形举若和,又安得同乎?刀若举体是利,神用随体则分。若使刀之于利,其理若一,则脚下亦可安眠,背上亦可施鼻,可乎不可也?若以此譬为尽也。则不尽。若谓本不尽邪,则不可以为譬也。……【附:范缜《神灭论》中语问曰:名既已殊体,何得一?答曰:神之于质,犹利之于刀。形之于用,犹刀之于利。利之名,非刀也,刀之名,非利也。然而舍利无刀,舍刀无利。未闻刀没而利存,岂容形忘而神在?……(《梁书》卷四八范缜传)】

答沈骐士书

独往之业,虽闻前①载;高尘逸轨,罕或其时。未尝不拊衷兴怀,望古遐瞩。尊贤拔俗,遥然沈冥。自远幽贞之操,义高纂策。虽蒋诩不窥城市,郑真名动京师,何远之有?名山既乡内所丰,清川又坐卧可对。不出户庭,而与禽尚齐美哉!约少不自涯,早爱虫鸟,逐食推迁,未谐夙愿。冀幽期可托,克全素履,与尊贤弋钓泉皋,以慰闲暮,则平生之心,于此遂矣。

另外休文有篇《修竹弹甘蕉文》,这是游戏的笔墨,实开后来昌黎《毛颖传》同柳州《蝜蝂传》等文之先河。

任昉(460~508)字彦升,乐安博昌人。初为奉朝请,举兖州秀才,拜太学博士。永明初,为卫将军王俭主簿。后为司徒竟陵王记室参军。齐明帝深加器异,除为太子步兵校尉。梁武帝即位,历官给事黄门侍郎,义兴太守,御史中丞秘书监,终于新安太守。

彦升早年,颇受知于王俭,以散文称于世,时人以为他与沈约相比,谓"沈诗任笔"。但他的作品比沈约更喜用事,篇篇都是偶俪,齐梁散文很可以他的作品为代表。

公之生也,诞受命世,体三才之茂典,践得二之庶机。信乃

---

① "前"原书误引作"千",校订者酌改。

昴宿垂芒,德精降祉,有一于此,蔚为帝师。况乃渊角殊祥,山庭异表,望衢罕窥其术,观海莫际其澜。宏览载籍,博游才义。若乃金版玉匮之书,海上名山之旨,沈郁澹雅之思,离坚合异之谈。莫不总制①清衷,递为心极。斯固通人之所包,非虚明之绝境,不可穷者,其唯神用者②乎?然检镜所归,人伦以表,云屋天构,匠者何工?自函洛不守,宪章中辍,贺生达礼之宗,蔡公儒林之亚,阙典未补,大备兹日。至若齿危发秀之老,含经味道之生,莫不北面人宗。自同资敬,性讬夷远,少屏尘杂。自非可以弘奖风流,增益标胜,未尝留心也。

这是《王文宪集序》中的两段,读此就可以想到他的其余的作品是什么样子了。

徐陵——骈体文到了孝穆,真可说是登峰造极了,词采的绮丽,字句的工整,简直是无以复加了。即如《玉台新咏》序中的一段③:

凌云概日,由余之所未窥;千门万户,张衡之所曾赋。周王璧台之上,汉帝金屋之中,玉树以珊瑚作枝,珠帘以玳瑁为柙,其中有丽人焉。其人也,五陵豪族,充选掖庭;四姓良家,驰名永巷。亦有颍川新市,河间观津,本号娇娥,曾名巧笑。楚王宫里,无不推其细腰;卫国佳人,俱言讶其纤手。阅诗敦礼,非直东邻之自媒,婉约风流,无异西施之被教。弟兄协律,自④小学歌,少长河阳,由来能舞。琵琶新曲,无待石崇;箜篌杂引,非因⑤曹植。传鼓瑟于杨家,得吹箫于秦女。至若宠闻长乐,陈后知而不平;画出天仙,阏氏览而遥妒。且⑥如东邻巧笑,来侍寝于更衣;

---

① "总制"原书引作"衷递",校订者酌改。
② "用者"原书引作"明",校订者酌改。
③ "一段"为校订者酌增。
④ 校订者按,"自"一本作"生"。
⑤ 校订者按,"因"一本作"关"。
⑥ 校订者按,"且"一本作"至"。

西子微颦,将①横陈于甲帐。陪游馺娑,骋纤腰于结风;长乐鸳鸯,奏新声于度曲。妆鸣蝉之薄鬓,照堕马之垂鬟。反插金钿,横抽宝树。南都石黛,最发双蛾;北地胭脂,偏开两靥。亦有岭上仙童,分丸魏帝;腰中宝凤,授历轩辕。金星与婺女争华,麝月共常娥竞爽。惊鸾冶袖,时飘韩掾之香;飞燕长裾,宜结陈王之佩。虽非图画,入甘泉而不分;言异神仙,戏阳台而无别。真可谓倾国倾城,无对无双者也。

这是以写赋的手法来写散文,无怪乎会写得如此的艳冶。后来攻击骈文的,说是"遗理存异,寻虚逐微,竞一韵之奇,争一字之巧",的确一点也不错。物极必反,这种散文的楚辞化,到了陈已不能再行推进了,所以势非重归于朴质不可。本来这种偏重形式美的散文,未始不可以存在,不过到了齐、梁、陈的作者,不仅是对抒情的散文要雕琢字句,即对说理文,也一样如此。因之就不能不拿内容来迁就形式。这样的流弊就不可胜言了。当南朝文士们正在极热心的"竞一韵之奇,争一字之巧"的时候,北方的文士也正在来提倡复古。他们一面攻击南朝的浮靡之习,一面模仿《尚书》来作《大诰》。于是遂埋下唐代复古运动的引线。二百多年以后,这种骈俪的势力,终于被古文打倒了。

二、北朝的散文作家②

北朝的散文作者,俨然可以分作两派:一散体,一骈体。代表前者的作者为郦道元、苏绰、颜之推、李谔等,代表后者的为温子升、邢邵、庾信等。

郦道元(生卒年未详)字善长,范阳人,太和中(477~493)为御史主客郎。御史中尉李彪以道元秉法清勤,引为治书侍御史。累迁辅国将军,东荆州刺史。以刻峻免官。久之行河南尹,后以开罪汝南

---

① 校订者按,"将"一本作"得"。
② 此小节原题"北朝散文的作者",校订者酌改,以与上一小节相对应。

王悦,适雍州刺史萧宝寅欲谋反,悦等讽朝廷遣他为关右大使,遂为宝寅所害,死于阴盘驿亭。

道元一生的杰作就是四十卷的《水经注》。这部书虽是属于地理方面的东西,但内容并不仅是叙述水道的源流同历史的考订,而且更注意于风景的描写,与风土民俗的记载,所以读起来,非常的有趣。它无异于一部天下名川胜概(按明人有《天下名山胜概记》)。即如:

> 自三峡七百里中,两岸连山,略无阙处。重岩叠嶂,隐天蔽日,自非亭午夜分,不见曦月。至于夏水襄陵,沿溯阻绝。或王命急宣,有时朝发白帝,暮到江陵,其间千二百里,虽乘奔御风,不以疾也。春冬之时,则素湍绿潭,回清倒影。绝巘多生怪柏,悬泉瀑布,飞漱其间,清荣峻茂,良多趣味。每至晴初霜旦,林寒涧肃,常有高猿长啸,属引凄异,空谷传响,哀转久绝。故渔者歌曰:"巴东三峡巫峡长,猿鸣三声泪沾裳。"(卷三四江水)

> 湘水又北迳衡山县东,山在西南,有三峰,一名紫盖,一名石囷,一名芙蓉。芙蓉峰最为竦杰①,自远望之,苍苍隐天。故罗含云:"望若阵云,非清霁素朝,不见其峰。"丹水涌其左,澧泉流其右。……衡山东南二面,临映湘川,自长沙至此,江湘七百里中,有九向九背。故渔者歌曰:"帆随湘转,望衡九面。"山上有飞泉下注,下映青林,直注山下,望之若幅练在山矣。(卷三八湘水)

这是风景的描写,而前边《巫峡》一段,实为太白《朝发白帝城》一诗之所本。又如:

> 夷水自沙渠县入,水流浅狭,裁得通船。东迳难留城南,城即山也。独立峻绝,西面上里馀,得石穴。把火行百许步,得二大石碛②,并立穴中,相去一丈,俗名阴阳石。阴石常湿,阳石常

---

① "杰"原书引作"洁",校订者酌改。
② "碛"原书误排作"蹟",校订者酌改。

燥。每水旱不调,居民作威仪服饰,往①入穴中,旱则鞭阴石,应时雨,多雨则鞭阳石,俄而天晴。相承所说,往往有效,但捉鞭者不寿,人颇恶之,故不为也。……(县)南一里即清江东注矣。南对长杨溪。溪水西南潜穴,穴在射堂村东六七里,谷中有石穴,清泉溃流三十许步,复入穴,即长杨之源也。水中有神鱼,大者二尺,小者一尺。居民钓鱼,先陈所须多少,拜而请之,拜讫,投钓饵。得鱼过数者,水辄波涌,暴风卒起,树木摧折。水侧生异花,路人欲摘者,皆当先请,不得辄取。(卷三七夷水)

这是风土民俗的记载。我们就从这几段,也就可以看出道元的文字是如何清冽可喜了。不过当时能产生这样的散文,并非偶然的。东晋的末叶,因为老庄思想的薰陶,文学已渐趋重于自然的描写,倡始于陶渊明,而大盛于谢灵运。道元的年代比灵运为晚(相差三十年光景),自然不能不受这种风气的影响。即就他对自然的态度来看:

山松言:"常闻峡中水疾,书记及口传悉以临惧相戒,曾无称有山水之美也。"及余来践跻此境,既至欣然,始信耳闻之不如亲见矣。其叠崿秀峰,奇构异形,固难以辞叙。林木萧森,离离蔚蔚,乃在霞气之表。仰瞩俯映,弥习弥佳,流连信宿,不觉忘返。目所履历,未尝有也。既自欣得此奇观,山水有灵,亦当惊知己于千古矣。(卷三四江水)

这里边的话很明显的可以看出这两个特点:(一)他对于自然是有热烈的爱好。(二)他不但光鉴赏,而且要加意的来描写。这种情形,同谢灵运不是很相同吗?他们同样的喜欢山水,同样喜欢刻画山水,所不同的,只不过一个用诗,一个用散文而已。至他这种作风,对后世影响也极大。《艺概》中说:"郦道元叙山水,峻洁层深,奄有楚辞《山鬼》、《招隐士》胜境,柳柳州游记,此其先导也。"(卷一)张岱也说:"古人记山水手,太上郦道元,其次柳子厚,近时则袁中郎。"(《琅嬛

---

① "往"原书漏引,校订者酌补。

文集·跋寓山注二》①)从这些话里,可以看出道元的文字与后世写山水的小品文,是有着怎样的关系了。

苏绰(498~546)字令绰,武功人。初为行台郎中,后以事见知于魏太祖,除著作佐郎,又拜大行台左丞,参与机密。大统三年(537)齐神武三道入寇,诸将咸欲分兵御之,独他意与魏太祖同,遂并力拒窦泰,擒之于潼关。四年,加卫将军左光禄大夫,封美阳县子。又加通直散骑常侍,进爵为伯。十年,授大行台,度支尚书,领著作,兼司农卿。十二年,以气疾卒。

令绰虽然不是以文章名家的人,但他的作品对当时以及后世的影响都极大。即如他的那篇《六条诏书》(一先治心、二敦教化、三尽地利、四擢贤良、五恤狱讼、六均赋役)说理明畅,辞采朴茂,与当时南朝作风迥然不同。今录其中之第二条于后:

其二,敦教化。曰:天地之性,唯人为贵。明其有中和之心,仁恕之行,异于木石,不同禽兽,故贵之耳。然性无常守,随化而迁。化于敦朴者,则质直;化于浇伪者,则浮薄。浮薄者,则衰弊之风;质直者,则淳和之俗。衰弊则祸乱交兴,淳和则天下自治。治乱兴亡,无不皆由②所化也。然世道雕丧,已数百年。大乱滋甚,且二十岁。民不见德,唯兵革是闻。上无教化,唯刑罚是用。而中兴始尔,大难未平,加之以师旅,因之以饥馑,凡百草创,率多权宜。致使礼让弗兴,风俗未改。比年稍登稔,徭赋差轻,衣食不切,则教化可修矣。凡诸牧守令长,宜洗心革意,上承朝旨,下宣教化矣。夫化者,贵能扇之以淳风,浸之以太和,被之以道德,示之以朴素。使百姓亹亹,中③迁于善,邪伪之心,嗜欲之性,潜以消化,而不知其所以然,此之谓化也。然后教之以孝悌,使民慈爱;教之以仁顺,使民和睦;教之以礼义,使民敬让。慈爱

---

① 原书夹作"《寓山注》",校订者酌补。
② 校订者按,"由"原书误引作"有",此据《周书》本传改。
③ 校订者按,"中",《北史》本传作"日"。

则不遗其亲,和睦则无怨于人,敬让则不竞于物。三者既备,则王道成矣。此之谓教也。先王之所以移风易俗,还淳反素,垂拱而治天下以至太平者,莫不由此。此之谓要道也。

此外还有一篇《大诰》,纯粹是模仿《尚书》中的句法:

> 惟中兴十有一年仲夏,庶邦百辟,咸会于王庭。柱国泰洎群公列将罔不来朝。时乃大稽百宪,敷于庶邦,用绥我王度。皇帝①曰:"昔尧命羲和,允厘百工。舜命九官,庶绩咸熙。武丁命说,克号高宗。时惟休哉,朕其钦若。格尔有位,胥暨我太祖之庭,朕将丕命女以厥官。"六月丁巳,皇帝朝格于太庙,凡厥具僚,罔不在位。皇帝若曰:"咨我元辅、群公、列将、百辟、卿士、庶尹、御事,朕惟龛敷祖宗之灵命,稽于先王之典训,以大诰于尔在位。昔我太祖神皇,肇膺明命,以创我皇基。烈祖、景宗,廓开四表,底定武功。暨乎文祖,诞敷文德。龚惟武考,不賷其旧。自时厥后,陵夷之弊,用兴大难于彼东土,则我黎人,咸坠涂炭。惟台一人,缵戎下武,夙夜祗畏,若涉大川,罔识攸济。是用稽于帝典,揆于王度,拯我民瘼。惟彼哲王,示我通训,曰天生蒸民,罔克自乂,上帝降鉴睿圣,植元后以乂之。时惟元后弗克独乂,博求明德,命百辟群吏以佐之。肆天之命辟,辟之命官,惟以恤民,弗惟逸念。辟惟元首,庶黎惟趾,股肱惟弼。上下一体,各勤攸司,兹用克臻于皇极。故其彝训曰:'后克艰厥后,臣克艰厥臣,政乃乂。'今台一人,膺天之暇,既陟元后。股肱百辟,又服我国家之命,罔不咸守厥职。嗟!后弗艰厥后,臣弗艰厥臣,于政何弗戭?呜呼艰哉!……

这在那骈体大行的时代,看起来真同周鼎商彝一般的古老,不时髦。不过要拿它②与真正古老的《尚书》中的《大诰》比起来,它又有点儿

---

① 校订者按,《北史》本传此处有"若"字。
② "它"原书作"他",校订者酌改。

新,难免假古董之讥。像这种开倒车的摹古文字,自然是不足为训,可是当时之所以如此,乃是有意识地实行散文的革命。据令绰的本传中说:"自晋有之季,文章①竞为浮华,遂成风俗。太祖欲革其弊,因魏帝祭庙,群臣毕至,乃命绰为大诰,奏行之。"可见他这篇文章,乃是奉命而作的,是有意的要矫枉,所以就不能不过正。至此文写出后,遂成为范本。《魏书》②中说:"自此之后,文笔皆依此体。"它的影响之大,也就可想而知了。以后李谔之主张复古反骈,恐怕大部分是肇端于此。

颜之推(531~595?)字介,琅玡临沂人。初为梁湘东王绎国左常侍,加镇西墨曹参军。及绎自立,又被任为散骑侍郎,奏舍人。后为周军所破,遂奔齐。初为奉朝请,屡官至黄门侍郎,出为平原太守。齐亡入周,大象末,为御史上士。隋开皇中,太子召为学士,甚见礼重,寻卒。

介著有文集三十卷,《家训》二十篇,惜前者已佚,现只有后者尚存。但即此一书,已足使他在中国文学史上占一席地了。按,介为东晋侍中右光禄西平侯含之九世孙,而颜延之为含之四世孙,可见介为延之之五世孙。至于他是否是从延之这一支直接下来的,那就不得而知了。至他的《家训》可说是继延之《庭诰文》的见解来的,不过比延之谈的方面愈广,文字写的更妙罢了。介的思想我觉得同渊明有点相类,这并不是说他们的思想内容完全相同,乃是说他们思想形成的方式很有点相同。他们都能够采取当时的各派思想的特长,而融成为自己特有的思想系统。所以他们的见地,都极其明通。卢召弓序云:

呜呼!无用之言,不急之辩,君子所弗贵。若夫六经尚矣,

---

① 校订者按,"章"原书漏引,此据《周书》本传补。
② 校订者按,《魏书》或当作《周书》,上引苏绰传记即出自《周书》,《周书》此段话作:"自是之后,文笔皆依此体。"

而委曲近情,纤悉周备,立身之要,处世之宜,为学之方,盖莫①善于是书,人有意于训俗型家者,又何庸舍是而叠床架屋为哉?

周岂明先生说:"对于《颜氏家训》的批评,此言可谓最简要得中。"本来以他一生的修养与经验,写出来一些东西作为他的子孙的后车,当然是内容充实,言辞恳切,当非一般盗名欺世之徒的浮泛之言可比。现在列②出最足看出他的特殊见地与文章风格的几段文字于后:

齐朝有一士大夫,尝谓吾曰:"我有一儿,年已十七,颇晓书疏,教其鲜卑语及弹琵琶,稍欲通解,以此伏事公卿,无不宠爱,亦要事也。"吾时俛而不答。异哉,此人之教子也!若由此业,自致卿相,亦不愿汝曹为之。(《教子篇》)

周先生批评这段说:"不但意思佳,文字亦至可喜。其自然大雅处或反③比韩柳为胜。"

君子当守道崇德,蓄价待时,爵禄不登,信由天命。须求趋竞,不顾羞惭,比较材能,斟量功伐,厉色扬声,东怨西怒,或有劫持宰相瑕疵,而获酬谢,或有谄䛟时人视听,求见发遣,以此得官,谓为才力,何异盗食致饱,窃衣取温哉!世见躁竞得官者,便谓④"弗索何获",不知时运之来,不求亦至也。见静退未遇者,便谓⑤"弗为胡成",不知风云不与,徒求无益也。凡不求而自得,求而不得者,焉可胜算乎!(《省事篇》)

这最足见出介的处世态度,所谓"修己以俟者"是也。

王籍《入若耶溪》诗云:"蝉噪林逾静,鸟鸣山更幽。"江南以为文外断绝,物无异议。简文吟咏,不能忘之,孝元讽味,以为不

---

① 原书引文此处衍一"不"字,校订者酌删。
② 校订者按,原书此处一字漫漶不清,疑似"列"字,录以待考。
③ 校订者按,原书此处引文漏掉"反"字,此据周作人《夜读抄·〈颜氏家训〉》(北新书局1934年9月)补。
④ "谓"原书误排作"为",校订者酌改。
⑤ "谓"原书误排作"为",校订者酌改。

> 可复得,至《怀旧志》载于《籍传》。范阳卢询祖,邺下才俊,乃言:"此不成语,何事于能?"魏收亦然其论。《诗》云:"萧萧马鸣,悠悠旆旌。"毛《传》曰:"言不諠哗也。"吾每叹此解有情致,籍诗生于此耳。(《文章篇》)

周先生说:"此是很古的诗话之一,可谓要言不烦,抑又何其'有情致'耶!后来作者,卷册益多,言辞愈①富,而妙悟更不易得,岂真不如古,亦因人情物理难能会解,故不免常有所蔽也。"此外,最为周先生称赏的,乃是《终制篇》,里边有这样的话:

> 四时祭祀,周、孔所教,欲人勿死其亲,不忘孝道也。求诸内典,则无益焉。杀生为之,翻增罪累。若报罔极之德,霜露之悲,有时斋供,及七月半盂兰盆,望于汝也。孔子之葬亲也,云:"古者墓而不坟。丘东西南北之人也,不可以弗识也。"于是封之崇四尺。然则君子应世行道,亦有不守坟墓之时,况为事际所逼也!吾今羁旅,身若浮云,竟未知何乡是吾葬地;唯当气绝便埋之耳。汝曹宜以传业扬名为务,不可顾恋朽壤,以取埋没也。

周先生说这篇"是古今难得的好文章,看彻生死,故其意思平实,而文词亦简要和易。其无甚新奇处正是最不可及处。陶渊明的《自祭文》、《拟挽歌辞》可与相比,或高旷过之。陶公无论矣,颜君或居其次。然而第三人却难找得出了"。(以上所引周先生的话均见《夜读抄·颜氏家训》)总之真正好的作品,都必须是作者思想见解与人格自然的流露,《家训》中文章之所以超绝一时者,也就在此。

李谔(生卒未详)字士恢,赵郡人。初仕齐,为中书舍人,有口辩,每接对陈使。齐亡入周,拜天官都上士。杨坚篡周,历比部、考功二曹侍郎,赐爵南和伯。后迁治书侍御史,终通州刺史。士恢思想是儒家者流,从他主张子孙不应分卖其父祖的爱妾侍婢一书中可知。他说:

---

① 校订者按,"愈"原书误排作"念",此据《夜读抄·〈颜氏家训〉》改。

>　　臣闻追远慎终，民德归厚，三年无改，方称为孝。如闻朝臣之内，有父祖亡没，日月未久，子孙无赖，便分其妓妾，嫁卖取财。有一于兹，实损风化。妾虽微贱，亲承衣履，服斩三年，古今通式。岂容遽褫缞弊，强傅铅华，泣辞灵几之前，送付他人之室。凡在见者，犹致伤心，况乎人子，能堪斯忍？复有朝廷重臣，位望通贵，平生交旧，情若弟兄，及其亡没，杳同行路，朝闻其死，夕规其妾，方便求娉，以得为限，无廉耻之心，弃友朋之义。且居家理治，可移于官，既不正私，何能赞务？

此外，他的作品在此地应特别注意的，是他上书请求以政治的力量来严厉地革除浮靡之风。他说：

>　　臣闻古先哲王之化民也，必变其视听，防其嗜欲，塞其邪放之心，示以淳和之路。五教六行为训民之本，《诗》《书》《礼》《易》为道义之门。故能家复孝慈，人知礼让，正俗调风，莫大于此。其有上书献赋，制诔镌铭，皆以褒德序贤，明勋证理。苟非惩劝，义不徒然。降及后代，风教渐落。魏之三祖，更尚文词，忽君人之大道，好雕虫之小艺。下之从上，有同影响，竞骋文华，遂成风俗。江左齐、梁，其弊弥甚，贵贱贤愚，唯务吟咏。遂复遗理存异，寻虚逐微，竞一韵之奇，争一字之巧。连篇累牍，不出月露之形，积案盈箱，唯是风云之状。……以傲诞为清虚，以缘情为勋绩，指儒素为古拙，用词赋为君子。故文笔日繁，其政日乱，良由弃大圣之轨模，构无用以为用也。损本逐末，流遍华壤，递相师祖，久而愈扇。及大隋受命，圣道聿兴，屏黜轻浮，遏止华伪，自非怀经抱质，志道依仁，不得引预搢绅，参厕缨冕。开皇四年，普诏天下，公私之翰，并宜实录。其年九月，泗州刺史司马幼之文表华艳，付所司治罪。自是公卿大臣，咸知正路，莫不钻仰坟集，弃绝华绮，择先王之令典，行大道于兹世。如闻外州远县，仍钟敝风，选吏举人，未遵典则。……臣既忝宪司，职当纠察。若闻风即劾，恐挂网者多，请勒诸司，普加搜访，有如此者，具状送台。

从这里便可以看出下列四个要点:(一) 他认为文章应当有益世道,并当合于经典。(二) 他反对艳情的篇什。(三) 隋承北朝之余风,政府方面以政治的力量力革华艳之习。(四) 他觉得这种政策,还没有普遍的推行,所以主张"请勒诸司,普加搜访"。所以这个时代,可以说完全是唯美主义的反动时代,也可以说是"为人生而艺术"的一派占了优势,集中全力,来打倒"为艺术而艺术"的一派的时代。以后唐代的复古运动,不过是这次运动的扩大而已。至士恢的文字,我们觉得不无遗憾的,是他自己尚未脱去排偶之习,若让那般主张绮丽的文士们看来,其将不免于"五十步笑百步"之讥矣。

北朝的散体文①作者已如上述,底下再略论骈体文的作者。

温子升(生卒未详)字鹏举,太原人。年二十二补御史,建义初为南主客郎中。后随上党②王天穆讨邢杲,加伏波将军,为行台郎中。永熙中,为侍读,兼舍人,镇南将军,金紫光禄大夫。迁散骑常侍,中军大将军。后领本州大中正。③ 末以开罪齐文襄王,下狱饿死。

子升文中最著名的是那篇《韩陵山寺碑》,据《朝野佥载④》说:"温子升作《韩陵山寺碑》,(庾)信读而写其本。南人问信曰:'北方文士何如?'信曰:'惟有韩陵山一片石堪共语,薛道衡、卢思道少解把笔,自余驴鸣犬⑤吠,聒耳而已。'"可知这篇文章的价值了。

> 永安之季,数钟百六,天灾流行,人伦交丧。尔朱氏既绝彼天纲,断兹地纽,禄去王室,政出私门。铜马竞驰,金虎乱嗟。九婴暴起,十日并出。破璧毁珪,人物既尽。头会箕敛,杼柚其空。大丞相渤海王,命世作宰,惟机成务。标格千刃,崖岸万里。运

---

① "文"字为校订者酌增,下句"骈体文"之"文"字亦为校订者酌增。
② 校订者按,"上党"据《魏书》本传补——天穆是上党王。
③ 校订者按,"后领本州大中正",原书误引作"复领本州大将军",此据《魏书》本传改正。
④ "载"原书误作"论",校订者酌改。
⑤ 校订者按,"犬"原书引作"狗",此据《朝野佥载》改正。

> 鼎阿于襟抱,纳山岳于胸怀。拥玄云以上腾,负青天而高引。钟鼓嘈嘈,上闻于天,旌旗缤纷,下盘于地。壮士懔以争先,义夫愤而竞起。兵接刃于斯场,车错毂于此①地。轰轰隐隐,若转石之坠高崖,硍硍磕磕,如激水之投深谷。俄而雾卷云除,冰离叶散。靡旗蔽日,乱辙满野。楚师之败于柏举,新兵之退自昆阳,以此方之,未可同日。……

这很可以看出子升作品风格之一斑。他虽是北方人,而受南方文学的影响极深,所以当时的王晖业曾说:"江左文人,宋有颜延之谢灵运,梁有沈约、任昉,我子升足以凌颜轹谢,含任吐沈。"也足见北方的文士在早期是怎样的仰慕南朝的作者,因为北方有了近于南朝的作者,于是就藉此自豪。

邢邵(生卒未详)字子才,河间鄚人。初释巾,为魏宣挽郎,除奉朝请,迁著作佐郎。后官至太常卿,中书监,摄国子祭酒。子才较子升年岁稍晚,当时有温邢之称。他的作品也完全都是骈体,大抵以应酬的文字居多,不是碑铭,就是诏表,真正发抒己见的,实不多觏。勉强的说来,只有《请置学及修立明堂奏》还差一读:

> 世室明堂,显于周、夏;一黉两学,盛自虞、殷。所以宗配上帝,以著莫大之严;宣布下土,以彰则天之轨。养黄发以询哲言,育青衿而敷教典,用能享国长久,风徽万祀者也。爰暨亡秦,改革其道,坑儒灭学,以蔽黔黎。故九服分崩,祚终二代。炎汉勃兴,更修儒术。故西京有六学之义,东都有三本之盛。逮自魏、晋,拨乱相因,兵革之中,学校不绝。仰惟高祖孝文皇帝禀圣自天,道镜今古,列校序于乡党,敦诗书于郡国。但经始事殷,戎轩屡驾,未遑多就,弓剑弗追。世宗统历,聿遵先绪,永平之中,大兴板筑。续以水旱,戎马生郊,虽逮为山,还停一篑。而明堂礼乐之本,乃郁荆棘之林;胶序德义之基,空盈牧竖之迹;城隍严固

---

① "此"原书漏引,校订者酌补。

之重,阙砖石之功;墉构显望之要,少楼榭之饰。加以风雨稍侵,渐致亏坠。非所谓追隆堂构,仪刑万国者也。

骈体最容易流于千篇一律,不像散体,可以显明的表现出作者特有风格。原因是一个注重自然的美,一个注重雕饰的美。本来看重文辞,并不算毛病,但太偏重文辞,而忽视了内容,这就不免枯槁而无生气了。

庾信——子山的文章①,同徐孝穆差不多,辞采华艳,字句工整,为骈体全盛时期的代表作品。即如他的《赵国公集序》很可以同孝穆的《玉台新咏序》对看:

柱国赵国公,发言为论,下笔成章,逸态横生,新情振起,风雨争飞,鱼龙各变。方之圭璧,涂山之会万重;譬似云霞,赤城之岩千丈。文参历象,即入天官之书,韵涉丝桐,咸归总章之观。论其壮也,则鹏起半天;语其细也,则鹪巢蚊睫。岂直熊熊旦上,增城抱日月之光;焰焰宵飞,南斗触蛟龙之气。昔者屈原、宋玉,始于哀怨之深;苏武、李陵,生于别离之世。自魏建安之末、晋太康以来,雕虫篆刻,其体三变。人人自谓握灵蛇之珠,抱荆山之玉矣。公斟酌《雅》、《颂》,谐和律吕,若使言乖节目,则曲台不顾;声止操缦,则成均无取。遂得栋梁文囿,冠冕词林,《大雅》扶轮,小山承盖。

所以徐、庾二人,可以说一个是光艳照人,一个是逸态横生;一个如贵妇,一个如才女。

总之南北朝至隋这个时期的散文,乃是以骈体为主流,而以散体为旁枝。崇尚骈体的,目散体为质木而无文,所谓"退则非谓成章,进则不云取义。神其巧惠(与慧通),笔端而已"。② 但崇尚散体的,则目骈体为清艳浮薄,所谓"遗理存异,寻虚逐微。以傲诞为清虚,以缘

---

① 校订者按,"文章"原书作"散文",为免误解,特此酌改。
② 校订者按,此语出自梁元帝的《金楼子·立言篇》。

情为勋绩①"。这种争论,实开后来选体②同古文两派互相诋諆之先河。他们究竟谁是谁非,原没有判定的必要。正如庄子所说"彼亦③一是非,此亦一是非"。所以在文学上,这实在是千古必不可合的同异,同时也是千古必不可无之同异。

第三节 早期的戏曲与小说(二)④

一、戏曲

戏曲在这时期,虽然还极幼稚,但已有着显著的进步。所谓歌舞戏,多产于此时。它的种类,大致有四:

(一)大面——或作"代面",起于北齐。因为北齐兰陵王长恭貌美如女子,但是勇毅善战,每次临阵,恐其貌不足以威敌,因刻木作假面,以对敌,曾破周师于金墉城下。齐人壮之,为此舞,以效其指挥击刺之容,谓之《兰陵王入阵曲》。

(二)拨头——又名"钵头",原系一胡人,被猛虎所噬杀,他的儿子上山找他父亲的尸体,结果报了父仇。演的人披发,穿着素衣,作丧事的打扮。王国维认为"拨头"或是西域传里拨豆国的译音,故假定它是产生于拨豆国,由龟兹而传到中国。

(三)踏谣娘——系扮演一女子,受不了她丈夫的虐待,因哭泣诉诸邻里,不久她丈夫来了,于是夫妇又作着吵闹的样儿,以作⑤笑乐。此舞曲初产于北齐,到了唐代还有女伶常常扮演。

(四)苏中郎——这是起于后周,据说有一个叫苏葩的,喜吃酒,

---

① "绩"原书误排作"续",校订者酌改。按,此语出自李谔的《上书正文体》。

② 原书于"选"字后可能漏排了"体"字,校订者酌加。

③ "亦"原书误作"以",校订者酌改。下同不另出校。

④ 此节原题"戏曲小说的前期(二)",校订者酌改。

⑤ 原书此处一字漫漶不清,疑似"作"字,录以待考。

逢人家有宴会,他就去乘兴跳舞。扮演这个人的,大抵穿着绯衣,戴①着帽子,脸上涂着红颜色,装着喝醉酒的模样。他并不用假面,而用涂面,这已开了后世脸谱的先河。

前边这几种歌舞戏,都产生于北朝,可见这是因为受了西域各国乐舞的影响,才有着如此的进步。而南朝虽然颇有一些帝王终日酣歌狂舞,但对于戏曲的贡献上,竟阒然无闻。到了隋代大业二年,突厥染干来朝,炀帝遂集四方之乐于东都,欲藉以夸耀,但也不过是倡优杂技之类,从《隋书·柳彧传》所载的看来,并无若何新的花样值得称述。

二、小说

这时期的小说,大致可分为两派。一派是鬼神志怪之流,不外是一些因果报应的故事,实为佛儒二教思想混合后的一种宣传品。另外一派是当时名流言行的记载,因为自魏晋老庄盛行,遂形成清谈一派特有的人生观。这种遗闻轶事的记载,虽不免追随俗尚,或供揣摩,然远实用而近娱乐,故含有最浓郁②的文学趣味。

可以代表前一派的作者,有下列诸人:

刘敬叔(390? ~470?)字敬叔,彭城人。晋末拜南平国郎中令。入宋为给事黄门郎。数年,以病免。泰始中,卒于家。著有《异苑》十余卷,行世。此书今存者十卷,然亦非原本。此处选录二段③:

熙宁中,东海徐氏婢兰,忽患羸黄,而拭拂异常。共伺察之,见扫帚从壁角,来趋婢床,乃取而焚之,婢即平复。(卷八)

晋太元④十九年,鄱阳桓阐杀犬,祭乡里绥山,煮肉不熟。

---

① "戴"原书误作"带",校订者酌改。
② "郁"原书误排作"都",校订者酌改。
③ "此处选录二段"为校订者酌增。
④ "元"原书误作"原",校订者酌改。

神怒，即下教于巫曰，"桓阐以肉生①贻我，当谪令自食也"。其年忽变作虎，作虎之始，见人以斑皮衣之，即能跳跃噬逐。（卷八）

吴均（事迹已详前）——宋东阳无疑有《齐谐记》七卷，他续东阳氏之作而成一卷。现《齐谐记》已佚，而他的续作则尚存，然亦非原本。里边最奇诡的，是那篇《阳羡②鹅笼记》：

> 阳羡许彦，于绥安山行，遇一书生，年十七八，卧路侧，云脚痛，求寄鹅笼中。彦以为戏言。书生便入笼，笼亦不更广，书生亦不更小，宛然与双鹅并坐，鹅亦不惊。彦负笼而去，都不觉重。前行，息树下。书生乃出笼，谓彦曰："欲为君薄设。"彦曰："善。"乃口中吐出一铜奁子，奁子中具诸肴馔，珍羞方丈。……酒数行，谓彦曰："向将一妇人，自随，今欲暂邀之。"彦曰："善。"又于口中吐一女子，年可十五六，衣服绮丽，容貌殊绝，共坐宴。俄而书生醉卧，此女谓彦曰："虽与书生结妻，而实怀怨。向亦窃得一男子同行，书生既眠，暂唤之，君幸勿言。"彦曰："善。"女子于口中吐出一男子，年可二十三四，亦颖悟可爱，乃与彦叙寒温。书生卧欲觉，女子口吐一锦行障，遮书生。书生乃留女子共卧。男子谓彦曰："此女子虽有心，情亦不甚，向复窃得一女人同行。今欲暂见之，愿君勿泄。"彦曰："善。"男子又于口中吐一妇人，年可二十许，共酌，戏谈甚久。闻书生动声，男子曰："二人眠已觉。"因取所吐女人，还纳口中。须臾，书生处女乃出，谓彦曰："书生欲起。"乃吞向男子，独对彦坐。然后书生起，谓彦曰："暂眠遂久，君独坐，当悒悒邪？日又晚，当与君别。"遂吞其女子，诸器皿悉纳口中。留大铜盘，可二尺广，与彦别曰："无以藉君，与君相忆也。"彦大元中为兰台令史，以盘饷侍中张散，散看其铭题，云是永平三年作。

---

① 校订者按，"肉生"原书引作"生肉"，兹据《异苑》卷八校正。
② "羡"原书误排作"美"，校订者酌改。

这种故事本出自于印度佛典,吴氏只不过是把它重新加以演义而已。①

王琰(生卒年不详)太原人,幼在交址,受五戒。于宋大明及建元中,两感金像之异,因作记,凡十卷,名曰《冥祥记②》。前边两家作品,多属志怪,惟王氏是佛教徒,所以他这部书,俱为因果报应的故事。如:③

> 宋袁廓字思度,陈郡人也。元徽中,为吴郡丞。病经少日,奄然如死,但余息未尽。棺唅之具并备,待毕而殓。三日而能转动视瞬。自说云:有使者称教唤,廓随去。既至,有大城池,楼堞高整,阶闼崇丽。既命廓进,主人南面,阶陛森然,威饰冠首。执刀者点廓坐,坐定,温凉毕,设酒炙果粽葅肴等,廓皆尝进,种族形味,不异世中。酒数行,主人谓④廓曰:"身主簿不幸,阙任有阙,以君才颖,故欲⑤相屈,当能顾怀不?"廓意亦知是幽途,乃固辞:"凡薄非所克堪,家少穷孤,兄弟零落,公私二三,乞蒙恩放。"主人曰:"君当以幽显异方,故有辞耳。此间荣禄资待,身口服御,乃当胜君世中勤勤之怀。甚贪共事,想必降意,副所期也。"廓复固请曰:"男女藐然,并在龆龀,仆一旦恭任,养视无托,父子之恋,理有可矜。"廓因流涕稽颡。主人曰:"君辞让乃尔,何容相逼?愿言不获,深为叹恨!"就案上取一卷文书拘黩之。既而廓谢恩辞归,主人曰:"君不欲定省先亡乎?"乃遣人将廓行,经历寺

---

① 校订者按,段成式《酉阳杂俎·续集·贬误篇》曾记:"释氏《譬喻经》云,昔梵志作术,吐出一壶,中有女子,与屏处作家室。梵志少息,女复作术,吐出一壶,中有男子,复与共卧。梵志觉,次第互吞之,柱杖而去。"这个佛经故事或者就是《阳羡鹅笼记》之所本。
② "记"为校订者酌补。
③ "如:"校订者酌增。
④ "廓皆尝进,种族形味,不异世中。酒数行,主人谓"数字,原书漏引,校订者酌补。
⑤ "欲"原书误引作"以",校订者酌改。

署甚众,末得一垣,城门楯并,盖图圄也。将廓入中,斜趣一隅,有诸屋宇,骈填衔接,而甚陋弊。次有一屋,见其所生母羊氏在此屋中,容服不佳,甚异平生,见廓惊喜。户边有一人,身面伤瘢,形类甚异,呼廓语,廓惊问其谁,羊氏谓廓曰:"此王夫人,汝不识耶?"王夫人曰:"吾在世时,不信报应,虽复无甚余罪,正坐鞭挞婢仆过苦,故受此罚。亡来楚毒,殆无暂休。今特少时宽隙耳。前唤汝姊来,望以自代,竟无所益,徒为忧聚。"言毕涕泗,王夫人即廓嫡母也。廓姊时亦在其侧。有顷,使人复将廓去,经涉巷陌,闾里整顿,似是民居。末有一宅,竹篱茅屋,见父披被著巾,凭案而坐。廓入门,父扬手遣廓曰:"汝即蒙罢,可速归去,不须来也。"廓跪辞而归,使人送廓至家而去。廓今太子洗马是也。

(据《法苑珠林》卷六五)

余如颜之推之《冤魂志》,侯①白之《旌异记》俱系此类,在此无须多赘了。

可以代表后一派的作者有下列诸人:

刘义庆(403~444)本为长沙竟王第二子,因临川王道规无子,遂以为嗣。永初元年(420)袭封临川王。性简素,寡嗜欲,爱好文义,招聚文学之士,近远毕②至。文帝元嘉二十一年卒,谥曰康王。

义庆撰有《幽明录》三十卷,已佚,但他书多引之,内容大致同前边一些说怪之类的作品差不多。比较值得注意的,还是他那部《世说》。这书原初八卷,梁刘孝标注之,为十卷,见《隋志》。今存者三卷,曰《世说新语》,为宋人晏殊所删并,于注亦小有剪裁。"新语"二字又不知何人所加。内容共分为三十八篇,自"德行"至"仇隙",以类相从,所记自后汉起,至东晋止。其价值在能如实的记录汉魏晋三代人物的言行,所以过去的人不只把它看作小说,就是在历史的考证

---

① "侯"原书误排作"候",校订者酌改。下同不另出校。
② "毕"原书误作"必",校订者酌改。

上,也常常来引用,据为可信的史料。所以那时一般风流名士同英雄俊杰的风度,全赖这部书才得考见一二。鲁迅《小说史略①》中批评它的话,②最为中肯,他说它"记言则玄远冷峻,记行则高简瑰奇,下至谬惑,亦资一笑"。兹引数段,略见风貌③:

  祖士少好财,阮遥集好屐,并恒自经营。同是一累,而未判其得失。人有诣祖,见料视财物。客至,屏当未尽,余两小簏,著背后,倾身障之,意未能平。或有诣阮,见自吹火蜡屐,因叹曰:"未知一生当著几量屐!"神色闲畅。于是胜负始分。(卷中《雅量》篇)

  王太尉云:"郭子玄语议,如悬河写水,注而不竭。"(卷中《赏誉》篇)

  王公目太尉:"岩岩清峙,壁立千仞。"(同上)

  刘伶病酒,渴甚,从妇求酒。妇捐酒毁器,涕泣谏曰:"君饮太过,非摄生之道,必宜断之。"伶曰:"甚善,我不能自禁,唯当祝鬼神自誓断之耳!便可具酒肉。"妇曰:"敬闻命。"供酒肉于神前,请伶祝誓。伶跪而祝曰:"天生刘伶,以酒为名,一饮一斛,五斗解酲。妇人之言,慎不可听!"便引酒进肉,隗然已醉矣。(卷下《任诞篇》)

  王子猷居山阴,夜大雪,眠觉,开室,命酌酒。四望皎然,因起彷徨,咏左思《招隐诗》。忽忆戴安道,时戴在剡,即便夜乘小船就之。经宿方至,造门不前而返。人问其故,王曰:"吾本乘兴而行,兴尽而返,何必见戴?"(同上)

殷芸(471~529)字灌蔬,陈郡长平人。性倜傥,不拘细行,励精勤学,博洽群书。历官昭明太子侍读,通直散骑常侍,秘书监,司徒左

---

① "略"原书误排作"明",校订者酌改。
② 原书此句句首有"所以"二字,校订者酌删。
③ "兹引数段,略见风貌"为校订者酌增。

长史。大同三年卒。灌蔬有《小说》三十卷,至隋仅存十卷。明初尚存,今只见于《续谈助》及《说郛》中。内容多述历史故事,以时代为次第,起于周,而终于南齐。这里选录两段①:

　　孝武未尝见驴,谢太傅问曰:"陛下想其形当何所似?"孝武掩口笑云:"正当似猪。"(《续谈助》四,原注云出《世说》)

　　孔子尝游于山,使子路取水。逢虎于水所,与共战,揽尾得之,内怀中,取水还。问孔子曰:"上士杀虎如之何?"子曰:"上士杀虎持虎头。"又问曰:"中士杀虎如之何?"子曰:"中士杀虎持虎耳。"又问:"下士杀虎如之何?"子曰:"下士杀虎持虎尾。"子路出尾弃之,因忿孔子曰:"夫子知水所有虎,使我取水,是欲死我。"乃怀石盘,欲中孔子,又问:"上士杀人如之何?"子曰:"上士杀人使笔端。"又问曰:"中士杀人如之何?"子曰:"中士杀人用舌端。"又问"下士杀人如之何?"子曰:"下士杀人怀石盘。"子路出而弃之,于是心服。(原本《说郛》二十五,原注云出《冲波传》)

侯白(生卒未详)字君素,魏郡人,举秀才,为儒林郎,好为俳谐杂说,人多爱狎之,所在之处,观者如市。隋高祖闻其名,召令于秘书修国史,后给五品食,月余而死。著有《启颜录》二卷,此书现已不存,《太平广记》中征引甚多,纯系诙谐调笑,时复流于轻薄。如②:

　　晋王戎妻语戎为卿。戎谓曰:"妇那得卿婿?于礼不顺。"答曰:"我亲卿,爱卿,是以卿卿,我不卿卿,谁当卿卿?"戎笑,遂听。(《太平广记》卷二四五)

　　后魏孝文帝时,诸王及贵臣多服石药,皆称"石发"。乃有热者,非富贵者,亦云服石发热,时人多嫌其诈作富贵体。有一人,于市门前卧,宛转称热,因众人竞看,同伴怪之,报曰:"我石发。"

---

① "这里选录两段"为校订者酌增。
② "如"为校订者酌增。

同伴人曰:"君何时服石,今得石发?"曰:"我昨在市得米。米中有石,食之乃今发。"众人大笑。自后少有人称患石发者。(同上,卷二四七)

以上叙本期小说已竟。至对后世之影响,则《冥祥记》之类已开后来长篇劝惩小说之先河,而《世说》实为后来人情小说之权舆,其简洁清隽之笔致,对明清以来之小品实亦予以极大之影响。

第四节 《文心雕龙》与南北朝的文学批评①

中国的文学批评,起源在春秋,不过多是片言只语,无须称述。到了魏晋,曹子桓倡之于先,陆士衡、李宏范等继之于后,从此遂大开批评之风。不过曹、陆的作品太简,宏范的大著不传,所以没有专门②论述的必要。到了齐梁,文风日炽,作者既多,于是批评家遂亦应运而生。如刘勰同钟嵘,他们并不像魏晋那般人一面创作一面还要评骘别人的作品。他们是集中全力于文学本身的研究,同时并予前代作者以价值的批判。他们诗文虽不传于后,③而他两人的杰著《文心雕龙》同《诗品》,简直可说是前无古人而后无来者。所以很值得对他们加以比较详细的论述。此外如萧统同萧绎,他们的见解也有可称道的地方,今一并附之于后。

刘勰(生卒未详)字彦和,东莞莒人。早孤,笃志好学。梁天监中,兼东宫通事舍人。后迁步兵校尉,兼舍人如故。深被昭明太子所爱接,晚年出家,改名慧地,寻卒。

《文心雕龙》原本五十篇(序志),今俱存,但黄侃以中间《隐秀》一篇系后人所伪托。他说:

案此纸亡于元时,则宋时尚得见之,惜少征引者。惟张戒

---

① 此节原题"文学批评",校订者酌改。
② "专门"原书作"专章",校订者酌改。
③ 原书此句句首有"所以"二字,校订者酌删。

《岁寒堂诗话》引刘勰云："情在词外曰隐,状溢目前曰秀。"此真①《隐秀》篇之文。今本既云出于宋刊,何以遗此二言?然则赝迹至斯愈显,不待考索文理而已知之矣。(《文心雕龙札记·隐秀第四十》)

　　此外,黄氏并指出篇中出辞肤浅,用字庸杂,及见于②矛盾之处多端,可知此篇确为后人所补入者。

　　至彦和著此书的动机,大致可分为两点。一是③辅翼圣道,矫正当时浮泛之习——他说:

　　　　齿在踰立,则尝夜梦执丹漆之礼器,随仲尼而南行。旦而寤,乃怡然而喜,大哉!圣人之难见哉,乃小子之垂梦欤!自生人以来,未有如夫子者也。敷赞圣旨,莫若注经,而马郑诸儒,弘之已精,就有深解,未足立家。唯文章之用,实经典枝条,五礼资之以成,六典因之致用,君臣所以炳焕,军国所以昭明,详其本源,莫非经典。而去圣久远,文体解散,辞人爱奇,言贵浮诡,饰羽尚画,文绣鞶帨,离本弥甚,将遂讹滥。盖《周书》论辞,贵乎体要,尼父陈训,恶乎异端,辞训之奥,宜体于要。于是搦笔和墨,乃始论文。(《序志》)

二是不满于前人论文之作,而想独树己见——他说:

　　　　详观近代之论文者多矣,……各照隅陈,鲜观衢路,……魏典密而不周,陈书辩而无当,应论华而疏略,陆赋巧而碎乱,《流别》精而少功,《翰林》浅而寡要。又君山、公干之徒,吉甫、士龙之辈,泛议文意,往往间出,并未能振叶以寻根,观澜而索源。不述先哲之诰,无益后生之虑。(同上)

所以他这部书可以说是集前代批评之大成④,而成为一有组织、有系

---

① "真"字原书漏引,校订者酌补。
② 原书此处一字漫漶不清,疑似"于"字,录以待考。
③ "一是"原书作"1、",校订者酌改。下文"二是"并同此例,不另出校。
④ 原书此处一字漫漶不清,疑似"成"字,录以待考。

统的东西。就内容上来看,大致可分为七类:一①、总论文学的本源——《原道》《征圣》《宗经》《正纬》四篇。二、分论文体(包含文章流别及各体之要旨)——自《辨骚》至《书记》共二十一篇。三、论创作(包含作家的修养与修辞的方法)——自《神思》至《总述》共十八篇。四、论时代、环境、自然、才情与文学的关系——《时序》、《物色》、《才略》三篇。五、论批评——《知音》一篇。六、论文人的品格和器用——《程器》一篇。七、批评宣言——《序志》一篇。

至于立论的标准,完全是就文论文。他说:

> 及其品列成文,有同乎旧谈者,非雷同也,势自不可异也;有异乎前论者,非苟异也,理自不可同也。同之与异,不屑古今,擘肌分理,唯务折衷。按辔文雅之场,环络藻绘之府,亦几乎备矣。(《序志》)

这种平允的态度同折中的见解,从他的《文心》中处处都可以见到,而尤其是对当时文坛上一般人所最注意的情采声律同用事诸问题,更益发可以证见他的自诩并不算得过分。底②下试略讲他对前边诸问题的意见。

一③、情采——彦和所谓情采,实际就是内容与形式。他主张以内容为主,而以形式为副。有了优美的内容,自会有优美的形式。他说:

> 夫铅黛所以饰容,而盼倩生于淑姿。文采所以饰言,而辩丽本于情性。故情者文之经,辞者理之纬。经正而后纬成,理定而后辞畅,此立文之本源也。(《情采》)

所以他极不赞同当时文重形式而忽视内容之习。他又说:

> 昔诗人什篇,为情而造文;辞人赋颂,为文而造情。……故为情者要约而写真,为文者淫丽而烦滥。而后之作者,采滥忽

---

① "一"原书作"1",校订者酌改,以下依次类推,不另出校。
② "底"原书作"低",校订者酌改。
③ "一"原书作"1",校订者酌改,以下依次类推,不另出校。

> 真,远弃风雅,近师辞赋,故体情之制日疏,逐文之篇愈盛。故有志深轩冕,而泛咏皋壤;心缠几务,而虚述人外:真宰弗存,翩其反矣。(同上。)

最后他主张,为文应"设谟以位理,拟地以置心,心定而后结音,理正而后摛藻,使文不灭质,博不溺心,正采耀乎朱蓝,间色屏于红紫"。(同上)能够如此,才能说是"雕琢其章,彬彬君子"。

二、声律——彦和对当时沈约等之提倡声律,是极端赞同的。他说:

> 夫音律所始,本于人声者也。声含宫商,肇有血气。先王因之①,以制乐歌,故知气写人声,声非学(当作效)器者也。(《声律》)

这是从人的生理上来说明音律产生的根源,这不同日本学者本间久雄所谓"在这宇宙里,显然有一个依规则底的时间底间隔而循坏的法则。这法则决定了宇宙间②一切的现象……人体的脉搏,海洋的潮汐……无一不靠着这遍在宇宙间的 rhythem 的作用。……而文学中的律语与律文也就是本着这 rhythem 而产生的"话(《文学概论》)③很有点像吗?底下他又指出文章的声病道:

> 凡声有飞沉,响有双叠。双声隔字而每舛,迭韵杂句而必睽;沉则响发而断,飞则声飏不还;并辘轳交往,逆鳞相比,迕其际会,则往蹇来连,其为疾病,亦文家之吃也。(《声律》)

这比着沈约之论,还要详尽。可知中国诗歌中之产生近体,乃是自然

---

① "之"原书漏引,校订者酌补。
② 校订者按,原书此处漏引了"宇宙间"三字,此据本间久雄《文学概论》(章锡琛译,开明书店1930年3月版)校补。
③ 原书此处有"不是"二字,校订者酌删。按,任访秋先生的意思是说刘勰的话与本间久雄的话很相像,但用了反问语气,则前边既有"不同",后边就用不着"不是"了。

的趋势,绝不是一二文人所能勉①强造出来的。

三、用事——自晋以来,文章排偶之风日盛,于是作者遂竟相用事,其末流几同于书抄。

彦和对于用事,并不十分反对,他说:"属意立文,心与笔谋,才为盟主,学为辅佐。主佐合德,文采必霸;才学褊狭,虽美少功。"(《事类》)不过用事②必须精巧,否则反足为累。他说:

> 是以综学在博,取事贵约,校练务精,捃③理须核……故事得其要,虽小成绩,譬寸辖制轮,尺枢运关也。或微言美事,置于闲散,是缀金翠于足胫,靓粉黛于胸臆也。凡用旧合机,不啻自其口出;引事乘谬,虽千载而为瑕。(《事类》)

从这些地方,都足以看到他立论的态度,是就文论文,无过与不及之病,而是适得其中的。除此以外,当然值得称述的尚多,为篇幅所限,只有从略了。

钟嵘(生卒未详)——字仲伟,颍川长社人。齐永明中,为国子生,建武初,为南康王侍郎。永元末,除司徒行参军,齐亡入梁为会稽守王元简记室。后卒于官。

仲伟生当齐梁,因感于前代之论文者皆就谈文体,而不显优劣,遂著《诗品》三卷,借以"辨彰清浊,掎摭病利"。虽博大而不如《文心》,但能矫然独奇,已非一般论文者所可得而比。至他对文学批评上的贡献,又分为积极同消极两方面。积极的是:

一④、树立历史的批评之基础——《诗品》中论列各家,多谓其源出某人或某体,此种从作品的形式同内容上来探讨诗歌的流派,实是极有意味的事。今就《诗品》中所评论之各家,按他们的⑤渊源,列

---

① "勉"原书误作"免"字,校订者酌改。
② "用事"二字为校订者酌增。
③ "捃"原书误引作"据",校订者酌改。
④ "一"原书作"1",校订者酌改,以下依次类推,不另出校。
⑤ "的"为校订者酌增。

表如次：

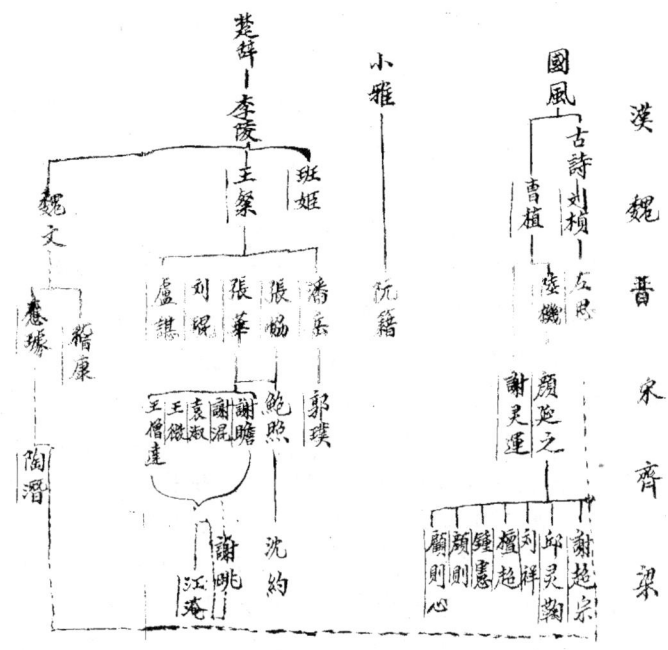

说明：(1) 书中未明言源于某而仅言其关系者用虚线表示。

(2) 数人合叙以括号别之。

这种源流的说明，清代章学诚对他极端的称道，他说："《诗品》深从六艺溯源流别也。论诗论文而知溯流别则可以探源经籍，而进窥天地之纯，古人之大体矣。此意非后世诗话家流所能喻也。"（《文史通义·诗话》）章氏的话不管是否中肯，但这点系仲伟的特见，自是无庸怀疑的。

二、借此批评来指导当时的作者——仲伟极不满于当时一般赶时髦的作者。他说：

> 今之士俗，斯风炽矣。才能胜衣，甫就小学，必甘心而驰骛焉。于是庸音杂体，人各为容。至使膏腴子弟，耻文不逮，终朝点缀，分夜呻吟。独观谓为警策，众睹终沦平钝。次有轻薄之

徒,笑曹、刘为古拙,谓鲍照羲皇上人,谢朓今古独步。而师鲍照,终不及"日中市朝满";学谢朓,劣得"黄鸟度青枝"。徒自弃于高明,无涉于文流矣。(《诗品》序)

所以他才感而著此,把过去作者一百二十人一一给以批评,而分为三品九等,藉示优劣之准则,作为一般作家之南针。

至于消极的是:

一、反对诗歌的说理——他说:

永嘉时,贵黄老,稍尚虚谈。于时篇什,理过其辞,淡乎寡味。爰及江表,微波尚传:孙绰、许询、桓、庾诸公诗,皆平典似《道德论》,建安风力尽矣。(同上)

二、反对诗歌的用事——他说:

夫属辞比事,乃为通谈。若乃经国文符,应资博古;撰德驳奏,宜穷往烈。至乎吟咏情性,亦何贵于用事?"思君如流水",既是即目;"高台多悲风",亦惟所见;"清晨登陇首",羌无故实;"明月照积雪",讵出经史?观古今胜语,多非补假,皆由直寻。颜延、谢庄,尤为繁密,于时化之。故大明、泰始中,文章殆同书抄。近任昉、王元长等,词不贵奇,竞须新事。尔来作者,寖以成俗。遂乃句无虚语,语无虚字,拘挛补纳①,蠹文已甚。(《诗品》中序②)

三、反对诗歌的声律化——他说:

昔曹、刘殆文章之圣,陆、谢为体贰之才。锐精研思,千百年中而不闻宫商之辨、四声之论。或谓前达偶然不见,岂其然乎?尝试言之:古曰诗颂,皆被之金竹③。故非调五音,无以谐会。若"置酒高堂上"、"明月照高楼",为韵之首。故三祖之词,文或

---

① "纳"原书引作"衲",校订者酌改。
② "《诗品》中序"为校订者酌补。
③ "金竹"原书引作"丝竹",校订者酌改。

不工,而韵入歌唱,此重音韵之义也,与世之言宫商异矣。今既不被管弦,亦何取于声律耶?齐有王元长者,尝谓余云:"宫商与二仪俱生,自古词人不知之,唯颜宪子乃云律吕音调,而其实大谬。唯见范晔、谢庄颇识之耳。尝欲进《知音论》,未就。"王元长创其首,谢朓、沈约扬其波。三贤或①贵公子孙,幼有文辩。于是士流景慕,务为精密。襞积细微,专相陵架。故使文多拘忌,伤其真美。余谓文制,本须讽读,不可蹇碍。但令清浊通流,口吻调利,斯为足矣。至平上去入,则余病未能;蜂腰鹤膝,闾里已具。(《诗品》下序②)

这三点可以说正中当时文坛上的流弊。不过据《南史》仲伟本传,说他尝求誉于沈约,约拒之。及约卒,他品古今人诗,对约深致贬抑,借以报约。其实约诗本不能超越时辈,把他放在中品,正适见仲伟之公允。至对声律表示反对,才是从正面的攻击沈约一班③人。这或许不免有点意气用事,因为他对诗歌也是偏重绮丽华贵一类作品的,并不能超乎时代风趋之上。即如把陆机、潘岳放到上品,而竟把陶潜、鲍照放到中品,魏武放到下品,都足证明他囿于俗论,而缺乏卓越的赏鉴力。不过聚百余作家而一一品其高低,当难各得其平。所以我们对《诗品》似乎不应因小疵而弃其大醇也。

萧统(501~531)字德施,梁武帝长子,天监元年(502)立为皇太子,中大通二年,以疾卒,谥曰昭明。昭明个人的诗文虽不大为后人所称道,可是他选的那部《文选》给后来影响倒④是非常的大。他选录前人作品的标准,同他对文学的见解,在他的《序》中说得很明白。

一⑤、文学之由质而华像自然的演进——他说:

---

① 校订者按,"或"字有的版本作"咸"。
② "《诗品》下序"为校订者酌补。
③ "一班"原书作"一般",校订者酌改。
④ "倒"原书作"到",校订者酌改。
⑤ "一"原书作"1",校订者酌改,以下依次类推,不另出校。

若夫椎轮为大辂之始,大辂宁有椎轮之质;增冰为积水所成,积水曾微增冰之凛。何哉?盖踵其事而增华,变其本而加厉。物既有之,文亦宜然。随时变改,难可详悉。

二、分典籍为经、史、子、集四部,选录以集部为准——他说:

若夫姬公之籍,孔父之书,与日月俱悬,鬼神争奥,孝敬之准式,人伦之师友,岂可重以芟夷,加之剪截?老、庄之作,管、孟之流,盖以立意为宗,不以能文为本,今之所撰,又以略诸。若贤人之美辞,忠臣之抗直,谋夫之话,辨士之端,冰释泉涌,金相玉振。所谓坐狙丘,议稷下,仲连之却秦军,食其之下齐国,留侯之发八难,曲逆之吐六奇,盖乃事美一时,语流千载,概见坟籍,旁出子史。若斯之流,又亦繁博。虽传之简牍,而事异篇章,今之所集,亦所不取。至于记事之史,系年之书,所以褒贬是非,纪别异同,方之篇翰,亦已不同。若其赞论之综缉辞采,序述之错比文华,事出于沉思,义归乎翰藻,故与夫篇什,杂而集之。

虽然他这部书分类①丛杂,选择不慎,时羼伪作,甚至于自乱体例而不免于后人訾议(苏东坡、章实斋等),但其篡辑历代宏文,成为一编,示后来学者为文之准的,其功亦自不可没。故自唐代李善、五臣诸家注释之后,竟成专门之学;到了宋代,此书竟为猎取功名之捷径,一时有"文选烂,秀才半"之谚。清代散文分骈俪与古文两派,骈俪一派因奉《文选》为圭臬之故,世人竟称之为"选派",与尊奉八家之桐②城派对峙。所以,他这部书在中国文学史上所处的地位之重要,也就可想而知了。

萧纲(503~551)字世缵,梁武帝第三子,昭明太子之同母弟。昭明卒后,即被立为皇太子。太清三年(550)武帝崩,遂即皇帝位。次年为侯景所弑。谥简文。

---

① 原书此处一字漫漶不清,疑似"类"字,录以待考。
② "桐"原书误排为"相",校订者酌改。

简文的诗虽不免稍失之于轻艳,但他对文学的见解,则不无可取。

一①、着重文学的价值——《答张缵谢示集书》云:

纲少②好文章,于今二十五载矣。窃尝论之,日月参辰,火龙黼黻,尚且著于玄象,章乎人事,而况文辞可止、咏歌可辍乎?"不为壮夫",扬雄实小言破道,"非谓君子",曹植亦小辩破言。论之科刑,罪在不赦。

二、反对模拟——《答湘东王和受试诗书》云:

比见京师文体,懦钝殊常,竞学浮疏,争为阐缓。玄冬修夜,思所不得,既殊比兴,正背风骚。若夫六典三礼,所施则有地,吉凶嘉宾,用之则有所。未闻吟咏情性,反拟《内则》之篇;操笔写志,更摹《酒诰》之作;迟迟春日,翻③学《归藏》;湛湛江水,遂同《大传》。……又时有效谢康乐、裴鸿胪文者,亦颇有惑焉。何者?谢客吐言天拔,出于自然,时有不拘,是其糟粕;裴氏乃是良史之才,了无篇什之美。是为学谢则不屆其精华,但得其冗长;师裴则蔑绝其所长,惟得其所短。

三、反对虚矫——《答徐摛书》云:

观夫全躯具臣,刀笔小吏,未尝识山川之形势,介胄之勤劳,细民之疾苦,风俗之嗜好。高阁之间可来,高门之地徒重,玉馔罗前,黄金在握,浥䜩栗斯,容与自熹,亦复言义轩以来,一人而已。使人见此,良足长叹。

四、主张文章内容不妨放荡——《戒当阳公大心书》云:

立身之道与文章异:立身先须谨重,文章且须放荡。

简文确能实践所言,其诗文虽稍轻艳,而其立身则极谨重,正如《梁

---

① "一"原书作"1",校订者酌改,以下依次类推,不另出校。
② 原书漏引"少"字,校订者酌补。
③ "翻"原书误引作"反",校订者酌改。

书》中所谓:"养德东朝,声被夷夏。洎乎继统,实有人君之懿。"至于身遭不测,乃时势所为,并非咎由自取。

五、主张创作应博览前人篇什——《劝医论》中云:

> 又若为诗,则多须见意,或古或今,或雅或俗,皆须寓目。详其去取,然后丽辞方吐,逸韵乃生。岂有秉笔不讯,而能善诗?塞兑①不谈,而能善义②?扬子云言:"读赋千首,则③能为赋。"

综观简文之见,大致说来,不外在创作的准备上贵乎博览,态度贵乎纵放,内容贵乎独创与真切。这几点虽似乎有点平凡,但就是拿现在的眼光来看,恐怕也只有首肯,而不容轻肆讥弹的吧!

萧绎(508～554)字世诚,武帝第七子。天监十三年(514)封湘东郡王。大宝二年,侯景弑简文帝,立豫章王栋。次年景败,世诚杀豫章王栋,即位江陵(552),承圣三年(554)魏于谨陷江陵,被杀,谥孝元。

我国文学自春秋以来,一向把它与经史混为一谈,至晋才有文笔之分,但涵义为何,并无显明之区别。到了元帝,才给它们各下一清楚的定义。他说:

> 夫子④门徒,转相师受,通圣人之经者谓之儒。屈原、宋玉、枚乘、长卿之徒,止于辞赋,则谓之文。今之儒,博穷子史,但能识其事,不能通其理者,谓之学。至如不便为诗如阎纂,善为章奏如伯松,若此⑤之流,泛谓之笔。吟咏风谣、流连哀思者,谓之文。……笔退则非谓成篇,进则不云取义,神其巧惠,笔端而已。至如文者,惟须绮縠纷披,宫徵靡曼,唇吻遒会,情灵摇荡。(《金楼子·立言篇》)

---

① "塞兑"原书引作"塞克",校订者酌改。
② 校订者按,"义"一本作"易"。
③ "则"原书引作"乃",校订者酌改。
④ "夫子"原书误引作"今之",校订者酌改。
⑤ "此"原书引作"是",校订者酌改。

这里所说的"笔",也就是指那普通应用的文字,而"文"才是现在我们所说的文学。要把它这定义译成现在的话来说,就是作品必须:(一)表现情感,(二)辞采华丽,(三)声调铿锵,(四)感动读者,才配称为文学。在含义上,虽然未免有点稍失之于狭,但较之先秦两汉把一切学术都归到文学的圈子里,要算进步得多了。

南朝的文学批评大致已略如上述,刘、钟、萧五家的主张,虽不无歧异之点,但大体总是重文而轻质的。所以他们的影响,自然是使一般作者都竞趋于雕绘粉饰,末流当不免于矫揉造作,轻艳浮靡。

于是北方学者,如苏绰、李谔等,或在写作上,或在理论上,都表示着极端的反对。(详情①已见前)这时从南朝而流寓到北朝的作家颜之推,于是就提出一种折衷论。

颜之推(事迹详前),他对文学的见解俱见于《颜氏家训·文章篇》。他对于音调、对偶以及用事诸问题的见解,都是持的折衷的态度。他说:

> 今世相承,趋末弃本,率多浮艳。辞与理竞,辞胜而理伏;事与才争,事繁而才损。放逸者流宕而忘归,穿凿者补缀而不足。时俗如此,安能独违?但务去泰去甚耳②。必有盛才重誉,改革体裁者,实吾所希。

> 古人之文,宏材逸气,体度风格,去今实远。但缉缀疏朴,未为密致尔。今世音律谐靡,章句偶对,讳避精详,贤于往昔多矣。宜以古之制裁为本,今之辞调为末,并须两存,不可偏弃也。

> 沈隐侯曰:"文章当从三易:易见事,一也;易识字,二也;易读诵,三也。"邢子才常曰:"沈侯文章,用事不使人觉,若胸臆语也。"深以此服之。祖孝徵亦尝谓吾曰:"沈诗云:'崖倾护石髓。'此岂似用事邪?"

---

① "情"为校订者酌增。
② "耳"原书引作"尔",校订者酌改。

他对当时所崇尚之辞调,只主张去泰去甚,打算"以古之制裁为本,今之辞调为末",而转移当时的风气。这在散文上,对后世虽没多大的影响,但在诗歌上,实开①了唐代的先声。

第五节　余论——南北朝文学的由分趋合②

根据前边的论述,很分明的可以看出南朝文学之盛,非北朝所能及。同时在风格上,它们又迥然不同。其所以然的原因,现在似乎有加以更深一层的探讨的必要。

南朝文学之所以特盛,从历史上看,不外由于:

一、帝王的提倡——宋之武帝(《齐书·王俭传》)、明帝(《宋书·明帝纪》)、临川王义庆(《宋书》本传)、齐之高帝(《文心雕龙·时序篇》)、竟陵王子良(《齐书》本传)、梁之武帝(《梁书·武帝纪》、《文学传论》)、昭明太子(《梁书》本传)、简文帝(《南史·简文纪》)、元帝(《南史·元帝纪》)、陈之文帝(《陈书·世祖纪》)、后主《陈书·后主纪论》)等,都不仅个人长于写作,而且喜奖掖文士,以文学为天下倡。上有好者,下必有甚焉者矣。于是就同钟记室所说的:"今之士俗,斯风炽矣,才能胜衣,甫就小学,必甘心而驰骛焉。"(《诗品序》)

二、文学之脱离经史而独立——南朝宋文帝时,于儒学、玄学、史学三馆外,别立文学馆(《宋书》本纪),使司徒参军谢元掌之(《南史·雷次宗传》),明帝立总明观,分儒、道、文、史、阴阳,为五部(《宋书》本纪)。这都是当时人认识文学,而且看重文学的最好证据。此后更进而把作品分作文与笔,时人又多重文而轻笔(《梁书·任昉传》、元帝《金楼子·立言篇》)。于是文学的涵义益明,而文学的地位亦益高。

三、环境的优越——环境可分为自然同政治两类。自然方面,

---

① "开"原书作"树",校订者酌改。
② 此节原题"余论","南北朝文学的由分趋合"为校订者酌增。

南朝地处东南,物产丰富,所以家给人足,生活优裕,故能致力于文学,加以山水明秀,处处予人以启发,谢客、玄晖之诗,实由江山之助。至于政治,南朝虽半壁河山,但尚能偷安一隅,朝代虽屡有更替,但多由于庸主在位,权臣篡窃,故少兵革之祸。所以文士得以优游闲散,从事创作。

至于北朝则恰恰与此相反。帝王多系胡虏,出身卑微,素乏文学之修养,即令有一二明哲之君,但多重儒术而轻文学。这本无足怪,北方气候寒冷,土地硗瘠,生活艰苦,故民性多重实用,对吟咏性情无俾实际之文学,自然不甚措意。加以兵革屡兴,不遑宁处,所以李延寿《北史·文苑传序》中说:

> 既而中州板荡,戎狄交侵,僭伪相属,生灵涂炭,故文章黜焉。其能潜思于战争之间,挥翰于锋镝之下,亦有时而间出矣。……然皆迫于仓卒,牵于战阵,章奏符檄,则粲然可观,体物缘情,则寂寥于世。非其才有优劣,时运然也。

这的确是有见之言。

其次,就风格而论,南朝文学的特色在内容上:

一、儿女之情——宋之汤惠休、鲍照,梁之简文帝、徐摛,陈之徐陵、庾信、后主、江总,乃①其尤著者。此类作品追溯其源,实由于民歌之影响。按晋宋民歌,有《碧玉歌》、《子夜歌》、《华山畿》、《懊恼侬》等,都艳冶动人。后之文士多模仿之。《南史·颜延之传》:"颜之每薄汤惠休诗,谓②人曰:'惠体制作,委巷中歌谣耳。'"这是极好的证据。

二、写景咏物——宋之谢灵运、齐之谢朓,都以善于写景著称;咏物之风,更为普遍,所有作者无不有此类作品。前者是受老庄返回自然的影响,后者是受魏晋文人的影响。《文心雕龙·明诗》篇云:

---

① "乃"为校订者酌增。
② "谓"原书误引作"诗",校订者酌改。

宋初文咏，体有因革。庄老告退，而山水方滋。俪采百字之偶，争价一句之奇。情必极貌以写物，辞必穷力而追新。此近世之所竞也。

在形式上，南朝文学也有鲜明的特色①：

一、绮丽——《南齐书·文学传论》所谓"启心闲绎，托辞华旷，虽存巧绮，终致迂回"者是也。其原因乃系自太康以来，唯美主义所主张的重文轻质的结果。

二、对偶——中国文字本易流于对偶，故自西汉中叶以后，此风渐盛，到了齐梁因声律说的发明，无形中给对偶加上一层学理上的根据。自此遂由自然的而进为做作的，遂使"文多拘忌，伤其真美"。

三、用事——此风始于宋之颜延之，后渐以成俗，各体文章，均以用事为贵。其原因多半由于注重对偶之故。因欲求对偶之工丽，自不能不求之于古事。《齐书·文学传论》中云：

次则辑事比类，非对不发。博物可嘉，职成拘制。或全借古语，用申今情。崎岖牵引，直为偶说。唯睹事例，颇失精采。

这很可以说明用事与对偶的关系。所以要让一般骈文家不准用事，恐怕就是天才极高的，也不免要为之束手吧。也因此②要反对用事，必自反对排偶始。

最后，说到北朝文学的风格，也恰巧同南朝相反。它的风格③第一是刚健，第二是朴实。固然南朝的作者如庾信、王褒晚年都羁居北朝，给北朝文学曾染上不少南朝的色彩，但它的本质并没失去。直至隋朝统一南北，于是以北朝的气质，加上南朝的词采，就产生出像杨处道《山斋独坐赠薛内史》④等一类的作品，而作了有唐一代文学的先驱。

---

① "南朝文学也有鲜明的特色"为校订者酌增。
② "也因此"原书作"所以"，与上句犯重，校订者酌改。
③ "它的风格"为校订者酌增。
④ "《山斋独坐赠薛内史》"为校订者酌增。

第四编　唐代文学①

第一章　唐史与唐诗之概观②

第一节　唐诗的历史背景③

有唐一代的政治,可以"安史之乱"为盛衰的最大关键,"安史之乱"以前,是由乱而渐趋于治的时期,自"安史之乱"兴,是由治而复归于乱的时期,从此中央渐渐削弱,藩镇日益跋扈,结果终至于灭亡。现即依此而略述唐之盛衰如下:

西历617年(隋大业十三年)李渊起兵于太原,次年克长安,奉代王侑为帝,自为大丞相,封唐王,同年三月,炀帝被弑于江都,五月渊称帝,隋亡。自此渊又先后剪灭薛举、李轨、李密、王世充、刘武周、范君璋、刘季真、萧铣、林士宏、高开道、刘黑闼、徐圆朗……等并世崛起的群雄,遂奠定唐代大一统之基业。

626年渊禅位于次子世民,就是后世所称道的唐太宗。他本英武

---

① 原书作"第二章　唐",未分编,校订者酌改。
② 本章由原书"第二章　唐"的第一节及第二节的开头一小节构成,章题为校订者酌拟。
③ 此节原题"历史的背景",校订者酌改。

有大略，当初渊之起师，全赖他的怂恿，以后之平定天下，也以他的战功为最多。自他即位以后，益发的励精图治，对内集中人才，澄清吏治；对外征服四夷，开拓版图，所以贞观之治，为唐代政治上最光荣之一页。以后历高宗、中宗以至于玄宗，大抵都是守成之主，中间虽经过一些小小波折，但多无关全局，这样的休养生息，所以当安禄山在范阳起兵的时候，两京仓库尚且盈溢，莫可名状（《旧唐书·食货志》）。像这样的平治与殷富，很易使人变为骄矜与奢侈，所以玄宗在早年还能任贤使能，锐意求治，故开元之政尚能比隆贞观。但玄宗①在晚年渐趋怠荒，因为宠爱女色，任用非人，遂酿成渔阳之变。

安史之乱（755～761）不仅为祸于玄宗之世，即唐代之亡，其因实亦肇于此。按，唐亡由于藩镇之跋扈，而藩镇之据地自雄，实作俑于安禄山。赵瓯北《廿二史札记》中云：

> 安禄山以节度使起兵，几覆天下。及安史既平，武夫战将，以功起行阵为侯王者，皆除节度使，大者连州十数，小者犹兼三四，所属文武官，悉自置署，未尝请命于朝，力大势盛，遂成尾大不掉之势。或父死子握其兵，而不肯代；或取舍由于士卒，往往自择将吏，号为留后，以邀命于朝，天子力不能制，则含羞忍耻，因而抚之。姑息愈②甚，方镇愈骄，其始为朝廷患者，只河朔三镇，其后淄、青、淮、蔡无不据地倔强，甚至同华逼近京邑，而周智先以之反，泽潞亦连畿甸，而卢从史、刘稹等以之叛。迨至末年，天下尽划分裂于方镇，而朱全忠遂以梁兵移唐祚矣。推原祸始，皆由於节度使掌兵民之权故也。③

我们试就历史的记载上看来，瓯北的话，一点也不错。自玄宗以后，历肃、代、德、顺、宪、穆、敬、文、武、宣、懿、僖、昭十三个皇帝，可以说

---

① "玄宗"为校订者酌增。
② "愈"原书误引作"念"，校订者酌改。
③ "推原祸始，皆由於节度使掌兵民之权故也"一句，为校订者补引。

没一代没有强悍的藩镇在作祸的,最利害①的,有时皇帝竟为逃避他们,不得不离去京都。像代宗之奔陕州,德宗之奔奉天及梁州,僖宗之奔成都、凤翔及梁州,昭宗之奔华州及凤②翔,真是不一而足,至于昭宗与哀帝,竟至为朱全忠所弑。至907年全忠称帝,于是唐室便亡了。

至于社会经济方面,自天宝大乱以后,人民流离,军用繁兴。《廿二史札记》中云:

> 贞观时,斗米三钱(《魏征传》)。玄宗东封泰③山之岁,东郡米斗十钱④,青齐米斗五钱(《本纪》)。自安史之乱,兵役不息,田土荒芜,兼有摊户之弊,如李渤疏所言"渭南县长源乡本有四百户,今才百户。阌乡县本有三千户,今才千户,由于均摊逃户,十家之内,五家逃亡,即令未逃之五家均摊其税,如石投井,不到底不止"(《渤传》⑤)。是以逃亡愈多,耕种愈少。代宗永泰元年,京师米斗一千四百(《本纪》),籨甸接穗,以供宫厨(《刘晏传》),至麦熟后,市有醉人,已诧为祥瑞,较贞观、开元时,几至数十百倍。读史者于此,可以观世变也。

由此可知天宝以后,人民生计日趋困窘,一直到唐亡,从未曾有一天恢复到像天宝以前那样的富庶过。政治经济既然有着如许大的变化,那么作为反映社会真象⑥的文学,在天宝以前同天宝以后的,不⑦管是内容同外形,都显然的有着截然的不同。

---

① "利害"通"厉害"。校订者按,现代作家、学者常常在"厉害"的意义上用"利害"。
② "凤"原书误作"奉",校订者酌改。
③ "泰"原书误引作"太",校订者酌改。
④ "钱"原书误引作"千",校订者酌改。
⑤ 原书漏引"《渤传》",校订者酌补。
⑥ 校订者按,"真象"今通作"真相"。
⑦ "不"原书作"无",校订者酌改。

第二节　唐诗的繁荣及其分期问题①

　　自来谈中国文学的,一提到诗歌,没有不盛称唐诗的。本来诗不产生于唐代,稍前的魏晋六朝,稍后的宋元都有着不少的作家,而且更有着不少的诗篇留传下来,但为什么一般人都乐得去夸赞唐诗呢?这在我们只要能稍微考索一下之后,马上就会恍然于这种评断是一点也不错的,底下我试略说一说唐诗之所以为唐诗的地方。

　　一②、诗人之多与诗篇之富——唐以前的历代君主,固不乏爱好文学之辈,但这只不过是奖励少数的作者,并不能驱天下之人而共走向此一途;到唐玄宗时开始拿诗赋来取士,从此一般士子只要是打算显达的,就不得不在这方面下点功夫。《文献③通考·选举考》里说:

　　　　天宝十三载御勤政楼,试四科举人,其词藻宏丽,问策外更试诗赋,各一道,制举试诗赋,自此始。

中间④虽有变动,但没有停多长时候,就又恢复了原来的办法。《唐书·选举志》里说:

　　　　先是进士试诗赋及时务策五道,……建中二年(781年)中书舍人赵赞权知贡举,乃以箴、论、表、赞代诗赋,……太和八年(834年)礼部复罢进士议论而试诗赋。

一切事情就怕没人来作,只要从事的人多,自然会有着极卓越的成绩出现。我们试看宋代计有功的《唐诗纪事》,它⑤里边列举的诗人,有一千零五十家,但是还不过是一部分,到了清代康熙时,由政府方面所辑的《全唐诗》,里边的诗人竟达到两千二百家的数目,比着《纪

---

① 　此节标题为校订者酌增。
② 　"一"原书作"1",校订者酌改。以下类推不另出校。
③ 　"文献"二字为整理者酌补。
④ 　原书此处有一"维"字,当是"虽"之误衍,校订者酌删。
⑤ 　"它"原书作"他",校订者酌改。

事》增出一倍来,诗篇也多至四万八千九百余首,(《全唐诗·序》)这恐怕不是任何朝代所能赶上的吧。

二、体裁之完备——在唐以前只有古诗,到了齐梁虽有新体诗的产生,但只不过是律诗的滥觞,格律尚未臻于完密,直至唐初,历四杰以达沈宋,于是近体的格律才算确定。可是虽有近体,古体并不因之而废。到了开元天宝这个时候,忽然产生了两位天才的诗人。一个是李白,他承继汉魏形成他的豪放雄丽的古体,其次是杜甫,他沿袭齐梁,所作近体妥贴缜密,为后世诗家不祧之宗。

三、内容之弘博——唐诗内容,极为弘博。有歌咏自然的,像王维、孟浩然等;有描写边塞的,像岑参、高适等;有称述民间疾苦的像杜甫、白居易等。其余所谓恋爱、所谓神仙,也都有不少的作者以它①们为题材。所以诗在唐代,可以说所有的人间相,没有不可以拿来歌咏的。

就光从以上几点来看,唐代之所以被称为②中国诗歌的黄金时代,自是极正确的。

我们既然明白唐诗的重要,其次再略谈谈关于它的分期问题。历来给唐诗来划分时期的,最初当推宋代的严羽。他把唐诗分为三个时期,即初、盛、晚。不过他并不以他这样分法为完全适合,他曾说:"盛唐人诗,亦有一二滥觞晚唐者,晚唐人诗,亦有一二可入盛唐者。"(《沧浪诗话》)到了明初的高棅选在他的《唐诗品汇》中才决然的把唐诗分为四个时期。他说:

有唐三百年诗,众体备矣,故有往体、近体、长短篇、五七言律句、绝句等制,莫不兴于始、成于中,流于变而陊③之于终。至

---

① "它"原书作"他",校订者酌改。
② "为"原书作"谓",校订者酌改。
③ "陊"原书误引作"移",校订者酌改。

于声律、兴象、文词、理致,各有品格高下之不同。① 略而②言之,则有初唐、盛唐、中唐、晚唐之不同③。

底④下他还详述各期的代表作家,他们各个人所具有的特殊风格,因文稍长,不俱引。自此四期之说,就成为谈唐诗者的口实,不过后来反对此说的也颇不乏人,即如明代的王世懋同钱谦益,清代的阎百诗,或从风格上,或从诗人生卒的先后上,来驳斥其非。但旧说的势力极大,直到近代一般治文学史者,遂多半因袭之而不肯变,至于真正能从⑤时代上来论唐诗的转变的,要首推胡适之先生了。他说:

  八世纪中叶(755)安禄山造反。当时国中久享太平之福,对于这次大乱,丝毫没有准备。故安禄山、史思明的叛乱,不久便蔓延北中国,两京陷落,唐朝的社稷几乎推翻了。后来还是借了外族的兵力,才把这次叛乱平定。然而中央政府的威权终不能完全恢复了,贞观开元的盛世,终不回来了。

  这次大乱来的突兀,惊醒了一些人的太平迷梦,有些人仍旧过他们的狂醉高歌的生活,有些人遂抢着贡谀献媚,做他们的《灵武受命颂》、《凤翔出师颂》,但有些人却觉悟了,变严肃了,变认真了,变深沉了。这里面固然有个性情上的根本不同,不能一概说是时势的影响,但我们看天宝以后的文学新趋势,不能不承认时势的变迁,同文学潮流,有很密切的关系。

  ……

  向来论唐诗的人,都不曾明白这个重要的区别。他们只会拢统地夸说盛唐,却不知道开元天宝的诗人与天宝以后的诗人,

---

① 此句原书引作:"品格各有不同",校订者酌补。
② "而"原书引作"为",校订者酌改。
③ "不同"原书引作"殊",校订者酌改。按,作"殊"亦通,任访秋先生的引文或据别的本子。
④ "底"原书作"低",校订者酌改。
⑤ "从"为校订者酌加。

有根本上的大不同。开元天宝是盛世,是太平世,故这个时代的文学,只是歌舞升平的文学,内容是浪漫的,意境是做作的,八世纪中叶以后的社会是个乱杂的社会,故这个时代的文学,是呼号愁苦的文学,是痛定思痛的文学,内容是写实的,意境是真实的。(《白话文学史》第一四章)

这样的看法是最对不过的了,所以稍后的陆、冯二人合著的《诗史》,就是依照此说而分为李白时代与杜甫时代。笔者是赞同胡、陆两先生的见解的,所以在下边把唐诗分为前后两个时期来叙述。

第二章 唐诗的前期①

从唐高祖武德初,到唐玄宗的天宝初,中间约历一百三十余年。这是一个太平时代,社会既安定,人民生活自然也就优裕,所以一般文人大可以优哉游哉的来过他们的创作生活。不过这时在文坛上正是南北两派的文学融合的当儿,因此在风格上也就极不一致:有的承齐梁之遗风,而愈趋于雕饰化、规律化,四杰、沈宋可为代表;有的受北方英雄文学的影响,来想像着边塞的从军生活,而故作大言壮语,岑参、高适等可为代表;还有不满于六朝文章的绮丽,而极力提倡复古的,陈子昂、张九龄等可为代表;另外还有倾慕陶、谢而专来歌咏自然之美的,王维、孟浩然等可为代表,就中尤以李白能兼擅各派之长,简直可作为这期的总代表。今依次分述于后。

第一节 四杰、沈宋与律诗之完成

《新②唐书·文艺传》云:"唐有天下三百年,文章无虑三变。高

---

① 此章是原书第二章第二节"诗"的前半节,原题"前期",校订者酌改。以下甲乙丙丁戊各小节依次改为节。

② "新"为校订者酌补。

祖、太宗，大难始夷，沿江左余风，缃句绘章，揣合低卬，故王（勃）、杨（炯）为之伯。"可知唐初文章风气之所趋。本来在齐梁时已有新体诗的产生，而所谓新体诗，不外是讲求对仗，注意声病，但以为期太暂，结果只不过略具雏形，至于真正所谓格律完整的近体，就不能不有待于唐初诸人之继续推进了。

王勃（650～678）字子安，绛州龙门人，六岁善文辞，九岁得颜师古所注《汉书》，读后即为《指瑕》以擿①其谬。麟德初（664）刘祥②道巡行关内，他上书自陈，遂为祥道所推荐，对策高第，年未及冠，即授朝散郎。后为沛王府修撰，因为文戏檄英王鸡，被斥出府。未几补③虢州参军，恃才傲物，深为同辈所不喜。不巧官奴王达以罪匿他家中，他怕事泄，于己不利，遂杀之。后事觉当诛，会赦得免。他的父亲福畤本为雍州司功参军，因受他的带累，竟左迁交址，他因往省，度海溺水，痒而卒，年二十九。

杨炯（650～700）华阴人，举神童，授校书郎，永隆初（681）充崇文馆学士，后迁詹事司直。④旋以从父弟神让参与徐敬业之乱，出为梓州司法参军，迁盈川令，卒于官。在那时经已经有了四杰之称，他听说，就对人道："吾愧在卢前，耻居王后。"有《盈川集》三十卷。

卢照邻（650～690）字升之，范阳人，初为邓王府典签⑤，颇受赏识，王对人道："此吾之相如。"调新都⑥尉，以病去官，从此潦倒坎坷，曾住过太白山东龙门山，这时他不但遭际不偶，而且足挛，一手又废，

---

① 校订者按，"擿"原书误排作"摘"，此据《新唐书》本传改。
② 校订者按，"祥"原书误排作"绎"，此据《新唐书》本传改。
③ "补"为校订者酌补。
④ "后迁詹事司直"，原书作"后为中书侍郎薛元超所荐，迁詹事司直"，但据《新唐书》则薛元超所荐之职乃是"崇文馆学士"而非"詹事司直"，校订者酌删。
⑤ "签（籖）"原书误，校订者酌改。
⑥ "都"原书误作"度"，校订者酌改。

简直成了一个残疾者了。所以最后就只有在具茨山下买园数十亩，疏颍水周舍，下豫为墓，偃卧其中。又尝以当高祖时尚吏，己独儒，武后尚法，己独黄老，后封嵩山，屡聘贤士，己已废，著《五悲文》以自明。后病久不愈，遂与亲属诀，投颍水自杀。

骆宾王（650～684）义乌人，七岁能赋诗，初为道王府属，历官至长安主簿。武后时数上疏言事，下除临海丞，鞅鞅不得志，弃官去。徐敬业乱，署宾王为府属，为敬业传檄天下，斥武后罪，后读但嬉笑，至"一抔之土未干，六尺之孤安在？"矍然道："谁为之？"或以宾王对。后道："宰相安得失此人？"及敬业败，宾王亡命，不知所终，中宗时诏求其文，得数百篇。

四杰在诗①歌上的贡献最重要者为：

一、五律的成立——在齐梁的时候固然有许多新体诗近似律诗，但并未完成。直到四杰，才算产生了真正的五律。即如骆宾王的《在狱咏②蝉》：

　　西陆蝉声唱，南冠客思侵。那堪玄鬓影，来对白头吟。
　　露重飞难进，风多响易沉。无人信高洁，谁为表予心？

又如杨炯的《从军行》：

　　烽火照西京，心中自不平。牙璋辞凤阙，铁骑绕龙城。
　　雪暗凋旗画，风多杂鼓声。宁为百夫长，胜作一书生。

五律在四杰的作品中占的数量极多，而且格律也极严，这不能说不是他们共有的特色。

二、七古的成立——七言诗的产生，原比五言为晚。它③最初还是出现于乐府，如曹丕的《燕歌行》同鲍照的《拟行路难》之类。到了四杰，除了杨炯其余都曾作出大量的七言诗来，如王勃的《采莲

---

① 原书此处疑似漏排了"四杰在诗"四字，校订者酌补。
② 校订者按，"咏"原书作"闻"，当是据别一版本，此从通用。
③ "它"原书作"他"，校订者酌改。

曲》、《滕王阁》,卢照邻的《长安古意》、《失群雁》,骆宾王的《艳情代郭氏答卢照邻》等,都是很好的例证。不过过去之论四杰者,多注意他们的同点,很少注意到他们的异点的。我觉得四杰的寿命固然都很短,他们的作品都难免华而不实之讥,但毕竟他们的个性不同,遭际更不同,因之表现在作品中自然就不能说没有些须的差异。王的风格,近于婉媚,不但是他那长篇的《采莲曲》是如此,即如短篇的《寒夜思友》(三首)、《别人》(四首)等,也一样的具有这种情致:

> 云间征思断,月下归愁切。鸿雁西南飞,如何故人别。
> 朝朝翠山下,夜夜苍江曲。复此遥相思,清尊湛芳绿。
> (《寒夜思友三首》录二)

至于杨同骆都有点豪放与壮丽,似乎已经作了岑(参)、高(适)等咏歌边塞与战争的先导。杨的《战城南》《途中》与骆的《军中行路难》、《边城落日》都可以代表这种趋势。

战城南(杨炯)

> 塞北途辽远,城南战苦辛。幡旗如鸟翼,甲胄似鱼鳞。
> 冻水寒伤马,悲风愁杀人。寸心明白日,千里暗黄尘①。

军中行路难(骆宾王)

> 君不见玉关尘色暗边亭,铜鞮杂虏寇②长城。天子按剑征馀勇,将军受服事横行。七德龙韬开玉帐,千里鼍鼓叠金钲。阴山苦雾埋高垒,交河孤月照连营。连营去去无穷极,拥旆遥遥过绝国。阵云朝结晦天山,寒沙夕涨迷疏勒。龙鳞水上开鱼贯,马首山前振雕翼。长驱万里誓祁连,分麾三命武功宣。百发乌号遥碎柳,七尽龙文回照莲。……

---

① "尘"原书误引作"昏",校订者酌改。
② "寇"原书误排作"冠",校订者酌改。

最后该论到卢照邻了,他早年也写了一些艳丽的篇子,像《长安古意》之类,但到后来坎坷潦倒,也不无凄怆感慨之作。就像他那篇《于时春也慨然有江湖之思寄赠柳九陇》一诗中的:

  水去东南地,气凝西北天。关山悲蜀道,花鸟忆秦川。
  天子何时问,公卿本亦怜。自哀还自乐,归薮复归田。

诸句最足表示他那种病废不用,无可奈何的叹息。

  四杰的作品平心而论,总不免有点文过于质,但自有他们独到之处,不应一笔抹煞。唐代中叶似乎颇有一些攻击他们的人,所以工部就有"王杨卢骆当时体,轻薄为文哂未休,尔曹身与名俱灭,不废江河万古流"(《戏为六绝》)这样的诗,来替他们鸣不平。

  沈佺期(656~713)字云卿,相州内黄人。擢进士及第,长安中(702)累迁通事舍人,预修《三教殊英》,转考功郎给事中,坐交张易之,流驩州,稍迁台州录事参军。神龙中召见,拜起居郎修文馆直学士,历中书舍人,太子少詹事,开元初卒。

  宋之问(656?~712)字廷清,汾州人。武后时与杨炯分直习艺馆,累转尚书监丞左奉宸,内侍奉,时张易之最为后所宠幸,他同沈佺期等都竭力来交巴结张易之,及易之败,贬泷州,不久逃归洛阳,借讦发友人密事,得擢鸿胪主簿,后历官考功员外郎、越州长史。睿宗立,因他猾险盈恶,诏流钦州,旋赐死。

  我们从《唐书》来看沈、宋两人的行事,都极其卑鄙,其热衷势力,谄媚权奸,同潘安仁颇有点像。尤其是之问,《唐书》中说他"至为易之奉溺器",这同安仁之对贾谧竟至望尘而拜,可以说有过之而无不及,结果终于不得其死。至于他们的作品,除了那些应制的篇子毫不足取外,就是剩下那些抒情的,也算不得是一流的佳作。不过七言律绝到他们手里才算达到完成的境地,那么就诗体的演进的历程上看,似乎不应该轻忽了他们。《新①唐书·文艺传》中说:

---

① "新"为校订者酌补。

魏建安中迄江左,诗律屡变,至沈约、庾信,以音韵相婉附,属对精密。及之问、沈佺期,又加靡丽,回忌声病,约句准篇,如锦绣成文,学者宗之,号为沈宋,语曰:"苏李居前,沈宋比肩"。底下把他们二人的七言律绝各录一首以见一斑。

古意呈补阙乔知之(沈佺期)

卢家少妇郁金堂,海燕双栖玳瑁梁。九月寒砧催木叶,十年征戍忆辽阳。

白狼河北音书断,丹凤城南秋夜长。谁为含愁①独不见,更教明月照流黄。

夜宴安乐公主宅(沈佺期)

濯龙门外主家亲,鸣凤楼中天上人。自有金杯迎②甲夜,还将绮席代阳春。

和赵员外桂阳桥遇佳人(宋之问)

江雨朝飞洒细尘,阳桥花柳不胜春。金鞍白马来从赵,玉面红妆本姓秦。

妒女犹怜镜中发,侍儿堪感路傍人。荡舟为乐非吾事,自叹空闺梦寐频。

苑中遇雪应制(宋之问)

紫禁仙舆诘旦来,青旗遥倚望春台。不知庭霰今朝落,疑是林花昨夜开。

我们试看中国诗歌中的近体,从五世纪末叶产生,但只不过仅限于五

---

① "谁为含愁"原书误排作"谁谓寒愁",校订者酌改。
② "迎"原书误引作"应",校订者酌改。

言,而且格律上也只有绝句算是已经成立;以后历六世纪,似乎无怎样的进展,直到七世纪先之以四杰,而五言律完成,继之以沈宋而七言律绝完成,从此中国诗歌的体裁才算无美不备。这只等大时代的来到,与天才作者的出现,就会自然而然产生出伟大的作品来。

第二节 歌咏自然的诗人(一):
王维、孟浩然、储光羲等①

咏歌自然的诗歌,与道佛的思想实在有着极密切的关系。中国的诗歌在魏晋以前,还没有产生出有意识来歌咏自然的篇什。到了魏晋以后,因为社会环境的恶劣,与道佛思想的勃兴,于是士大夫为的要"苟全性命于乱世",就产生出陶渊明与谢灵运两位伟大的诗人。不过陶的修养较深,人格亦高,所以他的作品极其朴质而自然。至于谢呢?虽然也一样的来描写自然,但因过于求工,结果反不免于做作。自此之后,在中国诗史中无形就树下歌咏自然的派。在这派中又可分为田园和山林两种。前者是咏歌田家的生活,所谓自然也不过是作者描绘生活时的背景而已。后者是歌咏个人隐居的生活,但常常有专一刻画自然的篇什。本来中国的文人自来就有入世与出世的两派。入世的自然是处处关心国计民生啦,至于出世的大半都是以道佛思想为主,以守命安命自足,而鄙弃世人之汲汲皇皇为利禄而奔驰。不过出世也有真假之分。真的一派,他们的确是看穿了人生,而自己甘心长为农夫以殁世,他们的胸怀是冲淡的,他们的生活是悠闲的,所以他们的作品才是真正自然的。陶渊明的诗就是这一派。至于所谓假的,大都是热衷于名利,但是宦途坎坷,于是故而隐居,以自鸣高。他们并不是真个爱好自然,又不是实在忘情利禄,所以他们

---

① 校订者按,此节原题"歌咏自然的诗人",下边又按诗人分 A、B、C、D 等小节叙述,层次过繁,现标题改以王维、孟浩然、储光羲为代表,删除 A、B、C、D 等。下同此例,不再说明。

的作品常常是"心缠机务,而虚言人外",实在是不自然的。谢灵运①就属于此派。到了唐代,颇有不少的作者来追迹陶、谢,前期的如王绩、孟浩然、王维、储光羲、祖咏都是。不过天分有巧拙,造诣有深浅,因之成绩自然也就极其不同。今依次分述之。

王绩(584?~644)字无功(以"有道于己无功于时"也),太原祁人。性好学,博闻强记,阴阳历数之术,无不洞晓。隋大业末(615?)应孝悌廉洁,举射高第,除秘书正字。但他性情简傲,喜欢吃酒,能饮数十斗不醉。又善鼓琴,作《山水操》,颇为知音所赏。及做官后,不堪拘束,遂以疾去,乞署外职,除扬州六和县丞。因纵酒,屡被勘劾,遂自托风疾,轻舟夜遁。隋亡,退归乡里。唐武德中(621?)征为待诏门下省,贞观初(627),因足疾罢归。后以家贫赴选,时太乐署②有府史焦革家善酿酒,遂力求为太乐丞。及焦革死,乃挂冠归田,从此不再仕。常葛巾联牛,躬耕东皋。晚年益纵饮无节,人或劝之,就笑道:"汝辈不解,理正当然。"或乘牛驾驱,出入郊郭,夜宿酒店,动经岁月。平时常喜题咏,颇为好事者所传诵。贞观十八年卒。

无功的思想纯属老庄一派。他在《游北山赋》中道:

> 已矣哉,世事自此而可见,又何为乎惘惘?弃卜筮而不占,余将纵心而常往。任物孤游,遗情直上。觉老释之言繁,恨文宣之技痒。彼事业之迁斥,岂明神之宰掌。物无待而成章,生有资而必养。嗟大道之泯没,见人情之委枉。礼费日于千仪,曷劳心于万象。审机事之不息,知浇园之寝长。鸟何事而婴罗?鱼何为而在网?生物诡隔,精灵惚恍。庄周三月而不朝,瞿昙六年而遐想。有是夫,况吾之不如先达乎?请息交而自逸,聊习静而为娱。……

这纯是自然主义派的见解,虽然里边有着"觉老释之言繁"的话,但这不过是比老释更进一步的主张一切都要因任自然,至于老、释之故意

---

① "灵运"为校订者酌补。
② "署"为校订者酌补。

来讲这些道理,都还不免有点多事。底①下他申叙他自己的人生观道:

> 昔者蒋元诩之三径,陶渊明之五柳,君平坐卜于市门,子真躬耕于谷口。或托闾閈,或历山薮,咸遂性而同乐,岂违方而别守?吾无所图,斯马独游。属天下之多事,遇山中之可留。聊将度日,忽已经秋。菊花两岸,松声一丘。不能役心而守道,故将委运而乘流。……(《游北山赋》)

所以他平生最企慕的古人是嗣宗同渊明,因为他们臭味相投,都是嗜酒任放的人。我们试看在他的作品中,是如何好提到他俩:

> 绩南山故情,老而弥笃。东坡余业,悠哉自宁。酒瓮多于步兵,黍田老于彭泽。(《游北山赋》)

> 阮籍生平懒,嵇康意气疏。……草生元亮径②,花暗子云居。(《田家》)

> 尝爱陶渊明,酌醴焚枯鱼。(《薛记室收过庄见寻率题古意以赠》)

> 谁知彭泽意,更觅步兵那。(《赠学仙者》)

> 阮籍醒时少,陶潜醉日多。(《醉后》)

顺手抄来已有这么多了。无功在思想上及生活态度上既受阮陶这样大的影响,那么他的作品风格之近于他们,自然不问可知。不过他所处的环境与渊明相似,因此作品更特别的像渊明。

晚年叙志示翟③处士

弱龄慕奇调,无事不兼修。望气登重阁,占星上小楼。
明经思待诏,学剑觅封侯。弃繻④频北上,怀刺几西游。

---

① "底"原书作"低",校订者酌改。
② "径"原书误引作"迳",校订者酌改。
③ 校订者按,"翟"原书误作"瞿",据《全唐诗》改。
④ "繻"原书误排作"儒",校订者酌改。

中年逢丧乱,非复昔①追求。失路青门隐,藏名白社游。
风云私所爱,屠博暗为俦。解纷曾霸越,释难颇存周。
晚岁聊长想,生涯太若浮。归来南亩上,更坐北溪头。
古②岸多盘石,春泉足细流。东隅诚已谢,西景惧难收。
无谓退耕近,伏念已经秋。庚桑逢处跪,③陶潜见人羞。
三晨宁举火,五月镇披裘。自有居常乐,谁知身世忧。

在京思故园见乡人④遂以为问

旅泊多年岁,老去不知回。忽逢门前客,道发故乡来。
敛眉俱握手,破涕共衔杯。殷勤访朋旧,屈曲问童孩。
衰宗多弟侄,若个赏池台？旧园今在否？新树也应栽。
柳行疏密布,茅斋宽窄栽。径移何处竹,别种几株梅？
渠当无绝水,石计总生苔。院果谁先熟,林花那后开？
羁心只欲问,为报不须猜。行当驱下泽,去剪故园⑤莱。

野　　望

东皋薄暮望,徙倚欲何依。树树皆秋色,山山唯落晖。
牧人驱犊返,猎马带禽归。相顾无相识,长歌怀采薇。

夜　还　东　溪

石苔应可践,丛枝幸易攀。青溪归路直,乘月夜歌还。

---

① "昔"原书误引作"西",校订者酌改。
② "古"原书误排作"在",校订者酌改。
③ "庚桑逢处跪"原书误作"庚衮逢桑跪",校订者酌改。
④ "人"为校订者酌补。
⑤ "园"原书引作"山",校订者酌改。

秋夜喜遇王处士

北场芸藿罢,东皋刈黍归。相逢秋月满,更值夜萤飞。

山 夜 调 琴

促轸乘明月,抽弦对白云。从来山水韵,不使俗人闻。

像上列各篇,情意之真挚,辞句之朴质,诚不减于渊明。不过无功生当齐梁之后,多少总不能不受一点新体诗的影响,即如为后人所盛称的《野望》一诗,虽意境超绝,而吾人犹不免恨其雕篆之功多,而自然之韵少也。

孟浩然(689~740)字浩然,襄阳人。早年隐鹿门山,年四十,才游京师。一次在秘省,秋月新霁,省中诸公相与联诗,轮到他的时候,遂吟"微云淡河汉,疏雨滴梧桐"两句,全场叹为清绝,竟都因之搁笔。他本有两次腾达的机会,但都被他轻意的放过了。最初是王维私自邀他到内署,不料玄宗忽至,他一时躲避不及遂匿床下。维以实对,玄宗很高兴道:"朕闻其人,而未见也,何惧而匿!"于是诏他出来,问到他的作品,他遂诵他的旧作"不才明主弃"句,玄宗道:"卿不求仕,而朕未尝弃卿,奈何诬我?"竟放还。稍后是采访使韩朝宗约他一块去京师,打算推荐他,这时恰巧他的朋友来看他,相与痛饮,当时有人告他说:"你不是同韩公有约吗?"他愤然道:"正在喝酒,那还顾到别的?"终于没去。因此竟始终未遇。直至张九龄镇荆州才辟置于府。开元末,病疽背,卒。

浩然之放归田里,实在不是他的本心。他总觉得他命运不好,没有人能了解他,所以他不时的发些牢骚而悲愤的话:

世途皆自媚,流俗寡相知。贾谊①才空逸,安仁鬓欲丝。
遥情每东注,奔誉复西驰。常恐填沟壑,无由振羽仪。

---

① "谊"原书误排作"逸",校订者酌改。

穷通若有命,欲向论中推。(《晚春卧病寄张八子容》)
吾观鹪鹩赋,君负王佐才。惜无金张援,十上空归来。
弃置乡园老,翻飞羽翼摧。故人今在位,岐路莫迟回。
(《送丁大凤进士赴举呈张九龄》)

自己在失望之余,也只得死心塌地的退归林泉了。《仲夏归南园寄京邑旧游》最足看到他这种无可奈何的心情:

尝读高士传,最嘉陶征君。日耽田园趣,自谓羲皇人。
予①复何为者,栖栖徒问津。中年废丘壑,上国旅风尘。
忠欲事明主,孝思侍老亲。归来当②炎夏,耕稼不及春。
扇枕北窗下,采芝南涧滨。因声谢同③列,吾慕颍阳真。

浩然在思想上既是与陶渊明走的不是一个路子,那么他来写诗,要想学陶渊明自是不容易学像。我们统观他的作品,还远不及王无功之自然。他也同谢灵运、谢朓一样,常常有极美的诗句,可是缺乏全篇的完整。即如"坐觉诸天近,空香送落花"(《登总持寺浮屠》)、"落日池上酌,清风松下来"(《裴司士见访》)、"荷风送香气,竹露滴清响"(《夏日南亭怀辛大》)等句,若把它们从篇中抽出,其余的就不免索然寡味了。不过也不能说没有一首名篇,底④下试把最为后人所传诵的录出三首。

秋登万山寄张五

北山白云里,隐者自怡悦。相望试登高,心随雁飞灭。
愁因薄暮起,兴是清秋发。时见归村人,平沙渡头歇。
天边树若荠,江畔洲如月。何当载酒来,共醉重阳节。

---

① "予"原书引作"余",校订者酌改。
② "当"原书作"冒",校订者酌改。
③ "同"原书引作"朝",校订者酌改。
④ "底"原书作"低",校订者酌改。

过 故 人 庄

　　故人具鸡黍,邀我至田家。绿树村边合,青山郭外斜。
　　开筵面场圃,把酒话桑麻。待到重阳日,还来就菊花。

宿 建 德 江

　　移舟泊烟渚,日暮客愁新。野旷天低树,江清月近人。

　　王维(701~761)字摩诘,太原祁人。开元初,擢进士,屡官至给事中。安禄山之乱,他为贼所得,迫为给事中。禄山大宴凝碧池,召梨园诸工合乐,诸工都为之泣下,他听说,心里很悲愤,作诗道:

　　万户伤心生野烟,百官何日再朝天?
　　秋槐叶落空宫里,凝碧池头奏管弦。

及贼平,下狱,有人以他的这篇诗闻于行在,同时他的弟弟刑部侍郎缙也请求削官为他赎罪,肃宗当时也很可怜他,竟将予赦免,并授以太子中允,三迁至尚书右丞。晚年隐居辋川,这个地方原是宋之问的蓝田别墅,景物奇胜,有华子冈、欹湖、竹里馆、柳浪、茱萸沜、辛夷坞,同裴迪游于其中,赋诗唱和。另外还笃志奉佛,食不荤,衣不文采,妻死不再娶,孤居三十年。肃宗上元二年卒。

　　摩诘的确是最富于艺术天才的作家,他不仅是长于诗,并且还长于绘画与音乐。《新唐书》中说:

　　维工草隶,善画,名胜于开元天宝间。豪英贵人,虚左以迎,宁薛诸王,待若师友。画思入神,至山水平远,云势石色,绘工以为天机所引,学者所不及也。客有以《按乐图》示者,无题识,维徐云:"此霓裳第三叠最初拍也。"客未然,引工按曲,乃信。

　　后来的学者,固然颇有不满意于他的行为的,清初的顾宁人在《日知录》中拿他与李拯相比,谓:"二人之诗同也,一死一不死,而文墨交游之士,多护王维。如杜甫谓之'高人王右丞',天下有高人而仕贼者乎?"此外还有因他早年曾为公主伶人进郁轮袍以求荣而认为他晚年的隐退是做作的。胡适之先生批评当时一般咏歌自然的诗人道:

其中固然有真能欣赏自然界的真美的,但其中有许多作品终不免使人感觉有点做作,有点不自然。例如王维的

独坐幽篁里,弹琴复长啸。

在我们看来,便近于做作,还不如陶潜的

采菊东篱下,悠然见南山。

天天狂饮滥醉,固不是自然;对着竹子弹琴长啸,也算不得自然,都不过是一种做作而已。

但这个崇拜自然的风气,究竟有点解放的功用,因为对着竹子弹琴长啸,究竟稍胜于夹在伶人队里唱《郁轮袍》去巴结公主贵人吧?(《白话文学史》第一三章)

不过我们决不可忘记他是一位画家而兼诗人的人,他对自然的美,的确能够有着较深一层的了解,他的歌咏自然的诗篇,在融会调谐的方面,固是远不如渊明,可是要比谢灵运恐怕还要高出一等的吧?下边试选他的几首来看:

辋川闲居赠裴秀才迪

寒山转苍翠,秋水日潺湲。倚杖柴门外,临风听暮蝉。
渡头馀落日,墟里上孤烟。复值接舆醉,狂歌五柳前。

冬晚对雪忆胡居士家①

寒更传晓箭②,清镜览衰颜。隔牖风惊竹,开门雪满山。
洒空深巷静,积素广庭闲。借问袁安舍,翛然尚闲关。

山 居 秋 暝

空山新雨后,天气晚来秋。明月松间照,清泉石上流。

---

① "家"原书误排作"水",校订者酌改。
② "箭"原书误引作"碧",校订者酌改。

竹喧归浣女,莲动下渔舟。随意春芳歇,王孙自可留。

终 南 别 业

中岁颇好道,晚家南山陲。兴来每独往,胜事空自知。
行到水穷处,坐看云起时。偶然值林叟,谈笑无还期。

鹿 柴

空山不见人,但闻人语响。返景入深林,复照青苔上。

像这样的篇什,真是举不胜举。摩诘早年也许是热衷名利的人,中年屡经风波,皈依佛教,以清静自持,这时自然必须以自然的景色,来慰藉个人的枯寂,那么他之能了解自然,进而至于歌咏自然,自是必然的事。苏东坡批评他道:"味摩诘之诗,诗中有画。观摩诘之画,画中有诗。"(《苕溪渔隐丛话》)摩诘的画现在自是不大容易看得到,是否真正"画中有诗"尚不敢必,可是他的诗,确是如东坡所言,一篇篇都同画似的披陈在我们的眼前。王国维《人间词话》中说:"大家之作,……其写景也,必豁人耳目。"这句话,摩诘之作的确可以当之无愧。

储光羲(生卒未详)字光羲,兖州人。开元十二年(726)中进士第。初为汜水尉,迁下邽及安宜尉。不久退隐终南。后拜太祝,未上,迁监察御史。安禄山之乱,陷于贼中。及贼平,下狱。出狱后,贬至冯翊,寻卒。

光羲与摩诘有着相当的交谊(光羲集中《同王十三维偶然作》、摩诘集中有《待储光羲不至》),而且遭际与他相同,所以他们的作风也极其近似。不过摩诘的写山林的为多,而光羲则以写田园为多。一个似康乐,一个似渊明。

杂咏(幽人居)

幽人下山径,去去夹青林。滑处莓苔湿,暗中萝薜①深。春朝烟雨散,犹带浮云阴。

田 家 即 事

蒲叶日已长,杏花日已滋。老农要看此,贵不违天时。
迎晨起饭牛,双驾耕东菑。蚯蚓土中出,田乌随我飞。
群合乱啄噪,嗷嗷如道饥。我心多恻隐,顾此两伤悲。
拨食与田乌,日暮空筐归。亲戚更相诮,我心终不移。

田家杂兴(录一首)

种桑百余树,种黍三十亩。衣食既有余,时时会亲友。
夏来菰米饭,秋至菊花酒。孺人喜逢迎,稚子解趋走。
日暮闲园里,团团荫榆柳。酣酣乘夜归,凉风吹户牖。
清浅望河汉,低昂看北斗。数瓮犹未开,明朝能饮否?

裴迪(生卒未详)关中人,初与王维、崔兴宗居终南,同倡和。天宝后,为蜀州刺史,与杜甫、李颀友善。尝为尚书郎。他现存的诗极少,风格则近于王维。

华 子 岗

日落松风起,还家草露晞。云光侵履迹,山翠拂人衣②。

斤 竹 岭

明流纡且直,绿篠密复深。一径通山路,行③歌望旧岑。

---

① "萝薜"原书误引作"薜荔",校订者酌改。
② "衣"原书误引作"来",校订者酌改。
③ "行"原书误排作"川",校订者酌改。

祖咏（生卒未详）洛阳人，登开元十二年（724）进士第。与王维友善，他存诗也极少，只三十几首，一样也与王①维是同调。

归汝坟山庄留别卢象

淹留岁将晏，久废南山期。旧业不见弃，还山从此辞。沤麻入南涧，刈麦向东菑。对酒鸡黍熟，闭门风雪时。非君一延首，谁慰遥相思？

终南望余雪

终南阴岭秀，积雪浮云端。林表明霁色，城中增暮寒。

以上所举的几位，不过是这个派中的比较重要的，至于不重要的，就都把他们省略了。我们回顾唐以前的文学与社会的关系，总觉得隐逸的文学似乎是应当产生在乱离的时代，譬如有春秋那样的乱世，才会产生出长沮、桀溺一般的隐者，有东晋那样的纷扰，渊明才归退田园，大歌唱起自然。至于唐代这个时期呢？本是比较平治的，然而也竟然有这么多的诗人，来退归田园，不是有点太不合理了吗？其实我们要从思想从政治两方面来看，就会觉得这无足为怪了。胡适之先生对此点解释的最好。他说：

中国思想界经过佛教的大侵入的震惊之后，已渐渐恢复了原来的镇定，仍继续东汉魏晋以来自然主义的趋势，承认自然的宇宙论与适性的人生观。禅宗的运动与道教中智识分子都是朝着这个方向走的。在这个空气里，隐逸之士遂成了社会上的高贵阶级。聪明的人便不去应科第，却去隐居山林，做个隐士。隐士的名气大了，自然有州部的推荐，朝廷的征辟；即使不得征召，而隐士的地位很高，仍不失社会的崇敬。《唐书·卢藏用传》有一个故事说的最妙：

---

① "王"为校订者酌加。

> 司马承祯尝召至阙下,将还山,藏用指终南山曰:"此中大有佳处。",承祯徐曰:"以仆观之,仕宦之捷径耳。"
>
> 司马承祯是个真隐士;卢藏用早年隐居少室、终南两山,时人称他为"随驾隐士",后来被征辟,依附权贵,做到大官,故不免受司马承祯的讥诮。这个故事可以使我们①知道当日隐逸的风气的社会背景。思想所趋,社会所重,自然产生了这种隐逸的文学,歌颂田园的生活,赞美山水的可爱,鼓吹那乐天安命,适性自然的人生观。(《白话文学史》第一三章)

我们试就这几位诗人的作品看来,就会深切的感到他们有些固然是真正的乐天安命之流,但有些就不免于"身在江海之上,而心居魏阙之下"了。所谓"高栖"、"肥遁",不过是借以为仕宦的捷径罢了。

末了谈论到这派诗人的作风,他们因为咏歌自然,宗法陶、谢,所以就不能不趋向澹远,又因五言较七言适宜于抒写旷达的胸怀与静谧的情感,所以他们的句子多以五言为主。这在讲到下边岑参、高适等的作品的时候,试把这两派的作风略一②比较,就会显然的看出他们的不同了。

第三节　复古派诗人陈子昂和张九龄③

对齐梁时代绮丽的文学作风而加以反对的,最早的要数北朝的苏绰同隋的李谔了。不过他们只偏重在散文的一面。至于诗歌,固然杨处道的作风已渐趋雄健与朴质,但只是无意识的。至真正有目的的来反对齐梁,而打算追步汉魏,不能不有待于唐初的陈子昂。此外,④比他稍晚的张曲江对复古运动也有着相当的功绩,兹分述于后。

---

① 原书漏引了"们"字,校订者酌补。
② "一"原书作"以",校订者酌改。
③ 此节原题"复古派",校订者酌改。
④ "此外"原书作"同时","同时"与"稍晚"连用,颇为别扭,校订者酌改。

陈子昂(656～698?)字伯玉,梓州射洪人。幼年不知向学,尝同一些博徒来往,后入乡校才深自感悔,从此谢绝交游,发愤读书。年二十一入京,游太学,声名即大噪。以进士对策高第,拜麟台正字,因母忧,解官归。服满,拜右拾遗。尝参建安郡王军事,以不得志,遂上表乞归。于射洪西山构第宇数十间,种树采药,以自遣。适本县令段简贪暴残忍,听说他家极富,竟借故来谋陷他,他纳钱二十万,而简意犹未足,终被逮,死于狱中。

伯玉的思想,很受黄老的影响,而尤其喜欢服食。据卢藏用的《陈氏别传》中,说他父亲元敬"饵地骨,炼云膏,四十余年"。他呢,一样也是如此,在《观荆玉篇》序中说:

> 丙戌岁,余从左补阙乔公北征。夏四月,军幕次于张掖河。河洲草木①无他异者,惟有仙人杖,往往丛生。幽朔地寒,与中国稍异。余家世好服食,昔常饵之。及此役也,已②息意兹味。戍人有荐嘉蔬者,此物存焉。余辴然而笑曰③:"始者与此君别,不图至是而见之,岂非神明嘉惠,欲将扶吾寿也。"

他的思想既是如此,所以自然就会使他无形中去接近④汉魏那般倾向自然的作家们的作品,而鄙视齐梁的浮靡之音。因之他之提倡复古,打算返朴归真,从格律中把诗体解放出来,乃是自觉的。他在《修竹篇》序中说:

> 东方公足下:文章道弊,五百年矣。汉魏风骨,晋宋莫传,然而文献有可征者。仆尝暇时观齐、梁间诗,彩丽竞繁,而兴寄都绝,每以永叹。思古人,常恐逶迤颓靡、风雅不作,以耿耿也。一昨于解三处,见明公《咏孤桐》篇,骨气端翔,音情顿挫,光英朗练,有金石声。遂用洗心饰视,发挥幽郁。不图正始之音,复睹

---

① "木"原书引作"地",校订者酌改。
② "已"原书引作"而",校订者酌改。
③ "余辴然而笑曰"一句,原书引作"辴尔笑曰",校订者酌补。
④ "近"原书误排作"进",校订者酌改。

于兹,可使建安作者相视而笑。

他的杰作是三十八首《感遇诗》,里边有的叹人世之沧桑,有的是写神仙之可慕,风骨遒劲,迥然与四杰不同。

兰若生春夏,芊蔚何青青。幽独空林色,朱蕤冒紫茎。
迟迟白日晚,袅袅秋风生。岁华尽摇落,芳意竟何成?(其二)
市人矜巧智,于道若童蒙。倾夺相夸侈,不知身所终。
曷见玄真子,观世玉壶中。窅然遗天地,乘化入无穷。(其五)
临岐泣世道,天命良悠悠。昔日殷王子,玉马遂朝周。
宝鼎沦伊谷,瑶台成古丘。西山伤遗老,东陵有故侯①。
(其一四)
朔风吹海树,萧条边已秋。亭上谁家子,哀哀明月楼。
自言幽燕客,结发事远游。赤丸杀公吏,白刃报私仇。
避仇至海上,被役此边州。故乡三千②里,辽水复悠悠。
每愤胡兵入,常为汉国羞。何知七十战,白首未封侯。(其三四)

不③管是内容同形式,都无疑义的是受着阮嗣宗《咏怀诗》的影响,何况他自己又有着"斐④然狂简,虽有劳人之歌,怅尔咏怀,曾无阮籍之思"(《上薛令文章启》)的话呢。他的老友卢藏用在给他的文集作的序中,说他:"崛起江汉,虎视函夏,卓立千古,横制颓波,天下翕然,质文一变。"当非虚誉。

张九龄(673~740)字子寿,韶州曲江人。七岁知属文;第进士,初调校书郎,继为左拾遗,屡迁至中书侍郎,同平章事(733)。因为李林甫所忮,改尚书右丞相。罢政事,贬荆州长史(737),请归还展墓,卒,谥文献。

---

① "侯"原书误排作"候",校订者酌改。
② "千"原书误排作"十",校订者酌改。
③ "不"原书作"无",校订者酌改。
④ "斐"原书误作"裴"字,校订者酌改。

子寿为唐代有名的政治家,玄宗开元之治,他的赞襄之功也不小。及他去位后,不到三十年,安禄山之乱就起来了。他很早就料到禄山必反,请求把他杀掉。但玄宗不许,及禄山乱后,玄宗在蜀,才想到他的话,可是后悔已经来不及了。他在诗歌方面,也是反齐梁的,他的年龄较陈子昂小得多,但他似乎颇受子昂的薰染。他有篇《答陈拾遗赠竹簪》,要算是最可宝贵的文献了:

  与君尝此志,因物复知心。遗我龙钟节,非无玳瑁簪。
  幽素宜相重,雕华岂所任。为君安首饰,怀此代兼金。

"幽素宜相重,雕华岂所任"正是他对创作要抱的目的——

  西日下山隐,北风乘夕流。燕雀感昏旦,檐楹呼匹俦。
  鸿鹄虽自远,哀音非所求。贵人弃疵贱,下士尝殷忧。
  众情累外物,恕己忘内修。感叹长如此,使我心悠悠。
  (《感遇》之六)
  江南有丹橘,经冬犹绿林。岂伊地气暖,自有岁寒心。
  可以荐嘉客,奈何阻重深。运命唯所遇,循环不可寻。
  徒言树桃李,此木岂无阴?(《感遇》之七)
  海上生明月,天涯共此时。情人怨遥夜,竟夕起相思。
  灭烛怜光满,披衣觉露滋。不堪盈手赠,还寝梦佳期。
  (《望月怀远》)

子寿的作品虽不尚雕绘,但自有一种婉媚之致,与子昂之豪壮自是不同。清人刘熙载《艺概》中说:"曲江之《感遇》,出于《骚》,射洪之《感遇》,出于庄。缠绵、超旷,各有独至。"(卷三)可算知言。

  唐初诗歌到了射洪、曲江,才算是开辟了一条新的途径,使一般从事于诗的作者,晓得齐梁以外,还有汉魏,格律词采以外,还有内容,自己倘若想把作品写好,就不能光注意于平仄的排比与词藻的堆砌了,必须得修养自己、充实作品的内容才行。此后的李、杜之所以能够树下继往开来之功,这就不能不说是射洪、曲江有以启之。

第四节　歌唱边塞的诗人岑参、高适和王昌龄①

唐初的诗歌在形式上固然有着衍齐梁与反齐梁的两派，前者自是代表着南朝的作风，而后者总多少要受到北朝的影响。至于内容呢，四杰中的王勃以婉丽胜，更是无疑的同他所采取的形式来自同一的源头。而岑参、李颀……等豪放的篇什，当然与北朝的《敕勒歌》、《折杨柳》有着同样的风味，而且那种英壮的气概，简直是只有过之而无不及。这也本不足怪，假若我们从文学演变的通则同环境的影响上来看，就会觉得这是必然的。自隋之统一，南北的文学合流后，自必要发生一种大大的变化。隋朝为时很暂，当然也就看不到什么特殊的成绩。到了唐代，国内刚刚的统一了，这时帝王就又马上注意到异族的征服与版图的开拓，于是就自然而然的产生出一些雄丽的作品，一面以北朝文学中的气概，加上南朝文学中的词采，而来咏歌个人想象与经历中的边塞与战争，所以②与那些班坐在山中竹林里弹琴长啸而写出的诗篇，当然有着极端的不同啦。

岑参（约715～770③）南阳人，天宝三年（744）第进士。初为右内率府兵曹参军，曾两度出塞佐军幕，④累迁至祠部考功等员外郎，出为嘉州刺史。杜鸿渐表置幕府，为职方郎中，兼侍御史。及罢官，寓居于蜀，寻卒。

嘉州因为历参军事，所以常常以边塞的景色同战争作为诗歌的题材。

　　北风卷地白草折，胡天八月即飞雪。忽如一夜春风来，千树万树梨花开。散入珠帘湿罗幕，狐裘不暖锦衾薄。将军角弓不

---

① 此节原题"复古派诗人"，校订者酌改。
② "所以"为校订者酌增。
③ 校订者按，原书于岑参生年708年作，而缺卒年，此处酌改为一般公认的生卒年。
④ "曾两度出塞佐军幕"为校订者酌增。

得控,都护铁衣冷难着。瀚海阑干百丈冰,愁云惨淡万里凝。中军置酒饮归客,胡琴琵琶与羌笛。纷纷暮雪下辕门,风掣红旗冻不翻。轮台东门送君去,去时雪满天山路。山回路转不见君,雪上空留马行处。(《白雪歌送武判官归京》)

这是写严寒。

侧闻阴山胡儿语,西头热海水如煮。海上众鸟不敢飞,中有鲤鱼长且肥。岸傍青草常不歇,空中白雪遥旋灭。蒸沙烁石燃虏云,沸浪炎波煎汉月。阴火潜烧天地炉,何事偏烘西一隅?势吞月窟侵太白,气连赤坂通单于。送君一醉天山郭,正见夕阳海边落。柏台霜威寒逼人,热海炎气为之薄。(《热海行送崔侍御还京》)

这是写酷热。

轮台城头夜吹角,轮台城北旄头落。羽书昨夜过渠黎,单于已在金山西。戍楼西望烟尘黑,汉兵屯在轮台北。上将拥旄西出征,平明吹笛大军行。四边伐鼓雪海涌,三军大呼阴山动。虏塞兵气连云屯,战场白骨缠草根。剑河风急雪片阔,沙口石冻马蹄脱。亚相勤王甘苦辛,誓将报主静边尘。古来青史谁不见,今见功名胜古人。(《轮台歌奉送封大夫出师西征》)

这是写战争。

以上都是安史之乱以前①的作品,大乱后,他扈从帝驾在凤翔,这时他已经四十岁了,他看到当时的乱离,想到自己的衰老,作风遂由豪放而趋于沉着。《行军》一诗,很可以看出他这时的转变:

吾窃悲此生,四十幸未老。一朝逢世乱,终日不自保。
胡兵夺长安,宫殿生野草。伤心五陵树,不见二京道。
我皇在行军,兵马日浩浩。胡雏尚未灭,诸将恳征讨。

---

① "安史之乱以前"原书作"在大乱之前",校订者酌改。

　　　　昨闻咸阳败,杀戮净①如扫。积尸若丘山,流血涨丰②镐。
　　　　干戈碍乡国,豺虎满城堡。村落皆无人,萧条③空桑枣。
　　　　儒生有长策,无处豁怀抱。块④然伤时人,举首哭苍昊。
这同工部的作品颇有点相近了。我觉得嘉州的爱国热情,很可以同晋时的刘越石与宋时的陆放翁先后辉映。

　　高适(？~765)字达夫,沧州渤海人。初举有道科,中第,调封丘尉。不得志,去河西。节度使哥舒翰遂表奏他为左骁卫⑤兵曹参军,掌记室。禄山之乱,玄宗西幸,他从间道追及于河池,迁侍御史,擢谏议大夫。肃宗立,除扬州大都督府长史,淮南节度使。后累官至刑部侍郎,左散骑常侍,封渤海县候。永泰元年卒。

　　达夫五十岁开始写诗(《新唐书》本传),但一写就很好。他的作品的内容以咏歌战争的较多,五言的如《塞下曲》:
　　　　结束浮云骏,翩翩出从戎。且凭天子⑥怒,复倚将军雄。
　　　　万鼓雷殷地,千旗火生风。日轮驻霜戈,月魄悬雕弓。
　　　　青海阵云匝⑦,黑山兵气冲。战酣太白高,战罢旄头空。
　　　　万里不惜死,一朝得成功。画图麒麟阁,入朝明光宫。
　　　　大笑向文士,一经何足穷。古人昧此道,往往成老翁。
七言的如《送浑将军出塞》:
　　　　将军族贵兵且强,汉家已是浑邪王。子孙相承在朝野,
　　　　至今部曲燕支下。控弦尽用阴山儿,登阵常骑大宛马。
　　　　银鞍玉勒绣蝥弧,每逐嫖姚破骨都。李广从来先将士,
　　　　卫青未肯学孙吴。传有沙场千万骑,昨日边庭羽书至。

---

① "净"原书引作"尽",校订者酌改。
② "丰"原书引作"沣",校订者酌改。
③ "萧条"原书引作"萧然",校订者酌改。
④ "块(塊)"原书误排作"愧",校订者酌改。
⑤ 校订者按,"卫"原书作"尉",此据《新唐书》本传改。
⑥ "天子"原书引作"王子",校订者酌改。
⑦ "匝"原书误排作"迎",校订者酌改。

> 城头画角三四声,匣里宝刀昼夜鸣。意气能甘万里去,
> 辛勤判①作一年行。黄云白草无前后,朝建旌旄②夕刁斗。
> 塞下应多侠少年,关西不见春杨柳。从军借问所从谁,
> 击剑酣歌当此时。远别无轻绕朝策,平戎早寄仲宣诗。

都足③作为这类风格的代表。他那打算用干戈来树立勋业的壮志,及表现在那诗篇中的汹④涌澎湃之气,同嘉州可说是毫无二致。所不同的,只不过嘉州喜铺张扬厉的去描写事物,像"一川碎石大如斗"(《走马川行奉送出师西征》)、"阑干阴崖千丈冰"(《天山雪歌送萧治师京》)等句子,不一而足。可是,达夫的作品像这种表现法,就很少见了。

王昌龄(生卒未详)字少伯,京兆人,登开元十五年(727)进士第,补秘书郎。二十二年(734)中宏词科,调汜水尉,迁江宁丞,贬龙标尉。

少伯的作品,也有很多是写边塞同从军的,五言的如《塞下曲》同《从军行》,七言的如《从军行》及《出塞》等,都是。不过他不同嘉州一样歌颂战争,倒是从反的一面,来写征人的悲哀,与闺中少妇的愁思——

> 烽火城西百尺楼,黄昏独坐海风秋。更吹羌笛关山月,无那金闺万里愁。(《从军行》其一)

> 琵琶起舞换新声,总是关山旧别情。撩乱边愁听不尽,高高秋月照长城。(《从军行》其二)

> 秦时明月汉时关,万里长征人未还。但使龙城飞将在,不教胡马度阴山。(《出塞》其一)

> 闺中少妇不知愁,春日凝妆上翠楼。忽见陌头杨柳色,悔教

---

① "判"原书引作"动",校订者酌改。
② "旌旄"原书引作"旌旗",校订者酌改。
③ "足"原书作"是",疑为误排,校订者酌改。
④ "汹(洶)"原书误排作"淘",校订者酌改。

夫婿觅封侯。(《闺怨》)

此外还有李颀同王之涣也有近乎这一类的作品,不过不十分重要,只有从略了。

总之这一派作品的特色,因为内容写的是边塞同战争,[1]所以意境就壮阔,而气势也趋于豪放。但想做到这种境地,就不能不采取七言,而屏弃五言。因为七言字较多,比着五言,易于表现此类汹涌澎湃之热情也。

第五节　天才超绝的大诗人李白[2]

李白(701~763)字太白,山东人。父为任城尉,因家任城。幼年与山东诸生孔巢父等隐于徂徕山,酣歌纵酒,时人号为"竹溪六逸"。天宝初,客游会稽,与道士吴筠隐于剡中。后被荐入京,待诏翰林,整天同饮徒醉于酒肆。曾于醉中,奉诏赋诗十余章,颇为玄宗所嘉许。后因令高力士脱靴,遂被斥去。从此放浪江湖,终日沉饮,至金陵与崔宗之诗酒唱和,尝于月夜乘舟从采石达金陵,衣宫锦袍,笑傲自若,旁若无人。禄山乱后,玄宗幸蜀,以永王璘为江淮兵马都督扬州大使,他被辟为从事。及永王谋乱,兵败,遂坐党长流夜郎。后遇赦得还,终以饮酒无度,死于宣城。(关于太白的许多神话似的传说,都系无稽之谈,今一概从略。)

太白的思想同正始时期的作家很相近,不外是老庄方士,我们试就他的作品来看:

至人洞玄象,高举凌紫霞。仲尼欲浮海,吾祖之流沙。圣贤共沦没,临歧胡咄嗟?(《古风》二九[3])

有耳莫洗颍川水,有口莫食首阳蕨。含光混世贵无名,何用

---

[1]　此句句首有一"又"字,校订者酌删。
[2]　此节原题"李白",比较简单,与其他各节不相称,校订者据内容酌改。
[3]　"二十九"原书误排作"三十九",校订者酌改。

孤高比云①月。吾观自古贤达人,功成不退皆殒身。子胥既弃吴江上,屈原终投湘水滨。……君不见,吴中张翰称达生,秋风忽忆江东行。且乐生前一杯酒,何须身后千载名?(《行路难》其三)

　　木兰之枻沙棠舟,玉箫金管坐两头。美酒尊中置千斛,载妓随波任去留。仙人有待乘黄鹤,海客无心随白鸥。……功名富贵若长在,汉水亦应西北流。(《江上吟》)

这种轻视功名利禄,而一味沉醉于醇酒妇人的颓废精神,不纯是受魏晋人的影响吗?

　　金华牧羊儿,乃是紫烟客。我愿从之游,未去发已②白。不知繁华子,扰扰何所迫?昆山采琼蕊,可以炼精魄。(《古风》一七)

　　朝弄紫泥③海,夕披丹霞裳。挥手折若木,拂此西日光。云卧游八极,玉颜已千霜。飘飘入无倪,稽首祈上皇。呼我游太素,玉杯赐琼浆。一飡历万岁,何用还故乡。永随长风去,天外恣飘扬。(《古风》四一)

　　我本楚狂人,凤歌笑孔丘。手持绿玉杖,朝别黄鹤楼。五岳寻仙不辞远,一生好入名山游。……早服还丹无世情,琴心三叠道初成。遥见仙人綵云里,手把芙蓉朝玉京。……(《庐山谣寄卢侍御虚舟》)

这一味希求成仙的心思不④全是方士的思想吗?也无怪乎贺知章一见他,就⑤说"子天上谪仙人也"。后人之称他为"诗仙",这两字不管是对他的生活或是对他的作品,都是很切当的评语。

---

① "云"原书误引作"秋",校订者酌改。
② "已"原书误排作"也",校订者酌改。
③ "泥"原书误排作"沂",校订者酌改。
④ 原书此处有一"是"字,校订者酌删。
⑤ "就"为校订者酌增。

太白思想上之求自由求解放的精神,似乎对他的文学见解也很有影响。他很反对从建安以来在作品上专重形式的一派,他说:"自从建安来,绮丽不足珍。圣代复元古,垂衣贵清真。"(《古风》其一)又说:

> 丑女来效颦,还家惊四邻。寿陵失本步,笑杀邯郸人。
> 一曲斐然子,雕虫丧天真。棘刺造沐猴,三年费精神。
> 功成无所用,楚楚且华身。大雅思文王,颂声久崩沦。
> 安得郢中质,一挥成斧斤。(《古风》三五)

所以他的作品要复古,要洗去一切的粉饰,而恢复本然的美。

太白作品的风格大致不外豪放、清新与俊逸。可是内容倒①不是这样的单纯。有写自然的,那种闲适的意味,简直是要凌驾王、孟而上之。

山中问答

> 问余何事栖碧山,笑而不答心自闲。桃花流水窅然去,别有天地非人间。

自　遣

> 对酒不觉暝,落花盈我衣。醉起步溪月,鸟远人亦稀。

独坐敬亭山

> 众鸟高飞尽,孤云独去闲。相看两不厌,只有敬亭山。

有写边塞同战争的,其铺张扬厉似岑参,而反对战争则似高适。如:

北　风　行

> 烛龙栖寒门,光曜犹旦开。日月照之何不及此?唯有北风

---

① "倒"原书作"到",校订者酌改。

号怒①天上来。燕山雪花大如席,片片吹落轩辕台。幽州思妇十二月,停歌罢笑双蛾摧。倚门望行人,念君长城苦寒良可哀。别时提剑救边去,遗此虎纹金鞞靫。中有一②双白羽箭,蜘蛛结网生尘埃。箭空在,人今战死不复回。不忍见此物,焚之已成灰。黄河捧土尚可塞,北风雨雪恨难裁!

有写游仙的,除了上边在思想一节中所举的一些外,还有《怀仙歌》一篇也很好:

　　一鹤东飞过沧海,放心散漫知何在?仙人浩歌望我来,应攀玉树长相待。尧舜之事不足惊,自余嚣嚣直可轻。巨鳌莫戴三山去,我欲蓬莱顶上行。

有写男女别情的:

长　相　思③

　　美人在时花满堂,美人去后空馀床。床中绣被卷不寝,至今三载犹闻香。香亦竟不灭,人亦竟不来。相思黄叶落,白露点青苔。

妾　薄　命

　　汉帝重④阿娇,贮之黄金屋。咳唾落九天,随风生珠玉。
　　宠极爱还歇,妒深情却疏。长门一步地,不肯暂回车。
　　雨落不上天,水覆难再收。君情与妾意,各自东西流。
　　昔日芙蓉花,⑤今成断根草。以色事他人,能得几时好?

此外还有些咏史怀古之作,不能一一的征引了。现在再挑出最足看

---

① "号怒"原书误作"怒号",校订者酌改。
② "一"原书误排作"二",校订者酌改。
③ 校订者按,此诗一题《寄远》。
④ "重"原书引作"宠",校订者酌改。
⑤ "君情与妾意,各自东西流。昔日芙蓉花"三句原书漏引,校订者酌补。

出他的生活态度同作品风格的一篇,作为本节的收束:

将 进 酒

君不见黄河之水天上来,奔流到海不复回。君不见高堂明镜悲白发,朝如青丝暮成雪。人生得意须尽欢,莫使金樽空对月。天生我材必有用,千金散尽还复来。烹羊宰牛且为乐,会须一饮三百杯。岑夫子,丹丘生,将进酒,杯莫停。与①君歌一曲,请君为我倾耳听:钟鼓馔玉不足贵,但愿长醉不复醒。古来圣贤皆寂寞,惟有饮者留其名。陈王昔时宴平乐,斗酒十千恣欢谑。主人何为言少钱?径须沽取对君酌。五花马,千金裘,呼儿将出换美酒,与尔同销万古愁。

太白诗受过去作品影响的地方,很明显的可以看出。他喜欢写乐府,他不仅是学汉魏时期的民间的乐府。而且还来矫正六朝以来文人乐府的恶习。胡适之先生认为他的乐府的特别长处有三点:一、大胆的运用民间的语言。二、不存猎取功名的念头,自由抒写,能充分发挥诗体解放的趋势,为后人开不少生路。三、用它来描写人间的一切情态,使它的势力侵入诗的种种方面。两汉以来无数民歌的解放作用与影响,到此才算大成功(《白话文学史》第十二章)。这是极有见地的话。其次,在魏晋作家中,他有点近于嗣宗。朱子说他的古风两卷多效陈子昂(《朱子语类》),其实这不能算是讨源之论。太白《古风》今存者有五十九篇,里边有抒情的,有咏史的,有游仙的,我觉得他是沿陈子昂的《感遇》诗,而上历郭景纯的《游仙》、左太冲的《咏史》,而直追嗣宗的《咏怀》,这是很清楚的一个统系。他自然是不能说没有受子昂、景纯、太冲诸人的影响,但都比不了受嗣宗影响②之深。此外,在六朝的作者中,恐怕鲍照、谢朓、庾信都多少曾给

---

① "与"原书引作"为",校订者酌改。
② "影响"为校订者酌增。

太白一点①启示。太白乐府中有许多豪放瑰奇、句法突兀的篇什是学鲍明远的《行路难》。写山水的篇什也颇多名句,似乎同谢朓不无关系。太白本来是很佩服玄晖的,他曾说过"解道澄江静如练,令人长②忆谢玄晖"(《金陵城西楼月下吟》),又云"我吟谢朓诗上语,朔风飒飒吹飞雨。谢朓已没青山空,后来继之有殷公"(《赠殷明佐见赠五③云裘歌》)。不过太白的天才超绝,在他的作品中像"余霞散成绮,澄江静如练"一类的写景名句,真是俯仰皆是,但都非常的自然,不带丝毫的刻画意味。复次④,工部曾批评太白的诗,说是"清新庾开府,俊逸鲍参军"。拿子山来比拟太白,似乎是有点不类。其实太白虽轻视六朝,口口声声的复古,而他的作品有些极明艳的句子,反极似六朝之作。这本不足怪,太白作品法《楚辞》、法乐府,六朝人作品,像子山也何尝不是如此。这些近似,有时不免是偶合,不能就说一定是宗法他。总之太白才高学博,性格又极其倜傥不羁,所以他那支灵妙的笔,写壮悲的战歌也好,写温馨的恋情也好,咏史也好,抒怀也好,真是上下古今四海之外、六合之内,一切的色相,在他的笔下无往而不适,无施而不可。至于他对过去的作家,也是无意中受到了一些暗示,在形式上或不免有相仿之处,要说他真正老老实实地在学谁,那就未免太小觑他了。

太白的作品以才胜,所以不容易学,没有他的天才,而强为效颦,其结果必至于"画虎不成反类犬"。因此,他对后来作者的影响,就远比不上杜甫。加以自元、白主张写实主义的文学后,于是独推子美,对太白就不无微词(元稹《杜子美墓志》、白居易《与元九书》)。虽然与他们同时的昌黎已有反对这种优劣论的话(《调张籍》),但毕竟因为他们作品的不同,而终于后世宗法工部者多,追步太白者少。不过

---

① "点"为校订者酌增。
② "长"原书引作"犹",校订者酌改。
③ "五"原书误排作"王",校订者酌改。
④ "复次"原书作"其次","汽车"与前犯重,校订者酌改。

我们决不应因为他们影响的大小不同,就认为他们的作品有着高下之分。因为就文论文,他们两人各有能、有所不能。就是工部个人,对太白的作品也极端的佩服,一则曰:"白也诗无敌,飘然思不群"(《春日忆李白》),再则曰:"笔落惊风雨,诗成泣鬼神"(《寄李十二白二十韵》),并没丝毫贬抑之意。本来文学的表现,有两种方法,一是从正面写,一是从反面写。西洋的浪漫同写实两派,就是这样分的。过去论者,多谓太白不顾世情,而一味沉浸于幻想中,不知太白也有许多不满意于时代的描写,不过他表现的方法,偏于象征一面。即以他的《古风》来说,有的明明是咏史,而其实是批评当时政治同抒发自己的悲愤的,在用意上与工部的《自京赴奉先咏怀》同《北征》等都是极相类的。清人刘熙载《艺概》中说:"太白与少陵同一志在经世,而太白诗中多出世语者,有为言之也。屈子《远游》曰:'悲时俗之迫厄兮,愿轻举而远游。'使疑太白诚欲出世,亦将疑屈子诚欲轻举耶?"又云:"太白'日为苍生忧'即少陵'穷年忧黎元'之意也;'何惜遂物情'即少陵'盘飧老夫食,分减及溪鱼'之志也。"可谓太白千载后之知己。

第三章 唐诗的后期[①]

自从天宝之乱以后,唐代的政治就日趋杌陧,贞观开元的盛世,也再不来了。所以这时的诗人,他们受着时代的震撼,眼看着政治的黑暗,人民的痛苦,也就[②]不能再歌颂什么太平了。他们要描写时事,要把自己切身所感到的痛苦,一般人民所感到的痛苦,都如实的一一宣泄出来。固然有些不尽是如此,但他们的作品似乎也比前一

---

① 此章是原书第二章第二节"诗"的后半节,原题"后期",校订者酌改。以下甲乙丙丁戊己各小节依次改为节。

② "也就"原书作"所以已","所以"与上句犯重,校订者酌改。

期来的着实的多。即①如颓废派的作者杜牧之,他的作品中所表现的个人生活,虽然也极端的放纵,但总带几分感伤的情调,与李白之狂歌纵酒、企慕神仙者自是不同。另外在诗歌本身的演进上也有着显著的变化:中国诗歌的格律到了杜工部可以说是登峰造极了,自他之后,一般的作者有的是步他的后尘,来斤斤于字句的推敲,有的觉着形式上没什么研讨的余地了,于是就在内容上来开辟新的途径,因之就有孟郊、贾岛等之苦吟,卢仝、李贺等之怪癖。到了最后,变无可变,于是就有一些作者来沿南朝宫体之余波,专从事于爱情的描写。诗到这个时候,意境上形式上,都已到了山穷水尽的地步,于是,词也就趁着这个时机而产生了。现在为方便起见,仍把②这个时期的作者就风格上分成若干派,叙述如次。

第一节　继往开来的大诗人杜甫③

杜甫(712~770)字子美,祖籍襄阳,生于河南巩县。④ 他的祖父审言是武后中宗时的一位有名诗人。他早年家贫,客吴、越、齐、赵间,后入京,举进士不中第,流落长安,穷困异常。所谓"朝扣富儿门,暮随肥马尘。残杯与冷炙,到处潜悲辛"(《奉赠韦左丞丈二十二韵》),是他后来追忆这时期生活的写真。天宝九年(750)他献《三大礼赋》,玄宗使他待诏集贤院,命宰相考试他的文章,结果擢为河西尉。他不愿就,遂改为右卫率府胄曹参军。这时候玄宗已宠贵妃,杨氏一门贵幸,同时安禄山也做了渔阳节度使,坐拥重兵,跃跃欲试。而一般人民因为政治的紊乱,贪吏的剥削,已弄得日不聊生。他在这

---

① "即"原书作"那",当系二字手写形似而致误排,校订者酌改。
② "把"原书作"它(牠)",当系二字手写形似而致误排,校订者据内容酌改。
③ 此节原题"杜甫",比较简单,与其他各节不相称,校订者酌改。
④ 关于杜甫的里籍,原书仅作"襄阳人",校订者酌补。

时看到那样情形,已遏止不住①自己内心的郁闷,但自己作的是一个闲曹小官,根本同天子说不上话,所以只有写出一些讽刺诗,像《兵车行》、《丽人行》等,这是他对政治的腐败,所发的牢骚。② 天宝十四年,他从京都回到奉先去,想不到他久已抛撇的家庭,已穷得不像个样子③:

老妻寄异县,十口隔风雪。谁能久不顾,庶往共饥渴。
入门闻号咷,幼子饥已卒。吾宁舍一哀,里巷亦④呜咽。
所愧为人父,无食致夭折。(《自京赴奉先县咏怀》)
经年至茅屋,妻子衣百结。恸哭松声回,悲泉共幽咽。
平生所娇儿,颜色白胜雪。见耶背面啼,垢腻脚不袜。
床前两小女,补绽才过膝。海图坼⑤波涛,旧绣移曲折。
天吴及紫凤,颠倒在裋褐。老夫情怀恶,呕泄卧数日。
那无囊中帛,救汝寒凛栗。粉黛亦解苞,衾裯稍罗列。
瘦妻面复光,痴女头自栉。学母无不为,晓妆随手抹。
移时施朱铅,狼藉画眉阔。生还对童稚,似欲忘饥渴。
问事竞挽须,谁能即嗔喝。翻思在贼愁,甘受杂乱聒。
新归且慰意,生理焉能说。(《北征》)

这是他两次在外边回家后所看到的妻子儿女们被穷困所迫的情况。

---

① "不住"原书作"不着","不着"为河南方言,意同"不住",校订者酌改。
② 校订者按,原书在《兵车行》、《丽人行》之后有"来发发牢骚罢了"半句断语,而在"已穷得不像个(样子)"之后,又有"这是他对政治的腐败,所发的牢骚"一句评语,却无诗作为例证,因疑此处有错简,推究起来,"这是他对政治的腐败,所发的牢骚"当是从《兵车行》、《丽人行》引发的一句评论,只是被写手看错了行而误书两次,现将此句移至《兵车行》、《丽人行》之后,而删去"来发发牢骚罢了",特此说明。
③ 原书在"不像个"后漏空二字,显有漏排,"样子"为校订者酌补。
④ "亦"原书引作"犹",校订者酌改。
⑤ "坼"原书误排作"拆",校订者酌改。

底①下《述怀》一首,是他当大乱后在凤翔惦记家庭之作。

　　去年潼关破,妻子隔绝久。今夏草木长,脱身得西走。
　　麻鞋见天子,衣袖露两肘。朝廷愍生还,亲故伤老丑。
　　涕泪授拾遗,流离主恩厚。柴门虽得去,未忍即开口。
　　寄书问三川,不知家在否?比闻同罹祸,杀戮到鸡狗。
　　山中漏茅屋,谁复依户牖?摧颓苍松根,地冷骨未朽。
　　几人全性命,尽室岂相偶?嵚岑猛虎场,郁结回我首。
　　自寄一封书,今已十月后。反畏消息来,寸心亦何有。
　　汉运初中兴,生平老耽酒。沉思欢会处,恐作穷独叟。

子美对于友情也极其笃厚,他同太白在早年是很好的朋友,②太白集中几乎看不到一篇怀念子美的诗,可是在子美集中,怀念太白及论到李白的诗篇竟有十五首之多。里边最动人的是《梦李白》(两篇)同《不见》两诗:

　　浮云终日行,游子久不至。三夜频梦君,情亲见君意。
　　告归常局促,苦道来不易。江湖多风波,舟楫恐失坠。
　　出门搔白首,若负平生志。冠盖满京华,斯人独憔悴。
　　孰云网恢恢,将老身反累。千秋万岁名,寂寞身后事。
　　(《梦李白》其一)

　　不见李生久,佯狂真可哀!世人皆欲杀,吾意独怜才。
　　敏捷诗千首,飘零酒一杯。匡山读书处,头白好归来。
　　(《不见》)

大乱以后,子美对于乱离中人民所遭受的痛苦,描写得最为详尽。像"三吏"、"三别"、《塞芦子》、《留花门》一类的篇子,真是指不胜屈:

---

① "底"原书作"低",校订者酌改。
② 原书此处有"两人在当时均负重名"一句,其实杜甫在当时诗名不彰,校订者酌删。

石 壕 吏

暮投石壕村,有吏夜捉人。老翁踰墙走,老妇出门看。
吏呼一何怒,妇啼一何苦。听妇前致词:三男邺城戍,
一男附书至,二男新战死。存者且偷生,死者长已矣。
室中更无人,惟有乳下孙。有孙①母未去,出入无完裙。
老妪力虽衰,请从吏夜归。急应河阳役,犹得备晨炊。
夜久语声绝,如闻泣幽咽。天明登前途,独与老翁别。

无 家 别

寂寞天宝后,园庐但蒿藜。我里百余家,世乱各东西。
存者无消息,死者为尘泥。贱子因阵败,归来寻旧蹊。
久行见空巷,日瘦气惨凄。但对狐与狸,竖毛怒我啼。
四邻何所有?一二老寡妻。宿鸟恋本枝,安辞且穷栖。
方春独荷锄,日暮还灌畦。县吏知我至,召令习鼓鞞。
虽从本州役,内顾无所携。近行止一身,远去终转迷。
家乡既荡尽,远近理亦齐。永痛长病母,五年委沟溪。
生我不得力,终身两酸嘶。人生无家别,何以为烝黎。

以上都是子美前一期的作品,意境是悲凉的,感情是激越的。但到了晚年,旅居成都,这时已是饱更人事,而且因为生活的稍为安定,所以诗风也就渐趋于闲适这方面了:

江 村

清江一曲抱村流,长夏江村事事幽。自去自来梁上燕,
相亲相近水中鸥。老妻画纸为棋局,稚子敲针作钓钩。

---

① "有孙"原书误排作"孙有",校订者酌改。

多病所须惟药物,①微躯此外更何求。

水槛遣兴（二首录一）

去郭轩楹敞,无村眺望赊。澄江平少岸,幽树晚多花。
细雨鱼儿出,微风燕子斜。城中十万户,此地两三家。

绝句漫兴（九首录二）

熟知茅斋绝低小,江上燕子故来频。衔泥点污琴书内,更接飞虫打著人。二月已破三月来,渐老逢春能几回？莫思身外无穷事,且尽生前有限杯。

子美在诗歌创作上,是"不薄今人爱古人"的,所以他对②风、骚以后,一些著名的作家,都有相当的推许,他确是平心静气的用客观态度来撷取各家之长,而舍去彼等之短。下边是他对于"古人"、"今人"的批评：

"风骚共推激"（《夜听许十诵诗爱而有作》）、"苏武李陵是吾师"（《解闷五首》）、"赋料扬雄敌,诗看子建亲"（《奉赠韦左丞丈二十二韵》）、"苍茫步兵哭,辗转仲宣哀"（《秋日荆南述怀三十韵》）、"焉得诗如陶谢手,令渠述作与同游"（《江上值水如海势聊③短述》）、"飞动摧霹雳,陶谢不枝梧"（《夜听许十诵诗爱而有作》）、"熟知二谢能将事"（《解闷五首》）、"俊逸鲍参军"（《春日忆李白》）、"颇学阴何苦用心"（《解闷五首》）、"李侯有佳句,往往似阴铿"（《与李十二白同寻范十隐居》）、"庾信文章老更成,凌云健笔意纵横"（《戏为六绝句》）、"清新庾开府"（《春日忆李白》）、"拾遗平昔居,大屋尚修椽。……有才继骚雅,哲匠不比肩。公生扬马后,名与日月悬。……终古立忠义,

---

① 校订者按,此句一作"但有故人供禄米"。
② "对"原书作"自",校订者酌改。
③ "聊"原书误排作"联",校订者酌改。

感遇有遗编"(《陈拾遗故宅》)、"不见高人王右丞,蓝田丘壑蔓寒藤。最传秀句寰区满,未绝风流相国能"(《解闷五首》)、"复忆襄阳孟浩然,清诗句句尽堪传。即今耆旧无新语,漫钓槎头缩颈①鳊"(同上)"高岑殊缓步,沈鲍得同行。意惬关飞动,篇终接混茫。举天悲富骆,近代惜卢王"(《寄彭州高三十五使君适、虢州岑二十七长史参三十韵》)。

自风雅以降,古人中如屈(原)、宋(玉)、苏(武)、李(陵),下而扬(雄)、曹(植)、王(粲)、阮(籍)、陶(潜)、谢(灵运)、鲍(照)、谢(朓)、阴(铿)、何(逊)以迄庾信,今人中自四杰、陈子昂,下而王(维)、孟(浩然)、高(适)、岑(参)以迄李白,共二十五家,都全有评骘。大致就他的作品来看,前期作品感慨悲愤,多同于庾信,即如《风疾舟中伏枕书怀》、《遣怀》、《秦州杂诗》,与子山的②《感怀》二十七首极相类。其余如《北征》、《咏怀》、"三吏"、"三别",叙述个人遭际,描写乱离的凄惨,又很近于蔡琰的《悲愤诗》。至于后期,在写乡村生活上,极类渊明,而描摹山水,其雄浑明秀处与二谢似亦不无关系。律诗方面,一向都公认子美是最擅长的。的确,子美的律诗有些虽然受着格律的束缚,而仍旧极其自然,让你感不到他是在写律诗,即如前边所已引的《江村》同《水槛遣兴》,都是很好的例证。不过有时也有些极笨拙的,就像"古人已用三冬足,年少今开万卷余"(《题柏学士茅屋》),这是多么无聊、多么勉强的拼合。又如:"江天漠漠鸟双去,风雨时时龙一吟"、"四更山吐月,残夜水明楼",上联是很好的诗句,而下联就成硬凑了。胡适之先生说:"他的作品与风格,却替律诗添了不少的声价,因此便无形之中替律诗延长了不少的寿命。"(《白话文学史》第十四章)但在后面,他又说:"这些例子,都可以教训我们,律诗是条死路,天才如老杜,尚且失败,何况别人?"这话是很

---

① "颈"原书误排作"项",校订者酌改。
② "的"原书误排作"约",校订者酌改。

值得我们思考的。

第二节　白居易与写实派诗人①

这一派可以说是人生主义,也可以说是人道主义。不过以人生或人道标题,深恐遭附会之讥,所以只有拿写实来替代了。虽然写实也是西洋文学中的名词,但拿它来说明这派的特色,似乎比较还贴切一点。

这派实际是渊源于工部。稍晚的元结(723~772)也是有意的来申叙民间疾苦的作家,他在《箧中集》序中说:

> 风雅不兴,几及千岁,溺于时者,世无人哉?呜呼!有名位不显,年寿不终②,独无知音,不见称显,死而已矣,谁云无之?近世作者,更相沿袭,拘限声病,喜尚形似。且以流易为词,不知丧于雅正。然哉!彼则指咏时物,会谐丝竹,与歌儿女生污惑之声于私室可矣。若令方直之士、大雅君子听而诵之,则未见其可。

可见他不但反对诗歌在形式上拘限声病,而且更反对在内容上仅仅的指咏时物,所以他的作品要"独挺于流俗之中,强攮于己溺之后",而复古代风雅之正。像《舂陵行》、《贼退示官吏》,写大乱后政府之勒索赋税,《乔官引》及《酬孟武昌苦雪》写乡间人民之日不聊生的情形,与工部的"三吏"、"三别"实无二致。不过这种趋向,只不过是一条浅浅的小溪,还没有成功为一种潮流,至真正成为洪涛巨浪,居然使社会政治因之发生了极大的反响,这就不能不有待于白居易同元稹他们两人了。

元、白两人的友谊,在历来文人的交游中恐怕要算③最笃厚了。

---

① 此节原题"写实派",校订者据内容酌改。
② "终"原书误引作"将",校订者酌改。
③ 原书此处有"以他俩为"几字,与前犯重,校订者酌删。

据乐天《祭微之文》中说,他们于"贞元季年(801)始定交分,行止通塞,靡所不同,金石胶漆,未足为喻。死生契阔者三十载,歌诗唱和者九百章。……至于爵禄患难之际,瘖瘵忧思之间,誓心同归,交感悲一"。他们之所以能够如此,我觉得大部分由于他们在文学上的志趣相同、主张相同的缘故。他们的见解似乎并不是谁受谁的影响。实在是因为时代背景的相同,所以才使他俩的主张不约而同的都走到了一条路上去。他们生在天宝大乱以后,眼看着政治日趋紊乱,人民沉在水火之中,日深一日,于是就使他们深切的感到文学似乎不应再像往日那样的吟风弄月,仅仅作为贵族阶级遣兴的工具就算了事,它应当担负起唤醒世人、改造时代的责任。乐天《与元九书》中道:

> 自登朝①来,年齿渐长,阅事渐多。每与人言,多询时务,每读书史,多求理道,始知文章合为时而著,歌诗合为事而作。

这不全是为人生而文学的见解吗?至于微之在他的《叙诗寄乐天书》中,更足以看出政治对他的文学主张有着如何的影响:

> 稹九岁学赋诗,长者往往惊其可教。年十五六,粗识声病。时贞元十年以后,德宗皇帝春秋高,理务因人,最不欲文法吏生天下罪过。外间节将动十余年不许朝觐,死于其地不易者十八九;而又将豪卒愎之处,因丧负众,横相贼杀,告遍驿骝,使者迭窥,旋以状闻天子曰:"某邑将某能遏乱,乱众宁附,愿为帅。"名为众情,其实逼诈,因而可之者又十八九。前置介倅因缘交授者亦十四五。由是诸侯敢自为旨意,有罗列儿孙②以自固者,有开导蛮夷以自重者。省寺符篆固几阁,甚者拟③诏旨,视一境如一室,刑杀其下,不啻仆畜;厚加剥夺,名为进奉,其实贡入之数百一焉。京城之中,亭第邸店以曲巷断;侯④甸之内,水陆腴沃以

---

① 原书此处引文衍一"以"字,校订者酌删。
② "孙"原书引作"孩",校订者酌改。
③ "拟(擬)"原书误排作"碍(礙)",校订者酌改。
④ "侯"原书误引作"候",校订者酌改。

乡里计。其馀奴婢、资财,生生之备称之。朝廷大臣以谨慎不言为朴雅,以时进见者,不过一二亲信。直臣义士,往往抑塞。禁省之间,时或缮完溃坠;豪家大帅,乘声相扇,延及老佛,土木妖炽,习俗不怪。上不欲令有司备宫阃中,小碎须求,往往持币帛以易饼饵,吏缘其端,剥夺百货,势不可禁。

仆时孩骏,不惯闻见,独于书传中初习"理乱萌渐",心体悸震,若不可活,思欲发之久矣。适有人以陈子昂《感遇》诗相示,吟玩激烈,即日为《寄思玄子》诗二十首。故郑京兆于仆为外诸翁,深赐怜奖。……仆亦窃不自得,由是勇于为文。又久之,得杜甫诗数百首,爱其浩荡津涯,处处臻到,始病沈、宋之不存寄兴,而讶子昂之未暇旁备矣。

他们既然认为诗歌应该是表现人生,所以就对于晋宋以来的华而不实的作品,深致不满:

晋、宋已还,得者盖寡。以康乐之奥博,多溺于山水;以渊明之高古,偏放于田园。江、鲍之流,又狭于此。如梁鸿《五噫》之例者,百无一二焉。于时六义浸微矣!陵夷至于梁、陈间,率不过嘲风雪、弄花草而已。噫!风雪花草之物,三百篇中岂舍之乎?顾所用何如耳。设如"北风其凉",假风以刺威虐也;"雨雪霏霏",因雪以愍征役也;"棠棣之华",感华以讽兄弟也;"采采芣苢",美草以乐有子也。皆兴发于此而义归于彼。反是者,可乎哉?然则"余霞散成绮,澄江净如练"、"离花先委露,别叶①乍辞风"之什,丽则丽矣,吾不知其所讽焉。故仆所谓嘲风雪、弄花草而已。于时六义尽去矣。(《与元九书》)

这是乐天的话。

晋世风概稍存,宋、齐之间,教失根本,士以简慢歙、舒徐相尚,文章以风容色泽放旷精清为高,盖吟写性灵、流连光景之文

---

① "叶(葉)"原书误引作"业(業)",校订者酌改。

也,意义格力无取焉。陵迟至于梁、陈,淫艳刻饰佻巧小碎之词剧,又宋、齐之所不取也。(《唐故工部元外郎杜君墓志铭并序》)

这是微之的话。至于唐代作者,他们只称道陈子昂与杜工部,名高如太白,因为作品与他们主张不合,也不免予以讥评。下边是他两人的话:

> 唐兴二百年,其间诗人不可胜数。所可举者,陈子昂有《感遇诗》二十首,鲍防有《感兴诗》十五首。又诗之豪者,世称李、杜。李之作,才矣奇矣,人不逮矣;索其风雅比兴,十无一焉。杜诗最多,可传者千余首,至于贯穿今古,觊缕格律,尽工尽善,又过于李焉。然撮其《新安》、《石壕》、《潼关吏》、《芦子》、《花门》之章,"朱门酒肉臭,路有冻死骨"之句,亦不过十三四。杜尚如此,况不逮杜者乎?(《与元九书》)

> 至于子美,盖所谓上薄风、骚,下应沈、宋,古傍苏、李,气夺曹、刘,掩颜、谢之孤高,杂徐、庾之流丽,尽得古今①之体势,而兼人②人之所独专矣。使仲尼考锻其旨要,尚不知贵其多乎哉,苟以为能所不能,无可无③不可,则诗人以来,未有如子美者。时山东人李白亦以奇文取称,时人谓之李、杜。余观其壮浪纵恣,摆去拘束,模写物象,及乐府歌诗,诚亦差肩于子美矣。至若铺陈终始,排比声韵,大或千言,次犹数百,词气豪迈而风调清深,属对律切而脱弃凡近,则李尚不能历其藩翰,况堂奥乎?(《唐故工部元外郎杜君墓志铭并序》)

这种李杜优劣论,在当时马上可引起了反响。韩愈曾作诗抨④击他们道:"李杜文章在,光焰万丈长。不知群儿愚,那用故谤伤。蚍蜉撼

---

① 校订者按,"今"一作"人"。
② 校订者按,"人"一作"今"。
③ 原书此处引文缺漏一"无"字,校订者酌补。
④ "抨"原书误排作"评",校订者酌改。

大树,可笑不自量"(《调张籍》)。就文论文,对李杜诚然不可强为轩轾,但站在元白的文学见地上看,则杜之值得推挹,李之应该鄙弃,自是必然的结果。

元白不但是他们自己创作要立意走向这条写实的道路,同时还想鼓动而使之成为风气,使政治社会受到直接的影响。乐天的《与微之书》中又说:

> 仆常痛诗道崩坏,忽忽愤发,或食辄哺、夜辄寝,不量才力,欲扶起之。……是时皇帝初即位,宰府有正人,屡降玺书,访人急病。仆当此日,擢在翰林,身是谏官,手请谏纸。启奏之外,有可以救济人病、裨补时阙而难于指言者,辄咏歌之,欲稍稍递进闻于上,上以广宸聪、副忧勤,次以酬恩奖、塞言责,下以复吾生平之志。(《与元九书》)

这种运动,固然在当时颇遭受一般执政者的忌恨,但毕竟给诗坛上以极大的震撼,同时的作者如张籍等,都受了他们的影响,而把笔尖注意到政治社会等问题上。所以中唐实是文学上的革新时代,韩、柳是努力于散文的革新,而元、白则是努力于诗歌的革新。

白居易(772～846)字乐天,其先为太原人,后徙下邽,因家焉。乐天幼年即聪颖过人,生六七月,既能默识之无两字。五六岁便学诗,九岁识声韵,勤苦向学,竟至于"口舌成疮,手肘成胝"。贞元中,中进士,补校书郎。元和元年(806),对制策乙等,调盩厔尉,为集贤殿校理。月中,召入翰林为学士,迁左拾遗。正言直谏,无所阿附,由是知名。岁满当迁,宪宗因他资浅家贫,令自择官,他遂得以学士兼京兆户曹参军。次年,以母丧解还,拜左赞善大夫,以盗杀武元衡案,上疏,深为当路所不喜,适有人谗乐天说他母亲堕井死,而彼犹赋《新井》篇,言浮华,无实行,不可用,遂左迁江州司马(815)。元和十三年(818)冬,徙忠州刺史,入为司门员外郎,以主客郎中,知制诰。这时穆宗初即位,荒纵不法,乐天虽屡上疏论得失,但终不见听,于是遂求外任,除杭州刺史(822)。在杭州秩满后,除太子左庶子,分司东都。宝历中,复出为苏州刺史。文宗即位,征拜秘书监,明年,转刑部侍郎,封晋阳男,食邑三百户。太和三年(829),他称病东归,求为分司官,遂除太子宾客分司。五年,拜河南尹,复授太子宾客分司。开成元年(836)起为同州刺史,他称病不就,以太子少傅进冯翊县侯。会昌初以刑部尚书致仕。遂"悉心释梵,浪迹老庄",与香山僧如满结香火缘,白衣鸠杖,往来香山,自号香山居士。会昌六年(846)卒,年七十五。

乐天把自己的诗分作四类,至它①们的不同,他在②《与元九书》中解释得很详③细:

> 仆数月来检讨囊帙中,得新旧诗,各以类分,分为卷目④。自拾遗来,凡所适所感,关于美刺兴比者,又自武德讫元和因事立题、题为"新乐府"者,共一百五十首,谓之讽谕诗。又或退公独处,或移病闲居,知足保和、吟玩性情者一百首,谓之闲适诗。又有事物牵于外,情理动于内,随感遇而形于叹咏者一百首,谓之感伤诗。又有五言、七言、长句、绝句,自百韵至两韵者,四百余首,谓之杂律诗。

在这四类中,他自己认为可传的是一二两类。他说:

> 仆志在兼济,行在独善。奉而始终之则为道,言而发明之则为诗。谓之讽谕诗,兼济之志也;谓之闲适诗,独善之义也。……其余杂律诗,或诱于一时一物,发于一笑一吟,率然成章,非平生所尚者,……他时有为我编集斯文者,略之可也。

现在就依照他的分类,分述于后。

一⑤、讽喻。关于这一类,内容包括的极广,而归结在一起,不

---

① "它"原书作"他",校订者酌改。
② "在"为校订者酌增。
③ "详"原书作"评",当因形似而致误排,校订者酌改。
④ "目"原书作"首",任访秋先生并在"首"后附按云"此字疑有误"。按,"首"当作"目",校订者酌改。
⑤ "一"原书作"Ⅰ",校订者酌改。下同不另出校。

外政治与社会两方面的问题。他认为人民之困苦,原因由于政府之剥削,而政府之所以剥削,乃是由于帝王官吏们生活之奢侈。在他的作品中,如《杂兴》、《秦中吟》中的《伤宅》、《轻肥》、《歌舞》、《买花》、《新乐府》中的《红线毯》、《缭绫》,都是用对比的方法来写贵族与平民生活之悬殊。里边最沉痛的是这些句子:

  罇罍溢九醖,水陆罗八珍。果擘洞庭橘,脍切天池鳞。食饱心自若,酒酣气益振。是岁江南旱,衢州人食人!(《轻肥》)

  红线毯,择茧缫丝清水煮,拣①丝练线红蓝染。染为红线红与蓝②,织作披香殿上③毯。披香殿广十丈余,红线织成可殿铺。绿丝茸茸香拂拂,线软花虚不胜物;美人蹋上歌舞来,罗袜绣鞋随步没。……一丈毯,千两丝,④地不知寒人要暖,少夺人衣作地衣!(《红线毯》)

至写政府之苛征、官吏之贪婪的,如《秦中吟》中之《重赋》,《新乐府》中之《杜陵叟》,《赠友五首》中之第三首,均属此类。就中尤以《重赋》最为深刻:

  奈何岁月久,贪吏得因循。浚我以求宠,敛索无冬春。织绢未成匹,缫丝未盈斤。里胥迫我纳,不许暂逡巡。岁暮天地闭,阴风生破村。夜深烟火尽,霰雪白纷纷。幼者形不蔽,老者体无温。悲端⑤与寒气,并入鼻中辛。昨日输残税,因窥官库门:缯帛如山积,丝絮似云屯。号为羡余物,随月献至尊。夺我身上暖,买尔眼前恩。进入琼林库,岁久化为尘!

在这样的压迫之下,人民生活的困苦也就不问可知了。像《观刈麦》同《采地黄者》两篇所写,同前者比较起来,反觉得是极平常的事了。

---

① "拣"原书误排作"练",校订者酌改。
② 校订者按,"蓝"一作"花"。
③ 校订者按,"上"一作"中"。
④ 原书此句作"一丈毯用千两丝","用"为衍文,校订者酌删。
⑤ 校订者按,"端"一作"喘"。

其次是讽刺边将之跋扈与骄侈。《新乐府》中的《城盐州》、《蛮子朝》、《西凉伎①》等篇,在当时都可说是对症之药。此外如《登乐游园》写正人之去位,《宿紫阁山北村》写权豪武弁之强梁,在此无须多述了。

社会问题又可分为风俗、思想及婚姻三类。《秦中吟》中的《立碑》、《新乐府》中的《草茫茫》写厚葬之非;《凶宅》、《梦仙》、《新乐府》中的《海漫漫》、《两朱阁》写世人思想的迷妄,而尤其攻击仙佛为虚幻,更可以看出他思想的明澈。至于写②婚姻,有憋怨旷的,如《新乐府》中的《上阳白发③人》;刺怜新弃旧的,如《母别子》;止淫奔的,如《井底引银瓶》;讥世人之嫌贫爱富的,如《秦中吟》之《议婚》。虽然有些见解不免迂④腐,但在当时这已经是很难的了。

他这种不顾忌一切而直述自己之所感的诗篇,在当时颇引起一般贵人的痛恶,他在《伤唐衢》诗中说:

忆昨元和初,忝备谏官位。是时兵革后,生民正憔悴。
但伤民病痛,不识时忌讳。遂作《秦中吟》,一吟悲一事。
贵人皆怪怒,闲人亦非訾。天高未及闻,荆棘生满地。

又《与元九书》中说:

凡闻仆《贺雨》诗,而众口籍籍,以为非宜矣;闻仆《哭孔戡》诗,众面脉脉,尽不悦矣;闻《秦中吟》,则权豪贵近者相目而变色矣;闻《登乐游园》寄足下诗,则执政柄者扼腕矣;闻《宿紫阁村》诗,则握军⑤要者切齿矣!大率如此,不可遍举。不相与者,号为沽名、号为诋讦、号为讪谤,苟相与者,则如牛僧孺之诫焉,乃至骨肉、妻孥,皆以我为非也。

---

① "伎"原书误排作"使",校订者酌改。
② "写"为校订者酌增。
③ 原书漏缺"白发"二字,校订者酌补。
④ "迂"原书误排作"于",校订者酌改;但"于"如作介词解,也可通。
⑤ "军"原书误作"权",校订者酌改。

结果开罪了不少的贵人,终于影响到他的地位,而不得不由京都跑到远远的江州去。他为了这些讽喻诗,不仅在当时吃了眼前亏,即在身后也还遭受了别人的非毁。按《八朝偶隽》(汪立名编订《白香山诗集①》中引)中说:

> 元和初,杜佑为司徒,年过七十,犹未请老。裴晋公时知制诰,因高郢致仕令词曰:以年致仕,抑有前闻;近代寡廉,罕由斯道。盖讥佑也。公此诗(按,即《秦中吟》之《不致仕》篇)所指当与裴同,盛为当时传诵。厥后杜牧之每与公多不足语,形之诗篇,至托李戡之言,极口诋诮。文章家报复,可畏如此。宋祁不察,据以论公,过矣!牧之,佑之孙也。

我们读后,也不禁要长吁一口气,而说"文章家报复,可畏如此"也。

二、感伤。这类中的佳作,自当推《长恨歌》与《琵琶行》。这两篇固为后世所极端推重者,而在当时,实早已脍炙人口了。他给元九书中说:

> 及再来长安,又闻有军使高霞寓者,欲聘倡妓,妓大夸曰:"我诵得白学士《长恨歌》,岂同他妓哉?"由是增价。……又昨过汉南日,适遇主人集众乐②娱他宾,诸妓见仆来,指而相顾曰:"此是《秦中吟》、《长恨歌》主耳。"

又云:"今仆之诗,人所爱者,悉不过杂律诗与《长恨歌》已下耳。时之所重,仆之所轻。"

这本无足怪,世人的眼光,多半就文论文,而乐天自己则抱有一种主义,他的批评标准之与世人不同,自属当然。③ 上边所举的两篇,因太长,而且早为人所共喻,现在另录《寒食野望吟》一篇作为这类的代表:

---

① "集"为校订者酌补。另按,《八朝偶隽》原名《尧山堂偶隽》,明人蒋一葵辑,自"吴兴茅元铭鼎叔重订"本改题为《八朝偶隽》。
② "乐"为校订者酌补。
③ "自属当然",原书作"自是无足怪的",与上句犯重,校订者酌改。

丘墟郭门外,寒食谁家哭?风吹旷野纸钱飞,古墓累累春草绿。棠梨花映白杨树,尽是死生离别处。冥寞重泉哭不闻,萧萧暮雨人归去。

　　三、闲适。从文学作品中,最容易看出作者思想转变的痕迹。当乐天写这类诗时,他的环境,同对环境所持的态度,已经与他写讽喻诗时迥然不同了。乐天在早年本来是才高气傲,刚直果敢,加以他抱有政治上的理想,而所处的时代正是不平治的时候,触目都是使他不平的事象,于是他就打算用支笔来改善当时的政治,解除人民的疾苦,因此就知无不言、言无不尽,结果众议沸腾,招惹了不少的是非,末了还是自己吃了亏。当他被贬谪到远远的江州时,恐怕他自己未始不感到过去自己计划的失败,而后悔自己有点太多事了吧!所以他的态度已不像往日的积极,渐渐有点主张及时行乐的意味了。我们试着看他在江州时所写的诗:

　　何以洗我耳?屋头飞落泉①。何以净我眼?砌下生白莲。左手携一壶,右手挈五弦,傲然意自足,箕踞于其间。兴酣仰天歌,歌中聊寄言:言我本野夫,误为世网牵。时来昔捧日,老去今归山。倦鸟得茂树,涸鱼返清源。舍此欲焉往,人间多险艰。(《香炉峰下新置草堂即事咏怀题于石上》)

　　三十气太壮,胸中多是非。六十身太老,四体不支持。四十至五十,正是退闲时。年长识命分,心慵少营为。见酒兴犹在,登山力未②衰。吾年幸③当此,且与白云期。(《白云期——黄石岩下作》)

他要"老去今归山"、要"且与白云期",往日政治的理想,这时也只有暂时的丢开不谈了。当他第二次由京都出任杭州刺史的时候,他简

---

① 校订者按,"飞落泉"一作"落飞泉"。
② "未"原书引作"无",校订者酌改。
③ "幸"原书引作"正",校订者酌改。

直更进一步的由行乐而趋于颓废了:

> 昔为凤阁郎,今为二千石。自觉不如今,人言不如昔。昔虽居近密,终日多忧惕。有诗不敢吟,有酒不敢吃。今虽在疏远,竟岁无牵役。饱食坐终朝,长歌醉通夕。人生百年内,疾速如过隙。先务①身安闲,次要心欢适。事有得而失,物有损而益。所以见道人,观心不观迹。(《咏怀》)

此外如《狂歌词》中的:

> 五十已后衰,二十已前痴。昼夜又分半,其间几何时?
> 生前不欢乐,死后有余赀。焉用黄垆下,珠衾玉匣为?

这全是《列子·杨朱》篇中的思想。所以乐天早年虽然反对方士、反对浮屠,但晚年也逃避到宗教中,而与僧人来往,这不能不说是由于时代环境有以致之。现在把《洛阳有愚叟》及《达哉乐天行》两诗录在下边,作为他晚年作风的代表:

> 洛阳有愚叟,白黑无分别。浪迹虽似狂,谋身亦不拙。点检盘中饭,非精亦非粝。点检身上衣,无馀亦无阙。天时方得所,不寒复不热。体气正调和,不饥仍不渴。闲将酒壶出,醉向人家歌。野食②或烹鲜,寓眠多拥褐。抱琴荣启乐,荷锸刘伶达。放眼看青山,任头生白发。不知天地内,更得几年活?从此到终身,尽为闲日月。(《洛阳有愚叟》)

> 达哉达哉白乐天,分司东都十三年。七旬才满冠已挂,半禄未及车先悬。或伴游客春行乐,或随山僧夜坐禅。二年忘却问家事,门庭多草厨少烟。庖童朝告盐米尽,侍婢暮诉衣裳穿。妻孥不悦甥侄闷,而我醉卧方陶然。起来与尔画生计,薄产处置有后先。先卖南坊十亩园,次卖东郭③五顷田。然后兼卖所居宅,

---

① "务"原书误作"后",校订者酌改。
② "野食"原书引作"饮食",校订者酌改。
③ "郭"原书误排作"都",校订者酌改。

> 仿佛获缗二三千。半与尔充衣食费,半与吾供酒肉钱。吾今已
> 年七十一,眼昏须白头风眩。但恐此钱用不尽,即先朝露归夜
> 泉。未归且住亦不恶,饥餐乐饮安稳眠。死生无可无不可,达哉
> 达哉白乐天。(《达哉乐天行》)

乐天对诗歌既是主张内容要写实,所以对形式只求能表达自己的意思就得,并不求怎样的工丽。他一则曰:

> 不能发声哭,转作乐府诗。篇篇无空文,句句必尽规。……
> 非求宫律高,不务①文字奇。惟歌生民病,愿得天子知。
> (《寄唐生》)

再则曰:

> 其辞质而径,欲见之者易谕也;其言直而切,欲闻之者深诫
> 也。……总而言之,为君、为臣、为民、为物、为事而作,不为文而
> 作也。(《新乐府序》)

这固然都是对新乐府说的,但他既然有这种倾向,自然在写其他的诗篇时,也不能不受这种"质而径"、"直而切"的影响。所以他的②作品几乎篇篇都是白话,其所以能够使"禁省观寺邮候墙壁之上无不书,王公妾妇牛童马走之口无不道"(元稹《白氏长庆集序》③)的原因。也无非由于它们太容易懂了。后人讥乐天之诗为"俗",这未免有点偏见,实际上④他的作品的短处,并不在乎俗不俗,乃在乎有点太偏重说理。诗歌本是一种象征,把自己的感情思想寓于具体的事物中就得了,本无须乎来讲道理,但乐天有时未免太激昂了,忍不住要来说理,结果不是失之于干枯,就是失之于冗赘。即如《新丰折臂翁》一诗,写到"万人冢上哭呦呦"已大可收笔了,但末尾非添上"老人言,

---

① "务"原书引作"求",校订者酌改。
② "的"为校订者酌增。
③ 原书失注出处,校订者酌补。
④ "实际上"原书作"至",校订者酌改。

君听取……"这一般教训的话不可,实在是有点蛇足。其实①像这种情形,可说是不一而足。不过乐天颇有自知之明,他不待后人来指摘②,他自己早已说过了:

> 顷者在科试间,常与足下同笔砚,每下笔时辄相顾,共③患其意太切而理太周。故④理太周则辞繁,意太切则言激。然与足下为文,所长在于此,所病亦在于此。(《和答诗十首序》)

这虽似是指他们的散文说的,其实他们的诗歌,也是如此。

元稹(779~831)字微之,河南人。本北魏拓拔氏帝室之后。他父亲死去很早,母亲郑氏有相当学问,教他读书,九岁已工为文,十五擢明经,判入等,补校书郎。元和元年(806)举制科对策第一,拜左拾遗。他秉性明敏,遇事辄举,因之深为当路所不喜,遂出为河南尉。以母丧解服,除拜监察御史。他对事益发的认真了,前后揭发官吏枉法事,至十余件之多。终以得罪阉宦,贬江陵士曹参军。后又徙通州司马,改虢州长史。元和十四年(819)召还京师,拜膳部员外郎。穆宗在太子时,很喜欢微之的作品,即位后又因监军崔潭峻的绍介,遂改祠部郎中,知制诰。他改诏书的体裁,一以纯厚明切为主,于是遂盛传一时。不过因为升迁得太快,颇为时人所嫉忌。不久,又迁中书舍人,翰林承旨学士,天子数召见,礼遇益厚。长庆二年,竟任他为宰相。这时与他同做宰相的裴度,因为他与中人往来的缘故,颇瞧不起他,两人互不相容,终于同时罢相。微之遂出为同州刺史。秩满,徙浙东观察使。文宗太和三年(829)召为尚书左丞,次年(830)拜武昌节度使,五年卒于官,年五十三。

---

① "其实"原书作"其余",当是误书或误排,校订者酌改。
② "摘"原书误排作"滴",校订者酌改。
③ "共"原书漏引,校订者酌补。
④ 校订者按,本书及一般白集校点本,均将"故"字断属此句,然按辞气文义,似应作"共患其意太切而理太周故","理太周则辞繁,意太切则言激"则是对"故"的解释。另按,白氏此序中的"足下"指元稹。

微之对他自己的诗,也曾加以分类,他在《叙诗①寄乐天书》中说:

> 适值河东李明府景俭在江陵时,僻好仆诗章,谓为能解,欲得尽取观览,仆因撰成卷轴。其中有旨意可观,而词近古往者,为古讽;意亦可观,而流在乐府者,为乐讽;词虽近古,而止于吟写性情者,为古体;词实乐流,而止于模象物色者,为新题乐府;声势沿顺、属对稳切者,为律诗,仍以七言、五言为两体;其中有稍存寄兴与讽为流者,为律讽;不幸少有伉俪之悲,抚存感往,成数十诗,取潘子《悼亡》为题;又有以干教化者,近世妇人晕淡眉目、绾约头鬟,衣服修广之度及匹配色泽,尤剧怪艳,因为艳诗百馀首,词有今、古,又两体。自十六时,至是元和七年矣,有诗八百馀首。②色类相从,共成十体,凡二十卷。

所谓十体,乃是就形式同内容两方面的分法,即:一、古讽,二、乐讽,三、古体,四、新乐府,五、七言律,六、五言律,七、律讽,八、悼亡,九、今体艳诗,十、古体艳诗。假若我们要按内容来分的话,他这些③诗仍不外列两类,即:一、讽诗(古讽、乐讽、律讽),二、非讽诗(古体、律体)。

我们觉得微之的诗,值得注意的,还是新乐府同感怀一类的篇什。乐府中写得最好的,要数《连昌宫词》同《上阳白发人》两篇了。前者是一向与乐天的《长恨歌》比美的杰作,里边借一个宫里④老人的话,来写历史上一件盛衰大事。在天宝大乱以前,玄宗也曾驾幸过这座行宫,那时的情形,这位老人亲眼见过:

> 上皇正在望仙楼,太真同凭阑干立。楼上楼前尽珠翠,炫转

---

① "诗"原书误作"事",校订者酌改。
② 原书漏引"词有今、古,又两体。自十六时,至是元和七年矣,有诗八百馀首"几句,致使"十体"之数有所欠缺,校订者酌补。
③ "些"为校订者酌增。
④ "里"原书作"边",与前犯重,校订者酌改。

荧煌照天地。……初过寒食一百六,店舍①无烟宫树绿。夜半月高弦索鸣,贺老琵琶定场屋。力士传呼觅念奴,念奴潜伴诸郎宿。须臾觅得又连催,特敕街中许燃烛。春娇满眼睡红绡,掠削云鬟旋装束。飞上九天歌一声,二十五郎吹管逐。逡巡大遍《凉州》彻,色色《龟兹》轰录续。李謩擪②笛傍宫墙,偷得新翻数般曲。平明大驾发行宫,万人鼓舞途路中。百官队仗避岐薛,杨氏诸姨车斗风。

可是大乱之后呢,这座行宫就荒废了起来,以后的皇帝再没来临幸过,于是里边的情形,已大非昔比了:

去年敕③使因斫竹,偶值门开暂相逐。荆榛④栉比塞池塘,狐兔骄痴缘树木。舞榭歌⑤倾基尚在,文窗窈窕纱犹绿。尘埋粉壁旧花钿,乌啄风筝碎珠玉。上皇偏爱临砌花,依然御榻临阶斜。蛇出燕巢盘斗栱,菌生香案正当衙。寝殿相连端正楼,太真梳洗楼上头。晨光未出帘影黑,至今反挂珊瑚钩。指似傍人因恸⑥哭,却出宫门泪相续。自从此后还闭门,夜夜狐狸上门屋。

这种写法,颇有点像鲍明远的《芜城赋》,不过成为篇中之颣的,就是在末尾那一段,教训的气味太重了。其实不只这一篇,几乎他所有的新乐府,都犯这种毛病。

上阳白发人

天宝年中花鸟使,撩花狎鸟含春思。满怀墨诏求殡御,走上高楼半酣醉。醄醄直入卿士家,闺闱不得偷回避。良人顾妾心

---

① "舍"原书误排作"会",校订者酌改。
② "擪"原书误作"壓",校订者酌改。
③ "敕"原书误引作"刺",校订者酌改。
④ "榛"原书误作"棘",校订者酌改。
⑤ 校订者按,"欹"一作"歌"。
⑥ "恸"原书引作"痛",校订者酌改。

死别,小女呼爷血垂泪。十中有一得更衣,永配深宫作宫婢。御马南奔胡马㲄,宫女三千合宫弃。宫门一闭不复开,上阳花草青苔地。月夜闲闻洛水声,秋池暗度风荷气。日日长看提象门,终身不见门前事。近年又送数人来,自言兴庆南宫至。我悲此曲将彻骨,更想深冤复酸鼻。此辈贱缤何足言,帝子天孙古称贵。诸王在阁四十年,七宅六宫门户闷。隋炀枝条袭封邑,肃宗血胤无官位。王无妃媵主无婿,阳亢阴淫结灾累。何如决壅顺众流,女遣从夫男作吏!

近代的写实主义,大抵是专来表现社会的黑暗,而不随便发议论,也可说是专写病案,而不开药方。只不过提出问题,让读者去评判,去解决罢了。可是乐天同微之就不然了,他们是要来讽喻,同西汉的经生们拿三百篇当谏书的意味颇有点相同。他们不采取正颜厉色的方式,而拿诗歌来从容讽谏,所以不但要指出病状,而且还要列出医治的方剂,希望当道能够随时采纳。这种差异的产生,我觉得还是政治背景不同的缘故。近代的写实主义,乃是产生在民主政治之下,自然是以博得大众的注意为目的,而九世纪的写实主义,是产生在专制的政治之下,所以不能不偏重在天子这方面。元白的新乐府中,之所以不免常常要羼进大量的说理成分,的确也是无足怪的。

微之同乐天他俩的性格似乎很不相同,微之近于沉潜,而乐天近于高明。同时微之的修养,似乎不及乐天,所以乐天总是旷达的,而微之常是汲汲无欢的样子,因此他在三十岁左右,头发已经有白的了(《解秋》诗中有"三十鬓添霜①"之句)。他本来比乐天岁数小,但竟又先乐天而死,这不能不说是性格同修养二者的关系。乐天集中有"闲适诗",而微之集中有"伤悼诗",也就足见他俩的不同了。

微之的性格既是极其拘谨,而他的情感又是极其丰富,所以哀乐入之也深,常常一桩悲哀的事放到心头,而永久不能忘情。他三十岁

---

① "霜"原书误排作"于相",校订者酌改。

时第一个夫人韦氏去世,他有着说不出的难过,屡屡见于篇章。里边最沉痛的,是这几篇:

三 遣 悲 怀

　　谢公最小偏怜女,自嫁黔娄①百事乖。顾我无衣搜荩②箧,泥他沽酒拔金钗。野蔬充膳甘长藿,落叶添薪仰古槐。今日俸钱过十万,与③君营奠复营斋。

　　昔日戏言身后意,今朝皆到眼前来。衣裳已施行看尽,针线犹存未忍开。尚想旧情怜婢仆,也曾因梦送钱财。诚知此恨人人有,贫贱夫妻百事哀。

　　闲坐悲君亦自悲,百年都是几多时。邓攸无子寻知命,潘岳悼亡犹费词。同穴窅冥何所望,他生缘会更难期。唯将终夜长开眼,报答平生未展眉。

此外他的儿女的夭殇,似乎对他的刺激也很大,《哭女樊四十韵》末尾的描写,似乎与左思的《娇女》同工部的《北征》中一部分,很有点相像。

　　骑竹痴犹子,牵车小外甥。等闲④迷过影,遥戏误啼声。
　　浣纸伤馀画,扶床念试行。独留呵面镜,谁弄倚墙筝。
　　忆昨工言语,怜初⑤妙长成。撩风妒鹦舌,凌露触兰英。
　　翠凤舆真女,红蕖捧化生。只忧嫌五浊,终恐向三清。
　　宿恶诸荤味,悬知众物名。环从枯树得,经认宝函盛。
　　愠怒偏憎数,分张雅爱平。最怜贪栗妹,频救懒书兄。

---

①　校订者按,"自嫁黔娄"一作"嫁与黔娄"。
②　"荩"原书引作"尽",校订者酌改。
③　"与"原书引作"为",校订者酌改。
④　校订者按,"闲"一作"长"。
⑤　"初"原书误作"人",校订者酌改。

为占娇饶①分,良多眷②恋诚。别常回面泣,归定出门迎。
解怪还家晚,长将远信呈。说人偷罪过,要我抱纵横。
腾蹋游江舫,攀缘看乐棚。和蛮歌字拗,③学妓舞腰轻。
迢递离荒服,提携到近京。未容夸④伎俩,唯恨枉聪明。
往绪心千结,新丝鬓百茎。暗窗风报晓,秋幌雨闻更。
败槿萧疏馆,衰杨破坏城。此中临老泪,仍自哭孩婴。

余如《哭子》(十首)、《哭小女降真》,不俱引了。友朋方面,他同乐天交谊最深,而酬和忆念的作品也最多。我平常最喜欢的是这两首:

闻乐天授江州司马

残灯无焰影幢幢,此夕闻君谪九江。垂死病中惊坐起⑤,暗风吹雨入寒窗。

得 乐 天 书

远信入门先有泪,妻惊女哭问何如?寻常不省曾如此,应是江州司马书。

微之同乐天⑥自然都受工部的影响,但我觉得他二人比较起来,还是以微之所受的影响⑦为最深。乐天写诗极其平易自然,大有信手拈来之概,这与工部之"语不惊人死不休"的态度已迥然不同了。可是微之呢,他的诗似乎有些⑧是经过一番苦心来的,尤其是他的五言

---

① "饶"原书误排作"铙",校订者酌改。
② "眷"原书误排作"春",校订者酌改。
③ 此句原书引作"和歌蛮字拗",校订者酌改。
④ "夸(誇)"原书误排作"诱(誘)",校订者酌改。
⑤ 校订者按,"惊坐起"原书引作"仍怅望",或别有所本,此处据通行本改。
⑥ 原书此处有"他们"二字,校订者酌删。
⑦ "影响"为校订者酌增。
⑧ 原书此处有一"都"字,辞气不顺,校订者酌删。

古,如《投吴端公、崔院长》、《寄吴士矩端公五十韵(此后并江陵士曹时作)》,与工部的《呈韦左丞丈》、《自京赴奉先咏怀》,在叙事述怀这两方面,都很相类。①不过在气势上,他远不如工部的雄健罢了。

张籍字文昌,和州乌江人。中进士第后,为太常寺太祝。在任时间很久。晚年才迁为秘书郎。韩愈荐他为国子博士,历水部员外郎,主客郎中,终于国子司业。他的生卒,据胡适之先生根据白居易的《读张籍古乐府》及他自己的《祭退之》诗与《寄白宾客②分司东都》诗的推定,大概他生于765(代宗初年),卒③于830左右,与元稹卒年相近。

文昌是韩愈的好友,一向都把他列进韩愈派诗人中。不过④就他的作风说,与其把他放进韩派,无宁把他放进白派更为合适些。白居易的文学主张,是"诗歌合为事而作",他平生推评的并世作者除元微之之外,就要数到文昌了。他的《读张籍古乐府》云:

> 张君何为者?业文三十春,尤工乐府诗,举代少其伦。为诗意如何?六义互铺陈,风雅比兴外,未尝著空文。读君《学仙》诗,可讽放佚君;读君《董公》诗,可诲贪暴臣;读君《商女》诗,可感悍妇仁;读君《勤齐》诗,可劝薄夫敦⑤。上可裨教化,舒之济万民;下可理情性,卷之善一身。始从青衿岁,迨此白发新,日夜秉笔吟,心苦力亦勤。时无采诗官,委弃如泥尘。……

---

① 原书在"尤其是他的五言古"后,乃举例论说道:"如《投吴端公崔院长》与工部的《呈韦左丞丈》在江陵士曹时,《寄吴端公》与工部的《自京赴奉先咏怀》在叙事述怀这两方面,都很相类。"这几句显然有错简,上面正文所录,乃校订者酌为校理后的文句。

② "客"原书误作"寺",校订者酌改。

③ "卒"原书漏排,校订者酌补。

④ "过"原书作"要",辞气不顺,可能因"过(過)"与"要"草书近似而致误排,校订者酌改。

⑤ 校订者按,"敦"一作"淳"。

《商女》、《勤齐》二诗,今集不存,大概已散佚了。文昌《古乐府》内容,也不外政治同社会两方面的问题。属于政治的,有《征妇怨》(刺用兵)、《筑城词》(刺筑城)、《促促词》、《山头鹿》、《山农词》(刺重税)等。属于社会的,有《北邙行》(戒恶俗,与乐天的《立碑》很相近)、《求仙行》、《学仙》(反对方士思想)、《白头吟》(写弃妇的悲哀,胡先生①谓这是公然的在攻击"无子去"的野蛮礼制)等。而最动人的,还是《山头鹿》同《离妇》这两篇。

山 头 鹿

山头鹿,双②角芰芰尾促促。贫儿多租输不足,夫死未葬儿在狱。早日熬熬蒸野冈,禾黍不收无狱粮。县家唯忧少军食,谁能令尔无死伤?

离 妇

十载来夫家,闺门无瑕疵。薄命不生子,古制有分离。
托身言同穴,今日事乖违。念君终弃捐,谁能强在兹?
堂上谢姑嫜,长跪请离辞。姑嫜见我往,将决复沉疑。
与我古时钗,留我嫁时衣。高堂捣我身,哭我于路陲。
昔日初为妇,当君贫贱时。昼夜常纺绩,不得事蛾眉。
辛勤积黄金,济君寒与饥。洛阳买大宅,邯郸买侍儿。
夫婿乘龙马,出入有光仪。将为富家妇,永为子孙资。
谁谓出君门,一身上车归。有子未必荣,无子坐生悲。
为人莫作女,作女实难为。

元白的同时作者,也和他们一样走向这条写实的路的,除张籍

---

① 校订者按,此处"胡先生"当指胡适,胡适的评语见其《白话文学史》第十五章"大历长庆间的诗人"。

② 原书漏缺"双"字,校订者酌补。

外,还有唐衢、李绅(字公垂,润①州无锡人,官至中书侍郎同平章事)、刘猛(梁州进士)、李余(蜀人,长庆三年第进士)四人。按乐天的《伤唐衢》第一②首中说:"遗文仅千首,六义无差忒。散在京索③间,何人为收得④?"第二首又道:

> 忆昨元和初,忝备谏官位。是时兵革后,生民正憔悴。但伤民病痛,不识时忌讳,遂作《秦中吟》,一吟悲一事。……惟有唐衢见,知我平生志;一读兴⑤叹嗟,再吟垂涕泗;因和三十韵⑥,手题远缄寄;致吾陈、杜⑦间,赏爱非常意。此人无复见,此诗犹可贵。今日开箧看,蠹鱼损文字!

可见唐衢不但会作诗,而且还曾和过乐天的《秦中吟》,可惜后来都散失了。至于其余三人,在微之的《乐府古题序》中说:

> 况自风、雅至于乐流,莫非讽兴当时之事,以贻后代之人。沿袭古题,唱和重复,于文或有短长,于义咸⑧为赘剩,尚不如寓意古题、刺美见事,犹有诗人引古以讽之义⑨焉。曹、刘、沈、鲍之徒时得⑩如此,亦复稀少。近代惟诗人杜甫《悲陈陶》、《哀江头》、《兵车》、《丽人》等,凡所歌行,率皆即事名篇,无复依傍⑪。予少时与友人乐天、李公垂辈,谓是为当,遂不复拟赋古题。昨

---

① 原书漏缺"润"字,校订者酌补。
② 校订者按,"第一"原书作"二",因下引两诗段不好区分,所以此处酌改为"第一"、后加"第二首又道"。
③ "索"原书引作"洛",校订者酌改。按,"索"即荥阳。
④ "得"原书引作"拾",校订者酌改。
⑤ "兴"原书引作"生",校订者酌改。
⑥ "韵"原书引作"章",校订者酌改。
⑦ 校订者按,任访秋先生于"陈、杜"间夹注云:"陈(子昂)、杜(甫)。"
⑧ "咸"原书误引作"或",校订者酌改。
⑨ "义"原书引作"意",校订者酌改。
⑩ "得"原书引作"或",校订者酌改。
⑪ "傍"原书引作"旁",校订者酌改。

梁州见进士刘猛、李余,各赋古乐府诗数十首①,其中一二十章,咸有新意,子因选而和之。

又《和李校书新题乐府十二首序》中说:

予友李公垂贶予《乐府新题》二十首,雅有所谓,不虚为文,予取其病时之尤急者,列而和之,盖十二而已。

从这两段中,固可以看出他们改革②乐府的主张,同时更可以证明李绅、刘猛、李余他们都有讽刺时事的乐府之作,可惜在《全唐诗》中,李余的诗只有两首,刘猛的诗只有三首,李绅虽然尚存有四卷之多,但都已看不到乐府的影子了,这真是极可惋惜的事。至于稍后聂夷中(字垣之,河东人,咸通十二年登第,官华阴尉),虽还有一些替农民来说话的作品,但范围既狭,分量又少,比之元、白真不啻"泰山之于丘垤,河海之于行潦"③,写实主义的运动,到这时只算剩了一点点的余波了。现在录他两篇,作为本节的收束。

咏 田 家

二月卖新丝,五月粜新谷;医得眼前疮,剜却心头肉。

我愿君王心,化作光明烛;不照绮罗筵,只照逃亡屋。

闻人说海北事有感

故乡归路隔高雷,见说年来事可哀。村落日中眠虎豹,田园雨后长蒿莱。海隅久已无春色,地底真成有劫灰。荆棘满山行不得,不知当日是谁栽。

---

① "首"原书引作"章",校订者酌改。
② "改革"原书作"革改",校订者酌改。
③ 校订者按,此二语出自《孟子·公孙丑》,文中两"于"字皆引作"与",校订者酌改。

第三节　韩愈、孟郊等复古派诗人①

在前期本来已经有陈子昂、李太白等的复古运动了。不过这种运动,给诗坛上的影响仅仅只在形式上革去了六朝的缛丽之习罢了,说到格律方面,仍是日就缜密。以杜甫之高才,而以律诗见称,可见这种潮流的力量是怎样的大了。韩愈生在李、杜之后,本来是以提倡散文的复古而著②称的,可是在诗歌上,也与散文一样,有着同一的趋向。他对前于他的这两位大诗人——李白同杜甫,并不像元、白一样专尊杜而抑李。他是不分优劣、一视同仁的。这种见解在前节所引的《调张籍》一诗中的话,就很分明的可以看到。至他对过③去诗歌演变的看法,似乎也有点近于太白,推挹汉魏而菲薄齐梁,与工部之"转益多师是汝师"大相径庭。他在《荐士》中说:

周诗三百篇,雅丽理训诰。曾经圣人手,议论安敢到。
五言出汉时,苏李首更号。东都渐弥漫,派别百川导。
建安能者七,卓荦变风操④。逶迤抵晋宋,气象日凋耗。
中间数鲍谢,比近最清奥。齐梁及陈隋,众作等蝉噪。
搜春摘花卉,沿袭伤剽盗。国朝盛文章,子昂始高蹈。
勃兴得李杜,万类困陵暴。

按说退之的思想崇孔孟、辟佛老,实与工部最为接近,对太白似应有所非难。乃退之反极力称许太白,这未免有点怪,但如把他们对诗歌的主张比较一下,就会觉得这是不足怪的了。同时与退之以诗文相交的如孟郊、卢仝、贾岛等,固然各人有各人特殊的风格,各有各人的独到之处,但是多少总不能不受一点退之的影响。现在还是为的论述时便利起见,把这些作者都放在退之后边。至这派的标题,最初很

---

① 此节原题"复古派",校订者据内容酌改。
② "著"原书误排作"着",校订者酌改。
③ "过"原书误排作"这",校订者酌改。
④ "操"原书引作"骚',校订者酌改。

使我为难,中间想了几①个,都不合适,因为总是免不了偏不概全之弊。到了最后,没有办法,只有冠以"复古"二字。我也深知这不能算妥当,但无可如何,也只有如此,读者对之,只要不过于拘泥就好了。

韩愈(768~824)字退之,河南南阳人(今沁阳附近),幼孤,为兄嫂所抚养,刻苦学儒,不俟奖励。十九岁②(786)才去京师,越六年(792)登进士第。宰相董晋出镇大梁,辟他为观察推官。后晋卒,他去徐州为宁武节度使张建封府推官。801年,调授四门博士,再转监察御史。因上章论宫市之弊,遂被贬为连州扬山令,改江陵府掾曹。元和初(806)召为国子博士,迁都官员外郎,拜河南令。以柳润事,复为博士,他心中很不高兴,作《进学解》以自慰。这篇文章后来为当轴所见,很哀怜他,因他有史才,遂改任他为比部郎中,史馆修撰。中历考功郎中,中书舍人,太子右庶子,以随裴度平淮西功,授刑部侍郎。元和十四年(819)宪宗令中使迎佛骨至京师,退之本就不喜欢佛,这时看到当时自上而下对佛热烈崇拜的情形③,于是就忍不住④写了篇《谏佛骨表》,历陈东汉以前佛尚未至中国,而帝王率皆寿考,洎东汉以后佛到中国,那些奉佛的帝王反寿促,事佛求福,乃反得祸。表上,宪宗大怒,将加以极法,中间赖裴度、崔群等的婉转,才贬他为潮州刺史。退之最初本是极倔⑤强的人,但遭了这次打击后,锐气顿消,马上可变了那副刚直的面孔,反来阿谀乞怜了。当他到了潮阳之后,给宪宗上表,先说那里地方的恶劣,他年已衰迈,受不了那种折磨;次说他"单立一身,朝无亲党",假若天子不怜恤他没有人肯替他讲话;接着⑥说他受性愚陋,人事多所不通,但好学问文章,将来那种歌功颂

---

① 原书此处衍一"了"字,校订者酌删。
② "岁"为校订者酌增。按,此云"十九"当是虚岁。
③ "情形"原书作"形情",校订者酌改。
④ "不住"原作"不着","不着"乃河南方言,意同"不住",校订者酌改。
⑤ "倔"原书作"崛",校订者酌改。
⑥ "接着"原书作"最后",与下文"末了"犯重,校订者酌改。

德的文章,自己敢说胜任而无愧;末了又说了一大堆谄谀的话,劝宪宗把自己的功业应定之于乐章,告之于神明,东巡泰山,奏功皇天,俾可垂之万世而不朽。表上遂改授袁州刺史。十五年(820)征为国子祭酒,转兵部侍郎,又以宣谕镇州功,改吏部侍郎。长庆四年卒,年五十七。

退之对诗最擅长的是古体。他的特点:一是句法、章法以及用字都力求新奇。五言的句子,普通都是上二下三,而他则常常作上一下四。如:"僧时不听莹,若饮水救渴①。"(《送文畅师北游》)七言,普通是上四下三,而他则常常作上三下四。如:"我念前人譬葑菲,落以斧斤引縻徽②。……人生此难馀可祈,子去矣时若发机。"(《送区弘南归》)至于章法,在《南山诗》中竟有五十一句用"或"字起始的,在过去的诗中,的确不容易找到像这样组织的篇子。用字遣词更是喜欢冷僻,即如《赠张籍》一诗的后半篇云:

> 试将诗义授,如以肉贯弗。开祛露毫末,自得高寨巇。
> 我身蹈丘轲,爵位不早绾。固宜长有人,文章绍编划。
> 感荷君子德,恍若乘朽栈。召令吐所记,解摘了瑟僩。
> 顾视窗壁间,亲戚竞觊觎。喜气排寒冬,逼耳鸣睍睆。
> 如今更谁恨,便可耕灞沪。

这比诸白乐天的诗难懂的多了,但所谓难懂,只不过是字与词的关系。若把它们弄明白后,则意义反极其空洞,东坡之讥扬雄,谓其以"难深文浅陋",我觉得退之的诗,也常犯这种毛病。总之,退之受工部"语不惊人死不休"这句话的影响太深了,又加以他以复古自命,所以在诗歌上就不免于故意的标奇立异,以耸动世人的视听。清人赵瓯北评他道:

---

① "渴"原书误排作"喝",校订者酌改。
② 原书此句引作"落以斧引以縻徽",或者别有所本,校订者据常见本酌改。

至昌黎时，李、杜已在前，纵极力变化，终不能再辟一径。惟少陵奇险处，尚有可推扩，故一眼觑定，欲从此辟山开道、自成一家，此昌黎注意所在也。然奇险处亦自有得失。盖少陵才思所到，偶然得之，而昌黎则专以此求胜，故时见斧凿痕迹：有心与无意异也。(《瓯北诗话》卷三)

这是极有见地的话。二是气势的豪放。如：

奉酬卢给事云夫四兄《曲江荷花行》见寄并呈上钱七兄阁老、张十八助教

曲江千顷秋波净，平铺红云①盖明镜。大明宫中给事归，走马来看立不正。遗我明珠九十六，寒光映骨睡骊目。我今官闲得婆娑，问言何处芙蓉多。撑舟昆明度云锦，脚敲两舷叫吴歌。太白山高三百里，负雪崔嵬插花里。玉山前却不复来，曲江汀滢水平杯。我时相思不觉一回首，天门九扇相当开。上界真人足官府，岂如散仙鞭笞鸾凤终日相追陪。

这不同太白的作风很相近吗？三是作诗如作文：

寄卢仝

玉川先生洛城里，破屋数间而已矣。一奴长须②不裹头，一婢赤脚老无齿。辛勤奉养十馀人，上有慈亲下妻子。先生结发憎俗徒，闭门不出动一纪。……先生固是余所畏，度量不敢窥涯涘。放纵是谁之过欤，效尤戮仆愧③前史。买羊沽酒谢不敏，偶逢明月曜桃李。先生有意许降临，更遣长须致双鲤。

---

① 校订者按，"云"一作"蕖"。
② "须(鬚)"原书误排作"发(髮)"，校订者酌改。
③ "愧"原书误作"醜"，校订者酌改。

齿　　落①

去年落一牙,今年落一齿。俄然落六七,落势殊未已。
馀存②皆动摇,尽落应始止。忆初落一时,但念豁可耻。
及至落二三,始忧衰即死。每一③将落时,懔懔恒在已。
乂④牙妨食物,颠倒怯漱水。终焉舍我落,意与崩山比。
今来落既熟,见落空相似。馀存二十馀,次第知落矣。
倘常岁一落⑤,自足支两纪。如其落并空,与渐亦同指。
人言齿之落,寿命理难恃。我言生有涯,长短俱死尔。
人言齿之豁,左右惊谛视。⑥ 我言庄周云,木雁各有⑦喜。
语讹默固好,嚼废软还美。因歌遂成诗,持用诧⑧妻子。

宋人沈括评退之道:"韩退之诗,乃押韵之文耳"(《苕溪渔隐丛话》引》)。可是胡适之先生认为这虽是退之的短处,同时也就是退之的长处,他说:

　　韩愈是个有名的文家,他用作文的章法来作诗,故意思往往能流畅通达,一扫六朝初唐诗人扭扭捏捏的丑态。这种"作诗如作文"的方法,最高的地界⑨往往可到"作诗如说话"的地位,便开了宋朝诗人"作诗如说话"的风气。后人所谓"宋诗",其实没有什么玄妙,只是"作诗如说话"而已。这是韩诗的特别长处。

---

① 原书引作"落齿",校订者酌改。
② 校订者按,"存"一作"在"。
③ "每一"原书引作"每每",校订者酌改。
④ "乂"原书误排作"又",校订者酌改。
⑤ "一落"原书引作"落一",校订者酌改。
⑥ "我言生有涯,长短俱死尔。人言齿之豁,左右惊谛视"四句,或因看错行而漏排,校订者酌补。
⑦ 校订者按,"有"一作"自"。
⑧ "诧"原书误排作"託",校订者酌改。
⑨ 查胡适《白话文学史》即作"地界",或乃"境界"之误植。

(《白话文学史》第一五章)

胡先生的话自是极有道理,不过我总觉得退之的诗缺乏朴质与自然,所以令人感不到亲切的意味。他学工部的奇险,结果流而为虚矫,学太白的豪放,结果流而为粗犷。至于李、杜两人的长处,所谓空灵飘逸与恳挚质实,则彼实懵乎其未之闻。至退之的作品,为什么竟走上这样一条路?我认为还不外他的思想与修养的关系。我们试读他的散文《原道》,就可以看出他是以道统自任的一个人,而他的朋友张籍也曾劝过他来担负道统(《新唐书·一七六·张籍传》)。因此他就不能不故意的装腔作势,摆出规矩尊严的样子来。加以他又是不能忘情名利的热衷者,他劝他的儿子要努力读书,因为惟有读书,才能够富贵利达。他说:

两家各生子,提孩巧相如。少长聚嬉戏,不殊同队鱼。
年至十二三,头角稍相疏。二十渐乖张,清沟映污渠。
三十骨骼成,乃一龙一猪。飞黄腾踏去,不能顾蟾蜍。
一为马前卒,鞭背生虫蛆。一为公与相,潭潭府中居。
问之何因尔,学与不学欤。金璧虽重宝,费用难贮储。
学问藏之身,身在则有余。……文章岂不贵,经训乃菑畲。
潢潦无根源,朝满夕已除。……恩义有相夺,作诗劝①踌躇。
(《符读书城南》)
始我②来京师,止携一束书。辛勤三十年,以有此屋庐。
此屋岂为华?于我自有余。中堂高且新,四时登牢蔬。
前荣馔宾亲,冠婚之所于③。……主妇治北堂,膳服适戚疏。
恩封高平君,子孙从朝裾。开门问谁来,无非卿大夫。
不知官高卑,玉带悬金鱼。问客之所为,峨④冠讲唐虞。

---

① "劝"原书误排作"欢",校订者酌改。
② 校订者按,"始我"一作"我始"。
③ 校订者按,"之所于"一作"所依于"。
④ 校订者按,"峨"一作"巍"。

……凡此座中人,十九持钧枢。……嗟我不修饰,事与庸人俱。安能坐如此,比肩于朝儒。诗以示儿曹,其无迷厥初。(《示儿》)

这种纯以利禄来诱导子弟,就可以晓得退之这个人的修养是如何了。像他这样不真率的人,怎能写出真率的诗呢。不过也不能一概而论,退之《集》中并不是绝无一篇可读的诗,因为一个人平时虽尽力的做作摆架子,但一不注意,就会流露出一点本来面目。退之写诗,尽管在那里炫奇弄诡,但也有真的性灵在他不留意的时候而自然流露出来的。可惜的是这类篇子,在他作品的全量上占得极少而已。如下面两篇:①

山　石

山石荦确行径微,黄昏到寺蝙蝠飞。升堂坐阶新雨足,芭蕉叶大栀子②肥。僧言古壁佛画好,以火来照所见稀。铺床拂席置羹饭,疏粝亦足饱我饥。夜深静卧百虫绝,清月出岭光入扉。天明独去无道路,出入高下穷烟霏。山红涧碧纷烂漫,时见松枥皆十围。当流赤足蹋涧石,水声激激风吹衣。人生如此自可乐,岂必局束为人鞿?嗟哉吾党二三子,安得至老不更归。

哭杨兵部凝、陆歙州参

人皆期七十,才半岂蹉跎。并出知己泪,自然白发多。

晨兴为谁恸,还坐久滂沱。论文与晤语,已矣可③如何。

孟郊(751~814)字东野,湖州武康人。《新唐书》(一七六卷)说他:"少隐嵩山,性介,少谐和。"韩愈给他作的墓志(《贞曜先生墓

---

① "如下面两篇"为校订者酌增。
② 校订者按,"栀子"一作"支子"。
③ 校订者按,"可"或作"两"、"复"。

志》)中说:"年几五十,始以尊夫人之命,来集京师,从进士试,既得,即去。"这好像说他只应了一次的进士试,实际韩愈的志,写得太疏略了。按东野诗集卷三,有《叹命》①诗云:

> 三十年来命,唯藏一卦中。题诗还怨易②,问易蒙复蒙。
> 本望文字达,今因文字穷。影孤别离月,衣破道路风。
> 归去不自息,耕耘成楚农。

这当是初次下第时写的,下第后,就又回到南方去了,集中有《下第东归留别长安知己》、《失意归吴因寄东台刘复侍御》诸诗。至他第二次去京师,不知竟在何时,贞元八年(792)他与李观(字元宾,赵州人,贞元八年进士,宏词擢第,《唐诗纪事》卷三三)同时应试,李登第而他偏落选,他《赠李观》诗云:"昔为同恨客,今为独笑人。舍予在泥辙,飘迹上云津。"可知他是怎样的感叹了。这次下第后,韩愈同李观都劝他去徐州谒张建封,李诗已佚,韩诗云:

> 我论徐州③牧,好古天下钦。竹实凤所食,德馨神所歆。
> 求观众丘小,必上泰山岑;求观众流细,必泛沧溟深。
> 子其听我言,可以当所箴。既获则思返,无为久滞淫。
> 卞和试三献,期子在秋砧。　　(《孟先生诗》)

他当时很同意韩、李两人的主张,所以在《答韩愈李观别因献张徐州》诗云:

> 有客步大方,驱车独迷辙。故人韩与李,逸翰双皎洁。
> 哀我摧折归,赠词纵横设。徐方国东枢,元戎天下杰。
> 祢生投刺游,王粲吟诗谒。高情无遗照,朗抱开晓月。
> 有土不埋冤,有雠皆为雪。愿为直草木,永向君地列④。
> 愿为古琴瑟,永向君听发。欲识丈夫心,曾将孤剑说。

---

① "《叹命》"原书误作"《再下第》",校订者酌改。
② 校订者按,"还怨易"或作"怨问易"、"还问易"。
③ "州"原书引作"方",校订者酌改。
④ "列"原书误排作"别",校订者酌改。

及他到了徐州,又《上张徐州》一诗。至于张建封后来是否任用他,已不得而知了。贞元十二年(796)他去京应试,此时他已四十五岁了,这次算是中了,他曾有诗写他当时的高兴情形道:

> 昔日龌龊不足夸,今朝放荡思无涯。春风得意马蹄疾,一日看尽长安花。(《登科后》)

他虽然中了进士,但官运并不怎样亨通。过了四年,才选为溧阳尉,韩愈《荐士》诗云:"酸寒溧阳尉,五十几何耄。"故相郑余庆为河南尹,奏他为水陆运从事,试协律郎。后郑改为兴元尹,又奏他为参谋,试大理评事。他同他的太太一块去任所,走到阌乡,得暴疾而死。年六十四。

东野的天分似乎并不很高,不过他是以诗为生命的人,他最初本来是要打算以文字来猎取功名的,但后来屡试屡北,穷苦潦倒,于是诗反成了他发泄牢骚、安慰自己的"至亲"(《吊卢殷》有"至亲惟有诗"之句)了。他自己曾说他对诗所下的工夫道:"夜学晓不休,苦吟鬼神愁。如何不自闲,心与身为仇。"(《夜感自遣》)①韩愈也说他作诗:"刿目鉥心,刃迎缕解,钩章棘句,掐擢胃肾,神施鬼设,间见层出。唯其大翫于词,而与世抹杀,人皆劫劫,我独有馀。"(《墓志》)这样的认真,这样的不苟,全是受着工部的影响太深的缘故。韩愈《荐士》诗中的"横空盘硬语,妥贴力排奡"作为他的诗格的评语,真是最恰当不过了。

东野是韩愈最好的朋友,但他的为人与他的作品,似乎同韩愈却极不同,他是很率真的,不虚伪,不矫饰。他的诗虽然有点寒俭之气,但因为是真性灵的流露,所以还比较着令人可喜。他一生坎坷,早年是不得做官,受了半生的穷困,晚年可做官了,但都是不重要的职分,终于到死,家中还毫无积蓄,仍然得仰赖朋友的帮助,才算把他葬埋,剩下的钱交给他家人作供祀之费(《墓志》)。所以他的诗不是说穷

---

① 原书失注诗题,校订者酌补。

愁无赖,就是来怨天尤人,再不然是故作旷达:

秋怀十五首(录一)

秋至老更贫①,破屋无门扉。一片月落床,四壁风入衣。
疏梦不复远,弱心良易归。商葩将去绿,缭绕争馀辉。
野步踏事少,病谋向物②违。幽幽草根虫,生意与我微。

答友人赠炭

青山白屋有仁人,赠炭价重双乌银。驱却坐上千重寒,烧出炉中一片春。吹霞弄日光不定,暖得曲身成直身。

借 车

借车载家具,家具少于车。借者莫弹指,贫穷何足嗟。
百年徒校③走,万事尽随花。

这是第一类。

赠崔纯亮

食荠肠亦苦,强歌声无欢。出门即有碍,谁谓天地宽?
有碍非遐方,长安大道旁。小人智虚险,平地生太行。……
项籍非不壮,贾生非不良。当其失意时,涕泗各沾裳。
古人劝加飧,此食④难自强。一饭九祝噎,一嗟十断肠。
况是儿女怨,怨气凌彼苍。彼苍昔有知,白日下清霜。
今朝始惊叹,碧落空茫茫。

---

① "贫"原书引作"病",校订者酌改。
② "物"原书引作"远",按,此语出自杜甫《秋野五首》之"难教一物违",校订者酌改。
③ 校订者按,"校"或作"役"。
④ 校订者按,"食"一作"飧"。

这是第二类。

隐　　士

本末一相返,漂浮不还真。山野多饿士,市井无饥人。
虎豹忌当道,麋鹿知藏身。奈何贪竞者,日与患害亲。
颜貌岁岁改,利心朝朝新。孰知富生祸,取富不取贫。
宝玉忌出璞,出璞先为尘。松柏忌出山,出山先为薪。
君子隐石壁,道书为我邻。寝兴思其义,澹泊味始真。
陶公自放归,尚平去有依。草木择地生,禽鸟顺性飞。
青青与冥冥,所保各不违。

这是第三类。此外东野还有关于政治问题的作品。如:

织女①辞

夫是田中郎,妾是田中女。当年嫁得君,为君秉机杼。
筋力日已疲,不息窗下机。如何织纨素,自着蓝缕衣?
官家榜村路,更索栽桑树。

寒地百姓吟

无火炙地眠,半夜皆立号。冷箭何处来,棘针风骚劳。
霜吹破四壁,苦痛不可逃。高堂搥钟饮,到晓闻烹炮。
寒者愿为蛾,烧死彼华膏。华膏隔仙罗,虚遶千万遭。
到头落地死,踏地为游遨。游遨者是谁?君子为郁陶!

两篇都很动人。前者即工部的"彤庭所分帛,②本自寒女出。鞭挞其夫家,聚敛贡城阙"(《自京赴奉先县咏怀五百字》③)之意;后者即工

---

① 校订者按,"女"一作"妇"。
② 原书漏引"彤庭所分帛"一句,校订者酌补。
③ 原书失注诗题,校订者酌补。

部的"朱门酒肉臭,路有冻死骨。荣枯咫尺异,惆怅难再述"(同上①)之意。不过是东野又把它们加以引申、加以发挥罢了。至于写乱离的,像《感怀》同《伤春》等作,不能一一备引了。

卢仝(？~835)范阳人。隐少室山,自号玉川子。征谏议,不起。韩愈时为河南令,很喜欢他的诗,于是就同他来往,成为诗文上的朋友。后因他宿王涯第,及王涯诛,他也同时被祸。卢仝虽同韩愈是朋友,但他的作品自成一格,与韩愈大不相同。他似乎是一个很狂放的人,又富于奇妙的幻想,所以他的②作品根本推翻了过去的一切格律,而大胆的来写那长短不齐的自由诗。内容方面,有些是极怪诞的,有些是极幽默的,而有些又是极绮艳的。可以代表第一类的,是《月蚀诗》及《与马异结交诗》。第二类,是《示添丁》及《寄男抱孙》。第三类,是《有思》及《楼上女儿曲》。总之,退之同东野近于工部,而卢仝近于太白,不管是内容还是外形,都可说是太白的嫡派。

与马异结交诗

天地日月如等闲,卢仝四十无往还。唯有一片心脾骨,巉岩崒硉兀郁律。刀剑为峰崿,平地放著高如昆仑山。天不容,地不受,日月不敢偷照耀。神农画八卦,凿破天心胸。女娲本是伏羲妇,恐天怒,捣炼五色石,引日月之针五星之缕把天补。补了三日不肯归婿家,走向日中放老鸦。月里栽桂养虾蟆③,天公发怒化龙蛇。此龙此蛇得死病,神农合药救死命。天怪神农党龙蛇,罚神农为牛头令载元气车。不知药中有毒药,药杀元气天不觉。尔来天地不神圣,日月之光无正定。不知元气元不死,忽闻空中唤马异。马异若不是祥瑞,空中敢道不容易。昨日仝不仝异自

---

① "同上"为校订者酌补。
② "的"为校订者酌增。
③ 校订者按,"蟆"原书引作"蟆",此据四部丛刊本《玉川子诗集》改。

异,是谓①大仝而小异。今日仝自仝异不异,是谓仝不往兮异不至,直当中兮动天地。白玉璞里斫出相思心,黄金矿里铸出相思泪。忽闻空中崩崖倒谷声,绝胜明珠千万斛。买得西施南威一双婢。此婢娇饶恼杀人,凝脂为肤翡翠裙,唯解画眉朱点唇。自从获得君,敲金掇玉凌浮云。却返顾,一双婢子何足云。平生结交若少人,忆君眼前如见君。青云欲开白日没②,天眼不见此奇骨。此骨纵横奇又奇,千岁万岁枯松枝。半折半残压山谷,盘根蹙节成蛟螭。忽雷霹雳卒风暴雨撼不动,欲动不动千变万化总是鳞皴皮。此奇怪物不可欺。卢仝见马异文章酌得马异胸中事,风姿骨本恰如此。是不是寄一字?

示 添 丁

春风苦不仁,呼逐马蹄行人家。惭愧瘴气却怜我,入我憔悴骨中为生涯。数日不食强强行,何忍索我抱看满树花?不知四体正困惫,泥人啼哭声呀呀。忽来案上翻墨汁③,涂抹诗书如老鸦。父怜母惜捆不得,却生痴笑令人嗟。宿舂连晓不成米,日高始进一碗茶。气力龙钟头欲白,凭仗添丁莫恼爷。

有 所 思

当时我醉美人家,美人颜色娇如花。今日美人弃我去,青楼珠箔天之涯。娟娟姮娥月,三五④盈又缺。翠眉蝉鬓生别离,一望不见心断绝。心断绝,几千里,梦中醉卧巫山云,觉来泪滴湘江水。湘江两岸花木深,美人不见愁人心。含愁更奏绿绮琴,调

---

① "谓"原书引作"为",校订者酌改。
② 校订者按,"没"原书引作"暮",此据四部丛刊本《玉川子诗集》改。
③ "汁"原书误排作"针",校订者酌改。
④ 校订者按,原书此处有"二人(八?)"二字,当属衍文,此据四部丛刊本《玉川子诗集》删。

高弦绝无知音。美人兮美人,不知为暮雨兮为朝云,相思一夜梅花发,忽到窗前疑是君。

贾岛(799~843)字浪仙,范阳人。他早年出家为僧,法名无本。那时他已经很喜欢写诗了。后来东都,洛阳令禁僧午后不得出。他曾有诗云:"不如牛与羊,犹得日暮归。"

韩愈时为河南尹,惜其才,遂教他写文,并劝他返俗,到京去应进士试。但是他官运不通,屡试不第,这时他生活的困窘情形,从王建赠他的诗中可以看到:

尽日吟诗坐忍饥,万人中觅似君稀。僧眠冷榻朝犹卧,驴放秋田夜不归。

傍暖旋收红落叶,觉寒犹着旧生衣。曲江池畔时时到,为爱鸬鹚雨后飞。

他因穷愁潦倒,于是就用诗来发牢骚,他的《病蝉》诗云:

病蝉飞不得,向我掌中行。折翼犹能薄,酸吟尚极清。

露华凝在腹,尘点误侵睛。黄雀并乌①鸟,俱怀害尔情。

后来大概就因为这类讽刺诗开罪了不少的贵人,于是竟被贬为长江主簿。会昌初,自长江迁普州司仓,再迁司户,未就职,即卒,年五十六。

浪仙在写诗的态度上,也同孟郊一样,是极端认真的。《新唐书》中说他:

当其苦吟,虽逢值公卿贵人,皆不之觉也。一日,见京兆尹,跨驴不避,䜩诘之,久乃得释。(后来诗话中说他:"至京,骑驴赋诗,得'推月下门'句,欲改作'敲',引手作推敲之势,未决,不觉冲大尹韩愈,乃具言。愈曰:'敲字佳矣',遂并辔论诗。"这全是根据这段故事,而重新加以附会的话。按岛在洛时即已识韩愈,他之去京还是愈的督促,可是就这段记载看来,似乎到京都后,因为冲着韩愈,才同愈认识,分明与本传所载不合,其为附会自

---

① 校订者按,"乌"一作"鸢"。

无疑义。可是后来学者多喜引此典事,因略识数语,以发其覆。)至他的诗中像:"白须相并出,暗①泪两行分。默默空朝夕,苦吟谁喜闻?"(《秋暮》)"雁过孤峰晓,猿啼一树霜。身心无别念,馀习在诗章"(《送天台僧》)等句,都足证他也是一个以诗歌为生命的诗人。他的作品的形式很单调,不论五言七言,都是八句,极少变化,这一点同韩愈、卢仝就大不相同了。不过在词句上,倒②是还有纯用白话的篇子,如《王侍御南原庄》:

  买得足云地,新栽药数窠。峰头盘一径,原下注双河。
  春寺闲眠久,晴台独上多。南斋宿雨后,仍许重来么?

同《题隐者居》:

  虽有柴门常不关,片云孤木伴身闲。犹嫌住久人知处,见拟移家更上山。

这同平常的说话有什么差别?

  浪仙因为是僧人,常同自然接近,所以他诗中以写山林物色的为最多。至于抒情的,则大抵是叹贫语与牢骚语。他早年虽受过宗教的洗礼,但还不能如渊明之乐天委分,因此他对自然的咏歌,也只达到刻画的地步,融化还谈不到。

崇圣寺斌公房

  近来惟一食,树下掩禅扉。落日寒山磬,多年坏衲衣。
  白须长更剃,青霭远还归。仍说游南岳,经行是息机。

忆江上吴处士

  闽国扬帆去,蟾蜍亏复圆③。秋风生④渭水,落叶满长安。

---

① 校订者按,"暗"一作"清"。
② "倒"原书作"到",校订者酌改。
③ 校订者按,"圆"一作"团"。
④ 校订者按,"生"一作"吹"。

此地聚会夕,当时雷雨寒。兰桡殊未返,消息海云端。

僻居无可上人相访

自从居此地,少有事相关。积雨荒邻圃,秋池照远山。

砚中枯叶落,枕上断云闲。野客将禅子,依依偏往还。

现在我们试统观这派作家的作品,他们恰可以与元、白这一派成一对立的局面。他们之注意诗的形式,与元、白之注意诗的内容自是不同。他们在形式上对诗坛的贡献,一是主张复古,打破格律,用极其自由的句子,来表现自己的情感同思想。像韩愈同卢仝两人一部分的作品,就是有意的向这个方向走的。二是运用白话,或者尽力的把字句写得极其朴质,而一洗四杰、沈、宋等的浮靡之习。前者使诗格返于自然,后者使诗体恢复本色,这不能不说是他们的功绩。不过为求朴质而反流于生硬,为求新奇而竟演为怪诞,这不能不说是他们的短处。不过世乏兼才,以李、杜为诗坛上的巨星,他们尚各有能而有不能,又何况这些远不及李杜的作者呢。

第四节 歌咏自然的诗人(二): 刘长卿、韦应物和柳宗元①

这一期歌咏自然的作者,当推刘长卿、韦应物及柳宗元三人。他们不像王维、孟浩然等之故意退归林泉,借隐居以鸣高,而多半是宦途淹蹇,遭逢贬谪,不得不寄情于山水,以诗歌来自遣。因此他们作品的风格就渐趋于清隽与澹远。文房同子厚属于前者,而苏州则属于后者。

刘长卿(710~780)字文房,河间人。开元二十一年(733)进士。至德中,为监察御史,以检校祠部员外郎,为转运使判官,知淮南鄂岳转运留后。鄂岳观察使吴仲孺诬奏,遂被贬为潘州南邑尉,碰巧有人

---

① 此节原题"歌咏自然的诗人",校订者据内容酌改。

在朝廷上替他辩解,得除睦州司马,终随州刺史。

文房的诗长于五七言近体,沈德潜说他"工绝亦秀绝"。因为他两度迁谪,故多凄恻之辞:

自夏口至鹦鹉洲夕①望岳阳寄阮②中丞

汀洲无浪复无烟,楚客相思亦③渺然。汉口夕阳斜渡④鸟,洞庭秋水远连天。孤城背岭寒吹角,独戍临江夜泊船。贾谊上书忧汉室,长沙谪去⑤古今怜。

赴新安别梁侍郎⑥

新安君莫问,此路水云深。江海无行迹,孤舟何处寻。

青山空向泪,白月岂知心。纵有馀生在,终伤老病侵。

不过这类作品,在《随州集》中算不得最好的,像下边几篇,才真是他的代表作:

逢雪宿芙蓉山主人

日暮苍山远,天寒白屋贫。柴门闻犬吠,风雪夜归人。

寄龙山道士许法棱

悠悠白云里,独住青山客。林下昼焚香,桂花同寂寂。

---

① "夕"原书漏排,校订者酌补。
② 校订者按,"阮"一作"元"、亦作"源"。
③ 校订者按,"亦"一本作"益"。
④ "渡"原书引作"度",校订者酌改。
⑤ 校订者按,"谪去"一作"迁谪"。
⑥ 校订者按,"侍郎"一作"侍御"。

过鹦鹉洲王处士别业

白首此为渔,青山对结庐。问人寻野笋,留客馈家蔬。
古柳依沙发,春苗带雨锄。共怜芳杜色,终日伴闲居。

寻南溪常山道士隐居

一路经行处,莓苔见履痕。白云依静渚,芳草闭闲门。
过雨看松色,随山到水源。溪花与禅意,相对亦忘言。

文房作品的渊源,大概在清隽上来自谢朓,而闲适则学陶潜。至于喜写小诗,如《龙门八咏》之类,又是摩诘《辋川集》的嗣响。

韦应物(736?~826?)他的事迹在新旧《唐书》中均找不到,宋人姚宽的《书葛蘩校韦采后》(《四部丛刊》本《韦江州集》附录)中根据他的《京师叛乱寄诸弟诗》中的"弱冠遭世难,二纪犹未平"之句,而断定他在禄山之乱起初的时候,年已二十了。如此上溯,则应物自应生于开元二十四年。又宋沈明远的《补韦刺史传》中说:"文宗太和中,刘禹锡乃以故官①举之,计其年九十余。"究竟卒于何②年,不得而知,现在假定他死于敬宗宝历二年,也许差不许多。他的身世从他③的诗集看来,大概在早年曾为玄宗的侍卫,倜傥不羁,任侠使气。天宝大乱以后,遂流落失职,贫无以自业,遂客游江淮间。乱平,归为京兆功曹,摄高陵令。永泰中,迁洛阳丞,因痛恶政治的腐败,弃官养

---

① "官"原书误排作"宫",校订者酌改。
② "于何"二字为校订者酌增。
③ 原书漏排"他"字,校订者酌补。

痾于同德精舍。后起为鄂令。大历十四①年,除栎阳令,复以疾谢去,归寓西郊。□□□□□□□□□□□□□□……□□……子厚寄情山水,息影禅院,借秀丽的风光,同宗教的妙谛,来怡悦自己,安慰自己了。这时的作品,就多属于第二类:

晨诣超师院读禅经

汲井漱寒齿,清心拂尘服。闲持贝叶书,步出东斋读。
真源了无取,妄迹世所逐。遗言冀可冥,缮性何由熟?
道人庭宇静,苔色连深竹。日出雾露馀,青松如膏沐。
澹然离言说,悟②悦心自足。

中夜起望西园值月上

觉闻繁露坠,开户临西园。寒月上东岭,泠泠疏竹根。
石泉远逾响,山鸟时一喧。倚楹遂至旦,寂寞将何言。

夏 昼 偶 作

南州溽暑醉如酒,隐几熟眠开北牖。日午独觉无余声,山童隔竹敲茶臼。

此外在描摹景物上,也有不少的佳篇,就像下边这两③首,我觉得同二谢比起来,似乎也没有什么愧色:

---

① 校订者按,"大历十四"为原书的一页之末,紧接着的"寄情山水"则为另一页之首,但细绎此后文字,其实与韦应物无关,而是论柳宗元的。这意味着在"大历十四"和"寄情山水"之间有缺漏,缺的是关于韦应物的随后论述和关于柳宗元的开头介绍,而复查页码,则缺漏了石印讲义第三册的第八八页~第九一页,残缺文字约2400余字,已不可复。此处据赵与时《宾退录》之"韦苏州"条,在"大历十四"后补上"年,除栎阳令,复以疾谢去,归寓西郊",略完句意,在"寄情山水"前酌加"子厚"二字,以明主人。

② "悟"原书作"惧",校订者酌改。

③ "两"为校订者酌增。

界围岩水帘

界围汇湘曲,青壁环澄流。悬泉粲成帘,罗注无时休。
韵磬叩凝碧,锵锵彻岩幽。丹霞冠其巅,想像凌虚游。
灵境不可状,鬼工谅难求。忽如朝玉皇,天冕垂前旒。
楚臣昔南逐,有意仍丹丘。今我始北旋,新诏释缧囚。
采真诚眷恋,许国无淹留。再来寄幽梦,遗贮催行舟。

秋晓行南谷经荒村

杪秋霜露重,晨起行幽谷。黄叶覆溪桥,荒村唯古木。
寒花疏寂历,幽泉微断续。机心久已忘,何事惊麋鹿?

末了值得一叙的,是子厚的《田家》诗,其第二首云:

篱落隔烟火,农谈四邻夕。庭际秋虫鸣,疏麻方寂历。
蚕丝尽输税,机杼空倚壁。里胥夜经过,鸡黍事筵席。
各言官长①峻,文字多督责。东乡后租期,车毂陷泥泽。
公门少推恕,鞭朴恣狼藉。努力慎经营,肌肤真可惜。
迎新在此岁,唯恐踵前迹。

这同写实派的作品不很相同吗?我觉得这种描写农民的疾苦,在那时确已成为一种风气了。因此任何一个作者都不能不受它一点薰染。苏州同柳州,他们本是咏歌自然的大家,而居然也会有这类讽喻的作品产生,这不能不说是时代使然。

我们在看了后起的咏歌自然②的诗人们的作品以后,就会觉得它们与前期迥然不同。像王、孟他们有时的确是专在描写自然,而后期的诗人③就不然了,似乎一篇篇,都是借自然作背景,来烘托各自④

---

① "官长"原书引作"长官",校订者酌改。
② "自然"二字为校订者酌增。
③ "诗人"二字为校订者酌增。
④ "各自"原书作"个自",校订者酌改。

的情感的作品,他不单是宣泄自己的苦痛与愤懑,而且还要替一般弱者来鸣不平。这种差异,这种变化,的确不是偶然的。安史之乱以后的唐代政治,实为造成他们作品所以与前期不同的主因。不过在形式上,似乎还不无相近之点,王、孟是擅长五言的,后来这三位作者,也无不如此。虽然他们都并不是没有七言的篇子,但多不能作为他们的代表作。由此可知,后期的作品同前期的虽然说不很相同,但在描摹景色以及运用形式上毕竟还有着渊源的关系。

第五节　元和长庆间两个特出的诗人刘禹锡与李贺[①]

刘禹锡(772～842)字梦得,彭城人。贞元九年擢进士第,登博学宏词科。初为淮南杜佑书记。入为监察御史,因与王叔文善,及叔文用事,擢屯田员外郎,判度支盐铁案。及叔文败,被贬为连州刺史,未至,又斥为郎州司马。居十年,召还。因作《玄都观看花诸君子》诗,为当路所不喜,出为播州刺史,赖裴度的斡旋,改为连州,又徙夔州。太和二年(828)入为主客郎中,又以诗开罪权贵,遂分司东都。裴度素极赏识他,时度为宰相,荐他为礼部郎中,集贤直学士。度罢,出为苏州刺史,又徙汝、同二州。迁太子宾客,复分司。从此与白居易以诗相倡和,时有刘、白之称。会昌时,加检校礼部尚书,卒年七十二,赠户部尚书。

梦得平生在文学上的朋友,交谊较深的要算是柳宗元同白居易两人了。但他的作品,似乎并没有受他们多少影响。他颇长于近体,这类的篇子为后人所传诵的很多,就像下边的两首,差不多在许多唐诗的选本中,都可以看到:

西塞山怀古

西晋楼船下益州,金陵王气黯然收。千寻铁锁沉江底,一片

[①] 此节原题"元和长庆间的其他诗人",校订者据内容酌改。

降幡出石头。人世几回伤往事,山形依旧枕江流。今逢四海为家日,故垒萧萧芦荻秋。

石 头 城

山围故国周遭在,潮打空城寂寞回。淮水东边旧时月,夜深还过女墙来。

不过从这些篇子中,还不能看出梦得诗的特色。至他真正的独到之处,要算是采用俚语,模仿民歌,所作成的《竹枝词》、《纥那曲词》等了。

竹枝词(录二首)

山桃红花满上头。蜀江春水拍江流。花红易衰似郎意,水流无限似侬愁。

杨柳青青江水平,闻郎江上唱歌声。东边日头西边雨,道是无晴却有晴。

纥那曲词(录一首)

杨柳郁青青,竹枝无限情。同郎一回顾,听唱纥那声。

这种有意识的来模仿民歌,可以说在过去作家中是不常有的,梦得可谓①开唐代诗人以民歌的情趣体裁来作诗的先河。从此词的兴起,与这实不无关系。

李贺(790~816)字长吉,是唐天子的本家。据近人王礼锡的考证,说他是洛阳人(《李长吉评传》),七岁便能辞章。十余岁即与李益齐名。元和初,应进士,入京,因他父亲名晋肃,为避讳的关系,不得应进士第。韩愈曾为这还写过一篇《讳辨》来为他辩护,但终归失败。后官至礼奉郎、协律郎等职,卒年才二十七。

---

① "可谓"原书作"可以说",与前犯重,校订者酌改。

长吉在当时与他并世的作家中,似乎同韩派最为接近。从现存的诗集中看,有《高轩过,韩员外愈、皇甫侍御湜见过,因而命作①》、《洛阳城外别皇甫湜》、《官不来,题皇甫湜先辈听》、《出城别张又②新酬李汉》四首。他同韩愈的关系并不深,但他对愈倒③是极端佩服,至称之为"东京才子文章公……殿前作赋声摩空,笔补造④化天无功"。(《高轩过》⑤)皇甫湜、李汉同他的交谊比较亲密,不过对湜他还以晚辈自居。总之他既然与韩派的作者有这样的来往,当然他不能不受一点他们的薰染。他在创作态度上之认真(他母亲曾说他:"是儿要呕出心乃已耳。")与诗歌形式上之反骈偶的倾向,都分明的是在受着韩派的影响。不过长吉的天分高,自有独到之处。他在过去诗人中很有点像屈原同李白,他的想象丰富,所以上天下地,神灵鬼怪,一切平常人所意⑥想不到的事,他都以之入诗。即如《罗浮交与葛篇》⑦:

>　　依依宜织江雨空,雨中六月兰台风。博罗老仙时出洞,千岁石床啼鬼工。毒蛇浓吁⑧洞堂湿,江鱼不食衔沙立。欲剪箱中⑨一尺天,吴娥莫道吴刀涩。

又如《溪晚凉》:

>　　白狐向月号山风,秋寒扫云留玉空⑩。石烟⑪青湿白如幢,

---

① 此诗副题原书引作"韩愈、皇甫湜见过,因为面命作",校订者酌改。
② "又"原书误排作"义",校订者酌改。
③ "倒"原书作"到",校订者酌改。
④ "造"原书误排作"道",校订者酌改。
⑤ 原书失注诗题,校订者酌补。
⑥ "意"原书作"忆",校订者酌改。
⑦ 校订者按,此诗题又作《罗浮山人与葛篇》。
⑧ 校订者按,"毒蛇浓吁"一作"蛇毒浓凝"。
⑨ 校订者按,"箱中"一作"湘中"。
⑩ 校订者按,"玉空"一作"碧空"。
⑪ 校订者按,"石烟"一作"玉烟"。

> 银湾晓转流天东。溪汀眠鹭梦征鸿,轻涟不语细游溶。层岫回岑复叠龙,苦篁对客吟歌筒。

又如《公无出门》:

> 天迷迷,地密密。熊虺食人魂,雪霜断人骨。嗾犬狺狺相索索,舐掌偏宜佩兰客。帝遣乘轩灾自息①,玉星点剑黄金轭。我虽跨马大②得还,历阳湖波大如山。毒虬相视振金环,狻猊㺉貐吐馋涎。鲍焦一世披草眠,颜回十九③鬓毛斑。颜回非血衰,鲍焦不违天。天畏遭衔啮,所以致之然。分明犹惧公不信,公看呵壁书问天。

这样的荒唐离奇,鬼气森森,不全是从《天问》、《招魂》推演而来的吗?其次,长吉的诗,气势有些极雄放,而且也喜欢用铺张扬厉的写法。前者如:

> 零落栖迟一杯酒,主人奉觞客长寿。主父西游困不归④,家人折断门前柳。吾闻马周昔作新丰客,天荒地老无人识。空将笺上两行书,直犯龙颜请恩泽。我有迷魂招不得,雄鸡一声天下白。少年心事当拏云,谁念幽寒坐呜呃。(《致酒行》)

> 斫取清光写楚辞,腻香春粉黑离离。无情有恨何人见?露压烟啼千万枝。(《昌谷北园新笋》之二)

后者如:"大漠沙如雪,燕山月似钩。"(《马诗》)"更容一夜抽千尺,别却池园数寸泥。"(《昌谷北园新笋》)这不都很像太白的作风吗?尤其他的诗中所含的消极颓废的思想,如:"见⑤买若耶溪水剑,明朝归去事猿公"(《南园》之七)、"劝君终日酩酊醉,酒不到刘伶坟上土"(《将进酒》)等句,与太白的"人生在世不称意,明朝散发弄扁舟"、

---

① 校订者按,"息"一作"灭"。
② 校订者按,"大"一作"不"。
③ 校订者按,"十九"一作"廿九"。
④ "归"原书引作"得",校订者酌改。
⑤ "见"原书误引作"忽",校订者酌改。

"且乐生前一杯酒,何须身后千载名"等句的意义,不完全相同吗? 不过所不同的,是太白的修养较深,颓废中而有旷达。而长吉则由消极而流于感伤,这自然是因为年龄的关系,可惜的是长吉因此而不永年,使他的作品不能达完全成熟的地步。

长吉作品的特点,是他喜欢用颜色的状字,加上他奇怪的想象同感伤的情调,而造成的幽艳、怪艳与香艳的诗风。

秋　来

桐风惊心壮士苦,衰灯络纬啼寒素。谁看青简一编书,不遣花虫粉空蠹。思牵今夜肠应直,雨冷香①魂吊书客。秋坟鬼唱鲍家诗,恨血千年土中碧。

这是一类的代表。

南山田中行

秋野明,秋风②白,塘水漻漻虫啧啧。云根苔藓山上石,冷红泣露娇啼色。荒畦九月稻叉牙,蛰萤低飞陇径斜。石脉水流泉滴沙,鬼灯如漆照松花。

长平箭头歌

漆灰骨末丹水沙,凄凄古血生铜花。白翎金簳雨中尽,直馀三脊残狼牙。我寻平原乘两马,驿东石田蒿坞下。风长日短星萧萧,星旗③云湿悬空夜。左魂右魄啼肌瘦,酪瓶倒尽将羊炙。虫栖雁病芦笋红,回风送客吹阴火。访古汍澜收断镞,折锋赤翬

---

① 校订者按,"香"一作"乡"、亦作"泪"。
② 校订者按,"秋风"一作"秋色"。
③ 校订者按,"星旗"一作"黑旗"。

曾刲①肉。南陌东城马上儿,劝我将金换篝竹。

这是二类的代表。

美人梳头歌

西施晓梦绡帐寒,香鬟堕髻半沉檀。辘轳咿哑转鸣玉,惊起芙蓉睡新足。双鸾开镜秋水光,解鬟临镜立象床。一编香丝云撒地,玉钗落处无声腻。纤手却盘老鸦色,翠滑宝钗簪不得。春风烂熳恼娇慵,十八鬟多无气力。妆成鬌髻欹不斜,云裾数步踏雁沙。背人不语向何处②?下阶自折③樱桃花。

这是三类的代表。总之长吉的诗在艳冶上与齐梁的宫体不为无关,不过因为他的情深才高,所以并不显得轻浮。比他稍晚的诗人,像温庭筠、李商隐辈,都似乎有意的来学他,至于韩偓更变本加厉,柔靡绮艳,就有点不足道了。

第六节 杜牧、李商隐、温庭筠与唯美主义之再起④

诗到唐代,可以说经过两次的改革⑤:最初是陈子昂、李白的复古,这无形中给诗的形式上一个大大的解放;继之元白之主张为人生而文学,使作者晓得诗歌除表现个人的情感外,还应注意到社会的其他各方面,这又无形中对诗的内容上开辟一块新的领域。不过这两次运动,虽然在诗坛上发生了极大的变动,但到了九世纪的中叶,因为形式上受元、白影响而日趋鄙俚,同时内容上也因为表现的领域之有着山穷水尽的局势,于是乎就不能不一转手而仍回复到齐梁时期

---

① "刲",原书可能沿袭四部丛刊本《李贺歌诗编》之误作"封",校订者酌改。
② 校订者按,"处"一作"去"。
③ 校订者按,"折"一作"摘"。
④ 此节原题"唯美主义派之再起",校订者据内容酌改。
⑤ "改革"原书作"革改",校订者酌改。

唯美主义的旧路上。这时诗风的特色：一、形式上格律益臻缜密，辞采益趋绮丽。二、内容上偏重艳情、怀古、咏物的篇什，更是在在皆是。至于代表作者，应推杜牧、李商隐及温庭筠三人。

杜牧(803~852)字牧之，京兆万年人。太和二年(828)擢进士第，又举贤良方正，沈传师表为江西团练府巡官。继为牛僧孺淮南节度府掌书记。历官监察御史，黄、池、睦三州刺史，司勋员外郎，终于中书舍人。牧之才气宏放，倜傥不羁，因为不得志，遂沉浸于诗酒中，藉抒其磊落不平之气。卒年五十。

牧之平生最推崇的作家是工部、昌黎同长吉。他评杜、韩两人道：

> 杜诗韩笔愁来读，似倩麻姑痒处抓。天外凤凰谁得髓？无人解合续弦胶。(《读韩杜集》)

他评长吉道：

> 云烟绵联，不足为其态也；水之迢迢，不足为其情也；春之盎盎，不足为其和也；秋之明洁，不足为其格也；风樯阵马，不足为其勇也；瓦棺篆鼎，不足为其古也；时花美女，不足为其色也；荒国陊①殿，梗莽丘垄，不足为其怨恨悲愁也；鲸吸鳌掷，牛鬼蛇神，不足为其虚荒诞幻也。(《李长吉歌诗叙》)

所以牧之以杜的格律，加上贺的绮艳，而成功为他的工丽的作品。他最反对元、白，据范摅的《云溪友议》中说："牧之著论，近有元白者，喜为淫言媟语，鼓扇浮嚣，吾恨方在下位，不能以法治之。"又牧之作的《李戡墓志铭》中也有与这意义相同的话。他骂元、白的诗为淫言媟语，其实他的诗要同元、白比起来，简直是只有过之而无不及。可见他之攻击元、白，倒②并不在元、白诗之淫不淫，完全是由于元、白

---

① "陊"原书误引作"陵"，校订者酌改。
② "倒"原书作"到"，校订者酌改。

之趋于俚俗平易,与他所主张之精①工绮丽的标准不合之故。现在试看牧之的作品,他所擅长的是七言近体。内容方面有的是发抒悲愤的:

秋夜与友人宿

楚国同游过十霜,万重心事几堪伤。蒹葭露白莲塘浅,砧杵夜清河汉凉。云外山川归梦远,天涯歧路客愁长。寒城欲晓闻吹笛,犹卧东轩月满床。

有些是写艳情的:

赠 别 二 首

娉娉袅袅十三余,豆蔻梢头二月初。春风十里扬州路,卷上珠帘总不如。

多情却似总无情,唯觉樽②前笑不成。蜡烛有心还惜别,替人垂泪到天明。

有怀古的:

泊 秦 淮

烟笼寒水月笼沙,夜泊秦淮近酒家。商女不知亡国恨,隔江犹唱《后庭花》。

寄扬州韩绰判官

青山隐隐水迢迢,秋尽江南草未凋。二十四桥明月夜,玉人何处教吹箫。

此外还有不少的咏物之作,但多情意浮浅,没有征引的必要了。

李商隐(813～858)字义山,怀州河内人。开成二年(837)擢进

---

① 原书此处有一"神"字,当为衍文,校订者酌删。
② "樽"原书引作"尊",校订者酌改。

士第。次年试宏词,不中,选赴泾原王茂元幕,后为秘书省校书郎,调补宏农尉。会昌二年(842)以书判拔萃,重入秘书省。又历任盩厔尉、工部郎中等职,卒年四十六。

义山的诗也同牧之的一样,是从工部、长吉两家来的,不过与牧之不同的,是他喜欢用事,而且写情也过于含蓄,结果内容倘恍迷离,今读者莫名其究竟。因此一般人都评之谓"隐僻"、"晦涩"。即如最著名的那篇《锦瑟》诗:

> 锦瑟无端五十弦,一弦一柱思华年。庄生晓梦迷蝴蝶,望帝春心托杜鹃。沧海月明珠有泪,蓝田日暖玉生烟。此情可待成追忆,只是当时已惘然。

后来元遗山就有"可惜无人作郑笺"(《咏诗绝句》)之诮。不过我们要知道文学的内容是可以左右形式的,有了乐天的描写民间疾苦的文学主张,才产生出乐天的平易浅显的诗歌。义山集中一些隐僻的诗,大半都是写爱情的,他之所以这样故意的隐约其辞,我想一定是有说不出、不敢说而又不能不说的苦衷。近人苏梅从多方面来考证,说他是同某一些人恋爱的话,固是不免于穿凿,但她①那种看法,至少是对的。义山毕竟是有天才的作者,像他写的这类爱情诗,虽然有些句子我们不能给一清楚的解释,但那种无可奈何之情,倒②是充分的流露在字里行间。我们试看下边这三首:

无 题

> 昨夜星辰昨夜风,画楼西畔桂堂东。身无彩凤双飞翼,心有灵犀一点通。隔座送钩春酒暖,分曹射覆蜡灯红。嗟余听鼓应官去,走马兰台类转蓬。

---

① "她"原书作"他",校订者酌改。按,"她"指苏梅即苏雪林,撰有《李义山恋爱事迹考》,北新书局,1927年11月出版。

② "倒"原书作"到",校订者酌改。

无　题

来是空言去绝踪,月斜楼上五更钟。梦为远别啼难唤,书被催成墨未浓。蜡照半笼金翡翠,麝熏微度绣芙蓉。刘郎已恨蓬山远,更隔蓬山一万重。

无　题

相见时难别亦难,东风无力百花残。春蚕到死丝方尽,蜡炬成灰泪始干。晓镜但愁云鬓改,夜吟应觉月光寒。蓬山此去无多路,青鸟殷勤为探看。

真可说是极尽工丽绵渺之致了,到了后来一些下劣的文人,不晓得这类的诗风只可有一、不可有二,而专心一意的向这方面来模仿,因之也就不免引起优人拇撺之讥。不过义山尚有另一面的作品。就像《骄儿诗》意趣诙谐,显然是左思《娇女》、工部《北征》一流的作品。《行次西郊作一百韵》写人民在乱离中不但颠沛失所、衣食无资,而且还要受政府贪婪无厌的剥削,里边最沉痛的话,像:

巍巍政事堂,宰相厌八珍。敢问下执事,今谁掌其权。

疮痍几十载,不敢抉其根。国蹙赋更重,人稀役弥繁。

这不同工部的"圣人筐篚恩,实欲邦国活。臣如忽至理,君岂弃此物"(《自京赴奉先咏怀》)的意思很相同吗?义山要向这方面努力,一定也会有着卓越的成绩,不过文学上写实主义已经有点过时了。比较有点天才的作者,都要转到一个新的方向去,所以这类写实的篇子,在义山集中之不占若何的分量正是无足怪的。

温庭筠(生卒未详)本名歧,字飞卿,太原人。大中初,应进士初至京师,因他才气挺拔,敏于词赋,所以颇为时人所推重。他行止不检，与公卿家无赖子弟裴诚、令狐缟①之流，相与蒱②饮，酣醉终日，由是累年不第。徐商镇襄阳，他遂到商那里，被署为巡官。咸通中，失意去江东，至广陵，狂游狎狭，因犯夜，至被虞候所击，败面折齿。后徐商知政事，很想提携他，不巧商罢相出镇，他竟被贬为方城尉，后又迁隋县尉。

他的诗与义山齐名，一时称他们为"温、李"。不过他俩并不完全相同。义山受工部的影响极深，而飞卿则否，义山诗风多隐晦，而飞卿则较为明快直截。所以飞卿作品的渊源与汉魏乐府及齐梁宫词的关系最为密切。我们试选出两篇来看看：

织　锦　词

丁东细漏侵琼瑟，影转高梧月初出。簇簇金梭万缕红，鸳鸯艳锦初成匹。锦中百结皆同心，蕊乱云盘相间深。此意欲传传不得，玫瑰作柱朱弦琴。为君裁破合欢被，星斗迢迢共千里。象尺③熏炉未觉秋，碧池已④有新莲子。

照　影　曲

景阳妆罢琼窗暖，欲照澄明香步懒。桥上衣多抱彩云，金鳞不动春塘满。黄印额山轻为尘，翠鳞红穉俱含嚬。桃花百媚如欲语，曾为无双今两身。

不过飞卿的诗除了这类绮丽的外，未始没有清疏萧散的，即如：

送　人　东　游

荒戍落黄叶，浩然离故关。高风汉阳渡，初日郢门山。江上

---

① 校订者按，"缟"原书引作"氵高"，此据《旧唐书》本传改。
② 校订者按，"蒱"原书作"蒲"，此据《旧唐书》本传改。
③ 校订者按，"尺"一作"齿"。
④ 校订者按，"已"一作"中"。

几人在,天涯孤棹①还。何当重相见,罇酒慰离颜。
王渔洋至评此篇谓:"晚唐而有初唐气格,最为高调。"余如:

早 秋 山 居

　　山近觉寒早,草堂霜气晴。树凋窗有日,池满水无声。
果落见猿过,叶干闻鹿行。素琴机虑静,空伴夜泉清。

清旦题采药翁草堂

　　幽人寻药径,来自晓云边。衣湿术②花雨,语成松岭烟。
解藤开涧户,踏石过溪泉。林外晨光动,山昏鸟满天。

也都无靡丽之气。总之诗到这时变无可变,一些天才的作者,似乎在诗的领域中已无用武之地了,于是只好另辟新路,因之就产出所谓词,来代替了具有千余年历史的诗,而雄霸文坛。③

---

① "棹"原书误排作"掉",校订者酌改。
② "术"音 zhú,即山蓟,草药名,原书误引作"求",校订者酌改。
③ 以上所录,据任访秋先生在洛阳师范的石印讲义《中国文学史讲义》,以下所录则据他的"中国文学史讲稿"手稿。

第五编　五代宋元明文学[①]

第一章　词的源与流[②]

第一节　词的起源——近人对此问题的研究[③]

词是怎样产生的这个问题,到近来才算有人注意起来。在过去并不是没人谈到,不过都是偶尔提及,与任意的揣测,很少能拿科学的方法来研究的,这大概也由于词一向不为正统派文人所重视的缘故。文学革命后,文学史的研究渐渐成为一般人所重视的学问,于是在文学史中最需要解决、而向来不为人所注意的问题,这时都提出来了。词的起源的问题,也是其中之一个。

近人对此问题的研究,最早的当推胡君适之,他在民十六问世的《词选》一书中,即附有《词的起源》一文。稍后则为郑君西谛,在民十九问世的《中国文学史》中卷中更根据胡君之说而加以发挥。同时日人青木正儿君亦有关于此问题之研究。于是此后之写文学史者,

---

① 此编题目为校订者据讲稿内容酌加。
② 此章标题为校订者据讲稿内容酌加。
③ 此节原题"词的起源",校订者据内容酌改。

很少能越出他们的立论范围以外。现在就归纳起他们的意见,并附以己意,以为如下之申述。

归纳起来的结论有这样几条:

一、词①由绝句变化而来——最早说这个话的是朱子。《朱子语类》卷百四十中云:

> 古乐府只是诗,中间却添许多泛声。后人怕失了那②泛声,逐一声添个实字,遂成长短句,今曲子便是。

对这话不同意的,首先是胡君。他认为这个说头"太机械了",固然绝句唱的时候要有泛声,但词的音调里仍旧是有泛声的(举例至多不俱引)。沈义父《乐府指迷》说:

> 古曲谱多有异同。至一腔有两三字多少者,或句法长短不等者,盖被教师改换,亦有嘌唱一家,多添了字。

这是词有泛声之证。至青木正儿君,他也认为朱子的话有"举其一端,以蔽全般"的独断的缺点,但他是承认其有一部分是对的,所以他对词的形成的五种假定中就有同于朱子的一种,而另外提到与音乐有关系的地方,则又与胡、郑二君所见略同。

二、词③由于依曲作词而成——胡君的结论为:

> 唐代的乐府歌词,先是和乐曲分离的,诗人自作律绝诗,而乐工伶人谱为乐歌。中唐以后,歌辞与乐曲渐渐接近,诗人取现成的乐曲,依其曲拍作为歌词,遂成长短句。

这是说明文人因依乐谱而作乐章,故成为长短句。郑西谛又把唐代的音乐分为两类:一为胡夷之曲,一为里巷之曲。文人学士最初模仿之而写出他们的词。如张志和之《渔父》,元结之《欸乃曲》,刘禹锡、白居易之《柳枝》、《竹枝》,均属此类。此后又自创新曲、自己填词,

---

① "词"字为校订者酌加。
② "那"为校订者酌补。
③ "词"字为校订者酌加。

于是词调乃日益繁多。

三、词乃①文体演变之自然趋势——王国维《人间词话》中云：

> 四言敝而有楚辞,楚辞敝而有五言,五言敝而有七言,古诗敝而有律绝,律绝敝而有词。盖文体通行既久,染指遂多,自成习套。豪杰之士亦难于其中自出新意,故遁而作他体以自解脱。一切文体所以始盛终衰者,皆由于此。……

这话是就整个文学演变上说的。诗到了唐代,真是已经登峰造极了,于形式则无体不有;于内容则无美不备;于风格,则杜遒李逸,郊寒岛瘦,元轻白俗,莫能尽述。在这种情形之下,假若文体不再转一新方向,则文人只有终天在模仿作翻筋斗,已无法施展其天才了。于是在中唐诗歌将臻末日的时候,词遂萌芽,而开了五代至宋的一个新时代。

四、词②与当时文人生活之关系——唐代社会生活是向外的,故人都趋于物质上之享乐。素来以疏狂著名的文士,在这样的时代环境作,自然比一般人更要浪漫。于是文人几乎无不饮酒、狎妓,或者娶姨太太。昌黎有绛桃、柳枝,乐天有樊素、小蛮,这是一般人所知道的。其余如李白诗中之"美酒樽中置千斛,载妓随波任去流"、刘禹锡之"云鬟高髻宫样装,春风一曲杜韦娘"、杜牧之之"十年一觉扬州梦,赢得青楼薄幸名"等句,都可以想象到那时文人们的生活情形。文人既然与妓女常常发生关系,自然胸中蕴蓄些"要眇"之情,欲寻一发泄之道,但诗歌一向是被所谓"温柔敦厚"同"思无邪"等的教条所封锁,这条路分明是走不通了,加以他们又常常作歌给伶人唱,于是就随波逐流,变更其体,而实以柔靡之情,托以妓姬了,③所谓新兴之文体——词遂于焉以生。

---

① "词乃"二字为校订者酌加。
② "词"字为校订者酌加。
③ 原稿"托以妓姬了"一句漫漶不清,校订者勉强辨认,录以待考。

以上四端,一与二说明词之起源的积极的原因,而三与四①乃是把词的产生的消极的必然性加以阐述。但总不外文体本身的演变与时代环境之影响而已。词是如此,而一切文体之产生亦莫不如此。学者能于此点认清,则数千年②来之文学史,其渊源流变自可了如指掌矣。③

第二节　晚唐五代的词作家④

词是起源于晚唐,中间经过五代,到北宋才算蔚为大观,作者辈出。这也同诗歌到盛唐的时候一样,所谓作家并不只限于吟咏性情的文人,即就疆场上的武夫,幽闺中的少女来说,也都能填几阙。至于风格方面,又有所谓温婉、豪放、清淡种种的派别。不过,过了这个时期,也就不行了。这就好像花朵开得再无可开的时候,就只有憔悴凋谢。所以到了南渡以后,除了一两位天才特别高明的作家,还能嗣北宋之余响外,其余大都模拟抄袭,斤斤于字面的雕饰,而所谓词的生命,早已被他们戕丧殆尽了。因此胡君适之称此期为鬼的时期。本篇讲授词的作家,始于唐末,而终于南宋。这里先看看晚唐五代的词坛。⑤

一、唐末词坛上的温庭筠与韦庄⑥

温庭筠(?~880)字飞卿,太原人,天才卓越,相传他入试时八叉

---

① "三与四"原稿误作"二与三",校订者酌改。
② 原稿此处似缺漏"年"字,校订者酌增。
③ 校订者按,以下附有本节参考书,此后各节后也都附有参考书,均略而不录。
④ 原稿此节标题作"词的作家",校订者据内容酌改。
⑤ 原稿此处作:"本篇讲授词的作家,始于唐末,而终于北宋。于稼轩则附于东坡之后。至南宋其他作家,则暂付阙如。"但后文其实讲到了南宋词,虽然简略了些,所以校订者酌改如上。
⑥ 此小节原题"唐末(温庭筠、韦庄)",校订者酌改。

手而八韵成,所以世人又称之为"温八叉"。然而①累试不第,又屡与当路忤,因之一再被劾,初为方城尉,后迁随县尉,以潦倒终。

飞卿的诗在晚唐也很著名,与李义山齐名,一时号为"温、李"。不过他在诗坛上的地位,似乎还远不如他在词坛上的地位之重要。这完全因为诗到晚唐已成了末流,而词乃是新辟的路径的关系。

飞卿的词,后人评说至多。《苕溪渔隐丛话》中谓:"庭筠工造语,极为绮靡,《花间集》可见矣。"《人间词话》中谓:"'画屏金鹧鸪',飞卿语也,其词品似之。"即此可见飞卿词之风格,无人不认其为绮丽矣。词最初本为香奁诗之变体,晚唐五代之作,几靡不以写闺房中之离情别绪为主,所谓"儿女情多,英雄气少"者是也。飞卿词之特色,在一则写静的忆别之情,二则对女子之妆饰及闺房之陈设多有极细腻之描绘。其词如《菩萨蛮》中之"青琐对芳菲,玉关音信稀"、"相忆梦难成,背窗灯半明。……人远泪阑干,燕飞春又残"、"杨柳色依依,燕归君不归"、"时节欲黄昏,无聊独倚门",《更漏子》中之"红烛背,绣帘垂,梦君君不知"、"梧桐树,三更雨,觉来离情正苦,一叶叶,一声声,空阶滴到明"等句,几乎全是感怀远人的情调。至其描写方面,如《菩萨蛮》中之"照花前后镜,花面交相映。新贴绣罗襦,双双金鹧鸪"、"玉钩褰翠幕,妆浅旧眉薄"、"明镜照新妆,鬓轻双脸长",《更漏子》中之"金雀钗,红粉面,花里暂时相见"、"眉翠薄,鬓云残,夜长衾枕寒",全是就女子的妆饰而加以刻画。至如:"水精帘里颇黎枕,暖香惹梦鸳鸯锦"、"画罗金翡翠,香烛销成泪。花落子规啼,绿窗残梦迷"、"竹风轻动庭除冷,珠帘月上玲珑影。山枕隐浓妆,绿檀金凤凰"(并②见《菩萨蛮》)等句,更写出一种幽闺中无可奈何之境。所以清人刘熙载谓:"温飞卿词精妙绝人,然类不出绮怨。"陈廷焯又谓:"飞卿大半托词房帷。"可谓能知飞卿者。

---

① "然而"为校订者酌增。

② 校订者按,"并"原稿作"右",因为原稿是自右至左竖写,现在改为横排,所以酌改为"并"。

韦庄(851?~910)字端己,杜陵人。早年即能为诗,中和癸卯年(883)他在长安应举,遇黄巢大乱,著《秦妇吟》以抒怀,此诗长一千三百余字,一时传诵,称他为"《秦妇吟》秀才"(按,此诗早已失传,近发现于敦煌石室)。乾宁元年,登进士第,为判官,晋秩左补阙,后入蜀,与冯涓同为王建幕府书记。建即位,进左散骑常侍,凡开国制度号令、刑政礼乐,皆由庄所定。武成三年卒。著有《浣花集》,现有四部丛刊本,他的词多散见于《花间》、《尊前》等集中。

端己也是花间派的作家,以写情见长。其不同于飞卿的地方,在端己多用白话,不像飞卿那样的浮靡。同时其抒①情多用第一人称,故尤觉亲切动人。王静庵谓"'絃上黄莺语',端己语也,其词品似之。"又谓"温飞卿之词,句秀也,韦端己之词,骨秀也。"即此可知二人之高下矣。今试录数阕以例其余:

> 春日游,杏花吹满头。陌上谁家年少,足风流。妾拟将身嫁与,一生休;纵被无情弃,不能羞。(《思帝乡》)

> 四月十七,正是去年今日。别君时,忍泪佯低面,含羞半敛眉。不知魂已断,空有梦相随。除去天边月,无人知。(《女冠子》)

> 夜夜相思更漏残,伤心明月凭阑干,想君思我锦衾寒。咫尺画堂深似海,忆来惟把旧书看,几时携手入长安?(《浣溪沙》)

> 人人尽说江南好,游人只合江南老。春水碧于天,画船听雨眠。炉边人似月,皓腕凝霜雪。未老莫还乡,还乡须断肠。(《菩萨蛮》)

《古今词话》载:"韦庄以才名寓蜀,王建割据,遂羁留之。庄有宠人,资质艳丽,兼②善词翰。建闻之,托以教内人为辞,强庄夺去。庄追念悒怏,作《荷叶杯》、《小重山》词,情意凄怨,人相传播,盛行于时。

---

① "抒"原稿作"描",校订者酌改。
② "兼"字原稿漏引,校订者酌补。

姬后传闻之,遂不食而卒。"今录《荷叶杯》于后:

> 记得那年花下,深夜,初识谢娘时,水堂西面画帘垂,携手暗相期。惆怅晓莺残月,相别,从此隔音尘。如今俱是异乡人,相见更无因。

二、五代词坛上的李后主和冯延巳①

词到五代已渐臻全盛时期,一时作者,于中原则有牛希济、和凝,于前蜀则有牛峤、李珣,于后蜀则有欧阳炯、毛熙震,……真是作家如林,难以悉举。不过真足以代表此时期而作品影响于后世者,则仅李后主与冯延巳二人耳。

李后主(937~975)名煜,字重光,为中主李璟的第六子。他是中国历史上仅有的富于诗人气质的君主。早年生活异常的浪漫,终天沉醉于歌衫舞袖,同旖旎温馨的恋爱,什么国家大计,漫不在他的心上:

> 红日已高三丈透,金炉次第添香兽,红锦地衣随步皱。佳人舞点金钗溜,酒恶时拈花蕊嗅,别殿遥闻箫鼓②奏。(《浣溪沙》)
> 晚妆初了明肌雪,春殿嫔娥鱼贯列。凤箫③吹断水云间,重按霓裳歌遍彻。临春④谁更飘香屑,醉拍阑干情味切。归时休照烛花红,⑤待放马蹄清夜月。(《玉楼春》)

这是多么华贵的生活。不过后主同普通的一味宴乐的君主还不大一样,他能体验出他的生活的意象,即如"别殿遥闻箫鼓奏⑥"同"待放马蹄清夜月"这种句子,岂是陈后主之流所能道出的?

---

① 此小节原题"五代(李后主、冯延巳)",校订者酌改。
② "鼓"原稿漏引,校订者酌补。
③ 校订者按,"凤箫"一作"笙箫"。
④ 校订者按,"临春"一作"临风"。
⑤ 校订者按,此句一作"归时休放烛光红"。
⑥ "奏"原稿误引作"放",校订者酌改。

花明月黯笼轻雾,今朝好向郎边去!刬①袜步香阶,手提金缕鞋。画堂南畔见,一向偎人颤。奴为出来难,教君恣意怜。(《菩萨蛮》)

　　铜簧韵脆锵寒竹,新声慢奏移纤玉。眼色暗相钩,秋波横欲流。雨云深绣户,未②便谐衷素。宴罢又成空,梦迷春睡中。(《菩萨蛮》)

这正是在热恋中的写照,那种两人相见、一旦目成的情态,同月夜在花前幽会时,女子③的娇羞的样儿,真同画似的展开在我们的脸前了。《古今词话》谓:"后主'铜簧韵脆'、'花明月黯'两词,为继立周后作也。周后即昭惠后之妹,昭惠感疾,周后常留禁中,故有'未便谐衷素'④、'教君恣意怜'二语,声传庭外。至立后,成礼而已。"马令的《南唐书》亦有同样的记载,可知后主当时恋人是昭惠后的妹妹小周后。

　　"渔阳鼙鼓动地来,惊破霓裳羽衣曲"。后主正在⑤富丽幽美的境地中过着他的沉酣生活,那想到外边会有兵革之祸呢?所以北军一至,仓卒⑥无备,于是就不得不开门投降了(975)。后主在宋封为违命侯,然而生活极不自由,处处都遭限制。传说他写给金陵旧宫人的书中,有"此中日夕,只以眼泪洗面"。(《避暑漫抄》)可知他当时心中的难过了。一般人假若由于由富乐一变为穷苦,就不免要怨嗟伤叹,何况后主以一个国君陡然遭际着这样的剧变,如何能不追忆?如何能不悲哀?加以自己又是一个多情善感的诗人,当然要把胸中的郁愤,借诗歌来尽情的宣泄一下啦。过去只是琐事的咏歌,现在

---

① "刬"原稿误引作"衩",校订者酌改。
② "未"原稿误作"来",校订者酌改。
③ "子"为校订者酌增。
④ 此句原稿误引作"来便谐衷诉",校订者酌改。
⑤ "在"原稿误作"这",校订者酌改。
⑥ 校订者按,"仓卒"通作"仓猝"或"仓促"。

呢？一变而为家国之感了;过去的风格是柔腻的,现在呢？一变为悲凉了。

  四十年来家国,三千里地山河。凤阁龙楼连霄汉,玉树琼枝作烟萝。几曾识干戈。一旦归为臣虏,沈腰潘鬓消磨。最是仓皇辞庙日,教坊犹奏离别歌。垂泪对宫娥。(《破阵子》)

  往事只堪哀,对景难排。秋风庭院藓侵阶。一任珠帘闲不卷,终日谁来？金剑已沉埋,壮气蒿莱。晚凉天净月华开。想得玉楼瑶殿影,空照秦淮。(《浪淘沙》)

这可以说是一种沉痛的回忆。至如《虞美人》同《浪淘沙》:

  春花秋月何时了,往事知多少。小楼昨夜又东风,故国不堪回首月明中。雕栏玉砌应犹在,只是朱颜改。问君能有几多愁？恰似一江春水向东流。(《虞美人》)

  帘外雨潺潺,春意阑珊。罗衾不耐五更寒。梦里不知身是客,一晌贪欢。独自莫凭栏,无限江山,别时容易见时难。流水落花春去也,天上人间。(《浪淘沙》)

这是凄凉的回忆。谁知亡国的俘虏,即连自己的哀怨也不能低诉出来,终于以"小楼昨夜又东风"之句,而见忌被害了(《避暑漫钞》)。

  后主之词,在宋、明并不见如何推重,至清之纳兰容若始极力表彰之。彼谓:"花间之词,如古玉器,贵重而不适用,宋词适用而少质①重。李后主兼有其美,饶烟水迷离之致。"(《渌水亭杂识》)这简直是说后主是驾乎一切之词人而上了。到王国维益发的称颂不绝口了。《人间词话》中云:"词至李后主而眼界始大,感慨遂深,遂变伶工之词而为士大夫之词。……"这是极可注意的,就是词在过去所写者不外男女之②情,到后主才一变而用以写家国之感。胡适之谓:"有词人之词,有诗人之词。"后主之词,其诗人之词乎？《人间词话》

---

① "质"原稿引作"贵",可能因形近而误,校订者酌改。
② "之"原稿作"此",校订者酌改。

又谓:"尼采谓一切文学余①爱以血书者。后主之词,真所谓以血书者也。宋道君皇帝《燕山亭》词②亦略似之。然道君不过自道身世之戚③,后主则俨有释迦、基督担荷人类罪恶之意,其大小固不同矣。"能把生命吹进作品中,这作品才能真,才能有感人之伟力。后主词之有价值以此,其所以受后人如此之推尊者,亦莫不以此。

冯延巳(895~960④)一名延嗣,字正中,广陵人。以文学受知于中主,官做到宰相。不过他是一个纯粹的文士,并无济世之才,恰巧又碰见中主同后主这样的国君,于是就日以文墨为事,致弄得国破家亡。他死于宋太祖建隆元年(据陆游《南唐书》),有《阳春集》(王氏四印斋刻词中有之)行于世。

王静庵谓:"正中词虽不失五代风格,而堂庑特大,开北宋一代风气。"可知他所写者,仍不出乎儿女之情,但与花间派已大有不同,以其情深而语切也。方诸并世作家,与端己伯仲之间,与重光犹当臣事之也。

几日行云何处去?忘了归来,不道春将暮。百草千花寒食路,香车系在谁家树?泪眼倚楼频独语,双燕飞来,陌上相逢否?撩乱春愁如柳絮,悠悠梦里无寻处。(《蝶恋花》)

风乍起,吹皱一池春水。闲引鸳鸯芳⑤径里,手挼红杏蕊。斗鸭阑干独倚,碧玉搔头斜坠。终日望君君不至,举头闻鹊⑥喜。(《谒金门》)

史载中主曾戏问延巳:"'吹皱一池春水',干卿何事?"延巳对曰:"安得如陛下'小楼吹彻玉笙寒'之句!"又宋陈世修《〈阳春集〉序》中云:

---

① "余"原稿漏引,校订者酌补。
② "词"原稿漏引,校订者酌补。
③ "戚"原稿引作"感",校订者酌改。
④ 原稿作"九五二",但后文据《南唐书》说冯延巳死于建隆元年,则当在960年,校订者酌改。
⑤ 校订者按,"芳"一作"香"或"花"。
⑥ "鹊"原稿误作"雀",校订者酌改。

"金陵盛时,内外无事。朋僚亲旧,或当燕集,多运藻思,为乐府新词,俾歌者倚丝竹而歌之"。由此可知当日他们君臣所过的生活是如何优游萧散了。

第三节　两宋词人与词派①

词由晚唐历五代而到北宋,真无异水之由涧溪历大江以达于海,可以说已极其波澜壮阔之大观了。我们试就词的演进来看,到北宋显然的有着这两种进步:一、体裁上由小令进而为长调,字数较以前几乎要多出一倍来,这样一来②自然不仅可以借以抒情,而且可以叙事。二、风格上由温婉从而另辟蹊径,产生了豪放与清淡两派。词固然可以用以发抒柔腻之情,至如家国之感、身世之感,以及对于大自然的咏歌,也一样可以拿词来表现。以前那些讲宋词的,虽然关于两宋的作家的风格,有着如上的分类的话,可是写文学史时很少来这样分的。本篇之所以这样的分,完全是为的便利起见,也并不是绝对非这样分不可。望学者于此不可过事拘泥。因为一个人的作品,常常是多方面的,有时强勉为之分类,只不过就其大体而言,非篇篇如是也。

一、温婉派词人——晏殊、柳永、秦观、周美成、姜夔等③

晏殊(991~1055)字同叔,抚州临川人。七岁能文,以神童召试,赐同进士出身。仁宗时拜集贤殿学士,同平章事。同叔性刚毅,自奉俭约,礼贤下士,居相位时,知名之士如范仲淹、孔道辅、欧阳修皆出其门。至和二年卒,谥元献。有《临川集》、《紫薇集》、《珠玉词》。

---

① 此节原题"两宋",校订者据内容酌改。
② "一来"原作"的",校订者酌改。
③ 此小节原题"温婉派",着重讲晏殊、欧阳修、柳永、秦观、周美成的词,而对南宋姜夔、吴文英、张炎词的简单介绍,则作为"附录"。此处将"附录"合并入正文,并酌改题目如上。

同叔的词受正中之影响极大。《贡父诗话》谓:"元献尤喜冯延巳歌词,其所自作,亦不减延巳乐府。"谭复堂谓正中《蝶恋花》词之"'行云'、'百草'、'香车'①、'千花'、'双燕'必有所托",陈秋帆笺注正中此词,以为"元献之'凭栏总是销魂处'、'垂杨只解惹春风,何曾系得行人住'等句,均由此脱化。"②从这里可以晓得同叔很喜欢正中词,同时他的作品也有很多从正中脱胎而出:

一曲新词酒一杯,去年天气旧亭台,夕阳西下几时回?无可奈何花落去,似曾相识燕归来,小园香径独徘徊。(《浣溪沙》)

绿杨芳草长亭路,年少抛人容易去。楼头残梦五更钟,花底③离愁三月雨。无情不似多情苦,一寸还成千万缕。天涯地角有穷时,只有相思无尽处。(《玉楼春》)

欧阳修(1007~1072)字永叔,号六一居士,庐陵人。四岁丧父,家极苦,母郑氏至以荻画字教他读书,但他天才卓绝,且不为环境所限。举进士后,有感当时文风的衰敝,于是为文上承韩愈,与一时学者尹洙之流起而矫之,从此竟以文章名冠天下。永叔居官,不喜阿

---

① 原稿漏引"香车",校订者酌补。

② "谭复堂谓……均由此脱化",原稿引作:"谭复堂谓:'行云、百草、香车、千花、双燕,必有所托……元献之'凭栏总是销魂处'、'垂杨只解惹春风,何曾系得行人住'等句,均由此脱化。"这是误将谭复堂的评语与陈秋帆的笺识混为一谈了。按,陈秋帆《阳春集笺》笺注冯延巳《蝶恋花》词,先引谭献对此词的评语,然后做了自己的发挥,其完整的笺语是这样的:"谭复堂云:'行云、百草、千花、香车、双燕,必有所托。'按此词牢愁郁抑之气,溢于言外,当作于周师南侵、江北失地、民怨丛生、避贤罢相之日。不然,何忧思之深也?后主之'一寸相思千万缕,人间没个安排处',与之同慨,身世之悲,先后一辙。永叔之'双燕归来细雨中'、'梦断知何处'、'江天雪意云撩乱',元献之'凭阑总是销魂处'、'垂杨只解惹春风,何曾系得行人住'等句,均由此脱化。北宋词人,得《阳春》神髓。如此之类,不胜觏举。"校订者酌改。

③ "底"原稿引作"外",校订者酌改。

附,正言急谏,因之屡遭贬黜。累官至枢密副使。王安石变法,他①曾上书请止散青苗钱,为安石所诋,于是决意求归。熙宁四年,以太子少师致仕。五年卒,年六十六岁,赠太子太师,谥曰文忠。永叔在北宋为一卓然特起之大家,诗词散文均所专擅。诗文在此从略,今专论其词。

词在北宋初年,大抵仍因五代之余风,所以一时作家很少能脱去花间派的窠臼的。永叔自然也在所难免。陈秋帆谓②,永叔之"双燕归来细雨中"、"梦断知何处"、"江天雪意云撩乱",均脱胎于冯正中词。同时他的词集《六一词》与正中之《阳春集》,当中作品羼杂错综,一向聚讼莫决。由此可以证明永叔词的风格与正中是如何的相似了。此外还有《生查子》一词,过去有人认为是朱淑真之作,但永叔集中亦有,故确定的永叔之作。词为:

> 去年元夜时,花市灯如昼。月上柳梢头,人约黄昏后。今年元夜时,月与灯依旧。不见去年人,泪湿青衫袖。

这是写一个离人追忆过去幽会时的情形,虽在道学先生们的眼目中,觉得不免于淫鄙,但其情真语切,所以也就不能一笔抹煞。

> 凤髻金泥带,龙纹玉掌梳。走来窗下笑相扶。爱道"画眉深浅入时无?"弄笔偎人久,描花试手初。等闲妨了绣功夫。笑问"双鸳鸯字怎生书?"(《南歌子》)

据《神宗实录》本传及《神宗旧史》本传,载永叔被当时仇家诬为盗甥事,《行状》、《墓志》、《神道碑》及《年谱》皆不载也。此事止泛说"无根之言"、"蜚③语"而已,这自然是推崇永叔的,故为永叔讳罢了。所以胡适之先生就根据上边所引之词,说道:"也是写一个很放浪而讨人欢喜的女孩子,此女子确不是倡女,乃是住在他家的。大概张氏一

---

① "他"为校订者酌增。
② 原稿作"谭复堂谓",校订者酌改,具体辨证见前注。
③ "蜚"原作"飞",校订者酌改。

案,不全出于无因。狱起时欧公止三十九岁,他谪滁州后,即自号醉翁,外谪数年,而头发皆白,此可见当日外界攻击之多。"(《欧阳修的两次狱事》)其实,即令欧公果有此事,也不过是不幸的命运的播弄而已,于永叔何尤?

柳永(987?~1053?①)字耆卿,乐安人。景祐元年进士,因放达无行,同温飞卿一样,遭受皇帝的摈斥,所以官仅至屯田员外郎。不过他的词流传的最广了,《四库提要》引叶梦得《避暑如话》说,"余仕丹徒,尝见一西夏归朝官云,'凡有井水处,即能歌柳词'"②。这不是同乐天的诗"妇孺马走之口皆能道"是一样吗!他的作品有《乐章集》。

耆卿完全是一个浪漫的诗人,他曾有"忍把浮名,换取浅斟低唱"的话。因为他功名上的失意,于是就沉浸于醇酒妇人的颓废生活中。他的作品的特色,一是慢词写得最多,二是内容不外男女离别同客中思乡之情。所以他的风格属于温婉一派。至于他词的坏处,在于他风格不高,常有恶劣的语句(胡适之语)。

---

① 原稿缺柳永生卒年。按,关于柳永的生卒年,学界迄无定论,此处校订者酌补的是目前较为通行的说法。

② "《四库提要》引叶梦得《避暑如话》说……",原稿作"《四库提要》说:'他是词中的白居易',叶梦得谓:'余仕丹徒……'"。查《四库提要》关于柳永《乐章集》的提要中并没有"他是词中的白居易"这句话,而只是引用了叶梦得转述西夏归朝官所谓"凡有井水处,即能歌柳词"的话,而这话与白居易《与元九书》中自谓"自长安抵江西三四千里,凡乡校佛寺、逆旅行舟之中,往往有题仆诗者,士庶僧徒、孀妇处女之口,每每有咏仆诗者"及元稹在《白氏长庆集序》中所说乐天诗于"二十年间,禁省观寺、邮候墙壁之上无不书,王公妾妇、牛童马走之口无不道,至于缮写模勒、衒卖于市井或持之以交酒茗者,处处皆是"颇为相似,或许正是这种相似性使任先生误记《四库提要》有柳永为"词中的白居易"之论了。虽说柳永为词中乐天的类比不无道理,但《四库提要》毕竟没有这样的话,所以酌改如上。

寒蝉凄切,对长亭晚,骤雨初歇。都门帐饮无绪,方①留恋处,兰舟催发。执手相看②泪眼,竟无语凝咽。念去去、千里烟波,暮霭沉沉楚天阔。多情自古伤离别,更那堪、冷落清秋节。今宵酒醒何处?杨柳岸、晓风残月。此去经年,应是良辰好景③虚设。便纵有、千种风情,更与何人说?(《雨霖铃》)

这一篇④曾经有人拿它同东坡的《念奴娇》相对比,说他的词只可"二八丽人执红牙拍,唱'杨柳岸晓风残月'",而柳、苏风格之迥异,遂于是以定。

　　伫倚⑤危楼风细细。望极春愁⑥,黯黯生天际。草色山光残照里,无人会得凭阑意。拟把⑦疏狂图一醉。对酒当歌,强乐还无味。衣带渐宽终不悔⑧,为伊消得人憔悴。(《蝶恋花》⑨)

胡适之认为这篇东西算是耆卿作品中风格最高的了。本来诗歌贵乎含蓄,尤在能意内而言外,于文字之外有不尽之意,才算是上乘。耆卿词时时伤于太直率、太粗鄙,而少含蓄。所以论词者,不将他列于第一流作家之中。

　　秦观(1049~1100)字少游,一字太虚,扬州高邮人。《宋史》称他"少豪隽,慷慨溢于文词。举进士,不中。强志盛气,好大而见奇,读兵家书,与己意合。"可知他是一个自负不凡的才士。后来受知于苏轼,荐于朝,除太学博士,校正秘书省书籍,复兼国子院编修官。后坐党出判杭州,屡遭迁徙,由郴州至横州又至雷州。徽宗时,复宣德

---

① "方"原稿漏引,校订者酌补。
② "看"原稿漏引,校订者酌补。
③ "良辰好景"原稿引作"好景良辰",校订者酌改。
④ 原稿此处有一"是"字,校订者酌删。
⑤ "伫倚"原稿引作"独依",校订者酌改。
⑥ "春愁"原稿引作"离愁",校订者酌改。
⑦ "拟把"原稿引作"也拟",校订者酌改。
⑧ "终不悔"原稿引作"不觉悔",校订者酌改。
⑨ 校订者按,此词的词牌一作"凤栖梧",并曾刻入欧阳修的《六一词》。

郎,还抵藤州而卒。有《淮海集》(四部丛刊影印本)。我们晓得了少游的为人,同他一生中的遭际,那么就可以来讲他的词了。《人间词话》中云:

> 冯梦华《宋六十一家词选·序例》谓:"淮海、小山,古之伤心人也,其淡语皆有味,浅语皆有致。"余谓此唯淮海足以当之,小山矜贵有余,但可方驾子野、方回,未足抗衡淮海也。

又云:

> 少游词境最为凄婉,至"可堪孤馆闭春寒,杜鹃声里斜阳暮",则变而凄厉矣。东坡赏其后二语,犹为皮相。

少游的作品在量上说,赶不上北宋的任何作家,然允称为北宋一流的大家。在当时已有认为他的作品高于东坡的话。晁补之说:"近来作者,皆不及少游。"张綖云:"少游多婉约,子瞻多豪放,当以婉约为主。"不过少游的词"语工而入律"为词家当行,而其病在①时不免有蹈袭耆卿俗气之嫌。东坡词不拘常套,鲜能入乐,而其长在风格飘逸,驾乎一切作者而上之。

> 雾失楼台,月迷津渡,桃源望断无寻处。可堪孤馆闭春寒,杜鹃声里斜阳暮。驿寄梅花,鱼传尺素,砌成此恨无重数。郴江幸自绕郴山,为谁流下潇湘去?(《踏莎行》)

> 西城杨柳弄春柔,动离忧,泪难收。犹记多情曾为系归舟。碧野朱桥当日事,人不见,水空流。韶华不为少年留,恨悠悠,几时休?飞絮落花时候②一登楼。便做春江都是泪,流不尽,许多愁。(《江城子》)

少游词虽不免儿女情多,但其意境深远,静庵所谓"虽作艳语,终有品格也"。

周邦彦(1057~1121)字美成,钱塘人。早年疏隽少检,不为州里

---

① "在"原稿作"有",与后文重复,校订者酌改。
② "时候"原稿误引作"时节",校订者酌改。

推重。元丰初游京师,献《卞都赋》万余言,被召赴政事堂,自太学生一命为太学正,后出教授庐州,知溧水县。哲宗晚年召还,除秘书省正字,后知河中、龙德府,入拜秘书监,进徽猷阁待制,提举大晟府。旋知顺昌府,徙处州,卒。赠宣奉大夫。

美成词的特长,在精于音律。《宋史》说他"能自度曲,制乐府长短句,词韵清蔚"。但他的短处,也就因为他太注意于音调的调叶同字句的雕饰,反而把内容忽略了。王元美说他"能作景语,不能作情语,能入丽字,不能入雅字"(《艺苑卮言》)。《人间词话》谓:"词之雅郑,在神不在貌。永叔、少游虽①作艳语,终有品格。方之美成,便有淑女与倡优之别。"又谓:"美成词②深远之致,不及欧、秦,唯言情体物,穷极工巧,故不失为第一流作者。但恨创调之才多,创意之才少耳。"把这些评论归纳起来,就可以了解美成词短长之所在了。现在试引几首来看一看:

> 并刀如水,吴盐胜雪,纤手破新橙。锦幄初温,兽烟不断,相对坐调笙。低声问向谁行宿?城上已三更;马滑霜浓,不如休去,直是少人行!(《少年游》③)

这是写晚上两人相聚时的柔情绮语。地点当是妓馆,而不会是幽闺。情态之真,如在眼前。此其所以可贵也。至咏物如《苏幕遮》:

> 燎沉香,消溽暑。鸟雀呼晴,侵晓窥檐语。叶上初阳干宿雨、水面清圆,一一风荷举。故乡遥,何日去?家住吴门,久作长安旅。五月渔郎相忆否?小楫轻舟,梦入芙蓉浦。

王静庵谓其"得荷神理"。写景如《氐州第一》之上片:

> 波落寒汀,村渡向晚,遥看数点帆小。乱叶翻鸦,惊风破雁,天角孤云缥缈。官柳萧疏,甚尚挂、微微残照。景物关情,川途

---

① "虽(雖)"原稿误书"维",校订者酌改。
② "词"原稿漏引,校订者酌补。
③ 原稿缺此首词牌,校订者酌补。

换目,顿来催老。

都可以表现出美成对这方面的成功。词到美成已经又转到一个新的方向了,就是由意境方面的注意转移到对音律与描写技巧方面的注意了,所以南宋的玉田、白石、梦窗,都可以说是继美成之风而变本加厉者,故谓美成开南宋一代之风气也可。①

姜夔(1155? ~1209)字尧章,号白石道人,饶州鄱阳人。吴文英(1207? ~1209?)字君特,四明人,号梦窗,有《梦窗四稿》。张炎(1248~1321?)②字叔夏,号玉田,有《山中白云词》。他们三个人都是音乐家,他们创作的方向都是走的美成的旧路:一、注意音律的调协,二、由抒情转趋于咏物。至于他们之不同,就是:白石格调虽高,而乏意境。胡适之说:"姜夔是一个诗人,他的诗与词序皆有诗意,但他的词往往不如他的小序。……一个有诗意的词人,所作词乃远不如词序,我们所以不能不说他牺牲意境,而迁就音乐了。"至于梦窗尤为晚近论词者所不取,因为他纯粹是一个音乐家,不是诗人,所以他的词只是古典滥套的堆积。当时张玉田就批评过他的词③,说是"如七宝楼台,眩人眼目,拆碎下来不成片段"。清代的周介存虽极力推崇他,说他"词之佳者,如水光云影,摇荡绿波,抚玩无极,追寻已远"。但王国维已痛驳他这话,谓"余览《梦窗甲乙丙丁稿》中,实无足当此者"。又谓"梦窗之词,余④得取其词中之一语以评之,曰'映梦窗凌乱碧'"这正可与玉田之语相参证。说到玉田,他当较梦窗高出一等,但是词到南宋,毕竟已到末运,虽以玉田逾四十年之努力,而仍然不能望北宋作者之项背,原因完全是中了格律之毒。就音乐上说,他们可以说是成功的,但就文学上来说,就不免犯了"削足适履"之病。胡

---

① 校订者按,此下一段原题"(附)姜夔、吴文英、张炎",为便阅读,现将之前合并到"温婉派词人"内。

② 原稿缺姜夔、吴文英、张炎的生卒年,校订者酌补。

③ "的词"为校订者酌增。

④ "余"《人间词话》通行本作"吾"。

适之谓,南宋作者多系"词匠",静庵谓梦窗、梅溪、玉田、草窗、西麓辈,面目不同,同归于乡愿。这当非有意诋毁。文体升降,于此已可领悟其中之消息矣。

二、豪放派词人——苏轼、辛弃疾①

苏轼(1036~1101)字子瞻,眉州眉山人。生于宋景祐三年丙子,卒于建中靖国元年辛巳,享年六十六岁。

我们讲到子瞻,首先应该注意的,就是他的故乡是山川灵秀的西蜀;他的父亲是一代散文大家苏明允;他的身世也是屡次遭受着意外的波折。有这种种的凑合,才产生他的不朽的杰作,而奠定了他在中国文学史上崇高的地位。当他同他的弟弟子由在弱冠之年,踏进京都的时候,真是"似二陆初来俱少年,②有笔头千字,胸中万卷,致君尧舜,此事何难"(《沁园春》)的不可一世的气概。所以一试礼部,主司欧阳永叔就惊讶的了不得,对梅圣俞说道:"吾当避此人出一头地。"对制策,入三等,除大理评事签书凤翔府判官。治平二年入判,登闻鼓院,英宗③早晓得他,想循唐代故事,召入翰林知制诰,因韩琦阻止遂作罢。后入三等,得直史馆。熙宁四年王安石变法,子瞻上议反对,神宗不听,遂请外,通判杭州。继徙知湖州,以诗遭御史李定、舒亶④等的媒孽,遂陷于狱。释放后,贬为黄州团练副使。这个时期,子瞻的生活最闲散了,终天同一些田夫野老相往还,又筑室于凤

---

① 词小节原题"豪放派",校订者据内容酌改。
② 此句原稿引作"如二陆入洛俱少年",按任访秋先生可能是凭记忆引用,所以引文与原词句——苏轼写给苏辙的《沁园春》词——略有出入,校订者酌改。
③ "英宗"原稿作"神宗",据《宋史》本传,当是英宗,且治平乃是英宗年号,校订者酌改。
④ 蓝棣之按,"御史李定、舒亶"原稿误作"御史李定舒",此据《宋史》本传校正。

景佳丽的东坡,因自号东坡居士。现在不妨把足以表现他当日生活的作品,引在下边:

西 江 月

顷在黄州,春夜行蕲水中,过酒家饮,酒醉。乘月至一溪桥上,解鞍曲肱,醉卧少休。及觉已晓,乱山攒拥,流水铿然,疑非人尘世也。书此语桥柱上。

照野弥弥浅浪,横空隐隐层霄。障泥未解玉骢骄,我欲醉眠芳草。可惜一溪风月,莫教踏碎琼瑶。解鞍欹枕绿杨桥,杜宇一声春晓。

这是多么的放达!多么的萧散!整个的灵与肉,摆脱了尘世间一切羁绊,而交付给大自然。是这样的月色,是这样的园野,在醉中索性的躺到凉爽的石桥上,做一场舒适的清梦。醒来后,在晨光熹微中,望着山色,听着溪声。东坡的生活是如此,然而惟有东坡才会过着这样的生活。

临江仙·雪堂夜饮醉归临皋作

夜饮东坡醒复醉,归来仿佛三更。家童鼻息已雷鸣,敲门都不应,倚杖听江声。长恨此身非我有,何时忘却营营?夜阑风静縠纹平。小舟从此逝,江海寄余生。

关于这篇词,还有一段很有趣味的故事。据《避暑录话》,子瞻在一个月夜,同客人饮酒江上,时江面际天,风露皓然,因作此词,与客大歌数过而散。次日喧传子瞻已挂冠拏小舟长啸走了。郡守徐君猷听说,非常的惊骇,以为跑了罪人,急往访,谁知子瞻鼻鼾如雷,睡得正浓着呢。可是这篇词传到京师,神宗也很疑怀。他在黄州的几年中,诗词散文,写得很多,一组流行的前后《赤壁赋》,也是这个时期的产品。

元祐元年罢新法，子瞻以七品服入侍延和①，迁中书舍人。四年，因与当路论事不合，请外，拜龙图阁学士、知杭州。后又徙颍、扬、定诸州。终卒于常州。有《东坡集》四十卷，《后集》二十卷。

东坡为有宋一代文学史上的怪杰，前边已经说过。他可以说对于文学是无体不作，无作不佳。他自己常说，"吾作文如行云流水，初无定质，但常行于所当行，止于所不可不止"。这是读东坡作品的人所不应忘记的。他的词对过去作家中，可以是说仅仅许受李后主一丝影响。大抵词至后主，在内容方面已经扩大了，不拘于爱情的描述，即身世之感，也可以拿来表现了。这样的到了北宋，就显然分出两大派：一派仍沿花间之余风，以旖旎胜；一派则完全抛开了这些儿女柔情，把词当诗一样的来抒写胸中一切的感怀。代表前者的即耆卿与美成，而代表后者的即东坡与稼轩。而东坡实开稼轩之先路。胡致堂说：

  及眉山苏氏，一洗绮罗香泽之态，摆脱绸缪婉转之度，使人登高望远，举首高歌，而逸怀浩气，超然乎尘垢之外。于是《花间》为皂隶，而柳氏为舆台矣。(《向子湮〈酒边词〉序》)②

这是很正确的批判，每个人在③读了东坡作品后，都会有这样的感想的。现在我们看东坡词的特色。大致说来，在内容上所表现的情感不外：一、故人之念，二、漂泊之苦，三、今古之感。至于外形方面，他不大喜欢拘拘于格律。晁无咎说："居士词，人谓多不谐音律，然横放杰出，自是曲子内缚不住者。"(《能改斋漫录》卷十六④)这正可以看出东坡之所以高出别人的地方，就⑤在他能以诗为词。至他的风格，过去公认他是开豪放一派的一位大作家，不过里边写闲适之境的

---

① 校订者按，"和"字原稿缺，此据《宋史》本传补。
② 原稿失注出处，校订者酌补。
③ "在"原稿置于"每个人"之前，校订者酌改。
④ 原稿失注，校订者酌补。按，任访秋先生当是据《历代词话》转引。
⑤ "就"原稿作"正"，与上句用词重复，校订者酌改。

也不少。即如:

鹧鸪天

　　林断山明竹隐墙,乱蝉衰草小池塘。翻空白鸟时时见,照水红蕖细细香。村舍外,古城旁,杖藜徐步转斜阳。殷勤昨夜三更雨,又得浮生一日凉。

定风波

　　三月七日沙湖道中遇雨。雨具先去,同行皆狼狈,余独不觉。已而遂晴,故作此词。
　　莫听穿林打叶声,何妨吟啸且徐行。竹杖芒鞋轻胜马,谁怕?一蓑烟雨任平生。料峭春风吹酒醒,微冷,山头斜照却相迎。回首向来萧瑟处,归去,也无风雨也无晴。

这都是心怀平静时写的,所以对自然完全是一付悠然欣赏的态度,就是与渊明的诗比较起来,也无若何愧色。此外,他还有些和韵、集句、回文、咏物之作,这在晏、欧诸公的集中还不多见。于此可以知词到东坡,真已臻于烂熟时期了,几乎诗中所有的怪体裁,都用到词上来了。而词体之解放,倒①更可以借此而证明了。

最后,我可以引征近代两个批评家对子瞻批评的话,作为②结束。王国维③先生说:

　　读东坡、稼轩词,须观其雅量高致,有伯夷、柳下惠之风。白石虽似蝉蜕尘埃,然终不免局促辕下。

　　东坡之旷在神,白石之旷在貌。白石如王衍口不言阿堵物,而暗中为营三窟之计,此其所以可鄙也。(《人间词话》④)

---

① "倒"原稿作"到",校订者酌改。
② 原稿此处有"本节"二字,校订者酌删。
③ 原稿误书为"王国静",校订者酌改。
④ 原稿失注出处,校订者酌补。

胡适之先生说：
> 苏轼的词往往有新意境，所以能创立一种新风格，这种风格既非细腻，又非凄怨，乃是悲壮与飘逸。……这种风格乃是学问与人格作成的，故不是那"十七八女孩儿，按执红牙拍"所能领会的。(《词选》)

辛弃疾(1140~1207)字幼安，号稼轩，历城人。生于宋绍兴十年庚申，死于开禧三年丁卯，享年六十八岁。有《稼轩长短句》十二卷。

稼轩是一个有政治天才而兼有文学天才的①诗人。他的身世很有点像英国的拜伦。在他生下来时，高宗已经南渡多时了。最初做耿京掌书记，劝京归宋。绍兴三十二年，他奉表南归，高宗很嘉赏他，授他为承务郎。谁知当他回去的时候，京已被部下张安国所杀，军队被安国率着投降金朝。他觉得没法回朝复命，于是就约同一部分耿京的旧部，到金营去捉得安国，送到行在斩首。朝廷仍叫他任原官，后改差他做江阴签判。乾道四年，又做建康府通判。屡次上表对朝廷有很多匡正。后奉召规划筹办湖南飞虎军，于是他就终天忙于筑砦栅招兵勇，花②钱很多，可是他富于干才，竟然成绩卓著。当时有人弹劾他剥削人民，于是朝廷降金牌，叫他马上停办。他把金牌藏起，老不发表，责成监办者于一月内完成营栅，事成后才把原委颠末呈报朝廷。这时孝宗才算对他不加猜疑了。《宋史》称"军成雄震一方，为江上诸军之冠"。为此朝廷任他为右文殿修撰，差知隆兴府，兼江西安抚。后又仕光宗、宁宗朝，屡次罢官又屡次复职，由福建安抚使至浙东安抚使，所任不能使他的经世才干完全表现出来。③ 日后朝廷任他为兵部侍郎，被他辞掉了。又进枢密都承旨，未及就职，就

---

① 原稿此处有"一位"二字，与前犯重，校订者酌删。
② "花"原稿作"化"，校订者酌改。
③ "所任不能使他的经世才干完全表现出来"一句，原稿字迹漫漶不清，校订者勉强辨认，录以待考。

死了。①开禧二年,韩侂胄北伐兵败,次年,主和的人把韩侂胄杀掉,送头去讲和。此时稼轩已死,但因他曾与韩侂胄有一度关系,于是朝廷竟把他身后的一切应行的恩典都夺去了。直到宋末才追赠少师、谥"忠敏"。

讲稼轩词,不能不问稼轩的思想。他平生最钦佩的人是庄周、陶潜同李白,那么他的思想自然是属于道家一派。道家思想的主旨乃是教人看破红尘的迷梦与人间的虚幻,不要太拘泥于名利的得失与是非的批判。所以道家之眼乃真是诗人之眼。他论世"不域于一人一事",乃是通古今而观之。稼轩词之明快即全由于此。至于修辞的方面,他受庄周同李白的影响更大。庄、李的文与诗,都喜欢用扬厉格,令人读着胸襟开旷,有海阔天空之想。稼轩词也是如此。像他的词中:

> 千丈阴崖尘不到,惟有层冰积雪。……起望衣冠神州路,白日消残战骨。……夜半狂歌悲风起,听铮铮阵马檐间铁。南共北,正分裂!(《贺新郎·用前韵送杜叔高》)②

> 闻道绮陌东头,行人曾见,帘底纤纤月。旧恨春江流不断,新恨云山千叠。(《念奴娇·书东流村壁》)

> 诗坛千丈崔嵬,更有笔如山墨作溪。……慷慨须乘驷马归。长安路,问垂虹千柱,何处曾题?(《沁园春·答杨世长》③)

这些句子④同庄子的:

> 鹏之徙于南冥也,水击三千里,抟扶摇而上者九万里,去以六月息者也。……惠子谓庄子曰:"魏王贻我大瓠之种,我树之

---

① 校订者按,以上关于辛弃疾生平的叙述,原稿涂改甚多、漫漶不清,颇难辨识,此处参考《宋史》本传和《鹅南辛氏宗谱》所收《宋兵部侍郎赐紫金鱼袋稼轩公历仕始末》等文献,勉强辨认录入,容或有误。

② 此处词牌问题,原稿误作"《兰陵王》八",校订者酌改。

③ 此处词牌问题,原稿误作《念奴娇》,校订者酌改。

④ 校订者按,原稿此处有"不是"二字,因下面引文过长、语气不免阻断,所以将"不是"改置于下句。

成,而实五石,以盛水浆,其坚不能自举也。剖之以为瓢,则瓠落无所容,非不呺然大也,吾为其无用而掊之。"庄子曰:"夫子固拙于用大矣!……今子有五石之瓠,何不虑以为大樽,而浮乎江湖?而忧其瓠落无所容,则夫子犹有蓬之心也夫!"(《逍遥游》)

李白的:

西登香炉峰,南见瀑布水。挂流三百丈,喷壑数十里。欻如飞电来,隐若白虹起。初惊河汉落,半洒云天里。(《望庐山瀑布》)

白发三千丈,缘愁似个长。不知明镜里,何处得秋霜?(《秋浦歌》)

不是①很相像吗?东坡虽然豪放,但集中如"大江东去"者并不很多,稼轩集中则俯拾②皆是。王静庵谓"东坡之词旷,稼轩之词豪",可谓一语破的。过去的词人来写月,不是说"如眉"(牛峤《女冠子》),就是说"如钩"(李后主《相见欢》),但稼轩则说"如弓",即此已可见他与花间诸公胸怀是如何的不同了。他晚年颇多闲适之作,即如《西江月·夜行黄沙道中》:

明月别枝惊鹊,清风半夜鸣蝉。稻花香里说丰年,听取蛙声一片。七八个星天外,两三点雨山前。旧时茅店社林边,路转溪桥忽见。

同《生查子·独游雨岩》:

溪边照影行,天在清溪底。天上有行云,人在行云里。高歌谁和余?空谷清音起。非鬼亦非仙,一曲桃花水。

都可以说是透彻玲珑之作,与东坡的小令比起来,也可以说毫无逊色。至他喜欢用典事或者采撷古人的成语入篇,纵然照胡适之所说,

---

① 校订者按,此处"不是"从上句"这些句子不是同庄子的"改移而来。

② "拾"原稿误作"仰",校订者酌改。另,此句句首有"但"字,与前句犯重,校订者酌删。

他的情感浓厚、才气奔放,使人不觉得他在那里掉书袋,但这毕竟是有意宽假之辞,我们终不能不为稼轩惜。

三、清淡派词人①

朱敦儒(1080? ~1175?)字希真,洛阳人。早年很负时誉,《宋史》称他"志行高洁,虽为布衣,而有朝野之望"。他生性大概是很怪癖的,最初朝廷几次召他去作官,但都被他辞掉了。后来他避乱到南边去,寓居南雄州,朝臣又推荐他,高宗任他为右迪功郎,可是他仍不肯应召,经他的故人劝驾,他这才"幡然而起"。到了行在"命对便殿,论议明畅"。高宗很高兴,赐他进士出身,任秘书省正字,不久兼兵部郎官,迁两浙东路提点刑狱。因被劾,罢官。秦桧当国时,喜奖用骚人,他被除为鸿胪少卿。桧死,他也退归田里,有《樵歌》三卷。

希真一向②被人认为是清淡派的词人。《贵耳集》说:

> 朱希真南渡以词得名,《月》词有:"插天翠柳,被何人推上一轮明月",自是豪放。赋《梅》词:"横枝销瘦一如无,但空里疏花数点",语意奇绝,如不食烟火语。

黄昇《花庵词选》云③:"希真东都名士,词章擅名,天资旷远,有神仙风致。"不过希真的作品大体说来,写田园风光同闲适心情的居多。至于柔丽之作与家国之感,亦未始没有。即如《临江仙》:

---

① 此小节原题"清淡派",校订者酌改。按,任访秋先生于温婉、豪放之外,别立清淡一派,这是颇为别致的看法,但所论只有朱敦儒一人,则不免单薄了些。其实,出于婉约、归于清淡的李清照,或许更当得起鼎立该派的重担,可惜未能有所论列。另按,任先生之所以特别推崇朱敦儒,显然受到他的另一位导师胡适的影响——胡适的《宋词人朱敦儒小传》一文,载《出版周刊》新第112号(1935年1月19日出版),并被置于章衣萍校点的《樵歌》(商务印书馆1930年11月初版)卷首,而《樵歌》正是任先生的参考书。

② 原稿此处有一"是"字,与后犯重,校订者酌删。

③ "黄昇《花庵词选》云"原稿作"黄花菴云",易滋误解,校订者酌改。

> 几日春愁无意绪,撚金翦彩慵拈。小楼终日怕凭栏,一双新泪眼,千里旧关山!苦恨碧云音信断,只教征雁空还。早知盟约是虚言,枉裁诗字锦,悔寄泪痕笺!

这不是完全写相思的情绪的吗?至于家国之感同故乡之思的作品,更是随处皆是。如《苏幕遮》:

> 酒台空,歌扇去。独倚危楼,无限伤心处。芳草连天云薄暮,故国山河,一阵黄梅雨。有奇才,无用处。壮节飘零,受尽人间苦。欲指虚无问征路,回首风云,未忍置明主。

又如《采桑子》:

> 扁舟去作江南客,旅雁孤云,万里烟尘,回首中原泪满巾。碧山对晚汀洲冷,枫叶芦根,日落波平,愁损辞乡去国人。

大概希真的词,约略可分为三个时期:像前边所举的恋情之作,当系早年时写的;渡江以后,因看到故乡已成遍地荆棘,中原河山毫无恢复之望,自己呢,又是"惊尘心绪,转蓬踪迹"(《忆秦娥·吴船窄》①),自然不免要为之泫然泣下了;晚年呢,退休田园,于是像:

> 先生筇杖是生涯,挑月更担花。把住都无憎爱,放行总是烟霞。飘然携去,旗亭问酒,萧寺寻茶。恰似黄鹂无定,不知飞到谁家。(《朝中措》)

> 我不是神仙,不会炼丹烧药,只是爱闲耽酒,畏浮名拘缚。种成桃李一园花,真处怕人觉。受用现前活计,且行歌行乐。(《好事近》)

这些作品,都是"历遍人间,谙知物外,看透虚空"(《念奴娇·老来可喜》②)以后的作品,自然是有几分潇洒出尘的风致。胡适之谓希真的作品"远胜邵雍,将他比陶潜或更确切"③。我以为他似乎还赶不上

---

① "《忆秦娥·吴船窄》"为校订者酌补。
② "《念奴娇·老来可喜》"为校订者酌补。
③ 校订者按,此语出自胡适《宋词人朱敦儒小传》,出处见前注。

陶潜,因为渊明之恬淡是自然的,至希真就有点出之于故意了。即就他晚年又出来作官而论,比诸①渊明之挂冠已大有云泥之别了。所以他的隐居生涯,很与王摩诘之"独坐幽篁里,弹琴复长啸"有点相像。假若我们真要找一个人来同他比附的话,陆放翁同他还差不多。因为他们都是晚年隐居田园,而对南宋的破碎山河,都是终天发着感叹之音的。

第二章　元明戏曲的兴盛与变迁②

第一节　从唐宋金到元与明：戏曲的成长与成熟③

曲与词的不同,最大的是：一,词体主唱,而曲于唱之外则附以表演;二,词多为抒情之作,但曲必叙述一桩故事。因此,对于④曲,我们不能拿看词的眼光来看它,词我们可以说它是由唐代的诗歌演变而来,但曲我们就不能很简单认为它是词的化身。现在讲到元代的戏曲,我们就不能不逆流溯源,看看它是怎样演进来的。⑤

唐的戏曲多半一仍北朝之旧,像歌舞戏,不外代面、踏摇娘同拨头。不过,有种参军戏,最为流行。参军戏最初亦仅为歌舞,后来演

---

① "诸"原稿作"之",与后文犯重,校订者酌改。

② 本章标题由校订者根据内容酌拟。另按,本章及下章原为"附录",扼要论列了元明戏曲小说和宋明诗古文小品,现分为戏曲、小说和诗文三章,编入正文。

③ 此节标题由校订者根据内容酌加。

④ "对于"为校订者酌加。另按,任访秋先生这里所说的"曲"乃是指"戏曲",他不以当时流行的文学进化史观为然,而在下文强调"曲我们就不能很简单认为它是词的化身",但当他在后面说到散曲时,又以为"散曲实与宋词为近,也可以说是词的替身",这又是从抒情诗体的角度洞见到词与散曲之同然。

⑤ 此处原有关于戏曲起源的一小节约八百余字,因与本书前面的内容重复,校订者酌删。

变而成滑稽戏。所以这时期的戏,大致可分为三种:一、傀儡戏,因前代之旧。二、歌舞戏。三、滑稽戏。至后两种,其中已有扮演脚色①的痕迹可寻了。如参军即后来之"净"或"丑"的起源。"做妇人"即"旦"的滥觞。这虽然还幼稚,可是已略备戏曲的雏形了。

宋代的戏曲,较之唐代已有极显著的进步,而且种类也极其繁多,至与后代关系较深的②,有下列几种:

一、杂剧——这与元代的不同,据吴自牧的《梦粱录》里说:"大抵全以故事,务在滑稽,唱念应对通遍。此本是鉴戒,又隐于谏诤,故从便跣露,谓之'无过虫'耳。"它既扮演故事,于是就有"末泥"、"副净"、"副末"、"装孤"(《梦粱录》)等脚色。以后元代戏曲中的脚色,大都一仍此时之旧。

二、戏文——这同后来的传奇很相近,开端先叙全剧的梗概,中间数色合唱。最初始于南宋光宗时,到度宗时而大盛。

三、诸宫调——始于北宋。它与元曲相同的地方是:(甲)系联合许多宫调曲子而成。(乙)所用诸曲,其名目多与元剧所用者同。(丙)一宫调之曲首尾一韵。它与元曲③不同的地方是,(甲)只能说唱,不能扮演。(乙)为叙事体非代言体。

除此以外,尚有影戏、舞队、傀儡等,因为与后代戏剧关系较浅,故不具述。

与南宋同时的金朝,他们的戏曲大体与宋朝差不多,也有杂剧。此外又有捣弹词,是宋朝所无的,系合琵琶而歌的一种曲子。最著名的《董解元西厢》,就是④这类的曲本。内容虽有"曲"与"白",但属叙说体。所以直到元朝统一之后,戏曲才算达到完全成熟的地步。

元曲较前代最显明的进步,有两种:

---

① 校订者按,在现代语文中"脚色"与"角色"混用,今通作"角色"。
② "的"为校订者酌增。
③ "它与元曲"四字为校订者酌增。
④ "是"为校订者酌增。

一、形式——易叙事为代言。全剧中有"科"有"白"而以多种脚色扮演之。

二、材质——前代之曲子限制过严,所以不能曲尽其致,至元曲中所用之曲较为复杂,但其限制反不像前代之严,因此一切剧情都能达到尽善尽美的境地。

在这样的情况之下,又加以时代背景的协助,于是就促成所谓光耀千载、盛极一时的元曲。随后在元末明初,又有传奇的崛起,而大盛于明代中晚期。①

第二节　元曲兴盛的原因及其体制之类别②

曲到元代之所以兴盛,一方面固然是由于它自身的演进,到这时已达到成熟的地步,但另一方面,时代环境的促成也不容不加注意。大致归纳起来,有这样的几种原因:

一、元代的统治者为野蛮民族,不懂中国的古文学,因此不得不以语体文来代替古文。于是就产生了这种汉语中杂有蒙古语的文体——元曲。

二、自唐宋以来,一般人都竞竞于科目③的进取,元代一旦废除了这种制度,使④这些士子们的才力无从表露,加以前代(金)的科目之学又极浅陋,现在他们一旦失去了可以努力的目标,而他们的能力又不能来研究较为高深的学术,恰好这时一种新兴的文体产生了出来,于是他们就多半从事于戏曲的写作。

三、过去的人都受着四书五经的束缚,所以文人没有自由的想像同任意的创作。元代呢,把这些陈腐的思想都抛弃了,文人的思想为

---

① "随后在元末明初,又有传奇的崛起,而大盛于明代中晚期",为校订者酌增。

② 此节原题"元曲之所以兴盛及其体制之类别",校订者酌改。

③ 校订者按,"科目"指唐代以来分科选拔官吏的科举考试。

④ "使"原稿作"是",校订者酌改。

之一新,而文人的视线也为之一变。于是由终日闭户著作、一味模仿古人腔调的作家,现在呢,走出了象牙之塔,以社会上的真实的事实为描写的对象,以通行的言语为表现的工具,同时又以自己的天才来充分的发挥。元曲之富于生命以此,而其所以有千古之价值,亦莫不以此。

元代之为中国戏曲的全盛时期,已如上述,至其体裁又可分为杂剧、传奇与散套三种。

一、杂剧——又名为北曲,大部分作者都是北方人,用韵以北平话为准(周德清《中原音韵》)。每曲四折,每折只一人唱,唱者又只限于正末、正旦,余则只备脚色。

二、传奇——又名南曲,它也是渊源于宋,不过它发展的径路不大清楚,或许还较杂剧为早。至它产生的地方,过去都认为系浙之温州,不过到元末才兴盛起来。它的结构较杂剧为进步,因为杂剧有折数的限制,而它每一剧没一定的折数。杂剧每折只限一人唱,它呢,可以数色合唱一折,同时还有以数色合唱一曲而各色都有白有唱的。这不能不说是戏曲上的一大进步。

三、散曲——这是专门歌唱,而不能扮演的。系集合小令而成的一套曲子,多至十二支,少至二三支,或言情,或描景,内容均须一贯,头绪不容纷乱。

大抵杂剧、传奇为曲中之主,而散曲乃为曲中之仆。杂剧盛于元初,至中叶即衰。明代作家皆碌碌不足①道。传奇始于元末,而盛于明,至清犹有作者。散曲则自元历明以迄于清,每代皆有作者。不过,至清代已成强弩之末,惟有元明两代之作者,堪配大家之称耳。

第三节 关汉卿、王实甫等杂剧作家②

杂剧在元代,据王国维《宋元戏曲史》,把它分作三个时期:蒙古

---

① "足"原稿误作"取",校订者酌改。
② 此节原题"杂剧",校订者酌改。

时代（约 1260～1280）、一统时代（约 1280～1340）、至正时代（约 1340～1360）。第一期可谓元曲的全盛时代，所有第一流的大家，几乎都生在这个时候。第二期除了极少数的几人，如宫天挺、郑光祖诸人外，其余均不足观。第三期则更是自郐以下，无足数矣。

一、蒙古时代的杂剧作家①

关汉卿（1225？～1300？②）号已斋叟，大都人。曾为太医院尹。所作杂剧据《录鬼簿》所载，有六十三种之多。现存者只剩十三种。除五种系单行本外，其余八种均见臧晋叔纂辑的《元曲选》。他的作品最脍炙人口者，即《感天动地窦娥冤》一剧，因写一女子为救其姑，致含冤被刑。王国维至评此剧谓："即列于世界之大悲剧中，亦无愧色。"又谓："关汉卿一空倚傍，自铸伟词，而其言曲尽人情，字字本色，故当为元人第一。"这不仅是王国维一人的见地，就一向的论者，也都公认他是超乎一般作家而上之的。

王实甫（生卒年不详），大都人，为与关汉卿同时的大作家。今所传《西厢记》五本③，《录鬼簿》谓系实甫作，而后世如都穆之《南濠诗话》及王世贞《艺苑卮言》，均谓系王作而关续之。又有谓系关作而王续之。大概当时数人合作一剧，为常有之事，至《西厢记》五本为王、关合作，亦近情理。但究竟谁为先作、谁为续补？亦颇难确定，不过现在都以之归于实甫。按此剧为元人曲中最流行者，自金圣叹评之以来，几乎家有其书。所以实甫之为一般人所熟知，远过于汉卿及仁甫。从此可知批评介绍之力是如何的大了。实甫除《西厢记》外，尚有《丽堂春》一剧，载在《元曲选》中。

---

① 此次小姐原题"蒙古时代"，校订者酌改。
② 原稿缺生卒年，校订者酌补。
③ 校订者按，此处原稿作"五剧"，易滋误解，所以酌改为"五本"，下同不另出校。

白朴(1226~1306①)字仁甫,后改太素,号兰谷,初本隩州人,后流寓真定。他②七岁时,金就亡了,遂北渡居山东。不久又迁居滹阳。他的天才很多,擅长词曲,有《天籁集》。所作杂剧有《唐明皇秋夜梧桐雨》同《裴少俊墙头马上》二本,尤以前者为负盛名。这完全是一出历史剧,根据白居易《长恨歌》及陈鸿《长恨歌传》而成者。

马致远(1250?~1321?③)号东篱,大都人,任浙江行省务官。所作杂剧十四种,今所传者有七种。《太和正音谱》评之为"朝阳鸣凤"。东篱的杂剧最为人所称道的,是他的《破幽梦孤雁汉宫秋》一本。里边叙述汉元帝④令毛延寿到民间去刷选宫女,有王昭君者不拿钱贿赂延寿,延寿于是就把她的像上用墨点破,遂不为元帝所亲幸。一次元帝偶尔⑤闲游,听见宫中有弹琵琶的,于是就循声探索,一见竟为一绝色佳人,马上封为明妃。他⑥问明原委,就想处延寿以死刑。延寿听说,遂逃奔到匈奴,把昭君的图像献给单于。单于就一面兴兵,一面遣使讨索昭君。元帝因国势微弱,无奈只得把昭君送去和番。昭君随⑦番使行至黑龙江⑧头上,投水而死。元帝自昭君走后,悲哀异常。后单于因昭君已死,遂把毛延寿押送还国,元帝遂把他杀掉以泄其恨,一出悲剧遂从此告终。

---

① 原稿缺生卒年,校订者酌补。
② "他"为校订者酌增。
③ 原稿缺生卒年,校订者酌补。
④ 原稿误作"汉成帝",校订者酌改。下同不另出校。
⑤ "尔"原稿作"而",校订者酌改。
⑥ "他"为校订者酌加。
⑦ "随"原稿误作"遂",校订者酌改。
⑧ "黑龙江"原稿作"黑江",校订者酌改。

二、一统时代的杂剧作家①

宫天挺(约1260~约1330②)字大用,大名开州人,历仕学官,除钓台书③院山长。为豪家所陷,死于常州。见存杂剧一本,即《死生交范张鸡黍》。这是写东汉时人张劭、范式两人交友的事。论者谓此剧之第四折感叹苍凉,最为出色。王国维比之为唐代的韩昌黎,以其能超出关、白、郑、马四家之范畴,而瘦硬通神、独树一枝故也。

郑光祖(生卒年不详)字德辉,平阳④襄陵人,以儒⑤补杭州路吏。卒,火葬灵芝寺。他⑥为元曲四大家之一,所著杂剧十九种,现存四种。除《周公辅成王摄政》一本为单行本外,其余均见于《元曲选》。此四本中以《迷青琐倩女离魂》一本为佳构独特之作,其奇幻开后来《还魂记》之先河。里边叙张倩女才貌雅丽,幼与王文举订婚,后文举赴京应试,路经张门,得与倩女会面。张去后,女念之弥切,灵魂遂随之俱去。及王得状元,归来⑦同她成亲,这时她的魂才复返躯体。德祥笔致绮丽,写情入神,论者有比诸温飞卿云。

至正时代的杂剧作家,比较杰出的有⑧秦简夫(生卒年不详),行历多不可考,仅知其初居京都,后居杭州。作有杂剧四种,今存二种:一、《东堂老劝破家子弟》,二、《宜秋山赵礼让肥》。实际杂剧到这个时候,已经是末路了,所以要举出这位作者的缘故,不过是聊以见杂剧之演变,是如何的情形罢了。

---

① 此小节原题"一统时代",校订者酌改。
② 原稿缺生卒年,校订者酌补。
③ "书"原稿误作"学",校订者酌改。
④ "平阳"原稿作"平原",校订者酌改。
⑤ "儒"原稿误作"路",校订者酌改。
⑥ "他"为校订者酌增。
⑦ "来"为校订者酌增。
⑧ "比较杰出的有"为校订者酌增。另按,关于至正时代的杂剧作家,原稿曾单列一小节,但叙述极简略,兹合并于此。

第四节　高明、汤显祖等传奇作家①

传奇之盛在元末明初,当时的杰作为《琵琶记》同《荆》、《刘》、《拜》、《杀》五剧。这时的作品之特色,即一本于自然,无矫饰妆束之态。到了明代中叶,从嘉靖以迄于万历,作者辈出,但大抵系一时的文人,他们的作品同前一期的比起来,已大有天然与人工之别。到了明代晚叶,因为一代之才人汤显祖崛②起,遂以他的"四梦"为明代文坛生色不少。所以传奇的下场,比着杂剧真是好得多了。现在依照时代的先后,而略述各作家于后。

一、第一期的传奇作家③

高明(1305～1359④),字则诚,温州瑞安人。元末至正五年进士,授处州录事,不久又转浙东阃幕都事,后历官江南⑤省台掾,至福建行省都事。方国珍叛,省臣以则诚⑥温州人、熟悉海滨情事,于是就请他随行。国珍就抚,想留他于幕下,他马上辞官,住到鄞县的栎社。明初,太祖闻其名而召之,以老辞,卒于家。

他的杰作《琵琶记》,向来以之与杂剧《西厢记》相提并论,虽然思想方面不免有陈腐之嫌,但他的笔墨毕竟是可嘉的。相传他在栎社的时候居沈氏楼,晚上点两支蜡烛,写《琵琶记》,至《吃糠》⑦一出,句云"糠和米本是同依倚,却遭簸扬作两处",双烛花交而为一。这样的传说,同说实甫写《西厢》至"送别"一出中"碧云天,黄叶地,西风紧,北雁南飞"句呕血而死,同为不经之谈。但过去对他们这些地方

---

① 此节原题"传奇",校订者酌改。
② "崛"原稿误作"蹶",校订者酌改。
③ 此节原题"第一期",校订者酌改。
④ 原稿缺生卒年,校订者酌补。
⑤ "江南"原稿作"江西",似误,校订者酌改。
⑥ "则诚"为校订者酌补。
⑦ "糠"原稿误作"喫",校订者酌改。

之称赞,认为是"神来之笔"、"绝妙之作",是无庸置疑的。

与《琵琶记》同时的作品,《荆》(《荆钗记》)、《刘》(《白兔记》)、《拜》(《拜月亭》)、《杀》(《杀狗记》)四剧,只有两本是知道作者的。至《拜月亭》同《白兔记》,一向都把它们归之于无名氏。

徐田臣(生卒年不详)字仲由,淳安人。洪武初征为秀才,至藩省,辞归。他的杰作就是《杀狗记》,里边叙述孙华同他弟弟孙荣的事。孙华是一个耽于酒色、好与市井流氓结交的①人,他的弟弟是一个谨直好学的书生,不喜欢同这些无赖们来往,于是他们在孙华面前说孙荣的坏话。孙华竟一怒而把他弟弟驱赶出去。后来,孙荣贫穷无以自给,竟至以乞食为生。但孙华之妻杨氏颇贤达,最初劝她的丈夫不听,后来她杀一条狗,穿上人的衣服,放在门内,晚上孙华从外边归来,竟被绊倒,溅了一身血。他误以为死人,怕惹人命官司,②请他的朋友来帮忙,结果没一个肯来。不得已,他叫他的妻子去找他的弟弟,他弟弟慨然应允帮他把狗埋了。从此他就同他的弟弟同居,不再与他的朋友来往了。他的朋友恨他,就告发他杀死了人,结果经官以后,真相大白,于是对孙荣之悌、杨氏之义,大加表彰。这本剧的特色是以朴实见长,不失元人之风,与《琵琶记》之偶杂骈丽,已大异其趣。

朱权(1375?~1449)号臞仙、涵虚子、丹丘先生。他③是明太祖的第十六子,④封宁王。喜欢文墨,奖励风流,著有《汉唐秘史》,卒谥"献",又称宁献王⑤。《荆钗记》的作者一向成为疑问,不过王国维的《曲录》却认为是宁献王作的,而日人青木正儿的《支那近世戏曲史》

---

① 原稿此处有"一个",与前犯重,校订者酌删。

② 校订者按,原稿此句作"他以为他家被人杀死了人",颇费解且易滋生误解,故酌改如上。

③ "他"为校订者酌增。

④ 校订者按,现在一般认为朱权的生卒年是(1378~1448),或谓他是明太祖第十七子,臞仙是他的字。

⑤ "又称宁献王"为校订者酌增,以与下文照应。

中却认为是李景玉所撰。今据王说,暂归之朱氏。此剧颇有模仿《琵琶记》之嫌,文辞结构远逊《琵琶记①》。吴瞿安谓:"《荆钗》曲本不佳,惟以藩邸之尊,而能洞明音律,故一时传唱,遍于旗亭,实则明曲中尚是下里也。"《荆钗记》之所以名闻一时,大概与作者之地位颇有关系吧。

二、第二期的传奇作家②

梁辰鱼(1519?~1591?③)字伯龙,江苏昆山人。喜欢游览山水,足迹遍吴楚。当时他的同邑魏良辅创昆腔,他首先采用,遂撰《浣纱记》。王元美有诗④:"吴闻白面冶游儿,争唱梁郎雪艳词。"可知他的作品之如何的为时人所爱好了。这本剧写春秋吴越争霸的事,全篇典雅华赡⑤,而尤以《放归》、《采莲》、《泛湖》等出为最富于风趣。

郑若庸(生卒年不详)字中伯,号虚舟,江苏昆山人。少以诗名吴下。所作南曲有《玉玦记》、《大节记》、《五福记》,而就中以《玉玦记》为最佳。这篇的内容不外写勾栏中的狠毒与阴险。词采也很工丽。据说此剧刊行后,妓馆门前车马顿稀,对时人的影响也不能算小。

张凤翼(1527~1613⑥)字伯起,号灵虚,又号冷然居士,长洲人。他的作品,以《红拂传》最负时名,情节取材于张燕公的《虬髯客传》,中以第二出《杖⑦策渡江》及第十出⑧《侠女私奔》为最脍炙人口。此

---

① 原稿略去"记"字,校订者酌补。
② 此节原题"第二期",校订者酌改。
③ 原稿缺生卒年,校订者酌补。
④ "有诗"原稿作"诗有",校订者酌改。
⑤ "赡"原稿误作"瞻",校订者酌改。
⑥ 原稿缺生卒年,校订者酌补。
⑦ "杖"原稿误作"仗",校订者酌改。
⑧ "第十出"为校订者酌补。

外,他还有六种传奇①,除《灌园记》与前者还在《六十种曲》中,其余均已不传。

梅鼎祚(1549~1615②)字禹金,宣城人。他有《玉合记》一剧,系谱许尧佐《柳氏传》所述③章台柳事而成,论者谓其文情秾丽,科白安雅,较《浣纱》为纯粹,其结构紧严④,除本传外,绝鲜妆点增加处,亦较玉茗《还魂》、《紫钗》差胜。这当非过誉之言。禹金喜治学,弃举子业,肆力诗文,撰述颇富,有《鹿裘石室集⑤》六十五卷。

三、第三期的传奇作家

汤显祖(1550~1617)字义仍,号若士,江西临川人。早年矢志功名,以屡宦不达,遂居家以戏曲自娱。性洒脱,不累于物。所居玉茗堂,文史狼藉,宾朋杂坐,鸡埘豕圈,迹近户庭,而义仍歌咏自适,悠然有超尘之想,胸中激昂郁勃之气,一一发之于戏曲中。生平自以能言情自负,不肯讲学。与一时名士李卓吾、袁中郎辈友善。卒年六十八。著有《玉茗堂诗文集》。

若士为一代才人,诗文无不擅长,而尤工于曲。其所作之传于世者,有《紫箫记》、《紫钗记》、《还魂记》、《南柯记》、《邯郸记》凡五种,均刊于明阅世道人所辑之《六十种曲》中。至此五种之价值,以《还魂记》为最高,全名《牡丹亭还魂记》,习称《牡丹亭》,⑥允推为千古绝作。近人吴瞿安氏谓,《牡丹亭》所写者为一纯粹虚构之事,实与以全属写实之《桃花扇》堪称传奇中之双璧。

按,《牡丹亭》刊行后,对社会影响极大。据前人所载,有小青

---

① "传奇"为校订者酌增。
② 原稿缺生卒年,校订者酌补。
③ "《柳氏传》所述"为校订者酌增。
④ "紧严"意同"谨严"。按,在现代学者笔下这两个词往往混用。
⑤ 原稿缺漏了"石室集"三字,校订者酌补。
⑥ "全名《牡丹亭还魂记》,习称《牡丹亭》",为校订者酌增,以与下文迳称《牡丹亭》相照应。

《冷月幽窗》诗,最传人口。吴石渠竟将小青事谱之而为《疗妒羹》。娄江俞氏也很喜欢此曲,竟至肠断而死,蒋士铨又为之①作《临川梦》一剧,比之杜女。其余像杭州女子的投水(尤西堂《艮斋杂说》)、伶人商小玲②的歌唱此曲至气绝而死(焦里堂《剧说》),莫非读此曲而有以致之。考诸西洋文学,其写爱情之作而摇动青年男女之情感至深而且巨者,唯歌德《少年维特之烦恼》一书,可以同她比并。一为东方,一为西方,一写女子之怀春,因梦竟相思以至于死,一写男子之眷恋其友人之妻,以无由结合至于自杀。前者道出几千年③来在旧道德压迫下的女子之苦闷,后者写在社会习惯下被拘束的男子之烦恼。东西相照,先后辉映(按歌德生于西历一七四九年,距义仍之卒仅百余年),同为青年男女所倾慕而顶礼之作,岂得不谓文学史上之佳作④哉。

沈璟(1550？~1615？)字伯英,号宁庵,又号词隐生,吴江人。万历初举进士,任考功员外郎等职。万历中乞归,后卒于家。他长于音律,文辞非其特长。他的作品有十七种之多,中以《红蕖记》堪称他的代表作。他同汤临川比起来,无异东坡之与梦窗,一则注意于内容,一则注意于音律。临川有"余意所至,不妨拗折天下人嗓子"(《复吕吏部书》)的话,与词隐之"恪守词家三尺,如庚清真文桓欢寒山先天诸韵,最易互用,斤斤力持,不少假借"(沈德符《顾曲杂言》)者,自是不同。所以要站⑤在文艺的立场上来讲,词隐之作尚列不到一流,遑能与临川比。但若从音乐上来说,临川就不能不对词隐避一席地。

---

① "为之"为校订者酌加。
② "玲"原稿误作"伶",校订者酌改。
③ 原稿漏缺"年"字,校订者酌补。
④ "佳作"原稿作"佳话"。按,作品感人以至于死,诚然魔力十足,毕竟难称"佳话",校订者酌改。
⑤ "站"原稿误作"占",校订者酌改。

阮大铖(1580？~1645？)字圆海,号百子山樵,怀宁人,①万历末年进士,因党魏阉,崇祯时坐废。福王立,又起。明亡后,降清,死于仙霞岭。所作传奇有《春灯谜》、《燕子笺》等。以《燕子笺》为绝妙一时之作。其间如《写笺》、《闺忆》等出,描摹闺房情形,曲尽其妙,惜其行为不检,故并其著作亦为人所厌恶。

第五节 元明散曲②

散曲实与宋词为近,也可以说是词的替身。今人江都任二北氏有《散曲概论》一书,彼分元明以来之作家为三派,即豪放、端谨与清丽。至其不同,大概第一派所写之境界广阔,而笔致亦极放任,不尽遵守绳墨;第二派用意方面较豪放为平实,为和易近人,而不作恣肆放诞之态,至遣辞又多用循循规矩之文言;第三派辞采方面较豪放为渲染,不用白描之笔,用意亦较清疏潇洒。现在就根据这样的分类,而略论各派的作家于后。

一、豪放派散曲③

马致远(略历见前),他可以说是元代豪放派的代表。据任辑《东篱乐府》本,有小令百四十首,散套十七首。他的作风与词中的东坡颇相似,因为他们都于豪放之外,兼有清逸。其次写性爱时都不善作狎昵语。第三,对尘间功名富贵多已看穿,故喜隐居林泉。至东篱之作,一向为人所推重的,是《双调夜行船》及《天净沙》,题目都是《秋思》,因前者系套数,太长不能录,今仅录其后者:

枯藤老树昏鸦,小桥流水人家④,古道西风瘦马,夕阳西下,

---

① 校订者按,阮大铖的生卒年现在一般认为是1587年~1646年,字集之,号圆海,桐城人。
② 此节原题"散曲",校订者酌改。
③ 此小节原题"豪放派",校订者酌改。
④ "人家"原稿引作"平沙",校订者酌改。

断肠人在天涯。

与东篱同样,一方面擅长杂剧而又兼精散曲的是白仁甫。他的《天籁集》全系散曲,作风与东篱很相近,不过于豪放外兼有闲适飘逸之致。《天净沙》小令咏四季即是一例:

　　春山暖日和风,阑干楼阁帘栊,杨柳秋千院中。啼莺舞燕,小桥流水飞红。(《春》)

　　云收雨过波添,楼高水冷瓜甜,绿树阴垂画檐。纱厨藤簟,玉人罗扇轻缣。(《夏》)

　　孤村落日残霞,青烟老树寒鸦,一点飞鸿影下。青山绿水,白草红叶黄花。(《秋》)

　　一声画角谯门,半庭①新月黄昏,雪里山前水滨,竹篱茅舍,淡烟衰草孤村。(《冬》)

仁甫《天籁集》已佚,现在②仅能在散曲总集《阳春白雪》中窥豹一斑耳。

贯云石(1286～1324)号酸斋,畏吾人。元仁宗时曾为翰林院侍读学士。任二北氏把他的散曲同徐再思的纂辑起来,成《酸甜乐府》二卷。论者多谓其风格③近似苏、辛。如《清江引·弃微名④》:

　　弃微名去来心快哉,一笑白云外。知音三五人,痛饮何妨碍?醉袍袖舞嫌天地窄。

又如《殿前欢·和阿里西瑛⑤懒云窝》:

　　懒云窝,阳台谁与送巫娥?蟾光一任来穿破,遁迹由他。蔽一天星斗多,分半榻蒲团坐,尽万里鹏程挫。向烟霞笑傲,任世事蹉跎。

---

① "庭"原稿误引作"亭",校订者酌改。
② 原稿此处有"不过"二字,校订者酌删。
③ "风格"为校订者酌增。
④ "弃微名"为校订者酌补。
⑤ "和阿里西瑛"为校订者酌补。

惟有能把世事看透,才能养成胸中一团脾睨一世的豪气,然后旷达之作才能产生。此外,酸斋亦长于言情。其《红绣鞋》云:

> 挨着靠着云窗同坐,偎着抱着月枕双歌。听着数着愁着怕着早四更过。四更过情未足,情未足夜如梭。天哪,更闰一更儿①妨甚么?

这真是"沁人心脾"之作,不愧为一代高手。

康海(1475～1540)字德涵,号对山,武功人。有《沜东乐府》二卷。他的散曲②内容不外愤世与乐闲两种。论者谓其能摆脱明初阘茸之习,力为振拔,有功于明代散曲不少。不过他的作品的缺陷也很多:一是贪多务得,精练之作不多,二是用俗语的地方常常为俗所累,不能如元人之俗不伤雅有自然之致,三是③心情十分怨尤,而表面出之以解脱之语,所以常常有捉襟见肘之病。现在把他的《双调新水令》(山中写怀)附后,以见一斑:

> 暖风晴日好追游,望夕阳晚峰争秀。云渺渺,水悠悠,振袂冈头,这胸次风能够。
>
> 【落梅风】人间事,袖里斗。便猜着也还差谬。想头儿大都来难应口,总不如酒淹袖。
>
> 【雁儿落】我也曾觅诗仙,上䌽楼,载舞妓,过名陬。风流意绪长,磊落情怀旧。
>
> 【得胜令】今日也撰杖步沧洲,结社友沙鸥。远眺坂原树,长歌依钓舟。优游无福难消受,明眸英雄白了头。
>
> 【歇拍煞】乱云堆里岚光溜,一回游,一回非旧。顺阴晴变化推移,随气色浓澹沉浮。者莫你支筇雨后,看倚槛风前候。图画上桩桩儿尽有,虽不做翠羽洞中人,也强如红尘路上走。

---

① "儿"原稿漏引,校订者酌补。
② "散曲"为校订者酌增。
③ "是"为校订者酌增。

冯惟敏(1511~1580?)字汝行,号海浮,临朐人。嘉靖十六年登乡荐,历任涞水知县、镇江教授、保定通判。隆庆六年告老归田。有《海浮山堂词稿》一卷,附录一卷。套数约有五十首,小令四百首。曲①中之有海浮,如词中之有②稼轩。故海浮为有明一代最有生气、最有魄力的作家。嬉笑怒骂,俱成文章。如《述怀》(双调朝元歌):

长歌短歌,尽日逍遥乐;诗魔酒魔,到处盘桓坐。明月清风,同咱三个,常把世情参破。万虑消磨,清闲垒成安乐窝。奉劝傻哥哥,休争少共多!随缘且过,权当做东山高卧。

【前腔】心不恋三台八座,生来福相薄,勉强待如何?休想豪华,且耽寂寞,防备临时失错。难免张罗,会飞腾也将翅儿缚。宦海有风波,平生涉历多。合前

【前腔】到处里追欢行乐,山童歌舞着,拍手笑呵呵。帽插岩花,酒斟江糯,慢把风骚酬和。信口开合,新诗小词积渐多。乌兔走如梭,都将古今磨。合前

【前腔】也不管花开花落,年年一短蓑,寒暑饱经过。顺水推船,随风倒舵,云影天光摊破。碾碎银河,烟村几家趁碧波。喜听采莲歌,山花赛绮罗。合前

海浮之长在其能纵横裕如,胸中感怀和盘托出,无丝毫做作之态,惜因篇幅所限,不能多为征引。不过就这一篇,也可以看出他对人生的态度,同他的作品的③特色了。

二、端谨派散曲④

陈铎(1488?~1521?⑤)字大声,号秋碧,下邳人。有《梨云寄

---

① "曲"原稿作"词",当时笔误,校订者酌改。
② "有"为校订者酌增。
③ 原稿此处有"之"字,与"的"重复,当属笔误,校订者酌删。
④ 此小节原题"端谨派",校订者酌改。
⑤ 原稿缺生卒年,校订者酌补。

傲》、《秋碧乐府》、《月香亭①稿》各一卷。一时论者②多以之与梁辰鱼相比,其实他的作品很明快清俐。如《黄钟醉花荫》之【古水仙子】:

> 来来来,自忖度。罢罢罢,恐青镜流年两鬓皤。将将将,愁布袋丢开,把把把,闷葫芦摔破。呀呀呀,落些儿闲快活。休休休,走红尘万丈风波。喜喜喜,纵疏狂醉中天地阔。我我我,不干求到底无灾祸。他他他,进步是非多。

这当非《江东白苎》一类的作品所能比。

陈所闻(生卒年不详)字荩卿,秣陵人,有辑本《陈荩卿散曲》一卷。其作风颇近于陈铎,有的作品③较陈铎还要高出一筹。

梁辰鱼(略历已见前),他的散曲有《江东白苎》四卷,作风典丽工整,颇足代表南方作家的特色,与元代诸家之亢爽激越相较,不啻有云泥之别。这派的末流同南宋吴梦窗一流人的词一样,拘于字句的雕饰,结果只是一些枯脂燥粒,拆之既不成片段,拼合又难像楼台,生命全无,只不过一些滥调套语④的堆积而已。

三、清丽派散曲⑤

乔吉(1280?~1345)字梦符,号笙鹤翁,又号惺惺道人,太原人。有《梦符散曲》三卷。梦符为有元一代散曲的当行名家。他的作品雅俗兼该,而能融洽无间。如《春怨》⑥:

---

① "亭"原稿误作"小",校订者酌改。
② "者"为校订者酌增。
③ "作品"二字为校订者酌增。
④ "滥调套语"原稿作"滥套调语",校订者酌改。
⑤ 此小节原题"清丽派",校订者酌改。
⑥ 此曲曲牌是"双调折桂令",从引文看,任访秋先生依据的可能是元无名氏辑录的《类聚名贤乐府群玉》,而在明李开先辑编的《乔梦符小令》中,这首曲子题作《寄远》,文句略有不同,《全元散曲》据以收入。

怎生来宽掩了裙儿,玉削肌肤,香褪①腰肢。饭不沾匙,睡如翻饼,气若游丝。得受用呵②,遮末害死。果实成呵,有甚推辞?干闹了多时,本是结发的欢娱,倒做了彻骨儿相思。

又如《习隐》:

拖条藜杖裹枚巾,盖座团标容个身,五行不带功名分。卧芙蓉顶上云,濯清泉两足游尘。生不愿黄金印,死不离老瓦盆,俯仰乾坤。

这两首写相思或述怀③,很可以代表他文字方面的作风。至于旷达之作,也随处可以发见。他的《绿幺遍·自述》云:

不占龙头选,不入名贤传。时时酒圣,处处诗禅。烟霞状元,江湖醉仙,笑谈便是编修院。留连,批风抹月四十年。

又如《升平乐·悟世》④云:

肝肠百炼炉间铁,富贵三更枕上蝶,功名两字酒中蛇。尖风薄雪,残杯冷炙,掩清灯竹篱茅舍。

像这样清丽之作,简直是不胜枚举。厉樊榭谓:"梦符之作,出奇而不失之于怪,用俗而不失之为文,殊得奥窍。"当为有见之评。

张可久(约1275?~1345⑤)字小山,庆元人。早年曾经作过典史一类的小官,后来即隐居西湖。当时一般人都正在努力写杂剧,惟有他专心致志于散曲。因此他的产量自较一般人为多。有《小山乐府》六卷。小山的作品大致都属于雅丽一派,亦偶有豪放与奇丽之作,不过为数甚少。他和⑥乔梦符之不同,就在乔能雅俗并用,而小山只一于雅。因此清代厉樊榭、朱锡鬯等推尊乔、张,结果仅能作到

---

① "褪"原稿误引作"腿",校订者酌改。
② 此处及下句"果实成呵"之"呵",原稿均误引作"啊",校订者酌改。
③ 此处"写"、"或"二字为校订者酌增。
④ 任访秋先生引用此曲曲牌依据的可能是《类聚名贤乐府群玉》,在其他文献里则作《双调·卖花声》。
⑤ 原稿缺生卒年,校订者酌补。
⑥ "和"原稿作"同",与下文"不同"连用,读来颇觉别扭,校订者酌改为。

张的地步,而离乔甚远①。我们随便举出两首小令,就可以拿它们与梦符的作一个比较观。

山中书事

兴亡千古繁华梦,诗眼倦天涯。孔林乔木,吴宫蔓草,楚庙寒鸦。数间茅舍,藏书万卷,投老村家。山中何事?松花酿酒,春水煎茶。

西湖废圃

夕阳芳草废歌台,老树寒鸦静御街,神仙环佩今何在?荒基生暮霭,叹英雄白骨苍苔。花已飘零去,山曾富贵来,俯仰伤怀!这很有唐人怀古诗的风味,惟少梦符散曲的那种诙谐潇洒之致。②

王磐(约1470~1530③)字鸿渐,号西楼,高邮人。家境殷实,但性喜文词,生活萧散,如神仙中人。有《王西楼乐府》一卷。西楼于散曲颇能兼得乔、张之趣,而时有诙谐之作。论者多拿他来比小山,说他们④同处有三,异处亦有三:骚雅、清俊、华美,是他们所同的;小山蕴藉而西楼放逸,小山凄婉而西楼潇洒,西楼好俳谐而小山则否,这是他们所异的。此外西楼还有一种特色,就是喜欢咏物。这类作品至少要占去他全部散曲⑤的四分之一。现在录两首于后:

渔

江湖老来头似雪,钓艇⑥为家舍。武陵溪上云,西塞山前

---

① 原稿此处还有一"甚"字,当为衍文,校订者酌删。
② "惟少梦符散曲的那种诙谐潇洒之致",为校订者酌增,聊补上文所谓"与梦符的作一个比较观"之意。
③ 原稿缺生卒年,校订者酌补。
④ 原稿缺"们",校订者酌补。
⑤ "散曲"二字为校订者酌增。
⑥ "艇"原稿误作"艘",校订者酌改。

月,这其间,只堪图画也。

樵

腰间斧磨光烂雪,山下白云舍。满身红叶秋,一担青松月。这其间,只堪图画也。

沈仕(1488~1565①)字懋学,一字子登,号青门山人,仁和人。著有《唾窗绒》。他的作品同诗中的香奁体差不多,以艳冶奇丽胜。描写得最生动的,是下边的两首:

春　怨

倚阑无语掐残花,蓦然间春色微烘上脸霞。相思薄幸那冤家。临风不敢高声骂,只教我指定名儿暗咬牙②。

咏　所　见

雕栏畔,曲径边,相逢他猛然丢一眼。教我口儿不能言,腿儿扑地软。他回身去一道烟,谢得蜡梅枝,把他来抓个转。

青门作品大抵都是这样一类的,不过有时不免稍涉淫秽。如《美人荐寝》、《偶遇》、《幽会》之类。后来模拟者变本加厉,标其体曰"效沈青门体"。从此青门竟见摈斥于雅人,而受谤无穷矣。

以上把从元到明的三派散曲作家,都大致叙过了。可是说也奇怪,在明代③的晚叶,一切的散曲作家之后,而忽然崛④起一位新的作家。他的天才是这样雄视一代,兼有豪放与清丽二者之长,有时竟可追步东篱同梦符。这位作家是谁?就是目下所要讲的施绍莘。

施绍莘(1588~1640)字子野,号峰泖浪仙,松江华亭人。少年时

---

① 原稿缺生卒年,校订者酌补。
② "暗咬牙"原稿引作"咬定牙",校订者酌改。
③ "明代"原稿作"明季",与后文"晚叶"犯重,校订者酌改。
④ "崛"原稿误作"蹶",校订者酌改。

代,抱着雄伟的大志,终以屡试不第,竟致以诸生终老。谁知功名上的失败,反而成就了他文学上的不朽的著作。他的生活极其浪漫,平常喜欢游览山水,自己所住之地也是风景明秀的所在。据他自己说,他每于春秋两季,必携侍姬居西佘"享桃梅桂菊之奉,览烟云月露之奇"。冬夏则返泖滨"长禾黍鸡豚之社,乐池潭风雪之观"。他除有水癖外,更喜欢音乐,因此他自己作曲,交付歌妓去唱。在这种十二分的享乐生活中,就送了他的一生。著有《花影集》,约存小令七十首,套曲八十余首。

子野的作风是多方面的。清俊、秀逸的,如《春游述怀》中之——

【滚绣球】不多时才看得梅,霎时间又开得①李。柳窥青渐苏娇睡,小天桃打扮衣绯。菜花田,猎猎低。红花田,剪剪齐。一阵价香风肥腻,慢腾腾淡日西飞。猛踏破落花堆里,滑了鞋底,抓住了繁华刺儿,碎了绣衣,又过前溪。

慷慨悲壮的,如《月下感怀》中之——

【南大石念奴娇序】阴晴,万古这冰轮不改,凭人覆雨翻云。欲向吴刚求利斧,劈开懵懂乾坤。休诨!一点山河,三千世界,人间万事总虚影!合多管是清光夜夜,照不分明。

【前腔】痴甚!天公哄您,并没个好歹贤愚,忠佞同尽。万里江边沙上骨,这是隋、唐、秦、晋。休逞!扯破衣冠,丢开礼乐,到头毕竟认谁真?合前

缠绵悱恻的,如《旅怀》中之——

【沽美酒】半开窗,半掩窗②。烧短烛,照空床,只拥着衾窝爇好香。忒寂寞,好凄凉。衣单薄,泪悽惶。空廊外风吹叶响,荒村里雨寒鸡唱。我呵自③不合住在东墙,你呵又不合立在西

---

① 校订者按,"得"或作"到"。
② "半掩窗"原稿漏引,校订者酌补。
③ "自"原稿漏引,校订者酌补。

厢。呀！却做出今宵这般凄怆。

所以，子野的作品，真可以说既有"大江东去"之雄风，复饶"晓风残月"之佳致，不愧为一代大家！

散曲到了明末，也可以说它①的光荣的历史已经算是告了一个段落。有清一代虽不乏作者，但大抵不是模拟北曲，追寻乔、张之流风，就是效法南曲，摭拾梁、沈之牙慧。至真正能够独辟蹊径、一空倚傍的，简直是绝无希有。文体的演变，是这样的不可勉强。所以现在打算献身于文艺创作的青年，对此当然可以得到一个很明确的教训了！

第三章　白话小说的崛起与成熟②

第一节　白话小说发展之路径

中国小说大抵分两种流派：一、文言的，二、白话的。它们最初的渊源当系一致的。不过到后来因为采用者的时代同环境的不同，因之就分道而扬镳了。现在在没叙到白话小说产生之前，不妨回过头来重温一下③过去的情况是个什么样子。

先秦的小说，大体都散佚了。不过据班氏《汉书④·艺文志》所著录的看来，有《虞初周说》九百四十三篇。孟坚自注"虞初河南人。应劭谓其书以周书为本"。我想这大概是把周代的民间传说裒集起来的东西，同《诗经》之为先秦的诗歌总集一样。可惜已经一篇也看不到，只不过可以令人去揣测罢了。

---

① "它"原稿作"他"，校订者酌改。
② 本章标题由校订者酌拟。
③ "重温一下"原稿作"看一看"，因前面已经叙述了汉魏六朝小说的发展史，所以此处酌改为"重温一下"。
④ 原稿略去了"汉书"，校订者酌补。

西汉虽然有一些近似小说体的纪传之类，如《汉武故事》同《飞燕外传》等，但大抵出于文人的手笔，开后来古文一派的先河。①

六朝是中国小说史上最重要的一个时期。一方面中国固有的思想、方术同道家糅合后的道教，因为他们要宣传他们的法术，就造出了许多怪诞的神仙传说。其次是佛教到中国也已经有了相当的历史，这时也抬起了头，开始来以因果报应之说劝诱一般的民众。因此中国小说就在这种宗教气味最浓郁的氛②围中，发荣滋长起来。

到了唐代，因为在散文方面有一度的复古运动，同时诗歌在中唐也大有"山穷水尽疑无路"之慨，于是一些文人们就用古文来备小说之笔，发抒他们的奇幻艳丽的情思，而光耀文坛的传奇，遂因之以生。

当文人们的小说正在盛极一时之际，而白话小说也一样不停止的在慢慢③的演进着。最初是由佛教里边产生出来的一种变文，内容不外是叙述一桩故事，有说白，也有唱辞，照例是要有一个人站在高处向众宣讲（变文从敦煌石室中发现出来很多）。原来的讲者自然都是由相信佛教的人来作的，可是渐渐的推演，讲者不一定是信佛教的，多半是借此以糊口而当作一种职业来干的人。其次所讲的内容，也许仍旧不外是④劝善与惩恶，然而决不像最初那些宗教色彩特别的浓。文坛上之有了像这样的文体，同社会上之产生了以讲说为职业的人的时代，就是唐以后的北宋。

据郎瑛的《七修类稿》中云："小说起宋仁宗，盖时太平盛久，⑤国家闲暇，日欲进一奇怪之事以娱之，故小说'得胜头回'之后，即云

---

① 校订者按，此处所谓"古文一派"非指作为散文的古文一派，而是指用古文作小说的文言小说一派。

② "氛"原稿误作"棼"，校订者酌改。

③ "慢慢"原稿作"漫漫"，校订者酌改。

④ "不外是"原稿作"是不外"，校订者酌改。

⑤ 校订者按，"小说起宋仁宗"不合古人述事体统，但查各种版本均作如此，故疑有错简，或当连下句断作"小说起宋仁宗时，盖太平盛久"云。

'话说赵宋某年'。"陶南村《辍耕录》亦云:"宋有戏曲唱诨词说。"可见北宋时代这种白话小说已进展到相当的程度了。南渡以后,因为曾经有一个时期南北媾和,天下太平,社会上的娱乐风气益发的普遍起来,而这类能够算作一种职业的故事讲说,当然也随之而特别的发达。耐得翁《古杭梦游录》云:

说话有四家:一曰小说,谓之银字儿,如烟粉、灵怪、传奇。说公案皆是搏拳、提刀、赶棒及发迹变泰之事。说铁骑儿谓士马金鼓之事。说经谓演说佛书。说参谓参禅。说史谓说前代兴废战争之事。①

这里边的小说一家,他们当时所讲的底本,到现在尚有流传的,一般人称之谓"话本",意即说话者之所本也。至于说史一家当即后来历史小说之滥觞。

元代是戏曲的一个黄金时代,可是小说也一样的到这时代臻于成熟的地步。一些文人到这时才初次采用民间流行的小说体裁,以自己的匠心来加以②相当的删削与改正:繁琐的,去掉了(如入话之类,话本中所不能少者,而章回小说中大抵多已删去);散漫的,严密了(所谓结构,话本是谈不到的,惟有章回小说才能说到结构);简短的,申长了(话本大抵都是几千字,而元代的长篇至达数十万字)。这时在中国文学史上才算有了真正的小说,因为它文字的优美,描写的逼真,结构的精密,思想的进步(不带功利色彩,不带酸腐臭味),迥然超乎话本而上之。降而至于明清,每代都有杰作产生,这实在是中国

---

① 校订者按,《古杭梦游录》收入《说郛》卷三,其中关于"说话有四家"的这段话乃是耐得翁《都城纪胜》中同样一段话——"说话有四家:一者小说,谓之银字儿,如烟粉、灵怪、传奇。说公案,皆是搏[撲]刀赶棒及发迹变泰之事。说铁骑儿谓士马金鼓之事。说经谓演说佛书。说参请谓宾主参禅悟道之事。讲史书,讲说前代书史文传、兴废争战之事"——之节录,在此只将明显错误的"变态"改正为"变泰",其余不校。

② "加以"原稿作"加一",校订者酌改。

文学史上一桩可以大书特书的事件。不过,章回小说虽然已经有了可惊的成功,可是话本并不因之而中止。明代这一类的作品,仍旧的层出不穷。原因是因为章回写作较难,非有卓越的天才与长时期的修养与努力,不易为功;而话本乃是短篇,比较容易写到好上。其次有许多的读者也乐意①来看,因为它不像长篇那样的必需费很多的时间。第三,说书人是仍旧的在社会上有相当的需要,因供给他们的索求,自然得有新的作品的产生。由以上的种种原因,于是与《西游记》、《镜花缘》并驾同驱的"三言二拍",就次第的刊行了。

由于白话小说的进展得到惊人的成功,竟孕育下几百年后的一场新文学运动。这虽然是题外生枝,但欲明了中国文学渊源流变的人,对这样的问题是不应轻轻放过的。

第二节　宋明的平话小说

宋明两代的话本,大抵出之于无名氏的笔下。这本不足怪,因为话本最初乃是说话人为自己的职业而随便意构②出来的,嗣后不知经多少次的辗转流传,而当传习之际,又不知有多少地方的增减,到了最后才被写为定本。这同古代的民歌一样,怎么能够去找寻开头的那位作者呢?不过在这些没有主儿的作品中,自然也有些很明显的可以看出是出于文人之手。但一向瞧不起小说的中国社会,谁肯把自己的名字标出来呢?不要说这些短篇了,就是长至于洋洋数十万言的巨著如《金瓶梅》之类,到现在还没考见究竟是谁写的呢。因此我们在这一节中,自不能不以书为纲,而把宋明两代存留了到现在的这些话本总集的内容,大致的叙一叙。

---

① "乐意"原稿误作"乐易",校订者酌改。
② 校订者按,"意构"颇费解,或近于今天所谓"创意",也可能是"虚构"之误植,究竟孰是,难以确定,录以待考。

一、《宋人话本八种》①　话本之流②传到现在的,当以这部书中所辑的几篇为最早了。它的发现的历程是这样的:清代的钱遵王在他的《也是园书目》中曾著录有宋人词话十二种,最初王国维先生以为它们是戏曲,所以就收入到他的《曲录》中了。后来胡适之先生从一个旧书摊上买到一部晚清学者缪荃孙③所刊刻的《烟画东堂小品》里边竟有《京本通俗小说》七种。缪氏的跋里边说,尚有《定州三怪》一回,破碎太甚,《金主亮荒淫》两卷,过于秽亵,未敢传摹。后来《金虏海陵王荒淫》也被叶德辉刻出来了。于是与前者合起来,就成功为八种:

(一)《碾玉观音》(二)《菩萨蛮》(三)《西山一窟鬼》(四)《志诚张主管》(五)《拗相公》(六)《错斩崔宁》(七)《冯玉梅团圆》(八)《金虏海陵王荒淫》

这八篇从内容上看起来,大概都是南宋的产品,因为就中有着"我宋建炎年间"(《冯玉梅》)、"我朝元丰年间"(《错斩崔宁》)等话头。比较起来,以《海陵王荒淫》一篇年代为最晚,当在蒙古灭掉金朝之后,约在十三世纪末期。在这些篇子中,文字④方面有写得很好的。以前胡适之先生认为曲中的白话很幼稚,从文字的进化上说,似乎在元代尚产生不出像《水浒传》那样的的杰作出来。及至发现了这些宋人的平话以后,才觉得元代之有《水浒传》的产生,是毫不足奇的了。

二、《清平山堂话本》　这部书在中国已经失传,近来才发现于

---

①　校订者按,《宋人话本八种》由上海的亚东图书馆于1928年9月初版。
②　"流"原稿作"留",校订者酌改。
③　"晚清学者缪荃孙"原稿作"道光年间的学者缪荃孙"。校订者按,缪荃孙生于道光末年,主要活动在同、光年间,收录在他的"烟画东堂小品"里的《京本通俗小说》,则迟至1915年才刊刻行世,所以酌改如上。
④　校订者按,任访秋先生所谓"文字"指的其实是"语言",那时的学者往往在"语言"的意义上用"文字"。

日本的内阁文库(日本长泽规矩也①曾有《京本通俗小说与清平山堂》一文,将二书产生之年代及内容彼此比较,论之颇详),系明刻本,"清平山堂"大概为刊行者之堂名。据长泽氏考证,此当为明代洪楩所刻。内容共分十五篇②,大部分均为元明以来的作品,其中之一小部分如《陈巡检梅岭失妻记》、《五戒禅师私红莲记》、《柳耆卿诗酒玩江楼记》、《简帖和尚》、《合同文字记》等篇,都"保存有宋代原作物的痕迹"。惜已残缺,不能得窥全豹。现此书由我国马廉氏影印刊行。

三、《**话本小说四种**》 刊行者疑为明之熊龙峰,刊行的时间,就其插图看来许是万历年间。作品的年代,其早者或在宋元间,如《苏长公章台柳传》,晚者当在弘治正德间,如《孔淑芳双鱼坠传》。

四、"**三言**" 这是三部书即《喻世明言》、《警世通言》、《醒世恒言》,一般人为讲起便利起见,因总称之曰"三言"。《明言》共二十四卷,收小说有二十四篇,又名《重刻增补古今小说》,因二十四篇小说中有二十一篇出于《古今小说》也,二十一篇之外又增三篇,故名曰"增补"。《通言》共四十卷,有小说四十篇,内容有六篇同于《京本通

---

① "也"原稿误作"野",校订者酌改。按,长泽规矩也(1902~1980)是日本著名的中国学家和目录学家。
② 校订者按,《清平山堂话本》原名《六十家小说》,共分《雨窗》、《长灯》、《随航》、《欹枕》、《解闲》、《醒梦》六集,每集十篇,五篇订为一册,合六十篇十二册。但该书已经残缺不全:当年日本内阁文库所藏残本只有《柳耆卿诗酒玩江楼记》、《简帖和尚》、《西湖三塔记》、《合同文字记》、《风月瑞仙亭》、《蓝桥记》、《快嘴李翠莲记》、《洛阳三怪记》、《风月相思》、《张子房慕道记》、《阴骘积善》、《陈巡检梅岭失妻记》、《五戒禅师私红莲记》、《刎颈鸳鸯会》、《杨温拦路虎传》等十五篇;1934年由马廉发现并影印的天一阁旧藏《雨窗·欹枕集》含《花灯轿莲女成佛记》、《曹伯明错勘赃记》、《错认尸》、《董永遇仙传》、《戒指儿记》、《羊角哀死战荆轲》(残)、《死生交范张鸡黍》、《老冯唐直谏汉武帝》、《汉李广世号飞将军》、《夔关姚卞吊诸葛》、《雪川萧琛贬霸王》、《李元吴江救朱蛇》等十二篇,此外还有《翡翠轩》、《梅杏争春》两种,则过于残缺不能成篇。总计日本内阁文库所藏本与马廉影印本共二十七篇。从任访秋先生下文引用的篇目来看,他此处所言的"十五篇"当指日本内阁文库所藏本而非马廉影印本。

俗小说》。《恒言》亦为四十卷,小说四十篇,内有两篇同于《京本通俗小说》(《错斩崔宁》、《海陵纵欲亡身》)。这一百余篇小说,实为宋元以来小说之大成。而致力于此三书编刊之事者,则为冯梦龙氏。梦龙字犹龙,吴县人。崇祯中由贡生官寿宁县知县,尝自称为龙子犹、所居曰墨憨斋。著有《别本春秋大全》、《智囊》、《智囊补》、《古今谈概》及《墨憨斋定本传奇三种》(《量江记》、《新灌园》、《酒家傭》)。

五、"二拍" 即《初刻拍案惊奇》、《二刻拍案惊奇》。前者共有小说三十六篇,刊刻于天启七年丁卯(1627),后者共有三十九篇,刊刻于崇祯五年壬申(1632)。董其事者为即空观主人凌濛初氏。彼在其二刻中自题云:

丁卯之秋(天启七年),……偶戏取古今所闻一二奇局可记者,演而成说,聊舒胸中磊块。……同侪过从者索阅一篇竟,必拍案曰:"奇哉所闻乎!"为书贾所侦,因以梓传请,遂为抄撮成编,得四十种(实际仅三十六篇——引者)。……其为柏梁余材、武昌剩竹,颇亦不少,竟不能恝,聊复缀为四十则。其间说鬼说梦,亦真亦诞。然意存劝戒,不为风雅罪人,后先一指也。崇祯壬申(五年)冬日即空观主人题于玉光斋中。

这把他刊行"二拍"的原委叙述颇详。凌氏字稚成,乌程人。因屡蹶场屋,故颇多抑郁无聊之作。此种情形,大似蒲留仙之作《聊斋志异》也。

六、《今古奇观》 "三言"、"二拍"印行后,有抱瓮老人者,以其"卷帙浩繁,观览难周",遂选刻四十种,名曰《今古奇观》。里边所选的《喻世明言》八篇、《警世通言》十篇、《醒世恒言》十一篇、《拍案惊奇》七篇、《二刻拍案惊奇》三篇,余一篇不知所出,也许采自于足本《拍案惊奇》,因为据"二拍"的序中说共有小说八十篇,但今所存者仅七十五种,可知并非足本。

七、《醉醒石》 编辑者为东鲁古狂生。大概刊于崇祯、顺治间,十五回,共有小说十五种。

八、《石点头》 作者为天然痴叟,号浪仙,冯梦龙的友人。该集①亦为明清间的产品,共载小说十四种。

九、《西湖二集》 题武林济川子清原甫纂,清原姓周,武林人,明末诸生。此书也刊于崇祯、顺治间,凡三十四卷。

明代的平话,除上列九②种外,尚有《欢喜冤家》同《弁而钗》,此两书我曾在北平图书馆中看到过,不过因为描写的淫秽,遂不能流行于世。至清代初叶,平话作者尚时有其人,中叶以后遂衰微。我们总以上的九种看起来:一、文字方面,有极精妙的故事,虽常有令人可惊可愕的地方,可是作者的笔墨常是入情入理的。如《卖油郎独占花魁》(《醒世恒言》),以一个卖油的,结果会同一个名妓结婚,是如何的不近情理,但你要从头至尾的看下去,觉得它之有着这样的结果,是毫不怪的。就这一点,你就不能不佩服作者手法的高妙。二、平话完全是社会生活的写真,中间出自作者虚构的很少。除了一部分是以历史上的故事作题材外(如《庄子鼓盆成大道》、《俞伯牙摔琴谢知音》,均见《警世通言》),其余当都是民间流传的故事的描写,所以很可从这些作品中去窥见宋元明三代社会上的风俗同人情。三、明代的小说多有猥亵的描写,这当是那时的风气。如《醒世恒言》中的《乔太守乱点鸳鸯谱》和《拍案惊奇》中的《姚滴珠避羞惹羞郑月娥将错就错》,都是毫无避忌的描写。四、平话因为原初是向众宣讲的,而其原始又是从佛教中的变文而来,所以自不免带有若干劝善惩恶的意味。我们就不要说别的,即以它们的名字③而论,用所谓"警世"、"喻世"、"醒世"这样的字样,就可以看出作者与编者的用意所在了。

第三节 元明之长篇小说

前边已经说过,白话小说在北宋虽然已经萌芽,可是情节还简

---

① "该集"为校订者酌加。
② "九"原稿误作"八",下文作"九种"亦可证,校订者酌改。
③ "字"原稿作"子",校订者酌改。

单,技术还拙劣。真正的体大思精之作,尚有待于下一代——元。现在仍循过去的叙述方法,以书为纲。

一、《水浒传》 关于《水浒》的内容,它是经过许多人的手才成就了现在的面目的。原来自南宋以来,民间就流行了许多的水浒传的故事,元代的戏曲家还曾拿这种故事写过戏曲(如《梁山泊李逵负荆》即是)。同时有人以为在南宋也许已经成为话本,到了元代才被删定而成。不过关于此书的写者同定者,很成为疑问。它似乎比《西厢》之究为王作抑关作的问题,还要难以解决。有的说①是施耐庵(一向都是这样的承认),有的说是罗贯中(郑振铎《插图本中国文学史》)。不过,在我觉得这倒②不必去聚讼。因为这种长篇小说在初期与话本没有多少差别,也许就是由话本演变而成,中间自是曾经过不知多少次的演变,到末了被人写定后,还要常加更动。所以我们倒③不必一定把它归于施耐庵或罗贯中,不过他们对于《水浒》都有几分删正之功,这是无容置疑的。《水浒》的价值,在中国长篇小说中列于第一流。它之写强盗行径④与当时社会的纷乱,可与《金瓶梅》之写市井无赖与下层社会的黑暗,《红楼梦》之写贵族家庭与上层社会之淫佚,同堪称为中国文坛之绝作。

二、《三国志演义》 在《三国志演义》之前,原来是有着《三国志平话》一书的(此书现已由商务影印日本内阁文库本发行),内容全讲些因果报应一类的鬼话,说三国之鼎足而立、扰乱汉室,乃是因为最初高祖斩过韩信、彭越、英布等人,所以他们投生为刘备、曹操、孙权,分汉之天下以报仇,但又因此狱久搁不决,后赖人间秀才司马仲相判断公明,上帝遂让他投生为司马懿,削平三国,一统天下,以酬其劳。这又是说明西晋之所以统一三国之故。后来到罗贯中大加删

---

① 原稿此处有一"的"字,校订者酌删。
② "倒"原稿作"到",校订者酌改。
③ "倒"原稿作"到",校订者酌改。
④ "径"原稿误作"迳",校订者酌改。

削,把一些鬼话神话都去掉了,同时又增入一些历史上的真史料,而把原来的加以放大与润饰,所以罗氏对《三国演义》之功是不可埋没的,虽然此书到后来也许又经过李贽及毛宗岗的修改。罗氏的详细身世已不可考。惟贾仲明①的《续录鬼簿》里,对罗氏倒②有一段简单的记录,全录于后:

  罗贯中,太原人,号湖海散人。与人寡合,乐府隐语极为清新,与余为忘年交。遭时多故,各天一方。至正甲辰(公元1364年——引者)复会,别来③又六十余年,竟不知所终。

三、《西游记》 系明人吴承恩所作。吴承恩字汝忠,号射阳山人,淮安人。嘉靖二十三年岁贡,三十九年作长兴县丞。他性敏慧,著作颇多,《西游记》外,尚有《射阳存稿》等。在《西游记》之前,已有不少的西游故事。《唐三藏取经④诗话》外,尚有杨致和的四十一回本《西游记传⑤》,万历时余象斗曾把它编入《四游记》中刊行。吴承恩根据着这些已成的故事,复加以自己的创造,遂成现在流行之百回本《西游记》。此书以丰富的想像继以生动之笔,恢奇变怪,莫能揣其端倪,实亦为近代小说史上有数之作。

四、《金瓶梅》 这也是一部没有主儿的作品。它与前几部小说迥然不同,因为它们之写成都有所本,惟此书全部的构成全系作者一人之力,虽然情节有一部分是把《水浒传》中的人物加以⑥放大而成的。作者对下层社会透视之力与描摹之逼真,与同时的《西游》比起

---

 ① "明"原稿误作"名",校订者酌改。另按,下面关于罗贯中的记载,见《录鬼簿续编》,因为它是附在明初贾仲明增补本《录鬼簿》后面,所以一般以为它也出自贾氏手笔,但近来有学者怀疑它并非贾氏所作。
 ② "倒"原稿作"到",校订者酌改。
 ③ "来"原稿引作"后",校订者酌改。
 ④ 原稿漏掉了"经"字,校订者酌补。
 ⑤ 原稿漏掉了"传"字,校订者酌补。
 ⑥ "加以"原稿作"加一",校订者酌改。

来,实有过之而无不及。不过因为里边写性的关系比较露骨,所以以后列为禁书,不大流行于市面。其实明代的小说,大都偏于秽亵,岂独此书为然。同时,作者之所以这样的写,其特殊的意义,虽然不可得而知,但其表现社会上之黑暗,对一向不被人所写(不敢写或不屑①写)的而加以②描写,这种态度与法国的写实主义派的作家莫泊桑,不很有点相像吗?(按莫泊桑亦有被称为淫秽的小说《俊友》)至于此书的作者问题,因相传谓系嘉靖间大名士所作,故有人认为即王世贞,其实毫无根据。最近与友人许君读此书,许君以其中所用之方言与怀庆府一带为近。按,王氏系太仓人,何能以怀庆府一带之方言写小说?故从语言上来研究作者之生地,倒③颇为解决此问题的一个新途径也。

第四章　宋明的诗与文④

第一节　自成面目的宋诗⑤

前边已经说过,诗到唐代已经是臻于至境,五代同北宋继诗而兴的文体,乃是词。但为什么现在又来讲诗呢?要解释这个疑问,可以拿两种理由来说:一是宋人的诗,自是不及唐人,可是他们不模拟,不因袭,能够自己辟出一条新的道路来,而且有些作家确实⑥是有着很

---

① "屑"原稿误作"亵",校订者酌改。
② "加以"原稿作"加一",校订者酌改。
③ "倒"原稿作"到",校订者酌改。
④ 校订者按,任访秋先生的文学史讲稿中有两个附录——《宋代的诗文》、《明代之小品文与古文》,前者附在关于词的一章之后,后者附在关于小说的一章之后,此处将这两个附录合并为一章,并改题如上。
⑤ 此节原题"诗",校订者酌改。
⑥ "确实"原稿作"确切",校订者酌改。

深的造诣,所以不能一笔抹煞。二是宋代文人虽然大半是把自己的精力用到词的方面,然而也有终生专精于诗的创造的。讲宋代文学而抛撇了诗,结果就不免要埋没许多天才的作家。因为这样的缘故,目下就来谈一谈宋诗。

宋诗虽说是从唐诗变出来的,而它①的面目却截然与唐诗不同。它们的差异,过去论者颇多,归纳起来,不外唐诗多含蓄,故意内而言外,宋诗多直率,故理明而意达;唐诗多"寓情于景",而宋诗就"舍景而言情"②;唐人以诗为诗,而宋人则以文为诗。这种话自然是的的确确的,假若拿唐宋两代的诗来比较,就可以晓得。不过宋人诗为何变到这种地步呢?这很容易来解答,因为宋代已有新兴的文体——词,是最适宜于表现情感的,尤其是男女的爱情。我们看唐诗有很多香艳的作品,但宋诗则绝无仅见,就可以透出此中消息。宋人把自己一些缠绵悱恻之情,一一的表之于词,那么来作诗时,自不免常常要大发议论了。爱情在诗中已不必③谈,只有身世之感,或者对人生的奥秘有所参透时,把它们写在诗里边,这样子就很难免于"以文为诗"之消。

现在我们试来看看有宋一代的诗坛是个什么样子。

---

① "它"原稿作"他",校订者酌改。

② 校订者按,任访秋先生此处归纳人们品评宋诗的特点之一是"舍景而言情",疑有笔误,其实与唐诗的"寓情于景"相较,宋诗往往是"因景而生议"的。任先生下文也说:"宋人把自己一些缠绵悱恻之情,一一的表之于词,那么来作诗时,自不免常常要大发议论了。"亦可为证。

③ 校订者按,"不必"原稿作"不能",似有语病,其实任访秋先生的意思并非说宋人受了什么限制而"不能"在诗里抒发爱情,而是因为爱情别有词体来表达,所以也就"不必"或不劳诗来表现了,故酌改如上。

一、北宋诗坛上的欧阳修、王安石、苏轼和黄庭坚①

宋初的作者大半因袭晚唐的余绪,当时有所谓西昆一派的诗人,主干是杨億、刘筠、钱惟演。杨億(974~1020②)字大年,建州人,入翰林为学士,官至左司谏、知制诰。他是西昆体的首创者。平常③最推尊李商隐的诗,谓"义山之诗,其快无穷。杜甫比之犹不免村夫子面目"。刘筠(970~1030)字之仪,大名人,官至户部龙图阁学士,④与杨億齐名。钱惟演(977~1034)字希圣,官至同中书门下平章事,与杨、刘齐名。他们彼此唱和的诗,经杨億编定,因名之曰《西昆酬唱集》,而"西昆体"之名亦始于此。我们知道李商隐的是诗以"隐僻"著名的,他的一首《锦瑟》诗直到现在话没有人能了解。西昆派来学他,自然益发的走向这种"隐僻"的道路上去。他们的诗喜欢用典故,喜欢从雕饰方面下功夫,因此令后人读起来,觉得非常艰涩。元遗山咏诗绝句云"诗家总爱西昆好,独恨无人作郑笺",这正中他们的的痛处。

当西昆体正风行一世的时候,就有另一派来学白居易体,去矫正他们。最初是王禹偁同林逋,稍后则为苏舜钦同梅尧臣。而尧臣之名尤高,一时人称之为"宛陵先生"。欧阳永叔最称赏他,谓其"覃思精微,以深远闲淡为意"。他自己论诗谓:"诗家必能状难写之景如在目前,含不尽之意见于言外,然后为至。"人多谓其能自践其言。

与苏、梅同时而为一代大家、能一扫西昆之敝习者,则为欧阳修。欧公的诗宗法韩愈而参以李、杜。其为诗平易疏畅,骨力虽峻而绝无艰深滞涩的毛病,给后人开一条明白正确的道路。《苕溪渔隐丛话》

---

① 此小节标题由校订者酌拟。
② 此处杨億的生卒年为校订者酌补,下述刘筠、钱惟演均此,不另说明。
③ "常"原稿误作"尝[嘗]",校订者酌改。
④ 校订者按,"户部龙图阁学士"或有误,刘筠似未在户部任职,而曾为尚书礼部侍郎,仁宗天圣六年以龙图阁直学士再知庐州,可能是他最后的官职。

谓："欧公作诗,盖欲自出胸臆,而不肯蹈袭前人,以其才高不见牵强之迹。"可算是欧公诗的的评。今录其得意①之作《明妃曲》于后,以见一斑：

> 胡人以鞍马为家,射猎为俗,泉甘草美无常处,鸟惊兽骇争驰逐。谁将汉女嫁胡儿?风沙无情貌如玉。身行不遇中国人,马上自作思归曲。推手为琵却手琶,胡人共听亦咨嗟。玉颜流落死天涯,琵琶②却传来汉家。汉宫争按新声谱,遗恨已深声更苦。纤纤女手生洞房,学得琵琶不下堂。不识黄云出塞路,岂知此声能断肠!

王安石(1021~1086)字介甫,抚州临川人。他是继欧公之后的一位大诗人。最初他很为欧公所推许,赠他的诗中有"翰林风月三千首,吏部文章二百年"之句。他是北宋一代的大政治家、大思想家,文学只不过是他的余事。然而他的成就也已经很可观了。宋代的诗人大抵是喜欢借诗来发议论的,于荆公为尤甚。吴之振谓其"议论过多,亦是一病"。可见一向推尊他的人对他这点也颇致不满③。此外,他也很好改窜古人的诗句同集古人的诗句,这都带几分游戏的态度。不过到了晚年,他的作品臻于化境,迥非早年的作品所可比。叶梦得云："王荆公晚年诗律尤精严④,造语用字,间不容发;然意与言会,言随意遣,浑然天成,殆不见有牵率排比处。"这并不是随便的称扬。至对诗的主张方面,荆公也很推尊杜甫,而极力排击西昆一派,与欧公主张无大差异。

和荆公同时而其影响于诗坛为最大的,就是苏东坡。要没有苏

---

① 校订者按,"得意"原稿止作"得",疑有阙文,从上下文意推测,或当作"得意",故酌补之。

② 校订者按,"琵琶"一作"此曲"。

③ 校订者按,"也颇致不满"五字补写在原稿边缘,因复制件边缘有缺欠,"颇"、"满"二字不可见,此处谨据上下文意酌补之。

④ 原稿此处漏引"严"字,校订者酌补。按,叶梦得的话出自《石林诗话》。

东坡,宋诗之能否成为宋诗,实在是个疑问。因为在东坡以前的作者,几乎没有不是跟人脚步、模仿唐人的。直至东坡,真可以说卓然特立,以他的江海一样的才思,天马行空似的气概,真是替诗坛①上开了很多新的境界。明代的袁中郎批评他道:

> 苏公诗无一字不佳者。青莲能虚,工部能实。青莲惟一于虚,故目前每有遗景;工部惟一于实,故其诗能人而不能天,能大能化而不能神。苏公之诗,出世入世,粗言细语,总归玄奥,恍惚变怪,无非情实。盖其才力②既高,而学问识见又迥出二公之上,故宜卓绝千古。至其道不如杜、逸不如李,此自气运使然,非才之过也。

这是很公允的批评。不过,后来专门宗唐的作家对他自然是深致不满。元遗山咏诗绝句云:"只知诗到苏黄尽,沧海横流却是谁?"王阮亭又谓:"宋初学西昆,于唐却近。苏、黄始变西昆,去唐却远。"他们完全不晓得即令拾到唐人的唾余,也不过是诗中之优孟,有什么价值?何如摆脱陈套,还自己一个本来面目?东坡诗最富于气势,如长江大河,挟泥沙以俱下,虽有不纯之处,然自是大观。即如《游金山寺》:

> 我家江水初发源,宦游直送江入海。闻道潮头一丈高,天寒尚有沙痕在。中泠南畔石盘陀,古来出没随涛波。试登绝顶望乡国,江南江北青山多。羁愁畏晚寻归楫,山僧苦留看落日。微风万顷靴文细,断霞半空鱼尾赤。是时江月初生魄,二更月落天深黑。江心似有炬火明,飞焰照山栖鸟惊。怅然归卧心莫识,非鬼非人竟何物?江山如此不归山,江神见怪警③我顽。我谢江神岂得已,有田不归如江水。

---

① "诗坛"原稿作"文坛",疑似笔误,校订者酌改。
② 原稿此处漏引"力"字,校订者酌补。按,袁中郎的话见《瓶花斋集·答梅客生开府》。
③ "警"原稿误引作"惊",校订者酌改。

有人说"东坡诗长于七言,短于五言";又有人说"东坡能行气而不能炼句"。这也许有几分道理。因为他的天才高,而胸中又有无限块磊不平之气,——倾①泄于诗歌,故其风格如高山大川,嵯峨豪放,自不能以绳墨来拘束他。而他呢,乃是信笔直书,所谓"如行云流水,能行其所当行,而止其所不得不止",故不屑于字句的推敲。你说这是苏诗的毛病也可以,但要说这是苏诗的特色而超迈他人的地方,亦未始不可。

黄庭坚(1045~1105)字鲁直,自号山谷道人,又号涪翁,洪州分宁人。曾为②秘书丞、提点明道宫、兼国史编修官。后以新党用事,以为③所作《实录》多诬神考,遂贬涪州别驾,终其身辗转迁徙,卒年六十。山谷出于东坡门下,然其为诗宗渊明、工部、昌黎,自出机杼,几于可以与东坡分庭抗礼。至他对后世的影响,同东坡比起来,可以说有过之而无不及。他俩④的诗的不同处,在东坡似太白,纯系天才的发露,而山谷似工部,大部分得自个人的修养。刘后村道:"豫章稍后出,荟萃百家句律之长,究极历代体制之变,蒐猎奇书,穿穴异闻,作为古律,自成一家。虽只字半句不轻出,遂为本朝诗家宗祖。"严沧浪又道:"至东坡、山谷始自出己意以为诗,唐人之风变矣。山谷用功尤为深刻,其后法席盛行,海内称为江西宗派。"山谷对诗虽极用功,而他终于脱不了一般苦吟诗人的毛病,结果是把诗做得生涩拗拙,虽说是革去了西昆体的浮艳,但又代之以奇僻,这有什么意思呢?以后又有吕居仁作江西诗社宗派图,列陈师道、潘大临等二十五人,号为江西诗社,说他们的⑤诗都是宗法山谷的。其实这二十五位作家,除

---

① "倾"原稿误作"顷",校订者酌改。
② "曾为"原稿作"官至",但下文叙述的既非致仕之职亦非历仕的全部,所以酌改如上。
③ "以为"原稿作"诬以",与后犯重,校订者酌改。
④ "俩"原稿作"两",校订者酌改。
⑤ "的"为校订者酌增。

了陈无己比较还稍有可称述的地方,至其余诸公都是碌碌不足数的。

二、南宋诗坛上的陆游、范成大和杨万里①

上边把北宋的几位诗人介绍过了,现在让我再叙叙南渡后的诗坛是个什么样子。南宋的一流作者,过去常拿尤(袤)、杨(万里)、范(成大)、陆(游)四人相提并论。不过,尤的诗集早已散佚,现在只能将其余的三家论列于后。

陆游(1125~1210)字务观,号放翁,山阴人。以荫补官。范成大帅蜀,他曾作过参议官,累迁江西常平提举,迁礼部郎中,兼实录院检讨官,以宝章阁待制致仕。卒年八十有五。有《渭南文集》、《剑南诗稿》行于世。

放翁在南宋可以说是最伟大的诗人了。他的天才非常的高,加以又有极强烈的生命力,一生中也不十分得意,所以都迸发而成为绝妙之诗篇。当他那个时候,宋朝已偏安多时了,而他呢,认为这种偏安是绝大的可耻,所以无时无刻不以恢复中原为职志。但是时与愿违,终于只是"黄旗空想渡河津",事实上宋朝的国势反而一天天的衰弱下去,我们②诗人此时的心中,自然觉得非常的悲愤。像:

迢迢天汉西南落,喔喔邻鸡一再鸣。壮志病来消欲尽,出门搔首怆平生!

三万里河东入海,五千仞岳上摩天。遗民泪尽胡尘里,南望王师又一年。

这样伤老感时之作,也不知作了多少首。因此近人都喜欢替他加上个"爱国诗人"的头衔。不过,他除了这一类的诗以外,大半都是咏歌田园生活与赞颂自然之美的篇什。假若我们另外送他一个头衔,叫他为"田园诗人",亦未始不可。放翁的诗很受渊明同少陵的影响,因

---

① 此小节标题由校订者酌拟。
② "的"为校订者酌增。

为他非常崇拜这两位作家,所以他的诗歌的内容同外形自然也不免与陶、杜二人有共同之点。我们既然晓得他的作品好写什么,同时他所擅长的又是近体,那么他与陶、杜的关系自然就可以不言而喻了。

总之,放翁诗之伟大,正在其能把自己的生活全装进诗中,所以是富于生命力的作品。你读他的诗,那么他那一团如火如荼似的情感,同那壮志未展的抑郁愤懑的胸怀,还有退居田园后,每当酒醉时①那种颠狂放浪的姿态,都十二分活跃的显现在你的眼前。所以当你初次读他的某些②诗时,你或许③会觉得淡而寡味,但你继续读下去一定会④越读越爱读,有时他真能说出你心中许久欲说而没得说出的话,他的影子永远的会在你脑中存在着。就光这一点,已经是那些二三流的作家所不能企及的了。

范成大(1125～1193)字致能⑤,号石湖居士,吴郡人。官至四川制置使。晚年进大学士。有全集一百三十六卷,又有《石湖别集》二十九卷、《石湖居士文集》若干卷、《石湖诗集》三十四卷。石湖的诗是从江西诗派出身的,但他似乎不大遵循江西派诗人的故辙。他诗的内容,以描写田园风光的为最多。例如《春日田园杂兴》:

> 柳花深巷午鸡声,桑叶尖新绿未成。坐睡觉来⑥无一事,满窗晴日看蚕生。

> 高田二麦接山青,傍水低田绿未耕;桃杏满村春似锦,踏歌椎鼓过清明。

又如《夏日田园杂兴》:

---

① "时"原稿作"后",与前犯重,校订者酌改。
② "某些"乃校订者酌增。
③ "或许"原稿作"一定",口气过重,与上下文语气不协调,校订者酌改。
④ "继续读下去一定会"为校订者酌增。
⑤ "致能"原稿误作"致成",校订者酌改。另,范成大的生年应是一一二六年。
⑥ "来"原稿误引作"得",校订者酌改。

  梅子金黄杏子肥,麦花雪白菜花稀。日长篱落无人过,惟有蜻蜓蛱蝶飞。

  千顷芙蕖放棹嬉,花深迷路晚忘归。家人暗识船行处,时有惊忙小鸭飞。

我们读了这些首,与渊明的田园诗,像《归园田居》中之:

  种豆南山下,草盛豆苗稀。晨兴①理荒秽,带月荷锄归。道狭草木长,夕露沾我衣。衣沾不足惜,但使愿无违。

同《饮酒》中之:

  结庐在人境,而无车马喧。问君何能尔,心远地自偏。采菊东篱下,悠然见南山。山气日②夕佳,飞鸟相与还。此中有真意,欲辨已忘言。

来比一比,真是大大的不同。从渊明的诗中,你可以看到作者的人格与作者的生命在,与诗中的境界融合而为一,那一种悠远之情令你有体验不尽、味之无穷之悦。至石湖的诗,乃是一幅一幅的图画,在你眼前摆着,作者的情感似乎根本没有渗入到作品中似的。这自然就是他们的优劣之所在。而石湖的修养方面之赶不上渊明,借此就益发可以证明了。不过,石湖能走到一个新的道路,而用纯客观的态度来描写田园风光,这一点功劳也是不可埋没的。

  杨万里(1127③~1206)字廷秀,号诚斋野客,吉州吉水人。官至宝谟阁学士。④ 他是一个很有节慨的诗人,所以《四库提要》说,"以

---

 ① "晨兴"原稿误引作"侵晨",校订者酌改。

 ② "日"原稿误引作"复",校订者酌改。

 ③ 原稿作"一一二四",任访秋先生可能是从《宋史·杨万里传》"卒年八十三"的记载来推定杨氏生于宣和六年(1124)。按《宋史》记载有误,其实《杨文节公文集》卷末所附杨万里之子杨长孺所撰《诚斋杨公墓志》说得很清楚:"先君于建炎元年丁未岁九月二十二日子时生……开禧二年丙寅五月八日无疾薨,享年八十。"据此杨万里的生年应是1127年,校订者酌改。

 ④ 原稿叙杨万里最高的官职为"宝文阁待制",似有误,校订者酌改。

诗品论,万里不及游之锻炼工细,以人品论,则万里倜乎远矣"。所以他的人格高于放翁,而诗歌较之,当远逊一筹。他的诗也是出于江西诗派,后来一转而倾向于白乐天,诗歌大受他的影响,①中间多杂俚语。过去论者多以为病,而不知就现在看起来这的确还是他的②特长呢。如《小雨》:

  雨来细细复疏疏,纵不能多不肯无。似妒诗人山入眼,千峰故隔一帘珠。

又如《桧径小步》:

  雨歇林间凉自生,风穿径里晓逾清。意行偶到无人处,惊起山禽我亦惊。

这同现在的白话诗有什么差异呢?不过,诚斋喜欢拿白话来作对仗,结果不免有油腔滑调之嫌,这不能不说是他的美中不足。

第二节　宋代的古文运动③

一、韩柳之后到宋初的古文脉络④

  古文假若没有宋代欧、苏、王一流的作家来努力集成韩、柳的余业,恐怕韩、柳当时的运动,也只是昙花一现,弄得个及身而绝。所以古文之能到清代雄踞文坛、风行数百年之久,可以说大半是靠着宋代一些作家奋斗的结果。现在把当时的运动情形略述梗概于次。

  韩、柳以后的古文渐渐的衰歇下去,原因是子厚一向不收生徒,所以一时受他影响的作家很少,韩愈虽然有一些弟子,像李汉、皇甫湜、李翱一流人,他们的天才学力均远不及退之,因之不能引起社会上的注意。加以骈体的势力是非常的大,到晚唐古文已被一般人抛

---

① 此句原稿作"因此他的诗歌大受他的影响",校订者酌删。
② "的"为校订者酌增。
③ 此节原题"古文",校订者酌改。
④ 此小节标题为校订者酌拟。

到脑后了,整个的天下都被骈文霸占着。

宋代初年的文学,仍沿晚唐五代的余风,足以代表当时文坛的,就是西昆体,他们的诗歌模仿李义山,已如上述,散文也是骈偶化。在这个时候,首先提倡古文的是柳开。开(947~1000①)字仲涂,大名人。他很早就仰慕韩愈同柳宗元,因之自名肩愈,字绍②元。与他同时的有穆脩,稍后又有尹洙及苏舜钦等,俱为古文,不过势力很小,不能摇撼一时的风气。在穆脩的遗集中有这样的话:

> 本朝古文柳开仲涂、穆脩伯长为之倡,尹洙师鲁兄弟继其后。欧阳文忠公早工偶俪之文,故试于国学、南省,皆为天下第一;既擢甲科,官河南,始得师鲁,乃出韩退之文学之。③

永叔又在④《记旧本韩文后》中,叙述当时古文运动的情形,也很详细:

> 予少家汉东,有大姓李氏者,其子尧辅颇好学。予游其家,见其弊箧贮故书在壁间,发而视之,得唐《昌黎先生文集》六卷,脱落颠倒无次序,因乞李氏以归,读之。是时天下未有道韩文者。予亦方举进士。以礼部诗赋为事。后官于洛阳,而尹师鲁之徒皆在,遂相与作为古文。因出所藏《昌黎集》而补缀之,其后

---

① 原稿缺生卒年,校订者酌补。
② "绍"原稿误作"始",校订者酌改。
③ 校订者按,这段话出自邵伯温的《河南邵氏闻见录》。
④ "在"原稿作"有",疑似笔误,校订者酌改。另,《记旧本韩文后》原稿作《书韩文后》,校订者酌补。

天下学者亦渐趋于古。①

仲涂、师鲁同伯长,虽他们的作品并不见若何的成功,但他们对古文的开山之功,是不可没的。

二、欧阳修、苏东坡与古文的黄金时代②

欧阳永叔为一代大师,他以他的超拔的天资与深邃的学识,于政治上攫得相当地位后,而忽然抛弃了时文,而从事于古文,他的成就自然远过尹、穆而上追韩、柳。于是天下遂翕然宗之。一时出于他的门下的,有曾巩及苏轼、苏辙,至于王介甫同二苏的父亲明允也是被他一手提携起来的人物。这个时候可以说是古文的黄金时代。

曾巩(1019~1083)字子固,南丰人,嘉祐二年进士。早年与王安石友善,安石得志,他们也就断绝了关系。有《南丰类稿》。他的作品很有一种举止中规、温文尔雅的风致。后世论者谓他能得欧公之传。晁公武云:"欧公门下士,多为世显人,议者独以子固为得其传,犹学浮屠者,所谓嫡嗣云③。"姚姬传《复鲁絜非书》云:"宋朝欧阳、曾公之文,其才皆偏于柔之美者也。欧公能取异己者之长而时济之,曾公能

---

① 校订者按,任访秋先生对这段引文有节略,完整的原文是这样的:"予少家汉东,汉东僻陋无学者。吾家又贫无藏书。州南有大姓李氏者,其子尧辅颇好学。予为儿童时,多游其家,见有弊筐贮故书在壁间,发而视之,得唐《昌黎先生文集》六卷,脱落颠倒无次序,因乞李氏以归。读之,见其言深厚而雄博,然予犹少,未能悉究其义,徒见其浩然无涯,若可爱。是时天下学者杨、刘之作,号为时文,能者取科第,擅名声,以夸荣当世,未尝有道韩文者。予亦方举进士,以礼部诗赋为事。年十有七试于州,为有司所黜。因取所藏韩氏之文复阅之,则喟然叹曰:学者当至于是而止尔!因怪时人之不道,而顾己亦未暇学,徒时时独念于予心,以谓方从进士干禄以养亲,苟得禄矣,当尽力于斯文,以偿其素志。后七年,举进士及第,官于洛阳,而尹师鲁之徒皆在,遂相与作为古文。因出所藏《昌黎集》而补缀之,求人家所有旧本而校定之。其后天下学者亦渐趋于古,而韩文遂行于世,至于今盖三十余年矣,学者非韩不学也,可谓盛矣。"

② 此小节标题为校订者酌拟。

③ "云"原稿引作"也",校订者酌改。

避所短而不犯。"所以清季之桐城派,多以此二公为法。

明允(1009~1059)名洵,号老泉,眉州眉山人。他的古文得力于《国策》,属纵横一派。他的笔锋之横冲直撞,大有苏秦见赵王时抵掌①谈于华屋之下的气概。不过他的议论多偏于迂执,而不适于用,这是他的短处。东坡见解远过乃翁,不过仍不脱纵横家的派头,有时稍近道家。即如前后《赤壁赋》可以说到了化境,简直是一篇散文诗。至于他的策论,亦皆能揆情度理,与老泉自是不同。子由(1039~1112)之文气象不如其父之雄奇,才思亦不像乃兄之横溢,②然其议论较为平正,有夷犹淡荡之致。

荆公为一代的怪杰,其文亦如其为人,有一种坚强执拗的风采。据说他的作品都是一气呵成,运笔如飞,初若不经意,但见者无不服其精妙。他的特色在其议论之正大,识解之高超,与笔力之雄峻。有人谓八家之中,除韩文公外,即当首推荆公,当非虚誉之言。

北宋之后,就是南宋。这时关于文章的主张,已走到极端。北宋的周濂溪已大倡"文以载道"之说,后来打总③又以为文是"玩物丧志"了。所以语录兴,而古文遂到了末路。

第三节 明代的小品文与古文

明代文学,除戏曲同小说外,尚略有可称述者,厥为小品文与古文。盖此种文体之产生,纯系矫一时之文敝。因自明代④中叶以来,就有所谓盛极一时之复古运动,倡导此运动的中心人物,为前七子与

---

① 原稿缺"掌"字,校订者酌补。

② 此句原稿作"才思横溢,亦非乃兄之敌",于文理有所不谐,故酌改如上。

③ "打总"意为"归总到一起"或"总而言之",似为河南方言,也见用于《红楼梦》,在北方比较流行。

④ "明代"原稿作"明季",疑似笔误,因为明代诗文复古运动的兴起显然早于"明季",校订者酌改。

后七子,而①为前后七子之领袖的,则为何(景明)、李(梦阳)与王(世贞)、李(攀龙)。他们对于散文所倡的口号是"文必秦汉",诗歌是"诗必盛唐"。其实这种复古②运动,按说是"古已有之",原不算稀奇,较之何、李早五百多年以前,已有韩、柳的复古运动了。不过,韩、柳乃是"以复古为解放",诗文只采取古人之精华而遗其糟粕,模拟古人之神髓而遗其面目。至何、李同王、李呢,他们乃是句模字拟,比葫芦画瓢,结果是徒得古人之形似,内容空空洞洞,丝毫生气都没有。一百余年之间,把文坛弄得干巴巴的,大家都闷得要死。在这个当儿,于是就产生一些革命的作家,就他们的主张上看,大体可以分做两派:一、公安派,二、古文派,都各自摇旗呐喊,击鼓助军,来同那一些复古派的营阵对垒。于是文坛上才算是稍稍现出点新气象。

一、公安派的小品文及其他③

公安派的名目乃是起于三袁,因为他们是弟兄三人,而家于湖北之公安,同时在文坛上④他们都有相当的地位,于是一时就称之为公安派。这一派的主张恰好同复古派是针锋相对的。复古派主张"诗必盛唐",而他们则曰宋,复古派主张"视古修辞,宁失诸⑤理"(李攀龙⑥),"今人摹临古帖,不嫌太似,诗文何独不然?"(李梦阳⑦)而他们则主张"信腕直寄"、"能直写性情",根本要弃去一切的浮词滥语。因此他们的作品是有个性的,是有生气的,而与西洋文学史中之 Es-

---

① 原稿此处有一"又"字,校订者酌删。
② 原稿此处漏写了"古"字,校订者酌补。
③ 此小节原题"公安派——小品文",内容也涉及明末的王思任、张宗子等,所以酌改标题如上。
④ "上"为校订者酌增。
⑤ "诸"原稿引作"着",校订者酌改。按,"视古修辞,宁失诸理"出自李攀龙的《送王元美序》。
⑥ 此夹注为校订者酌补。
⑦ 此夹注为校订者酌补。

say 相近的文体,遂披靡一时,开五四①文学革命后的小品文之先河。

作为公安派的领袖的,乃是袁宏道。宏道(1568~1610②)字中郎,号石公,公安人。举万历二十年壬辰进士,后为吴县令,又官铨部,晚年退归,卒于家,年四十三岁。有全集行于世。中郎之天资超迈,其文字飘逸清灵,大类东坡,为有明一代之散文高手。无论其游记、尺牍,真大有随手拈来便为珠玑之概。读中郎集者,当无不有此感也。日人厨川白村氏以③为小品之特点,在用散漫的笔墨将作者之个性强烈的写出,令读者娓娓忘倦。中郎作品实具有此条件,宁得不称之为小④品文作家中之高手哉。

宗道(1560~1600⑤)字伯修,号石浦,有《白苏斋集》;中道(1570~1624⑥)字小修,有《珂雪斋集》,文均清淡可人。

王思任(1575~1646⑦)字季重,号谑庵,山阴人。万历乙未进士,鲁王监国时官至礼部尚书,⑧年七十二卒。有《奕律》、《百家论钞》。季重天性旷达,"五十年内强半林居,又喜沉湎麴蘖,放浪山水"。张宗子谓其文"笔悍而胆怒,眼俊而舌尖,恣意描摹,尽情刻画……出言灵巧"。(以上并出《王谑庵先生传》⑨)当非虚誉。如记

---

① "五四"为校订者酌增。

② 原稿缺生卒年,校订者酌补。另按,此段开首有"袁宏道"三字,似为小标题,校订者酌删。

③ "以"为校订者酌增。

④ 原稿此处有一"作"字,当为衍文,校订者酌删。

⑤ 原稿缺生卒年,校订者酌补。

⑥ 原稿缺生卒年,校订者酌补。

⑦ 原稿缺生卒年,校订者酌补。另按,或谓王思任生于1572年,顺治三年清兵破绍兴,王氏绝食而死。

⑧ 此句原稿作"官至监国,晋秩少宗伯"。按,监国的是鲁王,王思任则被擢任礼部侍郎兼詹事,而礼部侍郎固可称少宗伯,但王思任后来又晋升礼部尚书,此职比类前代当称为大宗伯。校订者酌改。

⑨ 此夹注为校订者酌增。

剡溪一文：

  浮曹娥江上，铁面横波，终不快意。将至三界址，江色狎人，渔火村灯，与白月相上下，沙明山静，犬吠声若豹，不自知身在板桐也。昧爽，过清风岭，是溪江交代处，不及一言贞魂。山高岸束，斐绿叠丹。摇舟听鸟，杳小清绝，每奏一音，则千峦啾答。秋冬之际，想更难为怀，不识吾家子猷，何故兴尽？雪溪无妨子猷，然大不堪戴。文人薄行，往往借他人爽厉心脾，岂其可！过画图山，是一兰茗盆景。自此万壑相招赴海，如群诸侯敲玉鸣裾。逼折久之，始得谿眼一放地步。山城崖立，晚市人稀。水口有壮台作砥柱力，脱辔往登，凉风大饱。城南百丈桥翼然虹饮，溪逗其下，电流雷语。移舟桥尾，向月碛枕漱取酣，而舟子以为何不傍彼岸，方喃喃怪事我也。

这比较中郎的小品，觉得清丽有余而飘逸不足。稍后的张宗子，作风颇与季重为近，但宗子才高，似又比季重高出一头也。

  张岱（1597～1679①）字陶菴，山阴人。曾祖元忭、祖汝霖，均位至通显。故宗子承袭先人基业，家资颇丰，喜结纳海内名流，园林诗酒之社，必颔颃其间。明亡后，避乱剡溪山，以其素不治生产，家益落，故交朋辈，多半彫零，葛巾野服，意绪苍凉。回忆往事，犹如梦境，因自著《西湖梦寻》（见武林掌故②丛编）、《快园道古》、《陶菴梦忆》等。卒年九十三。宗子的小品同中郎、季重比起来，似与季重为近。但其天才之高、用力之勤与身世之感，似又为季重所不及。其清澈之处，如寒潭，如冰雪。山光水色，巨细毕见，读之令人心脾爽然。我最喜欢他的《湖心亭看雪》同《西湖七月半》两篇，一写静景，一写动景，均能句句如画，字字逼真。要说中郎为小品文中之仙，而宗子就可说是小品文中之圣了。

---

① 原稿缺生卒年，校订者酌补。
② 原稿漏缺"故"字，校订者酌补。

宗子以后,清代作家中如金圣叹同李笠翁,已经令人有"每况愈下"之感,文章也不过能写得理明意达、文从字顺罢了。同中郎、宗子比较起来,迥然有仙凡之别。

二、古文派的别树一帜

在王、李倡导的复古①旗帜之下,仍然有着两支敌军突起,一是公安派,前边已叙述过了,其次就是古文派。这派的最负盛名的人物是王慎中、唐顺之同归有光,稍后则有茅坤。

王慎中(1509~1559②)字道思,号遵岩,晋江人。嘉靖五年进士,后弃官居家二十余年,以著述为事。嘉靖三十七年卒,年五十一。道思为文最初亦趋时流,规模秦汉,后大彻悟,遂一意于古文,师法欧、曾,尤得力于南丰,详瞻博雅,俨然大家。有《遵岩集》二十五卷。

唐顺之(1507~1560)字应德,号荆川,武进人。嘉靖八年进士,自翰林罢归,读书阳羡山中十余年。后召回兵部,嘉靖三十九年③卒,年五十四。荆川学问渊博,留心经济。初与道思论文不合,后竟变而从之。论者谓其文"大抵从唐宋门庭沿溯以入。故於秦汉之文,不似李梦阳之割剥字句,描摹面貌;於唐宋之文,亦不似茅坤之比拟间架,掉弄机锋。在有明中叶,屹然为一大宗"。④ 有《荆川集》十二卷行于世。

归有光(1506~1571)字熙甫,学者称震川先生,昆山人⑤。六十始成进士,后卒于官。有《震川文集》三十卷,别集十卷。震川为嘉靖间革命使者。当王世贞名震一时之际,而彼独抱唐宋诸家遗集,与二

---

① "复古"二字为校订者酌增。
② 原稿误作"1599",校订者酌改。
③ 原稿缺"年"字,校订者酌补。
④ 校订者按,这段话是《四库全书总目提要》对《荆川集》的评语。
⑤ "昆山人"为校订者酌补。

三弟子讲授于荒江老屋之间,毅然与世贞相抗衡,诋①之为"庸妄巨子"。后世贞对之亦颇心折。所以震川对一时之影响,实远过王、唐二人之上,又下开有清桐城一派之先声②。其文屈折变化,极其自然,于八家中与③欧阳永叔最近。世以之与王、唐并称为嘉靖三大家,或又加以明初宋濂、方孝孺、王守仁为六大家云。

茅坤(1512~1601)字顺甫,号鹿门,归安人。嘉靖十七年进士。鹿门最佩服唐顺之,曾评点顺之所选之唐宋八家(韩、柳、欧、曾、王、三苏)文钞,从此八家文流行海内,而鹿门之名遂远播四方,遐迩闻知。不过,鹿门之才不高,故学古文并不能得古人之精华,而只学得其转折波澜而已。

古文始于唐、盛于北宋,至南宋遂衰,历元至明渐臻灭绝。至明中叶归、唐始振之于衰微之际,至清代遂汇为湖海、钟为山岳。乾嘉以迄光宣而桐城、阳湖、湘乡之派,遂绵亘不绝。

---

① "诋"原稿误作"抵",校订者酌改。
② 此句句首有"同时"二字,校订者酌删。
③ "与"原稿作"于",校订者酌改。